本书获广东省普通高校人文社会科学重点研究基地
暨南大学汉语方言研究中心资助

本书为暨南大学汉语方言研究中心成果

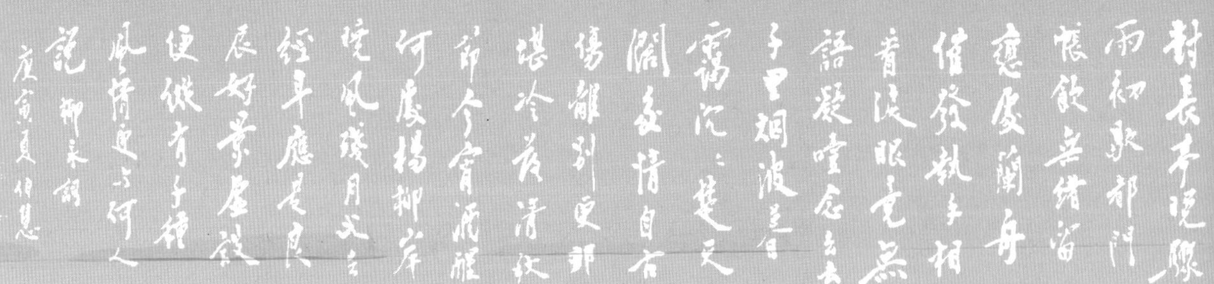

田野春秋

選堂題

庆祝詹伯慧教授八十华诞暨从教五十八周年纪念文集

主编：甘于恩

暨南大學出版社
JINAN UNIVERSITY PRESS
中国·广州

图书在版编目（CIP）数据

田野春秋：庆祝詹伯慧教授八十华诞暨从教五十八周年纪念文集/甘于恩主编．—广州：暨南大学出版社，2011.6
ISBN 978－7－81135－833－9

Ⅰ.①田…　Ⅱ.①甘…　Ⅲ.①詹伯慧—纪念文集　Ⅳ.①K825.5－53

中国版本图书馆CIP数据核字(2011)第078699号

出版发行：暨南大学出版社

地　址：中国广州暨南大学
电　话：总编室（8620）85221601
营销部（8620）85225284　85228291　85228292（邮购）
传　真：（8620）85221583（办公室）　85223774（营销部）
邮　编：510630
网　址：http://www.jnupress.com　http://press.jnu.edu.cn

排　版：广州市天河星辰文化发展部照排中心
印　刷：佛山市浩文彩色印刷有限公司

开　本：787mm×1092mm　1/16
印　张：35.5
字　数：946千
彩　插：46
版　次：2011年6月第1版
印　次：2011年6月第1次
印　数：1—1200册

定　价：78.00元

庆祝詹伯慧教授八十华诞暨从教五十八周年

部分著作

序 言

唐作藩

光阴似箭，日月如梭，一个花甲前我们班里最小的同学阿詹亦已进入八十华诞了。1948 年秋，我考入中山大学语言学系时同班同学有 20 人，1949 年夏由于解放战争，我们许多同学离校或休学了。1950 年秋，我和饶秉才、许绍早三人复学时就与 1949 年入学的欧阳觉亚、詹伯慧同年级了。这时同班七人中还有 1947 年入学而休学了两年的麦梅翘大姐和 1950 年自香港插班进来的王豫远。我们同在石牌本校生活、学习了两年，共同选修了岑麒祥先生的“语言学引论”、商承祚先生的“文字学”、严学宭先生的“读书指导”、张为刚先生的“国语与方言”和陈必恒先生的“现代中国语法”等课，但由于革命运动一个接一个，所有的课程都未修完。记得 1950 年复学不久，就投入修建白云机场的劳动中；接着参加抗美援朝战争，许多同学都报了名，最后我们语言学系 1947 级的林穗芳同学被批准入伍，全校相继举行了欢送会。1951 年春夏，我们被调去参加以李德全部长为总团长的少数民族慰问团，奔赴粤北瑶族地区进行慰问活动。我们的分工不一样，伯慧、欧阳与系主任岑先生等参加少数民族语言调查组，我则被指派参加秘书组，具体负责一路押送慰问品。完成任务之后，我们回到广州还参加了在省委礼堂举行的庆祝晚会，华南局第一书记兼省委书记叶剑英同志和李德全部长与民同乐，和大家一起跳舞。是年秋，我们又被派参加广东省土改工作团，赴粤中清远县山区农村参加土地改革运动。我被分配在副点，担任一个乡的工作队副队长，而伯慧则被派在面上，独自一人掌握一个乡，受到了很大的考验和锻炼。1952 年春，我们又提前被调回中大，参加“三反”运动，实际是要我们参与老师们的思想改造运动，听取老师们的思想检查。后来又让我们投入忠诚老实运动。回想起来，这些都是当时对待知识分子的一种极“左”的做法，而我们都经历了。

1952 年暑期后，全国高校进行院系大调整，中山大学的文、理科迁入岭南大学所在的康乐村，和岭南大学文、理科合并，成立新的综合性的中山大学，取消院一级行政，文科设有独立的中文、语言学、历史、政治、外语等系。原岭南大学文学院院长王力先生担任我们语言学系系主任兼汉语教研室主任，并为我们大四班开设了“语法理论”课。岑麒祥先生任语言学教研室主任，给我们讲授“斯大林的马克思主义语言学”课。严学宭先生调去武汉中南民族学院担任少数民族语言研究所所长，后又兼任副院长；张为刚先生则调入新成立的华南师范学院。原岭南大学高华年教授和钱淞生讲师留在中山大学，钱先生给我们讲授“音韵学”；高先生为我们班开设了“少数民族语言调查研究”课。上课之余，我们还常在一起参加一些课外活动，比如学习拉丁化新文字。

1953年6月底各门课程基本结束后，高华年先生让我们自己到武汉中南民族学院去实习。我们班一行七人到武汉后即去看望严学窘先生，他非常支持我们，把我们分成三个组，分别调查三种少数民族语言，为我们选派了发音人。我与伯慧兄分在一组，调查广西仡佬族语言，经过两周的实习，我们合作写了一个调查报告作为实习成绩，复写三份，交给严先生一份，我们各自留一份。回到广州后，即去华南理工学院报到，参加全广州市各大学应届毕业生的集中学习，听了陶铸同志的政治报告。主题是：坚决服从分派，到祖国最需要的地方去建设社会主义。约一个星期的毕业学习结束后，每个同学就收到一份工作分派通知书。伯慧兄被分派到武汉大学中文系任教，而我则留校做语言学系助教兼系秘书。

但一年之后，我们中大语言学系全体师生调往北京大学，并入其中文系。真是有缘分，不久，伯慧兄也被武汉大学派来北大进修，我们又在一起聆听王力先生的“汉语史”、岑麒祥先生的“语言学史”和袁家骅先生的“汉语方言学”等课。伯慧进修的主攻课程就是方言学。他自小就随着父母熟悉了饶平的客家话和潮州的闽南话，后来又生活在广州，掌握了标准的粤语，富有学习方言学的天赋，所以袁家骅先生很赏识他。这时，许绍早也被所在的东北人民大学（即今吉林大学）派来北大向王力先生进修“汉语史”。1957年7月，我与绍早兄作为王力先生的助手，而伯慧兄作为袁家骅先生的助手又一起到青岛海滨分别参加编写《汉语史》和《汉语方言学》教材，朝夕相处，共同生活了一个月。此后，汉语方言学就成为伯慧兄一生教学与研究的专业。

伯慧兄才思敏捷，勤于笔耕，著述等身。在上大学四年级时，他非常钦佩那些拥护世界和平运动的使者，于是写了一本歌颂世界和平运动的倡导者的书，即《在反动统治下英勇斗争的和平战士》(1951)。五六十年代在武汉工作期间，为了响应与配合全国方言普查和推广普通话，他很快就编写出《武汉人怎样学习普通话》(1956）和《湖北方言概况》（合作，1960)。在武汉大学除了开设汉语方言学课，他还参加现代汉语的教学，编著《现代汉语方言》和《现代汉语》教材（集体）。20世纪60年代文化大革命开始后，他成为被冲击的对象，教学与研究被迫停止，我们也暂时失去了联系。70年代末我去武汉探视在城市建设学院工作的二妹夫妇及在咸宁湖北变压厂工作的大孩子时，曾到珞珈山上去看望伯慧兄。他们一家三口挤在一个平房单间里，他谈到“文革”中受凌辱的情况，居然被污蔑为特务，胡说他的手表是用来向国民党发报的发报机，真是太可笑了。“文革”结束，雨过天晴以后，我们才又恢复经常的联系。1980年秋，他被教育部派往日本东京大学担任客座教授，负责语言学课程的教学两年，直至1982年春才回国，我们一直书信不断。据我所知，他在东京曾为促成王了一先生1980年访问日本做了许多准备工作，了一师抵日时，是他陪同平山久雄教授到成田机场接机的，期间他又曾在东京客居寓所，亲自下厨弄几道“中华料理”，约请几位渴望见到了一先生的日本朋友来他家和了一先生伉俪畅叙友情。伯慧兄在日期间，出版了《浠水方言纪要》（1981）和《汉语方言文集》（1997），业余还写点日本见闻，在香港《文汇报》上连载，后来出版了单行本《东瀛杂记》（1982年武汉大学出版社初版，1989年人民文学出版社出版增订版）。他的《现代汉语方言》一书，也由在东京大学听他讲课的筑波大学讲师樋口靖译成日文在东京出版（1982）。

广州暨南大学饶秉才兄欲在暨大建立语言学系，通过组织向武汉大学、吉林大学和北京大学发出商调函，要求将伯慧、绍早和本人调去暨大。我们虽然都支持秉才兄，但结果只有伯慧如愿以偿。1982年秋他回国后，经过一番努力，终于在1983年秋调入暨南大学任教授。我于1982年曾应聘来暨大讲学三个月，为研究生与高年级同学开设音韵学和汉语史两门课程。那时伯慧兄尚在东瀛，我们虽未能共聚暨南园，但他的夫人陈雅仙大夫已先期调入暨大，我和夫人也常常到他家去，从嫂夫人那里得知伯慧兄在国外的一些情况。

伯慧兄于1983年10月正式调入暨大，1985年就出任刚恢复的暨大文学院首任院长，对暨大的文科建设和发展发挥了重要的作用。不久，他主持建立了暨大汉语方言研究中心，开始招收研究生。1990年他成功申请在暨大中文系建立第一个博士点，开始招收以方言研究为专业方向的博士生，此后他连续15年培养了29位博士生，在暨大逐步建立起一支高水平的汉语方言研究梯队，被学术界戏称为“詹家军”。这支方言研究队伍在伯慧兄的组织领导下，对广东境内的方言（包括粤语、客家话、闽南语以及各种土话）逐步进行普遍、深入的调查和研究，并逐渐扩展到广西、海南岛及香港、澳门地区的方言，为我国南方的方言研究作出了突出的贡献。80年代末之后，我不断收到他邮寄来的著作。例如，《汉语方言及方言调查》（1991）、《珠江三角洲方言调查报告》（三卷本，主编之一，1987—1990）、《粤北十县市粤方言调查报告》（合著，主编，1994）、《语言与方言论集》（1993）、《方言·共同语·语文教学》（1995）、《汉语方言论集》（合作，1997）、《粤西十县市粤方言调查报告》（合著，主编，1998）、《广东地区社会语言文字应用问题调查研究》（主编，2000）、《广东粤方言概要》（2002）、《广州话正音字典》（合作，2002）、《漫步语坛的第三个脚印——汉语方言与语言应用论集》（2003）、《新时空粤语》（主编，2006）、《詹伯慧语文评论集》（2008）等30多部专著。他还发表了300多篇论文。伯慧的成就愈来愈大，他的学术影响愈来愈广。论资历年轮，他在当年方言学界的“九兄弟”中排行老三，但其著述成果却格外突出，所以党和政府也越来越重视他，不断赋予他重担，给予他荣誉。自1988年当选为第七届全国人民代表大会代表后，他又于1993年和1998年连任第八、第九两届全国政协委员。他在80年代中加入中国民主同盟之后，就连续两届被选为民盟中央委员和广东省委副主委。每年春、冬两季都要来京开会，每次动身前他都要打电话或发电子邮件见告他的行程，让我通知在京的中大语言学系的老朋友，约定相聚时间。有时在会议期间，有时在会议结束之后。如在会后，往往留宿在阮绍光学长府上，有时也到寒舍来歇脚一两个晚上。有一年春天，正逢清明节，伯慧还与我们一道到万安公墓为王力先生与岑麒祥先生扫墓，以怀念我们最尊敬的老师。

平时我和伯慧还在一些学术会议上见面。比如在中国语言学会上，在纪念王力先生、岑麒祥先生、吕叔湘先生等师辈的学术研讨会上，特别是近几年我们连续三次在广州、南宁、香港相会在粤方言国际学术研讨会上。2008 年 12 月，他还约了麦梅翘、饶秉才、欧阳觉亚、王豫远等老友相聚在香港，同班七人中就缺许绍早，可叹他在 11 年前已永远离开了我们！

2006 年，我与杨耐思兄主编的《中国语言文字学大辞典》出版，是年 10 月出版社在重庆召开专家座谈会，伯慧兄等应邀出席。会上有人提议、大家附和并决定编写一部七卷本的《中国语言文字大词典》系列（包括《现代汉语卷》、《古代汉语卷》、《汉语成语卷》、《汉语方言卷》、《汉语俗语卷》和《少数民族语言文字卷》）。大家还一致推举伯慧兄出任《汉语方言卷》的主编，他看在我们老同学的分上，推辞不掉，会后立即商定编写班子和编委成员，网罗了全国各大方言区的顶级学者，于 2007 年 4 月在暨南大学召开编委和顾问联席会议，商讨编辑方针、规模和完成时间，并在暨大文学院前举行揭牌仪式。后来由于经费未能及时到位，搁浅一段时间，一直拖延到今年秋天才重新上马，伯慧兄依然勇挑重担，下决心要在一两年内让这部 350 万字的方言大词典杀青面世，他的雄心令我深感惭愧和抱歉！

今年 8 月在为纪念王力先生诞辰 110 周年举行的中国语言学的传承与创新国际学术研讨会上我们又见面了。本来 10 月下旬在湖南湘潭举行的第二届湘方言国际学术研讨会上又有一次见面的机会，不料他临行前一天眼底出血，医生要他住院治疗，非常遗憾！但有幸我们于本月中下旬又在广州、潮州相聚了，参加了潮州市人民政府和韩山师院联合主办的纪念我国著名的词学家、教育家、诗人詹老伯安泰先生的国际学术研讨会。我本于文学是门外汉，但伯慧兄的盛意难却，抱着学习的愿望与怀念的心情欣然前往，与会之后收获不小，感受甚深。明年 6 月伯慧的弟子们和暨大文学院、中文系的领导与同事们将为他举办庆祝八十华诞的盛会，并编辑出版庆祝文集，约我写点儿东西，我当然很高兴，于是记叙了我们六十年来的交往与友情，以作为我对伯慧兄的祝寿词。谨祝伯慧兄健康长寿，为汉语方言学和中国语言学的大发展作出更多的成就和更大的贡献！

是为序。

2010 年 12 月 30 日

于北京蓝旗营寓所

（北京大学中文系教授）

目　录

贺信贺词、书画

贺信贺词

书　画

深情厚谊

好友忆旧

门生感恩

学术论坛

古代汉语

现代汉语

语文生活与教研

语言与方言研究

詹著评介

报刊专访

詹师文选

附　录

贺信贺词、书画

贺信贺词

致詹伯慧教授八十寿辰暨从教五十八周年贺信

中国民主同盟广东省委员会

尊敬的詹伯慧教授：

在您八十寿辰暨从教五十八周年之际，谨向您致以诚挚的祝贺和崇高的敬意。

您是新中国培养出来的第一代语言学家，是中国方言学的领军人物。您少年立志，负笈求学，历经磨难，终有大成，为后来者知识报国树立了光辉的典范。您曾任教于武汉大学30年，后调入暨南大学，任暨南大学文学院复办后第一任院长，创办了暨南大学汉语方言研究中心。您从1990年设博士点，整整15年，带了29名博士生，有“詹家军”的美誉。您坚持执教三尺讲台，诲人不倦，以德立教，花在学生上的精力远比自己的女儿多。您痴心不改育桃李，洗尽铅华铸栋才。您从大学时代起，就在汉字改革、推广普通话、汉语规范化等方面做了许多工作，倾注了大量精力，您两度获授全国语言文字先进工作者称号，您对语言文字工作的许多真知灼见得到实施。您严谨治学，孜孜以求，笔耕不辍，您以将届八十的高龄还领衔主编300多万字的《中国语言文字大词典·汉语方言卷》，这是一部有史以来规模最大的汉语方言词典。您这种“退而不休”，还要“从头越”的精神让人敬佩。您五十八载辛勤耕耘，著作等身，桃李芬芳，您在学术研究中提出了许多独创性的理论观点，您为中国语言学建设及国际汉学研究事业付出了大量心血，作出了杰出贡献，深得海内外学界的赞誉和后辈的景仰。

您在担任第七届全国人大代表、第八届和第九届全国政协委员、广东省人民政府文史馆副馆长及民盟省委第九、第十届副主委期间积极参政议政，提出了不少议案提案，为国家和广东省的建设出谋献策，并荣获第九届全国政协优秀提案奖。您始终胸怀祖国，热爱社会主义，在多次应邀出国讲学、交流中，总是广交朋友，积极宣传我国的大政方针和辉煌成就，道出了中国知识分子和广大群众的肺腑之言，产生了良好的影响。您始终坚信只有走中国特色的社会主义道路，中国才能快速发展，才能强国富民。在您的身上体现出一位盟员“革命传统、正直作风、切实知识”的优秀品质。您是广大盟员学习的榜样。

祝您生日快乐！健康长寿！

2011年1月30日

贺　词

香港中国语文学会

欣悉本会顾问詹伯慧教授八十大寿，谨具函祝贺。

詹教授是我国著名语言学家，五十多年来，在汉语方言、汉语辞书和汉语应用研究等方面著作等身，成绩卓越。其勤奋认真、勇于开拓的治学态度，平易近人、奖掖后进的学者风范，有口皆碑，在学术界备受尊崇。

谨祝詹教授身体健康，在学术上取得更大的成就。

姚德怀（会长）

2011年3月10日

贺　词

广东省中国语言学会

值此庆祝我国当代著名的语言学家、方言学家詹伯慧教授八十华诞之际，我谨代表广东省中国语言学会向詹先生致以崇高的敬礼和真挚的祝福。

詹伯慧先生是新时期我国方言学界的领军人物之一，在汉语方言的语音、词汇和语法诸多方面素有研究。其中有三点贡献特别显著：

第一，在汉语方言学的学科建设方面立下了汗马功劳。他不仅参加了《汉语方言概要》等重要著作的编写，而且领衔撰写了《珠江三角洲方言调查报告》、《粤北十县市粤方言调查报告》、《汉语方言及方言调查》、《现代汉语方言学》等论著，对我国方言学的繁荣和发展功不可没。

第二，对粤语、潮汕话的调查研究作出了突出贡献。他不仅发表了许多独具慧眼的论著，还领衔撰写了《广东粤方言概要》，该书荣获广东省第一届社科成果一等奖，对现代粤语的研究具有深远的意义和影响。

第三，对汉语方言语法研究情有独钟。早在1965年，他就跟黄家教先生合作发表了《谈汉语方言语法材料的收集和整理》，而后还发表了关于潮州方言语法的专题研究，引起语言学界广泛关注。这一超越时代的研究对汉语方言研究具有示范作用。

詹伯慧先生还是一位杰出的教育家。1984年开始，他就招收硕士研究生，并在1990年领衔申报现代汉语博士点，先后培养了几十名方言学的博士，人称“詹家军”。他们都已经成长为我国方言研究的中坚力量，不少人已经晋升为教授，有的还成了博导。詹先生在教书育人方面，也是我们后辈学习的楷模。

詹伯慧先生还在普通话推广、语言规范化、语言的社会调查等方面有杰出的贡献。

詹伯慧先生还是一位声誉卓著的社会活动家。他曾经多年担任全国人大代表、全国政协委员，积极参政议政，表达了我们语言学家关心国家大事的心声。詹伯慧先生是个乐观开朗的学者，风风雨雨，潇洒一生。他从不知疲倦，从不知辛劳，充满朝气，像一头老黄牛，在语言学界、教育界辛勤耕耘。今年恰逢詹伯慧先生八十华诞，他虽然年事已高，但是依然活跃在学术界，思维依然敏捷，谈吐依然幽默，身体依然健康。

1986年以来，詹伯慧先生曾经长期担任广东省中国语言学会会长，对学会的发展作出了重要贡献，现在他还是我们学会的名誉会长。暨南大学为有这样的老教授而感到欣慰，我们学会为有这样的老会长而感到骄傲。

祝愿詹伯慧先生阖家幸福、笑口常开、万事胜意！

邵敬敏（会长）

2011年6月

贺 信

韩山师范学院潮学研究中心

暨南大学汉语方言研究中心、暨南大学中文系：

欣闻“詹伯慧教授八十华诞从教五十八周年暨汉语方言国际研讨会”将于2011年6月27—30日隆重召开，韩山师范学院潮学研究中心全体同仁，谨此向詹伯慧教授致以诚挚贺忱，祝詹教授福如东海、松鹤长春，并预祝大会及系列活动取得圆满成功！感谢詹教授和贵单位长期以来对潮学研究中心的关心和大力支持。

专此

恭颂

全体同仁敬上

2011年5月

贺 联

周耀文

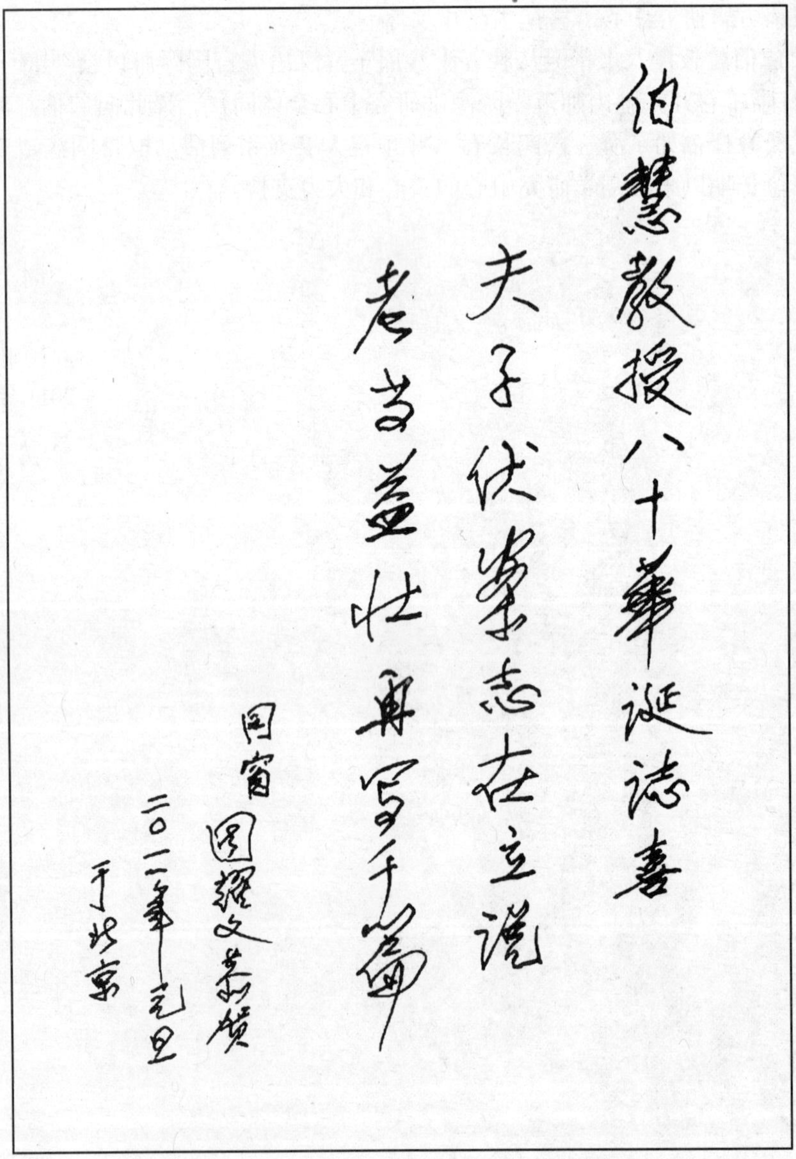
伯慧教授八十華誕誌喜
夫子從業志在立說
老當益壯再寫千篇
同窗 周耀文恭賀
二〇一一年元旦
于北京

（中国社会科学院民族学与人类学研究所研究员）

贺 信

袁行霈

伯慧学长著席：

诚邀出席老伯纪念会，曷胜荣幸。唯教学任务繁重，难以推卸，如此盛会不克参加，失去向诸胜流学习之机会，深感遗憾。特此致函请罪，诸希鉴亮为荷。又，欣逢吾兄八秩华诞，谨此一并祝贺，天寒，诸希珍摄不宣！

愚弟　袁行霈

2010 年 12 月 12 日

（中央文史研究馆馆长）

贺 词

饶秉才

热烈祝贺

伯慧学长八十华诞暨从教五十八周年

五十八年作育英才，桃李满中外，

八十载功成名就，福与寿双全。

学弟　饶秉才敬贺

2011 年 6 月于美国洛杉矶

（暨南大学教授）

贺伯慧兄八十寿辰

陈章太

伯慧兄：

值此吾兄八十寿辰，特致函表示衷心的祝贺与敬意，敬祝您健康、快乐、幸福，学术之树常青！

数十年来，吾兄热爱事业，服务社会，高风亮节，笑对人生，努力工作，勤于耕耘，取得了杰出的成就。您的高尚品格和渊博学识，以及丰硕、厚实的成果，受到学界同仁和老友们的赞誉。我们是同辈同行又同心，相交50多年了，完全可以称得上是老友、至友。对兄的为人和治学，弟更深表敬佩，并时时以兄为楷模来激励自己，努力做好人做实事，这也是与兄相交得到的教益。

现在欣逢盛世，国家欣欣向荣，和谐社会正在构建，各项事业快速发展，前途光明美好。敬请吾兄多加保重，并祝老当益壮，为语言学和语文工作的繁荣与发展继续作出贡献！

即颂

大安！

弟章太谨上

2011年3月12日

（原国家语委副主任）

追忆北大进修年

马天祥

一

尊师训缅怀杏坛,[1]
重道义乐忆燕园。[2]
名家云集尽硕彦,
传道授业解惑焉。

二

全国高校仰北大,
进修教师赴燕园。
师从专业各导师,
传授所长高精尖。

三

私称辅导为深造,[3]
诸生恭谨听训传。
领会课堂讲授外,
备课途径多指点。

---

① 杏坛：相传为孔子讲学之处，在山东省曲阜县孔庙殿前。《庄子·渔夫篇》有所叙述。

② 燕园：北京大学校址，在北京西郊。

③ 深造：当时在北京大学进修的教师中，戏称导师辅导为“深造”。

四

王力先生居泰斗，
音韵语史授根源。
吕叔湘师释《文通》，[①]
袁家骅师讲方言。

五

周祖谟及朱德熙，
魏建功与郑师奠。[②]
陆志韦传语法论，
涉外评析高本汉。[③]

六

高明凯及岑麒祥，
语法史论述根源。
辅导老师石安石，
中年导师唐作藩。

七

笔者任进修班长，
领取文件讲义全。
接待来往诸学友，
先后总计共十员。

① 《文通》即《马氏文通》，马建忠（1945—1900）著。吕叔湘、王海棻合著《马氏文通读本》，逐章逐节加上暗语和注释，1986 年由上海教育出版社出版。

② 郑师奠：即郑奠老师，当时讲授《古汉语修辞十二讲》。

③ 瑞典汉学家，著有《中国音韵学研究》，1936 年由赵元任等译成中文。

八

云南大学黄钺老，[1]
延边大学崔吉元。[2]
吉林大学许绍早，
东北师大尹仲贤。

九

兰州大学有天明，
山东师大贺绍兰。
南京大学鲍明韦，
新疆大学姬策勋。

十

伯慧当时年最少，
风华正茂众钦羡。
导师袁老多赞许，
编写专书著先鞭。[3]

十一

当今年高晋八十，
执教育人五八年。
余带当年全班友，
恭贺祝颂乐无边。

---

① 黄钺老：即黄钺老师，当时进修班最年长者，与任继愈友善，经常去任家交谈。
② 崔吉元：为朝鲜族人。
③ 编写专书：当时詹伯慧同志任教于武汉大学，编著有《武汉人怎样学习普通话》。

十二

人间正道沧桑变，
文章薪火代代传。
伯慧业绩留暨大，
光辉荣耀永绵延。

附　十位学友及所在大学名录

1. 黄钺	云南大学
2. 鲍明炜	南京大学
3. 田明	兰州大学
4. 崔吉元（朝鲜族）	吉林延边大学
5. 黄炳辉	厦门大学
6. 许绍早	吉林大学
7. 姬策勋	新疆大学
8. 尹仲贤	东北师范大学
9. 贺绍兰	山东师范大学
10. 马天祥	西安西北大学

2010年12月中旬撰写

（西北大学中文系教授）

伯慧兄寿登八十，赋此致贺

刘　麟

高名远播彩云间，
祝福声声笑语欢；
触目琳琅名教授，
满头珠翠小村官，
纷纷来作风云会，
个个敢为时代先。
莫道寿翁须发白，
请移泰岱试双肩。

（中国现代文学馆副馆长）

贺詹伯慧老八秩华寿

戴胜德

采猎结绳始发音，
詹公学识究为论。
廉颇不过殊刀笔，
仓颉无非泣鬼神。
统一文章南北语，
相同血脉炎黄心。
鸿篇著得三千万，
月照星辰日照云。

（广东省文史馆馆员）

为伯慧兄寿庆而作（二首）

陈恩泉

一、好人一生平安

信天歌（苍生）

（一）

岭南未谋面，今生巧机缘。
北大同窗度，师门在燕苑。
乡情尤思念，潮剧锣鼓喧。
欢天喜地时，吉祥大戏院。

候鸟雀巢恋，珞珈栖香橼。
湖边叁零伍，举头话婵娟。
江城二十载，甘苦总拳拳。
京畿师生谊，梦里常眷眷。

（二）

史无前例间，天塌地倒悬。
罪凭莫须有，肆虐有鹰犬。
叛徒走资派，牛鬼蛇神判。
芸芸众生运，谁主沉浮权。

俗子命多蹇，个案何其繁。
钦定裴多菲，部臣牛囿看。
上山下乡令，脱胎换骨关。
打蔫儿介书生，蹉跎岁月憾。

（三）

拨云见天眼，昭雪窦娥冤。
南海风扇浪，孔方兄导帆。
花鸟虫鱼跃，宠物猫狗牵。
日月星辰移，斯文什脸面。

柴米油盐茶，潜心读万卷。
红橙黄绿蓝，酷寻桃花源。
悠悠鸿运临，好人偿夙愿。
一生福禄寿，平安偕家园。

二、人生八十赚十年

乐天谣（经典）

【题释】
昔云：人生七十古来稀
今说：百岁人生何足奇

长虫，螃蟹，奈何天……
喜鹊，天鹅，舞翩跹。
仙鹤，凤凰，呈祥瑞；
人生，八十，赚十年。

织女，嫦娥，靓婵娟；
苍穹，皓月，夜未眠。
牛郎，天蓬，依妹尔；
岂止，激活，五百年。

七猴逸翁　恩泉揖贺
2011 兔年春节于深圳雅云逸斋涂

（深圳大学师范学院教授）

贺 词

林茂灿

詹伯慧教授八十华诞

热烈祝贺

方言研究高峰

参政议政楷模

学弟林茂灿恭贺于北京

中国社会科学院语言研究所

二零一一年春

（中国社会科学院语言研究所研究员）

教泽流徽添福寿

——贺詹伯慧教授耋寿暨从教五十八周年之庆

林英仪

詹伯慧教授先尊詹安泰老先生，1926年至1938年执教韩山师范学院，良师风范矜式韩山。伯慧兄生于斯，绍箕裘，穿薪立说播誉海内外，对潮汕乡梓文事亦贡献良多。兹值兄台耋寿暨从教五十八周年之庆，谨掇句奉贺。

岭海词宗詹祝南，良师矜式留人间。
毓麟伯慧绍箕业，方言集韵富内涵。
河汾门下聚贤士，时雨春风沐蕙兰。
枌榆文事时关注，韩苑传薪成美谈。
鮀岛语研抒卓见，探究潮学释鸿篇。
通家世谊倍钦仰，饶著勤研谱锦笺。
耋寿舌耕五八载，李桃满载竞扬帆。
教泽流徽添福寿，笑望茶龄信步攀。

韩师　同庚后学林英仪敬贺
邑人　八十六龄邢锡铭恭书
岁次辛卯春月

（原韩山师范学院院办主任）

贺 联

陈有恒

伯仲其间，方言学界一泰斗，今当八十大寿，门生齐聚暨南，因寿星年高德望乐。
慧心于是，著作书库五车厢，后续日月犹长，群英幸会花城，为术业才旺果硕欢。

门外弟子　陈有恒
2010 年 12 月 6 日

（湖北咸宁学院中文系教授）

贺 联

林寒生

数十载驱驰辅轩采撷古语方言矻矻孜孜探幽索隐宏著等身耀学界，
大半生耕作杏苑传播学术道统勤勤恳恳滋蕙树兰英才盈间称岭南。

（厦门大学教授）

集唐三首

——祝贺詹伯慧教授八十华诞暨从教一甲子

周无忌

一

作得琵琶声入云（孟浩然）
梅花柳絮一时新（赵彦昭）
至今八十如四十（王昌龄）
天下谁人不识君（高　适）

二

时来含笑吐氛氲（李　峤）
汲井开园日日新（吕　温）
细柳新蒲为谁绿（杜　甫）
满山晴日照乾坤（施肩吾）

三

皎皎空中孤月轮（张若虚）
与君相见即相亲（卢　象）
东西吴蜀关山远（骆宾王）
遥想风流第一人（王　维）

庚寅除夕　南宁

（原广东省广播电视厅厅长）

敬贺詹伯慧教授八十华诞暨从教五十八周年

林宝卿

回眸四十八年前，
鹭岛相逢切语缘①。
伯慧老师深造诣，
雄心壮志展新篇。

年年新作传精论，
事事佳言播②在先。
杰出英才传宇宙，
花红柳绿映蓝天③。

（厦门大学中文系教授）

① 1963年8月，厦门大学和福建师范大学联合在刚落成的鹭江宾馆召开福建省汉语方言科学讨论会，我应邀参加。为珍惜这次拜见师辈的学习良机，我抱着八个来月的大儿子和帮手妈妈参会，这在学术会议史上实为罕见，并成为笑谈。我负有主客双重身份，所以被指定为会议的秘书。会中我属于小字辈，在埋头记录的同时，也在向伯慧等老师学习。弹指一挥间，四十八年过去了，今天暨大隆重庆祝伯慧老师八十华诞暨从教五十八周年活动，我欣然从笔，赋此七律，聊表祝贺之情。

② “播”普通话读阴平，古音有平声和去声两个反切，本文取去声。伯慧老师在方言学领域内播种和传播新的、精神的论点，我受益匪浅。

③ 伯慧导师学术之花和其学生柳绿之树交相辉映，汉语方言科学像春天花木开得繁茂艳丽、硕果累累。

敬贺詹伯慧教授八十华诞

王晋光

狮城辛未聚飞鸿，
鸟节桥边初识公。
父子词章天下羡，
语言声誉岭南雄。
穗垣潮汕长安日，
港岛香山濠海风。
高论常聆宁四座，
满园桃李德言功。

注：辛未（1991）六月，新加坡国立大学举行汉学会议，参加者几四百人。其时某初出国门，有幸亲睹前辈风貌，钦羡无已。巨幅合照逾三尺，至今珍藏之。相中名家，一一可辨。二十年来，机缘常在，于粤闽方言研讨会及语文教学研讨会，每次倾听詹公高论，无不心悦诚服，以为乃一代之宗师，学界之典范。敢奉小诗，衷心祝贺。

（香港中文大学退休教授、香港树仁大学教授）

书　画

詹伯慧教授八十华诞之喜（国画）

梁荣基

（新加坡南洋理工大学教授）

盘龙屈铁　老而弥坚（国画）

颜逸明

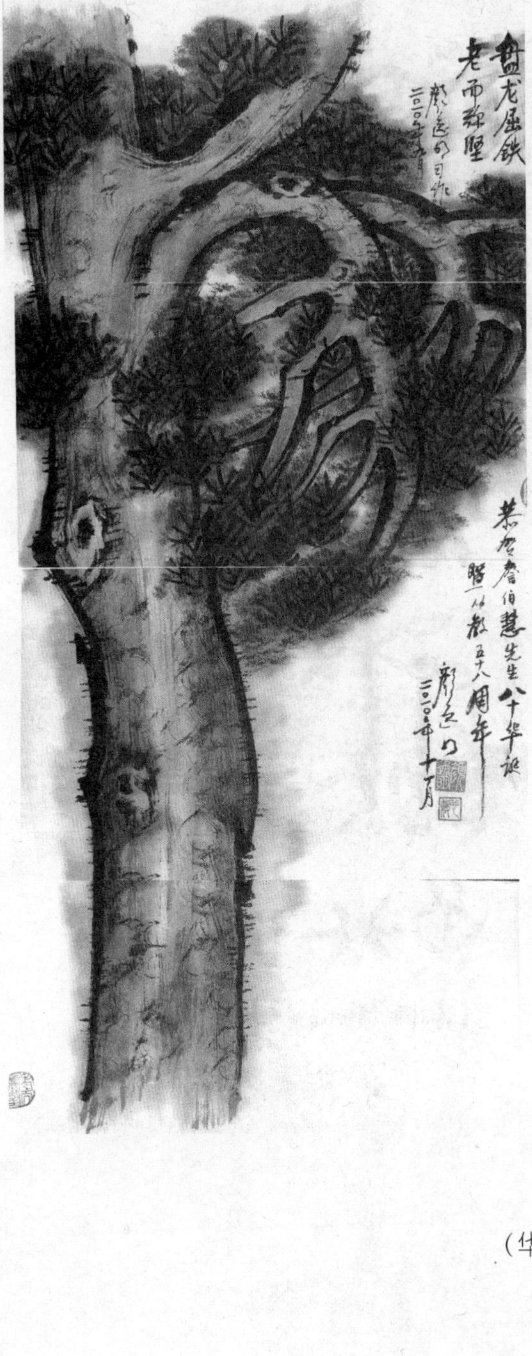

（华东师范大学教授）

西宁重逢（书法）

胡安良

（青海民族学院教授）

学高为师　德高为范（书法）

张成材

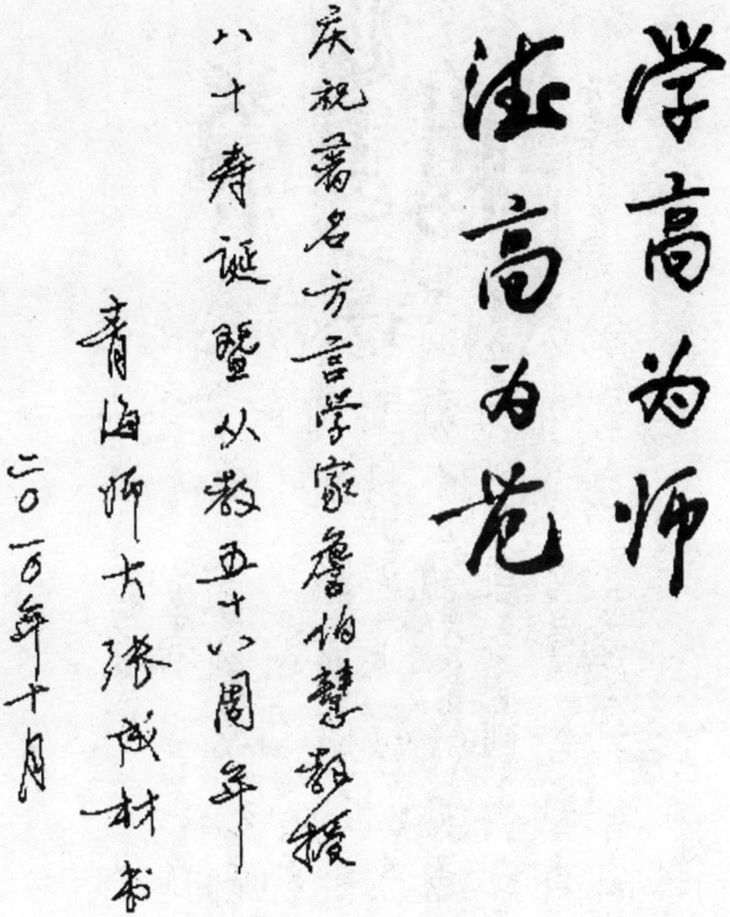

（青海师范大学教授）

恭贺詹伯慧教授阖府安康幸福高寿（书法）

高更生

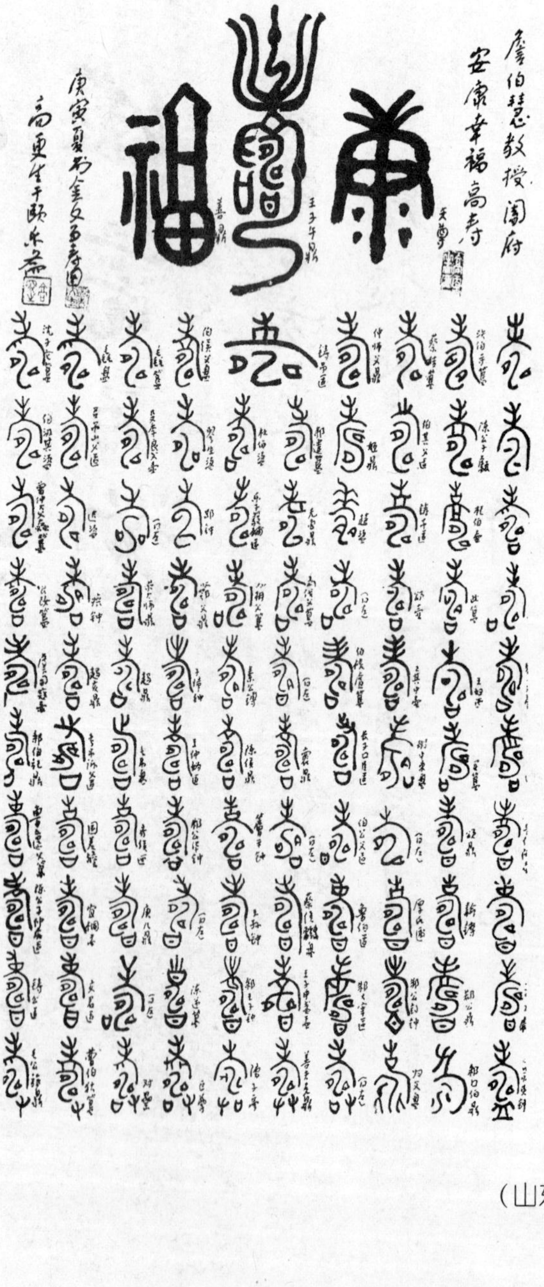

（山东师范大学教授）

鹤立輶轩（书法）

单周尧

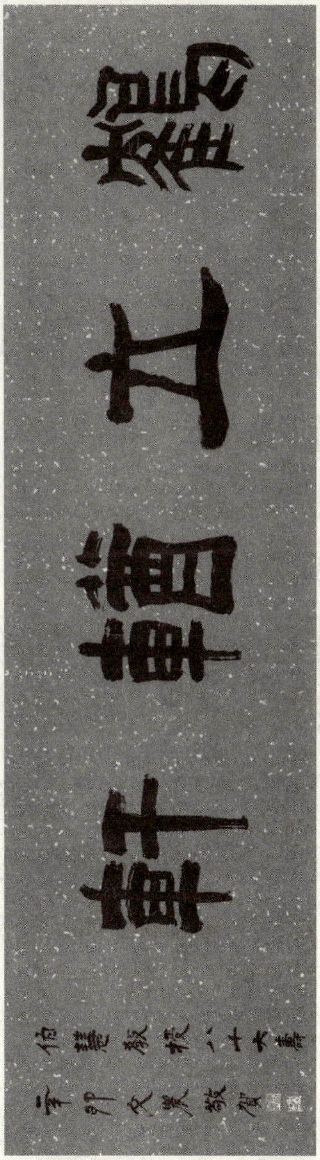

（香港大学教授，原中文学院院长）

教泽流徽添福寿

林英仪

教澤流徽添福壽

——賀詹伯慧教授耋壽暨
從教五十八週年之慶

嶺海詞宗詹祝南　良師矜式留人間
毓麟伯慧紹箕業　方言集韻富内涵
河汾門下聚賢士　時雨春風沐蕙蘭
枌榆文事時關注　韓苑傳薪成美談
鮀島語研抒卓見　探究潮學釋鴻篇
通家世誼倍欽仰　饒著勤研譜錦箋
耋壽舌耕五八載　李桃滿載競揚帆
教澤流徽添福壽　笑望茶齡信步攀

韓師　同庚後學林英儀敬賀
邑人　八十六齡邢錫銘恭書
歲次辛卯春月

（原韩山师范学院院办主任）

深情厚谊

好友忆旧

恭贺伯慧八十华诞

黄雁洲

暨南大学中国语言文学系发给我一份《邀请函》说："2011 年 7 月份系我国著名语言学家詹伯慧教授八十华诞暨从教五十八周年的喜庆日子。詹伯慧教授在语言学界德高望重，贡献良多。为回顾他老人家的业绩，推动语言学研究向前发展，暨南大学汉语方言研究中心拟于 2011 年 6 月举行一次学术研讨会，隆重庆祝詹先生八十华诞暨从教五十八周年。"来函邀我撰文并附照片等。

我是语言学的门外汉，但与詹教授认识已有六十四年了。在此或可谈谈我俩之间的个人交往，以表我对詹教授八十大寿的热烈祝贺！

我与詹教授相识始于 1946 年。是年夏天，我从广西偏僻山村来广州投考高中，获当年国立中山大学附属中学录取。入学后，和伯慧同窗三年，同住景堂院集体宿舍，同享公费待遇，同在学校食堂用餐。同学们来自四面八方，讲各种方言。我刚从乡下出来，广州话也说不标准。日常除认真听老师讲广州话学习语言外，还暗自练习用广州话读书，不敢多与同学交流。伯慧口齿伶俐，会用广州话、潮汕话、客家话、普通话等与同学们交谈，令我十分羡慕。一天，我见他在操场上骑单车，当时我未学会上车，我主动帮他踩车、上车，自己也租辆单车同他一起踩。一个星期天，我俩约了班里的几位单车老手，从学校骑车去黄花岗郊游。伯慧识路，他踩车在前头，我跟在最后。路上互相关照，笑声不断，很快到了黄花岗。我们在墓园里转来转去，放心踩车，大声呼叫，十分兴奋！又在七十二烈士墓前照相留念。从此，我和伯慧交上了朋友。

伯慧出生于岭南词宗詹安泰书香之家，读书很用功。他记忆力很强，记车牌号码和电话号码在班里是一流的。他读书简直过目不忘。他长于语文科，学习英语进步很快，常得到英文老师的表扬。课余时，他常用些学到的英语和同学们开玩笑，十分幽默，同学们都很喜欢他。伯慧很有正义感，很爱国。1946 年圣诞节，北平发生"美军强奸北大学生沈崇事件”，引起全国学生举行反美示威游行。1947 年 1 月 7 日，广州全市大、中学生进行示威游行，队伍在我校操场上集中后才上街，伯慧就在游行的队伍里。1947 年 5 月 31 日，广州大、中学生又举行“反饥饿、反内战、反迫害”的示威游行。当天早上，伯慧从石牌家里回校，他向我们讲述了昨晚他在中大体育馆内看见大学生们集会的情景。他积极鼓动同学们参加当天的“五·三一”示威大游行。在中大附中游行队伍里，伯慧走在中排，前面有侯瑞珍、邓杰等同班同学。至今我还保存着这张照片，戴着布帽的伯慧同学的英姿清晰可见。当我们的队伍行进至长堤大马路时，突遭反动派特务打手的疯狂袭击。同学们和特务打手搏斗、驱逐干扰后，队伍又集合返回惠爱路（今中山四路）中大附中操场，继续控诉反动派的暴行。伯慧始终走在队伍里。

次日，反动当局派军警进入中大石牌校区，搜捕进步学生，居住在石牌的伯慧目击了这些事情。他回附中后向我们讲述了所见所闻，同学们非常痛恨反动派镇压学生的暴行，敢怒不敢言。此后，伯慧和我们不再进行公开的活动，只是秘密传阅一些进步书报，埋头读书。1948 年淮海战役后，国内形势发生了急剧的变化。伯慧和我都积极准备毕业考试，当时他就对我说：“准备读语言系。”

1949 年上半年，平、宁、沪已先后解放，大军过了长江指向南粤。我们在 6 月底考了毕业试放假后，伯慧返回石牌中大教授住宅区他父亲家居住，我和外地来的同学仍然住在景堂院集体宿舍等候高考。是年 7 月 23 日凌晨，国民党军警进石牌中大校区抓走师生两百多名。我由地下学联组织安排迅速撤离广州转移去游击区，从此我与伯慧分手。是年 10 月，我随部队返回解放后的广州，在公安部门做侦察、预审、反特工作，与同学们无缘接触。自 1949 年 7 月，我和伯慧失去联系之后，历经二十五年，才得以恢复。

那是在 1975 年初，我在广州工业部门工作，因公出差到武汉。我利用工余去武钢探访同班同学邓杰兄，相约一起去珞珈山武大寻访伯慧。那些年，电话不普及，去见詹伯慧未能事先打个招呼。历经四分之一世纪，杳无音讯。当我和邓杰兄突然出现在詹伯慧面前时，他眼看我良久，却想不起我是谁。待邓兄说出我的姓名，伯慧才“啊”一声拉住我的手，喃喃自语：“我以为你已不在人间了呀！”三位老友抱成一团，严冬酷寒顿然消失。久别重逢，我们仿似又回到了二十五年前热血沸腾的时代！

当天夜里，伯慧留我住在他家。那时，他一家三口，妻子在武钢医院当医生，女儿在小学读书。他家住在一间小平房内，约 30 平方米。当晚，他的夫人和女儿住在后房，我和伯慧住前房。两人同床共枕畅谈，伯慧给我讲述了他在“文革”中的遭遇，至今我还记得他的故事。他说，有一次，他被批斗站在讲台上，台下有个教授叫喊：“詹伯慧的手表拿出来！”恰恰，他的手表给了妻子使用。那个教授又说：“詹伯慧的手表是发报机。国民党在新中国成立后不久来炸白云机场，就是詹伯慧发报的。”工宣队一听，那还了得！唯恐伯慧通知妻子把手表藏起来，马上将詹伯慧押到妻子工作的武钢医院，把手表取去检查。过了几天，查无实据，才把手表还给他。

在“文革”批斗的日子里，詹伯慧吃尽了苦头，受尽了凌辱。但詹伯慧始终相信真理终能战胜谬误，小人得道的日子不会太长。他虽被加上莫须有的罪名，但只是一笑置之。“文革”的中后期，武汉大学去农村办分校，詹伯慧无论被分配干什么工作，他都不计较，毫无怨言，勤勤恳恳，乐观向上，埋头苦干。学校要他去教小学生学英语，他可以把全校学生的英语课都包揽下。学校又分配他去盖房子，做泥匠，没人教，全靠自己摸索。在冬天很冷的日子里，他也能穿着单裤跑到泥塘里用脚拌泥。1974 年，全国开展“批林批孔运动”，中央下发的文件上有些孔夫子的话，造反派看不懂，学校又派他去做辅导，当语文教员。

重逢那天晚上，我俩几乎合不上眼。特别是由于他家的猫儿因房门关了，进出不能，猫儿用爪扒门，伯慧得起来关照门户，令我俩更不能安睡。早上起来，我向伯慧建议，我帮他在房门上开个猫儿洞，他觉得此主意甚佳，于是拿来工具，由我动手将那扇木门卸下来，在门下底部开个猫儿洞。关门时，猫儿仍可自由进出，随时出入追捕老鼠。我们吃早餐时，他夫人陈雅仙医生赞我的小手艺快捷顶用，令我俩不禁捧腹大笑起来。一夜未眠的倦意，就此完全消除了。

伯慧与我自附中分手，失去联系二十五年，现偶然恢复起来，多么值得珍惜啊！改革开放后，我调到广州法院工作，他仍在武汉，我俩虽身处异地，友谊却常在怀中。自重逢见面后，他常给我写信，谈工作，谈家事，叙旧情，问候同班同学，等等。行文如流水，热情奔放。尤其是在 1980 年 4 月至 1982 年 3 月，他被派往日本东京大学讲学的那两年里，他在百忙之中不忘友情，不断地给我写信，并附寄他在报刊发表的《东瀛杂记》和《樱花随笔》等佳作，令我眼界大开，得益不少。詹教授是我的高中同窗，现可是我的语文老师。我俩既有同学之情，又有师生之谊。

詹教授和我自 1975 年于珞珈山重逢至今，转瞬又过去三十五年了。在我收到暨大的《邀请函》后，我将伯慧寄来的信加以整理，竟有四十多封、百多页。在我俩的个人交往中，我深深感到，詹教授从中学时代就对语言学特有天赋，读书非常认真，记性又好。他重视友情，乐于助人。他爱国爱生，能言善文，敬业勤奋。他在语言学上倾尽全力，然而道路并不平坦。只有在打倒“四人帮”、改革开放后，阳光普照中华大地，他的聪明才智始得以充分发挥。数十年来，他著作等身，桃李满园，成就不菲。目前，他仍孜孜不倦地写作，不断追求学问，以谋更大的发展。在庆祝詹伯慧教授八十大寿暨从教五十八周年的大喜日子里，我衷心祝愿詹教授寿比南山！高徒满园！家庭幸福！万事如意！

（广州市中级人民法院离休干部）

友谊长存

阮绍光

欣闻2011年将为与我相交六十二年的学友詹伯慧隆重庆祝八十华诞和从教五十八周年，不尽感叹时光流转之快。当年英才少年，竟被称为“他老人家”了。八十大寿、五十八年耕耘在语言学术领域，著作等身、勇于创新、桃李满天下，怎能不令人仰慕、尊敬！

中国语言学大师王力先生所指引的航向，把弟子们送到科学院、高等学府、出版社、报社、政府机关，其中有詹伯慧和我的同窗学友，大家勤勤恳恳努力为中国的语言文字科学作贡献。伯慧遵循先师王力的足迹，自己在教书育人的岗位上身教力行，培育出一批又一批优秀人才，不断地丰富了中国的语言学。

我不能忘记，1949年晚秋，首次与伯慧见面那一刻。当时，我25岁，同宿舍住进一位18岁少年，原来是本校中文系主任詹安泰教授的长公子。从此，我们建立了情同手足的友谊。我帮助小师弟学法语，小师弟帮我学中文。伯慧天资聪颖，家学源渊，对法语发音的关键音能很快掌握，显示出语言天资。我们俩还一同参加了中文的文字改革、拉丁化“新文字”的研究和实际运用。伯慧勤学慎读的学习态度给我树立了一个好榜样。

我不能忘记，1950年的春节，我受邀在伯慧家过了一个温馨的春节。师母烧出来的菜，吃在嘴里，其味道和我那远在天那边的母亲做给我的一模一样。师母慈爱，师尊待我如自己子弟一样谆谆教导，我有家了。漂泊在外，有家的感觉，真是暖在心间。

1951年8月，我们要分手了。伯慧留校继续学业，我被分配去北京工作。从此，见面虽不可能，但心仍连在一起。

我更不能忘记，1976年1月，在那风雨如晦、严寒逼人的日子里，我回越南探亲，乘坐的列车经过武汉时，伯慧到车站为我送行，祝我一路平安。此时此刻，是友谊把我们的手牵在一起。火车一声长鸣，我们的手分开了，但那温暖的一握，一直伴随着我走在回国的路上。

1982年，由于伯慧在学术上的造诣、语言学上的才能，由国家推荐到日本东京大学执教并不断走出国门讲学。此时阳光普照大地。伯慧又荣任全国人大代表、政协委员、中国语文现代化副会长等职，时常来往北京。每一次在北京见面，如一次在京工作的中山大学语言学系的学友大联欢，各自捧出新作互相切磋。我从伯慧的著作中不断吸收新的养料，更进一步地热爱中国语言科学，中肯、准确地理解中文，从而无误地将中国发生的事物介绍给法语界读者。

我与我的中国恩师、我的中国兄弟、我的中国同窗学友，有说不尽道不完的恩情友谊。

在这里再一次谨祝伯慧健康长寿，永远是语言学界的常青树！

（越南朋友，《今日中国》杂志社法语专家、中国外文出版发行事业局国际传播终身荣誉奖获得者）

能讲三种纯正的汉语方言的詹伯慧教授

周耀文

詹伯慧教授是我国当代著名语言学家、汉语方言学家和教育家。他不但在语言学、汉语方言学理论上有很深的造诣，而且是一位在汉语方言调查研究、语言应用研究方面取得最丰硕成果的汉语方言学家。他能讲三种纯正的汉语方言母语——潮州话、客家话和广州话，并且三种方言都有许多论著，如《广州话正音字典》、《广东粤方言概要》、《粤北十县市粤方言调查报告》、《饶平客家话》、《中国大陆客家话方言的研究与应用》、《广东客家方言研究之我见》、《潮州方言》、《潮州话的一些语法特征》等，这在我国汉语方言学家中是绝无仅有的。在广东，能讲两三种方言的人不少，但三种都能达到纯正"母语"水平的则极少。我年轻时也会讲三种方言，但除了能讲一种纯正的潮州话（揭阳音）外，其他两种是到中学、大学时才学到的，所以讲得不准，一开口就露"马脚"。但詹先生能说的三种方言都达到纯正的"母语"水平，对方听了，都认为他是本方言区人，是同乡。伯慧是我的老同学，他一进校门就让同学们刮目相看。大家见到他遇见潮州同学说潮州话，遇见客家同学说客家话，遇见讲粤方言的同学说广州话，遇着外省同学说国语（现叫普通话），而且三种方言都说得纯正，国语也说得流利，这使同学们既羡慕又感到不解。对此，我记得曾问过他的"家史"和他习得三种方言的"方言学史"。伯慧说，他母亲是潮州市人，讲潮州话。1931 年他生于潮州市，从幼儿起，跟着母亲和外婆说潮州话，潮州话是他的第一母语。他父亲（中山大学中文系教授）是广东省饶平县新丰镇人，新丰镇讲客家话，父亲是客家人。六七岁时，伯慧跟母亲回到父亲老家新丰镇读小学，小学上课讲客家话。他在这里习得客家话，客家话是他的第二母语。1938 年日寇侵占广州，中山大学从广州搬到云南，后又迁至粤北坪石，伯慧从饶平老家被接到坪石和父亲住在一起，在坪石广同会馆办的小学读了两年高小，直到毕业，那里的老师是用广州话教学的，坪石市面上也大都用广州话交际。年幼的伯慧就开始习惯于三语并举的语言生活了：在家跟父亲说客家话，跟母亲说潮州话，一出家门，就在学校里和社会上说粤语，粤语已开始成为他的第三母语了。小学毕业时侵华日军从湖南南侵，意在打通粤汉铁路，坪石告急，中山大学又东迁梅州。这时，父亲干脆把伯慧送回家乡读初中，这就又让伯慧在饶平上饶区立初级中学（饶平四中的前身）过上了三年寄宿学校的生活，有机会天天跟老师和同学说客家话。1945 年日本投降，中山大学搬回广州，伯慧也在那年夏天回到广州，在中山大学附中读高中，这时校内校外都讲广州话。但在家里，他仍然对母亲讲潮州话，对父亲讲客家话，对兄弟姐妹和同学老师则离不开广州话。詹家俨然成为一个多方言的"杂居区"。1949 年，伯慧考进中山大学文学院王力先生创办的语言学系。大学都用国语授课，他进一步学得一口流利的国语。由于他能讲广东三种纯正的方言，三种方言都是他的母语，讲各个方言的人又都是他的“同乡”，所以他没有狭隘的某一个方言的乡土观念，也没有对单一方言的特殊感情，他对三个方言只有博爱而没有偏爱，他超脱了。

伯慧的父亲詹安泰先生，是新中国成立前中山大学中文系的老教授，著名诗词家。伯慧是书香门第的后代，自幼便受文学的熏陶，报考大学时理应报考中文系以接父亲的班，但他不报考中文系，而是报考了王力先生新创办的语言学系，这与他能掌握三种方言母语有密切的关系。可以说，他所掌握的三种方言是促成他报考语言学系的动力，也是他此后在大学任教，一直担任方言学教学，在教学中取之不尽用之不竭的教学资源，更是奠定他成为当代汉语方言学大师的特有基石。

从詹伯慧先生能掌握三种纯正的方言母语的事例，我们可以得到以下几点启示：

（1）“母语”是指幼儿童年首先习得的语言（方言），一般只能习得一种，但有机遇处于特有的语言环境者则可以习得两种、三种，甚至更多一些的语言，只要它达到纯正的水平，都可称为“母语”。

（2）多语言、多方言杂居区和“多语（方言）交际家庭”是习得多种语言、多种方言的语境。

（3）幼儿学习（模仿）语言，无人种、语种的界限，无语言难易之分，任何语言都可以说得准，都可以成为“母语”。

（4）在“国家推广全国通用的普通话”，各级各类学校都采用普通话教学（这是国家的语言政策）的情况下，如果各个方言区（尤其是城镇）的家庭父母坚持对其子女使用方言，便可以延续方言的存在，继续发挥方言的作用，否则方言使用人口便会逐渐减少，逐渐衰落，甚至失传。

詹先生很重视方言区城镇家庭中父母对子女使用方言的问题。2010 年 6 月 9 日，詹伯慧先生在一次接受《羊城晚报》记者张演钦的采访中，对于有人说，由于幼儿园和小学使用普通话教学，导致小孩不会说广州话时回答说：“你的小孩在幼儿园里说普通话，在家里你就完全可以和他说粤语，你不应该让他忘记了生下来就学会说的广州话。如果家长在家里说粤语，但孩子不懂粤语，那是家长的责任，说明你和孩子用粤语交流得太少。”回答得好，这是詹先生习得三种方言继续兼用方言的亲身体验，值得重视。

詹先生执教近六十年，他教学、调研、著书立说三结合，同时重视方言研究与语言应用。他积极贯彻“国家推广全国通用的普通话”的方针政策，重视民族共同语和方言之间的使用发展关系。他有几句真知灼见的佳句，他说：“共同语和方言是同源异流，共同语一经形成，其他方言就要服从它，构成主从关系。任何一个主权国家，任何一个发达民族都必须建立自己的共同语，推行自己的共同语。”[①]“共同语功能的充分发挥，当然就会相对削弱方言在社会上的作用和影响，这是一个统一的国家、一个发展民族在社会发展中必然的结果，是符合国家民族利益的，也符合全体人民，包括方言地区人民的

① 詹伯慧：《普通话“南下”与粤方言“北上”》，《学术研究》1993 年第 4 期。

利益的。”[1] 又说：“哪怕是像粤语这样的‘强势方言’，在我国语言社会中所处的地位，也就必然只能从属于全国通用的语言——普通话。”[2] 这些话提高了人们对方言与民族共同语的使用关系和推广普通话的重要意义的认识，值得褒扬和宣传。

詹先生从 1953 年至 1983 年任教武汉大学。1983 年调入暨南大学任教授。1985 年任暨大复办后首任文学院院长，兼任汉语方言研究中心主任，现为名誉主任，一直至今。1980 年至 1982 年，他作为我国首位教育部推荐的语言学者受聘到日本东京大学讲学两年。此后，先后在法国高等社会科学院、新加坡国立大学、美国加州大学、香港大学、香港中文大学、香港科技大学以及台湾中央研究院等著名高等院校或学术机构担任客座教授或开设讲座，在海内外享有很高声望。1990 年他被国务院学位办评为博士研究生导师，在暨南大学中文系建立第一个博士点——现代汉语博士点。1991 年开始招收汉语方言学博士研究生。迄今，詹教授已培养博士研究生 29 人，硕士研究生 9 人。他桃李满天下，业绩卓著，1992 年获国务院颁发“有突出贡献”证书，享受政府特殊津贴。

詹教授执教一生，著书立说一生。他已刊行的专著逾 30 部，论文逾 300 篇，现仍孜孜不倦，执教不休，笔耕不止，为我国建立现代汉语方言学作出了巨大贡献。今年 7 月 10 日是詹教授八十华诞，我因年老，不能亲赴羊城拜寿，特撰此文，以表贺忱。敬祝詹夫子福如东海，寿比南山，老当益壮，再写千篇。

（中国社会科学院民族学与人类学研究所研究员）

① 詹伯慧：《试论方言与共同语的关系》，《语文建设》1997 年第 4 期。
② 詹伯慧：《小议方言区的双语应用问题》，陈恩泉主编：《双语双方言》（八），汉学出版社，2005 年版。

半个多世纪的情谊

——我与詹伯慧的交往

欧阳觉亚

我和詹伯慧很早就认识，从1949年开始，到今天足足过了六十二个春秋，比一个甲子还多。在这漫长的年月里，我们始终保持着友好联系，互相关心、互相帮助，胜似手足。参加工作以后，虽然彼此相隔千里，但仍然经常有机会见面，我几乎每年都要去南方出差，而他也经常来北京开会，彼此见面的机会很多。就是退休多年以后，相见的机会也不减当年，这也许是缘分。现在我们不知不觉已步入耄耋之年，但仍然来往不断。每次见面都和过去一样，海阔天空地谈论家事国事。同学们按照广州话的习惯称呼詹伯慧为阿詹（即老詹）。他为人爽朗坦荡，个性好动，喜欢会友，而且消息灵通。他每次来京都不辞劳顿走访大家，大家自然也盛情相待。从他当上全国人大代表和全国政协委员以来，每年来京开会以后，都要抽时间与老同学们相聚，这已经成为我们在京老同学们的习惯。80年代初，他完成在日本东京大学两年的教学任务后回国，在北京逗留期间，他母亲和夫人陈雅仙医生趁机来京相聚。他夫妇住在离我们家不远的王力教授长公子王辑志家，而他母亲就住在我们家。我们每天在一起生活，每天聊天沟通，非常融洽，从此我们两家就更加亲近了。

詹伯慧天资聪慧，性格外向，喜爱写作，是我们班同学中的佼佼者之一。早在大学时期，他就利用学到的外语翻译小书出版。工作以后，只要做过什么，到过什么新的地方，就发表随笔、杂谈等文章。而我们大多数同学只顾十年寒窗，埋头读书、工作。阿詹有一个别人少有的条件，就是他的家庭背景使他有利于成为一个汉语方言学家。他父亲是客家人，母亲是潮州人，他从小生长在广州，使用广州话，又较早学会普通话，这对学习研究汉语方言有无比的优越性。

学生时代的回忆

我们在1949年考取了中山大学文学院语言学系，同班的有我和詹伯慧以及另外两名同学，后来那两位同学都退学了，又增加五位复学的同学，全班七名同学，一直到毕业。大学时代的生活很值得怀念，我对这段时间的生活记忆犹新。记得开学以后，我和詹伯慧情趣最为相投，两人形影不离。他的许多优点和习惯爱好，对我的影响很深。我们喜欢文艺活动，跳舞、听音乐、唱英文歌曲、看电影、弹钢琴等都参加。学生会举办的舞会少不了我们，我们经常参加“学生公社”每周举办一次的交响乐欣赏会，课余饭后，我们练唱英文歌曲，课外活动时间，我们到师范学院钢琴室自学弹钢琴，十多天后，因为越练越难，又无人指点，就知难而退了。体育活动方面也经常进行。最有意思的是打篮球，我们班刚好凑够五个人组成一个临时球队。有几次跟别系的同学打球，按规定打赢的继续跟另外一队打，打输的退场。我们是临时球队，只会乱跑乱抢，容易犯规，投篮命中率不高，可是伯慧老兄虽然身体不够壮实，不敢跟人拼抢，但躲在篮筐底下，一有球来就往上送，一中再中，连连得分。这样我们这个杂牌队竟然赢了训练有素的对手，正所谓“盲拳打死老师傅”，大家兴奋不已。这里詹伯慧这个前锋立了很大的功劳。

在学习方面，我们对英语颇感兴趣，就相约旁听英语系二年级的课，开始听不大懂，后来慢慢习惯了，就基本上懂了。在课余时间，有时两人用英语练习会话，虽然词不达意，但彼此都能理解。有时也去旁听中文系的课。这些活动都是我们两人共同的行动。在专业课方面，对王力教授的现代汉语语法很感兴趣，有时相约到王先生家里请教语法问题。有时利用星期天休息日跟系里同学到岑麒祥教授家里做客，或在校园里游玩，老师学生犹如一家人一样。

在生活方面，伯慧兄好像成熟得比较早，对什么都感兴趣，在学校时就有女同学常跟他来往了。而我在这个时候还处于“蒙昧时代”，在这个问题上没有向他看齐，只喜欢舞蹈、打球等文体活动。

光阴荏苒，大学生活就要终止了，转眼就面临毕业和工作分配这个问题。我和另外两位同学被分配到中国科学院语言研究所，詹伯慧被分配到武汉大学。从此，我们天各一方，独自施展自己的才能去了。

老同学新伙伴

1956年夏，由于工作的需要，我从工作过两年的广西少数民族语言调查第一工作队被抽调到海南分队参加黎语方言调查，打算为黎族创制拼音文字。碰巧，队长袁家骅教授把在北大进修汉语方言学的詹伯慧派遣到海南分队，参加黎语的调查工作，同时要他抽空调查海南三亚的汉语方言——崖城的军话和迈话等。郑贻青刚好从民族学院毕业，也被选拔到海南分队，我们三人刚好被分配到一个小组，全组约十个人。彼此分别三年的老同学又重聚在一起了。记得在海南头一次下乡，我们计划先从通什（今五指山）乘车到崖城，然后走两天路到乐东县。到了崖城后，雇了挑夫运送行李和调查材料，第二天一早出发，可是行走没多久就遇到刮台风，我们被迫暂时借住在一个农场的仓库里。台风过后，第二天立即上路，一路上水沟纵横，行人要不断地过沟过河。为了赶路谁也来不及脱鞋挽裤，大家就直接蹚着齐腰深的水过去。一天总共要涉水七八次。最难熬的是在烈日下走路，台风过后，太阳特别猛烈，还没走到半路大家随身带的水壶早已空空如也。荒山野岭没有人家，找不到水喝，大家口渴难忍，看到田边有流动的清水，有人就不顾一切地喝将起来。当时大家虽然很累，但都不觉得苦，因为路上有伯慧兄为大家说笑鼓动，早把渴和累忘记了。

乐东县黎语调查结束，小组经过两天步行又回到崖城。詹伯慧还有另外的任务，调查当地的汉语方言。作为小组长的我，当时只顾调查黎语，对他的任务重视不够，没有给他安排足够的时间和条件调查军话和迈话。尽管这样，他也没有很多的意见。不久他回到北京，很快就在北大的《语方学论丛》上发表调查结果的文章，并寄送给我。当时我在高兴之余回想我这个组长对他照顾得不周，真有点儿内疚，至今仍难以忘怀。

从70年代末以后，我们经常有机会南下，而詹伯慧又经常来京，两家人来往频繁起来。每次我们到海南出差，路经广州时，尽量抽时间前去暨大探望詹伯慧和陈雅仙医生伉俪，而阿詹每次到我家都带来礼物，有时是雅仙医生送给贻青的食品或用品，有时是他刚出版的著作。有一次他出差新疆，回京时给我们带来了一个大哈密瓜，有一次从广州来又给我带来几大本专著：《珠江三角洲方言词汇对照》、《粤西十县市粤方言调查报告》、《粤北十县市粤方言调查报告》，以后凡是他出的书无一不送给我参考。这些宝贵的资料对我从事粤方言研究有很大帮助。当然，我出版的著作也少不了要送给他，尤其是有关广州话方面的。有一次他对我说，他在介绍广州话时所用的参考资料主要是我的著作，听了这话，我甚感欣慰。

人们常说，当老师好，桃李满天下。詹伯慧就是这样。每次到暨南大学见到他跟年轻老师们在一起开会、研究问题，一介绍无一不是他的历届学生。我们跟他调侃说都是"詹家军"。他的高足都早已是博士、教授，成为学校的支柱，而如今他还为培养最后一批博士生而忙碌着。我们见他身体过于劳累，曾劝他说工作是干不完的，见好就收。前几年他在家摔断了腰骨，以为他从此可以歇息了，没想到不几个月又恢复如初，还是干他的本行。为了锻炼身体，他坚持每天晚上到运动场上练快走，一走就是五圈。现在走起路来还健步如飞。有一次我们去找他，他不在，雅仙医生说"他百足（蜈蚣）那么多爪，不知跑到那里去了"。2008年冬，我们班的老同学从四面八方赶到香港城市大学参加第十三届粤方言研讨会。开会之余，我们中大语言学系的老同学借机大聚会，会后走访了伯慧和雅仙的住所，然后一起回广州拜谒母校的老师。回想1953年我们在中山大学毕业时，同学们表示以后在北京天安门前再见，想不到大家离校五十五年，退休多年之后又一起回到母校重聚，而且各人带着各自的眷属，带着各自的成绩向母校汇报，与老师们欢聚一堂。

（中国社会科学院民族学与人类学研究所研究员）

温故知新，再创辉煌

——祝詹伯慧教授八十华诞

徐思益

一、解题赘语

1998 年，暨南大学为詹伯慧教授从教四十五周年举办了学术研讨会，出版了《立说传薪风雨人》纪念文集。我曾写了一篇短文《一友三益——祝詹伯慧教授从教 45 周年》(见该文集)。题目是套改《论语》“益者三友”的含义，说明我因有伯慧这位挚友而获得了做人、做事、做学问三大教益。今年（2011）是伯慧教授八十华诞，更值得庆贺。我又借用《论语》“温故而知新”的老话翻新为文，表达我对伯慧兄的祝福和期望。所谓“温故”，是重温并信守我在十三年前《一友三益》中说过的话，也是重温我们漫长的真挚友情，故将全文录入“二、旧话重读”。所谓“知新”，是伯慧兄老当益壮，仍在为中国语言学奋发努力，开拓新局面，必将再创辉煌。

二、旧话重谈

詹伯慧教授是当代著名语言学家，他先后执教于武汉大学、暨南大学，培育出硕士、博士生数十人，又曾到日本、法国、新加坡等国高等学府讲学，真是桃李满天下。他广博精深，著述甚丰，多有创见。他为人雍容大雅、贤愚同等，可谓友谊遍四海。概言之，他的做人、做学问都是我们应该学习的。

我在 50 年代就知道伯慧兄的大名，读过他的不少文章，他是我辈中人的佼佼者。我们最早在《关于建立新的“语言学引论”课程的讨论》(《中国语文》1959 年第 4 期)中就与伯慧兄的学术观点有过认同和争鸣。由于我在祖国的西北边陲新疆工作，虽然与伯慧兄神交已久，却无缘面晤，接席论道。

我国实行改革开放政策后，1979 年 4 月，我到兰州参加黄伯荣、廖序东先生主编的《现代汉语》(教材）的学术讨论会，才有幸与伯慧兄初面。他的道德文章给我留下了深刻印象。接着，1979 年 8 月，我们在乌鲁木齐召开由李兆同和我主编、全国五所高校参编的《语言学导论》(教材）学术讨论会，又邀请伯慧兄参加讨论指导。他在讨论会上发表了许多富有建设性的意见，为我们改革开放后出版的第一部理论语言学基础教材作出了贡献。

从这以后的二十年来，我与伯慧兄或在全国的一些学术会议上，或在中国民主同盟中央全会期间，或在全国人大、政协两会期间相见。这样，我们就有更多的机会在一起共话衷肠，谈道德学问，议国家大事，堪称莫逆之交。古人说，益者三友，“友直、友谅、友多闻，益矣”。我得伯慧兄这位良友，可谓“一友三益”。

伯慧兄在汉语方言研究方面独具慧眼，颇多建树。我国方言学者研究汉语方言多偏重语音描写，普遍认为，汉语方言的差异，主要在于音系方面。伯慧兄较早就提出对方言进行语音描写，同时强调应该调查方言的词汇和语法，进行综合研究和比较研究。他在深入调查了一些重要方言之后，发表了《粤方言中的虚词“亲住翻埋添”》（《中国语文》1958年第3期）、《潮州话的一些语法特点》（《中国语言》1958年第5期）等一批很有说服力的文章。这是对方言调查和方言理论的新建树。他对汉语方言进行综合研究和比较研究后，提出把闽北、闽南方言合成一个大方言区的观点，主张汉语方言应划分为七大方言区，这是对汉语传统方言划分的突破。90年代，他调查了我国语言生活实际情况后，在香港中国语文学会上作了“普通话‘南下’和粤方言‘北上’”的学术讲话，令人耳目一新。他进而提出，在当今汉语社会中，存在着多种形式的汉语双方言（多方言）现象，构成一幅幅绚丽多彩的语言生活多元化图景。他认为汉民族共同语（普通话）和方言的关系只是主从关系，推广普通话不是要方言退出交际舞台，自然消失；普通话和方言两者各司其职，有主有从，构成互补和谐的良好语言环境（见《再论方言、共同语与双语制问题》，载《双语双方言》（三），汉学出版社，1994）。坦率地说，恕我愚顽，对于伯慧兄提出的这一新思想，我是经过几年的思考和实际的语言调查研究后才有所认识的。因为，根据经典的说法，在语言发展过程中，共同语占着统治地位，并使方言服从自己；方言逐渐“丧失了自己的独立性，融入这些语言中，并在这些语言中消灭了”（斯大林《马克思主义与语言学问题》）。看来，经典说法未必正确。伯慧兄对双语、双方言调查得出的结论，以及我们对新疆少数民族使用汉语情况的调查结论（见《语言接触与影响》，新疆人民出版社，1997）都有力地证明，当今社会普遍存在着双语、双方言现象，并在进一步扩大发展，它们各司其职，共存共荣，不存在谁消灭谁的问题。据此可以说，伯慧兄的这一新思想，不仅匡正了我多年存在的偏颇认识，尤为重要的是，他从方言研究中升华出来的思想，丰富了理论语言学。所以，伯慧兄成了我“友直”、“友多闻”的益友，这绝不是空谈。

伯慧兄立足教席，心怀祖国，待人真诚，肝胆相照。我们在一起谈问题，总是讲真话，谈热点话题。最多的话题是谈如何振兴教育，培养高质量的人才，尽快使国家富强起来。记得大概是五年前，我与伯慧兄闲谈，我说你们广东是全国首富，各方面建设都不错，应该在人财物方面多帮助像我们新疆这样的贫困落后省区的建设。伯慧兄不假思索地直言道，我到你们新疆考察过，相比之下，并不是我们广东什么都好。我们粤北山区也有几十万农民生活在贫困线下，我们城市的精神文明建设就问题很多，还不及你们乌鲁木齐干净。总之，任何事物都有正负两面，没有十全十美的，你们新疆也有许多优点嘛。确实，看问题要考虑到正负两面才叫全面，要多看到别人的长处，多找自己的短处，取长补短，才能进步。推而广之，伯慧兄的话也是做人、做事、做学问的箴言，使我受益良深。

1998年是詹伯慧教授在教学科研战线上辛劳耕耘四十五周年，正是秋光娇艳、硕果满枝的丰收时节，作为同行好友，我写下一些我的心里话，祝愿伯慧兄再创辉煌，为祖国富强、为人民幸福、为语言科学的发展持续奋斗。

三、再创辉煌

时间过得真快，我已八十有四了，二十年前因视网膜脱落医治后，视力减退得很厉害。伯慧兄也进八十高龄了，去年，他打电话告诉我说已经是“一目了然”。或许我们是同病相怜、同心相印，在闭眼之前，我们还在想汉语怎样发展，走向世界的问题。这里，我要特别说明的是，怎样使语言学论著让一般人读懂，能够应用到人们的实际生活中去，提高全民族的语文水平，是人们普遍关心的一件大事，却无人敢于尝试解决。令人非常高兴的是，近日我收到暨南大学出版社的约稿称：近期我社请著名语言学家詹伯慧教授主编一套通俗、适用的语言文字丛书“大家小书”，望能为丛书撰写书稿。并赠寄我一本伯慧兄首写的“大家小书”——《语文杂记》作为样书参阅。翻开丛书主编詹伯慧教授为“大家小书”撰写的《总序》说：“这套丛书的定位是以‘大家’的学问来撰写篇幅不大的普及性读物，力求深入浅出，通俗易懂，把‘大家’的精深学识和独到见解以浅显的语言传达到广大读者中去。”他进而表态说：“正是基于这种认识，作为一名在语言园地耕耘了半个多世纪的‘老农’，我很乐意在垂暮之年接受出版社的建议，担当起组织‘大家’编写这套丛书的责任来。”这说得多么真诚动人啊！

学人知道，语言科学跟自然科学近似，注重事实，凭材料说话，不容半点儿虚假。它不同于文学艺术作品，没有故事情节、人物形象和自然情景。语言学论著概念术语多，还常用外文、符号、图表表述，使读者感到难学、难懂，似乎学了也没有多少用场。我曾接触过两位教汉语的退休教授，当和他们谈到退休后会有更多的时间研究汉语时，他们很干脆地回答：“退休后读点儿闲书消遣，语言这东西太枯燥了，研究它太费脑筋了。”仅此可见，要想主编一套通俗适用的语言学科普读物，其艰巨任务颇有“难于上青天”的感叹。然而，伯慧兄却说，“乐于在垂暮之年”接受这一任务。这种“登泰山而小天下”的气魄，正是我辈中人老有所为、老有所乐的典范。我深信伯慧兄必定成功，我愿摇旗呐喊，助伯慧兄再创辉煌。

（新疆大学中文系教授）

岁月悠悠，情意绵长

——与伯慧先生交往琐忆

许宝华

我和伯慧先生是年轻时因与方言工作结缘而认识的。半个世纪以来，汉语方言调查研究的种种工作和事情，仿佛一根不断的红线把我们联系了起来，在悠悠岁月中产生和不断加深了彼此间的情谊。

20 世纪 50 年代后半期，因开展全国汉语方言普查工作的需要，各省市从高校和教育部门抽调部分青年教师和工作人员经培训后从事此项工作，普查工作结束后进入撰写调查报告阶段，各省市各地区之间的学术交流研讨活动多了起来，继续从事方言教学和研究工作的青年教师也就多了参加会议和结识同行朋友的机会。

1963 年 8 月，福建省方言普查工作指导组在厦门召开福建方言研讨会，重点讨论普查成果调查报告稿《福建省汉语方言概况》，邀请北京中国科学院语言研究所陈章太、张盛裕，北京大学王福堂，南京大学施文涛，武汉大学詹伯慧，中山大学黄家教和复旦大学的我共七人作为外省市的同行代表与会。会上对汉语方言的分区、福建方言的划分以及莆田、仙游话的归属等问题进行讨论，大家畅所欲言，十分热烈。会后，伯慧兄和家教、世民一起，把在会上的发言整理成一篇文稿《有关汉语方言分区的一些问题》联名发表在《厦门大学学报》1963 年第 4 期上，引起了全国方言学界的关注。

会后，厦大的陈世民（英语系教师）和李如龙两位陪我们外地七位同志游览厦门南普陀，施文涛带来相机要合影留念，如何站立，一时哄哄然。当时倒是我建议：各人自报岁数，以年龄大小依次排列。果然一下子就井然有序，拍下了今天看来很有意义、弥足珍贵的一张就任合影：前排左起第一人是黄家教先生，接着是陈世民、詹伯慧、陈章太、许宝华；后排左起第一人为施文涛，接着是张盛裕、王福堂、李如龙。大家称家教为“老大”，依次数下去，伯慧为“老三”，我为“老五”，如龙列末位，当为“老九”。后来方言界朋友戏称的“九兄弟”该由此来。现在偶尔还有老朋友提起这个“雅号”，勾忆起近半个世纪前的往事，犹有些许温馨之感呢！

20 世纪 80 年代至 90 年代二十年左右的时间里，是我和伯慧先生联系、见面最多的一段时期。

记得 1981 年秋天，我应日本中国语学会邀请出席日本第 35 届中国语学会学术年会，会上见到了波多野太郎、桥本万太郎等好几位日本著名的中国语学专家。当时伯慧已在东京大学当客座教授，也去参加这届年会。会议结束的第二天，伯慧约我下午去他那里一叙。我按伯慧事先给我画的“路线图”前往，一路很顺利。到达时，已有一位年轻人在那里，伯慧介绍说，他是东京都立大学的中国语学研究生古屋昭弘先生，对苏州话、上海话很感兴趣，说是要来向我请教的。古屋看上去质朴平和、举止文雅、一介书生的样子，普通话说得相当流利，所问问题也很专业。此事至今差不多已隔三十个年头了，我犹印象清晰，而古屋先生如今已成为一位著名的中国语学者了。

当晚我回住地，走到离我所住旅馆不远的一条地道，发现之前走去时的那个通道口走不出去了，大概那个地道的通道口晚上到规定时间就封闭了，必须改从另外的几条通道走出去。我犹豫了一下，选了其中一条通道走去，结果发现路面情况跟我去时记忆中的颇不一样，走来走去，走不到我住的旅馆所在地的那条路了。此时已是晚上十二点多了，路上行人已经很少，我又不会日语，不免有些紧张。我回头换个方向朝另一条通道走去，看到一个穿花衬衫的中年男子站在那里，身旁的衣被等杂物铺放在地道边上。我用普通话向他问话，他连连摇头。后来有朋友告知，此类日本人大多是浪人。此时我再回头走出地道口，从另一条路往前走，走到一家店铺门前，见有店员在，我就用笔在纸上写了我所住旅馆的名字，他会意到我是迷路了，就走出店门引我走了一段路，再转个弯，指指不远处我所住旅馆外墙上方竖着的高高大大十分明亮的霓虹灯店名，此时我豁然开朗了，向他连声道谢后很快回到了旅馆。要是没有那位热心的日本人为我引路，真不知在路上还要徘徊多久呢！

因上述两件事，我于1981年第一次去日本访问期间，乘便对伯慧兄所做的那次访问也就印象特别深刻，成了一段永不忘怀的往事。

1982年8月，我赴北京出席由吕叔湘先生署名邀请的第十五届国际汉藏语言学会议，“九兄弟”中出席此次会议的还有伯慧兄、家教、章太、盛裕、福堂和如龙六位。会议期间，我们在住地北京友谊宾馆的庭院里拍了张七人合影；伯慧兄还抽暇与我和家教、如龙谈了拟合作编写一本《汉语方言及方言调查》教材之事。我很赞同此事，认为这是顺应很多高校中文系已开设“汉语方言”、“方言调查”一类课程尚缺少合适教材的现实需要。

1983年5月，伯慧兄和我都去安徽合肥参加全国汉语方言学会第二届学术年会，“九兄弟”中出席会议的还有家教、章太和如龙几位。期间，伯慧约我和家教、如龙一起，讨论制订《汉语方言及方言调查》的编写大纲，确定分工编写计划，要求大家分头先把教材初稿编写出来。会后，我们四人还一起上黄山游览，由当时安徽师大青年教师伍巍陪同引路、导游。后来，伍巍考入暨大，成为伯慧先生门下的博士生，如今已是学有所成的佼佼者了。

1984年，我和伯慧先生同时接受中国大百科全书编委会的聘请，担任《中国大百科全书·语言文字卷》方言分支学科的正副主编，汤珍珠和颜逸明两位教授也受聘为方言分支的副主编。我们四人共同负责方言分科条目的撰写和审稿定稿工作。在近三年的工作过程中，我们互通音讯，交换意见，讨论问题，合作很是顺利、愉快。我和伯慧兄两人还合作编写了方言分支学科的一条长达两万余字的领头条目《汉语方言》。在此期间，伯慧兄和我等几位“兄弟”把大百科全书方言条目的编写工作跟《汉语方言及方言调查》教材的编写结合起来，修改了一部分已经写出来的教材初稿，使教材的立论尽可能与大百科方言分支的条目取得一致，以求较好较准确地反映近年来汉语方言研究的新成果。

1985年，我曾两次跟伯慧兄会面。一次是在5月，我接受香港中国语文学会主席姚德怀先生的邀请，出席香港普通话教学与测试研讨会。伯慧兄也参加了。我记得会议期间，《文汇报》记者还专访伯慧，发表了专访文章。另一次是同年7月，伯慧兄和我都去山西出席第三届全国汉语方言学会年会。会议期间，我们两人交谈了正在进行编写工作的《汉语方言及方言调查》和《中国大百科全书·语言文字卷》中方言分支这两个项目的进展情况。

1988年1月，我应云南师范大学校长、云南省中国语言学会会长吴积才教授邀请，去昆明参加由云南省地方志编纂委员会和云南省语言学会联合召开的《云南省志·汉语方言志》审订会，伯慧和家教也接受邀请去参加了。我们几位外省市的汉语方言学者与云南省多位参与方言调查和撰写《云南方言志》的同行一起认真审读了《云南省志·汉语方言志》稿，认为这部文稿总体说来质量已相当不错，只是内容安排和行文表达方面还存在一些问题和不足，提出了一些修改意见。翌年，这部文稿修订后于国庆节正式出版，作为向新中国成立四十周年的一项献礼。这是新中国成立以来全国第一部正式出版的省级汉语方言志，是云南省汉语方言工作者多年辛勤耕耘所获得的一项重要成果，实在可喜可贺！伯慧兄和我都曾分别撰写了评介文章。审稿会后，会议东道主还组织我们几位省外专家参观市容并去外地游览了云南省的几处风景名胜。

1989年，记得伯慧兄写过一篇题名为《四十年来汉语方言研究工作的回顾》的文章，我则在《语文建设》第4期上发表了一篇题为《方言研究40年》的文章。同年，我们两人还都入选河北教育出版社出版的《中国现代语言学家》一书的第四分册。

1991年8月，我们四“兄弟”——詹伯慧、李如龙、黄家教和我集体合作编写的方言学教材《汉语方言及方言调查》由湖北教育出版社正式出版，这是体现“兄弟”间学术情谊的一项成果。教育部有一个规定：凡要申请列入“高等学校文科教材”的教材，必须设一位主编，我们就共推伯慧兄担任。此书从酝酿、组织到编写、出版的过程，伯慧兄出力最多。此书后经补充、修订，复于2001年印出了第二版，受到了方言学界的重视和关注。《方言》杂志于2001年第2期的《书讯》栏中专门作了以下报道：“詹伯慧、李如龙、黄家教、许宝华四位教授合作编写，詹伯慧担任主编的《汉语方言及方言调查》，作为高等院校文科教材初版于1991年。1995年荣获国家教委优秀教材二等奖。该书涵盖汉语方言学基础知识，比较详细地介绍了汉语方言调查的理论和方法。”

记得1991年2月，接到家教兄来信，建议“九兄弟”再次聚会厦门，讨论1963年首次聚会以来三十年间大家研究汉语方言的心得体会，会后争取出个论文集。这个建议很好，我马上回信表示欣然赞同。后来，我因接受日本京都外国语大学聘请，1993年要去讲学一年，还要顺访几所高校，1994年春才能回国。1992年章太兄已去日本讲学，1993年如龙也要去香港访问，都要到1994年春才能回来。

1994年春，伯慧和如龙二位已先后从武汉大学和福建师范大学调到暨南大学工作，大大加强了暨大方言学教学和科研的力量。伯慧兄要为所带的方言学博士生伍巍、邵宜等四位组织学位论文答辩，答辩会定于1994年5月在广州举行。暨南大学邀请家教、章太、福堂、盛裕和我五位教授参与答辩。家教兄正好乘此机会把拟议中的再次聚会改为1994年5月在广州举行。聚会期间，诸兄弟自是畅所欲言，十分高兴，并进一步商定每人选论文（或译著）两篇，以十八篇文章编一个文集，来纪念"九兄弟"相识三十周年。此事先前议过，再经过此次商量，也就落实下来。是年年底前，诸"兄弟"的文章大都先后汇寄到伯慧兄那里。伯慧很快把文章编订后前去看望"老大"，告知文集编辑情况，并请家教兄写个前言，家教兄当然是"义不容辞"。

1994年10月，全国语文现代化学会在北京召开，伯慧兄和我二人应邀前去参加，并且都当选为副会长。两年之后，即1996年10月，第二届全国语文现代化学会学术会议在桂林召开，我和伯慧再度在会上见面。

1997年6月，北京语言文化大学出版社出版了我们"九兄弟"的合著《汉语方言论集》。编辑出版这本《汉语方言论集》的原委我是知道的，上文也大致作了说明，但当我拿到这本刚出版的外封面主色调呈淡红色、署名"黄家教等著"的新书《汉语方言论集》时，我还是眼睛不禁为之一亮，心情很是激动。一是因为看到扉页后面、书的正文之前附有三张照片，以时间先后为序，第一张上端题"鹭江结识"，第二张上端题"京华欢聚"，第三张上端题"羊城再会"。照片下面则分别注明合影的时间、地点和人名，如第一张下面的注明文字是"1963年8月，应邀参加福建方言讨论会而结识的九个道友，前排左起黄家教、陈世民、詹伯慧、陈章太、许宝华，后排左起施文涛、张盛裕、王福堂、李如龙"；第二张下面注明"1982年8月，在第十五届国际汉藏语言学会议期间，摄于北京友谊宾馆庭园"；第三张下面注明"1994年5月，参加广州暨南大学现代汉语博士论文答辩会后，在中山大学校园合影"。觉得照片上的题词颇有雅意，下面的说明清楚具体，照片也选得好，因而显得弥足珍贵，具有纪念意义。二是因为看到署名方式也似有"深意存焉"。外封面署"黄家教等著"，简洁明了，"九兄弟"中黄家教为"老大"，以他为代表，最为合情合理。版权页扉页上则署"著者（按文章排列次序）黄家教、詹伯慧、陈世民、李如龙、陈章太、张盛裕、王福堂、施文涛、许宝华、［美］余霭芹"共十个人的姓名，"九兄弟"之外，增加了一位美国华裔语言学家的名字。这是因为该文集中收录了在厦大外文系工作的"老二"陈世民翻译余霭芹教授的一篇重要论文《语法演变中的词汇——汉语语法的词汇扩散》的缘故。这种将所有作者名字全部印在版权页上的署名方式，不仅"九兄弟"看到了都会感到高兴，也是合作项目中署名很得体，符合学术规范的一种方式。

1999年4月，伯慧兄和我应邀出席中国社会科学语言研究所和江苏教育出版社在北京人民大会堂联合举行的《现代汉语方言大词典》分卷本出版座谈会。同年6月，为了庆贺我和日本宫田一郎教授主编的《汉语方言大词典》这一中日合作成果的出版，复旦大学、京都外国语大学和中华书局在上海美国研究中心联合举行出版首发庆贺会，伯慧兄虽未莅临会议，但对此书的出版仍十分关注，撰写了长篇评介文章《〈汉语方言大词典〉：取舍之间见功力》（载《复旦学报》社科版2000年第3期）予以高度评价。

进入21世纪以来，我和伯慧兄又有过几次见面的机会。2005年9月，伯慧兄出席在苏州举行的汉语方言学会第十三届学术年会之后，偕夫人前来上海参访，我和内子陪他们夫妇俩游览了上海豫园，参观了城隍庙，并在著名饭店绿波廊品尝美食。2007 年 5 月，伯慧兄和我都出席了由天津师范大学文学院主办的“继往开来的语言发展之路 2007 学术论坛”，两人在论坛上的发言，后来都收入由语文出版社出版的《继往开来的语言发展之路——2007 学术论坛论文集》一书。同年 7 月，我出席在广州由暨南大学召开的《中国语言文字大词典·汉语方言卷》顾问和编委联席会议。该书由伯慧先生任主编，乔全生教授担任副主编，我也忝列顾问。2008 年冬，香港中文大学中文系举办“历时演变与语言接触：中国东南方言国际研讨会”，伯慧和我都应邀出席。会上伯慧兄作了“从广东三大方言的相互影响看语言接触的走向”的专题发言，我则作了以纪念赵元任名著《现代吴语的研究》发表八十周年为主旨的发言。伯慧兄和夫人陈雅仙女士会议期间还抽暇来住所看望我，并馈赠营养品慰问我身患重病的老伴陆慧华。

上面我谈了近半个世纪以来跟伯慧先生的交往，乃举例性的，难免遗漏。我记性素来不好，又无记日记或要事本的习惯，所以写回忆性文章时，对往事的时间和地点常常记不清楚，当时生动感人的细节也大都给忘记了，写出来的东西也就干巴巴的，流水账式的，没有文采。然而，我还是把这篇回忆、纪念性文章“硬写”出来了，虽然我自己很不满意，但在数十年间平平淡淡的交往中，我们逐渐积下了深厚的情谊。古人云“君子之交淡如水”，平平淡淡才是真嘛，我和伯慧兄的交往就真是这样的。

2006 年，我在敝帚自珍的《汉语研究文集》的《后记》中曾说：“詹伯慧先生是我上海地区以外认识最久、交往最多的一位朋友。”现在“朋友”寿届耄耋，其门生正在筹备“庆祝詹伯慧教授八十华诞暨从教五十八周年学术研讨会”，并拟出版《田野春秋——庆祝詹伯慧教授八十华诞暨从教五十八周年纪念文集》，来信征求文稿。此稿我一定要写。遂以“琐忆”所及，俾成此篇，以作纪念，略表对伯慧先生的祝贺之意和钦敬之情。

末了，我不会作诗，还是要硬凑几句“七言”（不成七律）置于文末，附庸风雅，以为点缀，再表对伯慧兄八秩寿诞的庆贺之忱和祝愿他寿臻百岁的衷心之情。

人生七十古来稀，如今八十不足奇。
著作等身载史册，桃李结果压满枝。
老骥跃腾志千里，辉煌再铸犹可期。
平和大度心态好，寿臻期颐再吟诗。

（复旦大学中文系教授）

我和伯慧先生多年来的交往

王福堂

时光荏苒，转瞬间竟已过去半个多世纪。回想20世纪50年代以来我和伯慧先生的交往，还历历如在眼前。而今他竟已八十高寿，从教已近六十年了。

我是在1956年北大毕业后留中文系工作，认识伯慧先生的。当时伯慧先生在中文系语言学教研室跟随袁家骅先生进修。正是“大跃进”时代，教研室开始吸收年轻人参加科研工作。我和伯慧先生都参加了《汉语方言概要》、《汉语方音字汇》、《汉语方言词汇》三部书初稿的编写。不过，伯慧先生主要联系的是袁先生和石安石先生，跟我的接触并不多。我们真正交往还是在几年之后。

1963年夏天，厦门大学讨论《福建省汉语方言概况》，邀请袁家骅先生参加。袁先生因为有事，让我代替他去。我很高兴地同意了，于是先去买火车票。那年夏天，北京几乎天天下雷阵雨，坐公共汽车快到天安门了，暴雨才停了下来。天安门广场一片汪洋，一辆空空的无轨电车竖着辫子停在那里，一个人蹚着齐腰深的水吃力地推着自行车，自行车都只看得见车把和坐垫了。真是印象深刻。好不容易到前门车站买了票，但出发也不容易。雷雨天公共汽车特别少，一堆人挤在车站上一等就是半个小时。好不容易赶到建国门火车站上了车，竟然不到十分钟就开动了。不过年轻人不怕累，惦着开会，这些就不算什么了。

到了厦门，住在新建的鹭江大厦。又见到了伯慧先生，还有很多不认识的年轻同行。开会吃住都在宾馆里。调查报告写得很好。讨论涉及莆仙话的归属和汉语方言的谱系，十分热烈。讨论中，一位50来岁的建瓯来的中学老师说：“感谢各位把我们闽北方言从闽东方言的压迫下解放了出来。”说完，他深深鞠了一躬，弄得我们大家都目瞪口呆，由此也认识到闽方言内部的分歧有多大。开会以外的日子也是有趣的。乍到南国，一切都很新鲜。不免要参观厦大的校园，见识许多新奇的树木花草。宾馆里打开窗户就吹进来呼呼的海风，海湾里白帆点点，有时还能见到两条白色的海豚远远游过，据说它们会驱赶鲨鱼，会救人，是海湾的守护神。夏天的晚上，市民们都喜欢到海边散步纳凉，在楼上能听到大街上木屐声劈劈啪啪响成一片。那年我们这些外地人还正好碰上龙眼季节，五分钱一斤，真让人大快朵颐。我们这些年轻人聚在一起，从工作到生活，很快变得无话不谈。但我印象最深的，还要数长兄似的家教和伯慧，温文尔雅的宝华，精力充沛的如龙。记得后来游览南普陀寺，摄影时大家不知道怎样排队，于是有人提议按年龄顺序。从此以后，几个人称兄道弟，结下了深深的友谊。

多年来，我们大家不但是同行，还是好朋友。我们一直在业务上互相切磋、互相帮助。比如，“文革”后如龙先生在福建建瓯举办方言调查学习班，九兄弟中就有不少人参加。这里我准备修订《汉语方音字汇》和《汉语方言词汇》两书，伯慧、宝华、如龙几位先生都伸出援手。宝华先生还特意到苏州做了调查。伯慧和宝华寄给我的字音词语材料都是尽量详备，抄写得又工整，我至今还珍藏着，唯恐丢失损坏。可以说，这两本书现在修订得能够使用，与包括九兄弟在内的众多好友的帮助是分不开的。而伯慧先生因为要赶去日本讲学需要有人帮忙校对《现代汉语方言》，宝华先生准备在重印《汉语方言大词典》之前稍加修订，我也曾尽力给予支持。

工作以外，我们的交往也很密切，不仅经常有书信、电话联系，有机会时还总要在一起聚一聚。1994 年伯慧先生的第一届方言博士生毕业，章太、盛裕、宝华等先生和我都曾前往暨南大学参加论文答辩会，趁便聚了一次。那年我还和洪君、徐通锵先生去台湾参加学术讨论会，在广州也是在伯慧先生这里"中转"的。有很长一段时间，伯慧先生在人大和政协工作，有机会经常来北京，我们见面的机会也就更多了。1995 年伯慧先生还起意出版了一本方言论文集，每人提供两篇文章，作为兄弟们结识三十周年的纪念，出书的费用则大部分由伯慧先生提供。九兄弟这样的友谊，我以为是值得称道的。

伯慧先生发表的第一篇著名论文是《海南岛"军话"语音概述》，多年来大家都从中得益。海南的方言伯慧先生是很熟悉的。不过他原来在武汉大学工作，不得不以湖北的官话方言作为主要的研究对象。"文革"以后，为了照顾家庭的需要，伯慧先生调回广州，在暨南大学工作。就方言研究来说，伯慧先生的这次调动等于是回到了老家。以后，他就在熟悉而钟爱的闽粤方言园地上积极耕耘，不断有所贡献。他不仅发表了许多重要的单篇学术论文，还组织力量编写了许多地区性的大部头著作，如三卷本的《珠江三角洲方言调查报告》、《粤北十县市粤方言调查报告》、《粤西十县市粤方言调查报告》、《广东粤方言概要》、《广州话正音字典》，等等，推动了广东的方言研究工作。一个人竟然能这样有力地推动一个地区的工作，实在是让人吃惊。如今广东已经成为汉语方言研究——特别是闽粤方言研究的重镇，这和伯慧先生个人的业务能力固然有关，和他的组织领导也是分不开的。

伯慧先生在待人接物方面还有一个特点，那就是善意。他对周围人，不拘是朋友，同行，学生，都能善意相待，鼓励他们在业务上不断进步，取得成绩。可以说，正是因为有伯慧先生参与其中，近三十年来广东的语言研究工作才能如此欣欣向荣。这当然是伯慧先生的组织能力起了作用，但组织能力得以发挥，也应该是基于内心的善意。

伯慧先生在对待父亲的态度上也给人以很深的印象。作为长子，对曾经受到不公正对待的父亲，只是影印出版了《詹安泰诗词集》一书作为纪念。对父亲、对社会，这也是可以用善意来解释的。

人总是要衰老，要退出历史舞台的。这是自然规律。九兄弟中已经有几位逝去了。伯慧先生也年事已高，目前为目疾所累，一不小心就会摔跤，精力也和过去不能相比。但老骥伏枥，还能有一时奋起的能力。作为老友，我愿他在八十大寿的今天，长寿、健康，在可能的情况下继续发挥作用。

（北京大学中文系，北京大学汉语语言学研究中心教授）

詹伯慧教授与《中国大百科全书》

李鸿简

我认识詹伯慧教授是在武汉东湖边风景秀丽的珞珈山上。那是20世纪70年代“文革”后，我们都任教于武汉大学，他在中文系，我在外文系，往来不多。1979年，我奉调北京编辑《中国大百科全书》（以下简称《全书》），他则作为新中国教委委派的学者赴日本讲学。归国不久，1983年他离开了武大，回到广州，在暨南大学中文系任教，1985年任文学院院长。从1988年起，他相继当选为第七届全国人大代表及第八、第九届全国政协委员。每年“两会”期间，他来京开会，无论住在东郊或西郊的宾馆，他都会找我相聚、聊天。

说起来，我们两家还有特殊的渊源。1948年，我的二哥李鸿栋，他是广州中山大学的学生，结婚时请了伯慧的父亲詹安泰教授做自己的证婚人。至于他与詹教授有无其他的交往，因年代已久，两人都已作古，就无法了解了。

伯慧教授对我所从事的《全书》事业是热情支持和积极参与的。1988年4月，他第一次来北京参加人民代表大会时，我陪他参观了刚落成不久的中国大百科全书出版社的15层办公楼，他赞叹说“这是东南亚最大的出版大楼”。作为蜚声中外的汉语方言专家，应《全书》总编委委员王力先生的邀请，从1984年4月起，他参加了《全书》语言文字卷的编写工作，任汉语方言分支学科的副主编。他撰写的条目包括汉语方言（30 000多字，与许宝华先生合写）、官话方言、闽方言、湘方言及《粤音韵汇》等，共55 000多字，占汉语方言分支学科总字数（95 000多字）的1/2强。他写的内容和文体均符合《全书》的编写方针和体例，而且交稿时间也比较快。《语言文字卷》有10个分支学科，列条900多个，共150万字，经204位语文学界专家、学者的努力，从1984年开始撰稿至1988年出版仅用了四年的时间，这在《全书》（74卷）中是少有的。这中间伯慧教授也付出了辛勤的劳动。

为了适应广大中等文化程度（起点为初中）读者的需要，自1991年7月起，我们在《全书》的基础上启动了《中国百科大辞典》（以下简称《大辞典》）的编辑工作。这是我国首部以百科语词为主体的综合性、普及型、强调实用的百科辞典，经新闻出版署批准为国家“九五”规划的重点图书。由700多位专家、学者撰写，历时八年宣告完成。此书共分10卷，收条目6万，计1 870万字。1999年第一版、2005年第二版问世，第一版在当年即获得“第12届中国图书奖”。詹伯慧教授是1992年3月应邀参加《中国百科大辞典》工作的。他一人承担了“汉语方言”全部条目的撰写，共38条，13 000多字。他在《全书》语言文字卷的基础上根据实用的原则，增加了新条目、新内容，这方面的条目有《广东方言研究》、《上海市区方言志》、《云南省志·汉语方言志》、《中国语言地图集》等，这是詹教授对中国百科事业的又一贡献。我从在工作中与他的接触看出，伯慧教授有很多可贵的品德，如尊师爱友，待人热情、诚恳、周到。他每次来北京都要去拜见王力老师如语言学界的长辈吕叔湘、周有光、王均，以及好友陈章太、唐作藩各位先生。王力先生去世后，他照样去看望王师母，并前往王先生的墓地凭吊。而我们每次出差去广州，他都亲自去火车站接待。又一次，京广线火车误点，车站方面不向旅客通报情况，以致接站的人被困在车站，欲走不能，左右为难。詹教授尽管有研究生的文字材料急着批改，但仍然苦守在车站里，整整等了四个小时，火车终于到达。

1985 年 6 月，《语言文字卷》汉语方言分支学科编写组在暨南大学召开审稿会，连日工作，大家十分疲劳，有一个休息日，他带领我们去珠海、中山温泉、孙中山故居翠亨村等地游玩，算是放假吧，对我们的生活照顾得无微不至。

詹教授本人的生活是十分俭朴的，给我印象最深的是他的住房。他在武大应该算是资深教师了，可是“文革”后，他在武大只住一间狭小的砖瓦房，连带一个简陋的小厨房。1978 年，他的好友人民出版社编辑林穗芳先生出差到武汉，詹教授请他吃饭，约我作陪，我们就在他的小厨房里，围着小桌子，坐在小矮凳上品尝他亲手烹饪的湖北特色菜：莲藕炖排骨。他在暨大，虽然后来当了文学院院长，又是博导，但住房并不宽敞，屋里到处堆着书籍，他也无可如何。

我和伯慧教授交往四十余年，从他身上感受到朋友之间的温暖和他高尚的品德。在庆祝他八十华诞之际，我衷心祝愿他永远健康！幸福！

2010 年 11 月于北京

（中国大百科全书出版社编审）

永远的良师益友

——庆祝詹伯慧教授八十华诞

刘兴策

我最初认识詹伯慧老师是在五十多年以前。1956 年 8 月，22 岁的我在华中师范学院中文系毕业后，留在汉语教研室任教。1957 年 2 月，华中师院和湖北省教育厅派我赴北京，到教育部和中国科学院语言研究所合办的第三期普通话语音研究班学习，系统地听了丁声树、李荣、周殿福、徐世荣等老师的授课。那年 7 月回到武汉，8 月在省教育厅办的语音研究班讲课、辅导，并调查和记录湖北籍学员的方音，经受了一次锻炼。那一年我读了詹伯慧老师的《武汉人怎样学习普通话》一书，感到对我进行现代汉语教学和推广普通话都很有帮助。

根据当时高等教育部和教育部联合发出的《关于汉语方言普查工作的指示》，调查方言的任务，主要由各地综合大学和高等师范学校的中文系担任。调查研究方言的主要目的就是为了更有效地推广普通话。1959 年省教育厅决定要武汉大学詹伯慧、华中师院刘兴策、武汉师院王书贵三名教师承担湖北方言普查的任务。从 1959 年下半年到 1960 年上半年，我们三个人在华中师院和武汉师院找方言较纯正的一、二年级的大学生作发音人，主要记录他们的方音。我和詹老师还分别下到湖北的部分县市进行了实地方言调查。1960 年 7 月到 8 月，我们几人住在省教育厅招待所里，用了整整两个月的时间，写完了《湖北方言概况》（以下简称《概况》）。詹老师在我们三人中是当之无愧的主要执笔人。1960 年国庆节前夕，这本著作以湖北省方言调查指导组的名义内部出版。直到 1980 年 10 月，李荣先生到武汉参加中国语言学会成立大会时，我才将《概况》送给他一本。这是新中国第一本撰写湖北方言的著作。虽然因当时我国处在三年困难时期，经济状况不佳，只出了个油印本，但在 1988 年公开出版的、由中国社会科学院和澳大利亚人文科学院合编的《中国语言地图集》这部重要著作中，仍将《湖北方言概况》列为参考书目之一。从 1959 年到 1960 年一年多的时间里，在与詹老师合作调查方言和撰写《湖北方言概况》的过程中，我向詹老师学了很多东西。在这两年，我最大的收获之一就是结识了詹伯慧这位学长。

伯慧先生虽然只比我大三岁，但他在做人和做学问方面都是我的良师益友。

首先，在做人方面堪称我的老师。他牢记王力先生的教诲："要把自己的学业和社会的进步、祖国的前途紧紧相连。"① 他赞扬王力先生"把自己毕生从事的语言科学事业视

① 詹伯慧：《师道悠悠——杂忆了一师》，《漫步语坛的第三个脚印：汉语方言与语言应用论集》，暨南大学出版社，2006 年版，第 482 页。

为提高全国人民科学文化水平、提高全民族素质的重要一环”[①] 的高尚情怀。实际上，伯慧先生本人就是这样，把自己所从事的学术事业与祖国的前途、社会的进步紧密地连在一起。他对汉语方言学和语言规范化事业的热爱、他满腔热情地为祖国的语言科学和教育事业贡献力量，正是他对新中国热爱的具体体现。

我青年时代从武汉大学的一些朋友那里得知，詹伯慧的父亲詹安泰先生早在20世纪50年代就是著名的古典文学教授和书法家，詹伯慧是出生于书香人家的名门子弟，但他从来不以此向别人夸耀。1960年我们在一起编写《湖北方言概况》时，我对他能熟练地使用国际音标标注方音、对中古音韵那么熟悉、对概括湖北省内方言小区的特点那么简练和准确都很敬佩。但他从来不盛气凌人，而是平易近人、平等待人，使人感到容易亲近，愿意向他请教。1979年上半年，我对我的故乡湖北随县的方言词汇进行了调查，并整理成《湖北随县方言词语略释》和《湖北随县方言词汇特点初探》两篇文章。那年9月16日上午，我将这两篇文章送到他家，请他帮我修改或提出修改意见，但我万万没有想到，这两篇共有一万多字的文章，他只用了两天时间就看完了，并且写了书面意见。9月18日傍晚，我骑自行车到他家去取了两篇文章和意见后，回到家里仔细地看了詹老师写的三页纸的意见。主要意见有：“方言词汇列举时，注音可否把调值注上，否则不掌握这个方言音系的人，看了读不出音来。引用古代韵书资料时，体例最好一致，有的注了反切，再注释义，有的只注古韵书释义，没列反切，不妥。不注反切就难以看出方言词与古汉语语词之间的联系。”“个别有疑问的地方，在原稿旁边用铅笔打‘？’号，以供参考。方言词汇既然是与普通话不同的，要严格一点儿，如果这个词普通话也用，就不宜作方言词。”意见提得明确、中肯。这正说明伯慧先生对朋友的真诚，绝不是敷衍了事。他要我在文章中不仅要标方言词的调类，还要注明调值，以便没掌握这个方言音系的人能读出来，这样做，既能帮助作者增强文章的可读性，又便于读者更好地阅读，看来这是一条小意见，却生动地反映了詹老师处处为读者着想的大境界。他提的意见坦诚，但又讲究分寸；他不摆架子，而是用商量的口气和爱护的态度，问自己的意见“可否”，说“供参考”。这又使我联想到伯慧老师曾说郭绍虞教授赞扬王力先生“不矜己长，不攻人短，是真学者，是好风格”[②]。我认为，伯慧先生自己也是这样的“真学者”，也具有这种“好风格”。

正因为伯慧老师待人真诚、随和，所以我很乐意同他交往。根据我的日记记载，1979年6月13日上午，我骑自行车去武汉大学，到他家同他谈心，他和夫人陈雅仙留我在他们家吃午饭。当我告辞时，詹老师还送给我两本《延边大学学报》。1980年2月23日下午，我又去詹老师家，他将日本东京大学给他的信拿给我看，那封信是用毛笔在八行纸上竖写的，字体歪歪斜斜，但文字通顺。原来是东京大学教养学部、文学部、大学

① 詹伯慧：《师道悠悠——杂忆了一师》，《漫步语坛的第三个脚印：汉语方言与语言应用论集》，暨南大学出版社，2006年版，第481页。

② 《王力先生生平》，《王力先生纪念论文集》，商务印书馆，1990年版。

院邀请詹先生去讲学两年，除讲授汉语方言、现代汉语等课程外，还要讲授汉语口语和汉语作文课，要我帮他找几种写作方面的教材。恰好20世纪70年代后期我在华中师院中文系写作教研室任教，我答应为他搜集教材。3月14日，伯慧老师到华师来找我，刚好我不在，他留了张便条说："我昨天下午从广州回来，今天奉访未遇，估计20日以前我不会离开武汉。你什么时候有空，再来舍下一叙。詹伯慧3.14中午。"于是3月19日，我与朱道明老师一起到詹先生家，给他带去了我们集体编写的《文章选讲》、《散文赏析》、《写作基础知识》（上、下册）等四本书，送给他作为出国讲学的"礼物"。那一天詹老师将他在日本东京大学的通信处告诉了我，并说他的夫人陈雅仙的工作关系已从武钢医院转到暨南大学医院，我和朱道明向他们表示祝贺。

1980年12月，湖北人民出版社政文组组长邱久钦将詹伯慧著的《现代汉语方言》的清样派人送给我，请我帮忙校改。12月下旬到1981年1月中旬，我一直在校阅《现代汉语方言》的清样。这本专著写得不错，但清样中国际音标符号和方言字的错误较多，为了准确地改正清样中的错误，我多次查阅《汉语方言概要》、《汉语方言字汇》、《汉语方言词汇》、《江苏省和上海市方言概况》等书。1981年1月14日我将校改完的清样送交湖北人民出版社邱久钦同志，他向我表示感谢，并送给我《训诂学要略》、《语文基础知识》等书。没想到第二天，我又收到伯慧教授从东京寄来的信。他在信的开头写道："兴策兄：来信来到，非常高兴，拙作《现代汉语方言》蒙你费神校对，感激在心！"他到国外去讲学，我作为较年轻的同行帮助学长校改清样，本是应该做的事，不足挂齿，他却要表示"感谢"，这也反映了他为人谦和的品质。

1982年春天，詹老师从日本回国后曾到华师与邢福义教授和我谈在东京任客座教授期间的工作情况与感受。1983年他调到广州暨南大学后，我与詹先生还断断续续保持书信来往。我在1988年2月27日的日记中写道："接詹伯慧同志来信，知道他被选为第七届全国人大代表，我感到高兴。"1988年8月，我和中文系几个同事在赴深圳参加"双语、双方言"研讨会前，从武汉乘火车南下，8月19日到广州。8月20日下午我与田文玉一起到暨南大学，陈合宜同志带我们到詹伯慧家去看望。我送给詹先生两本书。詹夫人陈雅仙热情地接待我们，还请我们吃糖。我与詹老师相互谈了近况，他说他现在教学、科研任务较多，又担任广东省民盟副主任委员和省政协委员，事情也多，拟辞去文学院院长职务。8月22日在深圳参加"双语、双方言"研讨会时，又见到了詹先生。他看到湖北省语言学界去了不少代表，感到亲切和高兴。他从1953年到1983年在武汉大学整整工作了三十年，从某种意义上说，湖北和武汉是他的第二故乡。他是一位广交朋友和重视友情的学者，在武汉和湖北，他也有很多朋友。

另外，伯慧教授在做学问方面也是我的老师。这主要表现在以下几个方面。

一是他重视调查研究、坚持实事求是地反映方言实际的优良学风，为我们树立了一个好榜样。我在北京语音研究班第三期学习时，系统地听了丁声树先生讲汉语音韵知识，李荣先生讲方言调查方法，徐世荣先生讲普通话基础知识，还跟周殿福先生学习国际音标，都受益良多。同时学习组织用丁、李两位先生编制的《汉语方言调查简表》和《汉语方言调查字表》（皆油印本）记录了同组一位湖北江陵籍年轻教师的江陵话声韵调。回武汉后，在湖北语音研究班，调查过老河口、汉川等地的方音，初步掌握了记录方音的方法、步骤。为了编写《湖北方言概况》，必须掌握当时湖北省内汉语方言的现状，于是同詹老师等一起，对湖北省内的汉语方言进行了一次普查，先在华中师院、武汉师院两所高校对刚离开家乡、到武汉上大学的一、二年级的湖北籍学生调查其方言，后来我与詹老师又分别到下面进行实地调查。詹老师好像调查了广济、浠水、郧县等地的方言，我则调查了宜昌、宜都、当阳、嘉鱼、蒲圻等地的方言。通过这些调查研究和整理、写作，我在较准确地用国际音标记录方言的声韵系统，较全面地了解和记录方言词的文白异读现象，较科学地确定方言的调类和调值，探求中古音和现代方音的发展演变规律等方面，都增长了知识，提高了本领。而詹老师的言传身教，对我这个当时只有二十五六岁的青年助教来说，有相当切实的帮助。但更重要的是，通过一年多的合作、共事，我深深感到詹老师特别重视方言的实地调查，掌握第一手方言实际材料。1936 年，前中央研究院历史语言研究所赵元任、丁声树等先生在武汉调查记录了湖北省 64 个县市的方言材料，1959 年到 1960 年上半年，我们在武汉和专县共调查了 74 个县市，其中实地调查的包括武昌、汉口、汉阳在内的 10 多个县市。通过这些实际调查，我感到对语音研究班老师们教的方言调查知识有了较深切的理解，运用国际音标记音的技能较为熟练，对于湖北方言的面貌也有了较多的感性认识，写作《湖北方言概况》时也就好做“有米之炊”了。1983 年春天，我带邢福义教授的第一届硕士生李宇明、萧国政、徐杰、青年助教李汛和中文系四年级学生向平等到钟祥去实地调查方言，他们回校后也都写出了相当好的论文，尝到了实地调查的甜头。1988 年我又到钟祥去调查方言，写成了《钟祥方言的历史演变》一文，将 1936 年赵元任的《钟祥方言记》和 20 世纪 80 年代、90 年代的钟祥方言作了比较研究，1997 年在青岛举行的首届官话方言国际学术研讨会上报告论文后受到了同行们的好评。这也是遵照丁声树、李荣先生的教诲和学习詹伯慧等学长的优良学风所取得的成果。

二是詹老师把研究方言和推进汉语规范化工作视为生命，全身心地投入到学术事业中。特别是党的十一届三中全会以后，武汉地区高校教师和全国各地的高校知识分子一样，热烈欢呼科学的春天的到来。我和詹老师都希望将 1960 年内部出版的《湖北方言概况》加以修订、补充，争取能公开出版。经我们两人商量，我于 1979 年 1 月 10 日先将这本《湖北方言概况》油印本送到湖北人民出版社，交给政文组组长邱久钦和编辑陈箕裘先生。他们粗略地翻阅了一下后说，这是一本内容比较稳定的书，出版时间不受限制，你们可以先着手进行修订。同年 1 月 17 日，我与詹老师一起去湖北人民出版社与邱、陈两位编辑面谈，他们仍要我们吸收读者对这个油印本的意见后，进行修改。1 月 21 日我到武汉师范学院找到 1960 年合作编写本书的王书贵老师，他先表示愿意参加修订工作，后来大约是因为有一些实际困难，不能参与修订工作，这样修改《湖北方言概况》的分工也不能落实下来。1979 年 11 月我们将朱建颂老师从武汉六中调到华师中文系。12 月 18 日，我和詹伯慧、朱建颂三人一起应邀到省文改领导小组办公室与李仲英同志谈，商定1980年第一季度对湖北方言进行复查，第二季度开始对《湖北方言概况》进行修订。但是我们不曾料到的是，1980年2月下旬，詹老师收到日本东京大学邀请他赴东京讲学两年的信，并于4月动身；我于1980年3月接到教育部的通知，要我5月初到北京参加全国高考语文命题工作，到7月上旬全国语文高考开始后才能返回武汉。这样，修订《湖北方言概况》的计划只得再次延搁。1980年11月，我收到詹伯慧教授10月30日从东京寄来的信。信中说："最近在武汉召开全国语言学会成立大会，学者云集，这确是一个大好的学习机会，我没有机会旁听许多报告，太可惜了。""《湖北方言概况》的修订计划如何？省里有没有抓？建颂同志是不是开方言学的课？我虽然身在海外，不能出力，总希望你们能在这方面多作贡献，早作贡献！汉语方言的调查研究，现在在国外是很受重视的，日本有名的亚非文化研究所，其中'中国组'只有三个人，全部是研究汉语方言（以桥本万太郎为首），由此可见汉语方言研究的重要性。"我给伯慧教授回信后，1981年1月15日再次收到伯慧兄来信，他谈到："汉语方言工作中很重要的一环是各省方言概况的编纂，湖北有基础，不知近来仲英同志抓了你们没有？"伯慧兄身在异国他乡，教学任务繁重，可他仍然十分关心《湖北方言概况》的修订工作，几次从东京写信给我都谈到这件事。他对汉语方言研究的热爱和执著令我敬佩，催我奋进。关于修订、增补《湖北方言概况》的事，我曾和朱建颂老师向时任中国语言学会副会长、湖北省语言学会会长、华中师院中文系主任严学宭教授汇报，得到他的支持。严先生还特别向省地方志办公室提出，湖北省地方志必须有一卷是方言志，得到了办公室的认同。1981年3月30日，严学宭先生约我和武汉大学的宗福邦教授到他家去，谈编写《湖北省方言志》的问题。从4月14日到17日，宗福邦、刘兴策到省第三招待所参加省地方志编写研讨会，会后由宗、刘两人向严学宭先生汇报这次会议情况以及关于编写省方言志的初步计划。经严会长同意，并与武汉大学、华中师范大学、华中理工大学、中南民族学院、湖北大学等高校方言研究人员一起，商定了各校进行方言复查的地区和相关要求。但是省地方志办公室却明确表示无力拨款，甚至说各高校派人下去调查方言的差旅费、给发音合作人的酬金都得由调查者所在单位负担，这样就使编写《湖北省方言志》、修订和公开出版《湖北省方言概况》的愿望又落空了。正因为湖北省有的工作部门思想不够解放，对汉语方言调查研究缺乏正确的认识，因而对编写《湖北方言志》和修订《湖北方言概况》等课题缺乏必要的支持。在当时那种条件下，湖北省高校的方言工作者对于修订和公开出版《湖北方言概况》的计划，的确是"非不为也，是不能也"。但是湖北省许多的方言工作者还是如严学宭、詹伯慧等先生所期望的那样，积极开展对湖北方言的调查研究，有几所高校在积极培养方言学研究生，全省范围内在出方言研究人才和出方言研究成果方面取得明显的成绩。1998年5月在成都举行的庆祝《方言》创刊二十周年学术讨论会上，《方言》季刊常务主编张振兴研究员在总结发言中指出，北京、上海、山东、山西、广东、湖北和湖南是全国汉语方言研究的七个重要基地。

三是詹伯慧教授高瞻远瞩、开拓进取、努力开创方言研究和汉语规范化事业新局面的精神值得我们好好学习。詹伯慧从小跟着父母学会了讲客家话、潮州话，在粤北读小学和在广州读中学、大学时，又学会了粤语，这使他在学习语言和研究汉语方言方面具有“先天很足”的优势。更为重要的是，他“后天”又得天独厚，在中山大学语言学系读本科时受到语言学界多位名家的教诲，大学毕业后到武汉大学工作不久，又到北京大学师从袁家骅教授专攻汉语方言学，并参加了《汉语方言概况》的编写工作，为他以后深入研究汉语方言打下了坚实的基础。他在武汉工作的三十年中，又积累了丰富的做学问的经验。1983 年回到自己熟悉的故乡，回到我国最早实行改革开放的广东省，这对詹伯慧来说，真是如鱼得水，如鸟翔空，如虎添翼。在这片兼有“天时、地利、人和”的沃土上，他善于抓住机遇，充分发挥自己的专业优势，团结和依靠广东省和香港、澳门的大批老中青年语言专家学者，积极开发广东省丰富的方言资源，大力推进汉语方言研究和汉语规范化事业。作为全国人大代表和全国政协委员，他能站在更高处看待全国和广东省推广普通话、促进汉语规范化和研究汉语方言的事业与工作；作为与香港、澳门、台湾的方言学家和语言学家有广泛联系和密切交往的教授，作为曾到泰国、澳大利亚参加国际汉藏语言学和汉语语言学会议的学者，作为多次赴日本、新加坡、法国、美国等国访问、讲学的著名的方言学家，他又能从海外和世界的角度来看待新中国的汉语方言研究、推广普通话和汉语规范化等项工作。他在东京大学担任客座教授的两年里，在给我的信中几次谈到“汉语方言的调查研究，现在在国外是很受重视的”，“汉语方言工作深受国外汉学家重视。日本的大学中，有人专门讲‘广州话’，把汉语的某一方言作为一门课来讲，这在咱们国内尚无先例”。他不仅能及时地向国内的同行传递国外汉语方言研究等方面的信息，而且通过到所访问的国家作学术演讲、发表文章、出版著作等方式，把新中国在推广普通话、实行汉语规范化和研究汉语方言方面的有关信息与成果介绍给出访国家的同行，因而有效地促进了中外学术交流的开展，并把汉语方言学推向世界。

我曾经不止一次地独自暗想：如果詹伯慧教授从日本讲学回国后，能继续留在武汉大学工作该多好。那样我们湖北省的方言学界就会有一位热爱教育事业、热爱方言学、热爱推普事业并精通专业的德艺双馨的领军人物，湖北省汉语方言的研究就会有更丰富、更重要的成果，就会培养出更多的汉语方言研究人才。但我又想：不能只从湖北省的角度看，而应从胸怀祖国、放眼世界的高度上来看。这样看来，詹伯慧回到广东，湖北省方言学界又少了一位主要的领军人物，广东的语言学界却迎来了一位难得的举旗人，他不仅为广东省的汉语方言研究培养了一大批高层次的人才，为广东省的方言科学和推普事业作出了很大的贡献，而且对全国和海外推动粤方言、闽方言、客家方言的研究广泛深入地开展，对在境外和国外更好地推广普通话和推行汉语规范化，都发挥了重要的作用，取得了丰硕的成果。

其实，詹老师调到广东以后，对湖北省的方言工作还是继续关心的。我记得 1987 年 9 月到浙江舟山市参加汉语方言学会第四届学术研讨会期间，请詹伯慧、钱曾怡、颜逸明等老师同我谈培养方言学研究生的问题，对我有很多启示。1993 年 7 月在青岛举行的全国汉语方言学会第七届学术研讨会期间，在 7 月 24 日上午论文报告会休息时，我带领我的方言学硕士生盛银花、赵葵欣去拜见詹伯慧、钱曾怡、翟时雨、谢自立等教授，詹老师等都热情鼓励她们努力学习，并与两名研究生合影留念。当天晚上汉语方言学会理事会开会，邀我和汪平教授参加。在商讨1995年方言学会开学术讨论会的地点时，我和汪平教授都恳切地表示希望和欢迎下届研讨会在武汉召开。詹老师第一个表态，积极支持在武汉召开这届研讨会。后来理事会一致同意在武汉举行第八届学术研讨会，并选举我、汪平和朱建颂三人为新一届理事会的理事。由于得到全国汉语方言学会、湖北省教育厅、华中师范大学、湖北省语言学会和省内外同行的大力支持，在武汉举行的这次研讨会的论文质量、数量、活动安排和服务工作都受到积极评价，其中也包括学长詹伯慧教授的热情鼓励和赞扬。伯慧先生在1998年的《〈方言〉二十年述评》这篇论文中讲到"海南籍语法学家、语法研究中'两个三角'理论的积极倡导者邢福义教授到会宣读从他的家乡黄流话的数词一、二、三看现代汉语数词系统的论文，引起到会闽语学者的注目"[①]，还提到《方言》"创刊号上陈汉清、朱建颂合写的《用数学方法描述方言的差别》一文[②]。2000年詹先生在另一篇文章《二十年来汉语方言研究述评》中，提到暨南大学、福建师范大学、山东大学、湖南师范大学、华中师范大学等也在80年代陆续建立了汉语方言研究室或汉语方言研究中心"[③]。该文末尾列出"主要参考文献"16种，其中第八种就是我发表在《方言》1998年第3期上的那篇《近百年来湖北汉语方言研究综述》。仅就以上这些事实也足以说明，詹伯慧教授调回广东工作以后，并不是只注重发展广东的方言研究事业，有些时候他也是"身在粤营心在汉"；更确切地说，他是"人在羊城，心向全国，关注天下"。

光阴似箭，日月如梭。詹伯慧教授告别武汉回到故乡已经有二十多年了，但是他热爱教育事业、热爱学术事业的精神仍然激励着我们前行。他对湖北省的汉语方言研究和推广普通话的贡献，我们永远不会忘记。我在自编的打印教材《汉语方言学》中，把詹伯慧参编的《汉语方言概要》和他的独著《现代汉语方言》列为研究生的必读书目；在《汉语方言研究漫谈》、《湖北方言分区小议》、《近百年来湖北省汉语方言研究综述》、《再论近20年的湖北方言研究》等文章中，我谈到《武汉人怎样学习普通话》、《浠水方言纪要》、《汉语方言文集》等论著；在讲到"湖北省的方言研究之所以能持续不断地取得成果"时，认为主要原因之一是，有严学宭、詹伯慧等"语言学科带头人的重视和倡导"，"二是有一支老中青相结合的方言研究队伍"[④]，这可说是多年来湖北省方言工作者的共识。

回顾往事，我发现高校许多方言和语言教育工作者，常常是在研究汉语方言和推广普通话、推进汉语规范化两条战线上同时奋战，是共同的事业和理想把我们连接在了一

① 詹伯慧：《〈方言〉二十年述评》，《方言》1998年第3期，第167页。
② 詹伯慧：《〈方言〉二十年述评》，《方言》1998年第3期，第168页。
③ 詹伯慧：《二十年来汉语方言研究述评》，《方言》2000年第4期，第318页。
④ 詹伯慧：《〈方言〉二十年述评》，《方言》1998年第3期，第176页。

起。2006 年我应教育部语言文字应用管理司的邀请，写了篇《神圣的事业　宝贵的缘分》，[1] 是讲我和推广普通话、促进汉语规范化事业结下的不解之缘。我能得到中国社科院语言研究所丁声树、李荣、侯精一、贺巍、熊正辉、张振兴等先生，中国文改会和国家语委倪海曙、徐世荣、王均、陈章太、孟吉平、刘照雄、李行健、于根元等先生，以及詹伯慧、王福堂、钱曾怡、许宝华、颜逸明、翟时雨、鲍厚星等教授多方面的指教和帮助，也是由于“神圣的事业”而带来的一种“宝贵的缘分”吧。

在庆祝詹伯慧教授八十华诞暨从教五十八周年的喜庆日子即将到来时，我在扬子江畔的江城写了这篇文章，略表对永远的良师益友詹先生祝贺的心意。衷心祝福伯慧教授身体更健康，全家更幸福，晚年的生活更加充满阳光！

（华中师范大学中文系教授）

① 见教育部语言文字应用管理司编：《国务院发布〈关于公布“汉字简化方案”的决议〉和〈关于推广普通话的指示〉50 周年纪念文集》，2006 年版，第 65～66 页。

风义平生友亦师

陈世铙

与伯慧兄交往已经整整五十个春秋了。伯慧兄1953年毕业于中山大学语言学系，比我早了七年，是我的校友和学长；从1960年到1983年，我们同在武汉大学中文系汉语教研室和《汉语大字典》编写组工作，是多年的同事；我曾经听过他的“汉语方言及方言调查”课，并在他的带领下参加过方言调查，所以，他又是我的老师。1983年他由武大调到暨大以后，二十多年来，我们一直保持联系，音讯不断。

“亦师亦友”这四个字似乎可以概括我们这五十年的交往。

我和伯慧兄相识于1960年9月，那时我刚从中山大学毕业，分配到武大中文系。当时武大的青年教师大都住在东湖之滨的湖边宿舍，中文系教工团支部书记就带领我们几个新教师参见住在湖边的中文系同事。当时，伯慧兄未到三十，风度翩翩，与陈恩泉同住湖边三舍305室。团支书引见时说：“这位叫詹伯慧，是你们中大的校友，中大詹安泰教授的大公子。”伯慧兄点头微笑，未发一言，却给我一个“翩翩佳公子”的感觉。当时我做梦也没想到，我们以后会同在一个教学小组，一起共事数十年。

武大依山傍水，自然风景和校舍建筑都很美，又是重点高校。我刚到武大，心里美滋滋的，对未来充满了美好的憧憬，但很快我就仿佛挨了当头一棒，经历了一段十分痛苦、迷惘而不知所措的时期，心情坏到极点。原因是系里分配我到汉语教研室教现代汉语，这跟我原来的兴趣、爱好、期望和业务准备完全背道而驰。

我在中大读书时，中文系是分了文学专门化和语言专门化的。我特别喜欢的是詹安泰、黄海章和王起这几位先生主讲的中国古代文学史，四年的学习、精力也多专注于此。我是班上的特困生（虽然当时尚无此说），大概也是全年级唯一的一个四年没有离校回过一次家的学生，因为一次来回要花二十元钱。在中山的八个寒暑假，不论白天黑夜，基本上就是泡在图书馆里一本又一本地埋头读文学方面的书籍，认真地做笔记，写心得。读过的书，除了陈望道的《修辞学发凡》之外，竟没有一本跟语言学有关。如今要我改行，远离自己深爱的文学专业，去跟自己兴趣索然的主语、谓语、元音、辅音打一辈子交道，实在是痛苦至极。越想越觉得自己不是搞这一行的料，思之再三，终于鼓起勇气谒见系主任李健章先生。我向他说明，我只在一年级学过“现代汉语”、“古代汉语”和“语言学引论”这几门基础课，我只有一年级学生的水平，教不了“现代汉语”。没想到健章主任这么答复：“没学过？好，很好！毛主席说了，一张白纸，没有负担，好写最新最美的文字，画最新最美的图画。安排你教‘现代汉语’，最合适不过了。”我无法申辩，只好回去，把黎锦熙、朱德熙、刘世儒等诸位先生的著作翻出来，从头读起。每天只能读几页，读后回想，脑子竟然是一片空白，对他们诸多的不同说法，更是迷茫莫辨。

自己曾经深爱的文学专业，更是痛煞煞的叫人舍不得。思来想去觉得自己去搞语言实在是挟泰山以超北海，于是向系领导请求到中文系资料室当资料员，不准；又请求到武大附中教语文，不准；请求到兄弟校院进修一两年后再上课，还是不准；再请求给我指定一位指导教师，回答是："没有。我们系里教现代汉语的都是青年教师，你们一起集体成长吧！"

当时，武大中文系"现代汉语"教学小组除我之外还有三位老师，全是二十多岁的助教。伯慧兄是1953年中大语言学系毕业的，三人中资历最老，参加过《汉语方言概要》（袁家骅主编）和《湖北方言概况》的编写，出版过《武汉人怎样学习普通话》一书，还发表过二十多篇文章。按理说，或者是在别的院校，早应升为讲师了。还有一位1957年北大毕业的陈恩泉和差不多同时从华中师院研究生毕业的钟隆林（他大约在1963年初调往湖南）。既然没有给我指定导师，我就很自然地把伯慧和陈恩泉当成了业务上的指导者，有问题就常向他们请教，他们也很耐心地给予解答。比如当时我对各家不同的语法系统感到茫然无措，难以辨析，他们就建议我参看张静的《比较语法》，说这本小书对解决我的疑难会有帮助。

我在中大时没有学过语言方面的选修课，到了武大只好从头"恶补"一番。于是跟刘赜先生学《说文》、《广韵》，跟黄焯先生学《诗经》，每周两次登门。另外，还到中南民院听严学宭教授讲"古代汉语"。到1964年，就跟学生随堂听伯慧兄的"汉语方言及方言调查"。刘、黄两位老教授是黄侃先生的嫡传弟子，学问很深。但由于自己的语言学基础太差，许多地方听不懂，课后还要花许多时间去消化。严先生的"古代汉语"课是给民院中一级学生开的，讲得生动，但比较显浅，业务上所得不多，但从中学到了一些讲课技巧。伯慧兄的方言课，讲得深入浅出，明白易懂，还通过带学生到湖北襄樊市做实地调查，使我懂得了国际音标，初步掌握了方言材料的记录整理和分析研究的一整套方法，实际上这就是从事语言研究的基本功。从此，我对方言学有了点儿兴趣，又用《方言调查字表》对我的母语广西玉林方言作了记音，想不到又有意外的收获。原来听刘赜先生讲《广韵》课有许多弄不懂的问题，通过《方言调查字表》的记音和整理，竟有了豁然开朗之感。这以后我就常对学生说，利用《方言调查字表》对自己的母语音系做一番记录和整理，是学好《汉语音韵学》的一条捷径。我听过好些语言方面的课，竟以伯慧兄所授的方言课所得为多。

我们教学小组的几个青年教师也经常在一起研讨一些教学和学术上的问题，比如汉语拼音的词儿分写问题、汉字改革问题、词汇规范问题和汉语词类的分类原则问题，等等。我还没有入门，讨论时无从置喙，基本上只是聆听。但这些讨论对自己逐步迈入现代汉语的门槛很有帮助。到武大半年多之后，1961年4月6日，我怀着惴惴不安的心情第一次正式登台讲课，给图书馆学系四年级讲汉语拼音及其应用。事前，伯慧兄和陈恩泉仔细看了我的讲稿，提出建议，又花了个两小时听完了我的第一次课，课后帮我总结，并且鼓励有加，对我这样一个毫无自信的新教师来说，真是莫大鼓励。1961年下半年，汉语教研室主任李格非先生从莫斯科大学讲学回来之后，听课才形成了制度。每个学期全教研室的教师都要集中听青年教师的课两三次。课后点评，肯定优点，指出不足。这办法对青年教师的成长确有帮助。记得有一次我给中文系学生讲汉字改革，登台之后才猛然发现伯慧兄跟学生坐在一起，神情专注地听完了两节课，课后，还给我积极的肯定和鼓励。五十年之后，此情此景，还恍然在目。刚毕业时我还买不起手表，讲课时就借伯慧兄的手表以掌握时间。这一块海外亲友送的进口表，在“文革”时期就被诬为特务活动用的发报机！1961 年下半年，我们教学小组还合作编过一本《现代汉语》教材，铅印的，厚厚的 16 开本。陈恩泉写语音部分，伯慧兄写语法部分，我写文字和词汇部分。我每写完一章，就请詹、陈二位审定。我写的教材，说不上有自己的研究心得，只是做了些综合和梳理的工夫，其中以己昏昏使人昭昭的地方肯定不少，但毕竟是我生平所写的第一本教材，敝帚自珍，保留到现在。

伯慧兄曾为武大汉语教研室的建设出过大力，此事则罕为人知。1961 年底，李格非先生从莫斯科大学讲学归来，命我当教研室秘书，管一管教研室的杂务和仪器设备。当时教研室购置了大量留声片，有国际音标、作品朗读、相声等。最有特色的当数伯慧兄费尽心血四处搜购来的全国几十种方言戏曲、曲艺的留声片，还专门做了柜子，分成一个个的格子，按地域摆放，这都是方言研究和教学的好材料。正式出版的《方言调查字表》和记音卡片，当时书店里都买不到，伯慧兄又联系武大印刷厂翻印了一大批，作为教学和学生实习之用。1964 年我们带领学生到襄樊市调查方言，就用自己翻印的《方言调查字表》和卡片。文化大革命中，教研室被造反派学生的战斗队占据，中间占据者又几度易手。十年浩劫之后，教研室的全部仪器、资料、教具、唱片、字表和卡片都已荡然无存，靡有孑遗，实在可惜！

到了 1963 年，“念念不忘阶级斗争”又被提到了“为纲”的高度，知识分子的日子就很不好过了。1964 年秋，武大中文系部分师生到孝感县农村参加“四清”运动，同时全校又下放了十七名教职工到武昌县郑店公社参加劳动锻炼，原定期限为一年。这十七人中有脱帽右派，有被开除党籍的，有“作风”问题受了处分的，被认为有修正主义言论的，有出身不好和社会关系复杂的，也有的说不上有什么问题，似乎只是领导“不待见”而已。我和伯慧兄等五人同一个小组，不知何故，指定我为组长。我们五人住在一家农户的堂屋里，紧挤在用五块门板连成的统铺上，挨肩而卧。里边紧挨一口棺材，外边是天井，冷风微雨，都可以毫无遮拦地飘到脸上。日出而作，由队长派工，收割、挑土、基建等许多农活、杂活都干过；日入而息，大家挤在统铺上，或开会，或聊天。劳动和生活都很艰苦，幸而没有严厉的领导要求互相批评揭发或者写检讨和交代，我们五人也始终友好相处，还不至于每日愁眉苦脸地过日子。“世路当年遍蕀榛，劳其筋骨乏其身。荷锄学稼归来晚，一枕连肩话夜深。”我曾写过这样一首小诗，描写当年与伯慧兄相处的情景。半年以后，孝感的“四清”运动人手不够，我们这批人员又被调到孝感，当了“四清”工作队队员。到 1965 年夏天，“四清”结束后才回到了武大。“文革”后期，才得知校方原准备以劳动锻炼作为过渡期，然后把这批人当成处理品调离武大。

1966 年 3 月，武大中文系迁往襄阳分校办学，校址就在当年诸葛亮曾躬耕陇亩的古隆中。不久，史无前例的“文化大革命”的浪潮就汹涌而至。6 月 3 日，揪出了李达校长，朱劭天书记和何定华副校长，称为“武大三家村”。十多万份大字报布满校园，省市几十万人来校声援武大师生的“革命行动”。中文系师生又受命回到珞珈山参加文化大革命。接着，各个系或捕风捉影，或无限上纲，也揪出各系的“三家村”和一大批“黑帮分子”。全校被打成黑帮的教职工多达数百人，按“罪行”轻重，分三部分组成“黑帮劳改队”，强制劳动改造。其中的“重犯”161人就由民兵押送到武昌县东升公社劳改。中文系副教授以上的教师和右派分子基本上都在“重犯”之列。伯慧兄既无“反动言论”，也无“反动文章”，更非“右派”，职称只是讲师，也还不够“反动权威”的资格，却被抄了家（他积攒多年的十多本集邮册也被抄去，从此不知下落），列为“重犯”，押送东升。伯慧兄何罪受此“严惩”，我至今不得其解。

“文革”开始不久，武大也和其他高校一样很快陷入一片混乱。批判工作组的资产阶级反动路线，造反派夺权，成立革委会。接着教工和学生的群众组织又分成“龙派”和“虎派”，互相攻击，争论不休，有时还生武斗，大多数教师都曾一度身陷其中。伯慧兄则比较明智，两派都不参加。到1968年11月，工人解放军毛泽东思想宣传队进驻武大，领导“斗、批、改”，主持“清理阶级队伍”。当时，北京抓“六厂二校”为运动试点，“二校”是北大和清华；湖北抓“六厂一校”为试点，“一校”就是武大。武大被看作“庙老神灵大，池深王八多”的单位。军工宣队一进校，就实行军事编制，严令教工和学生集中居住，每人都要写揭发、交代。一时检举揭发的大字报铺天盖地，捕风捉影者有之，乱攀乱咬者有之。认为有问题的人则编入“重点班”，被严格监督，不能随意行动。中文系刘绶松教授及其夫人，就是不堪忍受“清队”的重压而双双自杀的。当时有大字报说，詹伯慧1950年在广州石牌中山大学读书时，某日散步路过解放军高炮阵地，第二天美国飞机即来轰炸广州。两事相连，绝非偶然，而且指称海外亲属送给他的一块进口手表就是发报机。工宣队大概急于立功，竟深信不疑，派了工宣队员和揭发者一道到武钢医院（伯慧夫人陈雅仙医生的工作单位）索取这块手表。后来，我曾问过伯慧兄大学时的同班好友唐作藩先生。唐先生说，伯慧当时还是大一学生，十八九岁，好奇心重，看见高射炮就问：“口径有多大，能打多高？”因此引起了警惕过甚的军人的怀疑，最后是由班长出面领回学校的。想不到十多年后被人诬陷，并与美机轰炸挂起钩来，他的手表也变成了发报机。这件“文革”十年中的荒唐事，是可以写成《拍案惊奇》的续篇的。

到1975年，我和伯慧兄都参加了由湖北和四川两省共同承担的国家文化建设重点项目《汉语大字典》的编写工作，我们都是1979年由国家出版事业管理局和教育部任命的第一批28名编委之一。（后来多次增补，到《大字典》正式出版时编委增加到50多名）我负责大字典《编写方案》和《编写细则》的拟订，伯慧兄则与西南师院的李运益先生（后来是《汉语大字典》副主编）等一起拟定大字典第一批资料建设的书目，并负责审音工作。此后，他经常奔走于川鄂两省之间，组织审音人员讨论和草拟大字典的审音条例，并结合初步的注音实践，在1979年第1期的《中国语文》上，发表了《汉语字典词典注音中的几个问题》。此文对《汉语大字典》注音条例的拟定多有启示作用。

1980年4月，伯慧兄经教育部推荐，被日本东京大学聘任为该校文学部第一位来自中国大陆的客座教授，任期两年。我很为他高兴。伯慧兄临别前对我说，他父亲詹安泰先生的遗稿《离骚笺疏》已送交湖北人民出版社，嘱托我代为处理出版前的一切未尽事宜，文字上若有违碍之处，也要我代为删改。詹安泰先生是我就读中大时最为尊崇也是受益最多的一位老师。他给我们中一级讲中国古代文学史，只讲完了《诗经》，就在1957年误陷"阳谋"，成了"右派"，被剥夺了讲课的权利。《楚辞》部分，无人接讲，只好又让他给当时的中一级讲《楚辞》。我抓住机会，跟一年级的同学一起听讲，受益匪浅。只是感到詹先生以前那种大开大合、天马行空式的讲课风格有了很大改变，似有无形的束缚，讲话变得小心谨慎。潇洒不羁的詹先生已不可复见，我不禁感到一阵悲凉。如今我能为先师遗著的出版尽点力，自然是责无旁贷。后来出版社的责任编辑找到我，说印刷厂的工人无法按原稿检字排版，要求重抄，把原稿的直行改成横行，繁体字改成简化字，注音字母改为汉语拼音，并说时间紧迫，不宜拖延。我就找了同窗好友钟木粦帮忙。老钟听说是为先师遗稿出版的事，欣然应允。结果我们两人总算不负伯慧兄嘱托，《离骚笺疏》得以顺利出版。

1982年春，伯慧兄从日本讲学归来，似乎仍打算留在武大认认真真地干点事。他曾对我说："我已经向系里提出，要求安排两三位教师跟我一块搞方言。你如果能来，暂时安排你一个也可以，我们一起搞。"当时我正负责大字典的审稿工作，无法脱身。他的调人要求，系里没有答应。另外，他夫人在武钢医院上班，每天来回奔波要花四五个小时，给他的家庭和工作都带来很大困难，他要求把夫人调来武大。从这两件事看，伯慧兄此时还没有坚决南调的想法，只是他的要求被一直拖着不办，才下定决心走出一步高招，让夫人先调暨大医院，这样武大就再无理由扣住不放。李格非先生爱才，也不同意伯慧调走。我告诉他雅仙夫人已先一步南调，他禁不住一声长叹："大势去矣！"1983年10月，伯慧兄终于实现了调往暨大的愿望。这时，我们几个跟他亲近的朋友，只有怀着难舍的心情，帮他捆扎行李、装车，然后送往车站，依依惜别。

伯慧兄在武大工作整整三十年，由于当时极左的政治大环境和武大复杂的人际关系，他是被人管而不是管人的人，连教学小组组长这样的最低职务也没有担任过。尽管他一直低调处世，每次政治运动一来，还必受到或大或小的冲击，他多方面的才干也不可能得到应有的发挥。而南归之后，立即进入"潮平两岸阔，风正一帆悬"的境界。他先后担任了暨大文学院院长、暨大汉语方言研究中心主任，广东省中国语言学会会长、省文史馆副馆长，全国人大代表、全国政协委员，民盟中央委员、广东省副主委等许多重要的学术职务和社会职务，而且都干得恢恢然游刃有余。他在教学和科研两方面也进入"井喷"阶段，先后为暨大创建了汉语方言的硕士点和博士点，培养了数十名汉语方言学的博士；先后到中国香港、澳门、台湾和新加坡、法国、美国等许多地区和国家讲学；出版了30余部著作，发表了300多篇文章。其巨大的成就令人瞩目，其旺盛的精力也令人诧异。他主持的粤方言研究的学术活动，更是办得风起云涌、有声有色。由粤、港、澳三地（后来又加入广西）轮流做东的国际粤方言研讨会已经举办了十多届，论文集出版了十多本。我曾应邀参加过两次这样的研讨会，目睹耳闻，深感如今粤方言研究声势之壮，人数之多，成果之富，涉面之广，研究程度之深之细，是全国其他任何一种方言的研究都望尘莫及的。作为广东中国语言学会会长，伯慧兄功不可没。"莫道珞珈山水秀，岭南风物更宜君。”伯慧兄由武大南归，这条路确实走对了。

实至而名归。用一句粗俗的老话形容，如今伯慧兄是“阔”了。但他没有“一阔脸就变”，对当年的旧友仍一如既往，平易可亲。1982年以来，先师詹安泰先生的诗词集以及学术著作出版或重印了十种左右，他都一本不漏地惠赠于我。他自己的新著，也大都及时地给我邮寄。他每来武汉，必到武大找我，然后邀约几位好友一起畅谈。我每到广州，也必登门造访，由他再邀约二三老友，于校内餐厅小酌，尽兴地胡聊海侃一番。广西大学的李衍年教授是我同窗学友，对先师詹安泰先生崇敬有加，十分渴望能得到一本《詹安泰诗词集》而久觅不得。去年，我曾当面代求于伯慧兄。伯慧兄当即签名惠赠，又加送一本精装的《詹安泰词学论集》，让衍年兄大喜过望。偶尔谈及书法，我说五十年前初识时，就觉得他的字颇具尊大人安泰先生书法的风范，钢笔字尤其酷似。伯慧兄说他们都是先临魏碑打下的根底，并随即捡出一纸条幅送我，还应允以后专门为我再写一幅，作为纪念，并邀我参加2010年底在潮州举行的纪念詹安泰先生国际学术研讨会，告辞时一直送我到地铁入口处。《汉语大字典》出版之后，我已到武大古籍整理研究所，先后参与《汉语大字典简编本》、《故训汇纂》和《古音汇纂》的编纂工作，从事的专业已经离方言学很远了。伯慧兄却想起当年我在闲聊中向他描述过的我的母语玉林方言的一些特点，嘱我写成文章，参加国际粤方言研讨会。我的方言知识是在四十多年前向他学的，荒疏已久，由此得以重新温习，两次参与盛会，认识了很多新的师友，开阔了视野，得益良多。

伯慧兄如今年届八旬，令名传天下，桃李遍神州，成就卓著，家庭美满，人生如此，夫复何求！喜逢华诞，谊为旧识，遥望南天，凑得一联。不计工拙，聊表贺忱：

齿德俱尊，杖履煦春风，有著述等身，椽笔昔曾干气象；
学行并著，门墙承化雨，看群流仰属。他年再共庆期颐。

（武汉大学古籍研究所教授，汉语大字典编委会委员）

略谈詹伯慧教授的识见和情怀

李学铭

一

我初与詹伯慧教授订交，是在1985年，距离现在，已有二十五年了。二十五年来，大家各有所忙，交往不算频密，但每次见面，都有共同关心、共同感兴趣的话题，而且一谈下来，就是好几个小时，临别时往往仍有余兴未尽的感觉。我如果对人说，伯慧教授不但是我的老朋友，而且是好朋友，大抵不算“谬托知己”罢？

二

1998年的夏天，我曾为暨南大学出版社出版的《庆祝詹伯慧教授从教45周年文集》撰写过一文，题目是《我所认识的詹伯慧教授》①。今年10月，我收到暨南大学《庆祝詹伯慧教授八十华诞暨从教五十八周年纪念文集》筹备小组的来信，邀请我为伯慧教授撰写庆祝的文章，我才知道活跃学坛、经常来往各地、精力充沛、行动矫健的老朋友，原来已臻高寿之年。从外貌看，我常以为伯慧教授只比我稍长两三岁，看来伯慧教授要达期颐之寿，应该不是难事！

三

关于詹伯慧教授的治学范围和学术贡献，自有许多学者专家和他的高弟来述说和表扬，我现在要谈论的，是他对共同语（普通话）和方言的看法。

伯慧教授是研究粤方言的专家，也是语文教育的资深研究者。他指出在方言区中既有以方言交际的需要，也有以共同语与不同地区的人互相沟通的必要。他这样说：

汉民族共同语——普通话是全国人民共同使用的交际语，在国内，推广普通话是一项基本语文政策，在各个方言地区，特别是像广东、福建这样方言复杂的地区，非大力推广全民共同的普通话不可。因为没有一个共同的语言，必然会给各地人民的交往、国

---

① 文见张晓山主编：《立说传薪风雨人——庆祝詹伯慧教授从教45周年文集》，暨南大学出版社，1993年版，第120~123页。

家的建设和社会的发展带来许多的困难，一个有明确规范而又能在全民族畅通无阻的民族共同语，往往被视为这个民族文明水平和文化发达的重要标志。①

在主张推广共同语（普通话）的同时，他进一步说：

我们在全国各地大力推广普通话，并没有要消灭各地方言、禁止方言流通的意见。方言和普通话都是人民之间长期使用的交际工具，在方言地区推广普通话，目的只是要使这个地区的人民从只说本地方言过渡到既说本地方言又说普通话。也就是说，既掌握和本地人民交际的工具，也掌握和外地人民，和全国人民交际的工具，从单一的语言生活过渡到双语的生活，在掌握共同语的同时，明确把共同语作为社会上共同的交际工具，也就是在大范围内使用的交际工具，而把方言留作家庭亲友之间的交际工具，也就是在小范围内使用的交际工具。这样就使民族共同语处于主导的地位而使地方方言处于从属的地位了。②

有了上述的理解，伯慧教授认为：

正确理解方言与共同语的这种主从关系以后，说方言的人尽可以在自己的方言区跟自己的亲朋用方言进行交际，用不着担心会有人干涉，会受到歧视。在这个问题上，我个人历来的看法是：一要"推普"，二要发挥方言的作用。我认为广东省一方面大力开展"推普"，一方面照常让一部分电台、电视台用方言播送新闻和娱乐节目，并无什么不妥。当然，在节目的安排上一定要注意体现普通话为主的精神，也一定要让广大民众有更多的机会通过广播和电视学习普通话。③

也就是说，在大力推广普通话的同时，又适当容许方言发挥作用，这才是实事求是、有所宽容的精神！

近期广州市为了举办亚运会，政府有关部门曾对电台、电视台的播送语言有一些调整的提示，以方便外来的参赛者和游客。当时社会上有些人颇有激烈的反应，认为方言正面临打压的命运，闹得沸沸扬扬，而伯慧教授也接受了公众传媒的访问。据说在报刊上，部分报道与伯慧教授发言的原意稍有出入。我现在摘录他在1994年发表的言论，大抵仍可约略显示他对共同语和方言两者关系的基本看法。

在与伯慧教授认识、交往的过程中，我的印象是，他是一位识见通达而又有宽容精神的学者，能认同容纳异己的主张，上面有关共同语和方言的意见，可说是其中一个例证。

---

① 詹伯慧：《谈谈汉语方言与语文教学》，李学铭编：《语文教师的认识——语文教育学院中文系学术演讲二集》，语文教育学院，1994年11月，第58页。伯慧教授演讲的日期是1992年11月13日。

② 同上。

③ 同上。

四

伯慧教授晚年喜爱书法艺术，他能写，也能在众人围观下即席挥毫。听说他没有从师学艺，也没有刻苦临摹碑帖，从暨大退休前，并没有多用毛笔，退休之后，才较勤奋练习，经常多写。这样，个人的风格面貌就逐渐体现出来了，而且愈来愈显著了。

伯慧教授的书风，笔力沉实遒劲，字体稍长，横竖、撇捺微带隶意，融楷隶为一体。初看不算悦目，却耐看，可能其中蕴涵了个人情怀、学养的气息，是学者的字，而不是书家的字。我很喜爱学者的字，长久以来，随缘收集，倒藏有一些师友的墨宝。伯慧教授见我喜好如此，最近送我一张条幅和一副对联，条幅写的是他尊翁祝南先生的诗，对联的语句是：

莫放春秋佳日过
最难风雨故人来

伯慧教授把对联交到我的手上时，郑重表示这是他很喜爱的联语。从联语的内容，或可略见他的情怀。明年（2011）的1月22日至31日，广东画院将会为伯慧教授举行书法展[①]，饶宗颐先生特别为他的书法展题字，许为“文士情怀”，并让题字印在书法展的请柬上。宗颐先生的赠言，除了指伯慧教授醉心书法艺术外，也会别有所指吧？

我们谨期待伯慧教授今后“人书俱老”，任心自适，写出艺术造诣更进多层的书法作品！

2010年12月

（香港理工大学退休教授，现任新亚研究所教授、香港公开大学荣誉教授）

① 这篇短文发表时，“詹伯慧书法展”应已圆满闭幕了。

鹤立輶轩

——贺詹伯慧教授八十大寿

单周尧

詹伯慧教授说他的学生准备为他举办八十大寿的庆祝活动，要我写几个毛笔字作纪念，我于是写了“鹤立輶轩”四个字。

鹤寿千岁。鹤不但高寿，而且康健，故古人以“鹤健松坚”贺寿。苏东坡诗云：“鹤老身仍健，鸿飞世共看。”愿伯慧教授“鹤算绵绵，福海滔滔”。

“鹤立”，当然有“鹤立鸡群”之意。《竹林七贤论》说嵇绍“昂昂然若野鹤之在鸡群”，而伯慧教授则昂昂然若寿鹤之立輶轩。輶轩是古代一种轻车，应劭《风俗通义·序》说：“周、秦常以岁八月遣輶轩之使，求异代方言。”因此“輶轩”与“方言”拉上了关系，扬雄的千古名著《方言》，旧题即作《輶轩使者绝代语释别国方言》。伯慧教授是方言学大师，数十年来，在汉语方言研究方面做了大量工作，取得令人瞩目的研究成果，在海内外学术界享有崇高的声望。他早年参加由袁家骅教授主编的《汉语方言概要》，是我国历史上第一部全面论述汉语方言的著作，在学术界影响很大。他也是《中国大百科全书语言文字卷》中方言分科的副主编，撰写了许多方言方面的条目。伯慧教授已刊著作30多部，发表论文300多篇。先后出版了《汉语方言文集》（1982）、《语言与方言论集》（1993）、《方言·共同语·语文教学》（1995）、《漫步语坛的第三个脚印——汉语方言与语言应用论集》（2003，2006增订本）、《詹伯慧语文评论集》（2008）等五部个人论文选集。他主编的《珠江三角洲方言调查报告》（三卷）、《粤北十县市粤方言调查报告》、《粤西十县市粤方言调查报告》等多次荣获国家教委和省社科优秀成果奖。他主编的全国高校通用文科教材《汉语方言及方言调查》则获授全国优秀教材奖。此外，由他主编的《广州话正音字典》和《广东粤方言概要》，出版后也深受学术界注目，其中《广东粤方言概要》获得广东省哲学社会科学“九五”规划优秀成果奖（2003）。1992年，伯慧教授获国务院颁发突出贡献证书；1992年和1997年，他两度被国家语言文字工作委员会评为全国语言文字先进工作者；1997年，暨南大学授予他暨南大学“八五”（1991—1995）期间杰出科研工作者称号；2001年，他获评为暨南大学优秀研究生导师，2002年又被评为暨南大学“十佳先进个人”，2006年获授暨南大学“终身贡献奖”。他的业绩被海内外许多名人辞典所刊载。因此，说伯慧教授“鹤立輶轩”，相信所有汉语方言学研究者都会赞同。

十二年前，伯慧教授的几位弟子出版了一本纪念文集，以庆祝伯慧教授从事教学四十五周年。当时我应伯慧教授之嘱，写了一篇题为“论交十八载”的文章。数月前，伯慧教授说他的学生准备为他出版一本祝寿文集，要我写一篇“论交三十载”。认识伯慧教授转瞬三十年了，他还是往日一样爽朗、亲切、健谈，还是往日一样精力充沛。近数年，港大开办了一个中国语言及文学文科硕士课程，伯慧教授拔刀相助，到港大为学生讲课，并且指导学生撰写毕业论文。同时，又和我合作编撰《粤语正音字典》，大约两星期来港大一次，大家一起研究粤语的订音问题。这是难得的缘分，深盼伯慧教授90岁时，我再为他执笔写一篇文章，届时再研究到底应题为“论交四十载”，还是“献颂九如”。

（香港大学教授，原中文学院院长）

寿詹伯慧教授八十华诞

张双庆

我60年代中考入香港中文大学中文系，不久内地就发生文化大革命。对我们读文科的人来说，最苦恼的是逛书店买不到什么好书。记得当时还可以买到的是詹安泰的《中国文学史》（先秦两汉部分），这是新中国成立后由高教部审定的第一部中国文学史教材。比起我们用作教材、在香港翻版的刘大杰的《中国文学发展史》，我们特别喜欢詹先生的书，因为书写得直接简洁，把中国文学诗骚两大源流分析得鞭辟入里，是一部我们爱读的书。这本书的纸质很差，粗糙灰黑，很脆，仿佛一折就断的样子，那是困难时期出版的书特有的，现在回想起来还很有印象。从此以后，我就记住詹先生这个名字，但随着我的专业放在语言学、方言学上，再加上“文革”十年的隔绝，也就没有刻意去追看詹先生的其他著作，不知道他是一代词宗，在诗词研究和创作方面有杰出成就，还有一个方言学权威的长子詹伯慧先生。

“文革”之后，随着中大中国语言学研究中心的重建，许礼平先生加入中心担任编辑工作。许先生的学术信息最灵通，他向我介绍了詹伯慧先生，我才想起署名袁家骅等的常用书《汉语方言概要》，其中“等”的作者中，就有伯慧先生。随着詹著《现代汉语方言》（湖北人民出版社，1981）的出版，以及詹先生调到广州暨南大学工作，我们有了更多机会和詹先生见面合作，进一步了解詹先生的为人和学术造诣。

詹伯慧先生有锐利的学术眼光和充沛的研究精力，他气魄宏大，由珠江三角洲粤语的全面研究，到近年《中国语言文字大词典·汉语方言卷》一书的统筹编纂，都可见他的研究魄力和领导魅力。我和詹先生相处最多、最密切的一段时间，是在90年代初。那时我协助刘殿爵教授负责吴多泰中国语文研究中心的日常工作，《中国语文通讯》出版不久，为加强研究实力、做好刊物，中心先后聘请陈原先生和伯慧先生来访。当时所方给予的条件只是一般的，居住在文化研究所自己租赁的赤泥坪村屋，詹先生全不计较，只醉心于研究与编辑工作中，其敬业乐业，令人钦佩。那是国内外学术活动日渐活跃的时候，第二届闽方言研讨会在汕头大学举办之后，中文大学承担举办第三届，詹先生以半个主人的身份协助我办好会议的筹备工作。对于会议举行期间的繁琐事务，詹先生都一丝不苟，全力以赴地去做。其后的几届闽方言会，我们也有很好的合作。例如，后来到海南岛的一次，他带我们去海口拜会学界、政界的学生、朋友，务求打好关系，开好研讨会。我记得有一次，一班人在广州聚会，在看望过中山大学黄家教老师后，在回程的小巴上，詹老师热情地邀请我成为方言学界有名的组合“九兄弟”的“老十”。年纪稍大的人会记得，60年代初到福建评审全国第一部省编的《福建省汉语方言概况》（上、下册讨论稿）的九位方言界权威，当年按年纪由老大至老九排列，那是方言界的盛事，是方言界的群英会，我何德何能，怎敢叨陪末座。但无论如何，詹先生对我的关心提携，我永远铭感于中。

90 年代的另一项合作是粤语正音，詹先生以他极佳的人际关系组织穗港澳三地的学者就粤语的正音问题进行讨论研究，目的是编出一部实用的粤语正音字典。在以推广普通话为国策的内地，以及还没有像今天讲求“构建和谐语言生活”的宽松社会环境，这个工作确实需要政治智慧。詹先生能很好地调动三地的人力物力，使工作终底于成，但过程中遇到的困难是可以想见的。在记忆中，粤音讨论会初期的工作很缓慢，一天讨论下来，能达成共识的字音只有十个八个，更令人怀念的是大家都是本着对学术追求的热诚，用开放宽容的态度参加这个工作。会上各抒己见，互相尊重，体现了很好的学风。当时的工作进度以及一些讨论文章，为《中国语文通讯》提供了稿件，我们乐于看到我们的刊物成为讨论粤音的平台。据我所知，詹先生近年在学术研究上特别注重应用，这是很有见地的。语言学研究与日常生活息息相关，撑粤语事件引起的风波，原因之一是语言学、方言学的知识不普及，这方面，詹先生的一些文章作了很好的阐释，有关的工作，尚待我辈努力。

伯慧先生又是成功的教育家。多年来在学术会议会场上，“詹家军”浩浩荡荡，声势极盛。我参加过多次詹先生名下博士生答辩后的聚会，不同毕业年份的同学云集，气氛热烈融洽，令人印象深刻。近年来，詹先生奔波于穗港两地，继续作育英才。他常以已过了国人平均寿命，生命属于“有赚无蚀”的乐观精神，继续他的研究工作、教学工作和社会活动。我觉得詹先生虽不必“发愤忘食”，但完全有孔夫子“乐以忘忧，不知老之将至”的境界，是我们敬仰的长辈。

（香港中文大学中文系教授）

饶平一日游

黄坤尧

日前出席纪念詹安泰的学术会议，大会安排了饶平一日游的行程。饶平是潮州市辖下的古县城，人口一百多万，大部分人说潮州话，但三饶以北就有很多人说客家话了，兼用双语。饶平邻近福建诏安，号称粤东门户。饶平有最完整的黄冈河，整个水系都在境内，由北而南，刚好贯穿了饶平的中央地带，而汤溪水库也就位于饶平的中心点上。2010 年 12 月 22 日，当日恰逢冬至，四台小巴士一起出发，在村镇上的小路行走，也很壮观。我们首先参观三饶的道韵楼，这是中国最大的城堡式的八卦土楼，号称中国最大八角围屋。始建于明万历十五年（1587），距今已有四百多年了。入门有一副对联曰："道义乃本根，天下无双，克念祖德；韵文光奕叶，实华并茂，贻厥孙谋。"以道义与韵文自许，韵即风度，文就是文化，追求天下无双的境界，然后又一代一代地传承不断。这是一座典型的客家土楼，大家聚族而居，鸡犬相闻，敬老慈幼，有事时可以互相照应，相对来说就是一个和谐的小小区。现代人比较着重私隐空间，土楼的岁月已经一去不返了。道韵楼没有永定土楼群的气派，但造型独特，还注入了八卦方位的基本构图，在广东境内也是杰作。可惜房舍失修，比较破落，地上乱堆杂物，其实镇政府是应该有能力管理和修复的。

之后，我们又去了新丰镇楼仔村的润丰楼，始建于道光年间，这是詹安泰的乡下，前面一大片水塘，十分清澈，整个青山及一系列房屋的倒影，凝止不动，疑幻疑真。润丰楼采用圆形结构的土楼，造型比较精致，可是也很破落了。屋主有些是詹家的族人，我们登楼探访，屋里散发着浓郁的酸腐气味，就像长年累月攒积下来的感觉。从楼上往外望，还有点儿像古罗马的斗兽场似的，院子里的情况看得一清二楚，其实也是很好的表演场所。不过现在还是居民的私人空间，加以位置偏远，看来经济开放的步伐暂时很难来到这里了。拍了一张照片，一位女子倚着窗前凝望，暗淡的身影融入土楼的岁月之中，前面却是圆亮的天空，悠悠我心，若有所待，明暗之间，好像正在激化某些矛盾。要赶时间，都催我们下来了。詹安泰的故居叫学文堂，并不在润丰楼内，还要往里面多走一段路才到，靠近山边，现在只剩下一片荒地了。詹安泰三代都住在这里，尤其是战时潮汕沦陷后，他们一度回到这里避难。不过现在荒置已久，房屋都倒塌下来了，附近几户邻居就在詹家的院子中央开挖了一口井，默默地仍为大家作出贡献。当日恰逢冬至，有些同来的詹家后人都上山扫墓去了，我们在一户新房子的人家中小歇，主人泡功夫茶待客，三个小杯轮流淌洗，茶香四溢，化作一股暖流，客家话在似懂非懂之间，也很亲切。中午新丰镇的镇长请客，接待四方远来专研詹安泰的学者，看来也是镇中的一件盛事了。《冬至日访饶平詹安泰故址》诗云：

无盦故址润丰楼。固若金汤见壮猷。
冬至山中寻水井，源源不绝泽千秋。

当日下午，我们乘船出海。饶平有广阔的海域，约占陆地面的三分之一，建有庞大的海上养殖业基地，柘林湾还有八万格的圆形深水网箱，专养对虾、贝类、藻类等，海产繁富，渔业发达。船只在柘林湾的海上航行，海风清凉，航道两旁全是由木排搭建而成的养殖场，好像一条一条的小街，上面建有简陋的平房，放置工具及生活用品，还有狗只看守，海鸥飞翔，大家靠船只出入，规模庞大。在现实世界中，我们很少会接触到这些场景，看起来就感到特别壮观了。后来我们在一个叫三百门的码头登岸，据说当年郑成功的军队也曾经从这里上岸，还参加过一些地方上土豪家族与帮派之间的战斗，攻占地盘，收取军饷。在潮州地方志的记录里，颇有梁山好汉的草莽意味，跟正史上反清复明的英雄形象不同。当日刚好有一艘台湾船靠岸，正购买当地的大批渔货，远看有些像三文鱼，说不准了。其实饶平与台湾的距离很近，现在台湾苗栗及彰化一带还有很多说饶平话的客家人，为了推行母语教育，当局编制了客家话教材，可见，比大陆还要重视方言保育，丰富多元文化。当日我们还先后参观了三元陶瓷，出产高档的餐饮器皿，各项展品都只有一件，仅供批发，不做零售，如果我们想制作一些具有特别意义的纪念品，大约三十件以上，就可以落订了；又有铁皮石斛基地，种植名贵珍稀的中药材，公司供应石斛茶叶饮品，颇有甘香风味，听说售价亦昂，不禁多喝了一两杯；浮滨镇大榕铺建有张竞生公园，附设广东省性文化教育基地，宣扬优生、性学及美学的理念，展品丰富，别开生面，虽说儿童不宜，却可供家计会参考，然而设在一个小地方，参观者不多，有些可惜；黄昏时分到了云峰山庄的兰苑，荟萃了国兰、洋兰、野山兰等五百多个品种的兰花，琳琅满目，培养出很多珍品。

晚上在黄冈县城的聚贤园迎宾馆晚宴，辜县长与县政府人员亲自接待。辜县长更是著名的作家，擅写报告文学。饭后在黄冈河的凤江桥上漫步，这里靠近出海的港口，沿岸灯饰辉煌，也是一片太平景象。当晚正值农历十七日，圆月当空，映在河边瑞光书院的塔上，光影迷离，有点儿古今交错的感觉。瑞光书院旁边就是县城的政府大楼，县长办公室设在六楼，竟然没有电梯，上上下下，也很健康及环保。辜县长说上任多年都没有任何改装及扩建，一切保持原状，符合节约和绿色的理念。辜县长还喜欢书法，跟大家一起挥毫，切磋书艺，宾主尽欢，度过了一个愉快的晚上。《黄冈夜饮赠辜县长》诗云：

黄冈月夜泛金波，漫步凤江桥上过。
今日饶平风物美，滁州太守乐清和。

其中“黄冈”的“冈”字依粤读及潮读皆为平声，但普通话的审音却只读上声，难免有些不协调的感觉。“过”字宜依古音读平声，现在一般人都读去声了。欧阳修的

《醉翁亭记》撰于滁州太守任内，其实现代官员也有很高的文化修养。饶平一日游的行程安排紧凑，海陆兼宜，古今融合，物产富饶，兼具浓厚的文化氛围，其实也是难得的旅游体验。

饶平詹安泰教授对一般读者来说可能比较陌生，但在学界却极享盛名。他是三四十年代著名的诗人、词人，陈湛铨最推崇的老师。此外，他也是当代词学四大名家之一，与夏承焘、唐圭璋、龙沐勋的年辈及地位相若，可惜早卒，未享高寿，但成就不凡，当然也是潮州及饶平的著名学者了。

今年（2011）也是詹伯慧教授的八十寿辰，他是詹安泰的长子，也是当代著名的语言学家。詹伯慧的母亲是潮州人，所以能说标准的客家话及潮州话，加上长期在广州读书及工作，当然更懂得广州话了。詹安泰、詹伯慧父子双峰雄峙，跟清代高邮的二王，即王念孙、王引之父子的学术成就有些相似。当代詹氏学涵盖了语言及文学的重要领域，贡献极大，谨赋诗一首以贺。《奉贺詹伯慧教授八十寿庆》云：

几回风雨学文堂，栋折梁摧故宅荒。
一井长流詹氏学，双峰雄峙岭东乡。
语言领域开新境，桃李芬芳入画墙。
春满羊城贤杖履，苍松翠柏寿而康。

（香港中文大学中文系教授）

香江一隅看詹公

张群显

身为粤语母语者，我从非母语者詹伯慧教授身上看到，个人可对粤语研究的兴旺出一分力。1987年，粤方言研讨会在香港举行，这是个历史创举。詹教授毅然宣告暨大要在两年后接办，启动了粤方言研讨会的延续性。1989年7月，在那难以言传的困难时节，他领导暨大同寅坚持开好第二届研讨会，还成功说服了澳门的中国语文学会接办下一届。这样不但使得研讨会能真正延绵不断，还树立了在港粤澳三地轮办研讨会的美好惯例。过去十五届的粤方言研讨会他个人从未缺席过。他在暨大任教的这些年，暨大一直是粤语研究的重镇，他组织的粤方言大型调查以及他所带的粤语领域的研究生就是最好的说明。下一届即第十六届粤方言研讨会将于今年（2011）12月首次在我校香港理工大学举行。想起詹公推动粤语研究的干劲，我和同寅们一则汗颜，二则感到责无旁贷。

身为土生土长的香港人，我从“移民”广州的他身上看到，可如何利用香港与内地的互补以及港澳与广州的紧密关系闯出学术新天地。暨大与理大合作的珠江三角洲方言调查和粤北粤西粤方言调查、粤港澳三地协力的粤语审音、詹公本人从港澳台所招收的研究生，以及上面提到的三地轮办研讨会愿景，都是上佳的脚注。

他对事物发展的嗅觉是多么的敏锐，这使得他在许多大大小小事情的决策上往往能得着先机。在语言文字学术界，他是个得风气之先的学者。他又是个着眼于大处而不会拘泥于小节的学者。年轻时我在工作上除了接待过詹教授外，也接待过王力教授。我觉得詹公这方面很有其师王力教授的影子。王力是粤语人，在五十年代从中山大学被远调至北大后，基本已不沾粤语，我作为粤语人不无遗憾、惋惜甚至苦涩。詹公不是粤语人，却翻起了粤语研究的巨浪，我毋宁愿意这样看：他为乃师偿还了粤语学术的债。

詹公是那么达观，永不会自怨自艾。他能把握机会，却也愿意退而求其次而士气不减。他是块硬骨头。什么东西才能让风骨学者折腰呢？是学问本身吗？前几年，他在家里攀高检视藏书，一个不留神跌倒，就把腰给扭了。把腰给扭了，其实腰就更要挺直，遑论折腰了。疼吗？敢情不好受，可他是满不在乎，只要力之所及，需要他走动的，他照样走动，甚至穿梭粤港，只是把动作慢下来就是。

内地改革开放之初，广州买不到小按摩器，他趁着在香港，由我们后辈领着他跑店，要捡个价钱合宜的买回去。今天么？世上这样的小器材大部分都是在内地制造的了。广州固然近水楼台，价廉物美，且今天的广州已是载誉办完亚运的超级都会，怕要高档的货品才“热卖”了。这不经意的对比，既道出我们认识之久，也道出时间之无情。明天如何？天晓得。

《圣经》说："万事都有定期，天下万务都有定时：……拆毁有时，建造有时；……寻找有时，舍弃有时；保存有时，抛弃有时；撕裂有时，缝补有时；静默有时，讲话有时……"（新译本，《传道书》三章1~7节）信焉。我是基督徒，我祝愿这位挚爱的长辈认识上帝有时。

（香港理工大学中文及双语系原系主任）

亦师亦友 美德感人

曾子凡

我跟伯慧师认识已经三十年了。虽然我不是他的硕士生或博士生，但是多年来，一直得到他的关怀和扶持。我在香港大学念硕士和博士，答辩时都是詹老师担任校外评审委员；拙作《广州话·普通话语词对比研究》、《广州话·普通话速查字典》和《香港粤语惯用语研究》都得到老师在百忙中赐序，前两书还有老师的题签。近年来我和老师交往频繁，关系密切，总是得到他的教诲和指导，所以我也就忝列门墙了。

伯慧师一贯热情关怀后辈，他培养了近三十个研究生，个个独当一面，贡献良多，成为社会的栋梁之才。三十年前，詹老师在武汉大学工作，已经是赫赫有名的大教授了。那时我还只是初出茅庐的后学小子。为了得到大方的指点，当时壮着胆子给老师寄去处女作《广州话·普通话口语词对译手册》。没想不多久，就收到老师的来鸿。信中热情洋溢，厚爱有加，我为此无比感动。几十年来老师都在关注和帮助我，从阅稿、写序到题签，乃至发稿推荐，处处亲力亲为，为的是提携和栽培后学。

伯慧师是蜚声国际的汉语方言大家，建树良多，著作等身，这都无须赘述。值得一提的是，作为领头人和主心骨，詹老师对开展和促进粤方言研究的贡献，功德无量。1983年南调穗城，创建暨南大学汉语方言研究中心，大力开展各大方言研究，培养多名研究生。1985年牵头并主持了珠江三角洲、粤北、粤西的粤语调查报告，填补了粤语研究的空白。令人瞩目的重要成果还有，1987年老师发起并组织了首届国际粤方言研讨会。之后定期在内地和港澳两年举行一次，从未间断。近来更提升到每年举行一次，现在已开完了第十五届。每届方言会，从筹备、安排、开会到出版文集，老师都全程投入、积极参与、献计献策，就像呵护自己的子女一样，看着研讨会从小到大茁壮成长，心中无限喜悦和欢欣鼓舞。历届方言会的论文集，除了第四届的，都顺利出版了。对第四届论文集没有出版之事一直耿耿于怀，为之可惜。

伯慧师虽然年已耄耋，仍然朝气蓬勃，仍有过人的精力，无惧奔波劳碌。早起晚睡，勤于笔耕，走南闯北，讲学赴会已成习惯。这不但是同龄人，就是年轻人都自惭形秽。老师眼睛不太好，可是平时走路很快，低着头急匆匆，像是要跟时间赛跑似的（我多次劝他放慢脚步，小心走路）。又有一次，他在家整理书籍时，不小心从椅子上摔了下来，结果造成骨折，不得不在医院卧床养伤一个月。虽然抱病在床，仍照样工作。我真是由衷佩服：好一个"老骥伏枥"！好一棵泰山顶上不老松！伯慧师持续奋斗永不止步，绝不躺在功劳簿上睡大觉，这是所有门生一致公认的优秀品质。除了频繁赴会和大量写作外，他目前还在为香港大学硕士班课程授课，又在主编新作《当代广州话正音字典》和《中国语言文字大词典·汉语方言卷》。伯慧师真不愧是活到老、做到老的典范。

伯慧师和蔼可亲，乐于助人。身为大教授，但不摆架子。遇到的人，无论男女老少，学识高低，同行与否，总是与之侃侃而谈。言谈话语诙谐幽默，娓娓道来。虽已退休，但多年来教授香港大学硕士班课程，继续培养语言学子。他风趣地说，已经被“丢到垃圾堆了”（戏言已退休），又被单先生（香港大学的单周尧教授）捡了回来。谈到年龄已老时，表示要知足常乐，多活一天就是赚一天，能做就要做，还要多做。可见，老师多么豁达、多么乐观。如果有求于他，一句“定当照办”，即速速兑现。他总是处处关心别人，中秋节到了，他想着给我赠送月饼。我的小孙女从外国回港，初次见面，他与夫人慷慨地赠与“大利是”。点点滴滴，不胜枚举；一举一动，暖人心窝。

几十年的交往和接触，我看到了一个光辉伟岸的榜样，从他的身上学到了做人和治学的道理。这当中，亦师亦友是他感人至深的美德。片纸只字实在难以描述老师的卓越成就和优秀品质，实在难以表达我的无限敬仰和衷心感激。在伯慧师八秩华诞之际，再次感谢老师的热情提携，谨此恭祝老师龙精虎猛，身壮力健，生活美好，心想事成。

2010年12月30日

（香港城市大学语文学部）

春风化雨　泽润濠江

——贺詹伯慧教授从教五十八周年

胡培周

詹伯慧教授是我国乃至世界研究汉语文方面的大师，特别是在研究方言学方面，更是成绩卓著。他在五十八周年的教学生涯中，诲人不倦，育才无数。在学术研究方面，更是孜孜以求，著作等身，贡献良多。

詹教授是澳门语文学界的良师益友。他为澳门开展汉语文研究工作方面培育了不少人才，并为开辟这方面的研究领域亲临指导，努力不懈。澳门语文学界的人士对詹教授都非常感激和钦佩。

我得到詹教授的教诲，转眼间已过四分之一世纪。我和詹教授初识于 1985 年 5 月。当时，我到香港出席由香港中国语文学会和香港大学等单位联合举办的普通话教学及测试研讨会。通过香港中国语文学会姚德怀会长的介绍，我有幸认识詹教授。他平易近人、和蔼可亲的态度，给我留下了深刻而又美好的印象。

1986 年 7 月，澳门中国语文学会成立。为了开展学术交流活动，我们于 1987 年初，邀请了时在香港大学讲学的詹教授及其夫人莅澳访问。在澳期间，詹教授为我会举行专题报告会，主讲关于汉语方言的问题。詹教授还接受澳门日报李成俊社长和李鹏翥总编辑的邀请，为该报的记者开座谈会，主讲有关语文和新闻写作的问题。詹教授的报告深受与会者欢迎。

自这次活动开始，詹教授与澳门语文学界的交流活动就经常进行。1987 年底，中国语言学会在广州举行年会，由广东省中国语言学会筹办。詹教授时任筹办单位的会长，发函邀请本会派员出席。本会委派了云惟利、谭任杰、林柏松和我赴穗参加。通过这次活动，本会开始和中国语言学会联系，并在会上认识了中国语言学会会长朱德熙和张志公、李荣等汉语文大师，对澳门中国语文学会之后开展汉语文的研究活动创造了有利的条件。

1989 年 7 月，本会在澳门综艺馆举行汉语文教学的国际研讨会。这次活动对本澳来说，可谓是空前的。出席人员除两岸四地的专家学者外，还有美国、澳洲、新西兰等国家的专家学者，詹教授也参加了这次研讨会。

在会议期间，詹教授邀请我会派员出席当年八月在广州举行的第二届国际粤方言研讨会，我和郑伟聪等人参加了这次研讨会。研讨会闭幕时，詹教授建议第三届国际粤方言研讨会在澳门举行。在大家的支持和鼓励下，我毅然应允，挑起了这副重担。在澳门中国语文学会同仁的协助下，第三届国际粤方言研讨会于 1991 年 7 月在澳门举行，以后的第六届、第九届和去年举行的第十五届国际粤方言研讨会都在澳门举行。每次研讨会，詹教授都亲临指导，并作重要发言。

可以说，自从1987年，詹教授第一次来澳进行学术交流活动后就经常来澳。不仅是澳门中国语文学会，还有其他学会及大专院校，都经常邀请詹教授莅澳指导，只要有空，詹教授定必参与。

还有一事要提，那就是1985年，我在香港发表了《推广普通话和粤语规范化》的论文，当时不少人对此有所疑虑，认为不容易实行。在第二届国际粤方言研讨会上，我又发表论文，建议做好粤语的正音工作，会上许多人认为这与我国推广普通话的政策不符，但詹教授却接纳了我的建议。在广东省语言文字工作委员会的关怀和支持下，广东省中国语言学会和广东省广播电视学会于1990年联合组建起包括粤港澳二十四位委员的广州话审音委员会，开始着手策划对广州话音读的审音工作，并于1994年底基本完成了对广州话字音的审定工作。在此基础上着手编写《广州话正音字典》，该字典最终于2002年7月面世，为粤语正音迈出了第一步。

詹教授在澳门开展中国语文教学和研究工作方面所做的最大贡献，我认为还是在培育人才方面。在澳门，詹教授门下桃李不少。早在20世纪50年代中期，詹教授在武汉大学任教，就有谭任杰、何齐飞等澳门学生受业于詹教授门下。80年代，詹教授到广州暨南大学任文学院院长，也为中文系本科生上课，培育了如郑伟聪等本澳不少弟子。特别是80年代中期，詹教授开始培养全日制硕士研究生。本澳林柏松放弃了高薪的中学教席，追随詹教授，赴穗修读为期三年的全日制硕士研究生，并获硕士学位。在这期间，林柏松在詹教授的指导下，完成了澳门方言的调查研究工作。在澳门中国语文学会成立后，又为该会做了许多有益的工作，贡献颇大。

从90年代起，詹教授担任博士研究生导师，开始收取港澳学生为兼读生。从这时起，詹教授先后为澳门培养了邓景滨、陈伯煇、汤翠兰等几位博士。

詹教授在澳门的桃李，成为本澳研究汉语，特别是研究粤方言的重要力量。

今年詹教授从事教学工作五十八年，且年届八十。我衷心祝愿詹教授健康长寿，并且在研究汉语的学术领域中永葆青春。

（澳门中国语文学会理事长）

伯慧先生印象

刘勋宁

一

2004年4月，我应丁邦新先生的邀请，去香港科技大学讲学。一推开教室门就看见詹伯慧先生赫然坐在其中。詹先生是方言学界的前辈，我们又是同行，见到他真是又惊又喜。詹先生说，他正在香港探亲，听说我要来讲学，就特意赶来听讲。这让我更加感动。先生那年该是73岁高龄，又是学富五车、名满天下的学者，完全可以不来听我这后生小子的逞能弄斧。然而，先生渡江跨海来了。从这里可以看出先生的品性，不放过一切可能获取知识的机会。我们常说“大海不涓细流”，不正是先生的写照吗？大凡真正做学问的人，都是唯恐所知太少，唯恐得道太晚的。我曾经在《怀念王力先生》一文中记道：“王先生虚怀若谷，不论是平辈人的意见，还是晚辈人的想法，只要有些微可取，他都热情接受；对别人的一得之见，他也惜之若金。”詹先生是王先生在中山大学初创语言学系时期的学生（1949—1953），他是得了王先生的真传。詹先生迄今著作30多部，论文300多篇。成就的取得，恐怕与先生这种好学的品格有关。

第二天，我要到香港大学讲学。先生说：“你的讲演我是要听的。”果然，当我到达那里的时候，先生又坐在教室里等我了。

二

我和詹先生过从最密的还是1999年9月詹先生在筑波大学讲学的那一次。先生下榻在我的学校宿舍，跟我谈了许多个人的往事。那次我才知道，先生出身于书香门第，令尊大人是岭南词学名家詹安泰先生。1957年，高等教育部组织北大、复旦、中山、武汉四所大学编写高校中文统编教材，王力先生主编《汉语史》，詹伯慧先生协助袁家骅先生主编《汉语方言概要》，詹先生令尊詹安泰先生则参与主编《中国文学史》。教材编写由政府组织，相当于钦点，后来都成为不断再版的名著。詹先生父子同时参与其盛，不啻是父子状元，应当说是同堂翰林。放在旧时代，我想是要立牌坊的。参加编写的人员有一张合影，不光詹先生的有关书籍中屡屡采用，就是北大中文系的许多回忆录中也多次看到。可见，这是大家都引以为荣的。

那一次詹先生还送给我他的散文集《日本面面观》（初版书名为《东瀛杂记》，武汉大学出版社，1982年版；这是增订本，人民文学出版社，1989年版）。我惊叹于先生清丽洒脱的文笔。语言学家因为长期沉思于琐碎的材料中，又讲究言必有出处，思维枯涩化，文章写得好的人不多。先生于平时人们不经意处寻找题目，娓娓道来；有些题目是老生常谈，先生又能汰芜存菁，在切要处着笔。史实与数据共冶，知识与趣味并存，读来引人入胜。文如其人，先生治学和为人，大概都是这样洗练诚挚的吧。

明海大学的招生手册上引用格言“读书让人充实，写作使人正确”，我十分欣赏。我最近在总结研究者的任务时说：“研究追求的是事物间最广泛的联系和事物变化的最深刻的动力以及这种动力的最直接的转递方式。虽然研究者也有一个怎样向同行和外行说明自己的成果以寻求支持的问题，然而这毕竟不是最主要的。”可以简称为“三最一说明”。“说明”虽然不是最主要的，但还是必要的，有时候能制约那三个“最”。记得社科院语言研究所当初招收研究生，只考作文。我不能说这完全正确，但在相当程度上是正确的。能写一手好文章，其实是思虑周密的表现。据我所见，那些文章写得不怎么样的人，学问也不怎么样。这几乎是一定的。过去把“文字、音韵、训诂”看成“小学”，那是因为组织思维与表达的工具是脱离时代的文言，现在废除了文言，就应该把“写作”看成“小学”，没有这个基础就不要上研究生。

三

2010年8月，我到北京参加王力110周年纪念会议碰到詹先生，詹先生送给我《詹伯慧语文评论集》。我突然在书里看见我的名字，十分惊奇。我赶快看了一下内容。原来詹先生对我的官话分类表示赞成。当面夸过我的分类的人不少，可是正式在书面上明确表示赞成的，詹先生是唯一的。

关于官话的分类，在我之前，有中国社会科学院语言研究所所长李荣先生的分类。最近有人把我和李先生的分类制成一张表，发表在维基百科的“南方官话”条下。表如下：

<table>
<tr><th>刘勋宁分区</th><th>李荣分区</th><th>古清音</th><th>古次浊</th><th>古全浊</th></tr>
<tr><td rowspan="4">北方官话</td><td>胶辽官话</td><td>上声</td><td rowspan="4">去声</td><td rowspan="6">阳平</td></tr>
<tr><td>东北官话</td><td>派入四声，上声较多</td></tr>
<tr><td>北京官话</td><td>派入四声</td></tr>
<tr><td>冀鲁官话</td><td>阴平</td></tr>
<tr><td rowspan="2">中原官话</td><td>中原官话</td><td colspan="2">阴平</td></tr>
<tr><td>兰银官话</td><td colspan="2">去声</td></tr>
<tr><td rowspan="2">南方官话</td><td>西南官话</td><td colspan="3">阳平（或保留、阴平、去声）</td></tr>
<tr><td>江淮官话</td><td colspan="3">保留</td></tr>
</table>

有了这张表，我和李先生的分类特点及其区别一目了然。我的分类没有多少创造，只是李先生分类的进一步概括。我自豪的只是我的概括揭示了新的知识：中国古代的入声在北方官话中是一分为三的，在中原官话中是一分为二的，在南方官话中是不分化的。可是我不是官，竟无人敢表示赞同。许多人爱说“只要你说得对，我们就照你的办”，其实未必。举一个例子就可以知道，要做到这一点谈何容易！北大中文论坛网上，有人想在我的分类之外另行分类，经过十几个回合的论战，最后势所必至地得出了与我同样的结论。然而讨论也就此戛然而止，既不说认同，也不说偶同。由此可见，平时那些口口声声要坚持真理、服从真理的人是多么假惺惺。相反，有人吹捧李先生的分类是用“单一标准”进行分类的成功范例，李先生的分类是“高度”概括云云。对比上面那张表，可以看出这些话距离事实有多远！支持我的分类，表现了先生不媚上、不轻下，唯真理是从的高贵品格（我以为这是做学问和做出学问的必要条件）。

李荣先生的分类是建立在1983—1987年间的大规模方言调查基础上的，是第一次运用严格的语音标准进行分类的。正是由于有了这样好的基础，我才能进一步概括。对于李先生的分类，我们既没有遗漏一个方言，也没有剩余一处土语，还消除了例外（西南官话在李先生的分类里是存在例外的，这在上面那张表中就可以看到，而在我们的分类里没有了）。我们尊重李先生，就是要发展他的学问，完善他的学问，而不是止步不前。李先生曾经引用赵元任的话说：“知音的反对比外行的同意更叫人高兴。”如果李先生天国有知，对那些内行的表扬一定会拍案惊奇。

四

詹先生对我观点的偏爱也许是一种私爱。因为我们有一个基本观点是一样的。早在1963年，詹先生在与人合作的《有关汉语方言分区的一些问题》一文中就明确提出，汉语方言的划分应当“以语言材料为依据，以社会历史资料为主要参考”。我们依据语言的特征为官话分了类，而这样的分类又正好反映了这样的社会历史关系：北方官话地区是元代以后的新兴政治中心区，以北京话为代表，延伸到河北、山东和东北；中原官话地区是元代以前的政治中心区，以西安—洛阳话为代表，实际上是被压缩到现在的河南、关中、甘肃及其尚未退出的毗连地区；南方官话地区则是由南方方言退化出来的，东部以南京（金陵）为代表，西部尚待研究。就连“北方官话”、“中原官话”、“南方官话”这些名称，也都是历史留给我们的馈赠品：古代不是就有中原雅音、南音、北音的说法吗？所以说，我们的分类并不是我们故意要这样做，而是汉语方言自己走过的社会历史要我们这样做。

进一步的事实也证明，把语言特征和社会历史材料结合起来的分类是反映实质的。1998年，我们又发表了《中原官话与北方官话的区别及〈中原音韵〉的语言基础》一文。文章揭示出北方官话古宕江摄入声字读 ɑo 韵，中原官话则读 o（e）韵划然不紊的事实。可比较下表。

北方官话

	薄	落	脚	着	学	药
哈尔滨	pau	lau	tɕiau	tʂau	ɕiau	iau
长春	pau	lau	tɕiau	tʂau	ɕiau	iau
沈阳	pau	lau	tɕiau	tʂau	ɕiau	iau
北京	pau	lau	tɕiau	tʂau	ɕiau	iau
保定	pau	lau	tɕiau	tʂau	ɕiau	iau

中原官话

	薄	落	脚	着	学	药
徐州	pə	luə	tɕyə	tʂuə	ɕuə	yə
郑州	po	luo	tɕyo	tʂuo	ɕyo	yo
洛阳	pə	luə	tɕyə	tʂuə	ɕuə	yə
西安	po	luo	tɕyo	tʂuo	ɕyo	yo
银川	pə	luə	tɕyə	tʂuə	ɕuə	yə
西宁	po	lu	tɕyu	tʂu	ɕu	yu

就是个外行，也能看出这是两个方言区。这再一次说明方言分区不是在预设的条件之间摆游戏。人是在社会历史中活动的，语言是人说的，社会历史是管得了语言的。詹先生支持了我，我也没让詹先生失望。

我曾经把黄土高原的方言定名为“秦晋方言”，并且指出，它是“北方话里的山里话”。第一，它是北方话；第二，它是山里话。有人说江淮官话是官话，所以秦晋方言也可以叫官话，这种说法，我不能同意。具体的差别须写专业文章，不适合在这样的散文里作术语铺排。我只说一个好似开玩笑其实不是开玩笑的理由：江淮地区的人口口声声说自己曾经是汉语的标准语，甚至不让天下，独尊自己是唯一的标准语——也就是说是“官话”而不是“民语”；秦晋方言区的人可从来没有说过自己是标准语，非但没有说过自己是标准语，还说过“天不怕，地不怕，就怕兴县人说官话”的话，甚至还有人认为自己是少数民族语言的遗留呢！就冲着这一条，秦晋方言就不是官话，而是方言。所以我想草拟这样一个词条：

秦晋方言，俗称晋语。分布在东起太行山，西近贺兰山，北抵阴山，南至汾渭河谷的黄土高原上。在北方话失去入声的背景下，这是一片相当广袤的入声区。这个地区语言复杂，文白异读丰富。通过文白异读可以区分许多古音类……其中汾河下游的中原官话是秦晋方言的退化区。

非常高兴，在《詹伯慧语文评论集》的最后几页里这样写道：

詹先生也同意刘勋宁的建议，把它改称秦晋方言，作为跟其他官话平行的、同属他所说的“基础汉语方言（北方话）”下的两支北方话，认为这也不失为一个解决的办法。

詹先生又一次支持了我。这究竟是私爱呢，还是公义呢？我想，最重要的还是詹先生是真正的“只要你说得对，我们就照你的办”的人。

五

詹先生对我这么好，我常常在想，他为什么会对我这么好呢？也许因为我们是校友（他1955—1958年在北大进修，我1977—1982年在北大学习），也许是同门（他曾经帮袁家骅先生编写《汉语方言概要》，我是袁先生最后的学生）。总之，我觉得他对我关爱有加，实不敢当。2001年，先生邀请我参加在广州召开的第八届国际粤方言研讨会。晚上，我们同游珠江。先生的几代学生同行，欢笑而来，簇拥而去。我明白了。詹先生不是独对我好，而是对谁都好。前面说了，不涓细流，方成大海。另外，方其为大海，也才能众流归之。

作为一个教师，我从心里羡慕詹先生，我觉得这才是当老师的最高境界。教师的本职是“传道、解惑、授业”，不错，不过在这之外，还应该有别的东西在。教师也是人，面对后生小子，他的为人就是一种教育的模范，所谓“身教重于言教”。那种把“传道、解惑、授业”仅仅理解为专业实在太狭隘，还应该加上“传为人之道、解人生之惑、授处世之业”的另一面。孔子是教师之祖，《论语》里有这样一段：“莫（暮）春者，春服既成，冠者五六人，童子六七人，浴乎沂，风乎舞雩，咏而归。”我非常向往。许多古文选也选用这一段，可见大家都喜欢。詹先生的一生，有学有乐，看先生的学生也有乐有学，个个呈现出健康的人生取向和不掠美、不伪善的学风和作风，我觉得先生是成功的。

六

今年是我最忙的一年，光答应给别人的纪念文集写的文章就有4篇，为书写序2篇，杂志发表论文2篇。我实在忙得不可开交。11月在北京开会，碰见先生的门生——甘于恩先生，他知道我这么忙，出主意让我写首七律来表表心意吧。可是，我觉得不能。詹先生如此厚爱我，就是写七律，也必须是一首好七律才对得起先生。可那就更难了。还是写一篇文章来记叙我们的交情吧，虽然写不好，却是实实在在的感情。我希望写得好一些，可是到了年底的这个月，才思已经枯竭，也没有时间充电，只能写成这样了。不过我的心意已经表达。我祝愿先生寿比南山，福如东海。祝愿先生像一片阳光，永远照耀着他的学生。

（日本明海大学教授、博士生导师，东京现代中国语研究会会长，东日本汉语教师协会副会长）

枝出粤东，叶荫广西

——祝贺詹伯慧老师八十大寿

刘村汉

欣逢詹伯慧老师八十华诞，衷心祝愿詹老师健康、快乐！

其实，詹老师本来就很健康，也很快乐。年届八旬，老当益壮，仍然为方言事业而操劳、奔忙。身体是铁骨钢筋，走路、爬山，好些中年人都赶不上他，伏案工作，一直勤劳不辍。事业上，是枝繁叶茂，成果丰硕。没有快乐的体验，是难以达到这种境界的。詹老师真是一棵不老松。

詹老师著作等身，他独著或主编或参与编著的作品《汉语方言概要》、《现代汉语方言》、《珠江三角洲方言调查报告》、《粤北十县市粤方言调查报告》、《粤西十县市粤方言调查报告》、《汉语方言及方言调查》、《广州话正音字典》、《广东粤方言概要》等，都有很高的声誉，有的被选为高校教材。他的书哺育了一代又一代学人。

詹老师的建树是多方面的，最突出的是，通过岗位工作和校外指导，培养了一大批学术人才，入门弟子都已成为学术骨干，形成了一个稳固的学术团队。他以执著的精神、不懈的追求，熔铸为人格力量，又以人格魅力聚集人气，形成广泛的人脉，结成强大的学术阵容，开拓了一片天地，使粤语研究成为举世瞩目的热门显学。

我是通过詹老师的书跟他认识的，在学术活动中多次接受他的指导和鼓励，受益良多。詹老师对后学的热情关怀有口皆碑，凡有问学者，未尝不教焉。这真是“大方无隅”的大师风范。

詹老师对广西的方言研究也很给力。广西从事方言研究的人，差不多都得到过他的指导和熏陶，广西举办的方言会议，他都拨冗出席，他的“粤语西渐”口号，对广西方言工作的促进和进一步开发发挥了巨大作用。

记得十年前我和詹老师一起登南岳，下车后要走很长一段山路。青年人精力旺盛，早就走到前面去了，只有一帮老人，相互呼应着迤逦而行。一路奇石芳草，茂林修竹，山花烂漫，野果飘香，娱目醒脑而且爽神。我策着扶老，时时停下来容与流眄，借观景稍事喘息，总是落在队伍后面。抬头一望，老人队稀稀拉拉拖了好长，詹老师就当起队长来，不时停下来招呼大家，指点歧路，并给我们鼓劲。他还找来年轻人讲幽默段子，借以鼓舞士气，一路笑声不断，老头老太们也都不觉劳累，跟着队伍爬上了祝融峰。在祝融殿前后，放眼望去，周围群峰罗列，层峦叠嶂，气势磅礴，景象万千，个个感到心旷神怡、如醉如仙，很有成就感，很是感激詹老师这位带头人。衡山古名寿岳，寿比南山的“南山”就是南岳。特地从记忆深处捡出这段经历和体验，为詹老师祝寿。

我同詹老师第一次见面是在20世纪80年代初，桂子飘香的季节，在武汉大学珞珈山麓他的寓所，距今已有三十年了。后来拜访他，就是在暨南大学的苏州苑了，那里也有很多桂花树。如今桂树发了一茬又一茬，詹老师仍然这样健康、这样快乐，这是詹老师的福分，也是我们的福分。

2011年3月于桂林

（广西师范大学中文系教授）

笃志之学者　谦恭之学长

——相与詹公伯慧教授缅忆

向光忠

我与詹公伯慧教授相与，已逾半个世纪。历经漫长的岁月，相闻，相遇，相识，相熟，相交，相知，逐渐建立了友谊。

我原籍湖北，他祖籍广东，异地暌隔，本来陌生。而我之知詹公其人，如今追思，则还得回放进入大学之初的记忆。

1953 年夏秋之交，我从高中毕业升入大学受业，詹公大学卒业后步入高校教坛。

20 世纪 50 年代初，语言学尚未普及，一般人都不熟悉这门学问。我们班的同学报考大学中文系，原是爱好文学，想成为作家，可是进入大学却被分配学习语言学，开始大都转不过弯来，这就需要进行专业思想教育了。在迎新会上，老同学杨耐思谈个人体会，向我们这些新同学说："我原来不了解语言学，从未想到学语言学，上大学后，进入语言学园地，啊！我惊讶地发现，语言学是美丽的花园，这样，我就越学越感兴趣了……"现在想来，当时杨耐思师兄谈的是实际感受，并非花言巧语，可我们这些尚未入门的新同学却不以为然，会后在回宿舍的路上，便纷纷议论。有同学说："原本是枯燥无味的学科，老杨却说是'美丽的花园'，别哄人了……"后来同学们通过学习，才逐渐地不以杨说为非了。而真正对同学们的专业意向有所触动的，是王力先生的引导。王先生在一次讲话时启示我们说："同学们都喜欢文学，不愿意学习语言学。有个詹伯慧，他的父亲是中文系研究古典文学的教授，按说，他受家学熏陶，只会偏爱文学，可是，他上大学却选择了语言学，一直坚持下来，学得很好，毕业后被分配到武汉大学中文系，今后将专门从事语言学的教学与研究……"这是"詹伯慧"的大名第一次播及我们的耳鼓。王先生耐人寻思的训诲，可真是引发了大家的思考，觉得詹伯慧的志趣很奥妙，经仔细琢磨，便开始改变原先的偏好，逐步加深了对语言学的认识。从此，我们班的同学便都记下了"詹伯慧"的大名。詹伯慧与唐作藩二位是同班同学，唐先生毕业后也做助教，此时任我们的副班主任，这样，从唐先生那里，我们对詹大学长便渐有所知了。一天早上，全班同学来到教室，静待岑麒祥先生讲授"语言学引论"。上课铃响之前，唐先生走进教室，登上讲台，笑容满面地对大家说："同学们！好消息，詹伯慧从武汉大学给同学们寄来了信！"接着，他就提高嗓音逐字逐句地给我们念了这封长信。詹大学长爱好语言学，便希望我国的语言学人才辈出，代不乏人。而在我国，以往上大学的人少，学语言学的更是寥寥无几，如今为适应客观需要，我们班，按计划增收至四十名，实际就学的也有三十八名，人数之多，在我国高等教育的语言学科史上是空前的。詹伯慧学长喜见后来者如此之多，便满怀激情地给我们写了这封信，十分亲切地欢迎我们加入语言学的队伍，热情洋溢地称呼我们为“语言学新伙伴”，意味深长地勉励我们这些“新生力量”积极钻研语言学，成长为语言学人才，献身于语言学事业……同学们听后，都为之感动，立即报以热烈的掌声。此时，我们虽然是只闻其信而未见其人，但是，詹大学长却在我们脑子里留下了深刻的印象。

1955 年秋，我们上三年级，袁家骅先生给我们讲授“汉语方言学”，詹伯慧学长从武汉大学来从袁家骅先生进修，随我们班听课。久仰大名的詹大学长终于出现在我们面前了。英俊、儒雅、谦和、潇洒，生长于教授之家，言谈举止不俗，表现出文质彬彬的书生形象。他还随我们班听王力先生新开设的“汉语史”课及其他先生的课，另外，中文系语言学专业开展一些学术活动，我们也常相聚一起，这就时有接触了。袁先生给我们讲完“汉语方言学”之后，即着手修订讲稿，准备出版。在此过程中，詹伯慧君参加了编修工作，用力甚勤。此后，他回到了武汉大学，我们班的同学于 1957 年毕业，便劳燕分飞了。而我则遭遇狂风恶浪冲出燕园，被发落到了天津。从此，我们之间未再联系。而后耳闻，在史无前例的文化大革命浩劫中，像詹伯慧这样出自书香门第的一身清白的青年学者，也竟然饱受折磨，实在是荒谬绝伦！

万恶的“四人帮”垮台后，长久窒息的学术界开始焕发生机，深受禁锢的学者们开展学术活动，我与詹公便时相聚会了。20 世纪 70 年代末 80 年代初，教育部为恢复并推进高等学校正常教学，曾组织教师编写新教材，詹公与我都参与了黄伯荣、廖序东两位先生主持的《现代汉语》的编写。作为主要成员之一，詹公撰写了有关方言的内容。而配合《现代汉语》教本，曾编著一套供教师参考的《现代汉语知识丛书》刊行。詹伯慧著《现代汉语方言》一书，反映了当时的学术水平，以充实之内容入丛书之系列，广为流传，卓有效应。而《现代汉语》之为高等学校文科教材，在经久编修过程中，我们曾多次参加编写会或修订会，共同研讨，分担任务，每次都是实有成效地在一起度过一段有学术意义的日子。由于詹公之富有情趣，其中还有一些小趣事。有一次在开封举行《现代汉语》教材会，连续数日，十分紧张，一天傍晚，詹公约我和我同班的徐青兄出去散步，让脑子紧绷的弦放松一下。我们在大街上遛弯儿，边走边聊，十分惬意。他转脸看到马路边有摆摊儿卖烤红薯的，便特意走过去买了三个刚烤熟的香喷喷的热红薯，人手一个。他笑盈盈地说：“烤红薯小摊儿，这是开封的街头一景，我们到此一游，也就要有所体验，品尝一下马路风味小吃嘛！”由此可见，詹公之生活情致，短暂的小憩也给增添了乐趣。詹公曾说：“我工作任务越重，越要抽时间玩。”我揣摩，他如此安排生活节奏，固然是以“逸”解“劳”，也意在体察风土人情，而这就自然相关于其方言研究了。若干年后，有一次，他莅会天津，夫人偕行。在会外自由活动时，他要我指引一个有特色的好去处，我陪他们伉俪游览天津富于欧陆风情的繁华街景，也品赏中西风味小食，他觉得很合意，赞赏我导游的景观之可观。在语言学界，学术研讨会及其他学术活动频繁，我们有机会常在一起聚首。而每次重逢，詹公既在会上畅所欲言，发表高见，给人启发，也在会下访谈叙旧，相约出游，活跃相聚的氛围，让大家轻松爽快。

1980 年至 1982 年，詹公应聘东渡扶桑，执教于东京大学，传扬优秀华夏文明，促进中日文化交流，其成功之学术活动及产生之学术影响，我也耳有所闻，为之赞誉。其间，日本学界邀请王力先生讲学，詹兄陪侍王先生与师母，照拂甚殷，王师母曾将照片给我留作纪念，詹公归国后也将他所写的《东瀛杂记》寄赠给我，这就是他在东京大学承担繁重的教学任务而忙里偷闲漫游日本各地的游记，我从中了解到他旅日游历的情景和日本各处的风土人情。

詹公的待友之情谊，也让人感到其恳切。20世纪末，他应邀莅临南开与会，蒋绍愚教授也应邀莅会。一天晚上，他们拘礼，特地枉顾舍间，正巧我刚迁进新居，他们出乎意想地看到我“出自幽谷，迁于乔木”，便为之欣喜。看了看新房的格局、书斋的陈列，落座客厅叙谈有顷，才告辞离去。翌日，詹公有所感触地对我说：“你年轻时受了很多罪，现在处境好了，可以说是令人满意了，今后晚景一定会越来越好的，我们为你高兴……”我听了，莞尔颔首，内心洋溢着关切之语的融融暖意。

2006年仲春，语言文字规范化学术研讨会在北京举行，我和詹公都应邀赴会。报到那天，我先到，得知会务组安排我们两人同住一个房间，便欣然等待着他到来。他一进房间，就真情实意地说：“你看，会务组将我们两人安排在同一个房间，这说明我们有缘，总聚到一起。”接着，他又叹息道：“我们年纪越来越大了，以后出来参加会议将越来越少了，见面的机会也就不多了，正好我们住在一起可以多多聊聊……”那几天我们都是聊到很晚才入睡。有一天晚饭后，他和我一起去看望陈章太同志和居家养病的王均先生。詹公每到一处会友，都能营造和谐的气氛。章太兄及夫人热忱接待，摆出茶点果品，詹公引出有趣的话题，我们开怀畅叙，谈兴甚浓，非常融洽。继而到王均先生府上，王先生看到我们登门拜望，喜出望外，忙挪动病体让座。我们问安后，詹公特别提到王先生为他的著作撰写长篇序文并对他的学术成果认真评价，由衷表示感激。王先生听了，十分欣慰地说：“几年前的事，你还记在心上。”詹公就是这样牢记前辈或同侪之善待于己。此次会议结束，时值清明。我和詹公及唐作藩先生同几位老学长相聚，去为王力先生与王师母、岑麒祥先生与岑师母扫墓，以表达对先师的缅怀与崇仰之情。

是年孟冬，唐作藩先生主持《中国语言文字学大词典》审订会，我们聚集于重庆。接着沿江而下，抵宜昌，过荆州，经潜江，至武汉，辗转不少地方，詹公都很熟悉，我诧然道：“你比我这个湖北人还更了解湖北？”他说：“我在湖北待的时间长嘛！”我一想，可不是么，詹公任教于武汉大学长达三十年，足迹及于湖北很多城乡，而且是以方言学者的视听，体察风物特色与方言特点，这就自然是所到之处都留有印象。而我上大学后就离开了湖北，从出生到高中毕业，只不过十几年，于是我只得说：“看来，我这个湖北人不成其为‘湖北佬’，你这位广东人则堪称为‘湖北通’！”

今年8月，我们出席纪念王力先生诞辰110周年国际学术研讨会，又在北大聚首一堂了。詹公在会上作了题为“大力加强汉语方言的应用研究”的报告，强调指出“方言工作者应该继续沿着王力先生等前辈学者早年为我们开辟的道路，把方言的研究与语言社会应用的需要密切结合起来，使方言的调查研究在贯彻落实国家语言文字政策中能够更好地发挥作用”，反响甚好。晚餐时，他招呼我到他那张餐桌，同几位老学长畅谈。此次重聚于母校，当年同堂听课于燕园以及尔后屡次聚会于北大的具体情景，历历在目，这里就不细述了。

有多年之交谊，对詹公伯慧教授之处世与治学，我是颇为清楚的。

其处世，胸襟豁达，心地坦荡，广泛交游，善结人缘，他对学界之同好谦恭相待，士林之同仁与他友好相处。

其治学，别具只眼，自辟蹊径，早年选学语言学，就读于王力先生在中山大学创办的全国唯一的语言学系，亲炙当代语言学大师王力先生与普通语言学专家岑麒祥先生授业，奠定了扎实的根底。1954 年中山大学语言学系调整到北京大学中文系而成为全国唯一的语言学专业，他又负笈燕园，师从著名方言学家袁家骅先生主修汉语方言学，并再度聆听王力先生授课，汲取汉语史研究的新创获。此后，则主攻汉语方言学，而行有余力亦兼及其他相关学科。在漫长的岁月中，笃志于学术事业，笃志于语言科学，笃志于方言研究，潜心投入，不遗余力，涉足田野，置身前沿，积极进取，勤力开拓，悉心考察，锐意探究，认真教学，培育新人，获取了丰硕成果，推进了学术发展，扶掖了众多后学，壮大了学术力量。

欣逢詹公伯慧教授八秩华诞暨从教五十八周年，谨此恭祝洪福遐龄，硕果盈仓，桃李争艳，令誉远扬！

庚寅冬节于南开园西南村笃学斋

（南开大学中文系教授）

道德文章　沾溉后学

——记我与詹伯慧先生二三事

乔全生

詹伯慧先生是蜚声海内外的著名语言学家，他从事汉语方言学研究近六十个春秋。在汉语方言、汉语辞书、汉语应用和汉语规范化等领域成果丰硕，著作等身。迄今已出版著作30余部，发表论文300多篇。曾主持广东省社会科学“七五”、“八五”、“九五”重点研究项目，其研究成果获国家教委和广东省社会科学优秀成果奖。他的业绩曾被海内外多部名人辞典刊载，在语言学界享有崇高声誉。岁月荏苒，我与詹先生交往已近三十年，对先生严于律己、和善待人的为人准则和认真严谨、一丝不苟的治学精神十分敬仰。恰逢先生八十诞辰之际，我有感于先生的教诲和提携，特将与先生交往的几个片段写出来，以表达学生对先生的敬仰之情。

一、先生是我走上方言研究道路的引路人

大学毕业后，我起初选择语言风格学作为主要的研究方向，曾发表论文《试论文艺语言与科技语言的风格异同》，该文先后被《全国高校文科学报文摘》头条摘编，《人大复印资料》复印，并被《建国四十年来风格学述评》评述。作为刚刚从事语言研究的青年学者，有幸得到学术界的关注和评价，心中自然十分欣喜。师友们都认为我一定会沿着这条路继续走下去。但出乎大家的意料，甚至连我本人也始料未及，我的研究兴趣会转移到汉语方言学上来。现在回忆起来，这与有幸结识詹先生、聆听他的教诲有很大关系。

詹先生的大名和学术影响，早在大学期间就有所耳闻，但一直无缘得见真面目。初识先生是在1982年，这年3月，我参加了华中工学院（现华中科技大学）中国语言学研究所举办的“全国语言学研讨班”，大概是4月份，轮到詹先生讲授“汉语方言学专题”，那是我第一次见到詹先生，第一次领略到他的风采。听说詹先生当时刚从日本讲学回来，没来得及休息就来到班上授课，他连着讲了好几天，广博的学识和引人入胜的讲解深深地吸引了我。聆听先生列举的许多有趣的方言现象，使我对汉语方言的认识进一步加深，兴趣逐渐浓厚。因为在半年前，1981年7、8两月，我曾参加过福建建瓯举办的“全国汉语方言研讨班”，那个班上，曾是“方言大家”云集，遗憾的是没请到詹先生，原来是去日本讲学了。所以这次聆听詹先生授课就有不同的感受，如果说在福建建瓯班对方言有了初步的兴趣，那么这次听詹先生讲授方言则是兴趣的加深。方言世界竟然是这样的异彩纷呈，历史与文化的年轮全然印在了方言的活化石上。从那时起便确立了今后的研究方向——汉语方言。每每想起此段经历，看着与詹先生的合照，至今还颇有感触：詹先生何曾不是使我坚定走上方言研究道路的引路人。

二、先生的道德文章惠我终身

因为有三十年前的师生缘，所以我每次参加全国的汉语方言学年会总要关注詹先生是否与会。后来我才知道，詹先生是参加全国汉语方言学研讨会最全的学者之一，倒是我有几次没有参加。平时虽鲜有书信往来，但先生的治学精神和学术思想时常激励着我。詹先生是汉语方言学界的领军人物，他对方言学界存有争议的问题从不回避自己的观点，如对晋语问题、平话问题以及徽语问题，先生都曾有非常精到、令人信服的分析。1985年7月，我在全国汉语方言学第三届年会（山西忻州）上见到过詹先生，当时我做会务，也没能向先生请教。先生当时提出的汉语方言分区的原则、依据和方法极具指导意义。他认为汉语方言的分区要一切从方言的实际出发，全面剖析比较方言的特征，还要考虑语言以外的因素。方言的分区能否达到最佳效果，关键在于所选取的特征条目有没有足够的典型性，能否充分显示方言的特征，既对不同方言区的方言具有明显的差异性，又对同属一个方言区的方言具有明显的一致性。先生的教诲给我很大的启示。1991 年 11月，我参加在南京召开的全国汉语方言学会第 6 届学术讨论会时，又见到了詹先生。先生在会上宣讲的论文是《珠江三角洲方言调查与研究》，这是先生的大手笔。广东省是方言大省，拥有粤、闽和客家三大方言，如何调查和研究这种方言资源十分丰富的地区的方言全貌，能使学界共享，已是当时方言学者十分向往的课题，詹先生的讲演，真可谓石破天惊，启动了这一宏伟工程。这一举动为我国其他方言分布较为复杂地区的方言调查和研究起到了非常重要的指导作用。2001 年 10 月，我参加了在西安举行的全国汉语方言学会第 11 届学术研讨会，詹先生自然是作主题报告，我记得曾就拙文《晋语调类的分合》向先生求教，非常受益。在会议考察期间，先生与我同车，在车上又有向先生求教的机会。在车上谈论的话题很多，虽然具体内容记不大清，但先生和风细雨式的谈话、慈祥和蔼的笑容至今历历在目。

近十几年来，詹先生涉及的研究领域颇广，除了一贯致力于方言研究之外，在辞书研究、汉语应用以及语言规范化等方面也令学界瞩目。在第 13、14、15 届年会上宣读的论文《濒危方言的研究大有可为》、《对平话问题的再认识》、《略论香港的“社区词”——兼评〈香港社区词典〉》都给与会学者留下了深刻的印象。每与先生在会上见面，我总免不了向先生求教，他多次鼓励我要在汉语方言研究领域多花精力、多出成果。令我难忘的是，2005 年 4 月，由我们倡议并发起，山西大学文学院、山西大学方言研究中心、山西省社会科学院语言研究所、《语文研究》编辑部、山西省语言学会、山西省方言学会联合主办的“新世纪中国语言学科建设与发展研讨会”在山西大学隆重召开。我们邀请了省外 16 位著名专家与省内 20 余位学者共商语言文字学科发展大计。詹先生偕师母欣然应邀，拨冗参会。不顾舟车劳顿，作了题为“略谈方言地区的双语应用问题”的学术报告，会后又应邀为研究生作了“方言研究 30 年”的学术讲演。因为时间很紧，这次学术讲演是在詹先生刚从晋祠参观回来后的下午两点开始的，当时我真怕詹先生吃不消，没料到一讲又是两个小时，七十多岁的高龄，精力竟然那样充沛。

三、我的学生圆了我的求学梦

詹先生家学渊源，学问精深，在学界有崇高地位。詹先生是我国汉语言文字学专业的首批博导之一，那时的博导必须由教育部学位委员会审批，全国的语言文字学博导屈指可数，当时博导在学界的名望可想而知。詹先生从1991年起开始招收培养汉语方言方向的博士生，与此同时还招收培养来自香港、澳门等地的兼读制研究生。据朋友告知，从1991年到2005年先生退休，15年里先生共培养了29名博士生。在带博士生期间，基本没再招硕士生，全身心投入到博士生的培养上。每谈及此，先生总对我们说："我带的研究生不多，每个学生，我都真心对待。我看到他们在学术上成长，是我晚年最愉快的事情。"其实，詹先生在方言学界带出的学生是最多的。先生奖掖后学，不遗余力。时常跟青年人一起商定研究选题，为他们提供资料。经常让学生参与重大调查研究课题，将青年人才的培养和重大课题的调研完美结合起来。詹先生教育学生非常得法，虚怀若谷，从善如流。在调查工作中，每当学生提出合理的建议，他都能认真采纳，经常鼓励学生要有敢于质疑权威的科学精神。我的两名硕士生孙玉卿和崔淑慧在21世纪初先后考到詹先生门下读博士，有幸成为詹先生的入门弟子。一次开会时，詹先生见到我，半开玩笑地对我说："乔全生啊，你的两个学生成了我的学生，咱俩成了平辈了。"我赶忙回答："詹先生！哪里，哪里，我永远是您的学生，她们俩成为您的弟子也是我的荣幸。"其实，说起来，我1982年就听过詹先生的课，就是詹先生的学生了。记得90年代初，好友伍巍兄南下成为詹先生高足，令我羡慕不已。我也曾数次考虑投詹先生门下增长学问，但因种种原因未能如愿。她们二位成为詹先生的博士生，从某种意义上说，也算是圆了我的一个求学梦。詹先生师德高尚，令人敬仰。在詹先生的辛勤培养下，有多名弟子已成为优秀的方言学者，在汉语方言学界，成了赫赫有名的"詹家军"。

四、我有幸成为詹先生主编汉语方言卷的助手

中国语言文字大词典编纂委员会聘请詹伯慧先生、张振兴先生担任《中国语言文字大词典·汉语方言卷》的主编，蒙二位先生的信任，我忝列为副主编。这是一部有史以来最大的方言大百科词典，聘请了50余位顾问和编委。能给詹先生、张先生当助手，我当然高兴，但一看承担这么大工程的编纂工作，我不免有些顾虑。但"长者赐，不敢辞"，可谓辞之不恭，受之有愧，我只能竭尽全力完成先生交代的任务。先生多次与我一起商讨并起草方言卷的体例，商定编纂工作会的召开等相关事宜。记得有一次在广州，先生和我一起讨论大词典的编写方案，由于内容较多，时间紧促，我们一直工作到很晚。我曾几次提醒先生早些回家休息，但他就是不肯，非要坚持完成工作。等工作结束，已近深夜。为了不耽误第二天的会议，詹先生顾不得回家，干脆在宾馆休息。先生这种工作起来不要命的精神，让我颇为感动。由于编纂方言卷的缘故，最近四五年来我两次到北京，两次到广州，与先生一起为方言卷奔波。我既是先生的学生，又是先生的助手，言传身教，使我受益良多。其实，对于方言卷工作，按理说，我年轻，应多承担一些，但是詹、张二位先生却做了大量的工作。工作中，先生精力充沛，反应快捷，举重若轻，

给我留下了深刻的印象。编纂字典头绪繁多，任务艰巨，年轻人尚且感觉疲乏，先生却始终精神矍铄，从早工作到晚，且从不午休。在组织编纂的过程中，先生面前无困难，情绪非常乐观，遇到棘手的问题，先生总能妥善解决。先生总是说："这是我一生中的最后一个项目了，干完我就可以休息了。"正是在先生这种精神的感召和鼓舞下，全体编纂同仁加倍努力，积极投身到这项功德无量的工作之中。

詹先生是中山大学王力先生创办的语言学系的学生，尔后又去北大参与袁家骅先生主编的《汉语方言概要》的编写，书中分量最重的两章：粤方言和闽南方言，是詹伯慧先生执笔起草的。偶然发现的"军话"，常被语言学界作为不可多得的说明"北方方言岛"的资料。詹先生曾是编纂《汉语大字典》的骨干成员，主编过《珠江三角洲方言调查报告》、《粤北十县市粤方言调查报告》、《粤西十县市粤方言调查报告》及《广东粤方言概要》等，又是《汉语方言及方言调查》的首席主编，晚年又主编《中国语言文字大词典·汉语方言卷》，都是大手笔，令世人钦羡。一直致力于汉语方言学研究，辛勤耕耘半个多世纪，成为当今汉语方言学界的大家，培养的学生已遍布世界，芬芳桃李，试问学界能几人？

（山西大学中文系教授，中国音韵学会会长）

詹伯慧先生耕耘小记

洪三泰

田野春秋，有耕耘，也有收获。春种秋收，是神圣而自然的事。

詹伯慧先生喜度八十华诞、从教五十八周年，却依然耕耘不息。他的收获，可喜可贺。他的著作30多部，发表论文300多篇。他出版过《汉语方言文集》(1982)、《语言与方言论集》(1993)、《方言·共同语·语文教学》(1995)等三部个人论文选集。他主编的《珠江三角洲方言调查报告》(三卷)、《粤北十县市粤方言调查报告》、《粤西十县市粤方言调查报告》等多次被评为国家教委和广东省社科优秀成果奖。他主编的全国高校通用文科教材《汉语方言及方言调查》获全国优秀教材奖。近期由他主编的《广州话正音字典》和《广东粤方言概要》，出版后也深受学术界的瞩目。

我久仰詹伯慧教授的大名。几年前，在广东省文史研究馆，我才有幸结识他。他善良慈祥、平易近人，说要把他和他父亲詹安泰先生的作品送给我。没几天，他便从暨南大学提来很重的著作，这使我深受感动。他们父子俩是著名的学者，著作等身。詹安泰先生是著名古典文学学者，文学史家和书法艺术家，有“南詹北夏，一代词宗”、“岭南一大家”和“岭南词宗”之誉。父子俩在语言文学领地默默地耕耘，早已传为佳话。

然而，在风风雨雨的日子里，要一心耕耘，谈何容易。1957年，詹安泰被错划成“右派”，变成了“牛鬼蛇神”，已无法在自己的学术领地耕耘了。虽在历次政治运动中受过委屈，但他不随俗俯仰，更不消沉气馁，继续勤勤恳恳治学著述。詹伯慧先生青年时期已经显示出语言研究的才华，但遇“文革”被打入“牛棚”，后又下放到农村做泥水匠，他和父亲一样也不能在语言学领地耕耘。

也许是因受挫，消耗了他的青春和时间，也许是视自己的语言学研究如生命，詹伯慧先生以百倍的辛勤劳作，在语言学研究领域成就卓著。他似乎不满足于已有的成绩，继续开拓，永不停步。他已培养博士29人，硕士9人。他从暨南大学走向香港大学、香港中文大学、日本东京大学，还走上法国、美国、新加坡等国的大学和中国台湾中央研究院的讲坛。从国内到国外，总是风尘仆仆，风雨兼程。

像是夜观天象，在星云中耕耘，詹伯慧先生沉醉在汉语方言的多元空间。天河无垠，繁星满天，让人目眩。但詹伯慧先生犁耙在手，重轭在肩，从不歇脚。我们看看他所“播种”的项目吧！他是编纂《汉语大字典》的骨干成员之一。1975年，作为国家重点科研项目的《汉语大字典》一上马，他就投入了这项工作，年复一年。作为编委会成员，他先后主持过收字和审音的工作，负责设计、草拟收字和审音的条例。《汉语大字典》分上古、中古、现代三段注音，是我国历来辞书中音读最为完备的一部大字典，其中凝聚着詹伯慧的心血。1980年春至1982年春他应聘到日本讲学，在东京大学为大学院

(研究院)、文学部、教养学部讲授“汉语方言学”、“现代汉语”等课程。日本中国语学会会长向出版部门推荐出版了詹伯慧的两部方言著作：一部是十五万字的《浠水方言纪要》，一部是近四十万字的《汉语方言文集》。该文集汇集了詹伯慧从50年代以来发表在国内学术刊物上的汉语方言论文共16篇。近二十多年来，他对广东的方言进行了深入的调查研究，并担负起培养“汉语方言学”博士研究生的工作，负责筹备建立了暨南大学汉语方言研究中心。他和黄家教、许宝华、李如龙等同道合作，编写一部《汉语方言调查》专著，并受中国大百科全书编委会之聘，参加《中国大百科全书·语言文字卷》方言部分的撰写工作。近年来，他更肩负着主编300多万字的《中国语言文字大词典·汉语方言卷》主编的重任，这一切，对这位80岁的老人来说，实在不轻松。

我仿佛看见在辽阔的田野那春种秋收的大背景下，有一个辛勤耕耘的背影；我又好像见到一个背影在仰望星空，在专心凝神地搜索着茫茫太空的星辰。这背影，无疑就是詹伯慧先生。我想，詹先生对语言星空总是感情深厚，不离不弃。他仰望其中，耕耘其中，一定是极其快乐的。

就在昨天，2011年1月4日，细雨飘飘，十分寒冷，詹伯慧教授竟从暨南大学挤车到文史馆来。他是来参加省文史馆文学院会议的。都80岁了，还冒着严寒挤车，前来开会，这使在场的馆员都感动不已。他侃侃而谈，对语言的研究，对教学和著书立说，总是充满激情，可谓老当益壮，不减当年勇。有感于詹伯慧教授对语言学研究的贡献，也有感于他父亲詹安泰教授对古典文学和诗词学研究的卓著成就，我吟小诗一首，以表达对他们的敬仰之情：

汉语星云耀眼明，
天梯直上破空行。
尘埃欲盖双峰影，
辞海犹传两代声。
异域清音开善路，
同园热血育精英。
八零后者存奇志，
敢译天书唱圣经。

2011年1月5日

(广东省人民政府文史研究馆文学院院长、国家一级作家)

向詹伯慧导师致敬、学习

梁锦江

我们尊敬的詹伯慧导师八十华诞暨从教五十八周年纪念，可喜可贺！

詹伯慧教授知识渊博，治学严谨，师德正直，精心耕耘，硕果累累，桃李满门，是我们学习的好榜样。

1965 年，我十九岁从广州第一师范学校大专班毕业时，就被中国国际广播电台挑选到北京，担任我国对华侨广播的广州话播音员。从此，我一辈子与粤方言打交道，用广州话向海外华人传达乡音。工作实践使我深感：语言作为人类的本能和工具，在人际交往、教育宣传等方面是何等重要；正确地使用中国语言文字，是我们这些语言工作者的首要任务。1978 年改革开放，我受命从北京回到故乡，组建以粤语广播为主要业务的国际台广州工作站，这就让我有机会结识詹伯慧教授，并得到他的指点和教诲。我们日常联系并不多，但他对我极其关心和爱护，已成为我的良师益友。

詹伯慧教授在广东实际上一直领导和组织着粤方言研究的学术活动。在这过程中，他特别重视尽量多接触一些工作在语言应用第一线的人士，从中了解语言在社会应用中的实际情况和值得探讨的问题。他谦逊地说："要从这些富于语言实践的人士身上学习他们驾驭语言、调动语言的非凡功力，从而感受到祖国语言的生动优美、多彩多姿！"他曾经告诉我，中国语言学会二十多年前一成立，就有了侯宝林这样的语言艺术大师的参与。他还给我讲过他的恩师王力教授和侯宝林先生 1983 年在安徽举行学术年会时同游黄山的故事。他回忆说，当时，一路上许多游人都争相和这两位语言大师攀谈留影。一位是研究古今汉语的语言学大师，一位是擅长语言表演艺术的相声大师，两位语言大师站在一块儿，同样受到广大人民大众的尊敬和爱戴，这正是语言本体的研究和语言应用的研究两相结合、相得益彰的如实写照。作为广东省中国语言学会会长，当年，詹伯慧教授联合广东省广播电视学会，在广东省语委的支持下，组织起了"广州话审音委员会"，编纂出版了《广州话正音字典》。自此，《广州话正音字典》就是我们粤方言播音员作为标准语音的工具书，而"广州话审音委员会"就是指导我们粤方言播音员工作的权威部门。这就一改过去在各种版本的广州话字典中，不知以谁为准，字音有争议时，不知找谁裁决的被动局面，开创了语言专业工作者跟语言应用工作者成功合作的良好范例。

80 年代中期，为了更好地弘扬中华文化，推广共同语普通话，我们提出了要把方言的广播和共同语的普及结合起来，通过国际广播电台的粤语广播向海外操粤语的听众教授普通话的问题。我们向詹伯慧教授请教，商议可否请詹教授编写一部用广州话学习汉语普通话的广播教材。詹伯慧教授一口应允，并马上邀集了饶秉才、陈慧英两位粤语专家，三人共同编写了一本由国际广播出版社出版、供海外粤语听众学普通话用的普—粤对照广播教材，交由我们国际台组织播出。这部教材编写得又快、又好、又实用，没有深厚的语言功力是无法完成好这一任务的。通过二十多年前的这一次合作经历，我就更敬佩詹伯慧教授了。

第一届国际粤方言研讨会是1987年在香港中文大学召开的，我没有机会赶上参加。两年之后，1989年，在广州召开的第二届国际粤方言研讨会，是詹教授顶着风浪、排除万难，坚持按时召开的。我首次以采访研讨会的记者的身份，参加了这次难忘的国际会议，亲眼见证了组织和召开这次会议的艰辛，领略了在风口浪尖中，詹伯慧教授那独特的魅力和风采。

自此之后，我应詹伯慧导师的邀请，出席了多次国际粤方言研讨会。在詹教授的鼓励和指导下，我既要完成好向全世界宣传报道每届学术会议采访情况的任务，又陆续学习撰写了几篇结合自己语言工作实践的小文章，包括《粤方言与国际广播》、《浅议粤方言广播的语言运用问题》、《粤方言广播语言应当规范和净化》等。尽管这些文章水平很低，但詹伯慧教授每次都给予了我肯定和鼓励，使我受益匪浅。2006年，我退休了，就有时间比较认真地回顾和总结自己担任和培训粤方言广播节目主持人的经历，为2007年在中山举行的第十二届国际粤方言研讨会撰写了《粤方言节目主持人的挑选与培训》一文。詹教授认真地审看了我的文章，并作了评价，鼓励我“从实践中来，到实践中去，把长期实践的心得体会上升到理论的高度，用来指导相关的业务工作”。今年冬天，在澳门举办的第十五届国际粤方言研讨会上，詹伯慧教授又亲临现场，耐心地听我宣读了《广州荔湾名联“两岸荔枝红”辨析》一文，再一次给了我极大的鼓励和支持。

得悉尊敬的詹伯慧导师八十华诞暨从教五十八周年纪念，要编辑出版《田野春秋——庆祝詹伯慧教授八十华诞暨从教五十八周年纪念文集》，为了撰写这篇文章，我又细细翻阅了詹伯慧先生的有关材料，得以更全面地了解和走近詹伯慧导师。父亲是“岭南词宗”，儿子是语言学泰斗，詹安泰和詹伯慧父子俩在岭南语言文学界堪称翘楚。但在那动荡的年代，父亲被斗，含冤去世；家境贫困，母亲被迫卖书度日；他自己也被关进牛棚，成为“牛鬼蛇神”。可是，詹伯慧教授却一向正确对待，泰然处之。他说：“往事如烟，值得反思；现在国家迎来了太平盛世，我们要不断开拓、不断进取，争取能为学术事业，特别是人文社会科学事业的发展多作贡献！”这就是受人尊崇、孜孜不倦、一生奋斗、功成名就的詹伯慧教授出自肺腑的心声。

我们衷心祝愿詹伯慧导师健康长寿，再创佳绩！

我们要向詹伯慧导师致敬、学习！

2010年12月28日于广州

（中国国际广播电台香港站、澳门站、广州站原站长，粤方言节目主持人）

仁者寿，伯慧先生健康快乐

钟展南

伯慧先生是我敬重的一位领导、老师、长者。初次听到先生的名字，说起来要追溯到三十几年前在中大求学的时候，那时我在中大中文系读书。李新魁老师是我们古代汉语的科任老师。他为人师表，知识渊博，风度翩翩。讲课旁征博引，生动活泼，把原来有点儿佶屈聱牙的课程讲得娓娓动听。我们都爱听李老师的课，并且很快成立了古汉语兴趣小组，课余再切磋探讨。由于这个缘故，我们还常常到李老师家中拜访。在言谈中李老师常常提及伯慧先生的大名，由此我也就知道先生是潮汕人，著名学者，詹安泰先生的公子。

提起詹安泰先生的名字，更是如雷贯耳。潮汕学界和喜欢文史的人，大都对他高山仰止。他曾任中山大学教授、中文系主任。他一生从事古典文学研究和教学，尤其精于诗词的研究、创作，对词学有独特的创新见解，在词坛影响颇大，有“当代四大词家”、“岭南词宗”的美誉。安泰先生教学之余，还执著于书法的创作研究，无论其秀逸飘洒的行书抑或凝重典雅的碑体，均独具风神，卓然成家。

对于书法，我的确是门外汉。对于诗词，我则是自幼喜好。还在读初中的时候，我就喜欢“为赋新诗强说愁”，并艰难地弄清了平仄音，学着“倚声填词”。无疑，对“一代词宗”的安泰先生，我是十分景仰的。对安泰先生的公子伯慧先生，的确也十分盼望有朝一日能有缘识荆，一睹风采。

好事往往多磨。我毕业后曾在汕头大学从事古典文学教学，期间也曾一度回母校中山大学进修，见过好多认识与不认识的老师，但就是一直没与伯慧先生见过面。说起来真有点儿“千呼万唤不出来”的味道。

能够与先生正式见面交谈，说起来还是民盟的缘分。先生由于学术成绩卓著，海内外影响广泛，入盟后不久就被公推为省民盟副主委，并被推选为民盟中央委员。而我是省民盟的委员，每年都起码要到广州开上一次会，与先生见面，聆听教诲。以后先生分管粤东片区盟务，而我是汕头的主委，接触就更多了。

在交谈中詹先生反复告诫我，要深刻体会费老的那几句话：出主意，想办法，做好事，做实事。詹先生说，这就是盟的宗旨，也是盟的定位，更是盟安身立命之本。民盟作为新时期的参政党，要配合党政，服务大局，发挥优势，造福社会。詹先生的真知灼见，对汕盟工作的开展无疑起到了很好的指导作用。

詹先生多次引用“桃李不言，下自成蹊”这一成语训导我。他认为民盟是中高级知识分子的政党，聚集了一批专家学者。这些人怎么发挥作用呢？首先应该成为各岗位建功立业的楷模，成为各专业的行家里手，这正是民盟的特点和优势。汕盟这些年队伍不断发展壮大，盟务也受到省乃至中央的表彰，这其中，也凝聚了詹先生的一份心血。

詹先生学者风范，为人谦和大度，温文尔雅。可以说，我每次与其交谈，都如沐春风，受益匪浅。詹先生每次来汕，都要我邀上启贤老、志浦老、黎老、李老相聚。启贤老是潮汕的大儒，是安泰先生早年的得意门生。在盟内，属前辈学者。“文革”后，与张云华等一道唱酬于岭海诗社。志浦老是潮剧老编剧，也是岭海诗社的中坚。黎老、李老则都是汕头的老校长，盟的老领导。如今这几位均已先后作古。先生倘来汕，可倾谈者又少了多人，惜哉！

先生乡情甚浓。喜欢看潮州戏；喜欢品尝潮菜、潮式小食，如蠔煎、炒粿、牛肉丸等。每当谈起潮汕风土人情，先生欣喜之情总溢于言表。作为与先生颇为投缘的晚辈，我也盼望先生多来潮汕走走。有机会聆听先生教诲，实则人生一件快事。

去年冬天，潮州市人民政府和韩山师范学院隆重举行了纪念詹安泰先生国际学术研讨会。我有幸参加，并见到先生。虽是匆匆一晤，却也颇感欣慰。

仁者寿。在先生即将迎来八十大寿的吉庆时刻，我衷心祝愿伯慧先生健康长寿、幸福安康！

2011年3月6日

（汕头市人民代表大会常务委员会副主任）

中山大学教工子弟的榜样

——贺詹伯慧先生八十华诞

王则楚

2011年6月底暨南大学汉语方言研究中心将举办“庆祝詹伯慧教授八十华诞暨从教五十八周年学术研讨会”，征集纪念文集稿件的第一号通知也发给了我。其实，谁都知道我没有读文科，根本不懂伯慧大哥所研究的汉语方言，也不了解他在学术研究领域的巨大建树。作为中山大学的子弟，由于父辈的同事关系，我们王起家的子女和詹安泰家的子女几乎都是同学和好友，丽娜和詹慧玲、则柯和詹仲昌、我和詹叔夏就都是同学和好友。对伯慧大哥，显然相隔较远，一起玩耍不会有，但弟妹对兄长的尊敬还是有的，那就是知道他是我们中山大学子弟的榜样！

过去办大学，非常重视创造一个良好的教书育人的环境。不仅教师要潜心研究学问，还要让教师的孩子也受到良好教育，好让教师安心教书育人。这种良好的教育氛围，对于留住人才其实比“事业留人”更加重要！

当年，中山大学不仅努力办好大学，也十分用心办好子弟学校！我记得当时中山大学附中、附小都是广州市一流的学校！中大附小的校长是王越先生的夫人，她是中山大学教育系的毕业生，也是中山大学教育学的讲师！陈序经先生在办岭南大学的时候，也很重视附小的建设，在马岗顶坡下，规划建设了附小。院系调整后，中大搬进岭南大学校园，中大附小更进入了黄金发展期。至今，我还是认为广州没有哪间小学能规划建设得那么好，只可惜现在它已经不再是小学了。不过，有人问过我关于小学的建设规划的问题，希望我推荐一些给他们去参观，我还是毫不犹豫地推荐了陈序经先生规划建设的附小。

办好子弟学校是一方面，树立中大子弟的榜样，让孩子们身边眼前有个榜样，也是十分重要的一方面。这方面，中大的老教授们心里是非常有数的！在中山大学子弟里，老先生们赞扬的子弟里，总是一一点来的有：数学的姜伯驹、语言学的詹伯慧、天文学的王思潮，在老一辈教授们的心里，这才是中山大学教授子弟的榜样！他们总是在我们这些弟弟妹妹面前讲他们怎么认真读书，怎么认真做学问，怎么勤奋努力。这种影响的力量是无形的，也是最能“润物细无声”地深入到年幼的弟弟妹妹心里的！就是在他们的带领下，中大子弟年年有人考进北大、清华等名校，要是他们都能回到中大执教，本身就是一支很强的队伍！只可惜这一切都随着反右扩大化再也没有回归，也不可能回归了！

在1995年，我到广州民盟担任秘书长。在开平参加从政盟员座谈会时，在时隔几十年后，再次遇到在民盟广东省委任副主委、在省文史馆任副馆长的詹伯慧教授，一起参观开平的濒危动物养殖场，一起畅谈民盟的工作体会。讲到熊胆汁的制取，都认为这是虐待动物的行为。他在谈到这些意见时，和我明确地说到，我们这些人，可以不说话，但绝不能讲假话。我们就是“做实事，做好事”，总归不会错！这些“知天命”的人生感悟，对我们来说，才是最可宝贵的！当时，民盟省委内还有不少同志争来争去，他是绝不介入的。他在盟内是一个有影响的领导，真是佛有金身不开口。我在盟里任专干，随手敲木鱼，无心念佛经。在他的身上，我感悟到盟内的和比什么都重要！

不管在小时候，还是在民盟里，不管是在参事室、文史馆，我都会感受到詹伯慧像兄长一样的关心。每每相聚，谈起往事，谈起父辈，谈起他弟弟，谈起他自己登高拿书崴了脚，谈起他匆匆出宾馆撞到玻璃门。他童心未泯，总是交谈甚欢。因此，在詹伯慧教授八十华诞之际，我只想回顾一下他作为大哥，在我们弟弟妹妹心目中的榜样形象！愿他健康长寿！

（广东省人民政府参事室参事）

德业并重　推普先锋

——贺著名语言文字专家詹伯慧教授八秩华诞

张　毅

今年（2011）7月系詹伯慧教授八十华诞暨从教五十八周年的喜庆日子，这是广东省语言学界的一大盛事。詹伯慧先生是国内外语言学界的著名教授，博士研究生导师，中国语言学会理事，广东省中国语言学会的老会长，广东省学位委员会委员，广东省语言文字工作委员会委员。詹先生一生从事方言研究，博学有识，立说传薪，扶掖后学，堪称是一位卓越的学者。同时他又始终关注推普，对广东省的推广普及普通话和语言文字规范化工作贡献卓著。

詹伯慧教授是汉语方言学界的大师，从珞珈山到暨南园，博学精研，乐育桃李，驰名海外，著述丰硕，无须赘言。更可贵的是，詹伯慧先生在教学和科研之余，一直积极宣传国家语言文字方针、政策，热心推广民族共同语，本着语言应用于实际并为社会服务的精神，大力支持、积极配合省语委工作，为广东省的推广普及普通话和汉字规范化工作做了诸多实事，两度被国家语委评为"全国语言文字先进工作者"。在暨南大学"庆祝詹伯慧教授从教45周年"纪念活动中，我曾撰写过"詹伯慧教授对语文现代化和广东省推广普通话工作的贡献"一文。文中记述了詹教授自1986年广东省成立语言文字工作委员会即任语委委员，在不同时期通过论文、著作、调研、会议发言、学术交流、考察访问、接受采访等方式，积极活跃于广东省推普战线，呼吁全社会关注语言文字规范化工作，并身体力行推进语言文字规范化工作。不论是废寝忘食为广东电视台主持编写《每日一句话》普通话系列节目，热情参与广东省语委和广州市语委举办的普通话培训班、普通话朗诵比赛等各种推普活动，还是在"七五"、"八五"期间，亲自带队，多次深入广东省几十个县（市）实地调查，完成广东方言调查，基本摸清广东粤语面貌，詹伯慧教授都以一名语言学家的敬业精神和历史使命感，为广东省推广普通话工作付出了辛勤劳动和心血。此外，詹先生还利用讲学、学术交流等机会，在我国港、澳、台和新加坡、日本、法国等地，积极宣传我国语言文字政策，介绍广东推普情况。并热心促进广东省与新加坡的语言文字交流，促成广东语言文字考察团赴新加坡进行以推广华语为主要内容的考察访问。

回顾往昔，詹伯慧教授辛勤耕耘，德业并重，在广东省语言文字工作的发展和进步历程中承担了举足轻重的角色。可以说，广东省语言文字工作的发展历程就是詹教授身体力行、无私奉献的过程。近年来由于年岁已高，詹教授逐渐退居二线，但是他依然以一名老语言学家的热忱胸怀和高度责任感，始终关心广东省的语言文字工作，有两件事让我特别记忆深刻，诚心感念。

2009年，为庆祝新中国成立60周年，广东省语言文字工作委员会办公室筹备编写“广东省语言文字工作60年纪事”，全面展示广东省60年语言文字工作取得的成果，以此向共和国六十华诞献礼。詹伯慧教授作为伴随广东省语言文字工作成长发展的良师益友，无疑是邀请为“广东省语言文字工作60年纪事”作序的不二人选。可是考虑到詹老年事已高，不便叨扰，然论及德高望重，师表才情，难出其右，终犹豫斟酌，开口邀稿，心中忐忑。不料詹老一如既往，欣然接受，没过几天便将洋洋洒洒几千字的序言发回。读了詹老的序言，一股历史厚重感扑面而来，为我们的“广东省语言文字工作60年纪事”再增添了几许分量。在序言中，詹老以激情澎湃的笔触回顾了新中国语言文字工作的起步、发展和成就，以亲身经历见证了广东省语言文字工作领导率先垂范、善调资源、勇摘“推普”落后帽、先行一步加强对外交流的光辉历程。当看到詹老写到新中国政府：“从上个世纪50年代开始，就在建国伊始、百废待兴的情况下，狠抓了语言文字的工作，在中央建立了主管文字改革工作的专门机构，提出了包括推广普通话、推行简化汉字、制定和推行汉语拼音方案等三大任务”；“半个多世纪来，上述几项重大的语言文字工作，在中央统一的方针政策指引下，全国各地相继行动，因地制宜地结合本地区的实际组织起包括语文专业人士在内的语文工作队伍，开展了声势浩大而又各具特点的社会语文工作，取得了令人瞩目的非凡成绩。这些成绩集中反映在经过长时间的持续推广，如今作为全社会通用语言，已经取得了法律地位的民族共同语——普通话业已深入人心，广为普及了；由国务院正式公布使用的汉字简化方案和汉语拼音方案早已成为联合国认可的汉语言文字规范和汉语拼音标准，如今也已在我国家喻户晓了”，我深切感受到一名老语言学家对语文工作的热爱和欣喜。而当看到詹老提到90年代末，在新加坡国立大学任教时，他陪同来到新加坡的、以省教育厅主管语文工作的副厅长李小鲁为团长的访问团在新加坡进行交流；又或是此前他以省语言学会会长的名义，与时任珠海市副市长的雷于蓝同志联名邀请几位新加坡从事华语推广运动的专家来粤交流，对广东的“推普”工作起到了积极的促进作用时，我仿佛看见在广东省语言文字工作的每一件“大事”的背后，都铭刻着詹老以及如詹老般的老一辈语文学家们忙碌的身影和挥洒的汗水，他们是广东省语言文字工作征程中最宝贵的财富，他们值得所有语言文字工作者永远尊敬和怀念。“继往开来，承传创新”，詹老在序言中点明了我们编写“广东省语言文字工作60年纪事”的初衷，我们也将秉持光荣传统，使广东的语言文字工作在可持续发展的道路上不断登上新台阶。

另一件事是在今年，针对广东社会流传的“普粤之争”问题，詹老在已入耄耋之年仍以高度的责任心和事业心走进公众视野，接受羊城晚报社记者采访。詹老说道：“我一直认为，推广普通话并不是要让方言消失，就算在20世纪50年代‘推普’最雷厉风行的年代，国家的语言政策也是这个立场，而是要让方言区的人民从只说方言的单一语言生活过渡到‘普通话+方言’的双语生活，两种语言并存并用，各司其职。”“我是研究方言的，始终不断呼吁要一方面大力‘推普’，一方面大力发挥方言的作用。”“粤语不会萎缩，因为它是强势方言。从通行范围、社会使用率、文化背景以及粤语是岭南文化的主要载体、港澳两个特区始终都以粤语为主要社会通用语、海外华人社区中粤语仍是主要交际语之一等许多方面来看，粤语始终是充满活力的汉语方言。”詹老的这篇访问在2010年6月9日的《羊城晚报》上刊登出来后，引发了热议。詹老清楚地表明了推普并不是废粤，而是普通话和方言并存并用，各司其职，也澄清了社会上一些人的误解和模糊认识。作为语言文字工作者，我们知道，现行宪法明确规定“国家推广全国通用的普通话”。2000年，《国家通用语言文字法》颁布，确立了普通话是国家通用语言的法定地位，规定其为国家公务用语、教育教学用语和广播电视基本用语。对于所谓“普粤之争”的起因和对错，实已无须再辩，因为普通话和方言之间从来都不是非此即彼的关系。而我们在这里看到的是詹老以推广普通话为己任、时刻关心语言文字工作发展动态的高度责任感，以及为实现语言文字和谐生活目标的坚持不懈和尽心尽力，这值得我们所有语言文字工作者感念和学习，齐心协力推动广东省语言文字工作进入新的征程。

师表才情，翰墨华章，胸藏丘壑，夕阳华美。谨祝詹老身体康健，生命之树常青，学术之花常盛！

2011年1月

（广东省语言文字工作委员会办公室主任）

案头与田野的交情

陶原珂

20世纪80年代初，在国内大学中文系的本科选修课中，语言类和文学类是基本的分野。选修语言类课程的学生往往比选修文学类课程的学生少得多，在北师大的中文系，不到三分之一。我是这不到三分之一中的一个，学士论文做的是汉语成分分析法。但是，毕业分配似乎与此无关，由于工作需要，我被分配到中国社会科学院文学所，从事外事工作。

然而，我的语言专业兴趣并没有因此泯灭。1986年我调回广州，从此在《学术研究》这份省级综合性杂志从事学术编辑工作。我很庆幸，在文、史、哲、经、政、法等众多学科中，我所负责的“文”这一块每年可以刊用1篇语言研究的稿子，这样，我就可以从工作中捡回一点儿专业兴趣。

当时对广东语言学界的研究情况还不甚了解，除了采访商承祚老先生的古文字研究之外，我只能凭着这点专业兴趣从自然来稿中筛选，翌年选发了李新魁老师的《吴语的形成与发展》（1987年第7期），第二年又选用了詹伯慧老师的《广东粤语分区刍议》（1988年第3期）。商老不久便去世了，在惋惜之余，我欣慰地了解到，两篇论文的作者正当著述丰盛的中年。现在想来，他们也恰好是至今与我单独吃过饭的两位广东语言学界前辈学者，一位是来“家访”时在我家里吃的，一位是我前去拜访后以“不用洗碗”为由“强留”在暨南校园吃的，从中让我感觉到，广东语言学界颇为亲近、平实。后来，李老师当了《学术研究》杂志编委，詹老师当了广东省中国语言学会会长，长达20年之久。

按我的理解，在现代汉语研究中，案头与田野也是一种基本的工作分野。从编发两位老师的文章的过程中，我真实地感觉到广东方言研究界存在着两支队伍，走着两条不同的路子，一是讲究历时的案头研究，二是讲究共时的田野调查。事实上，李老师后来在《学术研究》上发表的几篇论文，如《数百年来粤方言韵母的发展》（1990年第4期）、《汉语各方言的关系和特点》（1991年第2期）、《粤音与古音》（1996年第8期）等，也都是对方言的历时研究。而詹老师后来在《学术研究》上发表的文章，如《广东粤语分区刍议》（1988年第3期）、《三卷本〈珠江三角洲方言调查报告〉全部编成》（1990年第6期）、《普通话“南下”与粤方言“北上”》（1993年第4期）、《粤西十县市粤方言调查报告》（1997年第9期）、《广东语言文字应用调查的若干启示》（2001年第8期）等，都是反映大面积田野调查取得的共时研究实绩，由于是原始资料的积累和梳理，可资进一步利用和研究的余地似乎更大一些。

然而，编辑的日常工作主要是案头的工作，当我工作了若干年，专业兴趣慢慢转回到语言研究上来，很想在本省语言学方面继续深造的时候，我似乎不得不面临案头方式与田野方式的选择。本来，1993 年詹老师便给我送过一本他主编的高等学校文科教材《汉语方言及方言调查》，翌年我还采访过他，以“方言沃土绵延　翰林勃发荣枝”为题推介了以他为首建立的汉语方言学博士点。1996 年前后，我在杂志和会议文集上也发表了 5 篇语言研究论文，涉及的专业范围还比较广，应该有较大的专业选择范围，但是，编辑的案头工作性质决定了我不宜选择四处跑点的田野调查；而李老师又不幸得病，去世过早，因而我的选择最终定向另一个案头研究方向——广东外语外贸大学黄建华老师的词典学。

没有想到的是，三年后，当我的博士论文《双重系统中的词位与相关释义类型——以〈现汉〉与 CDO 的比较分析为基础》交稿之后，我的导师黄建华教授邀请了詹伯慧教授做我的答辩委员会主席，让我有机会以答辩学生的身份回答他提出的问题，并聆听他的教导。我更没想到的是，詹老师从我的论文中挑出不少毛病之后，却给了我的论文很高的评价，并建议我开展对《汉语大词典》的研究。这让我汗颜之余，又感到欢欣鼓舞。

2000 年 7 月份博士毕业后，我 9 月份随即去了多伦多大学的语言学系做访问学者，研究英语的类义词词典。一年半之后，我回到《学术研究》杂志复职，继续从事学术编辑的工作。工作之余，我开始拓展自己的博士论文。这时，我又不自觉地想起了詹老师的提点，开始借助《汉语大词典》作了一些相关的研究，努力使之成为我的第一本论著《词位与释义》的有机组成部分，还形成了独立的文章《汉语词汇发展中的词形延长——从双音节词到三音节词的考察》，翌年即刊登于国家级语言学专业期刊《语言文字应用》（2003 年第 4 期）上。在研究中我了解到，原来詹老师早年在武汉大学期间就曾参与过《汉语大字典》的编纂工作。此外，詹老师同一年还送给了我两本他主编的厚重新著《广东粤方言概要》和《广州话正音字典》，前者凝聚整理了他与弟子前些年调查的成果；后者则反映了当时学界对广州话字音字形及其与汉语共同语字义关系的规范认识。结合《汉语大字典》的历史字形字义的呈现体例来看，我开始感觉到，詹老师的研究其实并非只是田野的作业，其中还蕴涵着大量案头的工夫。我从中看到，案头工夫其实也可以成为我进一步吸收利用其田野成果的路子。

然而，由于其他工作的原因，我对詹老师的田野工作成果至今仍只是钦羡多于研究和吸收，还只能门外兴叹。案头与田野的交情主要还是在编辑工作上，二十多年来，我除了赴加访学期间外，平均每年刊发詹老师一篇文章，而詹老师的文章似乎也更多从学会会长的工作视野来看问题，越往后越多着眼于社会语言的发展状态和语言学研究工作的进展上，导向性的研究占了四分之三，有的甚至只是最新成果的报道。从二十多年来与詹老师的交往中，我真实地感觉到了一位前辈学者长年不减的工作热情、平易待人的坦诚态度、促进后学的师心厚爱。为了形象表达这种感受，我回想起了纪念詹伯慧老师从教五十五周年时曾写下的一首词，兹录如下：

满庭芳·为詹伯慧教授从教五十五周年而作

闽客亲缘，应八方会，三言两语同乡。幼勤庠序，风正促学良。更喜新华教育，崇实践、田野朝阳。承京脉、珞珈山下，查点汉中详。　怀乡，缘暨大，初成巨典，旋过长江。返南粤归根，重整行装。沃土绵延踏遍，沿水系、广溯流长。教无类，苑墙内外，桃李正芬芳。

（《学术研究》副主编）

方言与音韵

叶宝奎

我认识詹伯慧先生是比较早的，几十年来詹先生及其著作给了我许多关爱与帮助，可谓良师益友。

我是在1979年8月于新疆乌鲁木齐召开的关于李兆同、徐思益《语言学导论》的研讨会上认识詹先生的。此次会议邀请了国内二十几名中青年著名学者，如兰州大学的黄伯荣、北京大学的石安石、武汉大学的詹伯慧、南京师大的叶祥苓等。我的老师杨茂勋先生和徐思益50年代同是南京大学方光焘先生的研究生，又是从事语言学理论的教学研究的，自在应邀之列。当时杨老师因师母生病不能与会，就让我去了。我从1978年开始跟杨老师学习理论语言学，在杨老师的指导下担任“语言学概论”等基础课的教学。在20世纪六七十年代，厦门大学中文系是国内开设“语言学概论”、“普通语言学”课程的少数院校之一，当时大家大多使用高名凯、石安石编写的《语言学概论》教材。李兆同、徐思益新编的《语言学导论》，很快引起学界的关注。作者及所在单位云南大学、新疆大学都十分重视这部教材，因此专门召开一次研讨会，讨论修订这本教材。当时还有一个设想，拟接下来在厦门大学再开一次研讨会，讨论编写配套的参考资料和辅助教材。

参加这次会议使我获益良多，印象深刻。专家们关于“语言学概论”课程的许多学术见解，自不待说，让我有机会认识许多专家学者，更是一种缘分，所获的教益让我终身受用。与会代表二十多人，会上会下都在一起，接触的机会自然比较多。记得有一天晚饭后，我和詹先生出去散步聊天，聊得很多，不知不觉走了很远。詹先生的平易近人、忠厚朴实给我留下了深刻的印象。

此后，在方言学研讨会、闽方言国际研讨会等会议中又多次相聚。詹先生总是那么和蔼可亲，我有了多次向先生请教的机会。2001年我的《明清官话音系》出版后，2002年厦门大学出版社推荐参评某项评奖活动，请詹先生写个推荐信，先生欣然答应，所写推荐信对拙著褒奖有加。先生提携后进的关爱之心令我感动。

先生80年代初编写的《现代汉语方言》[①] 是我最爱读的一本书，从中受益匪浅。该书共十一章，第一章简要介绍方言与方言学的相关知识，然后分章综合论述汉语方言的语音特点、词汇特点、语法特点，并分别论述汉语七大方言的形成与分布、语音特点以

① 詹伯慧：《现代汉语方言》，湖北人民出版社，1981年版。

及各方言区代表点的音系。此书简明精到，语例翔实典型，书中创获亮点很多。至今它仍不失为一本优秀的基础课教材，是年轻学者应读的入门之作。

比如书中关于“方言定义”、“方言差异形成的原因”、“现代汉语方言的复杂性和一致性”的论述，都给读者很好的点拨与启迪。第十一章闽方言的介绍有几点给我留下很深的印象：①作者认为“闽方言或称闽语，又叫‘福佬话’，是汉语方言中内部分歧最大，语音现象最复杂的一个大方言，……过去不少人把闽方言看作只有闽南、闽北两大支系，甚至干脆把闽南、闽北作为两大方言，这未免过于粗疏，难以反映闽方言的实际面貌”；②“闽方言的语音特点”；③“闽南方言的文白异读”，等等。作者简明精到的论述、翔实的语例，堪称典范。

詹先生在该书前言中明确指出：“汉语方言是汉民族语音的地方分支。掌握汉语方言的知识，对于现代汉语的学习和研究，对于促进汉语规范化和推动文字改革工作，都具有重要的现实意义。丰富多彩的汉语方言，还是研究汉语发展史，探讨一般语言理论所不可缺少的资料。”詹先生的著作让我巩固、奠定了一定的汉语方言学基础，从中汲取了许多有益的营养。几十年来，虽然我在汉语方言方面做的工作很少，但是汉语方言学知识在现代汉语、近代汉语、语言学理论、汉语音韵学等方面的教学、研究中对我的帮助很大。汉语方言学的知识对于从事语言教学、研究的教师来说是多么的重要，这一点我是深有体会的，谢谢詹先生。后来我师从黄典诚先生学习汉语音韵学，对于黄先生结合汉语方言研究汉语音韵的独特方法与思路能够较好地领会，能在汉语近代音的研究中取得一些成绩，在很大程度上得益于汉语方言学知识和母语闽方言的基础。方言与音韵的关系实在太密切了，尤其是闽方言的语音资料更是弥足珍贵。试举几例：

（1）黄典诚先生曾明确指出：“黄侃先生的（上）古音十九纽说，时人疑信参半：相信的人根据《说文》谐声和双声通假，觉得基本若合符节；怀疑的人认为上古的十九纽要变为中古的四十一声，是条件不具备、怎么也变不来的。我是相信上古只有十九纽的。因为我自己的母语闽南方言，号称为‘十五音’系统（指声母而言），若补上被清化了的四个全浊声母，恰好就是十九纽：p p‘(b)m，t t‘(d)n l，k k‘(g)ŋ h，ts ts‘(ʥ) s，Ø。而在福建北部建瓯的西陂，十九纽却是不多也不少的。”[①] 对于“古音十九纽说”至今学界仍是疑信参半，甚至疑者有增无减。我想活的方言资料或许能够给我们一些启示。

（2）黄典诚先生《关于上古汉语高元音的探讨》一文对上古汉语高元音作了相当精确细致的考查，先生以独特的眼光，借助闽南方言存留［i－ɯ－u］的资料加以论证，大大增强了论证结论的可信度。

黄先生明确指出：“上古‘之’部既然不可能是［ə］［y］［ai］，那么，该订它读什么才好呢？经过我们比较研究，认为还是订它为［ɯ］好。这个［ɯ］是高后平唇元音，

① 黄典诚：《从十九纽到四十一声》，《黄典诚语言学论文集》，厦门大学出版社，2003年版，第30页。

前进一步就是［i］，把唇一圆就是［u］，［i－ɯ－u］同是高元音，彼此之间，容易转化。福建闽南泉州、漳州、厦门三地的方音，就恰有如此转化的现象，请看‘鱼’字：

泉州	꜁hɯ	漳州（厦门）	꜁hi	厦门（禾山）	꜁hu

	猪	储	除	吕	女	处	书	居	去
泉州	꜀tɯ	꜁t'ɯ	꜁tɯ	꜃lɯ	꜂lɯ	ts'ɯ꜄	꜀sɯ	꜀kɯ	k'ɯ꜄
漳州	꜀ti	꜀t'i	꜁ti	li꜄	꜂li	ts'i꜄	꜀si	꜀ki	k'i꜄
厦门（禾山）	꜀tu	꜀t'u	꜁tu	lu꜄	꜂lu	ts'u꜄	꜀su	꜀ku	k'u꜄

……

根据这一音转的实例，我们完全可以订‘之’为［ɯ］了，并从而由‘之’出发把上古汉语韵母中被淹没了的高前元音［i］和高后元音［u］给找出来了，请看：

之	ɯ	职	ɯk	蒸	ɯŋ
微	i	物	it	文	in
幽	u	觉	ut		
		缉	up	侵	um

这样一来，许多悬而未决的问题，都可迎刃而解了。”①

这一语音现象同样存在于厦门方言中，例如“鱼”，厦门市区（80年代以前）读꜁hi，岛内郊区禾山乡（与市区中心相距只有几公里，现在市区扩大，禾山已不是郊区了）读꜁hu，岛外郊区同安县读꜁hɯ。黄先生放宽视野，以泉州、漳州、厦门的语例为证，更具说服力。先前许多调查、了解闽方言的人，大都知道这个语音现象，觉得hi变hu变hɯ，很奇怪，而不知其所以然，认识不到它的珍贵性，更不可能以此论证上古高元音的存在。这就是黄先生的高明之处，亦可见方言与音韵的关系确实非同一般。

（3）上古汉语洪音有没有浊音声母［g］，似乎是一个问题，许多学者认为上古的匣母是浊擦音。因为中古切韵一二等韵都不与群母［g］相拼。黄先生认为上古匣母应是［g］，根据的是闽方言的文白异读材料。

詹先生介绍闽方言的语音特点之（4）古匣母部分字声母白读念k－。例如：

	行	寒	糊	厚	猴
厦门	꜁kiã	꜁kuã	꜁k	kau꜅	꜁kau
潮州	꜁kiã	꜁kuã	꜁kou	꜃kau	꜁kau

① 黄典诚：《关于上古汉语高元音的探讨》，《黄典诚语言学论文集》，厦门大学出版社，2003年版，第10～11页。

福州　꜁kiaŋ　꜁kaŋ　꜁ku　kau꜆　꜁kau
建瓯　꜀kiaŋ　꜀kuiŋ　꜀ku　ke꜆　꜀ke

闽方言中有相当一部分古匣母字今文读为 h，白读为 k，［k］是由相应浊音［g］清化而来的，认为上古匣母读［g］，是有道理的，而闽语的这一组资料不仅独特而且弥足珍贵。

(4) 前人关于上古声母研究的结论有：钱大昕的“古无轻唇”、“古无舌上”、“古多舌音”等，以及章太炎的“娘日二纽归泥”，曾运乾的“喻三出于匣”、“喻四出于定”。所有这些结论，几乎都能在闽语中找到活生生的实证。对于闽籍学生来说，学习、理解这几条应该是很容易的，特别是前几点，方言中存留的语例很多，唯有“喻四出于定”的例子较少，且情况较为复杂。

闽南方言中古“以”母字（白读音）尚保留零声母以外的 t t‘ ts ts‘ s 五种读法：

①读 t t‘的已为数不多，如：

榆　꜁tiu　泾（湿）　꜁tam　夷　꜁t‘ai　与　꜀t‘ɔ（泉州音）　滕　t‘in꜆

②读 ts ts‘，如：

檐　꜁tsĩ　养　꜀tsiũ　痒　꜀tsiũ　耀　ts‘io꜆　延　꜁ts‘ian　扬　꜁ts‘iũ

③读 s，如：

游　꜁siu　盐　꜁sĩ　蝇　꜁sin　翼　sit꜇　液　sio꜆

闽语中其他次方言的情况大体相似。这种现象分明是上古定母演化的一个分支的残余现象，而且体现了语音演变的历史层次。

与三等韵相拼的定母保持塞音，后来清化读 t t‘，自然是最少变化，历史久远的；定母变读澄母 ʥ，清化后读 ts ts‘，这是第二层次；由澄母变读禅母、船母、邪母，清化后闽语读 s，这是第三层次；再往前走变读以母，现代音读零声母，这是第四层次。闽方言语音的复杂性由此可见一斑。

(5) 关于“知如”韵。

清周昂《增订中州全韵》，又名《新订中州全韵》，二十二卷，有乾隆年间宜阁刊本。此书特别之处在于多设了一个“知如”韵。

李新魁、麦耘的《韵学古籍述要》：“此书另一特点是在王鵕《中州音韵辑要》二十一韵的基础上，再将机微韵一部和居鱼韵一部分出来，立一‘知如’韵。很难看出其新分此韵的语音依据，故为刘禧延《刘氏遗著》、卢前《曲韵举隅》所讥。不过也可能是方音的反映。"①："为什么要多分一韵，作者没有交代。其实，'知如'韵中的'知'类字可以并入'支时'韵，'如'类字可以并入'居鱼'韵，分出来反而是多余。从实际语音来看，分出来的'知'、'如'两类合并成为一韵，更是不伦不类。因为知音为展辅，如音为撮口。二者绝不相类，如何可作为一类？"②

从近代语音史的角度着眼，周氏分出"知如"韵，实在是一件值得称道的事。它揭示了知章组三等（支、鱼）韵演化的一个过渡环节。合口三等鱼韵（知章）的演化：tʃiʉ－tʂʮ－tʂu，是经过了［tʂʮ］的阶段的。现代吴方言合口三等鱼韵（知章组）读圆唇舌尖元音［ʮ］，是十分普遍的现象，可以为证。《西儒耳目资》将其拟为 u 的中音（实是［ʮ］），《等韵图经》将合口三等鱼韵（知章）归在止摄［ʮ］韵与祝摄［u］韵相区别（为什么徐孝不将知章组鱼韵并入祝摄，而将它们分开，岂是无据？）同样可以为证。止摄开口三等韵（知章）的演化：tʃi－tʂʮ－tʂʅ，同样经历了［tʂʮ］的阶段，舌面元音［i］受声母卷舌化的影响转化为略带圆唇的舌尖元音（［i］与舌叶音相拼时本来就带有一点儿圆唇的倾向，当舌叶音进一步转为舌尖后音时，圆唇化倾向得到进一步增强），语音与合口三等鱼韵（知章）相似，因此周氏将知章组（支、鱼）设一"知如"韵（［ʮ］），并非无据，怎么是不伦不类呢？当然合口三等鱼韵与止摄开口三等韵毕竟有别，它们的知章组往前走分别回归开合有别的路子，合口三等鱼韵读合口［u］，止摄开口三等韵读开口［ʅ］。

周昂能够发现这一语音现象，我想跟他的母语背景（吴语）很有关系。在考查近代音时汉语方言的知识尤其是南方方言确实能够给予我们许多帮助和启发。如果我们的潜意识中唯有北京音，老是只拿北京音作为参照去认识近代音，那么对于近代音中的许多特殊现象将无法作出合理的解释。

方言与音韵的关系如此密切，学习音韵学不可不学汉语方言学，广泛深入地考查、了解汉语方言的复杂性、多样性，多多关注南北方音的差异性，将是十分有益的，这是我的一点儿体会。

感谢詹先生多年来对我的关心帮助，衷心祝福詹先生健康长寿。

（厦门大学中文系教授）

① 李新魁、麦耘：《韵学古籍述要》，陕西人民出版社，1993 年版，第 365 页。
② 赵诚：《中国古代韵书》，中华书局，2003 年版，第 114 页。

瞻远扶近，慧泽后人

苏新春

来到厦门一晃就十二年有余。虽然在厦门，学术上别有洞天，但对在广州度过的十七年生活仍有着深深的回味。在那儿，有着曾经长期相处过的同事，有从读研时起就一起切磋切磨成长起来的学术同辈，也有不断从中获得教诲、提携的师长。伯慧先生就是其中最让我怀念、崇敬的一位师长。

记得20世纪80年代中期，詹先生刚从武汉大学调到暨南大学，那时我还在华南师大读研究生，时会听到老师们谈起学术界人员的调动，明显感到老师们对隔壁高校詹先生的到来十分关注，充满期待。那时广州的语言学界，中山大学、华南师大、暨南大学三校成鼎足之势。老一代如中大的容庚、商承祚、赵仲邑等先生，华南师大的吴三立等一批著名学者正在慢慢退出学术舞台。一批中年学者年富力强正当时，中大有李新魁、曾宪通、陈炜湛、孙稚雏、张振林等先生，华南师大有我的导师唐启运，以及周日健、沈开木等先生，暨南大学有黎运汉、饶秉才等先生，而詹先生的加盟顿使暨大语言学大显壮色。特别是1990年前后，詹先生领衔一举成功申报现代汉语博士点，使暨大语言学，特别是方言研究，在短短的几年中产生了一批重要研究成果，在国内异军突起。伯慧先生是那种兼具学术实践、学术眼力及学术运筹能力的学者，其在耕耘方言学、营造学科建设、运筹省语言学会等方面都游刃有余，相映生辉。能兼具几种能力，并各得其彩，在当代语言学家中殊为少见。

80年代中后期，我们广州几所高校的语言学年轻人，正处在想干事，愿干事，却还没有进入正轨，无大事可干之时。大家在一起意气风发，信独学无友，奉特立独行，组织了广州青年语言学沙龙，在广州师院、暨南大学、中山大学、华南师大、省教育学院等几所高校轮流举行活动。广州师院的我、李启文、李军，暨南大学的杨启光、甘于恩、彭小川、曾毅平，中山大学的李铭建、麦耘等都热心其中，一个月活动一次，每次半天。还自编自印了《广州青年语言学学刊》，大约半年一期，共印了五期，记得第五期还是远在汕头大学的林伦伦负责编印的。在那几年年轻人的学术沙龙活动能坚持下来，自然得到广东省语言学会会长伯慧先生的支持，他在大小会上多次褒扬。在暨大举行的沙龙活动，先生还亲自到场参与讨论，鼓励我们要多观察语言现象，多培养动手能力。

伯慧先生对年轻人的栽培可谓是热情、尽力、主动又十分宽厚。有一件事给我印象很深，于恩兄是他的第一批硕士弟子，脑袋灵，语言功底好，听音辨音能力强，很得伯慧先生的赏识。毕业留校后，他一头扎进“珠江三角洲方言调查报告”大型课题中去，后又获先生推荐赴香港理工大学作研究。从香港归来后伯慧先生希望他继续读博，可于恩兄此时另有考虑，并未应允。后来在社会上周转的几年中，他不断得到先生的关注和教诲，后复入学界，终造大才，现出异样华彩。记得有一次先生也鼓励我，说应该再读一个学位，把基础打扎实。我感觉得到这是先生对我的期待。那时我手头正在写书，又觉得想读词汇学，就没作应承。后来幸亏有了跟葛先生深造的机会，了了人生一大心愿，否则会一直愧对先生对我的厚爱的。

在先生执教五十八周年之时，作为学术晚辈，特别是曾长期在先生领导下的广东语言学界的年轻人，对先生怀有特别的感恩。先生的为人和为学，为我们树立了终身学习的楷模。

2011 年 2 月 20 日于台湾中央大学客座教授期间

（厦门大学中文系教授）

讲台上和书斋里的詹伯慧先生

左鹏军

大约从三十年前上大学的时候开始，在大一、大二两年学习过“现代汉语”、“语言学概论”、“古代汉语”等课程，且取得了相当好的考试成绩，并逐渐知道这个世界上还有一个专业领域叫做语言学研究、有一种荣誉称号叫做语言学家之后，我就对语言学研究和语言学家怀有特别的敬意，甚至曾经浪漫地梦想过自己能够成为一名语言学家。

也是从那个时候开始，除了听我们的语言学老师精彩地讲授几门语言学必修课程和选修课程之外，课堂上的浓厚兴趣又引领我在课外满怀兴味地读一些语言学著作。至今还记得，在高中时候就读过的吉林师范大学中文系（今东北师范大学）编著的一本《语文基础知识》、吕叔湘先生和朱德熙先生合著的《语法修辞讲话》，还有一本已经不记得什么人（好像是黑龙江省教育学院）编写、内部印行的《古代汉语基础》，觉得自己的语文水平明显地有所提高——这当然主要是因为自己无知浅薄和盲目地感觉比较良好，实际上并没有自己估计得那么好。在进入大学中文系以后，又在老师课堂教学的启发下，认真读过胡裕树先生主编的《现代汉语》（这是我们当时采用的教材）、黄伯荣先生和廖序东先生主编的《现代汉语》、张静先生主编的《现代汉语》。还记得张静先生主编的《现代汉语》教材是在张静先生来我们学院讲学之后读的。此后还写了一封请教的信给张先生，我还荣幸地收到了当时在郑州大学工作的张静先生的回信，这对我多有鼓励。而且，在当时几乎没有什么零用钱的困难情况下，我还把节约下来的一点儿钱用于购买书（那时候的书比现在便宜许多倍）。此外还阅读过王力先生的《中国现代语法》，吕叔湘先生的《汉语语法分析问题》、《中国文法要略》，朱德熙先生的《现代汉语词汇研究》、《语法讲义》，赵元任先生的《汉语口语语法》、《语言问题》，陈原先生的《社会语言学》，郑子瑜先生的《中国修辞学史稿》，杨伯峻先生的《古汉语虚词》，高亨先生的《文字形义学通论》，唐兰先生的《中国文字学》，周秉钧先生的《古汉语纲要》，等等。尽管经常觉得读不懂，最多是半懂不懂，实际上读懂的部分也真的不多，但自己觉得还是比不读书要好很多。当然，陈望道先生的《修辞学发凡》、马建忠先生的《马氏文通》等书我也尝试阅读过，但主要是因为难度太大而没有认真读下去。许慎的《说文解字》也是当时经常查阅的工具书，还背诵过一部分说文部首。在好不容易买到并读过王力先生主编的《古代汉语》之后，还将自己读书中的困惑和不同看法写成了一封请教信，不知深浅地寄给北京大学中文系古代汉语教研室，还居然收到了一封以北京大学中文系古代汉语教研室的名义写来的回信，尽管信中的内容并不多，但我竟也觉得如获至宝。由于这些因缘和经历，我把那个时候在我上大学的吉林省的那个中等城市难得在书店里买到或通过邮购得到的这些语言学书籍中的一些至今还保留着，一直不忍让它们离我而去，尽管时间已经过去了三十多年，我已经从东北来到了岭南，尽管我的专业已经转向了中国古代文学，且早已不可能再从事语言学方面的研究。

在我所知之不多的语言学研究领域中，难度最大的可能要算比较语言学、音韵学、方言学。因为在我的粗浅认识中，假如不是精通两种以上的外语，就几乎无法从事真正比较语言学的研究，如同假如不精通一两门外语就难以从事比较文学研究一样。对于说北方方言、连什么是入声都完全没有感性认识，又不肯下工夫背诵古代韵部分类及有关古汉语知识的我来说，音韵学简直是难之又难的，这也是我大学阶段望而生畏、难以入门的唯一一门课程；还有一门令我在课堂上困倦难挨的课程就是“中学语文教学法”，尽管考试得到了很高的分数。而方言学对于北方方言区的许多人来说，也有着特殊的难度，因为在广阔的北方方言区，方言现象并不像南方方言那样丰富多彩、变化多端。因此，我大学毕业时的学位论文选择的绝不可能是音韵学或方言学，而是当时我最有兴趣的汉语语法学方向，并且至今还记得那篇后来得了优秀成绩的文章题目是《论现代汉语中的“N的V”结构》。今天自己想来，那篇文字甚至很难算得上是学术论文，更不敢奢望能否入得了真正的语言学家的法眼，但是那个时候的我还居然对自己的文章颇为得意了一阵子。1984 年初，也就是我大学毕业前半年，出于对语言学研究的向往，我报考了兰州大学中文系的硕士研究生，当时招生目录上公布出来的招生导师是黄伯荣先生。那一次的考试成绩我至今还记得：现代汉语 76 分，语言学概论 80 分，外语（英语）14.5 分——这个分数比我考大学时候的外语分数仅仅多了 0.5 分，这就是我大学期间在外语上面的全部收获了。不用说，这样的成绩是绝对不可能被录取的，甚至连复试的机会都没有得到。很明显，那次考试主要是失败在外语上，而且竟然失败得如此彻底。尽管，我第一次参加的硕士生入学考试以失败告终，但专业考试取得的成绩还是给了我不小的鼓励，我对语言学研究的向往并没有因为这次考试的失败而发生改变。

1984 年 7 月初，四年的大学生活结束了，在面临着毕业分配（那时候的大学毕业生还是国家计划之下的分配制度）的时候，我毫无准备、极其意外地陷入了非常困难的境地——其间见到的一些匪夷所思的人和发生的一些莫名其妙的事，我至今还是不能明白——当然早已没有弄明白的兴趣了。总之，我自己以一个普通的应届毕业生的身份几乎不顾一切、不计后果地去奋力抗争，当然也有正直的好心老师们道义上的支持，并且惊动了我读书的那所师范学院（如今已改为师范大学了）的主要领导，由学校主管部门对中文系毕业分配工作进行了直接的干预，我才终于被批准留校，并获得了“优秀毕业生”的称号，从而成为当年全校的五名优秀毕业生之一。但是一个普通的本科毕业生，在面对研究生资格的要求的时候，我已不可能有机会进入中文系的现代汉语教研室或古代汉语教研室工作，从事我喜欢的语言学的教学与研究，只好被迫留在中国古代文学教研室，做一点儿中国古代文学主要是元明清文学及近代文学的教学，再后来开始学着搞一点儿相关的学术研究。从那个时候起，我就不无失落感地知道，自己的语言学家的梦想就真的永远只能是一种离我渐远的梦想了。因此，尽管经历了如此之多的阴差阳错、有意无意，但是我心中对语言学家的敬意却不曾消失，而且一直保持到现在。

我已经不记得是什么时候第一次听到詹伯慧先生的大名，但是一定与先生的高弟、我现在的同事邵慧君教授有关。邵慧君是先生的第一届博士生，1994 年来我们系工作，是我们中文系（现在已改称文学院）的第二位博士——第一位博士是如今已经退休的傅剑平教授，我当时则是硕士毕业留校的年轻讲师。后来，我又有幸认识了先生的多位高足弟子，听闻先生名字的机会也就逐渐多了一些。在我的印象中，起初听说先生的名字，只知道他是一位著名语言学家，一位具有标志性意义的杰出学者，并没有觉得还有什么特别之处，也没有什么直接的感受；更由于我的孤陋寡闻，并没有将先生的名字与詹老先生安泰教授的名字联系在一起。詹安泰教授我是早些年就知道的，记得大学一、二年级的时候，还从学校的图书馆借阅了詹老先生主持编写的一本《中国文学史（先秦两汉部分）》，当时还希望继续看到其后的部分，还查过图书馆的藏书卡片，当然不可能找到，觉得有些遗憾。当时并不知道，由于政治局势的急剧变化和政治运动的意外冲击，此书本来就没有写出后面的部分，当然更不可能想到詹老先生后来经历的种种坎坷与艰辛。

现在回忆起来，我已经记不得是什么时候第一次见到詹伯慧先生了。我经常记起的，是近几年来先生在讲台上和书斋里的身影与謦欬；我从中感受到的，是一位家学渊源深厚、学术建树杰出的著名学者的敦诚谨严与睿智通达。

2009 年 11 月，我们主办"岭南文献与岭南学国际学术研讨会"，特意邀请先生，希望他能光临指导。但是当时先生刚刚出院不久，身体还在恢复之中，我们既想请先生前来，却又有些于心不忍，生怕难为了先生。到开会的那天，先生不仅勉力来了，而且应我们之请，作了精彩的大会发言。先生说，这是他出院后第一次下楼，就赶到了会场，这个会是一定要参加的，因为岭南文化和方言研究很重要，很有加强的必要；以后只要身体情况可以，又没有外出的话，我们的会议就一定还要来参加；并对岭南文化研究的继续发展寄予厚望。先生如此重视和支持我们的学术活动，既是因为他与业师管林先生是三十多年的老友，他们在学术上曾经有过愉快的合作，留下了值得珍视的回忆；也是因为先生出于长者的慈爱之心和对学术的挚爱，对我们这些晚辈后学给予提点扶持。那次会议期间的一个晚宴上，我与先生坐在一起，席间闲谈的时候，不知道说起一个什么话题，大家说到有心与无心，我说自己就是一个无心的人，先生马上机敏地说："假如你无心，我今天就不会坐在这里了。"说话之间，先生的鼓励勖勉之情溢于言表，尽管我深知自己远远没有做到先生所说的那样或应当做到的那样。我虽非詹门弟子，今后也不大可能有成为詹门弟子的荣幸，却经常可以感受到先生的关心和爱护。这于我，也是一种难得的幸运。

由于先生的执著努力和来自多方面的支持，2010 年 12 月，在詹安泰先生工作过的韩山师范学院，举行了隆重的"纪念詹安泰先生国际学术研讨会"。整个会议期间，不论是大会发言还是分组讨论，不论是詹老先生当年的学生还是后生晚辈，当许多人追忆起詹安泰先生的道德文章、学术经历、文学才华、坎坷命运、晚年生活的时候，当大家经常不能自已、难以平静、不能不动情的时候，讲台上和讨论中的詹伯慧先生却表现出惊人——至少令我非常惊讶——的平静淡然与淹通达观，支撑着先生的，仿佛是一种强大的理性力量和深远博大的情怀。但是，在这种淡定通达、不动声色的表象背后，彼时彼刻先生的内心里究竟会是怎样的感受呢？先生的思绪究竟会是怎样的百般纷杂呢？以我极其有限的人生经历和对先生的了解，是实在无法也不敢猜测的，只觉得那仿佛是曾经沧海一般的超迈达观，是反复积蓄酝酿而成的醇厚幽深，又怎能没有积累了几十年的内心激荡！但是先生的情绪也不是没有偶露峥嵘的时候。当会议的研讨阶段即将结束、第二天就要赴先生的老家饶平县考察的时候，在先生的思绪愈来愈亲近故土和父亲的时候，先生在大会的致辞中说出了这样一句令在场的人们不能不动容、催人泪下、荡气回肠的话："故居没了，故土还在！"

近五六年来，由于工作的关系，有时候需要向詹先生请教，接触的机会稍多了一点儿。在《岭南学》学术集刊的编辑过程中，我们想得到先生的支持，邀请先生作一次关于詹老先生的访谈，先生不仅爽快地答应，还顺利地完成，这就是发表于《岭南学》第二辑（中山大学出版社，2008）的《岭南词宗詹安泰》。而且在这篇长篇访谈录的后面，还附录了先生亲自整理的"詹安泰教授已刊著述年表"，先生的细致与用心为研究者和读者提供了极大的方便。特别是最近一两年来，由于先生筹措出版《詹安泰文集》的事宜，幸得先生和出版社的信任，我与先生见面、通话的时候更多了一些，也就有机会看到了书斋里的先生。根据我的体会，先生似乎有一个习惯，就是对重要的事情特别认真，而对一般的事情则任其自然。在工作和交往中特别守时，事先约定的事情就一定按时处理或完成，假如有什么特殊情况或临时变化，一定事先电话通知，绝不肯耽误别人的时间。

炎热的夏天里，先生在家中忙碌的情景特别令我难忘。先生家住顶层楼，在夏日广州的骄阳的长时间照射下，到了下午，屋子里的温度总是很高，直到傍晚时分，那种热气也难以散去，大有在蒸笼中一般的感受。在这样的条件下，先生总是在并不宽敞的客厅兼书房里，在没有空调的情况下坚持工作。先生经常穿着一件已经明显变旧并且有些变形的长长的白色背心，一条深灰色的短裤，脚上则穿着一双明显大许多的旧式拖鞋，在电脑和书架之间往返，脚步灵活而且轻快，涔涔汗水则经常湿透了先生的背心，先生背心的前后全是湿漉漉的一片，可是先生的行动却特别轻盈灵活，仿佛这并不是一位已经年届八旬的老者。先生平时似乎说话不太多，但是每当讨论起学术问题、每当说起自己的父亲和自己年轻时的经历、谈起众多门生弟子所取得的学术成就的时候，先生却总是谈兴勃发，说得神采飞扬。

先生身体并不是特别健壮，却一直保持着刻苦治学、勤勉著述的习惯。这一点，有先生几十年间丰富的语言学特别是方言学著作及其产生的深远影响为证，先生的学者本色也由此得到了最充分的展现。在我看来，先生还是一位桃李满天下的教育家，不仅培养了众多的学术人才，而且有着先进而明晰的教育理念。作为我国第一批汉语方言学博士研究生导师，自从 1991 年以来，已经培养了许多位博士研究生和硕士研究生。在先生的众多弟子中，有的已经成长为汉语方言研究领域的知名学者。先生对弟子们的精心培养、严格要求、提携奖掖，诠释着薪火相传的精神内涵。先生虽然没有继承詹老先生的专业方向，继续从事中国古代文学特别是词学的研究，但先生仍然保持着对中国古代文学、诗词、书法的浓厚兴趣，有时候还挥毫作书，先生的家学渊源也从这一角度得到了充分的展现。

作为一位语言学家，先生本身的语言就是极为生动有趣、机智幽默的，在平日的言谈之中，时常可见先生语言智慧火花的闪烁。先生走路的时候，经常会微微向左边倾斜，先生就打趣地说自己是“左倾”。先生病一目，已经完全没有什么视力，给读书和写作带来极大的困难，可先生却笔耕不辍、著述不止，并不以自己的视力不济为意，还曾幽默地说自己这是“一目了然”。实际上，这种语言的智慧，岂止是先生专业素养、学术功力的生活化表现，又何尝不是先生的人生智慧、人生态度的精妙传达呢！

先生年已届八十，对已经去世四十五年的老父亲的一往情深自不待言，而先生对詹老先生的学术精神、学者风骨的继承与传达，更是一笔值得珍视的精神财富。另外，詹安泰先生对这位长子的期待和慈爱也仍然可以在他的诗词中看到一些。詹安泰先生在《得慧儿报艺冠其曹，成此却寄》一诗中写道：“知谁为汝品题宽，使我于今笑恼难。蹉跎半生书岂外，沉绵万劫眼频看。多时未信龙失驭，何日真能风与抟。共慰唯馀一事在，高堂长健故家安。”① 虽然时间已经过去了几十年，但是詹老先生对长子的热情鼓励、殷切期待宛在目前。詹先生也的确没有辜负父亲为其取名“伯慧”所蕴涵的期望，确是取得了超迈同侪的杰出成就，表现出过人的才华与智慧。

循着这样的思绪，看着眼前这位年届八旬而仍然健朗的詹伯慧先生，感受今天如此隆重的庆典中的无限喜悦和满堂祝福，我想斗胆地把这首诗的最后两句稍作调整，用以表达我们这些后生晚辈对詹伯慧先生的美好祝愿：“共庆同祈一事在，先生长健阖家安。”

（华南师范大学岭南文化研究中心教授、主任）

① 《詹安泰纪念文集》编辑组编：《詹安泰纪念文集》，广东人民出版社，1987年版，第137页。又见《詹安泰诗词集》，翰墨轩出版有限公司，2002年版，第222页。

乐为詹师织“彩衣”

——记与詹伯慧教授的忘年交

李 战

最初知道詹伯慧教授，那是早在三十年前的事了。1981—1987 年，本人在北大中文系汉语专业读书的时候，常常听我们老师说起，尤其在唐作藩教授、王福堂教授那儿听得最多。而我跟詹伯慧教授的第一次见面，却是在 1989 年初春时节的海南师范学院。詹老师，您还记得吗？当时您作为名誉会长，在海南省语言学会成立大会上作了主题报告，我则被安排作为新会员代表发了言。那时，我们才算刚刚认识。对我这样一个语言学界的小字辈来说，跟前辈您在一起聊上几句，很有些诚惶诚恐，但很自然的，有一种“不是师生胜似师生”的亲切感。

谁也想不到的是，在之后的二十年里，以编辑出版语言学图书为纽带，我们不仅来往密切，而且成了忘年交。您的很多文章、著作，我有幸成为第一个读者，在编辑这些学术成果的时候，其实我也在悄悄地学习，学习您的学问，学习您的为人。

您著述颇丰，既包括涉及粤、闽、客方言的理论性著作、调查报告，也包括语文评论集以及粤语学习和普通话推广类的教材。同时您还为提携后辈做了大量工作，可以说我们出版社出版的有关语言学类的图书，好像大多都有着您的影子。比如，彭小川教授的《粤语论稿》，方小燕教授的《广州话句末语气助词》，广东省语委组织编写的《普通话水平测试（新大纲）指导》，等等，都蒙您赐序。尤其是《普通话水平测试（新大纲）指导》一书，以其权威性和适用性成为同类图书中的佼佼者，出版三年来已发行 6 万多册，广受好评。香港大学施仲谋教授所著的《广州音北京音手册》，不仅由您作序，也是在您的引荐下得以出版。由您倡议创建的暨南大学汉语方言研究中心，在您和您的弟子们的艰辛努力下，呈现出一派欣欣向荣的局面。两年来连续出版了《南方语言学》第一、二、三辑，以及“南方语言学丛书”（第一批共 7 部）等专著，在语言学界引起了较大反响。

回顾与詹教授的编书交往，诸多往事给我留下了深刻的印象。

《广东地区社会语言文字应用问题调查研究》的出版经过您还记得吗？那大约是 1998 年吧，在学校旧办公楼前的宣传橱窗里，很偶然地看到了您率队申请的这个项目获批国家社科基金课题的消息，于是我就主动找上门去，希望能够跟踪出版。您听了我的想法后非常高兴，同时也有些担忧。因为当时它还只是个题目，能否成书或者何时成书还是个问题。在之后的两年里，您说，是我拿着“鞭子”催生了这项成果的及时完成和顺利出版。犹记得编辑过程中的一个细节，究竟广州火车站悬挂着的“广州站”那三个字中“广”字是繁体还是简体？是什么时候改成简体的？我们一时都还不清楚，就此问题我还特地向广州火车站有关人员进行过求证。待书出版后，为了答谢人家，咱还送了样书呢，呵呵。

《广东粤方言概要》近百万字，凝聚了课题组多位成员的多年心血。为了编辑好该项重要成果，在时间很紧的情况下，我自觉力有未逮，为此特邀了范俊军、钟奇二位博士一同参与了部分编辑工作。记得当时书稿中的问题比较多，我们经常就某一个音标、某一个词语的问题争论不休，多次烦扰詹老师出面一并解决。最后在大家的共同努力下，该书于2002年如期出版。该书的出版，不仅受到了学界好评，还在优秀学术成果和优秀出版物两个方面的评比中，获得多种奖项，特别是受到了广东省政府的隆重嘉奖。

《立说传薪风雨人》，作为庆祝詹伯慧教授从教45周年的纪念文集，从主编张晓山博士到詹教授本人，以及我们社内的编、校、排版、制作一干人等，都付出了不少辛勤的努力，当然也收获了很多快乐和美好回忆。

……

詹老师，我与您的合作几乎包括了您在暨南大学出版社出版的所有个人著作，以及与您相关的多种图书。这些语言学类书籍，不仅以良好的社会效益和经济效益赢得好评，影响深远，而且为我社的语言学品牌建设奠定了深厚的基础。2009年，在我社庆贺建社二十周年时，您被评为功勋作者，我们由衷地感谢您为暨大出版社的发展所作出的积极贡献。

詹老师，在与您交往的这些年里，我作为您编外的学生，跟您学到了很多宝贵的东西。比如认真，您对每一篇文章、每一张图片，都改了又改，力求完善、完美；比如热情，您对待工作总是保持着火一般的热情，孜孜以求，不知疲倦；比如宽容，每编辑出版一部图书，我都会感到尚存些许遗憾，待说与您听，您却总是安慰我、鼓励我：已经很好，很令人满意了，无须自责……您身上宽以待人、严于律己的风范也是我学习的榜样。

詹老师，感谢您一直以来对我的信任，您总是说，书稿交给李战，我就放心了。所以，我也很乐意成为您的"御用"小编。因为，在编辑这些语言学著作的同时，我也在为自己能为语言学事业作点贡献而暗自欣慰呢。大家常说，编辑是为他人作嫁衣，而我却说，我乐意为他人作嫁衣，而且要用心编织出最美最好的彩衣。

詹老师，我知道您才思敏捷，总是会涌现出不少新想法，甚至常常谋划着一个个大动作。您看上去精神矍铄，总是疾步如风，行动迅速，一副"革命者永远年轻"的样子，着实让我等晚辈倍感汗颜。但在这里，我要郑重提醒您，您身体并不大好，何况您已经八十高寿了，不再是十八岁的小伙子了，您腿脚不好，眼神不好，请您以后千万不要再骑自行车，不要再急匆匆地赶路。安全第一，身体第一，请您一定要多多保重身体啊！

最后，我要真诚地祝福您，八十大寿生日快乐，身体健康，福寿绵长！

（暨南大学出版社副总编辑）

重温旧谊

（原载《立说传薪风雨人——庆祝詹伯慧教授从教45周年》）

回忆詹伯慧先生在东京生活的片段

平山久雄

在东京大学任教多年的中国教授黎波先生要在1980年春退休，我们有关教员商议了一下，决定从中国大陆聘请教授，于1979年的秋天，通过中国使馆向中国教育部要求推荐一位汉学专家，任期两年。年底快放假时，中国文学专业主任伊藤漱平先生打来电话告诉我，大使馆刚刚把教育部的文件寄来了，推荐的是一位汉语方言学专家，武汉大学教授，名字叫詹伯慧先生。我听了很高兴，因为我曾读过他早年的几篇著作，素有钦佩之心。等过完年开学，我们就在文学部的教授会上详细介绍了詹伯慧先生的著作内容，然后由全体教授会成员投票，结果是全票赞同，这样便正式决定聘请了。

签证手续顺利办完，1980年4月初詹伯慧先生来到东京。请他先住旅馆休息两天，与大使馆联系好之后，我陪他到东京大学来办手续，中午和中文专业的教授们一起聚餐。这时我忽然想到，我们虽然已写过几次信向他介绍东大的教学情况，说明请他担任的课程内容等等，但还没有好好解释一下学校对个人的关系，我心里就着慌了。因为日本的大学和中国的很不一样，无论是教员还是学生都不住在学校里面，学校只给教员发俸薪，其他一切都不管，也没有“外办”。学校只是按规定给外国教授提供一定限度之内的租房费用，因此我们已替詹伯慧先生在离学校不远的地方租定了一所公寓，不过每天做饭、洗衣服等琐事，基本得由他自己来解决。詹伯慧先生虽为书香门第，但不像我们日本男人，他生活能力很强，为人又十分积极、乐观，竟能较容易地适应新的生活条件，这使我们展了愁眉。他很快就学会了简单的日语会话，可以自己买东西，也掌握了东京复杂的地铁线路，在广阔的东京市内，到什么角落都很自在。詹先生喜欢听音乐，每晚十点电视台播送的十分钟“世界名歌”，是他最爱看的节目。他随身带来了一套精巧的功夫茶用具，时常让我们一边听组合音响的音乐，一边品尝佳茗的清香。

那时正值中日间学者的交流开始不久，官方规定不能随带家属，我们几次向使馆提出有关要求，但夫人来日终究没能实现。詹伯慧先生在东京生活两年，可能始终感到不便与寂寞，这是我至今深为遗憾的。还有一个意外的特殊情况。在这不很顺当的生活条件下，詹伯慧先生不惜精力和时间，也不顾劳累，做过多次学术报告，介绍了中国大陆汉语研究的最新信息和动向，对中日汉语学界的交流起了重要作用，也为以后交流的发展打下了坚实的基础。通过詹伯慧先生的课、报告以及日常谈话，我对中国汉语学界的许多人名都耳熟了，以后在日本或在中国，每有机会跟某位中国学者初次见面，都没有一点儿陌生的感觉。在那两年里，王力先生、饶宗颐先生相继访问日本，如果詹伯慧先生不在东京的话，我恐怕只能在演讲会上遥遥瞻望，难以亲临二位名家的謦欬了。

詹伯慧先生很愿意给人帮忙，又因继承了詹安泰先生的关系，交际范围非常广。当时中国各地常给他来信，其中往往写着各种各样的要求，他都一一极诚恳地对待。例如，有位内地的老先生信中说：听说日本有叠伞，不知是什么东西？詹伯慧先生赶快弄了一把，一面打听出东大研究所有位教授要到那地方开会，就托他带去。还记得有一位南方的学者要恢复当地的世界语组织，请他跟东京的世界语支部联系，把最近世界语的资料和旗帜要来。我就帮他查了电话簿子，知道世界语支部在早稻田，我们一同坐地铁去完成了任务。如此，我对东京和东大加深了了解，人际关系网也大为扩展了。1983 年东大工学部国际交流部的相马教授邀我一起去访问中国科技大学，回国途中参观了建设中的宝钢，这也是由于詹伯慧先生留下的关系。因为有几位中山大学的计算机专家来日本，詹先生委托我和工作部联系，安排交流，我才结识了相马先生。据我观察，詹伯慧先生为人做事都采取十二分主义，我们东京人倒是七分主义，总喜欢留有三分空白，詹伯慧先生可能对此常感到有隔阂。

有一次詹伯慧先生得了病，有个博士生陪着他去东大医学院附属医院，医生看了就说：“需要动手术，但这里不能开这种小刀，给您介绍一所校外的医院吧。”詹伯慧先生在那里住了半个多月，跟同房几个病人用英语和日语交谈，谈得很熟，病房里笑声不绝。其中与一位姓源宫的老人特别有感情，出院后我们一起去拜访他在横滨的家，顺便也到附近的名园三溪园走了一趟。恭贺詹伯慧先生六十六华诞《汉语方言论文集》里有一张三溪园的照片就是那时拍的。后来我也得了同样的病，就直接到那所医院开刀，尽管我的日语十分熟练，然而跟同房的谁也没有结成朋友。

在那两年里，我和伯慧先生经常交谈，无论在学校、彼此的家里，还是在地铁里、旅行的途中，几乎不断地闲聊，古今中外无所不谈。我们是同行，年龄又比较接近，虽然一直生长在大洋两边，但同样曾处过动荡的岁月，所以有一种同时代人的感觉，不乏共通的话题，相同的感受也比较多。詹先生是位老成人，一方面又不失童心，对凡所寓目的事情都感兴趣，我总用自己贫乏的汉语努力给他解释，怕每每只给他留下隔靴搔痒之憾。与此相反，我吸收的东西非常丰富，开阔了眼界，除了学问之外，也学到了不少为人之处。他具有南方人的那种独立自主的气概，也常从谈笑中透露出来，给我留下了难忘的印象。我们的看法有时也不能完全一致，这倒也有意思。记得有一次谈到学术上的“权威”，我说日本要是有人推某一位学者为权威的话，一定会有另一个人说，他并不是什么权威；詹伯慧先生听了莞尔笑曰：“权威并非由个人认定的。”这句话当时让我很受启发。

之后，我在东大任教期间，每逢有与詹伯慧先生熟悉的中国学者来访时，总要邀他们去凭吊三位名人遗迹，一是东大农学部校园里“朱舜水先生终焉之地”纪念碑，二是鲁迅先生所住“伍舍”的房子，三是詹伯慧先生住过的公寓，这三处都在离东大文学部走一刻钟的范围之内。而现在朱舜水纪念碑据说不知搬到哪里去了，伍舍早就被拆了，只有隔着围墙望见的树丛依旧，詹伯慧先生的公寓也改建了。上野公园附近有一家詹伯慧先生评为“实惠”的中国饭馆，山东老板去世之后最终关闭，变成了一家游戏店。詹伯慧先生离开日本已将近二十年，在这岁月中东京的变化实在也不少，好在当时和他结交的许多友人，除桥本万太郎、辻伸久不幸病逝以外都还健在，在他们的心中，詹伯慧先生的印象还是格外鲜明、亲切的。

（东京大学中文系名誉教授）

和詹伯慧教授的深交

冈村繁

此值畏友伯慧教授从事研究教育工作四十五周年之良辰佳节，可喜可贺，不胜同庆，诚为衷心祝贺。

真可谓“逝者如斯夫”，我与伯慧教授的深交将垂二十年之久。

1981 年 12 月 17 日是难以忘怀的，那是我与伯慧教授的识荆之日。当时，伯慧教授是以东京大学部客座教授的身份来日的。那天，由我的旧友东京大学平山久雄教授陪同，不辞路遥，特意赴九州大学文学部来访问。

虽然，在这以前，我便久仰中国语学的著名硕学伯慧教授的高名，更悉知其乃我专攻的中国古典文学的先达、中山大学的已故詹安泰教授之嫡嗣，但直接聆听拜观伯慧教授的音容笑貌，此乃嚆失。我们一见如故、情投意合。在促膝交谈中，我被伯慧教授的博大精深的学识与温和敦雅的人品所深深地吸引了，不知不觉地伯慧教授便成了我终身难忘的学问上的盟友。

伯慧教授返回广州之后，我们的交往虽不得已不时地由鸿雁来传递加深，但与伯慧教授再会契机的降临可谓意外地迅速，令我欣慰不已。

1984 年 11 月，为了签订中山大学和九州大学的学术交流协定，我作为九州大学田中健藏学长的随员访问了广州。当时，任暨南大学文学院院长的伯慧教授，于同月 12 日上午 9 时，专程造访我们下榻之友谊饭店。无法抑制喜悦之情的我，情不自禁地把伯慧教授迎进自己的房间，此情此景，犹如梦幻展现。交谈的时间虽然不长，可是积压已久的话语，彼此起落，犹如樱花吐艳，二人都沉浸在出乎意料的欢欣之中。

就在这时，伯慧教授提出了暨南大学文学院和九州大学文学部之间缔结学术交流协定的方案。这个提案，对于九州大学的中国学研究者来说，无疑是非常值得庆幸的。

当时，我已卸了九州大学文学部部长之任，虽然不能直接承担缔结学术交流协定的责任，但我一回国就把伯慧教授的提案向当时的文学部部长松永雄二教授作了传达，并向他提出了尽快实现这个提案的要求。幸而松永文学部长也对这个协定的缔结倾注极大的热情。不久，便在文学部的教授会上通过了伯慧教授的提案。缔结协定终于作为九州大学的方针被决定了。

总之，经过了这样的程序之后，1986 年 9 月，暨南大学迎来了建校八十周年的纪念大典。配合纪念大典，暨南大学文学院和九州大学文学部之间的学术交流协定也将予以缔结。九州大学派出了以松永文学部长为团长、中国文学部研究室的竹村则行助教授和我共三人组成的代表团，途经香港前赴广州出席协定的签字典礼。

为此，我们在广州逗留了一个星期。其间，我们领受了来自伯慧教授的无法用语言来表示谢意的恳请笃意。不仅如此，在我们三人完成缔结大任，离开广州之时，伯慧教授特意搁下手头繁忙的工作，亲自把我们送到广州站，紧紧地握住我们每个人的手，感激得热泪扑簌簌地掉了下来。此时此景深深地感动着我，伯慧教授是一位多么诚实的学者啊！……这一瞬间，那纯洁无瑕的友情溢满了我的胸怀。

不久，学术交流的协定生效了。暨南大学开始向九州大学派遣交流学者。伯慧教授特意选拔派遣了少壮优秀的学者李文初教授。李教授的专业和我一样，他也是专攻以陶渊明为首的六朝文学的气锐颖出的学者，在广州时，我们也曾亲切地交谈过。恐怕正是因为考虑到这点，伯慧教授才特意选派他来九州大学交流的。可嘉可喜。

更为可喜的是，在参加这个学术交流协定的签字典礼的过程中，还留下了一段“鸳鸯传”的日中友好的佳话。如上所述，参加这个学术交流协定的签字典礼的有松永文学部长及和我同行的竹村则行助教授。他日后成了我的后继者，升任为九州大学文学部中国文学研究室的教授。在参加签字典礼过程中，有位说着一口流利日语的小姐为我们做翻译，她便是暨南大学外国语系日本语科的周龙梅小姐。真可谓“有缘千里来相会”，竹村君和周龙梅小姐在此邂逅，成了这段佳话的两位相亲相爱的主人翁。回顾当初，如果詹伯慧教授没和平山教授一起来访问九州大学的话，竹村君和周龙梅小姐是不可能有今日的幸福生活的。

对于竹村、周夫妻来说，对于我来说，伯慧教授诚然是一位无上的“福神”。

（九州大学、久留米大学名誉教授）

见溪群疑是个开头

柳存仁

庆祝詹伯慧教授从教四十五周年文集的朋友们寄信给我，请我也贡献一篇文字。我看了他们的征稿函，除了学术、教学这些重要的文章外，也旁及于友情和交谊。我不是专治语言文字之学的人，别的当让专门的学者去发挥叙述，幸而还能抓住这友谊一项，借这个专刊聊致远人慕念微忱。

六十多年前我在北大做学生，进的是国文系，声韵、文字就是在初入大学之门的时候规定是必修的。教授的老师们有罗莘田（常培）、魏建功、陆颖民（宗达）、沈兼土诸先生，这一个门面是北大的“绝活儿”，或者就是一般人说的标榜吧。自然，就功课的成绩说，我也勉强及格罢了。无奈性情所偏爱的，始终和它不近，于是乎就进了至今还只可视为杂学的一个方面。虽然和语言、声韵之道“无违”，可也去仓、许、孙、陆之学远矣。为了这样的偏嗜，所以对于南北治语文之学的朋友们，一向有极高的羡慕和敬畏。1980 年的夏天我经过北京，时间仅有半天，同班的俞叔迟（敏）、周定一及老师陆颖民先生三位开车到我的朋友家文章胡同来找我，一齐坐车到前门外全聚德去吃烤鸭。那天定一兄刚巧从社会科学院语言研究所退休，要返他的湖南老家继续他的伟业。闲话之际，我对叔迟说，我对你的“绝学”毫无贡献，他却很表反对，还提醒我曾从上海寄赠过他一些藏语的课本，我却根本不记得哪一年哪一月有过这么一回事了。陆颖民先生当时已经年过八十，却精神矍铄，虽然不再听他唱金少山的“黑头”了，可是酒兴跟酒量却依旧甚豪。我知道怎样凑趣，恰巧那时候洋酒在国内还是销售不多的，便用了外汇券在饭馆里换了两瓶威士忌，一瓶当时还敬主人们，一瓶归了陆先生，散席告别时带回家去赏月。席上我听说叔迟兄被日本的汉语学者桥本万太郎教授邀请，不久要到东京外国语大学去讲学，实在深为高兴，知道国人这一辈学者们的研究已经又获得国外同行的倾赏了，种种辛勤艰苦，总算扬眉吐气了。一位不羡荣利的学人，除了自己耕耘的荒田上的收获，还有何求？

然而因为各项事情的变易，叔迟兄东游之举后来似乎并不曾实现。1981 年春天，我个人从我工作的岗位上告了五六个月的假，到日本去访问了十余个文库、图书馆，特别是去参观了宫内省书陵部和东京大学东洋文化研究所藏的明刻梵荚本的《道藏》。我要看这些书，也有一个目的，就是要见识一下他们印的书目上说明的明嘉靖本的《道藏》是怎么一回事。因为被称做嘉靖本的《道藏》，在中国是没有的，也许有过却没有能够保存。但是我更怀疑也许这个嘉靖本是靠不住的，其间也许有些缪巧或记录上的谬误。我开始认识詹伯慧先生就是在这个时常出入的东京大学。詹伯慧是我知道的当时由中国教育当局推荐正式到日本应聘讲语言专门之学的头一位。他那时候在东京大学开课，在日本中国语学会上第一次公开讲演的就是“三十年来中国语言工作的一些情况”，由此我们也就可以知道双方有多少年少有交流及隔阂之深了。所以伯慧先生那一次出门，对两国间的关系贡献之大，是可以不言而喻的。东京龙溪书舍出版的他的《汉语方言文集》、《浠水方言纪要》和他自己后来在国内印的《东瀛杂记》（人民文学出版社本改名为《日本面面观》），都可说是这个时期的宝贵纪念。

我和伯慧先生在东京晤面是偶然的，虽然我早已慕名知道他的工作和他的成就。在香港的友人罗慷烈、陈湛铨先生都是伯慧的尊人祝南老伯的门人，饶选堂先生（宗颐）是祝南老伯的乡后辈，他们都早已告诉过我，伯慧先生近几十年在语言学、方言学的贡献是“看从岭表振家声”的。因为祝南老伯的《无庵词·鹧鸪巢诗》是大名作，而伯慧先生不只是“克绍箕裘”的。有这样大成就的学者，我在日本和他短时期相过从，却觉得他十分谦逊，真具“恂恂有容”的风度。我在国外小住才四五个月，整日接触的都是故纸堆里的蠹鱼，连东京隔壁的横滨都不曾去。到我快要离开那里之前，用过某一天大半日的时间去横滨见识了一下，就是伯慧先生带我去的。在那里，除了地方上的饮食、名胜之外，更有意思的是，他带我去上过一艘供参观的船舶，看见那边有许多挂着中国旗的商船，这是我三十年来第一次重新看见中国船舶。记得我离开东京的前一天，在一个地铁站上，跟他离闸握手，大家频频地说“再见”！日后想想，这不是因为我们同在异乡为异客么？

1981 年以来到今天，已经又快二十年了。上面所说的“再见”，沾了近年中国改革开放的光，我和伯慧先生重晤居然还不止一两次，就是大家同客新加坡，这已经是第二回了。目前他在新加坡这个簇新的、充满朝气的国家讲学，其饶益地理上东南亚这一方面的学术建设和对学者的栽培是无疑的，然而我却还不料伯慧先生在教育方面孜孜不倦的努力，已经四十五年了。纪念文集筹备组的邀约，我怎样敢推脱呢？祝南老伯《无庵词》的《齐天乐》有句“要气派新开，声华豪举”，我能不能借花献佛，说四十五年还只是“见溪群疑”开头呢？

1998 年 7 月于新加坡客次

（澳洲人文科学院院长，澳洲国立大学名誉教授）

《汉语方言论文集》序*

丁邦新

研究汉语方言的人利用一套语言调查和分析的方法，应该能就地取材，遇到什么方言就加以记录研究。既要能收集基础语料，发表报告，又要能在理论方法的层面上有所发明；既要能深入研究单一方言点的内涵，又要能广泛研究大方言区的概况；既要能耐得住寂寞，从事个别的研究，又要能经得起考验，主持大型的计划。在汉语方言学界这样的人才不多见，而詹伯慧先生正是这种典型的一位学者。

詹先生研究过的方言包括闽语、粤语、客家话和官话。从海南岛的万宁方言、广东的潮州话到饶平的客家话、湖北的浠水方言，他都做过调查，发表过论文或专著。近年来和张日昇先生合作，主持珠江三角洲以及广东西江、北江流域的方言调查，发表了几百万字大部头的调查报告，成为研究粤语的必备参考书。在汉语方言学界，袁家骅先生主编的《汉语方言概要》（1960）是一本经典之作，无人不读，其中粤方言和闽方言两章就是詹先生执笔的。在这个基础上，詹先生出版《现代汉语方言》一书（1981），把当时汉语方言研究的情形加上自己的看法作一总结，涵盖面既广阔，个别的讨论也深入。没有深厚的学养是无法撰写这种著作的。这本书在 1983 年即由日本樋口靖教授译为日文，可见其受重视的程度。

中国文化中的一个优点就是尊师重道，詹先生是王力先生的及门弟子，在日本的《中国语》上发表过《王力先生——经历和业绩》的文章。现在詹先生的弟子们——包括 1984 年起训练的硕士和 1991 起培育的博士——在他 66 岁华辰的时候，出版《汉语方言论文集》作为给老师的贺礼，这份贺礼是隆重而有意义的。其中张晓山先生写的《詹伯慧教授对汉语方言学的主要贡献》是一个全面的介绍，正因为有这样一篇文章，我就找到一个良好的借口，在这篇序里提到詹先生学术成就的时候容许我有“挂一漏万”的自由。

认识詹先生近二十年了，从神交到通信，从初谙到熟识，正是海峡两岸同行学者交往过程的一个例证。要我给这样的书写序，在二十年前是不可思议的事。所以还是让政治的归政治，学术的归学术，做学问的人总是有共同的语言，永远愿意为中国的学术进展携手合作。在詹先生的著作目录里，发现他在 1966—1979 年之间没有正式著作发表，初时深感讶异，但稍一思索已明其理。在执笔写此文时，深深盼望中国的学术界再也不

* 原载《恭贺詹伯慧教授六六华诞汉语方言论文集》，现代教育研究社出版，1997 年 7 月于香港。

会遭受那样的摧残。如果历史能够改变，那么像詹伯慧先生这样的学者，在他光辉的学术生涯里就不至于损失宝贵的十年了。

丁邦新谨序

1997年4月5日于香港科技大学

［原香港科技大学人文社会科学院院长，美国加州大学（柏克莱）教授，现为台湾中史研究院院士］

学无涯　情无涯

——为庆祝詹伯慧教授执教45周年而作

王　均

我和詹伯慧教授是有四十年以上交谊的老朋友了。我们同是王了一（力）先生、袁家骅先生的弟子，不过同门的成就大有高下，仅仅因为我比他痴长了9岁，他竟对我谦称为“晚”；其实要论学术成就，我难望其项背。仅他赠我的专著和论文集就有高高的一摞，我愧无以回报！在我主编《语文建设》月刊时，每有约稿，他无不及时写出颇有卓见的精彩论文来满足我们的请求。同样的问题，例如语文规范，经他写来，有情有理，有事实依据，有具体建议和方法，就让人觉得特别有说服力，这就显出与众不同的才智和功力来了。例如，发表在《语文建设》1988年第6期上的论文《新加坡的推行华语运动》，我一直认为那是对我国推普工作最有启发意义的佳作。他是个有心人。

其实我们相识，应该还能提早十年。1946年秋，恩师了一先生就任中大文学院院长，函约我当他的助手，我就成了中大文学院研究所的助教。当时，伯慧兄的尊翁安泰先生是中大中文系的词学名教授。我在旁听讲座之余，曾经登门拜谒，欣蒙先生飨以亲炙的潮州名茶，并获亲聆教益。可惜当时伯慧兄不在家，未缘相识。

1955年夏，前辈中南民院副院长严子君（学窘）先生受聘为中国科学院少数民族语言调查第一工作队海南分队队长，率队调查海南黎族苗族自治州的民族语言。我任子君先生的助手，应命从在广西的第一工作队带了几位骨干队员同去海南。我因主要力量放在广西，只是海南分队调查工作开始和写调查报告时短期参加，所以虽有缘和伯慧兄相识，并畅叙过几次，但在一起的时间是很短的。当时我心目中只有侗台语族中的黎语和当时梁敏在澄迈发现的临高话，连当地坚称“苗语”实为瑶语勉话的情况都因另有苗瑶语专家而未曾注意，更没有对海南岛的汉语予以足够的重视。而伯慧兄则在调查民族语中连带着搜集汉语方言资料，写出了《海南岛军话语音概述》、《万宁方音概述》和《海南方言中同义字的训读现象》等论文。这一来说明子君先生胸有全局和慧眼识英才，邀请伯慧参加海南队真的正确明智，也从另一方面说明一个人的学养和识见。其实就说单打一，我也局限性很大。

1982年初，根据中美学术交流计划，我受美国科学院和印第安纳大学、密歇根大学的邀请，赴美作短期学术访问，后来又接着访问了乔治敦大学、康乃尔大学、加州大学（柏克莱）和夏威夷大学。但到回国时，中国民航在夏威夷没有站，日航答应可以送我经过东京回国。当时恰好伯慧兄在东京大学任客座教授，这岂不是我们在异国重逢的绝好机会？我同伯慧通了电话，他立刻表示欢迎。我就住在伯慧兄在东大任教时的寓所，两人促膝相谈，有时平山久雄先生来，参加我们的叙谈，使我大长见识，真是愉快！平山先生还热情安排了我对东大的参观和在东京市的旅游。他们陪我参观了东大校园和中国学部的部分中文藏书，又观光了东京都的市容，游览了包括王宫在内的几处名胜。白天旅游，晚上“神聊”，在东京的三天逗留给我留下了永难忘怀的美好回忆。最后，正值我因在日访问的整卷胶卷报废而不胜惋惜的当儿，却收到了伯慧兄寄赠的一册访日留影集和他的访日散文集《东瀛杂记》。伯慧真不愧是安泰先生的贤哲，他不仅在语言学上有众所周知的成就，他手下的散文随笔也那样清新隽永，有真情，有文采，令人不忍释手！后来我又收到他惠赠的詹安泰先生纪念文集。“一家双教授，两代皆英才！”这是大家都承认的。伯慧对一切人都那么深情、那么诚恳，所以他也得到亲人、师友和后辈们一致的好评。不说别的，单说一点，有多少人能够像伯慧那样，每次应邀参加全国性或国际性的学术会议时，他都争取带他的研究生参加会议，让他的学生在这类学术活动中得到锻炼，并把他的学生介绍给一些知名学者。从中你可以看出他对提掖后进是多么不遗余力！

伯慧对语文事业的执著追求，特别是在汉语方言方面研究的广度和深度，用不着我多说。且不说那些专著所涉及的种种方面，单说他所提出并用实践所示范的一些主张，应该承认，我是十分赞成的。例如，汉语方言分区的多层次划分（他所说的“多层次”有他自己特定的含义），方言调查之语音、词汇、语法不可偏废，方言特点之中交叉之处应分主次、分别本质现象和非本质现象，方言划分条件“以语言材料为依据，以社会历史资料为主要参考”的原则，等等。伯慧都不仅是提出原则，而且随时都可以从他的著作中看出他是怎样实践的。因为要综论汉语方言的划分，如果单凭少数几项特征判断条目来区分，就难免争论不休；所以伯慧提出“特征判断法”之外再采用另一种“综合比较法”来补充。伯慧某些论点如把汉语方言分为六个大区，同行中虽有不同意见，我是赞成的，但他绝不强加于人。过去方言调查强调发音合作人的方言纯正性，后来渐渐注意到大城区中方言的相互影响和方言特点的演变，把社会语言学的原则引进方言调查研究中，确实是个进步。伯慧十分强调成片方言的综合调查研究和动态的调研，这样，眼界就高了。他还强调学习吸收国外新技术新方法，并强调一定要结合汉语的特点、结合汉语研究的传统，不能生搬硬套，这从他所主编的《汉语方言及方言调查》一书所附各方言参考资料选目的中外文献并举中，可见其一斑。

我特别欣赏伯慧兄在语言生活方面的见解和贡献。关于方言和共同语普通话的关系，关于双语生活中两者无可争议的主次地位，以及两者必然长期共存和各自的活动领域，关于现代社会双语制的作用和必要性，以至关于粤语规范的宗旨和原则等，他都有精彩的论述。仅就《关于粤语研究中几个问题的思考》一文，便可见其大概。研究精深，故能驾驭全局；关心现实，因此语能中的，言能动人。通过他对粤语的归属、地位、规范等语文界热烈讨论的问题的表态，我很佩服伯慧兄的见识，绝不是表面的恭维。

学无涯，情无涯。伯慧兄在学术上的造诣没有止境，大家也感受到他对人的无限情谊。趁他从教 45 周年之际，我们祝愿伯慧教授健康长寿，继续为祖国作出更大的贡献！

（原国家语言文字工作委员会副主任，博士研究生导师，第七、第八届全国政协委员）

门生感恩

师恩难忘

——回忆同伯慧师五十余年的交往

曹文安

我同伯慧师相识、相交已五十余年。五十多年来，我们虽间有往来，但他的音容笑貌、品格风范却时时在我脑中浮现。

记得第一次见到他是在1958年10月。那时"大跃进"而修京广复线，武大的学生大都派往充当主力。詹师因属青年教师亦不能幸免，同我分在一个小组，同吃、同住、同挖、同挑共二十余日。看得出，他虽无体力劳动的基础，但乐意"改造锻炼"，且嗜买报读报，还经常跟我们读点新闻。1959年后，我因分在"语言班"学习，跟他接触的机会也就更多了。其间，他带"汉语方言学"一课，讲课简洁、流畅，待人随和亲近，大家都感到受益匪浅。我还曾到他的湖边宿舍小坐、请教。1961年春，按教学计划，我们拟去湖北宜昌、沙市做方言调查实习，为此，他一个人先行前往联系安排，后又带我们乘船西进。调查时，请来两位发音人，在詹老师指导下，我们听音、记音并整理音韵结构及对应规律，历时半个多月，收获颇丰。回校后，他又指导我执笔写"宜昌方言调查报告"，并受到他的好评。此份报告，我记得1975年他来宜昌讲课时还曾带上。大概是因了他的宜昌之行，1961年秋我毕业后又分配至宜昌师专任教。此时，因他的未婚妻也来到宜昌当医生，我们也就还能经常会面。1975年春，葛洲坝工程在宜昌兴建，工区急需教师，武大则前来开门办学，詹老师的爱人虽早已调往武汉，但他仍不忘"宜昌情怀"，欣然来工区语文班讲授"现代汉语"。我当时因参与市内教师培训工作，也在该班带点课，故在一起的机会就更多了，他也经常来我家走走，我的孩子都称他为"詹伯伯"。他在此近一学期的讲课，深得学员好评。他为人温厚真诚，亲和力强，毫无大学老师的架子，课后常跟学员们散步谈心。多年后有学员去武汉还常去武大看他，至今我在宜昌街头碰到他们时仍总不忘"詹老师"。这期间，我还约他跟市里语文教师举行了一次"普通话讲座"，当时既无报酬，也无公餐招待，他仍欣然为之。1980年至1982年，詹师远赴日本讲学，我还常能读到他的来信。詹师调往暨大后，我们仍有联系。20世纪90年代，他还曾两次来宜昌：一次是1994年6月参加华中师大邢福义老师的博士生答辩后随同一起来宜昌参观旅游，师母陈雅仙亦同行；另一次约是1996年随民盟参访团前来访问、交流。2006年9月，他又随广东文史馆一行来过一次，这时他已完全退下来，但告知我好像每周还要去香港讲一次课，并为自己带了29位博士生感到欣慰。他这几次来宜昌，时间均较短暂，但都让宜昌的接待方告知我到宾馆、酒店会面、小聚。每一次跟他在一起，他总是像兄长一样关心我的各种情况，并问候宜昌的其他友人。1996 年那次临行时，我送他上火车，他还赠我一包茶叶，闻之品之，沁人心脾。

岁月匆匆，斗转星移，年华似流水，弹指一挥间。五十多年来虽身处异地，但同詹师相往、相交都不曾断过，斯人之风常在脑际萦怀。在詹师同我的交往中，有两点最令人难忘。一是他待人坦诚、忠善、厚道，十分看重师生、朋友之情。例如，他爱人曾在宜昌工作过几年，有一些从医的同事、好友，詹师每次来宜昌，都要约我一起去拜访、看望、叙旧。又如在我们的来往交谈中，总免不了要说及一些语言学界的同行，每念此，詹师总是予以褒扬、肯定，如谈到李新魁先生，詹师十分称赞他的勤奋、见识与才华，对其英年早逝极为惋惜；又如对华中师大的邢福义先生，其在语法研究上的成就，詹师也总是赞不绝口，誉为“北陆南邢”国内顶尖一流，而绝无“同行生忌”、“文人相轻”之习。至于谈到他的老师王力先生以及武大的博老黄焯等前辈，他更是推崇备至，总感到后人难以企及。而且，他对我的工作、学习也十分关心。他每有大作，总不忘赠我学习，像《现代汉语方言》、《汉语方言及方言调查》、《语言与方言论集》等均是我案头常读珍典。“文革”后，武大主持参与《汉语大字典》的编写，因人员紧缺，需调人充实，詹师荐我忝列，武大文学院亦多次派人来宜昌商调，但终因不放而未能成行，让我失去了一次一辈子也不可能再得的学习机会。20 世纪 70 年代末，我开始担任“汉语音韵学”教学。此课 60 年代初在武大曾随博平师学过，但多年未触，早已生疏。为此我求援于詹师，他一方面给我赠资料（有的还是别人送给他的未曾出版的油印本），另又介绍我向他的好友北大唐作藩先生请教。我与唐先生素昧平生，然而他也是极为宽待后学的，也常给我寄送有关书刊，先后几年约有七八册，对我的来信讨教也总是每问必应，使我能学有小成，行有所本，能较好地应付教学。我在工作中若稍有收获，詹师也总是鼓励有加，如 1977 年底我在《光明日报》上发了一篇读“普通话”的小文，次年我去武汉出差，见到他后，他主动提起此文并热情予以肯定。80 年代中期，我同原武大同窗合编《实用汉语音韵学》一书，初稿送他征求意见，他致信认为“颇有新意”，并“乐意把大著介绍给广大的读者”。读了他的长篇来信，我们三位原武大的学生都深感慰藉。此外，他的甘于寂寞、枯燥，矢志于方言学的不懈探求的科学精神，也始终在默默地感染和勉策着我们。老师的作用不仅是教知识，更主要的是给予方法的启迪，使我们的品格受到濡染，思想受到熏陶，詹老师正是这样做的。春雨润物细无声，我之所以还能在汉语教学与研究的路上获取一点点雕虫小技并一直默默地走到现在，当然跟詹师的鼓励、扶持和言传身教是分不开的。

“老去情亲旧日师。”如今我也至“藏之，白头搔更短”的古稀之年，但独坐小斋，詹师同我逾半世纪交往的点点滴滴仍常存脑际而不逝。“心乎爱矣，遐不谓矣；中心藏之，何日忘之”，是的，韶光易逝，真情长存，此思此情是永远不会忘记的。“梅花雪，梨花月，总相思”，如今先生八十高寿，在此，谨祝愿他松柏常青，健康长寿，并祈雅仙师母及全家幸福安康！另以此小文表达我对先生的敬慕与怀念。

（三峡大学中文系教授）

道德文章，良师典范

——敬贺恩师詹伯慧教授八十华诞

许慈航

2011年的7月，我特别关注的一个日子是：恩师詹伯慧教授八十华诞。我怀着崇敬的心情，遥祝他生日快乐，健康长寿！

2010年10月中旬，我与几位学友在鹏城又拜见了詹师。那天，他是应邀出席暨南大学汉语方言研究中心深圳大学工作站挂牌仪式后约会我们的。看上去，他还是两年前我们见到的那个样子：除眼睛的老毛病外，依然是神采奕奕，思维敏捷，谈笑风生，毫无老气横秋之状。给我们的感觉是：老当益壮！我相信，以他现在的身体条件，他在今后的学术道路上，一定还会不断留下新的闪光的脚印。

我与詹师的交往，迄今已有半个世纪。从詹师的教诲、访谈和寄来的信函、赠书中，我深深地感受到，他对学术事业的执著献身，始终如一，无怨无悔；他对莘莘学子的体贴关怀，一向如此，诚心诚意。在我的心目中，他的道德文章，堪称良师的典范。在这里，我想把我所了解的他在学术工作上的一些事迹，以及我受到他的亲切关怀的一些事情写下来，借以表达对恩师的敬仰和感激之情。

詹师从教以来，从国内的讲台到国外的讲台，培育了一批又一批的学生，既有本科生，也有硕士生，尤多博士生，可谓桃李满天下。

他在1992年曾教导过学生：做学问需要具有坚忍不拔的意志，具有不怕艰险的勇气，具有无私奉献的精神。

他对学生进行了“现身说法”——

我在四十多年的语言调查实践中，跋涉了许多山山水水，走过了许多穷乡僻壤。今天大家看到我的一部部著作、一篇篇文章，知道这里面凝聚着多少的艰辛、多少的血汗！拿60年代编写《浠水方言纪要》一书来说吧。要说没有碰到困难，那是不实际的。当年，我在武汉大学任教，湖北浠水县请我去，我放弃了假期的休息，利用整整一个暑假，和当地博物馆的王祖佑老先生合作，不分昼夜地调查整理，攻克了一个个难关，终于把素材弄到手。晚上，我没有住招待所，就在博物馆的大庙搁上一张床睡觉。夜幕降临后，在昏黄的灯光下，我不顾天气的闷热，一面扇凉赶蚊子，一面埋头苦干……

詹师的“现身说法”，对学生们的触动很大。大家从中认识到做学问必须具有这三个条件，并激动地表示，一定要向詹师学习，坚定意志，鼓足勇气，勇于奉献，练好语言调查基本功，为做学问打下坚实的基础。

詹师在从事学术研究工作中，一直受到眼疾的困扰和折磨。从20世纪50年代开始，他便患有结核性巩膜炎，住了几次医院，动了几次手术。后来，又患上了继发性青光眼和白内障。眼疾一发作，头昏脑涨，隐隐作痛，真是难受极了。由于眼疾久治不愈，以致视力受到严重损害。右眼早在好几年前已经失明，“就剩下这只左眼在工作了，真可谓‘一目了然’”。但他以坚强的意志和非凡的毅力，强忍着眼疾带来的痛苦，坚持每天工作 12 个小时以上。他自 1982 年 4 月从日本讲学回来后就打消了午休的习惯，此后晚上经常熬到凌晨一两点钟。暨大苏州苑一带，人们已先后进入梦乡，唯独他的书房仍然透出亮光，还在伏案“酣战”呢。

詹师就是这样凭着自己的博学和智慧，凭着自己的意志和毅力，克服眼疾造成的视力障碍，孜孜不倦地辛勤笔耕，取得了令人瞩目的学术成果。例如，他先后主持了广东省社科“七五”、“八五”、“九五”规划重点研究项目“珠江三角洲方言调查”、“粤北十县市粤方言调查”、“粤西十县市粤方言调查”，主编出版了三卷本 150 万字的《珠江三角洲方言调查报告》等三部调查报告的巨著。这三部调查报告的巨著，均获国家教委和省社科颁发的优秀成果奖。此前，他早在 1981 年就出版了被许多高校列为必读参考书，又为日本学者翻译成日文本出版的《现代汉语方言》；20 世纪 80 年代迄今，他已陆续出版了《汉语方言文集》、《汉语与方言论集》、《共同语方言语言教学》、《漫步语坛的第三个脚印》、《詹伯慧语文评论集》、《语文杂记》等多部个人论文选集。他还和几位资深方言学者合作，主编出版了被国家教委推荐为高校文科教材的《汉语方言及方言调查》，这部教材获国家教委第三届普通高校优秀教材二等奖……总之，他著作等身，学术成就斐然，已出版的著作达 30 多部，已发表的论文达 300 多篇，在海内外学术界享有崇高的声誉。

对詹师来说，时间实在太宝贵了。为此，他争早夺晚，分秒必争，一心扑在学术工作和学术活动上，即使碰到意外事故，他也绝不耽误。

例如，2007 年中秋节前夕，已是七十六高龄的他，因上叠凳取书，不慎摔成腰椎压缩性骨折，在医院一动不动地躺了近四十天，生活无法自理，喂饭、大小便都得由师母打理。及至刚刚能下床走动，他便又迫不及待地办了出院手续。他只在家里待了半个多月，就放弃了继续治疗，带着未愈的腰伤，在短短的一个多月里，独自连续跑了几个地方，参加了一个又一个的学术活动：先是作为嘉宾，应邀出席了香港中文大学中国文化研究所成立四十周年的庆祝大会；接着每周两次为港大中文硕士班补授他住院期间缺授的课程；期间还作为顾问出席了香港中国语文学会一年一度的理事会改选及讨论当前香港语言文字问题的学术座谈会；在港大补课期间，又赶往中山市主持由中山学院承办的第十二届国际粤方言研讨会；接着马不停蹄地转到广州大学城主持了在广州大学举行的广东省中国语言学会 2006—2007 年学术年会；会毕再回到暨大主持由他主编的《中国语言文字大词典·汉语方言卷》的工作会议。这就是他腰伤出院后两个多月间的工作清单。回到家里后，他照旧日日夜夜地弯着腰坐在电脑前打字写作或对付来往的“伊妹儿”。他这种拼命的“工作狂”，谁见了都会大为感佩！

詹师从暨大的教坛退下来后，婉拒师母“在家好好休息，保养身体”的劝告，绝“不让大脑闲着”，把颐养天年的时间和精力全部奉献给了学术事业。除参加一些必要的学术活动外，他把主要精力放在以下三个方面的工作上：

(1) 组织编纂《中国语言文字大词典》中的汉语方言卷。此前，他编纂过一系列的辞书，在辞书学界享有崇高的声望。2007 年，他又投入当今一项巨大的辞书工程——《中国语言文字大词典》的编纂工作（全书共分 7 卷，计划总字数将达 3 000 万字）。作为大词典方言卷的主编和大词典总编委会的副主编，他挑选、组建了一支囊括汉语方言界权威及中坚力量的编纂队伍协力开展工作。近三年来，他运筹帷幄，精心策划会议，拟订方案，设计框架，期间遇到了经费无着落的困扰，被迫停工近两个年头，但他毫不气馁，一直想方设法，坚信天无绝人之路，在他的不懈努力下，近期终于获得有关方面的支持，使《汉语方言卷》的编撰工作得以绝处逢生，重新启动。目前，遍布全国的编写人员正在统一规划下，继续按两年前制定的编写方案，快马加鞭编写相关的方言条目，预计方言卷将在近两年内大功告成。

(2) 积极帮助香港大学培训人才。作为该校的名誉教授，他从 2004 年 9 月起，便为中文系举办的“学位教师中文学科知识深造文凭课程”学员班，讲授“中文资讯检索”课程中的“中国语文工具书说略”（十周）和“现代汉语”课中的词汇部分（两周），一连三届。于 2005 年 6 月完成教学任务后，从 2006 年起，他又为汉语言文学硕士班（MA）的学员讲授“现代汉语专题研究”，每学年授课 15 周，每周两节课。直到现在，他仍然在为第五届的硕士班授课。从在广州家里备课写讲稿到赴港大讲课，他经常奔波于广州、香港两地，不论酷暑寒冬或刮风下雨，都不辞辛劳，尽职尽责，从未耽误一堂课，赢得了学员们的交口称赞。

(3) 着力研究社会语言的应用问题。他一向强调，为了语言的顺利应用和健康发展，研究语言的人，应该时刻关注语言的社会应用情况，关注在社会的不同层面、不同角落中语言应用上出现的问题和毛病，有针对性地采取措施，以弥补语言应用中的某些缺陷，纠正一些不正确的观念和偏差。他在这方面身体力行，给语言工作者做出了榜样。针对粤港澳语言生活的实际，他从 2009 年 4 月开始，应约在香港《文汇报》副刊“采风”的“百家栏”上，针对语言应用上存在的问题，以柏苇的笔名，连续发表了语文杂议文章，如《普通话与方言》、《浅谈粤语正音》、《语言应用的规范化与多元化》、《是兄弟不是父子——浅释民族共同语与方言的关系》，等等（每周发一篇，字数在 2 500 ~ 3 000 字之间）。这一系列的杂议文章，对人们解决语言应用上出现的问题、纠正对共同语与方言的一些不正确的观念是很有帮助的。因此，这些文章见报后，就受到了专业人士和广大读者的普遍欢迎。近期已结集为《语文杂记》，作为他主编的语文丛书“大家小书”的第一本出版问世。

詹师曾说，一个人一旦居于上层，不论做学问或做任何工作，眼睛都得注意向下。他说的“眼睛向下”，大概指的是广大的后学晚辈。一直以来，他对学生的关怀备至、爱护有加，那是有口皆碑的。我每每想起他对我的关爱，心里便激荡着一股暖流。

我在武大读书期间，正值国家三年困难时期，物质匮乏，生活艰苦，加上学习紧张，因此，心里不免感到有些郁闷。几位同窗好友也有这种心境。为了调整我们的情绪，詹师常常在节假日邀请我们到他的湖边三舍做客，或促膝谈心，或谈天说地。有时，还打开留声机，播放潮乐《寒鸦戏水》、《平沙落雁》和潮剧《陈三五娘》等唱片，让我们领略家乡优美动听的音乐和戏曲，从中获得乡情的浸润和艺术的享受。有时，他兴之所至，便取下挂在墙上的椰胡，边拉边唱，其乐融融。这些课余欢聚，使我们增添了生活的乐趣，增进了师生的情谊。这些同乡师生的聚会、娱乐，本来是很正常的事情，可到了“文革”，却成了詹师的一条罪状，即“搞裴多菲俱乐部毒害学生”。连同其他莫须有的罪名，“文革”一开始，他便被打成“牛鬼蛇神”，遭到了残酷的批斗，如今想来，真是天理何存，令人愤慨！

毕业后，我分配到位于汉口的《湖北日报》社工作。一个周日，詹师骑着自行车，从武钢家里渡江来到我的宿舍。他一边揩汗一边微笑着说：“你年头说准备回家结婚，我和黄永强等几个人联合给你送点礼物，以示祝贺。”说完，便打开包裹，将一副对联和一套玻璃水壶杯子放到我的面前。这副对联的上联是“共尝金尊沉绿蚁”，下联为“梦回山枕隐花钿”，字体为碑体。上联抬头的“慈航、亚丽结婚志喜”和下联落款的“伯慧、永强、翼翔、国梁、蕃翼、能雄同敬贺”，字体为楷书。詹师为这副贺联花费了不少时间和精力。他趁暑假回羊城探亲之机，不顾天气炎热，接连跑了好几家文具店挑选优质宣纸，累得汗流浃背。宣纸买好后，他将意图告知他父亲詹安泰教授——著名的书法家，商请拨冗书就这幅墨宝。詹师待我真是古道热肠，令我没齿不忘。

“文革”后期，我因远在粤东农村的家庭陷入困境，妻子和小孩的户口又不能迁入江城，于是不得不放弃令人羡慕的新闻事业，向报社人事部门要求调回原籍工作。事前，我曾向詹师诉说我的家境和苦衷，他听后深表同情和惋惜：“看来，你也只好走这步棋了。”两年后的岁末，我终于如愿以偿。在以后漫长的岁月里，我由于受到岳父的株连（被错划为右派），又是非党干部，因此遭到不公正的对待，就像皮球一样，被踢来踢去，干着与原来业务全不沾边的工作；加上家庭经济拮据，粮食紧缺，一家人挣扎在饥馑线上，我深深地陷入了内外交困的境地。20 世纪 80 年代初，詹师得知我的真实情况后，从日本寄来一信，深情地写道：“这七八年来，你的处境确实叫人担忧，只是爱莫能助，惭愧得很！希望你在困难中豁达乐观，对前途充满信心！”在我精神极度苦闷的时候，他用亲切的话语给予开导，使我那颗冰冷的心得到莫大的慰藉。为了改变我的处境，他还多次来信表示要鼎力相助：

——“回普宁这么多年，你有无‘归队’的念头？如果想回报社或新闻部门，我将尽力介荐。”

——“我总希望你能有机会换个环境，还是搞你的本行为好，此事一直在留意。”

——“你的工作问题，一直记在心上。我总希望你能有个机会发挥你的多方面才能……”

詹师在来信中先后向我提到了几个具体单位：有的向他要人，他郑重地推荐了我；有的听了他关于我的情况介绍，表示同意接纳。他迫切地催促我“快刀斩乱麻”，“早日作出抉择”。

就在詹师要我“快刀斩乱麻”过后不久，我妻子和三个小孩以及父母亲的户口相继农转非，妻子调至县城附近的农村小学任教，我也分到了单位分给的住房。当下，我觉得家庭境况已经好转，另谋他计不太现实，还是“一蓑风雨任平生”罢了。

我把这种情况和个人想法写信告诉詹师，他回信表示理解和欣慰。

在往后的日子里，詹师不管工作多忙，对我仍然十分关心。他每次到汕头参加各种学术活动，总要打电话给我，叫我前往一叙，有时还抽空专程莅普宁看望我和我的家人。

师恩难忘，难忘师恩！我无以报答，不胜愧疚！

总而言之，詹师为学为人的事迹很多，我所写的，不过是管中窥豹而已。在詹师的身上，集中体现了一代优秀学者的精神风貌，也充分体现了中华民族待人处世的传统美德；他对学术的献身精神，令人深受感动、深受教育；他对学子的深厚情谊，给人带来温暖，带来和谐。这种精神和美德，值得我们好好学习和大力弘扬。在詹师欢度八十华诞之际，我衷心祝愿他为进一步发展祖国的学术事业继续锐意进取，再创新的辉煌！

（广东省普宁人民检察院）

我心目中的詹老师

朱炳玉

在我的心目中，詹老师既是我的业师、恩师，又是我真诚的朋友。近半个世纪以来，詹老师和我的师生情、朋友谊，一直延续至今。

詹老师和我的师生情是从20世纪60年代初在武大开始的。武大是五年制学校，大四、大五只上专题选修课。1961年，我上大四的时候选了三门专题选修课，即李格非先生的《中国的字书》，沈祖棻先生的《唐人七绝》，再就是詹老师的《汉语方言调查及研究》。60年代初是所谓的困难时期，教学设备是很落后的。詹老师的专题课是在一个腾出来的小办公室上的。教室里摆放着12把听课椅（即只有右边有一个可以放书做笔记的扶手的椅子），有一块用木制三脚架支撑起来的木头黑板，还有一个半米多高的小课桌权当讲台。至于电教设备那时还没有那么先进，是不可能有的。詹老师就是在这样简陋的条件下给我们上课的。讲完概论，进行语音训练（学习国际音标）时，完全靠口耳传授。詹老师为了让学生能看清他的发音口型，时而走到学生面前来示范，时而在讲台前尽力探出身子面向学生示范，为了使身体前倾，有时不得不把一条腿搁在低矮的讲台上。这样两节语音训练课下来，其辛苦是可想而知的。詹老师讲课不是那种激越高亢的风格，而是语速徐缓，音调不高，娓娓道来，让学生跟着他的思路，一步步把学生领进知识的殿堂，从而引领学生走上方言研究之路。詹老师当年给我们上课的情景，给我留下了难忘的印象。

詹老师对待教学非常认真，对待学生是那样热情。语音训练他要求每个学生都要过关，一再强调如果语音不过关，将来进行方言调查就不可能做到准确地听音、辨音、记音。有时我们到他的宿舍去请教问题，他也热情接待，对所提问题不厌其烦地给予解答。即使我们毕业以后，他也仍然关心我们，把自己的著作送给他的学生。我在武汉工作时，他送给我一本《现代汉语方言》，在深圳工作时他又送我一本《汉语方言及方言调查》，让我有机会继续接受他的教育。对学生的一些小进步，他都由衷感到高兴，并加以热情的鼓励。当我把拙作《五华客家话研究》书稿送给他审阅时，他在百忙中为我的书稿作序，他除了对书稿作了充分的肯定以外，还有感而发，表达了他对国家方言研究所取得的丰硕成果的喜悦心情和对存在的问题的焦虑。

詹老师严谨的治学态度对我影响也很大。记得20世纪90年代，我在学习王力先生的一些著作和当前方言研究的一些文章时，感到有些问题不好理解，产生疑惑。我就写信向詹老师请教。他对我提出的问题作了详尽的解答，同时又建议我去请教别的专家，还给我开出了专家的名单。詹老师这种严谨的治学态度给了我很大的启发和教育。

詹老师对语言文字的应用也极为关心。就我知道的来说，20世纪70年代初国家文改会为了改进小学汉语拼音教学，实现让学生提前读写的目的，在北京、河南、湖北等省市选择部分小学进行汉语拼音教学改革实验。当武大中文系得知湖北省也接受了这项试验任务时，詹老师，还有陈恩泉老师和宗福邦老师都主动跟省教研室联系，积极热情地要求参与这项实验活动。在下乡进行选点调查时，他们不怕辛苦，跟省教研室的人员一起深入农村进行选点调查。当年的交通条件是很差的，不像现在村村通公路，下农村就只能靠两条腿走路。我当年也在省教研室工作，也参加了选点调查。詹老师当时有一句话让我至今还记得。省教研室同志一再感谢三位老师对选点工作的指导，詹老师听后半开玩笑地说："你们是省教育厅的，是我们的上级，是我们的领导，我们来参加是完全应该的。"

几十年来，我和詹老师常有书信往来，电话联系，现在又常发邮件，交流信息，互致问候。我非常珍惜这种真挚的师友情，我想我们这种情谊将永远延续下去。

2010年11月9日

（深圳教育学院中文系副教授）

敬贺詹师伯慧教授八十华诞暨从教五十八周年

余国梁

珞珈樱下初识荆，眷顾垂青沐春风。
五十一年师兼友①，白头尤恋昨日情。
祖居雅号“学文堂”②，尊府词名动四方③。
父子相随赴青岛，教材编纂各担纲④。
审音辨法释方言⑤，五十八年执教鞭。
田野耕耘多硕果，换将新绿映蓝天⑥。
湖边三舍至如归⑦，潮乐乡音笑语随。
其乐融融无大小，如烟往事梦难追。
循循善诱雨露滋，娓娓动听诙谐辞。
排难解疑开茅塞，慎行美道是良师⑧。
英才卓荦早逸群，师德弥高隽双馨。
耄耋往来推文化⑨，为霞南粤满天新⑩。
风雨如磐志不移⑪，落红甘作护花泥⑫。
敢言敢笑童心在，云开日出寿期颐。

（原汕头大学党委副书记）

① 我于1960年考入詹老师任教的武汉大学中文系，得亲教诲，至今已五十一年。

② 詹老师祖居在广东省饶平县新本镇，号“学文堂”。

③ 詹老师的父亲詹安泰先生是著名古典文学家、教育家和书法家，尤以诗词创作和研究蜚声海内外，被誉为“岭南词宗”、“民国四大词人”之一。

④ 1957年夏，国务院高教部委托二十来位高校教师在青岛编写大学中文系统编教材，詹安泰、詹伯慧父子同被邀参加，传为美谈。

⑤ 以往研究方言者多偏重语音，詹老师主张应同时兼顾语音、文字、词汇、语法和地域文化，注重田野调查和比较分析，进行较全面的研究。

⑥ 杨万里《又和风雨》：“拚却老红一万点，换将新绿百千重。”

⑦ 詹老师在武汉大学时住过湖边三舍305房，我们常去拜访聆教。

⑧ 董仲舒《春秋繁露·玉杯第二》：“善为师者，既美其道，有慎其行。”

⑨ 近年詹老师除继续从事语言教学与研究外，还四处奔走，热心推介潮汕文化，推动建设文化强省。

⑩ 刘禹锡《酬乐天咏老见示》：“莫道桑榆晚，为霞尚满天。”

⑪ 鲁迅《自题小像》：“灵台无计逃神矢，风雨如磐开故园。”

⑫ 龚自珍《己亥杂诗》：“落红不是无情物，化作春泥更护花。”

学习詹师 认真做人

彭小川

在恩师詹伯慧教授即将迎来其八十华诞以及从教五十八年的日子里，身为弟子的我不禁回忆起踏进师门以来的种种收获，饮水思源，感想良多。其中最想说的是，认真做人，认真做事，这是詹师身体力行践行的一条为人准则，也是他传给我们弟子的一笔最宝贵的精神财富。

认真做学问，这是詹老师给我们上的第一课。

1984 年，我有幸成为詹老师招收的第一批硕士研究生之一。受业之初，詹老师便给我们布置了课外的学习任务：要求我们每位学生都要把《方言调查字表》中的几千字一一做成卡片，上面标明其音韵地位及普通话注音；指导我们广泛查阅搜集方言研究的文献，分类做文献索引；要求我们认真阅读大量的方言研究文献。为扩大我们的学术视野，詹老师拿出其珍藏的历史文献让我们复印下来学习并保存，这些文献包括赵元任先生1948 年发表在《中央研究院历史语言研究所集刊》上的《中山方音》，王力先生和钱淞生先生合著的先后于 1949 年和 1950 年发表在《岭南学报》上的《东莞方音》、《珠江三角洲方音总论》、《台山方音》等等。此外，詹老师还毫不吝啬地将他自存的美国、日本、中国台湾的一些著名语言学家新出的论著让我们通读。这些研究成果，当时在国内是难以见得到的，相当珍贵。老师所做的这一切让我们深深地认识到，踏进科学研究之门就必须认认真真、扎扎实实地打基础，来不得半点马虎，更来不得丝毫的急功近利。当今我们所处的时代是知识经济的时代，这个时代充满着各种机遇，也充满着各种矛盾和诱惑，学术界也不例外地存在急功近利和浮躁虚假之风。詹老师早年给我们打下的踏实认真做学问之基础，让我们终身受益。在我们相继成了硕士研究生和博士研究生导师后，我们都未敢忘记老师昔日的教诲，也一再告诫自己的学生，要认真打基础，认真做学问。

认真做事，是詹老师以身作则为我们上的另一课。

“师者，传道授业解惑也。”传道授业解惑就是为师之“事”。詹老师领着我们步入了语言研究这座殿堂，他不仅授予我们丰富的知识，更重要的是十分注重传给我们终身受用的治学方法，培养我们良好的思维品质和独立进行科研的能力。他教导我们：“做学问要善于开动脑筋，善于发现问题，这是首要的。”“触角要敏锐，要‘左顾右盼’，这样才能发现问题，提出问题，扩大视野，不断深入，最后达到科学地阐明事实解决问题的高度。”他精心安排各门课程和国内外著名学者的学术讲座，带领我们外出参加学术会议，鼓励我们多提问题。他还让我们参加他主持的广东省人文社科“七五”规划重点项目“珠江三角洲方言调查”，让我们在实践中锻炼，在实践中成长，增强科研能力。为了帮助我们提高记音能力，也为了确保研究成果的准确性，詹老师和张日昇先生一起，不辞劳苦、马不停蹄一站又一站地带着我们到珠江三角洲各调查点做前期调查工作，听音、定音，共同讨论一些疑难问题。在老师的悉心教导下，我们逐渐入门了，能注意多思索发现问题、多提出并解决问题。后来，当我们站在本科生、硕士生乃至博士生的讲台上时，当我们课下指导硕士生、博士生时，我都会有意识地像詹老师当年教导我们那样，注意多教给学生学习的方法，多启发学生的思维，培养他们分析问题、解决问题的能力。

詹老师的“事”不仅仅是教学培养学生，他还身兼数职，无论哪方面的工作，他都全情投入，认真对待。他悉心筹划成立了“暨南大学汉语方言研究中心”，亲任中心主任，全力推动南方方言事业的发展；连续担任了数届广东省中国语言学会会长之职，为活跃广东省的语言研究，他殚精竭虑，组织各种活动，主办国际性或全国性的学术会议，坚持主持筹办两年一度的学会学术年会，为筹集经费而到处“化缘”，甚至到了七十多高龄还亲自带领有关人员熬夜赶编学会通讯；他曾先后担任数届全国人大代表和全国政协委员，怀着高度的社会责任感，他认真调研，积极撰写提案，获优秀提案奖，真正做到不辱使命；担任广东省语委委员，他积极配合省语委开展各项社会语文工作，尤其是推普活动……

认真做学问，认真做事，源于认真做人。进入师门以来，詹老师便一直以具有高度的责任感和敬业精神这种认真做人的态度感染、影响着我们。作为学生，我们亲身感受到，几十年的风风雨雨，尤其是十年浩劫时曾经的厄运，丝毫也不能夺去詹老师对生活所充满的激情。他始终抱着积极的人生态度，热爱生活，精力旺盛，永不知疲倦。我们还亲眼看到，多年来，为了发展我省乃至我国的语言学事业，詹老师是怎样在患有眼疾最终一只眼睛失明的状况下，无怨无悔地倾注了大量的心血，无私地作出巨大的奉献。如今，以近八十的高龄，詹老师还不顾辛劳，领衔主编《中国语言文字大词典·汉语方言卷》，老骥伏枥的精神着实让人钦佩。我们明白，老师的这一切的一切均源于他对人生的一种执著的追求——为发展我国的语言学事业奋斗终生。在当今这个浮躁的时代，詹老师的这种认真做人、认真做事的一丝不苟的人生态度，显得何等珍贵，值得我们这些学生以及学生的学生学习一辈子啊！

如今，我已办了退休手续，可手头上还带有十几位硕士生和博士生，在由詹老师一手创办的汉语方言研究中心，还承担有一定的任务。有詹老师为楷模，在余下的人生中，哪怕是将来全退下来了，认真做人也应该是没有止境的。如今，我们的不少学生也已经有了学生，愿詹老师的这笔宝贵的精神财富能一代一代地传承下去，不负老师对我们的培育之恩！

（暨南大学华文学院汉语方言研究中心教授）

从韩山师院到暨南大学

陈晓锦

2010年12月20日，韩山师范学院国际学术交流大厅，纪念詹安泰先生国际学术交流大会正在召开。

在位于广东省潮州市的韩山师范学院召开这个纪念词学泰斗詹老先生的研讨会，大概任何对词学稍有所识的人都不会惊讶：詹老先生是潮州人，20世纪30年代，他曾在韩山师院（当时的广东省立第二师范学校）执教了相当长时间。至于我这个从事语言工作，研究汉语方言的人也出现在这样的场合，恐怕就有些人会觉得费解了：你懂宋词吗？别不是回老家“蹭会”去了吧！

不错，是“蹭会”，不过这个会却“蹭”得合情也合理。

尽管没有在潮州生活过，但我是潮州人，我的家乡是潮州却是不争的事实。我的父亲就出生在离韩山师院颇近的一个乡村，今日的潮州市桥东区黄金塘村的一户穷苦人家里。皆因从小聪颖，父亲被同样穷困的族人选中，大家凑钱供其读书，祈望其学有所成，日后能为族人服务。父亲在韩山师院读书时，詹安泰老先生就在韩山师院执教，詹老先生不止是父亲的老师，而且是父亲非同一般的老师。如果知道父亲他们当年闹学潮时创办的刊物《罡风世界》之名，就是请詹安泰老先生起的，就不会对此有丝毫的疑义。1932年，父亲因为“罡风事件”受到国民党当局的通缉，从此离开潮州投身革命。

此刻，坐在会议厅中，聆听着也曾经是詹老先生学生的唐作藩老师、饶芃子老师等前辈深情地讲述早年詹老先生对他们的教诲，不禁叫人更加想了解当年父亲与詹老先生之间的师生情谊，想知道当年发生的所有一切，假如，假如这不可能，事实就是不可能，那么，哪怕就是可以多知道一点点也行……

詹老先生当年是如何施教于父亲他们的，已难以知晓。但是，作为伯慧老师的开门弟子，老师的首届硕士研究生，第二届博士研究生，老师对我的教导，我却铭记在心。一辈子从事汉语方言研究，老师对我影响最大的，莫过于其对汉语方言事业的执著。记得刚入师门不久，我曾经小心翼翼地问过老师：“詹老先生是词学泰斗，您为何没有顺其自然地继承家学？”清楚地记得，老师沉吟了一下，说：“知道吗？文学是可以自己学的，可是语言学却是必须去学才懂的。”

语言学是“必须去学”的。

老师一直在身体力行地诠释这句话。不说20世纪80年代，老师和我们这些学生“上山下乡”，到珠江三角洲，到粤西粤北，风尘仆仆地做田野调查，如今老师已是八十高龄，可还是照样风尘仆仆地在这块领域中耕耘着，我们还是可以看到他银发满头，可仍一如壮年，骑着自行车在暨大的校园里急匆匆地穿过；看到他往返于广州和香港，在香港大学讲课；看到他在各地举办的各种方言学术会议上发表演讲；看到他组织大家，为推广、普及普通话和汉语方言研究，写作“大家小书”。尽管所有的人都在劝说他注意休息，可是老师好像忘记了自己的年龄，他是在身体力行地为后辈，为我们这些学生，也为学生的学生做榜样。

老师虽然没有继续詹老先生的词学研究，但是却发扬了詹老先生的治学精神。

忝入师门二十七年，书越读越觉得少，我对语言学是“必须去学”的理解从朦胧到逐渐清晰，语言学确实是一门需要用全部身心、用一辈子去钻研的学问。我一直都在用这句话激励自己，也在用这句话教育我的学生。

近些年，我一直在做迄今仍未被广为关注，但又大有作为、十分重要的海外汉语方言调查研究，既尽自己的全力，也一直在呼吁同道们的参与。对这个汉语方言研究的新领域，老师同样倾注了他的关注。对学生的工作，老师亦给予了热情的支持。已经召开了两届的海外汉语方言国际研讨会，老师都参加了，且两次都在会议上宣讲了论文。老师的参与，在精神上给了我极大的鼓舞。我明白，海外汉语方言研究才刚刚起步，还有很多很多的问题等待着我们，但纵然是万里长征，也只有一步一步地走下去。我也明白，我们在方言研究中的付出，就是对老师多年教育的回报，相信我们在方言领域取得的任何一点成绩，都会令老师感到宽慰的。

很多人，很多文章都在讲述、讨论师生情谊，而我以为，最浓重的师生情谊应该延续在学术上。

其实，从韩山师范学院到暨南大学，延续的不仅仅是普通的师生情谊，延续的还是做学问，将研究进行到底的韧劲和努力。

2011年1月26日草于

澳大利亚昆士兰布里斯班的阳光下

（暨南大学中文系、汉语方言研究中心教授）

贺恩师伯慧教授八十华诞

伍　巍

幼汲书香翰墨功，
成年负笈效扬雄。
方言口出兼南北，
海脉情融西到东。
绝代文章双父子，
一门才杰两世公。
师心师道盈八秩，
传火传薪天地风。

（暨南大学中文系教授）

忆詹伯慧先生二三事

邵　宜

1991 年夏，我准备好了参加硕士论文答辩，导师李如龙先生邀请了詹伯慧先生担任答辩主席，这是我第一次与先生见面。先生个子不高，看上去和蔼可亲。在李先生家短暂停留后，我陪他去招待所住宿。从李先生家到师大招待所尚有一段路程，我推着自行车，一边向先生请教，一边小心招呼着。对先生的景仰，不光是因为读过他写的书，更缘于 80 年代中期的一段求学经历。那时我在江西的一所中专师范学校教书，闲暇时胡乱看些语言学的书籍，詹先生编写的《现代汉语方言》给我印象最深。世界上还有这样的学问！我很快就喜欢上了。当时不知道先生已调往广州暨南大学，冒昧给先生写了一封信，表达了考研的意愿。结果自然是石沉大海。后来在蒙师高福生先生的引荐下，我投到李如龙先生门下，算是正式踏入方言学的大门。此次见面，本想把这段插曲告知先生，又怕唐突，终不敢开口。没有想到的是，几个月后我成为詹先生招收的首届博士研究生，他把压在箱底的一封信交到我手中，笑着说了声“物归原主”。我一看信封，这不是我数年前写给先生的求学信吗？原来他一直保存着！先生在我心中的形象在可敬之上又增加了可亲。

在先生门下读书的那几年，虽然生活艰苦，精神上倒还充实，参与先生主持的课题，跟随他辗转粤北粤西，与几位同窗一道，完成了《粤北十县市粤方言调查报告》、《粤西十县市粤方言调查报告》两部大书，由对粤语一窍不通到很快掌握粤语的特点。我慢慢发现，先生不仅是一位大名鼎鼎的学者，治学严谨，为人谦和，生活中还十分幽默。他用客家话给我讲了一个段子：“文革”时，有人偷了生产队两包化肥被当场捉住，村支书马上召集全村老少开现场批斗会。村支书第一个发言：你了不得啊，刘少奇三次才偷一包（村支书是这么理解“三自一包”的），你一次就偷两包，你比刘少奇还坏啊。当时听了，我们个个笑得眼泪都出来了。“粤北粤西”项目由先生与香港理工大学（当时还叫理工学院）张日昇先生合作主持，按照协定，我们几个博士生随先生前往香港工作了一段时间。第一次到香港，我们几个都异常兴奋，像陈焕生进城，瞅着什么都觉着新鲜，眼睛看不够，嘴巴说不完。出门时怕我们走散，先生像个老母鸡似的时时招呼着我们。我们住的公寓有一台洗衣机，法文的，看不懂，不知怎么用。我们几个研究了半天，最后无奈放弃。先生不肯罢休，一个人蹲在洗衣机旁聚精会神地琢磨着，我们几个则回到各自屋里忙着核对材料。不大一会儿，先生兴冲冲推门进来说：“洗衣机弄好了，赶快拿衣服来洗。”我们几个没太在意，“床上的衣服您随便拿”。他老人家抱着一摞衣服就走了。第二天一大早，我们想起这事来，满心好奇地到洗衣机前查看，一掀开洗衣机盖，一股热浪扑面而来，几件衣服还在里面翻滚着，由于掉色，热水已经变成了墨绿色。原来先生不小心开了热水，我们几件看家的衣服活生生地在里面煮了一夜。赶紧打捞起来一看，伍巍兄的一件毛衣已经宽大如袍。之后的几天，他就穿着这件迎风招展的“大袍”奔走于理工大和百德苑宿舍之间，多年之后说起此事，仍让人忍俊不禁。

1994年夏，我们几个首届博士毕业，先生极其重视，请来的答辩导师可谓阵容豪华，陈章太、许宝华、王福堂、李如龙等国内方言学界顶尖专家悉数到场，黄家教先生当时身体欠佳，也抱病到场助阵。答辩之后，先生安排诸位专家去肇庆鼎湖山风景区游览参观，我们几个全程陪同。当晚宴庆之后，先生意犹未尽，嘱咐我们请几位老师唱卡拉OK。伍巍和晓山师兄是唱歌能手，一曲歌罢，掌声雷动。由于从来没有听过先生唱歌，大家便一起鼓动。经不住怂恿，加上当天高兴，先生拿起话筒，随着音乐唱了起来，开始还能听出唱的是什么歌，听着听着，我们就糊涂了，直到现在我们还回想不起来，那晚先生到底唱的是什么歌。

光阴荏苒，一晃二十年过去了，我当年还是个小伙子，如今也年近半百，先生当年虽已花甲，身体精力却不输壮年，如今已近八十高龄，岁月沧桑无情地写在他的脸上。想起二十年间和先生在一起的点点滴滴，感念之情悄然而生。好在先生生性豁达，乐观开朗。弟子无以报答先生的栽培之恩，唯有衷心祝愿他老人家健康快乐，吉祥如意！

（暨南大学中文系教授）

大教授的小故事

——詹伯慧教授二三事

张晓山

今年值我们的导师詹伯慧教授八十大寿，弟子们早早就商定，要约齐亲朋好友、同事侪辈相关人等，好好地庆祝一番，然后再出本纪念文集，同祝詹师健康长寿，共志语坛、教坛盛事嘉会。说来也巧，今年也正好是我知道詹师的名讳三十周年，做詹师的入门弟子二十周年。有了这么些巧合，我想，那就从三十年前说起，讲讲我所亲身经历的有关詹伯慧教授的几件小事儿，以此作为一份小小的礼物，奉献给老师的寿诞。因为老师是著作等身、门生成军①、成就卓荦、名满天下的大教授，而这里谈的都是些零星琐事儿，所以题目就叫做“大教授的小故事”。

第一次听说詹伯慧的名字是在 1981 年暑假。那时，为了适应新时期方言研究工作的需要，中国语言学会委托福建语言学会举办“全国汉语方言研究班”，为全国各地高校培养方言研究人才。研究班选在闽北山城建瓯开班。班主任是厦门大学的黄典诚教授和福建师范大学的李如龙讲师，到班上讲课的还有中国科学院语言研究所的吴宗济研究员、北京大学副教授王福堂、中山大学副教授黄家教等专家。其时刚改革开放不久，每个人都有只争朝夕的干劲，教师们恨不得把所有的知识都传授给学员，学员们也都巴不得尽快提高自己的科研能力，课上课下，热火朝天。大家熟了之后，沟通的范围逐渐拓宽，由学问而学人，由学人而“学群”，于是我知道了汉语方言学界九兄弟的故事，知道了李如龙、王福堂、黄家教就是九兄弟的成员，还知道了这九兄弟中有一个人已经是教授职称，目前正被教育部派赴日本讲学，他就是武汉大学的詹伯慧。学员中有湖北来的，其中有位陈有恒兄，是武汉师院咸宁分院的教师，据说曾跟随詹伯慧教授调查过湖北方言，对詹伯慧赞不绝口，尊崇有加，看我心驰神往的样子，就把随身携带的、盖有自己名章的詹伯慧著的《现代汉语方言》一书送给了我。由此，詹伯慧的名字就印记在我的脑海里，詹伯慧的《现代汉语方言》也成为我步入汉语方言研究领域的入门向导。

伴随着对詹伯慧的关注，我找来了可能找到的詹伯慧的有关著作，认真地学了起来。在学习詹伯慧的《潮州方言》时我发现，该文对潮州话连读变调进行分析的主要切入点是调类的不同组合，但在实际语言中，影响连读变调的因素很多，除了调类的组合之外，结构、语义、语气等的变化都可能使相同的调类组合产生不同的变调。那一阵子，我刚从上海复旦大学胡裕树、范晓等先生那儿学习了现代汉语语法研究三个平面的分析方法不久，对语言问题都喜欢拿这个来套，于是就借鉴这种方法对潮州话的连读变调作了新

① 坊间有将詹门弟子叫做“詹家军”的戏称。

角度的分析，写成《潮州话连读变调的特点》，带到了第2届闽方言学术研讨会上。到了会上一看，来的人真多，全国各地高校、港台地区，甚至连美国的学者都来了，真是盛况空前。由于第一次参加这种国际性学术会议，我有点儿忐忑不安，惴惴惶惶，人家在宣讲论文，我却紧憋着不敢出声，只低着头听人家讲。直到会议临近结束，实在忍不住，终于抢了个机会开了口。但口欲语而嗫嚅，本来想说这篇论文是在学习詹伯慧的《潮州方言》时受到启发而写的，没想到一紧张说出来竟变成了像故意找詹文的茬儿似的。我一说完，全场静默，都看着与主持人梁东汉教授坐在一起的詹伯慧教授。时间就这样一秒一秒地过去，会场上只能听到彼此的呼吸声。大概过了十几二十秒，詹先生开口了，他面带笑容，首先肯定了年轻学者的探索精神，接着又肯定了这篇文章研究方法改进的意义，随之又临场发挥，从现场的标语中挑出几个例子，用以补充我的文章，最后还不忘勉励后学继续努力。詹先生一说完，全场报以热烈的掌声，陈建民、李永明等好多位先生也紧跟着发表了肯定的意见，会议形成了个小高潮，我紧绷着的心一下子就舒缓了下来。但马上，我又担忧起来：在这条道上走，今天冒犯了詹教授，往后还能有什么好果子吃？事后证明，这种担心是多么可笑，因为第二年，詹伯慧教授就把我招为他的首届博士研究生。而在此之前，我跟詹师几乎没有过什么太正面的接触。

在广州暨南大学跟着詹先生读了三年博士，与老师建立了深厚的师生情谊，以至于毕业了这么长时间，每隔一到两个月，说不上什么理由，再忙我都要抽出点时间，到学校里看看老师，与老师聊聊天，说说趣闻逸事，汇报汇报自己的工作情况，从老师那里获取教诲和支持。这已经成为一种习惯。前些年，广东人民出版社找到我，让我为其编写《新潮汕字典》，我虽接了手，但并没有多大信心。老师知道了这个事儿竟大表支持，为了坚定我的信心还许诺，字典编好后他给我写个序。老师这样的表态让我深受鼓舞，我必须尽力做好这件事，才能不辜负老师的期望。但我这个人，有时不太按规矩出牌，有些想法也与他人不太一样，譬如对写序这个事儿，我就一直保持沉默。我总觉得，请人写序特别是请名人写序，不外乎拉大旗作虎皮，借名人的名来给自己的书贴金，以获得一点儿受到名人肯定的虚荣，好让读者对这本书有个先入为主的好印象。但对于书，各人有各人的视角和需要，任何人都无法代替他人进行评判，在人家连书都还没看的时候就请个人来先介绍评点诱导，这无异于对读者的评判能力施行隐性阉割，大有不把读者忽悠上当绝不罢休的意思，实在不是什么太地道的做法，也不是什么太光彩的事情！当然，心中还有个无法说出来的“小”，就是万一字典有什么错误或不受欢迎，自己的脸面丢尽了没得说，岂不是让老师也太没面子?！由于有这样的想法，所以一直到把书稿送到出版社我都没有请詹老师写序。字典一印出来，第一个送的是詹师，詹师看了看也没说什么，倒是给我敲定了送书的詹门弟子名录，并帮我发送给每一个人。过后有一天，同门小师妹邵慧君见了我，劈头就指责：“你在字典的前言里把谁都感谢了，就是没有詹老师。你怎么可以这样?!”我一听一愣，问题严重了，但有些话又不方便说得太明白，只好嘿嘿地傻笑着。实际上，字典中对所有“间接或直接地关心、支持、帮助本字典编撰出版的人”都表示了衷心感谢，只不过没有一一列举而已，詹师也混杂其中——因为没有请詹师写序，故没有单独列谢。大概觉得在写序的问题上对老师确实有点儿亏欠，我又把小师妹的责问告诉了詹老师并表示了歉意，詹老师听后爽朗地一笑，说：“没什么！别人不一定行，但詹伯慧可以！”2010年4月下旬，“广东汉语方言研究的理论与实践暨《广东粤方言地图集》专题研讨会”在广州举行，詹师递交了《继往开来，把广东汉语方言的调查研究推上新的台阶》一文，在回顾和展望广东汉语方言研究概况时，他评介《新潮汕字典》“吸纳潮州方言研究新成果，较好地体现了潮州话和潮汕文化的特色，出版后更深受学术界的瞩目”。

詹师不仅在学习上爱护学生，在其他方面也都舐犊情深。2000年六七月间，我因什么事儿到学校找老师，中午师生几个人在学校专家楼的餐厅里吃了个饭，饭后我驾着车准备将老师送回家。专家楼的门口是湖，出来专家楼转上真如路中间要经过一条窄窄的曲尺形的小路。那天我刚把车转过曲尺的弯角，见真如路上有一部车正好要拐进来，就赶紧打闪提醒对方让我先出去，没想到对方不理不睬，直至把车开到我的面前，两部车就在路中间顶了起来。我拉下窗门，问怎么回事儿，对方一言不发，推开车门，骂骂咧咧就奔我而来。一到我车边，指着我说：“你下来！”下来就下来，谁还怕谁呀。我脚跟还没站稳，他就推了我一把：“你怎么不退?”“这就奇怪了，我走了大半，你才进来，干吗要我退?”两人各不相让，你一言我一语就干上了。我只是据理力争，因为就当时的情形看，我这边是小路，退让不容易，而且我差不多就上真如路了，没理由再倒回去；而他在真如路还没转进来时我已经打闪提醒，真如路宽，稍等一下也不影响别人。但对方盛气凌人，非逼着我退让不可。看我不依不饶，他暴跳如雷，嗓门越扯越高，吼了一句“你等着”，转身从自己车尾厢里抡出一把长条形车锁，挥舞着，大叫：“我打死你!”当时俩车上都还有人，在我们争吵的时候已全部出来，偶尔也会有一两句帮腔。这时看到情况惊险，詹老师头一个蹿到我的前边，用身体挡住了我，正气凛然地对着对方喊：“要打你先打死我!”眼看对方的铁锁就要砸下来，詹老师反而往前凑了凑：“我是暨南大学的老教授，你砸下来试试！你不讲道理还无法无天啦，真是岂有此理!”对方一个女的怕事情闹大了不好收拾，也拦住了那砸下来的铁锁。这时同门师兄弟伍巍和邵宜也闻讯从后面过来。看到身材魁梧的邵宜，对方大概觉得占不了什么便宜，就趁机赶紧收场了。这件事给我留下了极其深刻的印象，平时看起来温文尔雅的詹教授，在危难的时候竟是这样勇敢，这样奋不顾身，这样爱生如子！

按照夏历，詹老师今年应该是81岁。九九归一，人生的新篇章刚刚从这儿开始。任何辉煌都产生于质朴，也必将回归于质朴。詹老师的故事还可以讲出很多，但我只写下了上面这么些文字，基本无大事，基本大白话，平平淡淡，朴朴实实。因为我想，越朴素可能越接近詹老师的本色。“大教授”的“大”并非仅仅是学问的大、名气的大，更是从这些小事情中所反映出来的胸襟之大、人格之大，而这方面的“大”是不需要藻饰的，心领神会，全看各人的修为。作为这些小故事的当事人，对詹师的扶持、包容甚至庇护，深感师恩之厚重、师爱之博大、师情之深挚，自当努力学习和工作，以报答老师的培养和关爱。值此庆祝詹伯慧教授诞辰八十周年之际，衷心祝愿老师欢乐祥和享受每一天，延年益寿再活八十年！

（广东省人民政府，暨南大学汉语方言研究中心）

走在田野调查的路上

甘于恩　邵慧君

时光倏忽而过，转眼我们敬爱的导师詹伯慧先生从当年的年富力强、踌躇满志步入现在的耄耋之年，不由令人感慨。我们是詹师早期的学生，从吴闽之地来到岭南广州求学，由懵懂的青年学子成长为有所成就的学者，这里边凝结着老师的许许多多心血。回想起追随詹老师学习语言学，尤其是调查研究广东汉语方言的点点滴滴，不禁浮想联翩，心潮起伏。往事历历在目，恍如昨日，特以此文纪念詹师八十大寿，并表感恩之情。

詹师有句话说得很“时髦”，近些年汉语方言研究经历了从“冷门”到相对“热门”的转身。可是我们每当接到咨询电话，总是劝学子们三思而后行，毕竟以常人的眼光来看，学习方言学是一件苦事，如果没有真正的兴趣，恐怕难以为继。

研修方言学有哪些难处呢？想来大概有以下几点：

一是体力上的辛苦。方言学是一门实践性非常强的学科，需要花费大量的时间到各地去搜集语料。回忆起我们刚刚入门的时候，热情高涨、体力充沛，先是试过跟老师深入珠三角、粤北、粤西地区；也试过独自一人步行在夏日的街头，汗流浃背，或在暴风雨中走街串巷；也试过迎着冬季的寒风，到发音人家中访谈。在陌生的环境中遭遇冷遇，碰到诸多困难甚至危险，相信并非个人的独特际遇，许多方言人都有相似的遭遇。

二是精神上的寂寞。语言学是基础学科，没有短期的轰动效应，需要“十年磨一剑”。搞语言学的人需要耐得住寂寞，有长期坐“冷板凳”的思想准备。当你背着行囊，踯躅于陌生的环境时，当你在异地他乡夜深人静无人陪伴之时，能够支撑你坚持下去的，其实还是你对专业的热爱和对乡土文化深深的眷恋。

三是经济上的清贫。方言学不像有的显学有看得见的经济效益，围观者众。步入此门道，就意味着你无法大发横财，无法在很短的时间里得到丰厚的物质待遇，这对一些年轻人而言更是严峻的考验。从另一方面来考虑，我们也不想“误人子弟”，让现在的年轻人像我们当年一样面临经济上的困顿——每个月只有微薄的工资，分不到住房或者买不起商品房，甚至养不起孩子、尽不了赡养父母的孝道。这种历练对于多数学子而言，需要有坚韧的毅力。

但是，方言研究给我们带来的喜乐，则远胜于辛苦。记得有一次湖南师大的鲍厚星先生来暨南大学做题为“语言田野调查琐谈”的学术演讲，他说方言的乐趣无法用言辞来形容，每当发现一种新的语言现象时，每当经过千辛万苦找到方言的本字时，欣喜之情实在难以言表。如果还有机会重选人生的话，他还是愿意以方言研究为毕生的事业。这的确道出了方言人的内心感受。老一辈方言人在这方面为我们树立了典范，像詹老师年轻时就头顶行李箱、赤脚蹚水在海南做田野调查，写出不少经典论文，年过花甲还与我们一起奔波在粤北、粤西沿江流域，堪称广东方言学界调查面最广的前辈，给我们树立了如何做好学问的优秀榜样。

我们在调查各地方言的同时，也加深了对社会的全面认识，结识了许多淳朴厚道的老乡，了解体悟了各地的风俗人情。这些都是我们一辈子的精神财富。相较而言，调研方言所遇及的难处，实在微不足道。我们已过不惑之年，人生至少过了一半，但比起尊敬的老师，我们做的工作还很不够，还要继续努力。詹老师经常把“活到老、学到老、工作到老”挂在嘴边，实际上他老人家也是这么实践的。这为我们树立了学习的标杆。目前我们身兼一些职务，科研教学任务较重，但一想到詹老师的教导，想起詹老师到了八旬的高龄还在不断地工作，推动方言研究事业，我们就异常感动，不敢懈怠。为了国家的语言事业，我们还要继续走在田野调查的路上。

2010 年 12 月 22 日于家中

2011 年 2 月 17 日三稿

（甘于恩：暨南大学汉语方言研究中心教授、主任；邵慧君：华南师范大学岭南文化研究中心教授、副主任）

思佳客

——贺詹师伯慧教授八十华诞

陈伯辉

桃李盈庭列健军，文章满载焕春云。
九天珠玉扬千里，两会金箴举百钧。
星美仰，港台闻，輶轩冉冉上昆仑。
语言泰斗南山寿，海宇同欢挹露芬。

（澳门特区政府高教辅助办公室主任）

给老师的一封信

甘甲才

詹老师：

好久没去看您了，最近好吧！由于科技的进步，现在人们的所有联系几乎都已由电子邮件、手机电话等替代了书信，但就在今天，我突然有了要给您写一封信的念头，于是提起笔来了。原因是啥，我也说不清楚，也许仅仅是一种冲动吧！

说到写信，我想起老师曾经是给我写过许多信的。记得我考上您博士研究生的头一年，您被邀请到新加坡国立大学去当客座教授，而我在学校这一头，就常常收到您的信。虽然那时候已开始有了电子邮件，但毕竟还没普及使用，所以我才有机会得到您亲笔书写的信。如今，十多年过去了，这些信成了我珍藏的“墨宝”。

老师，我真没想到，您快七十岁时才学习使用电脑，可还能学成一个电脑高手。上网冲浪、文字处理，哪一样都不比年轻人差。开始的时候，您遇到问题常常找我去解决，还开玩笑地叫我“甘师傅”，不久，您就炒了“师傅”的鱿鱼，可见，您学习电脑的成绩是突飞猛进的。有时候我想，如果让时光倒流，当您年轻的时候，您就能用上电脑，那您在学术上的成就会更大，“著名语言学家”的头衔前面不知道还要冠上多少个修饰性词语呢！

时光不倒流也不要紧，老师您的弟子们现在风光得很。或官或商，各领风骚；著作等身，名扬中外——一句话，他们都成了社会的栋梁，这是毫无疑问的，也是老师您最应该骄傲的。有人把老师您带出来的一批方言学弟子称为“詹家军”，而我却是这支队伍中的一名末将，也就是您弟子中最不争气的一个了。不过，我也没给您老人家丢脸，虽然无论是仕途还是学问，我都比不过所有的师兄师姐师弟师妹们，可是我也胆敢说一句大话：哈哈，我也是“桃李满天下”的呀！

老师，新年快到了，明年将迎来您八十大寿的喜庆日子。给您祝寿，弟子我没有什么成果好意思拿出手，只想在此重复一遍我的小书《中山客家话研究》后记里的一段话：“三年里，詹老师不仅指导我读书做学问，还教我如何做一个正直的人，谆谆教诲，如师如父；师母对我关怀备至，时时多予鼓励……对詹师和师母关爱之情，我将没齿不忘。”十年前我是这样说的，十年后我还是这样说。

老师，我现在很忙，看您和师母的机会少了，希望您和师母千万不要怪我。再过几年，我也退休了，到时咱师生二人就有时间一起品茶。我一直惦记着您家柜子里的好茶叶呢！

祝您和师母

万事如意！

2010年岁末

（华南师范大学国际文化交流学院副教授）

师恩如海

涂良军

能做詹先生的学生是我一生最大的幸事。

先生是教师的楷模，对学生的关爱至广至深。每一个学生，不管毕业了多少年，也不管在哪里，工作顺利与否，生活美满与否，先生都知道，经常念及，为之牵挂。凡是能帮上忙的，先生和师母都尽力去帮忙。碰到一点儿好事，先生也都要拿来和学生共享。海外同学来请先生吃饭，先生总是叫上我们。已经毕业的师兄请先生去旅游，先生也把我们带上。先生被邀请去开会，有会务费，只要人家允许，就带上我们，让我们也能有一点儿收入；海外同学经济宽裕一些，先生就说服他们，把他们的经费给我们用。先生一贯主张同学之间要友爱，不喜欢听人说别人的坏话，所以同门师兄弟非常和睦。伍巍老师、陈晓锦老师、钟奇师兄等都在学业上、生活上给了我无微不至的关心和帮助，始终不渝，使我感到暨南园里有家庭般的温暖。

在先生的学生中，我得到的帮助是最多的。当年我来报考先生的博士生时，因为来自云南，从未到过广州，土里土气，到了广州又不认识一个人，以前还一次都没见过先生，结果有人就在录取我的时候做了手脚，想把我的名额弄给别人，多亏先生发现后一力坚持，我才顺利地上了学。学业上，先生对我特别严格。我因为生活困难，又有孩子，很想上完公共课就回单位上班，那样可以多挣一些钱养家，我的校系领导也来找先生说情。但先生坚决反对，宁可自己掏钱补贴我也要让我踏踏实实地读完三年书。毕业这么多年，我深深地感受到先生的决定对于我来说多么重要！那些只上了公共课、交了论文就毕业的博士，因为学习不扎实，在大学里是没有真正的前途的。读书期间，每次我回家前，先生和师母都要送给我和孩子许多衣服、食品和用品。毕业十年多了，先生和师母一直都这样做，从无改变，每次见到我，都要送很多东西。刚毕业时，先生听说我在原单位工作不开心，就立刻给我在广东联系了单位。不久先生来到昆明，当知道我不能成行以后，又亲自前来拜访我们校长，恳请在职称等问题上给我尽可能的帮助。云南僻远，消息闭塞，学术落后。我回到昆明以后，每一次学术会议，只要我可以参加的，先生都及时通知我，让我准备论文参加。先生每有什么课题，足以提供机会、提高能力的，都不忘叫我加入。即使只做了一点点工作，先生也要把我的名字署上。每次和先生、师母见面或通话，先生和师母都要从工作到生活处处问遍，哪怕是最小的问题都能从先生这儿得到帮助。这其中的原因，我是最清楚的。在先生的学生中，我的命运至为不幸。出生那一年，父亲就被政治运动迫害惨死，而且被戴上了特务和反革命的帽子。我心中的幼年、童年、少年、青年，全是黑色的。痛苦、屈辱有那么多、那么深，我从来不敢去回忆却又真的很难忘记。在小学，我的学习成绩一直是全年级最好的，可是最终却没法读完，因为没有人愿意供我读下去。中学根本没上过，我十四岁就进厂当了工人，从此自己养活自己，当时我身高还不到一米五。在工厂里我一直干了十年多，高考制度恢复以后才有幸考上大学。从大学、硕士生到博士生毕业，“家”里没人为我出过一分钱、出过一分力。在报考先生的研究生前，前妻还因为无法再忍受我的遭际而刚和我离了婚。求学之路在我面前格外崎岖和坎坷，也格外重要而关键。先生知道这些，所以才会特别关心我。在先生这里，没有庸俗，没有势利。先生家里挂着孙中山先生写的“博爱”二字，先生是把它当做了自己的行为准则。而因为有了先生在事业和生活等方面的照顾，我现在成了同事们最羡慕的人之一，有顺利的工作、幸福的生活、温馨的家庭和两个可爱的儿子。身世和我相仿佛的朋友，我认识很多很多。我们在社会上是被很多人歧视的人，世道之艰难，人情之冷暖，孤儿的体会至为深切。我们做事总是事倍功半，能挣扎到过上普通人的生活，已经非常不容易了。多少人堕落了，多少人放弃了，有些人自杀了。能过上像我一样的生活的，万人中也难有一个。而我多亏有了先生，如果没有先生的关怀，我不知如今身在何处。先生给我的恩情，我是永远也回报不了的！

时光荏苒。我从恩师詹先生身边毕业回云南已经十一年了。十一年来，先生一直像当初那样在教育着我、关怀着我，没有因为时间和距离而有任何改变，我也从来没有过远离先生的感觉，就像我永远在暨南园，在先生的身边。

（云南师范大学中文系教授）

给予与感恩

唐　莉

曾经读过一个很感人的苹果树的故事。

在枝繁叶茂的苹果树下，一个孩子快乐地拾掇着绿叶，把叶子编成王冠，扮成国王。孩子也会爬上树，拉着苹果树的枝叶，荡秋千。累了，渴了，树上红红的苹果是最美的甘甜，还可以靠在树干上美美地小憩。孩子快乐着，苹果树也幸福着。日子一天天过去，孩子长大了。有一天，他又来到苹果树下，苹果树高兴极了，说："来啊！孩子，爬上我的树干，抓着我的树干荡秋千，快快乐乐的。"可男子却说："我太忙了，没有时间爬树，我需要一间房子保暖，娶妻生子。"树说："我没有房子，你可以砍下我的树枝去盖房子，这样你就会快乐。"于是，男子砍下了树枝带走，盖成了他的房子，树为他的快乐而快乐着。一个夏天，男子又回来了，树高兴极了，说："来玩啊，孩子!"男子说："我已经老了，我想去逍遥地划船，你可以给我一条船吗?"树说："砍下我的树干去造船吧！这样你可以快乐地远航。"于是男子砍下树干造船远航，久久地离开了。树似乎依然快乐，但那不是真的。终于男子又回到了树边，树说："很抱歉，孩子，我已经没有东西可以给你了，我的苹果没有了。""没关系，我也没有牙齿咬苹果了。"男子回答说。树说："我真希望能给你什么，可我什么也没有了，只剩下一块老树根。"男子说："这些年来，我已经很累了，只需要有一块地方坐下来休息。"树说："好啊！我这块老树根正好让你坐下来休息。"男子坐下来，树好快乐，眼里充满着泪花。

我相信在每个人的生命中，都会有这样一棵苹果树。我的导师詹伯慧先生又何尝不是这样一棵为我们奉献了枝枝叶叶和累累硕果的苹果树？在我们的求学生涯中，老师为我们撑起了一片天空，一片阳光灿烂的天空，不怕刮风下雨，他用渊博的知识与豁达的人格为我们造船远航。随着学生们转眼长大成人、成家、成事，老师已进入耄耋之年，能给予弟子们的东西也不多了。我们扪心自问，对这样一位为我们奉献了一切的恩师，我们又怀着多少感恩之心呢？其实老师是一个心地非常平和、自然淡定之人。在他身上你看不到尘世间的恩怨、华丽、喧嚣与世俗，他做人的标准就是朴实、真实，从不企望报答与感恩。詹老师对物质生活要求更低，长年累月穿着夹克外套，从无华丽的外饰。老师每每风趣地开玩笑说："很多学者西装革履，风度翩翩，而我是迫不得已才穿件西装的。"詹老师崇尚自然，学生也很难造作。一师弟刚进校时举手投足间往往拘谨、谦卑过度，每次见到老师总要行鞠躬礼以示恭敬，老师让他保持自然，不必拘于客套。在熟悉了詹老师的为人后，他从此也就变得轻松自若了。

记得刚进詹门不久，适逢中秋佳节，按以往在校时的规矩，总是要提些月饼水果什么的答谢导师。于是准备撺掇师兄门，共商献礼之计。谁知师兄们很是诧异，说詹门从来没有这样的规矩，弟子们非但不需送什么礼品，相反詹老师还会请大家共享美味。果真，在中秋之夜，詹老师的家就是我们共赏明月、共品月饼的快乐天堂，老师还亲自下厨为我们煮熬番薯糖水。大家欢聚一堂，畅所欲言，没有拘束，没有虚伪。他的家正是大家心中的归宿，温馨中充满了人文情怀。

印象中，有老师的地方，总是充满了诙谐与欢笑，即使是在最紧张、忙碌的时候。1997年夏天，老师带领我们一起进入《广州话正音词典》的最后编纂时期。在广州30℃的高温下，在中文系二楼的几个办公室里，靠着风扇，老师与我们一起，仔细审阅编排着上万张的卡片。而其中有趣的标注错误，往往成了老师与我们共享的笑料，这让我们忘却了酷暑与单调。一次老师应邀来新加坡国立大学参加学术会议，其间，会议组安排游新加坡夜间动物园，师兄钟奇和我那时也正在新加坡求学，于是陪同前往。行至茂密的热带园林中，忽见一狮子坐于石边，喘息不断，老师说："这狮子大概也得了哮喘。"大有同病相怜之慨。

詹老师对人总是真情相待，相互容忍。但他豁达的性情总给人难得糊涂的感觉，于是总有些人把老师的豁达当成可乘之机，老师坐而观之，一笑而置之。其实他的内心犹如明镜般透透彻彻地照射着众生相，洞明世事，对很多人很多事看得很清楚。老师总是用放大镜去发现别人的长处，而对他们身上的瑕疵却往往忽略不计，而有些瑕疵却是某些致命的人格弱点。在很多人身处困境时，老师毫不犹豫地伸手相助。时过境迁之后，换来的是对自己声誉的诋毁。老师从不为此抗争，当我们不解老师为何如此容忍时，老师却淡然地说："如果我也这么做，那岂不是我也与诋毁之人的人格一样。"老师有时看人也有看走眼的时候，尤其是在奖掖后生方面，不计门第之见，不遗余力地帮助雄心勃勃的年轻人实现其梦想。殊不知青出于蓝而胜于蓝，可畏者，后生也。一些人在得益于老师的提携之后，反而形同陌路，颇有微词。

时光流转，许许多多的人和事都在不断地改变、淡忘着，但老师的人格始终如一地保持着，心态始终如一地平和着。除了从老师博大精深的学识中受益匪浅，从他的为人处世中我们也得到了很多的启示。詹老师对学术的坚持、对人生信仰的坚持、对人性根本的坚持，使我们从中汲取了无尽的生活源泉，这是老师给我们人生历程的一笔宝贵财富。弟子唯有常怀感恩之心去感受老师身上的那种博学与豁达，去领略他身上那种可敬可亲的人格魅力。在老师八十大寿之际，学生唯愿老师永远健康长寿！

（瑞士苏黎世大学）

三年暨南求学行　终生铭感恩师情

梁金荣

岁月如梭，转眼离开暨大校门已经14个年头。回首20多年来与伯慧师交往的点点滴滴，尤其是暨大三年亲聆伯慧师教诲的特别经历，感慨良多。

我与詹先生的师生情谊可以追溯到20多年前。1986年秋，我有幸考入与暨南大学仅一墙之隔的华南师大，在唐启运、周日健师门下做汉语史专业的研究生。当时，先生担任暨南大学文学院掌门人，在语言学界尤其是方言研究领域已声望日隆，作为刚刚步入学术研究大门的后辈小子，虽然无缘亲聆先生教诲，但内心深处却时时涌有渴望先生耳提面命的冲动。1989年6月，先生出任我们的硕士论文答辩主席，由此有了与先生的首次“零距离”接触。令我感到特别意外的是，作为学术名家的伯慧先生，不仅对我等还很稚嫩的学术习作认真点评、悉心呵护，还利用自己在广东学界的声望与影响，亲自过问张罗我的毕业分配问题。尽管后来阴差阳错，我作出了回广西桂林执教的选择，但先生当年留下的心灵温暖，我还铭感至今。

正是有了前面的接触，经过桂林五年的迷惘与彷徨，我终于下定决心在1994年的金秋重新考回广州，成为先生门下的入室弟子，从而翻开了人生履历新的一页。

如果说，华师三年的求学生涯，改变了我的个人命运，那么，可以说，三年的暨大之行，改写了我的人生轨迹。

暨大三年，先生利用他在国内外学界的广泛影响，依托他与国内外同仁的广泛联系，及时将国内外的最新研究信息向我们通报，及时将国内外的最新研究成果与我们分享，不断拓展我们的学术视野；利用他主持筹备粤方言国际研讨会、闽方言国际研讨会等大型国际学术会议的机会，鼓励我们提交论文，与国内外众多学术名家广泛交流，及时跟踪学术研究前沿；结合他本人主持的各类课题研究，鼓励我们积极参与，不断提高田野调查能力。三年间，北至武汉，南到海南，东往汕头，西往桂林，语言学界的各类重要学术会议，都留下了“詹家军”的身影。在先生不遗余力的悉心导引下，我们一步步迈进方言研究的神圣殿堂。

暨大三年，先生不仅教诲我们要捕捉学科发展最新动态，紧跟学科发展前沿，还鼓励我们结合自身的学术兴趣和学术积累，尽快确定学术定位，展示学术形象，构筑个人学术竞争力。我来自桂北平话区，对桂北平话的调查研究一直怀有浓厚的兴趣，入学前，以家乡话为基础，陆续发表过几篇心得习作。先生从汉语方言分区的理论和实践高度，鼓励我选准方向、拓展范围、大胆探索，力争以严谨翔实的调查数据科学解答平话系属这一汉语方言分区的重大问题，树立学术形象。在先生的鼓励下，三年期间，我不仅在《方言》、《语文研究》等各类学术刊物发表了近20篇研究成果，而且经过近半年的田野调查，撰写了具有一定学术创见的博士论文《桂北平话语音研究》，得到了海外名家丁邦新先生的好评。

先生不仅在学业上对我们悉心点拨，在生活上对我们也是无微不至地关心。我当时已经成家，妻小远在桂林，时常免不了对家人的挂念，每次放假回来，先生和师母都嘘寒问暖。每逢节假日，担心我们想家，先生常邀我们到家里吃饭，名曰“打牙祭”，时不时还拉我们上餐馆，名曰“改善生活”。每逢周末，担心我们孤单寂寞，先生常邀我们到家里与师母同开“拖拉机”，名曰“抓革命，促生产”。在浓郁的亲情氛围中，我们度过了非常难忘的三年。

古人云：“授人以鱼，三餐之需；授人以渔，终生之用。”在伯慧师身上，我不仅领略了学术的魅力、人格的力量，也体悟了道德文章的真正含义。矢志不渝的学术追求、宏大开阔的学术视野、不断超越的学术自信以及宽广豁达的学术胸襟，不仅造就了伯慧师值得自豪的学术地位，也为众多詹门弟子留下了宝贵的精神财富。虽然毕业后我远离了当年醉心的方言研究领域，到全新的工作领域接受全新工作岗位的挑战，但先生的教诲永远是我不竭的前进动力！

十年树木百年树人，詹师恩情比海深。一日为师终身为父，毕生难报恩师情。詹老师，在您八十华诞之际，谨以这篇小文表达弟子对您的感激之情。

祝先生生命之树常绿，学术之树常青！

（广西壮族自治区人民政府北部湾办公室副主任，广西北部湾发展研究院副院长，同时兼任广西欧美同学会常务理事，广西大学兼职教授、硕士研究生导师，研究员职称）

春日赏阅詹师伯慧教授书法感赋并呈郢正

陈志清

高风白日宜歌咏，杰干红绵展岁荣。
凤吐千秋光岭表，文宗二代萃饶平。
大人行健思犹壮，方寸谦和事益明。
既作辖轩逾身量，更滋桃李绕门楹。
心藏雅意三春绾，力透毫端四座惊。
世道文章皆练达，天然面目一挥成。
饮酣亲诲安如许，知足无求气自清。

受业陈志清敬呈
2011 年 3 月 3 日于听涛轩

（香港理工大学中文及双语系副教授）

眷眷育才意 悠悠润物心

——恩师詹伯慧教授印象记

王建设

早在20世纪80年代于厦门大学攻读硕士之时，我就通过《现代汉语方言》一书认识了詹伯慧教授。但说来惭愧，当时只知道詹伯慧教授是位大名鼎鼎的方言学家，其余的却知之甚少。

1990年，在汕头大学举办的第二届闽方言国际研讨会上，我第一次见到了詹伯慧教授，他的儒雅博学、平易近人给我留下了极其深刻的印象。尤其是当我得知他出生于潮州，说的也是闽南方言时，更是觉得相见恨晚。随后的几届闽方言国际研讨会，不断加深了我对詹教授的了解。1997年，在詹教授的鼓励和支持下，我在华侨大学承办了第五届闽方言国际研讨会，从此我们结下了更加深厚的情谊。1999年，我终于以45岁的"高龄"如愿以偿忝列"詹家军"。

在求学的三年里，我亲耳聆听了老师的谆谆教诲，亲眼目睹了老师的严谨治学，更亲身感受了老师的人格魅力。时间虽然不算长，但足以影响我一辈子——不管治学，还是为人。

詹老师的每一位学生都有这样的感受，走进老师家就犹如回到自己家，从来不会有敬畏或陌生的感觉。在脱产攻博的一年里，我同样得到了老师无微不至的关怀。每次到他家，老师与师母总是问寒嘘暖，让我如沐春风。詹老师经常出访，访学归来都会给我们这些学生带点小礼物，让我们分享他的感受。对学生的要求他通常有求必应：从论文撰写到推荐发表，从求职调动到职称晋升，无不当做自己的事情放在心上。在《詹伯慧语文评论集》一书中，光詹老师为我们这些弟子的著作所写的序言、书评就多达二三十篇。

作为博士生导师，詹老师曾经获评暨南大学"优秀研究生导师"、"十佳先进个人"等，在指导研究生方面独树一帜，特色鲜明。让学生在实践中学习是詹老师一贯的指导思想。他提倡并要求研究生应该在调查中学习，在写作中学习，在开会中学习。

我们这一级博士生一入学，就在导师的指导下，调查记录了很有特色的广东信宜话，并最终完成了近100万字的《广东粤方言概要》。该成果由暨南大学出版社正式出版后，先后获得广东省哲学社会科学"九五"规划优秀成果三等奖（2003），首届广东省哲学社会科学优秀成果一等奖（2005）。

詹老师每年都要带弟子们外出参加几次国际性或全国性的学术研讨会，哪怕手头的经费并不怎么宽裕，他也从不吝啬。"詹家军"的美誉能够迅速传开来与此不无关系。他认为参加学术研讨会可以给学生带来多重的收获：一是通过要求学生撰写论文可以多出成果，二是通过学术交流可以开阔眼界、广交朋友，尤其是可以向许许多多著名的学者当面请教。在本人攻博的三年里，外出参加学术会议就多达 10 次，其中有几篇在会议上宣读过的论文先后发表在《中国语文》、《方言》和《汉语学报》上，可以说真是受益匪浅。

詹老师也是一位活跃的社会活动家，尤其是十分热心于我们国家的语言学事业，满腔热情支持并积极参加各种相关学会的活动。他对他自己主办的学术活动，每次都力求办出特色，办出质量，总是身体力行——从写文章到请学者，从筹经费到忙会务，而且还替与会学者考虑，尽量减轻他们的经济负担。我至今还清楚地记得，1995 年，当我在海口海南大学接过举办第五届闽方言国际研讨会的接力棒时，詹老师就语重心长地对我说，方言工作者开展方言的调查研究很不容易，困难很多，会务费不能收太高，最好控制在 200 元以内。

如今，恩师詹伯慧教授虽已年届八十，但在语言学界各种重要的学术会议上仍能经常看到他孜孜不倦的身影，这不仅让我们欣慰，让我们感动，更催我们奋进！衷心祝愿恩师健康长寿！

（华侨大学文学院院长、教授）

学以致用　慧启后辈

方小燕

20世纪90年代初，我第一次参加广东省语言学会的年会，也是第一次见到詹伯慧先生。会议组织参观南雄珠玑巷，归来住地时天已黑，大家又累又饿，坐下来就吃饭。詹伯慧先生刚好跟我们一桌，他不言不语，埋头快速地吃，我还没吃完一碗，只听詹先生心满意足地“啊”地长叹一声，已经吃完了两碗！我暗暗惊异。于是，詹先生给我的印象是除了很有学问以外，还很能吃。在闭幕式上，我代表青年教师发言，表示要学习老一代学者的精神风貌时，就列举了詹先生吃饭的事。

对于先生的精神风貌，不久我有了进一步的认识。有一次到香港开会，詹先生、周小兵教授和我三人同行，每个人都拿着不少的书，一路上，詹先生快步如飞，一直走在前面，我们都追不上他！后来，我多次问他：“您不累吗?”他每次都同一个回答：“做嘢千祈唔好惗住攰，一惗到攰，就会冧。”（工作起来千万不要想到累，一想到累，就会倒下来。）

在詹先生的精神风貌中，“学以致用”是我感触最深、认为最值得学习的。作为一个语言学家，詹先生在做学问的同时，非常重视理论对社会的语言文字工作的指导作用，半个多世纪以来，他一直倾力于国家的语言文字应用工作，从理论到实践，作出了卓越的贡献。

在广东省普通话水平测试员培训班里，我们见到了詹先生，他为来自全省的骨干教师说明方言与普通话的关系；在香港普通话教师培训班里，我们见到了詹先生，他给香港同行们讲述对香港语文政策的看法；在广东省城市语言文字工作检查中，我们又见到了詹先生，他担任新闻传媒系统的评估组长，认真地查阅报纸，倾听电视台电台的汇报；有一次，先生摔坏腰住院了，当时他正被邀请出席香港语文学会召开的教育界粤字正音讨论会，因担心无法如约出席，所以在住院期间他一直惴惴不安……这些事例数不胜数，只要是社会语言工作需要，詹先生绝不会因事小而不为。

去年发生的“推普废粤”风波，把詹先生一下子推到了风口浪尖上。面对社会上一些人的误解和质疑，他展现出一位有胆识的语言学家的精神风貌，挺身而出，态度鲜明地向社会阐述国家语言文字法、推广民族共同语的意义和有关政策。接着，在2010年12月13—15日于澳门理工学院召开的第十五届国际粤方言学术研讨会上，义正词严地发表了《粤语是绝对不会沦陷的——对出现废粤推普风波的一些思考》（见《粤语研究》第8期）的讲话，就粤语的地位、推普与保护粤语的关系等做了论证。之后，詹先生就此问题做了进一步的讨论，他认为①：

第一，不应责怪老百姓制造“伪命题”，而应怪我们语言知识普及工作做得不够，应该把“什么是语言”、“语言与方言的关系”、“普通话与方言的关系”等问题，都要说清楚。一个几千年的、人口众多的国家，语言不统一，如何让世界了解中国？如何使中国走向世界？两千多年前扬雄《方言》中的“通语”跟我们现在普通话的“通”无独有偶。普通话不仅是汉民族共同语，它还是中国境内各民族使用的社会通用语。

第二，专业人士的认识要高于一般老百姓。我们自己的认识都不深透，又怎么能给老百姓普及呢？语言学又怎么能应用呢？虽然（这次风波）不排除有人煽动，但是关键是我们，学问不是迂腐的东西，语言是社会的，跟每个人都有关系，语言学跟其他人文学科、科学学科一样，应有普及宣传活动。

第三，法制与人治的问题。我们的语言文字工作者经过了多年的提议和讨论，终于有了史无前例的《国家语言文字法》，从此我们各地语委朋友有法可依了，法律可以维护我们社会的安定团结。但是，十年过去了，雷声大，雨点小，楼梯响，无人下来。《国家语言文字法》具体的内容是什么？就是圈内人士也不敢说都清楚。我们要改变这种状态，使语言文字工作真正做到有法可依。

比起詹先生在“推普废粤”风波中的表现，我们十分愧疚。先生能够这么做，因为他深知做学问的目的，深知语言学学者所承担的社会责任。

在詹先生看来，做学问与服务社会是同一件事。为社会、为国家解决问题，才能充分彰显学问的价值和力量。当我每一次领着华南师大研究生到暨南大学访学时，詹先生必都出来见我们，循循善诱，主题必都涉及社会语言工作，他非常期待年轻人能够明白这个道理。

詹伯慧先生“学以致用”的精神风貌，给后辈以莫大的启迪。这些年我们也效仿先生，在广东，努力为语言文字工作服务和培养人才；在港澳，进行普通话教学与师资培训工作；在海外，为汉语国际推广事业贡献一份力量。

詹伯慧先生“学以致用”的精神风貌，正在后辈身上延续。

（华南师范大学国际文化交流学院教授）

---

① 根据詹伯慧先生2011年1月6日上午给华南师大、暨南大学研究生的讲话整理，未经本人审阅。

缘·渊·远·怨·越

丘学强

说明："詹家军"主攻方言，余为裨将之一，当"秀"一把专业知识：作文非强项，故改为编辞典。

是次公开之部分词条均为草稿。形式：帖子。其后附之阅者顶帖内容无论褒贬均照录，以便修改时参考。

体例：以平、上、去、入为序，兼顾古音、今音、方音。词条行文半文不白，或普或方，多有网络语言之"史上第一……"等自夸或其他虚张声势之语，望诸君明鉴。

顶帖：你算哪根葱？胆敢自称裨将？另外，哪有将祝寿纪念之文写成词典里的词条的？又，"秀"，粤语当为"骚"。

回复：吾乃新归队之老同志，刚拾起之旧相机——所摄未"走光"之黑白片段因不连贯而宜以词条形式"骚"之：当年在暨大权充裨将，今在深大亦仍可称老兵。

辞典正文选摘：

山合三平：缘（元、员、园、原）、渊（冤、鸳）

【缘分】①暨南大学复办后之第一届本科生和史上第一位方言学硕士为谁？鄙人是也！牛叉吧？研究生 1983 年 9 月入学，导师是詹师的同班同学饶秉才师。非詹嫡系？错！1983 年 10 月詹师调入暨大后不久，为完成中国社会科学院之方言地图项目，即与饶师一起领余深入四邑、雷州、韶关、深惠等地调查方言。在"詹家军"中，最早认识詹师者，是我；最早同时接受饶、詹两师之言传身教者，是我；博士阶段再入詹门，与甘于恩兄等同为跨世纪之即将关门之弟子者，还是我。印象最深之事，除了二师记音时之专注、认真、刨根问底、游刃有余以及对我手把手的指导和对发音人的尊重外，还有与詹、饶同栖一室时二师此起彼伏之呼噜声：詹之鼾声带鼻化韵，外加潮汕及半山饶平客家口音；饶之呼声多为客家轻唇音，外加兴宁卷舌口音。共同特点是：高音不时超过 55 调，低音低于 11 调，降升调常突然从 6 到 0 或从 0 到 6，有时曲折为 1306 或 412106 长调，难以按所学记音知识记录，且多有入声促音结尾。（时至今日，带研究生出门调查方言，据门生称，本人也已常是鼾声如雷。近在港与詹师又有一次"同室操鼾"之机会，师曰："汝之打鼾水平已在模仿方音水平之上矣。"由是观之，二师对鄙人的影响不仅限于学问，连打鼾也颇具二师之神韵。岁月不饶人哪。）②詹师能操熟练之客、潮、粤语，鄙人亦生于客家，长于潮汕，学于羊城。而生活于天涯海角之崖城的包炳魁老先生，则是詹师和我师徒二人跨度近半个世纪的同一个"军话"发音人！③詹师与日本学术界关系甚笃，有多本著作被翻译成日语出版，这在中国语言学界似不多见。而鄙人也有《妙语方言》被翻译成日语（《广东语の风景》）由日本东方书店出版。嘿嘿！

顶帖：你的词条咋这么乱捏？各义项之间毫无引申、比喻之关系。唉。BS你的“史上第一”及其他自夸之词，还有模仿流行歌词的“是我、是我、还是我”句式以及得意忘形之“嘿嘿”——非学术语言。不过，你对鼾声的描写很生动哦，可以考虑写进教材之“记音”一章中。

回复：已经运用于教学中，能把鼾声记录得正确的学生一般都能“放单飞”了。

【元老】近年来，暨南大学汉语方言研究中心风生水起，名声大振，方言学界中人莫不艳羡，余亦倍感自豪。然阅该中心各期简介，却不见余之大名，故常愤愤不平。中心之前身为暨南大学中文系汉语方言研究室，为詹、饶二师所创建。1986年余获方言学硕士学位，饶师望我到刚筹建之“对外汉语教学中心”教“鬼仔、鬼妹”说汉语，詹师望我留“汉语方言研究室”——纠结啊。几经斟酌、挣扎，余“作出了一个艰难的决定”：放弃成为后来的“华文学院”……的机会，而成为方言研究室的第一个研究人员。当时，詹师的硕士生们都还没毕业，博士生们更是还没入学哦，而我已经是有正式编制的老师了耶。井冈山朱毛会师曾被篡改为毛林会师……没有可比性，嘿嘿。但詹师对我的关爱使我成为暨南大学汉语方言研究中心之前身的元老却是板上钉钉的事实，虽然后来鄙人在学术上落后了，但再怎么说也……（参见下一条）

【员工】不能称元老，叫员工总可以吧？方言研究室的第一位员工还算勤奋，著名的、常被提及的三卷本150万字的巨著《珠江三角洲方言调查报告》中的三十个方言点的资料有七个是在老师的指导下由我最先记录和整理的，其中包括流行四邑话的台山、开平、恩平、新会、江门以及斗门等点，记录后的资料以及我的名字几次见诸《中国语文》、《方言》，激动啊！

【园丁】员工即教职员工，又被喻为园丁。能和詹师同为辛勤的园丁，边研究方言边教书育人，也激动啊！可是，研究中心怎么能在介绍《珠江三角洲方言调查报告》时把我的名字调到后面，又在中心的简介上把我的“历史足迹”抹去呢？也不给我发“兼职研究员”聘书？

顶帖：你的词条充满牢骚。请看《羊城晚报》对詹老师的专访。

问：退休了，不当“官”了之后有没有感到失落？

詹伯慧：我本来就没想当“官”嘛，哪会有什么失落……世上不公平、不如意的事太多，任何一个社会都有，不要没事总想这些……人的思想境界很要紧，境界不同考虑问题就不同。这会影响人生的质量！

——詹老师曾是全国人大代表，省语言学会会长、文学院长……那官多大。两相比较，你和乃师的境界判若云泥！况且，既然是历史，最少也得写到主任、副主任、教授一级，你个普通园丁，哪有资格出现在“史料”中并被聘为兼职研究员？

另，“激动”，网络语言为“鸡动”。你“奥特”了。

回复：嗯，我该检讨。没办法，我对名片上密密麻麻甚至双面都写满官衔的人总是心存敬畏，很“恨（别误会，粤语是‘很想得到’的意思哦）”，特别是注明“主抓全面工作，本处没有正处长”那样的。可是，曾是“大官”的詹师却在赠书上称我为“贤弟”，不知何故？乱了辈分，乱了等级，惶恐 ing！难道是因为我现在也是省语言学会的理事？嘿嘿！

“鸡动”若解释成“闻鸡而动”，当是对方言调查者的高要求。参见下列词条。

【元气】詹师之精力旺盛，连我们这些晚辈都无人能及。詹师之慈母至今仍然健在（遗传基因?），他自己八十高龄也仍元气十足。早在 20 世纪 80 年代跟随他和饶师调查方言时我就已领教过其充沛的精力：为节约调查经费，在新会县城，他领着饶师和我连找了近十间店才吃上了一份最便宜的、一碗只要一元钱的云吞面（详见下文【埋怨】词条）。近年来他仍是退而不休，到处参加各种会议，且几乎每周都奔波于穗港两地。除了几次因叠凳寻书或骑车摔跤而躺于病床外，其他时候都在为永远都做不完的工作而东奔西忙。常在深圳火车站见面，我这吝啬弟子总是以简单的快餐招待，他吃得不亦乐乎也说个不亦乐乎。犬子曾被师公搂着肩膀边欣赏街景边找榴莲，等坐下吃时犬子连呼“顶唔顺”。每次到一个地方开会或调查方言，詹师总要利用间歇时间到处走。近几年来弟子们大都当了博导、教授或领导，很忙了，就剩我和甘甲才两个副教授陪他游了：游香港他家附近新建的庙宇、公园，坐饶平老乡的车从台湾的中央大学客家学院游到台北去吃小食，再上阳明山观星光下之男男女女……我和甘常跟不上他的步伐，是真的跟不上啊！对詹师之非语言学杂记《日本面面观》行文之潇洒，余及曾为记者的甘兄在陪游过程中则有更深刻的体会。

【原野】元气来源于原野，调查方言须走向乡间田野且乐此不疲。作为一个经常走在乡间小路上的大学者，年轻时堪称帅哥的詹师自有一种从容不迫、谦抑敦厚的气度和庄严而饱和、恬淡且安宁的心境。这种气度和心境源于辽阔原野上浩然和谐之气的滋润——他把弥漫着不同乡音的村村寨寨都视为有如飘散着美妙音符的乐土，于是，他也在碧绿如春天池塘边之草甸的心田里开垦了一片缀满了“见溪群疑、端透定泥”等铿然之音的乐土。游山则情满于山，涉水则情漾于水，这一点，詹师至今仍是我们的榜样。

顶帖：这词条怎么那么文采斐然捏？不像是搞方言的人写的。

回复：文学创作？我曾经打过酱油。

【原创】走出原野回到书斋，所整理出来的每一音、词、句都是“原创”。尽管也有名人曾作“理论提升不足”之评议，但正如李荣先生针对“只会罗列事实”的责难时所言：所呈现的均为事实，而且能够罗列，就很不错了。田野调查之艰辛非任何人都能克服，坚持不懈则更为难能可贵。当然，理论升华，当为詹师后辈乃至徒孙们之追求——建立在“原创”基础之上而非一直坐在故书堆里的追求。

【渊源】①家学渊源：饶平祖屋“学文堂”为源，一门两代教授：詹安泰，泰斗级岭南词宗，公子伯慧詹师同为泰斗。鄙人虽非阿斗，亦当以斗量海水之傻劲学吾师在语海中畅游。詹师曰：“我学语言学，父亲给我的影响其实并不大，但他认真做学问的文人气息对我有很深的影响……学生学不好也不应该怪自己没有家学渊源。没有家学也可以出人才，主要都要靠自己。”与流行语“我爸是李刚”相比较，斯言振聋发聩。②中大语言学系乃北大语言学系之前身，王力、袁家骅等同为詹师之恩师，我们是徒孙辈：虽非北大名校生，亦自我感觉良好，幸甚（详见他人更为详尽之叙述）。詹师之弟子已有博导五名，教授更多，七大方言皆有研究者。暨大方言研究队伍之实力，与中大、北大、语言所……谦虚一点的说法可以是：有一定的可比性。③在军话研究领域，詹师的《海南岛崖县军话语音概述》是开山之作。本人敝帚自珍的得意之作是《军话研究》，虽隔半世纪，然渊源清晰。

【渊博】詹师是大家，其学问，大了去了，粤、闽、客、北方方言，语音、文字、词汇、语法，还有非语言学方面的如所发表的散文、游记无所不谈，甚至读大三时就出版了一本叫《在反动统治下英勇斗争的和平战士》的书。哇噻！出乎预料。怪不得后来他在报上看见我写的“股票诗词”时，并没有像其他人那样惊讶。我猜他的想法是：“出格”之事我早干过了，你这样的，小儿科啦。我那书具国际视野，你这诗只记挂个人的那几张破票，境界有异哦！

【冤屈】“文革”时，武大第一批失去人身自由的“牛鬼蛇神”，唯一值钱的手表被没收，语言学家变成泥瓦匠、挑大粪的，穿单裤跳入池塘流血砸冰拌泥浆……记得在詹师从教四十五周年纪念大会上，伍巍兄声情并茂地演讲至此处时，端坐于台上的詹师忍不住老泪纵横乃至痛哭失声……忆及万念俱灰的日子，触碰到被伤至极致而难以痊愈的灵肉深处——算了，此词条应考虑删去。因为与本文的逗笑风格极不协调。可是，有它作对照，詹师的弟子们以后所碰到的一切困难还算得了什么呢？

【鸳鸯】此词条有助于加深弟子们对“相濡以沫”的理解，容易使熟语“只羡鸳鸯不羡仙”变为“既羡鸳鸯又羡仙”，因为师母的名字中有一“仙”字。还有，师母先于詹师调入暨大，这对詹师的南飞是起到决定性作用的。此条容后详写。

顶帖：按今音分阴阳当以“渊、缘”为序。倒序有为己脸贴金之嫌。某些词条或可看出君有“资格老而地位不够高”之不满情绪哦。本以为后一词条会多撒些“儿童不宜”的“味精”……只是略写，不给力。

回复：古音平声不分阴阳，且急于表露与詹师之缘分，故倒序。1988 年为暨大讲师，若继续留校或已为“博导”或华文学院之领导？一笑。心有戚戚焉。然下海十几年后仍能重归高校之人多乎哉？不多也。现为副教授，极正常，并无不满，唯余对詹师之感激：陪游，风甚好。继续走在乡间小路上，景甚好。

山合三上：远

【远交】詹师是改革开放后较早远赴重洋传播中国文化的学者，是经常都在“远足”

的学者，他声名远播，朋友遍天下，日本、法国、美国、中国香港、台湾、澳门、境内的各大方言区乃至天涯海角……处处都留下了友谊佳话和他的足迹，这，弟子们"拍马都追唔到"。

【远眺】詹师德高望重，高瞻远瞩，对方言研究的历史和未来，全都了然于胸。因此，弟子们近些年来经常得阅其有关闽、粤、客语研究的"回顾与展望"的文章，印象中已经回顾、展望了好多遍了。弟子中也有好几位初具资格，即将可以担起"回顾与展望"的重担了。嘿嘿！

顶帖：上声只有区区两词条？后一条似有所不恭？

回复：搞笑耳，詹师不会介意的。呵呵。

山合三去：怨

【埋怨】①想当年，若詹师严重鄙视我"下海"之企图并阻止我"跳水"，鄙人继续留在暨大，或可在学界有点作为。怨师乎？自怨自艾乎？后詹师将"×百万"的帽子强加于我，使得江湖上有了犀利哥的传说，想说"不要迷恋哥"已来不及，怨之。②此义项为【元气】中有关"云吞面"内容之补白：1983年初，詹、饶二师和我以台山、开平、恩平、新会为顺序展开方言调查，由于前几个点费用支出大了，加上到新会时由于被想当然地安排在较高级的宾馆入住，由我掌管的经费已经只剩四十多元。但两位教授只会打电话回广州让寄钱来，而不好意思向当地领导或有关部门借，陪同工作的当地人员（非发音合作人）说要一起吃饭，就忙说不用陪不用陪，汗！一记完音，不敢在所住宾馆的餐厅吃东西——以最快的速度连找了近十间大排档，终于吃上了一碗一元钱的云吞面。怨我没有及时汇报资金使用情况？怨大教授书生气十足？吃了两天云吞面后方知：该宾馆的住客早餐是免费的。正餐打折！③在三卷本《珠江三角洲方言调查报告》和《广东粤方言概要》的调查、整理过程中，詹师的催稿功夫那是相当了得的。想干其他私事？难。最近的则是他和我共同主编的《新时空粤语》（上、下），见面催，没见面就托人催。拿黄世仁向杨白劳催债作比虽不恰当，但也有一定的可比性了。用网络热词讲，那是"鸭梨很大"啊。怨之？其结果却是成果一本紧接一本面世。爽乎？④詹师很早就是推普积极分子。1985年，我和几位弟子也曾在詹、饶两师的指导下为广东电视台粤、普对照的《每日一句话》供过一年多的稿。推普和说粤语，本无太大矛盾。但没想到的是，2010年发生在广州的"普粤之争"，却把已经退休的詹师推向了风口浪尖。尽管詹师语重心长，其效果却是对牛弹琴。怨记者有意将老人家"摆上台"？怨弟子们没能奋起群发诸如那篇《詹伯慧是暗中保护粤语的功臣，严重鄙视××》那样的帖子声援导师、捍卫导师的尊严？面对挑衅，詹师宽宏大量，没有在网上再作任何回应，也没有半句怨言：因为研究了一辈子的粤语、主编《广州话正音字典》、《广东粤方言概要》以及《新时空粤语》的事实是毋庸置疑的，其对广州话的贡献是无事生非者所无法望其项背的。

顶贴：你老提“一定的可比性”不腻吗？就不会来点新颖些的词句？

回复：这一句很给力啊。

【任劳任怨】自从詹师调回广东后，南方语言学界的学术气氛空前活跃：国际粤方言研讨会、国际闽方言研讨会、国际客家方言研讨会……詹师的奔波和“化缘”，对这些会的成功举办所起的作用有目共睹，而奔波和“化缘”又岂是一句“任劳任怨”所能概括得了的？

【院长】詹师调入暨大不久就被任命为第一任文学院院长。此后，“官衔”越来越大，越来越多，但我们对他的称呼还是“詹老师”，从未改变。他对为“官”的态度，请参阅【园丁】条。鄙人本科毕业后曾被分配到广东省委工作过一年，也曾任大型企业的所谓“高管”。据我观察，像他这样摆不出“官谱”的官，似乎不容易找哦。

顶贴：“神马都是浮云”，乃师早就深解其中况味。

回复：詹师最近仍在学“潮语”，除了“神马”，其他“马”他可能也“略懂”哦。当然，他的手机还不是“爱疯4”，也还不会织“围脖”。另外，对他来说，“神马都是浮云”之后应该还有一句“学术之树常青”！

山合三入：越（阅、悦、岳）

【阅历】20世纪末，当下海多年的我向他表达了思重返学术界却恐考不上的想法和顾虑时，他以其阅事、阅人无数的阅历鼓励我：只要对方言研究仍有热爱之心，哪怕中断了多年仍然可以“捡”回来。学术以外的阅历对学术研究来说也是十分有益的。于是，在善意的“你能考上我把姓倒过来写”、“单是外语就能把你拒之门外”等调侃声中，我又以近四十岁的“高龄”回到了暨大的课室，重新成为詹师甚至我的师兄弟们的学生：于是，辈分乱了。例如，演讲和措辞一流的专家伍巍兄在向别人介绍我时就有几个阶段的不同变化：“这是我师兄；这是我师弟；这是我兄弟。”唯一不变的是，詹师永远是我们最为尊敬的老师！

【喜悦】①与詹师一起赴港，过海关时因身份不同而须走不同的通道。弟子们多次观察到詹师获港人身份证后，因能随时穿梭于穗港两地与家人共享天伦之乐和继续从事教研活动时溢于言表的喜悦。弟子们和香港多数认识他的学者也都曾被带到他在香港钻石山附近的“钻石型”新居参观，看到的也仍是溢于言表的喜悦。尤为可爱的是，以上喜悦之情的流露，从神情上看，是介乎儿童和少年之间的。②鄙人于1989年在香港中华书局出版的《妙语方言》一书，“九七回归”前夕，在没有作者授权的情况下，被日本东方书店翻译成日语出版了。其侵权行为被在企业中见过多种官司的我“逮个正着”，经多轮艰苦的“协商”，我终于得到了一笔“特别稿费”。詹师既为我的书能被翻译成外语而欣喜，也为我能有维权意识而高兴。同时，在这一产生了一定的轰动效应之事件的影响下，他也进行了“实践”：通过在台湾的门生为詹安泰老先生的著作维权，获得了应得的赔偿。弟子们又一次看到了溢于言表的喜悦。③他为众多弟子以及其他同行学者的著作作序，字里行间透露出来的也是由衷的喜悦之情。

【超越】①詹师鼓励弟子创新和超越前人，不唯权威之言是从。但他强调，其前提必须是以事实为依据，而且要尊重前辈，与人为善。记得1985年在山西忻州的第三届全国汉语方言研讨会上，我这个刚被批准入会的“初生牛犊”，在会上斗胆对语言学泰斗李荣先生“雷州是粤语区”的说法及其依据“当地用粤语广播”提出了不同意见，李荣先生指着我连问了两句“你叫什么名字?!”吓得我再也不敢吭声。但在分组讨论时，我仍固执地与来自中国社科院的研究生们反复“过招”。事后，詹、饶两师并没有太多地责怪我，他们只是指出，我们调查过雷州方言，有发言权，雷州说闽语是事实。但作为研究生的我随口而出的“新闻联播节目用的是普通话，难道全国都是普通话区”这句话从态度上讲确属“不敬”，虽说“吾爱吾师，更爱真理”没错，但不分场合、尊卑，有了事实依据就趾高气扬、得理不敬前辈，也不妥。多年后，上海的钱乃荣兄对此事仍记忆犹新，数次以“语言所的领导说了，上海来的研究生比较听话，广东来的不行”来调侃我这个老“愤青”。当年我在会上提出的闽方言应分八区（潮、雷、琼与闽南并非从属而应是并列关系）的观点，也是不久前才被部分接受的。②在詹、饶两师以及张振兴师的影响和指导下，我对分散在几个省十几个点的军话断断续续地进行了长达近二十年的调查研究，我所得出的结论和詹师的并不相同，但詹师仍然高兴地为拙著《军话研究》作序。该书获得“李方桂语言学论著奖”后，他更是在学报上、报纸上以及讲座等各种场合上“极尽表扬之能事”，搞得我不“飘飘然”都不行，呵呵！

【卓越】詹师多次表示不喜欢别人用类似“卓越贡献”这样的辞藻去赞美他，但是，“乐于扶助后辈、平易近人亦师亦友、春雨润物细无声、两袖清风耕耘不辍、滋兰树蕙示我周行”等语句均不足以表达弟子们对他的感激、崇敬之情。他对中国语言学所作出的贡献，是弟子们感到无比自豪的，也是语言学界公认的。追求卓越，也是我们的努力方向。

【山岳】詹师于我，于其弟子们，乃巍峨的山岳！而令我们更为感动的是，直至今天，他的言行，仍是鼓励我们继续攀登新高峰的强大动力！

顶帖：“岳”乃江开二等字，列于山摄，谬乎？

回复：古音不同摄，今音却相同。“岳”之上为小山，之下为大山，詹乃大山，我姓丘，为小山——站于巨人的肩膀上了，愧乎？荣乎？大山之泉汇为江，生生不息，源远流长。

（深圳大学中文系副教授）

平易近人的大师

汤翠兰

仍在台北求学时，詹师之名早已如雷贯耳。在我刚进入汉语方言研究这个领域时，只要是研究粤语的人，是不可能没听过詹师之名的。

记得1995年的初夏，那是硕一的下学期末，自己刚拜入杨师秀芳的门下，对于一切，是既期待又惶恐。就在这复杂心情围绕的某一天，杨师告诉我：詹伯慧先生来到台湾访问了。当时两岸交流活动才刚开始不久，詹师受中研院史语所之邀从岸一边的广州飞到岸另一边的台北客座、访问、演讲。某个中午，作为当时中研院研究员的何大安教授，连同他的夫人（也就是我的硕士生导师），要在台北福华饭店的餐厅宴请詹师。他们还邀请了当时台湾暨南国际大学中文系的系主任周凤五教授，作为两地暨南大学中文系代表的一个非正式聚会吧！而我，作为杨师门下研究粤语的门生，就这样有幸地出席了聚会，第一次近距离和大师见面。记忆中，席间大家相谈甚欢，而詹师几乎没有不感兴趣的话题，谈笑风生间尽显风趣幽默本色。还记得席后杨师第一时间就称赞詹师健谈而且平易近人，而我当然也深有同感。我想，其他曾与詹师接触过的人，无论是同辈还是后生晚辈，都会有此印象。

那次聚会还有一个小细节到现在我还记忆犹新，也是詹师经常做的一件事，就是送书。可以想象，在那趟旅程中，詹师飞往台北时，行李箱中肯定满满的都是汉语方言专书，一套三册的《珠江三角洲方言调查报告》更应该是占着大部分的位置。他生怕彼岸的学者没有相关的资料，殊不知中研院傅斯年图书馆中早已收藏着他的专书呢！

数年后，硕士毕业后回到澳门的我，决心到广州继续进修，并非常幸运地能拜入詹师门下，成为“詹家军”的一分子。记得在博士生入学考的面试后，我向詹师提到我们的台北缘时，詹师马上就记起了我这号小人物，还能叙述席间的二三事。

跟随詹师至今，一晃眼已十余年了，老师除了在学术上给了我很多宝贵的建议和指导之外，也让我认识和结识了很多大师、学者和同好。也由于詹师平易近人、待人以诚的性格，顶着“詹家军”成员的身份，在他的庇荫下，往往能一下子与新知消除隔膜和拘谨的气氛，融洽地交流和讨论。这种感觉，就像是一位慈祥的长者手把手地引领我进入粤语研究这个领域。虽然，近几年，我的步履渐稳，但是我仍不想放开我的手，因为，老师他，实在是个慈祥的大家长。不是吗？

（澳门理工学院副教授）

暨南园里忆恩师

胡松柏

有位著名的大学校长说过："所谓大学者，非谓有大楼之谓也，有大师之谓也。"就此意义来说，一所大学赖以支撑的其实就是那些承担传道、授业、解惑之职责而最具影响力的精锐名师。毕业学生对大学母校的眷眷之情，很大程度上也是由对曾给自己以深刻影响的老师的情感承载着的。作为一名曾经的暨南学子，我对暨南园的记忆便与詹伯慧老师紧密相联系。时间进入21世纪的第二个十年，詹老师八十寿辰将至，当我在电脑上新建文档输入以上文题，暨南园里与老师在一起学习、生活的种种场景便不由浮现眼前，虽岁月相隔，犹历历在目。

我是所谓"77级"（"文革"后恢复高考的首届）的一员。在这一群体中，我算不上"余生也晚"，但却是这群因"文革"耽误而致"余学也晚"的同龄人中读书生活延续时间相当长的一个。十年前，当我考入暨大接受最后一个阶段的学历教育时，人生已经将至知天命之年了。因而暨大的学习生活对我来说，便显得那么幸运。在詹老师指导下学习、研究而结下的这段暨南园中的师生情缘，成为自己人生历程中一段弥足珍贵的记忆。

算起来，自己从事高校教学的教龄刚好三十年了，而对詹老师的认识也正始于三十年前。1981年，我于上饶师专毕业留校任教。由于教的是语言课程，更由于自己的个人语言背景复杂（使用吴、闽、赣三种方言），对汉语方言学自然非常有兴趣。那时候研究资料极度匮乏（上饶师专是1978年恢复重建的），不想在图书馆中，我居然找到了一本袁家骅先生主编的《汉语方言概要》。书是1960年文字改革出版社的版本，虽然破旧，却是我所读的第一本方言学著作。书中粤方言和闽南方言两章是詹伯慧老师执笔的，其中闽南方言一章自己读来最具亲切感（因为我说的赣东北"福建话"属于正宗的闽南泉州话，而书中所描写的吴方言、赣方言的代表方言则与自己说的吴、赣方言地方话差异较大）。后来，我又买到了詹老师最新出版的《现代汉语方言》（湖北人民出版社，1981）。这本书容量不算太大，但是系统而又提纲挈领、简明扼要，成了我走上方言研究之路的启蒙老师。我的第一篇方言学论文《广丰方言的"儿"尾》便是参考书中相关内容写成的。

我的第一学历（按当下的说法）为专科毕业，只是因为时代的缘故而获得大学讲坛上的教职。有感于自身学养之不足，我总是注意抓住一切机会外出再学习，由此便有了与暨南大学的不解之缘（先后缘结两度）。1986年，我在相继赴陕西师大（1983）和华中工学院（1985）进修之后，又报考了暨大中文系举办的现代汉语助教进修班。秋季开学，我南下广州，开始了在暨大的第一次求学历程。詹伯慧老师为助教班讲授《汉语方言学》。终于在课堂上得见仰慕已久的著名学者，我心情激动而深感幸运。那时，詹老师正值盛年，还担任着文学院院长之职。授课中，老师娓娓道来一如拉家常，给我的印象是，这是一位颇有“亲民”风度的学者领导。由于对方言学的喜好，在选课学习过程中，我与詹老师有过多次请教问题的直接接触。或在课堂休息间歇，或是校园路上偶遇，有时还赴老师苏州苑家中，老师总是给初做方言研究的我良多启发。

1994 年，我到厦门大学做访问学者。10 月份，全国台联在厦门大学召开“海峡两岸闽南话研讨会”，我以进修教师的身份列席旁听。得知詹伯慧老师也应邀出席，我便去莅会专家住处叩见，一别七年，没想到詹老师居然还记得我（我们那个助教班可是有 40 多人的）。对于我屡屡外出求学，他多有鼓励。当时，詹老师已经带出了我国的第一批方言学博士。囿于我的大专“出身”，我当时实在不敢提出要报考他的博士。不过这次见面还是让我在心里暗暗滋生了这一念头。说到这次厦大见面还有个小花絮。出席主持研讨会的那位全国政协、全国台联的领导姓名恰好与詹老师音近，宾馆服务员听差了，把我引进那位领导所住的套房。从未教过书的那位领导很是诧异“从前的学生”的求见通报，见面后那领导人哈哈一笑，说：“你找的是詹伯慧教授吧。”看起来，詹老师的名望对于既不同道也不同行的这位国家领导人来说也是有所耳闻的。

为了改变自己的学历（制度规定，各类进修都是不算学历的），我一狠心参加了属于正规学历教育的研究生全国统考，1996 年再次来到厦门大学师从周长楫老师攻读硕士学位。我学位论文做的是赣东北闽南方言，因此在厦大学习期间便有机会先后参加了两次国际闽方言学术研讨会：1997 年 2 月在泉州华侨大学举行的第五届，1999 年 6 月在香港科技大学举行的第六届。这两次研讨会上都与詹老师见了面，而报考博士再次跟从詹老师学习的想法也更加清晰并确定下来。到了 1999 年 11 月在桂林召开的全国汉语方言学会第十届学术讨论会上，拿到了硕士学位的我终于敢表明自己的意愿了。会间的一个晚上，我到詹老师的住房，寒暄之后我大着胆向詹老师说了自己准备报考的事，他表示非常支持。

就这样，通过入学考试，时隔十三年之后，我于 2000 年 9 月又来到暨大，开始了在暨南园里的第二次求学之旅，在詹老师的指导下攻读博士学位。我在求学上算是跃上了一个新的台阶，而我与詹老师的师生关系也发展到了一个新的阶段。

我作为一名在职生，还不能完全摆脱单位的教学。三年间，工作、学习需同时兼顾，往来上饶、广州两地，寒窗攻读，更有方言田野调查的奔波劳顿，个中甘苦，真所谓“不足为外人道也”。也许是压力太大的缘故，在入学第一个学期，我便真的大病了一回，以致还做了个不小的手术，所幸终无大碍，没有对学业造成太大的影响。詹老师的悉心指导和诸般关爱，成了我坚持三年学习未曾退缩的极其重要的支撑和动力。

一晃三年将满。那年春天，神州大地瞬间为“非典”阴影笼罩。三、四、五、六几个月，正是学位论文写作的关键时期，从交提纲、交初稿、修改并定稿，一直到参加答辩，我四进四出人人谈之色变的广州。那些难忘的日子里，在南来北往的旅途中，我乘过一趟只有十来个人的航班，也乘过一节车厢独我一名旅客的软卧；在广州、上饶两地，也都“享受”过隔离观察和专车送医院做体检的待遇。记得答辩举行之前，我的家人和单位的同事都反对我再赴广州。答辩对我完成学业之重要性自然不言而喻，只是在那样风声鹤唳的背景下，人们怎能不替我担心呢？后来詹老师数次打来电话（特别要感谢詹老师在那样的特殊时期为答辩的举行作了那么周密妥当的安排），这更使我鼓起了勇气，并且更重要的是打消了顾虑再次南下。学位论文答辩通过了，我的博士梦最终得圆。我在学位论文末尾的“致谢”部分写道：“回顾三年来在求学道路上的跋涉，感慨至深。能比别人多尝一些读书做学问的甘苦，实在也是一种人生之缘。”为此缘分而所要致谢的，自然首先便是作为导师的詹老师了。

新世纪以来，我国的研究生教育获得了快速发展。想想当年自己还屡为学历问题而犯愁，如今也居然指导了快有10届硕士生了。只是无可讳言，当前的研究生教育在发展过程中也不免面临一些问题，譬如研究生培养的质量、研究生培养的方式，等等。人们对质量下滑的诟病，称课程教学为“大五、大六”的揶揄，由此而引起的思考总不免让我屡屡想起当年暨南园里在詹老师指导下我们的学习状况来。

詹老师20世纪80年代之初便开始带研究生，是国务院评定的我国最早的方言学博士生导师之一，二十余年来所指导的博士生、硕士生逾数十，且被学界戏称为“詹家军”。作为一名资深的研究生导师，詹老师的治学理念和教学方法总能给我们很好的启示。詹老师在一篇谈研究生培养的文章①中提出：“要通过参与重大科研项目和重要学术会议来培养研究生。”对此我深有感触。在暨大读博的三年，有关我学习情况的记忆主要还就是做项目研究和参加学术会议。

长期以来，詹老师一直非常注重组织研究生集体开展项目研究。我进暨大那会儿，前两届的同学正忙着在詹老师的指导下做粤方言的一项新的重大项目。詹老师对研究生做项目还有更进一步的考虑，他说：“今年（2000）我和博士生录取小组……对几位考生进行复试（面试）时，就把了解他们原有的研究基础和入学后打算从哪些方面进行研究，带着什么样的课题来入学等作为面试的主要内容。……我想，如果今后在招收博士研究生时，能把‘带着研究课题入学’作为录取的基本条件之一，对于培养博士研究生、提高学术研究水平，必然会产生积极的效应。”② 那年，我刚好以赣东北方言为题申报了当年的国家社科基金项目，面试结束返回单位不久，还真的就收到了国家社科规划办的立项通知书。这样，我把学位论文撰写与项目研究结合，一边学习理论，一边做项目调研。詹老师的指导让我在专业理论上得到了进一步的提升，顺利地完成了博士论文，同时也确保了项目研究任务的完成。

得益于跟从老师做项目研究的训练，我们那帮师兄弟的研究能力在读博期间都有了切实的提高，毕业后不少同学都主持了包括国家社科基金项目在内的各类重要项目的研究。2010年国家社科基金项目申报揭晓，在不到10项的方言方向的立项项目中，由詹老师的学生主持申报的就有三项，也许可以说明这一点。

---

① 詹伯慧：《研究生的培养要在“研究”上多下功夫》，李凤亮主编：《世纪寄语——博士生导师谈治学》，暨南大学出版社，2000年版。

② 詹伯慧：《研究生的培养要在“研究”上多下功夫》，李凤亮主编：《世纪寄语——博士生导师谈治学》，暨南大学出版社，2000年版。

在暨大读博三年期间，参加各种各样的学术研讨会也是我和同学们的一项重要的学习活动。詹老师说："通过参加国内外重要学术会议，研究生们得以和众多的同行学者进行学术交流，可以从中获得大量学术信息，也可以大大开阔学术视野。"[①] 他总是运用自己的学术地位和学术影响，积极推荐研究生提交学术论文，帮助争取参加相关学术会议的机会，并且想方设法解决与会经费问题，让我们尽可能多地赴会。在詹老师带领下，我们这一届的同学所参加的学术研讨会就有：两次客家方言研讨会（第四届，梅州，2000 年 11 月；第五届，南昌，2002 年 7 月），闽方言研讨会（第七届，厦门，2001 年 11 月），双语双方言研讨会（第七届，深圳，2001 年 7 月），全国汉语方言学会学术年会（第十一届，西安，2001 年 10 月），广东省中国语言学会学术年会（湛江，2001 年 12 月），庆祝《中国语文》创刊五十周年国际学术研讨会（南昌，2002 年 6 月）；还赴港澳参加了两次境外的研讨会：语言与方言研讨会（澳门，2001 年 7 月），中国语言文字国际研讨会（第一届，香港，2002 年 3 月）。第八届国际粤方言研讨会（广州，2001 年 12 月）则是詹老师主持在暨大召开的，我和同学们都参与了办会事务。另外，我们前后两届的一拨同学，还在詹老师的带领下远赴昆明，参加了南开大学在云南民族学院举办的语言学高级研讨班（第六届，昆明，2001 年 7 月）。这些与专业密切相关的（绝不是挨边蹭会以游山玩水的那种）学术活动对提高我们的能力确实起了那种纯书斋式学习难以给予的促进作用，詹老师带着他的弟子们出席研讨会也常常成为各个相关学术研讨会的一道风景线。

离开暨大以后，我还会经常参加学术研讨会，而在研讨会上，还会经常与詹老师见面。研讨会在提供学术交流场所以外成了我们师生间联系的一个重要平台。遗憾的是在我最近参加的一次湘方言研讨会（第二届，湘潭，2010 年 10 月）上，作为特邀专家的詹老师因临行前眼睛突发不适未能前来，失去了一次见面的机会。不过在开幕式上，当宣读詹老师的书面发言全场爆发热烈掌声的时候，作为老师的学生，引以为荣的情绪油然而生。

眼下的研究生，有的会抱怨师生之间往来很少，甚至几年下来，见面的次数也居然都非常有限。当然这里面的原因有很多，诸如导师工作忙，研究生人数太多，以及师生分处异地，等等。我在暨大时，同学们与詹老师之间还真没有这方面的问题。应该说，老师和学生的关系并不是仅仅在学习上。研究生和导师之间，也显然不是只限于研究生写作学位论文时由导师指点选题、修改论文。我关于詹老师的回忆，不仅有课堂上的循循善诱、平等讨论，调查中的辨音嚼字、条分缕析，还有任职于暨大华侨医院的师母对我的探望，老师香港家中斗室里与老师的抵足而眠，乃至还有歌厅里同学的高歌和老师的静听，师生共陪师母逛街购物的百无聊赖……正是在这些日常的接触中，才更丰满地展示出詹老师的感人性情、品质。譬如，当我们一起在旅游途中遇到可以给导游人员提出书面意见时，詹老师总是交代学生尽量写上好的评价，这体现出来的是宽厚长者与人

① 詹伯慧：《研究生的培养要在"研究"上多下功夫》，李凤亮主编：《世纪寄语——博士生导师谈治学》，暨南大学出版社，2000 年版。

为善的人文情怀。那回举办粤方言研讨会，晚上十点多了，詹老师还非要和我们一起去广州东站迎接下班后才过来的香港学者（他们都是老师的晚辈），这让我深深感到学术大家的谦恭和亲和。说来自己也不年轻了，然而詹老师的为人处世，对己、对人、对工作、对人生的所为，总是让我景仰，让我终身受教育。以下随录两件记忆犹新的旧事，聊以为例证。

还是我读助教班的时候，因为有要事请假回家，错过了詹老师所授“汉语方言学”课程的结束考试。回到暨大，我去见詹老师商量如何补考。同学们的考试是闭卷的书面形式，就剩下我一个人了，我提出可否由我交一份关于自己母语方言的小论文给老师酌情打一个分数。表面上说来，这样似乎还更可以检验出学生的实际水平，而我心里的小算盘则是想省去复习备考的时间（当时手边正好有一份已经完成的论文稿子）。詹老师没有接受我的建议，他很认真地说还是再出一份试卷，让我以与其他同学相同的方式来考。就这样，复习了两天后，我来到文学院，就在院长室隔壁的一间办公室里，由一位干事监考，作为唯一的考生，用詹老师不嫌麻烦为我专门命题的试卷进行了对我而言从未经历过的一个人的考试。

读博第一年，又到评审职称的时候。单位同事告知我，有关条例将开设硕士生课程列为晋级条件，好些申报者都在联系相关学校设法搞为硕士生授课的证明，我正在暨大读博，应该有这个方便，要抓紧办成。我不明白上饶师院这样根本不能招研究生的学校（还刚升格为本科）何以会采用这样的条件。不过既然有了这样的规定，还是得争取，不然别人捷足先登，自己就亏了。我去见詹老师，想请他与院、系沟通一下为我开个这样的证明。詹老师说，如果早有这样的考虑，安排博士生给硕士生上点课也是可以的。问题是现在并没有上课，却要开出上了课的证明，不就是作假了吗？我嗫嚅着说，这种事现在大家其实也是明知和默认的。詹老师沉吟片刻，说：“那以后别人对你读的学位，会不会怀疑也是作假弄来的呢？”一席话，不仅打消了我的那点小九九念头，更让我感到老师做事之正、想问题之深远。虽说我晋升正高职称因此延后了时间，但回头来看，如今我所做的事能得到人们些许的认可，自己心底能够始终问心无愧，还真应该感谢老师的指点和把关。

我在博士论文的后记中写道：“能师从詹先生学习方言学，是我人生的大幸事。”其实，有詹老师这样的好老师，还是我一家的幸事。我已经有了孙辈，每有相见的时候，老师、师母都会让我带些糕点、童装之类的礼物给孩子，让我们一家都分享到两位老人的慈爱温馨。不唯如此，因为我在暨大上学，通过我认识了詹老师，通过詹老师又了解了暨大，我的儿子、儿媳随着也先后考入暨大读硕士。一家两代三个人同时在同一学校读书，我想在暨大百年校史上，不说唯一，应该也是鲜有的了。我给孙子起名“南南”，以寓我一家与暨大结缘之意。而这一缘分，不正是首先缘于我与詹老师的师生之缘吗？

暨大那边于恩兄编辑老师诞辰祝寿文集，催稿甚急。因为做去年获准立项的一个新项目，寒假里一直忙于修改调查所用的单字、词条和语法例句材料。匆匆间草成以上文字，也是聊以塞责。明天就要离开南昌去浮梁调查。白居易《琵琶行》诗中有吟“前月浮梁买茶去”，在那产茶的去处，蕴藏着对我而言非常宝贵的语言矿藏。詹老师在为我的一本书而作的序中说："希望作者能发扬长期作战、持之以恒的艰苦奋斗学风，再进一步当好开挖赣东北方言富矿的'矿工'。"① 几十年来，詹老师在构建汉语方言学研究理论的同时，组织开展多项大规模的方言调查，获得了丰硕的成果，且在汉语方言学史上具有重要的影响。对于老师的学术成就，"虽不能至而心向往之"，我会以老师为榜样，会继续以脚踏实地的劳作换取赣东北方言调查研究的新成果，以不负老师的殷殷期望。

2011年2月22日

于南昌红谷滩新区江信国际花园

（南昌大学人文学院教授）

① 詹伯慧：《揭示多方言交界地区方言接触现象的可喜成果（代序）》，胡松柏：《赣东北方言调查研究》，江西人民出版社，2009年版。

亲切的教诲　温暖的回忆

孙玉卿

我是一个典型的北方人。在家乡山西，春天黄沙扑面，冬天雪花飘飘。尽管环境不是很好，但我已经习惯了这种四季分明的气候。刚来到广州，感到的只是差异。北方已是毛衣在身，而广州还是短袖薄纱；北方的俗语“春雨贵如油”，在广州变成了“春雨烂泥巴”（是说春季雨水太多）。每年春季，梅雨时节来得很早，有时一个星期下雨见不到太阳，太阳一出来就要晾晒被褥、衣物。这种气候的差异，生活习惯的不同，使我对广州感到很陌生。

先生好像知道这些情况，在生活上对我们非常关心。我们经常聚在一起，谈经论道，老师不经意间发表的真知灼见，令我们受益匪浅。先生还经常把好茶拿到教室，有时，还有点心，我们是边品茶边听先生的教诲。慢慢地我这个只喝花茶的北方人也学会了品茶，品出了不同品种的茶叶其味道的差异；也了解了先生做学问的风格。我们也试着模仿，试着进入这扇大门。

我们这届学生：胡松柏、徐红梅和我是2000年9月入的学。第一次到先生家，先生给了我们很多书：多本粤方言研讨会的会议论文集，还有先生带领前几届博士研究生完成的《珠江三角洲方言调查报告》（三卷本）、《粤北十县市粤方言调查报告》、《粤西十县市粤方言调查报告》等等。我把这些书抱回了宿舍，书架上原来稀稀落落的几本书，一下子变得拥挤了。我感到非常亲切，也很有压力。感谢先生对我们学术研究的关心和帮助，更希望自己毕业的时候在学术上也能上一个台阶，不辜负先生的期望。

先生尽量给我们提供学习上的便利条件。暨南大学有方言研究基地，研究资料比较齐全，我们有上课的专用教室，教室里有为学生提供的专用电脑，这样的条件在文科研究生阶段是很难得的。由于我是全日制学生，离家又远，教室只要不上课，就成了我的自习室。每当夜幕降临，四周静静的，品着茶，读着自己喜欢的书，真是一种享受。我是工作了十几年之后又回到课堂当学生，故尤其珍惜。三年的大部分时间，我都是在那儿度过的。不过，也有很懊恼的时候，比如修改文章。我觉得写文章是件愉快的事，但要不断地修改、完善，有时感到很累，很想休息休息。想到先生已经年过七旬，还是那么努力地工作，充满了热情，自己就感到很惭愧。

先生家的藏书很多，书房的四壁都是书，并延伸到了阳台上。我们写文章查资料，有些资料室没有，但一般都可以在先生的藏书中找到，向先生借阅，先生对我们是有求必应的。先生是国内外知名的语言学家，经常受邀参加国内外的语言学会议，或作学术报告。只要有机会，先生都会带上学生。在上学期间，我们参加过在香港、澳门举办的粤方言研讨会，参加过在厦门举办的闽方言研讨会，参加过在梅州举办的客家方言研讨会，等等。先生要求我们写会议论文，并要通过评审。尽管我硕士的研究方向也是方言，但只熟悉山西方言，以前写的文章也是有关山西方言的，对南方方言不熟悉，视野比较窄。所以，当时我感到压力很大。每个假期我都要阅读大量的文献资料，要了解这些方言，并发现问题，提出自己的观点，形成完整的学术论文。这样就促使我们一定要了解各大方言的特点，了解方言学界讨论的热点问题。也正是因为有这样的压力，也才有了难得的机会，我们可以当面向一些专家学者请教问题，与同龄人交流学习心得。这些收获，对自己毕业论文的选题很有帮助。另外，这些会议论文的写作，使我们学术论文的写作水平有了很大的提高，为大篇幅的毕业论文的写作做了很好的准备。在我们毕业之后，这些会议论文经过进一步的修改，都陆续发表了，对我们以后的学术发展帮助很大。有时开学术会议，我们同届的三个人会碰到一起，大家感慨良多。上学期间，在先生的督促下，我们都写了不少文章，但毕业之后，觉得懒散了许多，都很怀念和先生在一起的时光。

先生很注重团队合作精神的培养。由先生主持，与博士生一起共同完成了多项科研课题，如珠江三角洲方言调查，粤北、粤西方言调查，还有广东粤方言调查等。由先生主编，粤港澳三地一批粤方言学者（其中有许多是先生的学生）共同编纂的《广州话正音字典》（广东人民出版社，2002），是我国第一部方言正音字典。先生这种培养学生的方式，既培养了学生的科研能力，也使大家意识到团队合作的重要性。詹门弟子有一个传统，无论是谁，出版了自己的专著都要给同门人手一册，互相学习，互相鼓励。我们拿到书的第一件事就是看最前面的“序”，这些“序”都是先生写的。先生不辞辛劳让我们感动，先生恰当的点评、优美的文笔给我们平凡的论著增添了光彩。

这种学习和工作的氛围让我感到很亲切，2003 年毕业的时候，我留在了暨南大学华文学院。这样，可以经常聆听到先生的教诲。

时间过得真快，我来广州已经十年了。从原来以为“凉茶”就是凉的茶，到现在吃“苦瓜”（北方叫“苦瓜”，广州叫“凉瓜”）已经不觉得苦了，并喜欢上了这种清凉下火的蔬菜；从原来对广州的陌生感，到现在喜欢上了广州。人们都说，喜欢一个城市是因为喜欢这个城市的人。的确是这样，在这座城市，因为有先生、有师母，有热爱方言学的这样一群人，这座城市便更有吸引力了。

我是 1999 年在桂林举办的方言学会会议上见到先生的。先生渊博的知识、平易近人的性格吸引了我，使我有幸来到先生的门下。现在，我也在指导硕士研究生，先生对待学生的作风，对我影响很大。先生常常说，作为一个学者，应该有把学术精神传播下去的责任。先生做到了！我们追随着先生，尽管我们做得不够好，但我们努力着、努力着……

（暨南大学华文学院教授）

可敬的老师，永远的榜样

徐红梅

一般人，八十岁意味着耳目失聪，行动迟缓，反应迟钝，但有这样一位老人，八十岁高龄，依然精神矍铄，思维敏捷，谈笑自若，甚至还能骑着自行车穿梭于校园，这就是我最尊敬的导师——詹伯慧先生。

2000 年我有幸成为詹老师的弟子，在他老人家的指导下攻读博士学位，这也是一直让我感到最骄傲和自豪的人生大事。自豪不仅仅是因为导师是语言学界赫赫有名的大师，主要还因为詹老师身上有很多值得我永远追随和学习的东西，比如学术上永不停歇的执著精神，生活中极具亲和力的人格魅力。

老师做学问并不像一般老学究那样钻进自己的象牙塔里，编织眼花缭乱的语言理论，而是着眼于扎扎实实的语言调查研究，对社会生活中的语言应用观察比较敏锐，总是能捕捉到比较新鲜的有特色的语言现象。老师还喜欢参加各种学术活动、学术会议，总是想方设法带学生出去参加学术会议，以便向学术界的各位专家学者讨教、学习，从而扩大学生的学术视野。我还是在跟随詹老师读书期间参加的会议最多，深圳的双语双方言会议、香港的汉语言学术会议、西安的全国汉语方言学会议等，三年学习期间能参加的会议老师都带我们去了，使我们增长了不少见识。记得毕业以后，老师还不时提醒我要多参加学术会议，凡是有老师参与组织的学术活动、学术会议都一定会发通知给我，这使我感到很温暖，明白老师一直在关心着自己的学生。一转眼从暨大毕业已经七八年了，而詹老师也已经退休多年。詹老师在学术上的成就是学界有目共睹的，既有宏观的对语言文字应用问题的探讨，也有微观的方言调查研究。有这样的学术成果，按说退休之后，应该可以安享晚年了，可是，大家都知道，退休后这些年来，老师并没有闲下来，一直都在为这样那样的事情忙碌着，有时候在准备学术会议的文章，有时候又在编写学术著作，有时候又要去香港大学上课。有次去看望老师的时候，我劝老师不要再那么忙碌了，应该注意身体，健康最重要，记得老师笑着说："人就是要不停地忙碌，有事情做，才有精神，如果停止工作，说不定就会生病。"我想可能正是这种退而不休的、对学术的执著精神一直支撑着老师，使他的学术道路越走越宽阔。2005 年带完最后一届博士生到现在，老师又出版了《语文杂记》、《新时空粤语》（上、下册）等学术著作并发表了学术论文 20 多篇。这使我觉得十分惭愧，自己还在工作的时候，就已经想着退休后如何过安逸的生活了。

詹老师出身于书香门第，父亲詹安泰先生是著名的古典文学学者、文学史家和书法艺术家。詹老师本人 1992 年获国务院颁发有突出贡献专家证书，又是全国政协委员，无论如何也算得上是社会的上层人物，但是，认识詹老师的人都知道他身上丝毫没有所谓的贵族气息，生活中的詹老师是一个极其随和、极其平易近人的平凡人。他不像有些学者那样面部冷峻，高傲自负，拒人于千里之外，使人望而却步。记得当初要报考博士的时候，我怀着忐忑不安的心情去见詹老师，以为这样的大学者一定是个不苟言笑、高高在上的人物，结果出乎我的意料，詹老师非常谦和地询问了我的情况，并鼓励我好好复习，从此坚定了我考博的决心。入门以后更深切地感受到在詹老师面前后辈学子从来不会感到拘束。课堂上，詹老师用非常灵活的方式传授知识，教会我们做学问的方法。课下，詹老师对于我们来说有时候像父辈，有时候更像朋友，每每弟子们和老师、师母相聚在一起，老师都会侃侃而谈，和弟子一起争论问题，甚至和弟子开开玩笑，气氛十分轻松融洽。师母也会像母亲一样询问我们各自的家庭情况，经常拿些零食、衣服让我们带回去给孩子。2007 年香港回归十周年，我带着 10 岁的女儿到香港迪斯尼乐园游玩，老师、师母恰好也在香港，他们二老一直等我们回来吃饭等到很晚，晚上在四十几平方米的住处，师母还把最大的一张床让给了我和女儿，第二天还陪我们逛了一天的街。那次香港之行让我充分感受到了老师、师母慈父慈母般的关怀，随时想起来都觉得非常温馨。老师对待每个学生都一样地关心，不管你在社会上混得好或不好，他都会记挂着。我的那些师兄师姐师弟师妹有的是机关干部，有的是高校精英，有的生活安逸，有的奔波操劳，老师每每谈到自己的弟子都如数家珍。只要有学生约见老师、看望老师，老师不管多忙，基本上都会抽空和学生见面叙叙、聊聊。

最让我敬佩的还有詹老师对人对事豁达宽容的态度。老师见多识广，心胸开阔，从来不会对什么人或什么事斤斤计较、耿耿于怀。老师呈现给我们的总是乐观的积极的生活态度以及简朴的生活方式。

光阴荏苒，时光飞逝，詹老师八十大寿在即，回首老师走过的八十个春秋，那是一段丰富多彩值得骄傲的人生旅程。老师对社会作出了重大贡献，对家庭尽到了自己的职责，是我们每个弟子永远的榜样。

（广东技术师范学院中文系副教授）

方言研究的大家与和谐语言生活的给力者

——詹伯慧先生与语言文字规范化及其他

刘新中

在当今复杂的社会发展阶段，我们领会詹先生的很多教诲，是很有现实意义的。下面我们就从几个方面谈谈詹先生的有关论述，同时对詹先生在人才培养、学科建设等方面的贡献略谈一二。

我们观察一个人文学者的成就，往往是从他的著作入手，通过他的作品来了解他的贡献和贯穿于这些作品中的思想、理念。基于此，我们试图通过詹先生的系列文章来探讨他对广东乃至全国的语言文字规范化的重要贡献。本文除了个人的观点之外，主要参考了詹先生的下列文章：

方言和规范化杂议（《双语双方言》论文集，1989）
略论方言、共同语与双语制问题［《双语双方言》（二），1992］
再论方言、共同语与双语制问题（《语文建设通讯》，1993 年第 42 期）
汉语方言调查与汉语规范化（《语文建设》，1995 年第 10 期）
对香港语言问题的几点思考（《中国语文》，1996 年第 2 期）
方言和普通话杂议［《双语双方言》（四），1996］
试论方言与共同语的关系（《语文建设》，1997 年第 4 期）
略论语言规范与语言应用（《联合早报》，1998 年 3 月 19、21 日）
再论语言规范与语言应用（《语言教学与研究》，1999 年第 3 期）
当前一些语言现象与语言规范（《暨南学报》，1999 年第 3 期）
新加坡的语言政策与华文教育（《澳门日报》，2002 年 3 月 10 日）
语言规范和语言生活的多样化（第四届全国社会语言学学术研讨会论文，2004）
略论方言地区的双语应用问题［《双语双方言》（八），2005］
略论共同语和方言并用中的主从关系［《双语双方言》（九），2006］

上述文章均出自暨南大学出版社 2008 年 12 月出版的《詹伯慧语文评论集》。从这些文章中我们不难看出，正是由于詹先生是一个方言学大家、著名的语言学家，他才对语言研究、语言应用、语言生活以及相关的教育和人才培养有诸多建树，对许多看似复杂纷繁的问题有清晰的分析；正是由于詹先生对方言的深入体悟和研究，才不遗余力地对方言研究倾注了全部的精力；也正是由于他对方言调查、方言研究的复杂性和广度的清晰的认识，才能让他坚定不移地提倡在保留方言特殊作用的时候，一定要保证方言复杂地区的推广共同语的工作，以使方言区能有一个便捷、通用的交际工具，以利于国家的统一、教育的普及、社会的和谐。实践证明，没有一个源于方言、高于方言并且方便实用的共同语，是不利于全国包括方言在内的社会发展的；同样，没有许多富于特色、充满活力的各类方言，我们的语言社会将会枯燥乏味。

詹伯慧先生在坚持推广普通话、坚持语言文字的规范化的同时，积极倡导语言生活的多样化。我们知道，凡事都有一个度的问题。冯友兰先生晚年最喜欢的一副对联是："阐旧邦以辅新命，极高明而道中庸。"以史为鉴，古为今用，面对纷繁的社会现象，选择一个最为恰当的原则、方法与行为。詹先生对推普和发挥方言的作用这两者的关系有非常清晰的界定，他将问题上升到既有语言应用的大格局，又有顾及地方特色的人文关怀和乡土意识的层面。他说："通过大力推广普通话，唤起国民的民族意识，明白到全社会拥有一个通用的交际工具，对于民族的振兴和国家的统一是何等的重要！拥有十三亿人口的中华人民共和国，决不能够只有各种不同的地方方言而缺乏一个全国通用的共同语；踏上神州大地的各国朋友，不能够只听到各色各样的方音土谈，而听不到全国通用的国家语言。推广普通话实际上是要使方言地区的社会语言的应用从单一的方言交际过渡到既使用方言又使用普通话的双语交际。也就是使每个自幼会说家乡方言的人都学会一种家乡以外的人能懂的全社会通用语言，每个过惯只说方言单语生活的人都过上既说方言，又说社会通用语——普通话的双语生活。以此为基础，在全社会逐步形成一个以普通话作为社会公共交际用语，以方言作为家庭、乡亲间交际用语，有主有从，既推广了普通话，又保留了方言的社会语言应用格局。这样一个方言地区双语应用的格局，既符合方言地区经济发展和社会进步的需要，也体现了社会语言生活日益多元化的发展趋势。方言地区的人民用不着担心代代相传的乡音会随着普通话的推广而日渐式微而至于最终消失。"（《略论方言地区的双语应用问题》）明白这个表述的含义之后，无论是方言研究，还是推普，抑或是文字的规范，我们都会进退有据，减少激进推普和极端方言排他的问题，这对于方言复杂的南方以及语言复杂的边疆地区的语言工作，都具有重要的指导意义。这些年，国家的语言政策、语言规划渐趋清晰，就是有健康的双语、多语的语言生活构建，才能有一个和谐的语言生活。然而詹先生的这些思想和理念，还真需要进一步地提倡，让广大的语言研究者和使用者有一个透彻的了解，从而充分发挥语言和方言的工具性以及文化亲和力的作用。

詹先生非常难得的是，在大家一边倒大张旗鼓最为轰轰烈烈地推普时，能够清醒、明确地呼吁"留住方言留住根"，提醒人们注意方言的研究与应用；在推普和规范化工作遇到问题、质疑时，又能旗帜鲜明地维护共同语以及规范工作的重要性和必要性；在一些人不明就里，将方言与共同语对立起来的时候，又能及时地站出来纠正那些偏激与出格的言行。这些都体现了詹先生过人的胆识、眼界和胸怀。

詹伯慧先生是著名的语言学家、方言学家。在近六十年的研究教学中，始终是研究与应用相结合，将方言学的研究置于广阔而深厚的中华文化、中国实际的土壤中，在不遗余力坚持方言研究的同时，非常重视语言应用以及相关的规范工作。作为一个语言学家，詹先生专注于专业的同时，不忘社会责任，积极给力、服务于国家和社会的语言文字应用的大局，使自己的专业在得到深入研究的同时，与国家的兴衰发展、社会的波折进步相始终。在历经磨难之后，专业与研究、为学与做人都得到了升华；在一个学术蓬勃发展的时期，抓住了机遇，取得了举世公认的学术成果。学术研究只有得到社会应用这个强大支撑系统的支持，加上个人的不懈努力，才能有不竭的源头活水，才能有可持续发展的理由。这正应了路易斯·帕斯图的话："在实践中行不通的理论是毫无价值的理论。纯科学和应用科学这类的东西是没有的；有的只是科学和科学的应用。"[1]

语言文字的规范，不是僵硬的行政命令，不是共同语和方言等各种现象的你死我活的零和游戏，而是有主有次，共同繁荣，共同服务于不同层面、不同范围、不同对象，取舍有序，其关系非常类似于语音系统中的互补关系。两者也像是一个交响乐的主旋律和不同乐章，第一乐章（快板）富于戏剧性和动感，第二乐章（慢板）适于哲理思考和内心感受，第三乐章（中板）表现日常生活场景，第四乐章（急板/终曲）突出宏大场面。[2] 方言和共同语本来就是整体中的不同分支，大汉语之下的不同支系，有较为明确的使用群体和应用层面，但是总是有个别人容易走极端，使问题变得复杂。更有甚者，对语言使用所出现的一些情况和现象，按照自己的一己之私妄加推断，讨论的话题也远远超出了语言本身的范围，并由语言问题延伸到社会问题，为自己对社会的不满找到一个发泄的理由和借口。面对这些问题，詹先生总能够旗帜鲜明地坚持正确的东西，对于那些认识上的偏差，詹先生也能够进行耐心的引导工作。这对一个语言复杂，经济、社会发展迅速的大省广东而言，是非常重要的；对中国这个人口众多，民族和语言丰富多彩的国家而言，也有重要的意义。

詹先生还十分关注语文现代化中的语言应用问题。其语言态度是坚持语言多样性和文化多样性的同时，五十多年如一日，不遗余力地推广民族共同语，在纷繁复杂的当前形势之下，他更是头脑清醒，提倡主体性与多样性的包容。

詹先生几乎是全程参与国家语言文字的重大工程，在执行国家的语言文字政策时，坚持实事求是，服务实践，多次提出"要做语言的向导，不要做语言的警察"，这样就很容易化解许多不应有的矛盾和误解。

与语言研究密切相关的是为繁荣学术视野所进行的学术以及学术组织活动。詹先生长期担任广东省中国语言学会的会长，为广东省的语言学科的发展作出了很大的贡献。目前他担任一些有关学术团体的领导职务，如广东省中国语言学会名誉会长、广东省社会科学学会联合会顾问、中国语文现代化学会顾问、全国汉语方言学会理事、中国辞书学会理事，等等，同时他还是广东省语言文字工作委员会委员。

在处理很多复杂问题的时候，詹先生表现出了很强的社会责任——大局意识与责任

① 转引自丹尼尔·琼斯著，郭作、周开颂译：《英语语音学大纲》（中文版），四川教育出版社，1987年版，第1页。
② 蒋振环：《简明音乐教程》，南开大学出版社，1990年版，第178页。

感。他为暨南大学的汉语方言研究和学科建设作出了巨大贡献，为广东省语言学事业的繁荣和发展发挥了无可替代的作用，也为我国的方言学事业作出了重要贡献。詹先生现为暨南大学中文系教授、汉语方言研究中心名誉主任，兼任香港大学名誉教授。1990 年被国务院学位办评为博士生导师，在暨大中文系建立第一个博士点：现代汉语博士点，迄今他已培养博士生 29 人，硕士生 9 人。詹伯慧教授从教近六十年来在汉语方言、汉语辞书和汉语应用研究方面做了大量工作。如果没有詹伯慧先生的努力，我们方言研究会是什么样子？暨南大学的汉语方言研究会有今天的成绩吗？我们借用一句《大雅·緜》中对古公亶父的描写："曰止曰时，筑室于兹。"

不仅对教书育人与学科建设都倾注了大量的心血，他对事业的执著、对学生的爱，都是终身与之、从一而终的。顺境逆境都能泰然处之，不因条件的变化、环境的转移而动摇；抓住机遇，组织研究团队，迎难而上，将方言研究不断推向新的高度。他十分重视在实践中教书育人，为学生能力的拓展提供尽可能广阔的发展平台，身为学生的我们，都有"匪面命之，言提其耳"（《诗经·大雅·抑》）的经历，跟着詹先生写论文、改文章都有很多的收获和提高。

对于一个学者和教师，哪样东西是最为重要的？在现在这样高度数字化的时代，似乎任何东西都是用数字和统计表格来衡量了，但是真正的人文精神、形而上的思维能力、逻辑构建能力以及实践能力却严重缺失了，此时我们更加需要唤起东西方传统中优秀的道德观和价值体系。詹先生言传身教给了我们很多启示。他培养的学生大多数都已经过了不惑之年，也都开始了自己研究和教书育人的事业，我们在为人师的过程中，总是自觉不自觉地践行我们的老师所示范给我们的东西。

詹先生具有开阔的视野、国际观以及与时俱进的不懈追求。他的著作在海外有很大的影响，先后在日本、法国、新加坡、美国以及中国香港、台湾等地讲学，培养的学生许多都已经是知名学者。进入信息化时代的今天，詹伯慧先生老当益壮，紧随时代的步伐，依然活跃在学术一线，发挥着重要的作用。

詹先生对于语言中的新事物、新现象、新用法的包容与鼓励也是令人钦佩的，他对方言以及方言应用中出现的混乱现象的规范问题也做了大量工作，这些都拓宽了语言研究和应用的范围，值得进一步深入和加强。

陈原先生在《赵元任学术思想评传》的序中写道："赵元任是 20 世纪有重大影响的语言学家和语言教育学家。但赵元任绝对不仅仅是一个语言学大师。人们认为他是我们这个时代一位值得尊敬和钦佩的人文学者。……他具备当代一个人文学者的所有特征：尊重人的价值，培养并训练人的技能——科学的技能和艺术的技能；富于人情味和人道主义精神，此外还常常带着教人愉快的幽默感。""他自然不是通常说的自然科学家，甚至不是把自己关在狭隘圈子里的传统语文学者。他研究语言现象和语言规律，是从改造语言文字的远大理想和目标出发的；他有着广阔的视野做背景，而且绝不把自己禁锢在传统的知识范围，却敏锐地吸收了当代自然科学的最新成果例如控制论和信息论。……他真正做到学贯中西：这由于他对祖国的文史哲即通常所谓的国学有坚实的基础，却又对西方的文史哲即人文科学有极深刻的领会。”陈先生对赵元任先生的学养的总结，正是我们这些从事语言学研究的人心向往之，希望达到的至善境界，这些东西的生命力能够伴随我们研究的始终。

在这篇小文章的结尾，我愿意借用饶宗颐先生学艺兼修联，表达我对詹先生以及由先生和诸多前贤学长共同创立的汉语方言研究事业的敬仰与信心：“万古不磨意，中流自在心。”

（暨南大学中文系副教授、汉语方言研究中心副主任）

一位可亲可敬的好导师

崔淑慧

一眨眼毕业已快七年，加上求学的三年，已将近十个年头。回想来广州求学的日子，不禁暗自庆幸，庆幸自己遇到了一位好导师，一位可亲可敬的好导师。詹老师无私的人格、博大的胸怀、敏锐的思维、灵活的头脑、充沛的精力……每时每刻都在感染着我，使我获益良多。

能成为詹老师的学生，也真是一种缘分。虽然我在大学本科四年级的时候就选修了方言这门课程，但一直没敢奢望成为詹老师的学生。本科毕业那年，我被保送成为山西大学现代汉语专业方言方向的硕士研究生；硕士毕业那年，我还是没敢报考詹老师的博士生，主要原因就是詹老师的名气太大。从大学本科的选修课到硕士课程的学习，我都清楚地记得，老师给我们的阅读书单上很多就是詹老师的著述。对于这样一位语言学大师，我总是怀着崇敬的心情仰望，从没敢奢望近距离接触。

2000 年本人报考北京的博士研究生失利，在工作问题上也有些不顺利，因此决定 2001 年继续报考博士。此时，我硕士时的师姐孙玉卿正好考上了詹老师的博士，在师姐的大力鼓励及推荐下，才斗胆一试。直到笔试结束后，才怀着忐忑不安的心情第一次见到了詹老师。一见面，老师的风趣、随和一下子就把我的紧张驱散了，他的博学、健谈深深打动了我，使我暗下决心，即使这次考不上，来年也一定再报考。所幸的是，那年我成了詹老师的一名学生。詹老师的学生基本上都是南方人，因此，我跟师姐孙玉卿、师妹王红梅成为詹老师仅有的三个黄河以北的学生。说起我和师姐孙玉卿，我们的博导同为詹老师，硕导同为乔全生教授，各自的先生及先生的弟弟都同名，因此，詹老师常开玩笑地说，用我们二人的例子来解释“巧合”一词最合适不过了。

读博那年，我先生辞职陪我来到广州。刚到广州的那段日子很是清贫，詹老师及师母一直在生活上关心着我们。我们家的衣柜、床、电冰箱、煤气灶、煤气罐等都是詹老师支援的，他还亲自督阵，让我的师兄帮我把这些东西搬过去。读博三年，我们大大小小搬家三次，詹老师和师母几次来到我家看望我们。身在异乡，没有一个亲人，詹老师和师母就是我们最亲的亲人。

还想提一件生活上的小事。从我读博开始，总是看到师母把外孙的一件件衣服、玩具送给师兄师姐的孩子，像变戏法似的，总也送不完，人人有份。我是詹老师年龄最小的学生，等我的孩子出生后，同样得到师母一次次的馈赠。每当这个时候，詹老师总是静静地站在旁边，双眼满含慈爱的目光，很是满足。

生活上受到詹老师无微不至的关心和照顾，学业上更是受到老师的谆谆教诲，受益终身。

汉语方言的分区问题一直以来是方言学界的热点问题，在课堂上，詹老师引导我们对这一热点问题进行探讨。在探讨中，大家阅读以往各家对方言分区的看法，积极查看有关方言区的语言材料，渐渐感觉到以往各家的分区各有所长，但也不是没有缺点，从而萌发了提出新看法的想法。关于汉语方言的分区，都是名师大家的观点，我们几个年纪轻轻的学生，有资格对此方言的根本性问题发表看法吗？詹老师似乎看出了我们几个人的疑虑，鼓励我们敢于提出自己的观点。这样，我们同级的几个人一起写出了《关于汉语方言分区的语言条件》，提出了先将汉语方言分为南北两个大的层次，在此基础上再进行分区的想法。同样是在詹老师的鼓励和引导下，我们几个人还写出了《关于广西平话的归属问题》。可以说，没有詹老师的鼓励，就没有上述论文的诞生和发表。

跟随詹老师学习三年，印象最深的还有就是詹老师带领我们参加各种各样的研讨会。在短短的三年里，詹老师想方设法筹措经费，带领我们参加了全国汉语方言学会第十一届学术年会、第五届客家方言暨首届赣方言学术研讨会、第七届闽方言国际研讨会、第九届国际粤方言研讨会、第一届中国语言文字国际学术研讨会、广东省中国语言学会年会等学术会议。从省内的梅州、湛江，到国内的厦门、南昌、西安，再到香港、澳门，大半个中国都带我们走遍了。虽然有时候由于自己偷懒没写文章，从而没有参加个别研讨会，但詹老师那种为了学生到处奔波的精神深深地印在了我的脑海里。

我常常在想，一个什么样的人才能被人们称为大师，想来想去也没有答案。突然之间想到詹老师，我豁然开朗。詹老师作为一代语言学大师，他身上体现出来的特质——高尚的人格、渊博的知识、敏锐的思维、创新的精神、丰厚的成果、充沛的精力、聪颖的天质，再加上后天的勤奋，这些不就是大师的共同特质吗？詹老师本人就是大师的最好诠释。

（华南理工大学国际教育学院副院长）

记恩师二三事

杨　蔚

第一次见恩师是在1995年的夏天。那时，我正为我在硕士论文写作中碰到的一些问题一筹莫展。抱着试一试的想法，很冒昧地向恩师求助，没想到老师很快地答应当面赐教。与老师约定时间后，我从长沙来到广州直接登门求教。在见到老师前，我想作为语言学界的知名学者，老师一定十分严肃、难以亲近吧，内心感到十分忐忑不安。见到老师时，老师一身居家打扮，很亲切和蔼的样子。那天天气异常闷热，下午老师还要飞北京，在电风扇不停的呼啦啦的转动声中，老师认真地听我讲研究思路、主要内容以及面临的难题，很敏锐地指出问题的关键所在，并提出了一些行之有效的解决办法。两个小时的时间在不知不觉中过去了，我觉得思路变得越来越清晰。快到中午了，老师还要为北京之行做准备，我不得不拜别老师，感觉收获实在太大了，不虚此行。

2001年，我有幸成为老师的博士研究生。第一学期老师给我们开了一门汉语方言调查课程，亲自手把手地带领我们调查海南文昌话。每周三次我们聚集在当时方言中心狭窄的资料室里，一个音一个音地核实，一个字一个字地记音，虽然十分辛苦与枯燥，但大家在一起感觉挺开心的。老师对海南闽语了如指掌，时时会如数家珍地说出海南闽语中一些有趣的读音现象，十分生动风趣地列举系列例子告诉我们什么是训读、海南闽语训读的特点，等等。老师还会在调查的空闲，讲他在50年代随中国科学院调查黎语的田野生活：在林莽丛生的树林中穿越，在一望无际的银色沙滩上行走，在湍急的溪流中涉水过河，在没有人烟的辽阔原野放歌……还有喝着用随身物品与当地老乡换来的椰子的惬意……在这里老师还发现了让他脱颖而出的引起语言学界广泛关注的"海南军话"。在收获学问的同时，收获生活带来的点点滴滴！老师是个非常热爱生活、有生活情趣、随时随处都能发现生活美好的人。

和老师在一起，总能体会到学术研究和思想交流带给人的欣喜和快乐。老师随时把他发现的问题一个一个地交给学生来解决，有一次一下交给我们三个问题：刘新中负责方言分区标准的相关问题，崔淑慧负责当时热议中的平话问题，我负责湘南土话的相关问题。老师先让我们穷尽性地收集相关资料，然后每个人把问题摆在桌面上讨论。当时这三个问题都是颇有争议的问题，各家的看法不尽相同，我们三个同学为一些问题争论得脸红脖子粗。刘新中提出方言分区应参照方言词汇、语法的特征，认为从整个汉语方言分区的大格局来看，首先分南、北两个大的层次，南方方言指非官话的东南沿海的方言及处于两者之间的过渡地带的方言，北方方言指官话（包括晋语）。在此基础上，再将南北各方言分为若干方言区。我和崔淑慧认为在第一个层次上就应该将南方各方言划分出来，而不是作二次划分……在争论中，老师总是颔首微笑，在关键的地方加以点拨，时时给出一些睿智的观点。最后，我们三个人都分别在讨论的基础上形成论文，发表在《语言研究》、《语文研究》、《湖南师范大学学报》等刊物上。在思想的交锋中，我们体会到了学术的魅力、学术研究带给人的快乐。

老师是学术上的常春藤，活跃在语言学领域，经常征战于南北，一个学术会议接着一个学术会议，近些年也还是如此，打电话找老师常常要从广州追到香港、追到北京、追到上海……老师学术上是我的楷模，为人上令我敬仰。他是一位睿智、慈爱、充满活力、胸怀博大、可敬可佩的导师。

（华南理工大学新闻传播学院副教授）

良师益友的楷模

——记恩师詹伯慧教授

陈曼君

受业于詹伯慧教授门下，一直是我的梦想。2002 年，我终于圆了这个梦，有幸成为詹伯慧教授的关门弟子。师从詹老师三年，是我收获最大的三年，也是我人生中最为难忘的三年。詹老师对我的教诲和影响是多方位的，它们成为我前进路上最宝贵的精神财富。

宽严结合　各展其长

在学术上，詹老师富有远见卓识，他声名卓著，贡献良多，堪称方言学界的泰斗。但他从不把个人的观点强加给学生，对学生采取的是既严格又开放的教学方式，为学生创造了十分有利的学术成长环境。

凡是涉及原则性的问题，詹老师从不马虎。他在夯实学生的基本功、提高学生的科研能力方面可谓不遗余力、一丝不苟。他平日十分注重提高学生的学术素养，加强各种各样的能力训练，让学生在学业上不敢有丝毫的懈怠。

他既鼓励学生广泛涉猎，扩宽思路，又鼓励学生立足实际，发挥所长，坚定地朝着一个目标行进。因此，在确定学术研究的大方向时，他从不会武断地给学生指派具体的研究领域，而总是要求学生在自己感兴趣、能驾驭的领域里尽可能全面地掌握本领域最新的研究状况，从中寻找最前沿的研究课题，在充分发挥学生主观能动性的基础上培养和提高学生独立从事科研实践的能力。

不过，在放手让学生施展才能的同时，他又能适时地给以切实有效的指导。对学生的科研论文，詹老师尤为重视。俗话说："十年磨一剑。"老师深知这"一剑"的分量和利害。从论文的选题、篇章结构的安排、材料的取舍、文句的组织，到标点符号的使用，都倾注了他大量的心血。他开阔的学术视野和严谨的治学态度，令学生受益终身，感佩终身。

宽厚仁慈　广受爱戴

詹老师的仁者风范是有目共睹、有口皆碑的。他在学界的凝聚力、影响力和感召力，令人深为折服。究其原因，这不仅仅是因为他学识卓著，成就斐然，更重要的一个因素在于，他宽厚仁慈、高山景行。

尽管詹老师在大原则方面从不马虎，但也从不苛求。无论在学术上还是在为人处事上，他总是给学生以充分的成长空间，对于学生身上所存在的不足和欠缺，都能泰然处之、宽容以对；并总是将这些不足和欠缺，视为学生成长过程中不可或缺的一个组成部分，进而化为学生前进的原动力，鼓励学生积极去面对，努力去克服。

平时，詹老师总是和蔼可亲，笑容可掬。在他面前，学生可以无拘无束，畅所欲言。若是遇到什么困难和挫折，学生总是喜欢向他推心置腹，而他也总是乐意成为学生忠实的听众和知心的朋友。他俨然就是一位慈父，一位有着巨大亲和力的慈父，让学生心中充满温暖的同时，油然升起无限的敬意。

读万卷书　行万里路

古人云："读万卷书，行万里路。"这是至理名言。不仅读万卷书重要，而且行万里路也十分重要，甚至可以说是更为重要。从书本里获取的知识都是间接经验，只有经过实践，间接经验才能转化为直接经验，从而得以体会得更为真切、更为深刻、更为透彻。况且，有些乃至许多在实践中学到的经验是书本上学不到的。所以，古人提倡不仅要读万卷书，更要行万里路，这是十分圣明的。詹老师在培养学生的过程中，非常重视古人这一圣明的理念，并自始至终将之贯彻到教学中。

每当国内和港澳地区有什么重要的学术研讨活动，詹老师都会及时通报信息，鼓励学生踊跃报名、积极参加，而且总是亲自率领弟子们前往各个会场。师从詹老师三年期间，我们跟随着詹老师参加本学科各种重要的学术研讨会近十次，足迹遍及海南、广西、贵州、湖南、广东以及港澳地区等地。这期间，既有幸聆听语言学界各路名家们的真知灼见，又有幸聆听来自全国各地和港澳地区的专家学者们的妙语精言；既能见识大异其趣的研究风格、研究路子，又能及时掌握最新最前沿的学术研究动态，在增长见闻和学识的过程中，大大开阔了学生的学术视野，拓宽了学生的研究思路，并进一步夯实了学生的研究基础。

走出象牙塔，走进广阔的学术前沿阵地，与名家、专家和学者进行近距离的接触，亲自领略他们在学术前沿阵地上碰撞出来的种种火花，分享他们的研究心得和学术睿智，所得到的无疑是一笔笔宝贵的学术财富。这让我们深深感受到"行万里路"的重要性和必要性，感受到詹老师栽培学生的良苦用心。

爱生如子　呵护备至

詹老师视生如子，对学生的关爱涉及方方面面，细致入微、感人至深。我能成为詹老师的关门弟子，是幸运的，同时也是幸福的。

在生活上，詹老师嘘寒问暖，常常使身在异乡的学子们找到家的感觉，使一颗颗漂泊而孤寂的心得到极大的宽慰。与此同时，詹老师总是坚守助贫扶弱的原则，对经济较为困难的学生，毅然决然地给以更多的扶助，把一股股暖流送到学生的心坎里。

对学生的学术成长和未来发展，詹老师极为关心，极为重视，也极为支持。无论是学生在读期间还是毕业以后，詹老师的这种关心、重视和支持都是一如既往的。对需要找工作的毕业生，他总是想学生之所想，积极为学生出谋划策，并尽自己的所能努力为学生推荐工作。获悉学生有继续上进、继续深造的念头，詹老师也总是欣慰无比，总是在第一时间给予精神上的鼓励和行动上的支持，努力促成此等美事。每逢学生有学术论著问世，詹老师又总是欣喜万分，欣然为学生的著述作序，十分珍爱学生的学术研究成果，注重从精神上给予勉励和鞭策。每每看到学生的进步，哪怕是一丁点儿的进步，詹老师比谁都开心。

詹老师总是心心念念着他的每一位学生，把每一位学生都视为大家庭中不可或缺的成员，总是尽可能地利用各种机会，制造各种机会，让莘莘学子欢聚一堂，互相学习，共同切磋，畅叙手足之情，把“詹家军”凝聚成一个温暖和谐、团结向上、朝气蓬勃的大家庭。

生命不止　奋斗不息

尽管詹老师即将步入耄耋之年，但他老当益壮。他生命不止、奋斗不息的崇高精神，堪称时代的楷模。

詹老师从1990年被国务院学位办评为博士生导师时就开始带博士生，一直带到2005年才退休。是年，他已是74岁高龄了，早该到了好好颐养天年的时候了。然而，此时他并没有将退休作为人生事业的休止符，而是又进入人生另一个新的开端、另一个新的境界。退休以后，詹老师摆脱了一些杂务的羁绊，更加专心致志地从事自己喜爱的工作。他每日仍不敢有丝毫的懈怠，埋首于电脑旁，为方言乃至汉语事业笔耕不辍，且每每劳作至深夜。尽管已是年迈之躯，但詹老师仍然精神矍铄地频频出现于海内外汉语方言乃至语言学界的学术盛会，始终活跃于学术的最前沿，为他所挚爱的方言乃至整个汉语事业薪火相传及其繁荣发展奔走呼号、建言献策。

退休以后的詹老师不仅继续忙于他的科研事业，还因被香港大学聘任为荣誉教授而继续担任研究生的教学工作，每周都要穿梭于粤港两地。尤为难能可贵的是，詹老师现在还正在主持编撰《中国语言文字大词典·汉语方言卷》。这是一部有史以来最大的方言词典，300万字，全国六七十岁的方言学家都被请来当顾问，50岁左右的被请来当骨干、当编委，可谓集合了全国方言学界两代人的功力。尽管编了半辈子辞书，主持过众多全国重点辞书编纂项目，然而在谈到主持编纂方言大词典这一盛事时，詹老师仍然非常谦逊：“我现在还要‘从头越’。”他非常期待这部方言词典能早日与大家见面。

学高为师，德高为范。而良师，不但要学高，而且要德高；不但要传道、释疑、解惑，而且要播种一种精神、一种力量。这种精神、这种力量足以影响人的一生，感染人的一生，甚至改变人的一生。詹老师不仅是我们的良师，更是我们的益友。他教给我们的不仅仅是一种知识，更是一种精神、一种力量，这种精神、这种力量始终在鼓舞我们为探索真理而不懈努力，鞭策我们为实现理想而勇往直前。

值此詹伯慧教授八十华诞的大喜日子即将来临之际，我谨以此文表达学生对老师的无限崇敬和感激之情。

2010年12月16日

（集美大学中文系副教授）

导师与小学语文教育

杨建国

“春天的脚步悄悄，悄悄地，她笑着走来。”又是一年的春天，我们伴着《广东教学》报（小学语文版）又走过了一年的路程。尽管那一年不算长，但我们在那段时光中曾经体会到“筚路蓝缕，以启山林”的酸甜苦辣。

2003 年 3 月，当报纸要创刊的时候，我特意请詹老师为报纸创刊题词。他老人家欣然题写了“办好语文报小学版，使之成为小朋友喜爱的语文第二课堂”。詹老师的题词凝聚着老一代语言学家对小学语文教育的厚爱。在此后多年的办报过程中，我们的每期报纸都会送给他看，经常请他提意见。因为工作的关系，我这个方言学研究生改行专门从事小学语文教学研究。作为詹老师的门生，我会常常打扰他老人家，请他参加一些小学语文界的活动，每次他都会尽可能地参加。他常说：“别人的活动我可以不参加，我的学生组织的活动我一定要来。”听到这里我很感动。詹老师虽然退休了，但他的社会活动仍然很多。这位在全国享有很高声誉的语言学家能关心、参加小学语文教育事业，积极支持弟子的活动，作为弟子，我感到自己好像又回到了学校生活。那时他老人家为了我们找工作，到处向熟人推荐，要知道多么不容易呀！现在，我身边的许多小学语文界的专家、老师慢慢都熟悉了他这位亲切的语言学老专家了。2008 年 3 月，《广东教学》报（小学语文版）迎来了五周岁的生日纪念活动，我们盛情邀请到了詹老师参加座谈会。詹老师看到小学语文版的快速成长和读者的认同，高兴地鼓励我们要再接再厉，更上一层楼。

2010 年 9 月，我离开詹老师身边已经十八年了，广东省小学语文教学改革也走过了三十年的历程。作为现任广东教育学会小学语文教学专业委员会的理事长、詹老师的学生，我特意请詹老师为我主编的《广东省小学语文教学改革 30 年》一书题词，他老人家写道：“语文知识是各项知识的基础，从小练好语文功，对于提升全民素质十分重要。小语会卅年来为此做了许多工作，值得赞赏。希望锐意进取，精益求精，不断做出新的成绩，为提高小学生的语文水平再立新功。”就是这样一位把我领进师门、教给我知识、教导我做人、教会我成长的老师，在我学成毕业后这么多年里，还在时时刻刻地关心着我的成长，让我感受到自己仿佛还沉浸在他的课堂里一样。

记得我在报纸创刊号上写道：“人们常说春天是播种的季节。我们的小报伴随着春天的脚步，将要在同学们的心中播下希望的种子，这颗种子将把你们心中最美好的愿望变成现实。”其实，詹老师就是这样一位可亲可敬的导师，他给了我们这些学生春天般的关怀，让我们这些种子在温暖的土壤里生根发芽、茁壮成长。

2011 年 1 月于愉景雅苑

（广东省教育厅教研室，广东省小学语文教学研究会会长）

我敬重的詹老师

郑伟聪

新年到了，澳门粤方言学会理事长汤翠兰副教授给我发来祝贺，同时也转来了一个通知。母校暨南大学汉语方言研究中心、暨南大学中文系将于今年7月份，举行隆重庆祝詹伯慧教授八十华诞暨从教五十八周年学术研讨会。这是为他老人家的业绩，为推动语言学研究向前发展而举办的纪念活动。为了这次活动，“詹家军”都已经忙开了。

收到这个通知虽有点儿晚，却告诉了我一个明确的信息，我还算得上“詹家军”的一员！“詹家军”这个名字，是当今语言学界对詹老师培养出的汉语方言研究团队的戏称，也是对詹老师从教五十八年所培养出来的人才队伍的肯定。迄今詹老师已培养博士研究生29人，硕士研究生9人，其中包括来自港、澳、台的博士生5人，硕士生2人。1994年我国首批5名专攻汉语方言学的博士研究生毕业获授博士学位，其中出自詹老师门下的就占了4位。可见，詹老师培养的门生都已成为汉语方言学界的骨干力量了。

如果我还能算得上“詹家军”的编外人员，我也感到十分荣耀。虽然我现在从事的工作已经跟汉语方言学科相距很远，但与“詹家军”的渊源却十分深远。

1983年我考进暨南大学中文系。到学校不久，我就听到了詹伯慧教授的大名，说他刚从外国讲学回来。1984年，詹老师开始招收暨南大学中文系汉语方言专业的第一批硕士研究生（詹家军的种子），我的舅舅林柏松先生（现为美国国防学院中文系终身教授、前系主任）慕名而来，并成为他老人家第一位澳门研究生。由于这个关系，我也有了与詹老师接触的机会。记得第一次见到詹老师是到他们家，是我舅舅林柏松带我去的，同去的还有舅舅的同学甘于恩教授。我记得是过中秋节，詹老师把这两位家不在广州的研究生请去，我沾了边儿。这是我一生中第一次进入大教授的家门。紧张的心情很快就被说话风趣的詹老师缓和了下来，也记住了“猪肚（du上声）子吃多了会肚（du去声）子疼”。这个晚上也认识了和蔼可亲的师母及活泼大方的詹曼云小姐。

大家都说学方言很枯燥，不像学文学，人物、景物、对话、心理，丰富多彩。然而，经过中外文学史、现代汉语、古代汉语、古代诗词欣赏等的基础课之后，我对方言学科却产生了兴趣。在上大三的时候，居然将方言学科列入我的选修课内，并作为我学年论文和毕业论文的选项。作了这样的选择，使我记住了詹老师上课时的一段话：方言是历史的化石，记录了国家和民族的历史；研究方言可以了解到社会、经济、文化和地方历史的发展，意义深远。“军话”的发现就是最好的说明，见证了我国秦代国土的辽阔和强大。也许，80年代初文学艺术理论的单调和乏味，也促使我作出了选择。

这个选择已经过去二十多年了，尽管它并没有使我成为“方言人”，但是，在跟随詹老师学习的阶段，我学会了调查研究的方法，养成了严谨和务实的工作作风，也让我十年的社会工作和十年教书生涯有了立足的本钱。

子曰："志于道，据于德，依于仁，游于艺。"詹老师治学的态度和对晚辈的关心、爱护，"詹家军"中人不无感受。在詹伯慧老师八十大寿兼从教五十八周年庆贺将临的日子里，想想过去，谨用以下话语表达对他老人家的敬重：

蟠桃送来贺大寿，方言探究人聚首。
师生情谊言不尽，詹家军话已成就。

2011年2月春节

（澳门特区政府办）

詹门问学记

吴夏郎

2009年9月1日是我阔别校园十七年后，再一次背上书包当学生的大日子，也是这一天我认识了詹伯慧老师，地点是香港大学明华综合大楼的T7教室。

记得那个黄昏是旧历七月，天气还很闷热。中文学院第四届硕士班的第一堂课，教室里坐着四五十个学生，环顾一张张陌生的脸孔，也不晓得大家的心情如何，但我这个“老学生”却很紧张。准时六点三十分，单师周尧教授陪着一位老先生走进教室，单师步速一向比人快，率先来到讲台前，老先生提着公事包反而落后了几步。待老先生也来到前排坐下，单师简单说了几句开学欢迎词，便从口袋里掏出一张纸条，介绍座上这位老先生——方言学专家詹伯慧教授。单师足足花了五六分钟才把字条念完，当时我心里想，学院里得此礼遇者，能有几人，可见詹教授的地位是何等崇高。我是习传统小学出身的，算是章黄一系。上课前未曾看过詹教授的资料，只知他是王力和袁家骅的嫡传，属现代语言学范畴。学术如果真有新旧派之别，面前这位老先生反较我这个后学晚辈为“新派”，后来认识深了，确证詹老师比我先进得多。记得有一次，詹老师笑着告诫我说做学问不能太过迂腐，即教我想起开学时这个新旧学派的迷思。

詹师开的课程是“现代汉语专题研究”，共分十五讲，每讲一专题，极受同学们欢迎。由于课程紧凑，詹师第一堂课便定下作业题目，并跟大家约好交付日期。到学期中，詹师由于须到广西出席学术会议，恰巧与一节课撞期，于是提出两个折中方案，让大家商议：一是把课顺延一星期，也就是本学期将晚一星期才结束；二是往后的每节课多上二十分钟，以补回少上的时数。当时同学们俱以为后者最优，并无异议，没想到却生出了个小风波。话说过了一星期，我到教室途中遇见单师，打过招呼便径自回教室去，过了约十分钟，还没见詹师到来，暗想可能出了什么事。后来果见单师陪着詹师进来，向大家宣布，有同学向学院发黑函，投诉詹师交作业的日期较别的课为早，并在“多数同学反对下”少上一节课，黑函并威胁如不受理，必向传媒揭发云云。同学们闻言皆十分气愤，立刻发起联署，以示支持如期交作业，依约少上一节课，并要求与发黑函同学对质。单师安抚各人，应该专心上课，勿为这种事烦扰。我当时猜想少上一节课，每节补回来，照理说并无损失，也许该同学平常出席率不足，少了一节刚好不够。单师交代完毕，詹师没多说一句话便上课了。记得老师以耄耋之年站着讲课，一个多小时，不曾坐下过。我坐在前排，心里既是惭愧，也是钦敬，惭愧是因为港大出了这样无理取闹的学生，钦敬的是大师的风范，不管发生了什么事，只要来到讲台上，就得有优美的身段，我永远忘不了这堂课。

学期还没结束，我特意提早先交作业。过了几天因事上广州，顺道拜访詹师，日期是2010年1月11日，这是我第一次私下向詹老师问学。我们来到暨大附近的一家小茶楼，边泡功夫茶边聊天，詹老师原来已经批改了我的作业，谬赏了几句，鼓励可以发表，我以为万万不可，推说在学术上还是个新丁，课堂作业，岂能献丑。后来詹师重提旧事，嘱令参加暨大汉语方言研究中心的学术会议，我虽固辞再三，最终还是硬着头皮参加了。记得会议那一天，我被安排在下午第二场作报告的小组里，詹老师特别跑过来，坐到前排，跟主持人打招呼，并介绍我是他的学生，这使我感激不尽。我的第一篇学术论文、第一次学术报告，就是这样给詹师逼出来的。有时候我会想，前人学道，极重师承，詹门弟子俱为现代语言学界的翘楚，像我这种带艺拜师，不可雕的朽木，詹师实无须花时间刻意栽培。后来我更选择了走古文字的路，老师也不以为忤，大恩大德，唯有铭记于心。

我入门也晚，不肖不成材，今岁适逢老师八十大寿，谨记二三事，并祝愿老师及师母身体健康！

及门吴夏郎谨记

2010年1月18日

（香港《星岛日报》版面统筹总监）

独具慧眼看离合，未泯童心问有无

——记表舅詹伯慧教授

陈　枫　陈　椰

外公家的客厅挂着这样一副对联“铜溪铸剑看离合　石室藏书问有无”。中堂是一首五律：“一往情何重，千年鹤未还。奇愁携手至，莫使念家山。自具风雷气，谁来放浪吟。古芬如可揽，樽酒欲同斟。顺舅雅属　詹伯慧於羊城　丁卯初夏。”

这是表舅詹伯慧教授写给他的舅舅即我们外公的手迹。转眼廿四春秋，又是卯年，纸已泛黄，墨迹犹新，更透出慧舅秀挺清遒的手笔。

外公与慧舅辈属舅甥，但岁数相差无几，相貌也稍似。慧舅幼年曾寄居潮州城内外公家，日寇攻占潮州城时，外公一家也与慧舅到饶平新丰祖厝避难就学，舅甥情谊匪浅。之后数十年离乱，音讯未断，及至80年代之后，慧舅每逢访学途经潮汕，必来探望外公，家中不免热闹一番。我兄弟二人自幼随外公外婆起居，对慧舅的印象是温文尔雅，只知道他就是外公常提起的“大学教授”。那时候大学对我们这些乡村孩子来说是很遥远的事情，“教授”那就同“番客”一样尊贵而缥缈了。

直至2000年到暨南大学读书，多蒙慧舅和舅妈关爱，周末常到他在苏州苑22栋的家中喝茶闲聊，听他细说当年，讲老姑丈安泰先生、饶宗颐、王力等先生那一代的名士风流，渐渐地，才对这位生活中的“大教授”有了具体而微的真切了解。

记得入学时，母亲带我到暨大报到。年近七十的慧舅老早就骑着单车在校门口等候多时。穿着凉鞋，衣着随便，一点儿也没有教授的“架势”。他二话不说，当起搬运工，使劲拎起大袋行李往车篮后架上搁，上车，开踩，敏捷地遛往苏州苑方向。奈何行李沉重，头轻尾重，单车左右摇摆，吓得我们连忙赶上把行李扶稳。“哎呀，把教授压伤了我们可赔不起哦。”母亲打趣地说。“无事无事，我一目了然。”慧舅笑着说。

原来他右眼患疾多年，青光眼又白内障，能见度极低，走起路来一肩高一肩低，但他毫不在乎，“反正还有一只可以用”。我们私下戏称为“独具‘慧’眼”。慧舅的确有“慧眼”，发识不少英才，得而教之，乐此不疲，带出了一支语言学界的“詹家军”。每逢生日，众爱徒围着恩师说说笑笑，如同家人，那是慧舅最欣慰幸福的时刻。

在同辈甚至学生也已退休颐养之时，慧舅却仍然停不下来，或往返于省港设帐授徒，或来回各地赴会，或伏案编撰书稿，而罕见倦意。究其原因，除了保持每晚沿着操场散步锻炼的好习惯外，最重要的是保持一颗不老童心，从不拒绝新鲜事物，对生活有着热忱的好奇心。十年前互联网方兴未艾之时，他就学会了用电脑上网，联系友人，处理教务。今年还织起了“围脖”，加了远在新加坡的“名嘴”侄子詹俊，时刻关注时事动态。

慧舅童心不老，幽默风趣，提携后学不遗余力，因此深孚学林声望，友朋遍布海内。但他也有顽固的时候。他血糖偏高，却爱甜食，尤嗜家乡的芋泥、羔烧番薯等。当医生的舅妈对此严格把关，多次警告："你要吃还是要命?!"当此时，慧舅总是如挨骂孩童般一脸无辜。有一次表姐整理书柜，竟无意发现杂书堆后藏着一罐凤梨酥。不禁忍俊，传为笑谈。

这就是他处世的人生哲学，用他常说的话就是"天塌了当被子盖"。正是这样豁达乐天的胸怀，伴他经受了"运动员"年代的丧亲之痛、下乡当泥瓦匠的艰苦岁月以及太平岁月的教书育人生涯。

对于父母，慧舅怀着一颗赤子之心。为了让父亲詹安泰先生的潜德幽光不致湮灭，他在国门初开之时就悄悄携带整箱父亲遗稿，运至日本与饶宗颐先生商议出版事宜，此后奔走多方，组织学术研讨会，编辑文集手迹，亲开讲座向后学介绍安泰先生的生平学术，维"学文堂"斯文之不坠，正如古人所说："夫孝者，善继人之志，善述人之事也。"

对逝者如是，对在世的百岁老母，慧舅也是孝顺备至。老人年事已高，早已认不出子女，但每逢寿辰，慧舅总要率亲族儿孙办宴祝寿。当我们看到慧舅俯身在大老姑耳边说："妈，我阿慧啊，您今日生日哇……"那一刻，我们才记起，八旬慧舅还是身为人子！两位白发苍苍的老人，在无言对望中，慧舅的眼神中总流露出深长的怜意，那是一种相忘于岁月的无限苍凉，也是身为人子的无尽孝心。

世事变迁，詹家后辈或从商或从艺，没有把语言文学的家学继承下去，但在慧舅这一辈人的言传身教中，那种待人接物的真诚、赤忱却不绝如缕。饶平祖屋润丰楼"学文堂"之名出自《论语》："弟子入则孝，出则悌，谨而信，泛爱众，而亲仁，行有余力，则以学文。"以躬行孝悌信仁之道为本，自是"学文堂"应含之义，从这个意义上说，詹家"学文堂"的精神从未湮灭。

慧舅家中客厅挂着广东省文史馆赠的字"语坛春晖"。愿他这棵"不老松"长沐春晖，经年常青。

（陈枫：《南方日报》记者；陈椰：中山大学哲学系在读博士生）

一位平凡又不凡的长者

施　俊

詹先生是蜚声海内外的著名语言学家和教育家，先生之名，如雷贯耳。他著作等身，桃李天下，在方言学和语文教学等方面尤有建树。先生不凡的形象在我心中打下了深深的烙印。我原以为，身为一介无名小卒，对先生只能仰望与遥想。

然而走进暨南园后，我有幸走近先生，看到了一个平凡的先生。

2007 年 9 月，我负笈广州，到暨南大学陈晓锦教授门下攻读汉语方言学硕士学位。九月的广州酷暑未消，非常闷热，但得知詹先生正是暨大中文系的资深教授后，感觉离先生是那么近，心中暗想：可得一睹先生风采。每念及此，总有一丝清凉划过，倍感清爽。

一次课后，晓锦师说到先生近日生病住院。颇感痛惜，问及原因，却是因为爬高上书架拿书，不小心跌落所致，伤及脊柱，需躺医院静养，所幸并无大碍，亦是幸事。众人听后也是欷歔不已，大呼庆幸。晓锦师建议我们抽空探望先生，我们同门三人就去了医院。先生的病房在某层走廊的尽头，快到门前，我不免忐忑，心里一直默念着那几句自我介绍。可到了病房，突然眼前一亮，阳光透过窗户，房间显得异常明亮。房间里有两位老人，一个躺在病床上，一个坐在病床旁，他们正在对话，似在回忆往昔，又似在憧憬未来：那一定是先生和他的太太。先生穿着一身带浅蓝条的白色病号服，脸瘦瘦的，头上爬满白发，双眼却是极有神。我说我们是晓锦师门下的新生，得知先生抱恙，便来探望，顺便瞻仰先生风采。先生看到我们很高兴，虽然不能起身，但还是挥手热情地招呼我们坐下，并和我们握手，先生的掌心很温暖。先生逐一问了我们的学习生活情况，生活还适应吗？学习任务重不重？几句话便拉近了我们之间的距离，实在就是一位普普通通的长辈，哪里有一丝前辈大家的架子？

此后不久的一个周末，由于先生的太太有要事需离开两日，这两日先生的饮食如何解决？我们那届方言学研究生，只有我一个男生，晓锦师和刘新中老师认为我去合适，于是“重担”便落在我肩。其实也没有什么繁重的任务，就是负责买饭、喂饭。这样，我和先生的接触慢慢多了。两天接触下来，我的感觉是，先生真的就是一位普普通通的老者，和一般的老人并无二致。先生说，等他痊愈，送书给我。当时我只说了感谢先生之类的话，并没有放在心上。

一天清晨，大概七点四十五分左右，我还没起床，迷迷糊糊地接到一个电话，原来是先生打来，叫我去一下他家。我以最快的速度完成洗漱，径直向苏州苑 22 栋快步走去。苏州苑是暨大的老房子，先生家所在的那栋楼边上爬满了常青藤，那是岁月留下的痕迹，就像先生脸上的皱纹，是一种历史的记忆。先生看到我来了，很高兴，拍着我的肩膀，对我说："来，到房间里来，今天要送你两本书。"我不禁心头一热，原来今天先生是特地送书给我。

时值杖朝之年，先生仍不忘方言研究事业，四处奔走参加方言研讨会，为各地方言研究鼓舞士气，为看到一部部方言研究的专著如雨后春笋般涌现而倍感欢欣。每次去先生家里，都会看见他戴着眼镜敲打着键盘，那样子透着一股坚毅，更有一份可爱。我佩服先生如此高龄还笔耕不辍。先生早年腿上有疾，所以走路很有"特色"，只要看到一位老者在暨南园斑驳的树影下一高一低地行走，那就是先生，想必他又忙着为方言事业东奔西走了。

与先生接触多了，便越能感受到先生的普通和平凡。但在这份普通和平凡的背后，我们看到了先生的艰辛和努力、热忱和心血，我们看到了先生平凡背后的不平凡，那是值得我们一生学习的财富。这份财富给了我无穷的力量，让我在今后的学习生活中不断前进。这份财富也给了我一生回味的隽永。正如伍巍老师文中所说："走过暨南园，仰望四楼的窗台上那丛葱葱郁郁仍在攀缘的常青藤，熟悉的人们不禁投以深深的敬意！"

面对挫折，先生说"哪里跌倒就从哪里爬起"；先生送我"宁静致远"四字，体现了对后辈的殷殷期望；先生特地来听我的硕士论文答辩……与先生相关的点点滴滴，说不尽，道不完。"纸上得来终觉浅，绝知此事要躬行"，我以此作为今后学习研究的准则，定不负先生之期望。

值此契机，衷心祝愿先生健康长寿！

（浙江大学2010级在读博士生）

古代汉语

甲骨文的发现与《说文解字》研究

陈炜湛

清末王懿荣发现甲骨文，中国学术史从此揭开崭新的一页，传统语言文字学也进入一个新阶段。

在此之前，有清一代小学以《说文解字》（简称《说文》）为中心，奉为圭臬，《说文》之学乃大盛，读书之人几乎家置一部。《说文》具有至高无上之权威，虽偶有学者疑之，亦止于疑，不敢妄言其非。杰出的古文字学家吴大澂著《说文古籀补》，认为《说文》不是完备无缺，许说不能迷信，理应以古金文字以及古玺、货币、陶文等补其未备。又有《字说》一书，创见甚多。吴较戴（震）、段（玉裁）、桂（馥）、王（筠）诸公前进了一大步。但吴氏之功，主要在“补”，而对许君之说解仍鲜有批评，至多是据古金文另立一说而已。吴氏二书对定《说文》于一尊的局面稍有影响，距“打破”则尚远。①

甲骨文被发现并为世人所知之后，情况便急速变化。由于甲骨文出土，中国文字的源头便一下子上溯到了商代（盘庚迁殷之后），学者眼界大开：孔子所未见，许君所不知的最古的文字，赫然在目！此实两千多年来惊天动地之大事。于是治文字者可直接以甲骨文为研究对象，而以《说文》为释读甲骨文的钥匙与桥梁。应该说，学者之所以能辨认甲骨文，《说文》一书起了很大作用。若无《说文》，释读甲骨文便不可思议。另一方面，随着研究的展开，甲骨文证明：“《说文》并非无误，许君确有不少误解误释者，以往《说文》家们的‘注’、‘笺’、‘句读’、‘释例’等曲为之解，实属徒劳。”② 罗振玉《殷商贞卜文字考》（正名第二）“纠正许书之违失”凡四十余条，《殷虚书契考释》

① 详见陈炜湛：《清代杰出的古文字学家吴大澂》，《古文字研究》第20辑，中华书局，2000年版；又载《陈炜湛语言文字论集》，上海古籍出版社，2005年版。

② 参陈炜湛：《从语言文字学的角度看王懿荣发现甲骨文的伟大意义》，《汕头大学学报》2001年第3期；又载《甲骨文论集》，上海古籍出版社，2003年版。

第五章文字部分又续有所正（如“丞”、“为”、“午”、“射”、“王”等字）。罗氏之后仍陆续有学者根据甲骨文（及古金文）纠正许氏之误解误释。这就打破了定许说于一尊的局面。在研究方法上便是：尊重并依靠《说文》以释读甲骨文，又不为《说文》所束缚，而利用比小篆古老得多的甲骨文反过来纠正《说文》的某些错误。“一尊”局面的打破，《说文》中若干错误被纠正，对许学而言，其实是大好事。对《说文》的迷信状态结束后，实事求是地研究、评价《说文》成为可能，从此，《说文》研究出现了新契机，进入了新的历史阶段。

甲骨文证明《说文》有误，破其“一尊”局面，并不影响此书在中国语言文字学史上的崇高地位，并不影响许慎的字圣地位。一条一条胪列起来，似乎错误甚多，俯拾即是。但就总体而言，所占比例仍极小。《说文》收录篆文 9 353 文，重文 1 163 文，共10 516文。经过一百多年的研究，甲骨文字之可识并见于《说文》者约 1 200 字（据《甲骨文字典》），其中可据以证明许君说解有误者（误说字形、误解字义）究竟有多少，至今尚无精确而权威之统计，据笔者粗略估计，约一百多字，加上其他古文字资料的验证，许书之误亦不足两百。就算有两百字，那又是何概念？经过一千九百年的流传，经过甲骨文（及其他古文字）之检验，说明许氏对文字的说与解，98% 乃至 99% 是正确的，其错误仅占 1% ~2%，这是何等伟大之著作！许君之为“字圣”，当之无愧！今人若我辈的所谓“著作”，能“流传”多少年？能否自诩千年之后仍是 98% ~99% 正确？极力诋毁《说文》的某先生，其“著作”便错误百出，为真正的古文字学者所不齿。

这一基本事实说明，不能因甲骨文证明《说文》有误而肆意夸大，盲目非许，更不可贬损《说文》。以往凡夸大《说文》错误，肆意贬损《说文》的观点都是错误的。20世纪 70 年代初评法批儒期间，受极左思潮影响，我与同事合写过批判许慎“尊孔复古”的文章（容师谓“射许慎一箭”），虽不属这一类，但也有观点错误，因汉人尊孔，无可非议，“复古”一说，并不成立。后作《许学管窥》一文①，实有自我批评性质。

若谓甲骨文之发现与《说文》研究的关系仅在于证明《说文》有误，打破其“一尊”局面，则又是大错特错。

必须着重指出，由于甲骨文的发现及深入研究，更从正面证明《说文》是部不朽巨著，许慎是伟大的文字学家。这可以从以下三方面加以说明。

（1）关于六书理论。此为文字学之核心，许君根据对小篆形体的分析而提出的六书理论，以及戴、段提出的四体二用说，由于甲骨文的发现而得到充分的证明。就文字结构而言，甲骨文的基本结构亦不出象形、指事、会意、形声四种，假借字大量存在。这就是说：“六书理论对甲骨文基本上还是适用的，对于分析和考释甲骨文还是有用的。”“六书理论仍基本上适用于甲骨文。”② 易言之，甲骨文证明，《说文》的理论基础是正确的，不容怀疑，更不必舍此而另立名目。

（2）《说文》保存了大量的古文字字形，不见于传世典籍，由于甲骨文的发现而得

① 载《说文解字研究》第 1 辑，河南大学出版社，1991 年版；又载《陈炜湛语言文字论集》，上海古籍出版社，2005 年版。

② 陈炜湛：《甲骨文简论》，上海古籍出版社，1987 年版。

到证明。如屮部屮，口部啇，辛部辛，収部弇，歺部歺，以及丮、㚅、嫠、艮、葡、叀（此六字亦见于金文）等字，裘锡圭《〈说文〉与出土古文字》① 一文言之颇详，此从略。

(3)《说文》保存了许多文字的古本义，对字形分析的古说，不见用于传世典籍，却与甲骨文相合，由卜辞文例而得以证明，下面试举数例以明之。

卷一，一部："天，颠也。至高无上，从一大。"徐锴《系传》三十三（通论卷上）云："《易》曰：天一地二，《老子》曰：天大地大，故于文一大为天。天之为言颠也无所与高也。"从哲学的角度说天，与许本意不合。段注："颠者，人之顶也，以为凡高之称。"合于许意，但无书证。桂馥《义证》举例甚多，无一例可证"天，颠也"即指人之顶。甲骨文天作，正像人之头顶形，虽多与大同义，亦有用其本义之辞："弗疾朕天。"（《乙编》9067）

卷四，自部："自，鼻也。象鼻形。"小篆作，似乎不大像鼻形。徐锴《系传》："自又鼻之声然。"段注："……许谓自与鼻义同音同，而用自为鼻者绝少也。"桂馥《义证》无书证。自之为鼻，段、桂二家只能从《说文》内部即许君对其他字的说解中找到证明：皇下云："自读若鼻"，𦣻下云："自知臭香所食也。"辠下云："自言辠人蹙鼻苦辛之忧。"博学若段、桂，举不出一条书证。甲骨文出土后，许君"自，鼻也。象鼻形"之说便得到证实，甲骨文自作，正像鼻形，且有卜辞为证："贞：有疾自，唯有它？贞：有疾自，不唯有它？"（《乙编》6385，《合集》11506）②

卷四，𠬪部："受，相付也，从𠬪，舟省声。"小篆"受"作，说为舟省声，颇不易解。段氏坚信，"舟省声盖许必有所受之"。不信许说者乃谓受本从（盘）𠬪会相付之意，乃会意字，从舟者乃其讹变，于是有从舟从凡（盘）之争。甲骨文受为常见字，中皆从舟作，可证许说小篆为舟省声至确。

卷七，鼎部："鼎，三足两耳和五味之宝器也。……象析木以炊也。籀文以鼎为贞字……"大小徐本及段注本解说各异，难辨正误。今有甲骨文为证，知鼎为象形字，三足两耳为其基本特征，除少数见于命辞之鼎外，凡见于前辞者均借用为贞字。"象析木以炊"、"贞省声"固非，但小徐本"古文以贞为鼎，籀文以鼎为贞"则当为许书原文，概括了古代"鼎贞"二字使用情况，事实是，甲骨文以鼎为贞，金文以贞为鼎。

无论从宏观（理论、体系）考察，还是从微观（对具体字的说与解）探究，均足以证明，《说文》虽有1% ~2%的错误，仍不失为不朽之巨著，许君乃名副其实的字圣。这样的评价是破除迷信之后得出的，无论哪派（罗〈振玉〉、王〈国维〉；章〈太炎〉、黄〈侃〉）学者都应该承认。如章、黄一派学者（弟子及再传三传弟子）应承认《说文》确有误；罗、王一派学者（弟子及再传三传弟子）应承认《说文》98% ~99%正确。这是20世纪达成的基本共识。

甲骨文发现后的百余年研究史还从正反两方面证明：熟悉、熟读《说文》，是学习、

① 载《说文解字研究》第1辑，河南大学出版社，1991年版。

② 陈炜湛：《古文字趣谈》，上海古籍出版社，2005年版。

研究甲骨文的前提，《说文》是释读甲骨文的主要武器。拘泥于《说文》，以《说文》（小篆）之是非为是非，固然不利于甲骨文之考释（如[illegible]、[illegible]、[illegible]诸字即不可识）；倘若抛开《说文》，置许说于不顾，必将一事（字）无成。洋人不明此理，致多谬误。近二十余年关于卜辞命辞性质的论争（疑问句、陈述句）可谓一证。我反对洋人谬说，主要靠两条，一是靠《左传》，“卜以决疑，不疑何卜”，再就是靠《说文》：“贞，卜问也。”（已故胡厚宣先生亦如此）

在今后的岁月中，谁想从事甲骨文研究，最好先熟习《说文》，打好基础；谁想深入研究《说文》，最好以一定精力关注甲骨文（及其他出土古文字）研究成果，勿再陷于盲目崇拜状态。甲骨文（及其他出土文字）与《说文》合则俱美，离则互伤，治文字学、古文字学者务必将二者相结合，千万不可厚此薄彼或重此轻彼。（参见裘文《〈说文〉与出土古文字》）

应附带说明，当今有人既不读《说文》，又不读甲骨文，却要从甲骨文讲到简化汉字，反对文字改革，反对语文现代化，还居然著书立说，此类不学无术之辈，则与骗子无异，与严格意义上的学问、学术无关。

2001 年 7 月初稿

2010 年 12 月修订

附记：本文初稿曾在广东省中国语言学会 2000—2001 学术年会（广东湛江）上宣读。

（中山大学中文系教授）

敦煌写本别字异文所见唐五代西北方音疑母

黎新第

20 世纪 60 年代，邵荣芬先生以当时已经出版的《敦煌变文集》、《敦煌曲子词集》等材料中的别字异文为观察对象，作《敦煌俗文学中的别字异文和唐五代西北方音》（即邵荣芬 1963，以下简称邵文），为唐五代汉语西北方音的研究作出了卓越贡献。20 世纪 90 年代，又有黄征、吴伟编校的《敦煌愿文集》（以下简称《愿文集》）出版；进入新世纪，又出版了徐俊纂辑的《敦煌诗集残卷辑考》（以下简称《诗残卷》）。两书所收敦煌愿文与诗集残卷中，亦广有别字异文。近年，除王新华（2008）利用此类材料（限敦煌变文和愿文所见），研究敦煌语音外，迄今罕有学者据以进一步探究唐五代西北方音。这很可能是因为已有诸多经典之作在前，即使探究，也很难出新的缘故。笔者则以为，随着同一性质研究材料的大量增加，未必就不会有新的发现；即使没有新的发现，也可为前人的结论补充证据，使之更为可信或将结论引向深入。因此不揣冒昧，对《愿文集》与《诗残卷》所见别字异文中的音同（或音近）代用例略作梳理，并综合《变文集》、《曲子词集》等所见予以探讨。

笔者总体认同邵文的研究观点与方法。但有一点不同：举凡可能为形近、形讹所致或义同、义近所致的别字异文，或者对构成原因尚存疑问的别字异文，本文一概不取，以消除纷扰。

本文集中探讨唐五代敦煌写本别字异文所显示的疑母状况。以为或可据以部分消除一些认识上的分歧，并获得一些新的认识。

王力先生（1980）认为，疑母“在十四世纪（《中原音韵》时代）的普通话里已经消失，和喻母（云馀）也完全相混了”。在这之前的唐五代西北方音里又如何呢？罗常培（1960）依据四种敦煌写本的汉藏对音材料，认为唐五代西北方音疑母独立。蒋冀骋（1997）重新考察了罗常培（1960）所依据的材料，重新认定疑母独立。邵荣芬（1963）则明示唐五代西北方音疑、影两母和喻母不分。蒋冀骋（1997）亦重新考察了邵荣芬（1963）所依据的材料，以为：从邵氏的举例来看，“疑云相代”仅一例，“疑以相代”能够成立的仅 4 例，说它们“不分”，难以令人相信。这也就是说，蒋冀骋（1997）认为疑母依然独立。

王新华（2008）除以敦煌变文、愿文的通假字等为研究对象外，还充分利用了收集的 18 种对音文献《敦煌吐蕃汉藏对音字汇》的材料，仍旧得出唐五代敦煌语音尚有独立疑母的结论。但同时也指出“云母偶有混为疑母的现象”。

即此已可见，除邵荣芬（1963）外，多数学者都认为在唐五代西北方音（或者说唐五代敦煌语音）中，有独立的疑母存在。

邵文关于疑母的认识为蒋先生所怀疑，显然是因为举出的疑母字与云母、以母等字代用的例子过少。并非巧合的是，笔者在《愿文集》与《诗残卷》中又找到不少疑母字与云母、以母等字代用的例子。谨列举如下：

1．以、疑代用例（3 例）

遗　以脂　宜　疑支（愿 953《伯三四六八》：只遗【宜】王千龄，不合生一疾。）

与　以语　御　疑御（愿 015《社斋文》：观其用，调其与【御】，一受证断而遐升者，僧。）

缘　以仙　愿　疑愿（愿 709《患文》：界缘【皆愿】舍洁【结】，伦【转】生人道、天钟【中】，莫为仇对。）

2．云、疑代用例（6 例）

语　疑语　雨　云麌（诗 794《阙题二首之二》：唾落烟陈【尘】气，山头玉月明。□鸡怕夜语【雨】，桃【逃】出奉黄【凤凰】城。）

寓　疑遇　宇　云麌（愿 146《道家为皇帝祝愿文范本之二》：伏闻乾寓【宇】重光，秘九关而独化；星宫积耀，敞三洞而高居。愿 492《四门转经文》：受灌顶而垂依【衣】，膺转轮而驭寓【宇】。）

炎　云盐　言　疑元（诗 886《阙题二首之二》：今朝疑欲广论炎【言】，恐众交极有异缘。小人辞谢即避去，任后法将即向前。）

圆　云仙　元　疑元（愿 070《斋琬文一卷》：某等忝齐圆【元】首，仰载【戴】皇猷；击壤驰欢，何酬圣泽？抄按：齐字疑为斋字之讹。）

园　云元　原　疑元（愿 150《愿文范本》：鸡原【园】同庆，枝叶连芳。愿 595《结坛发愿文》：吉神吉将，主善族坚守川园【原】；凶神凶将，趁非邪他乡远走。诗 237《秦妇吟》：乡原【园】本贯东畿县，岁岁耕桑临近甸。）

曰　云月　月　疑月（愿 400《咒怨新郎文》：善神齐心加备【被】，日胜曰【月】昌。）

3．影、疑代用例（1 例）

义　疑寘　意　影志（诗 849《曲子名一首》：三月三日范【泛】龙州【舟】，政【正】见李【鲤】鱼水上游。义【意】若【欲】将钓来鸟口，恐怕怪龙动福【复】收。）

4．疑、微代用例（3 例）

无　微虞　吴　疑模（诗 769《五言》：无【吴】山下泪浛【睫】，秦地断长川。抄按：更浛为睫，徐俊引饶宗颐说。）

悟　疑暮　无　微虞（诗 884《念珠歌》：智为珠，惠为线，穿连悟【无】常纵横遍。）

五　疑姥　无　微虞（愿 582《散食文一本》：圆【园】满群昌，六畜五哉【无灾】于木【牧】棇。抄按："圆"或当为"圈"。棇，同檧，木笼。）

说明：括号中的"愿"为《愿文集》的简称，"诗"为《诗残卷》的简称。"愿"或"诗"后的数目字为代用例所在页码。后同。又，除特别说明者外，代用字与被代用字皆依两书辑校者所订。凡所引为书作者所校者皆从略。

首先，相较于蒋冀骋（1997）认定的邵文疑母字与云、以二母字代用的仅有5例，这里则又增加了9例。而且，增加的还有疑、影代用与疑、微代用的4例。合共18例。即使个别代用例仍有可疑（如以、疑代用例中的以“遗”代“宜”，用“遗”似亦通），但已经是一个未可忽略的数量。不仅如此，还可以作一比较。笔者在《愿文集》与《诗残卷》中，仍以穷尽的方式收集到以下疑母字与疑母字代用的例子：

宜	支	仪	支	愿：264，401；诗：774，926
乂	废	艺	祭	愿：319
义	寘	议	寘	愿：568
疑	之	义	寘	愿：887
仵	姥	伍	姥	愿：078
悟	暮	误	暮	愿：866
愚	虞	娱	虞	愿：551
遇	遇	御	御	诗：151
语	语	御	御	愿：623
涯	佳	芽	麻	愿：642，736
牙	麻	衙	麻	愿：403；诗：381
雁	谏	眼	产	诗：150，210
原	元	元	元	愿；502，610，659，950，973
原	元	沅	元	诗：390
愿	愿	元	元	愿：459
乐	觉	岳	觉	愿：017，529
乐	觉	狱	烛	愿：568

共17例。这也就是说，按照本文拟订的范围，在《愿文集》与《诗残卷》中，与疑母字代用的共30例（13+17）。如此，则疑母字与云、以、影、微母字代用的，已经占到总量的43%。这就应当能够支持如下见解：在唐五代汉语西北方音中，疑母已经开始与云、以二母以及影、微二母相混，并且已经程度不轻。至少从敦煌写本别字异文看，说疑母仍旧独立是不尽恰当的。再从此一相混与我国北方地区汉语疑母与云、以、影、微母的历时发展轨迹吻合的特点看，情况就更加如此。

但反过来，似乎也不能说当时当地汉语方音中疑母已经完全失去独立性。一则，13个疑母字与云、以等声母字代用的例子毕竟不是太多，43%的比例也不是很高。再则，疑母字与其他声母字代用的例子分布还不够广泛。即使是单以能够同时出现疑、云、以三母音同、音近字的韵摄而论，也至少包括了遇、止、效、流、咸、深、山、臻、宕、曾、梗、通12个摄。《愿文集》与《诗残卷》疑母字与疑母字代用的例子也分布于止、蟹、遇、假、山、江、通7个摄。但上引疑母字与云、以二母字代用的9例仅见于止、遇、山 3 个摄，就是再加上疑母字与影、微二母字代用的 4 例，也仍旧没有超出这一范围。这是否也意味着在唐五代西北方音中，疑母字与云、以、影、微等母字相混还历时未久呢？

有学者不认同敦煌变文所蕴涵的语音材料反映当时汉语西北方音。如都兴宙（1985）便以为反映的是当时以中原语音为基础、通行于北方绝大部分地区的实际语音。这种看法有一定道理，但这一实际语音也包含了当时汉语西北方言的语音特点，同样不可否认。

参考文献

邵荣芬　1963　《敦煌俗文学中的别字异文和唐五代西北方音》，《中国语文》第 3 期。
黄征、吴伟　1995　《敦煌愿文集》，长沙：岳麓书社。
徐　俊　2000　《敦煌诗集残卷辑考》，北京：中华书局。
王新华　2008　《唐五代敦煌语音研究》，山东大学博士学位论文。
王　力　1980　《汉语史稿》（修订本），北京：中华书局。
罗常培　1961（1933）　《唐五代西北方音》，北京：科学出版社。
蒋冀骋　1997　《近代汉语音韵研究》，长沙：湖南师范大学出版社。
都兴宙　1985　《敦煌变文韵部研究》，《敦煌学刊》第 1 期。

（重庆师范大学文学院教授）

谈音变构词研究中扩大研究材料范围的一种方法

——以“扫”字为例

孙玉文

研究音变构词，《经典释文》极具价值。通过《经典释文》研究汉语史上的音变构词，有时候，书中对某些有异读的字留下来的材料较少，很难作出有效的科学判断，因此某些配对词难以找出原始词和滋生词之间真正的词义区别。要解决这样的问题，当然得利用其他的音义材料。但是既往的研究，对《经典释文》本身的音义材料发掘得还不够。《经典释文》中，有两类材料有助于分析配对词的原始词和滋生词的词义分别。一是在上下文中，陆德明注音为求简洁，同一个字在上文注了音，就在这注音后面加上“下同”、“注同”、“下注同”等文字，提醒这个字下文出现时也读这个音。利用这种提示的文字，无疑可以扩大研究材料的范围。二是对于一字异读，陆德明常常只注破读，不注如字。因为如字读音常见，常常不需要注音。我们可以结合《经典释文》所注释的经典原文，看具体经典中，某字陆德明在哪些地方施了注，哪些地方没有施注。这些没有施注的地方，往往就要读如字。本文试图以“扫”字为例，谈谈如何利用后一种材料解决音变构词中，某些配对词的原始词和滋生词的词义区别问题。欣逢詹伯慧先生八十华诞，谨以此文为先生寿。

一

贾昌朝《群经音辨》主要根据《经典释文》给儒家经典所作的音义，整理出有辨义异读的字的音义之别，但是没有收“扫”字。后来马建忠《马氏文通》，“名字辨音”和“动字辨音”也都未收“扫”字。周祖谟《四声别义释例》、［英国］Downer（唐纳）“Derivation by Tone-change in Classical Chinese”（载 *Bulletin of the School of Oriental and African Studies*，No. 22，1959，London），周法高《中国古代语法·构词编》，在他们的字表中仍然未收“扫”字。

现代汉语普通话，“扫”保留了上去两读。但是去声只用在“扫帚”、“扫把”等词中。“扫帚”、“扫把”是名词，但是其中的“扫”是动词性语素。它跟读上声的“扫”意义没什么两样。《现代汉语词典》上声“扫”下第一个义项：“用笤帚、扫帚除去尘土、垃圾等”，这说明扫地的“扫”读上声；去声“扫”下注释说：读去声的“扫”用于“扫帚”、“扫把”等，义同“扫”的上声读法。（见《现代汉语词典》第五版，2009年）因此，通过现代汉语普通话“扫”的上去两读，仍然无法得知它在古代上去两读的词义分别，同时还会影响到人们对“扫”古代上去两读词义分别作出正确的判断。

单纯看古人字书的材料，也很难看出“扫”上去两读的词义分别。《说文》土部：“埽，弃也。从土，从帚。”大徐本引《唐韵》：“穌老切。”《玉篇》土部：“埽，苏道苏悼二切，《周礼·隶仆》掌五寝之埽除粪埽洒之事。注谓：氾埽曰埽。”手部：“掃，苏道切，除也。《礼记》曰：泛（文按：原文讹作‘汎’）掃曰掃。作‘埽’同。”《广韵》苏老切：“埽，埽除。掃，上同。”苏到切：“埽，埽洒。《说文》：弃也。又桑道切。掃，上同。”《集韵》苏老切：“埽掃，《说文》：弃也。或从手。”先到切：“埽掃骚，拚除也。或作掃骚。”另外，《广雅·释诂三》：“埽，除也。”曹宪《博雅音》：“埽，素考。”即音素考切。

根据以上字书来分析“扫”的音义配合，它的上去两读的词义区别在哪里，得不出明确的结论。《说文》拿“弃也”来作训释，《广雅》拿“除也”来作训释，但是“弃也”和“除也”的具体所指是什么，难以明白；《玉篇》两读摆在一块儿，在古代理解起来可能不成问题，但是在今天会使人产生误会，以为这两读不区别词义；《广韵》上声释义为“扫除”，去声释义为“扫洒”，《集韵》上声引《说文》，去声释义为“拚除也”，这都是拿一个双音词来作训释，今天理解起来，也很难掌握两读的词义分别。更何况，古人拿一个双音词去解释一个单音词，有时候只是取其义近，因此，根据上面所列举的上去声的音义提示，很难分析其两声各义现象。

如果只是将《经典释文》对“埽（掃）”的注音跟相应的上下文结合起来分析，能否得出“扫”上去两读的音义分别？《经典释文》给“埽”注音 19 次，16 次注去声，3 次注上声；给“掃”注音 3 次，除 1 次注异读，另外 2 次也只注去声。陆德明给“埽”注音 3 次，其中 2 次是，《尔雅·释诂》：“拒，拭，刷，清也。”注：“振讯拉拭埽刷，皆所以为洁清。”《释文》：“埽，素老反。”邢昺疏：“《礼记·丧大记》云：拒用巾。《哀十四年公羊传》云：反袂拭面。《周礼·凌人职》云：夏颁冰，掌事秋刷。后郑云：秋凉，冰不可用，可以清除其室。”《释宫》：“东南隅谓之窔。”注：“《礼》曰：埽室聚窔。窔亦隐闇。”《释文》：“埽，素老反。”疏：“案《既夕礼》云：朔月，童子执帚却之，左手奉之，从彻者而入，比奠，埽室聚诸窔，布席如初。卒奠，埽者执帚，垂末，内鬣，从执烛者而东。是其事也。”注上声的例子，都见于《尔雅》。“埽”读上声一般不注音，这里之所以注音，是担心引起误解。由于都是给《尔雅》及郭璞注的“埽”注上声，例证偏少，而且都出现在字书及其注释中，因此也难以得出明确的结论。给“掃”注了上去声的异读，异读只有在人们找出不同读音的分别以后，才好分析古人为什么注异读。因此，注异读的这一例对分辨“扫”的上去之别没有什么帮助。

因此，单纯利用古人的音义材料还无法科学地探索出“扫”的音义之别；要利用《经典释文》分清“埽”上去两读的词义，必须另辟蹊径。

二

上文说到，对于一字异读，陆德明常常只注破读，不注如字。因为如字读音常见，常常不需要注音。我们可以结合《经典释文》所注释的经典原文，看具体经典中，某字陆德明在哪些地方施了注，哪些地方没有施注。这些没有施注的地方，往往就要读如字。利用这种办法能分析出“扫”上去两读的词义分别。

《经典释文》给《周易》、《尚书》、《诗经》、《周礼》、《仪礼》、《礼记》、《左传》、《公羊传》、《谷梁传》、《孝经》、《论语》、《老子》、《庄子》、《尔雅》等十四部儒道二家的经书作了音注。其中，《老子》、《庄子》中没有出现“埽（掃）”。儒家的十二部经典中，“埽”出现28次：《诗》5次，《周礼》4次，《仪礼》8次，《礼记》10次，《论语》1次。“掃”出现3次，均见于《礼记》。但是这里的“扫”，陆德明有不少没有注音。一般来说，这些没有注音的词义应该读上声，也就是常见读法。利用这项材料，能帮助我们扩大材料的范围。首先我们要求出“扫”的哪一个声调是如字。

“埽”的常见读音是上声：《说文》大徐本只收上声；《玉篇》手部只收上声，土部将上声摆在前面。《广韵》在去声下面注上声的异读，上声下面不注。《集韵》将《说文》的释义摆在上声下面。这就启发我们：前人给某部古书作音注，如果某些“扫”不注音，这些“扫”一般应该读上声。了解了这一点，对于我们求出“扫”的上去两读的词义区别非常有好处。上文还谈到，《经典释文》给“埽”注音19次，其中16次注去声，3次注上声；给“掃”注音3次，其中除1次注异读，另外2次也只注去声。这些都说明上声读法更常见，去声反而需要注音。

三

现在，我们可以结合《十三经》中除《孟子》之外的十二经，以及《老子》、《庄子》中所出现的“埽（掃）”，看哪些词义的“埽（掃）”没有注音，这些没有注音的“埽（掃）”词义上跟注去声的“埽（掃）”有什么分别。

“埽（掃）”读上声是指清除污秽，引申为清除。先看没有注音的“埽”。《诗·鄘风·墙有茨》：“墙有茨，不可埽也。”传：“茨，蒺藜也，欲埽去之，反伤墙也。”《周礼·天官·宫人》：“凡寝中之事，埽除，执烛，共炉炭。”《秋官·野庐氏》：“邦之大事，则令埽道路，且以几禁行作不时者，不物者。”《仪礼·大射》：“司宫埽所画物自北阶下。”又：“司马师反位，隶仆人埽侯道。”《有司》：“司宫埽祭。”注：“埽豆间之祭。旧说云：埋之西阶东。”《既夕礼》：“朔月，童子执帚却之，左手奉之，从彻者而入，比奠，举席埽室聚诸窔，布席如初。卒奠，埽者执帚，垂末，内鬣，从执烛者而东。”《丧服》：“大夫为旧君何以服齐衰三月也？大夫去君埽其宗庙，故服齐衰三月也。”《礼记·曾子问》：“父没而冠，则已冠埽地而祭于祢。”《礼器》：“有以下为贵者，至敬不坛，埽地而祭。”疏：“燔柴讫，于坛下埽地而设正祭，此周法也。”《少仪》：“怠则张而相之，废则埽而更之。”疏：“君政若已废坏，无可复张助者，则当埽荡，而更创立为新政也。”再看没有注音的“掃”。《礼记·郊特牲》：“郊之祭也，迎长日之至也，大报天而主日也。兆于南郊，就阳位也；掃地而祭，于其质也。”疏：“燔柴在坛，正祭于地，故云：掃地而祭。”又：“祭天，掃地而祭焉，于其质而已矣。”

以上这些例子都是泛指，不一定用扫帚扫；即使用扫帚扫，也是包括在整个清除污秽的过程中的。例如，《诗·墉风·墙有茨》“扫”的是墙上的“茨”；《周礼·天官·宫人》的“扫除”可能包括用扫帚，但强调的是清除污秽；《秋官·野庐氏》强调的是清除路障；《仪礼·大射》强调的是除去“所画物”，等等。更有的用作抽象的意义。这些绝不是偶然的，说明“埽（掃）”作“清除污秽”和“清除”讲时读上声。

“埽（掃）”，用扫帚除去污秽。去声。《诗·唐风·山有枢·序》：“有朝廷不能洒埽。”《释文》：“洒，所懈反，沈所寄反。下同。埽，苏报反。本又作掃。下同。”所谓“下同”，指《山有枢》“子有廷内，弗洒弗埽”。这是押上声。《豳风·东山》：“妇叹于室，洒埽穹窒。”笺：“洒埽，埽拚也。”《释文》：“洒，所懈反，沈所寄反。埽，素报反。”《小雅·伐木》：“于粲洒埽，陈馈八簋。”笺：“粲然已洒濯矣，陈其黍稷矣。”《释文》：“洒，所懈反，徐所寄反。埽，素报反。”《大雅·抑》：“夙兴夜寐，洒埽庭内。”《释文》：“洒，色懈反，洒也。注同。又所寄反。埽，素报反。”《周礼·天官·阍人》：“凡外内命夫命妇出入，则为之辟，掌埽门庭。”《释文》：“掌埽，素报反。”《夏官·隶仆》：“隶仆掌五寝之埽除粪洒之事。”注：“泛埽曰埽，埽席前曰拚。洒，灑也。”《释文》：“之埽，素报反。注‘泛埽’‘洒埽’同。”《仪礼·既夕礼》：“疾病，外内皆埽。”注：“为有宾客来问也。”《释文》：“皆埽，素到反。”《有司》：“有司彻，埽堂。”注：“《少仪》曰：泛埽曰埽，埽席前曰拚。”《释文》：“泛埽，芳剑反。下素到反。”《礼记·曾子问》：“彻馔而埽，即位而哭。”《释文》：“埽，悉报反。”《郊特牲》：“泛埽反道，乡为田烛。”注：“反道，刬令新土在上也。田烛，田首为烛也。”《释文》：“埽，素报反。”《内则》：“凡内外，鸡初鸣，咸盥漱，衣服，敛枕簟，灑埽室堂，布席。”《释文》：“灑，本又作洒，所买反，又所卖反。埽，素报反。”《少仪》：“泛埽曰埽，埽席前曰拚。拚席不以鬣。”注：“鬣，谓帚也。帚恒埽地，不洁清也。”（从阮元校）《释文》：“泛埽，上芳剑反，下悉报反。”《丧大记》：“疾病，外内皆埽。”注：“为宾客将来问病也。”《释文》：“皆埽，悉报反。”《中庸》：“春秋修其祖庙。”注：“修谓埽粪也。”《释文》：“埽，悉报反。”字亦作“掃”。《曲礼下》：“纳女于天子，曰：备百姓；于国君，曰：备酒浆；于大夫，曰：备埽洒。”《释文》：“掃，悉报反。洒，所买反，又山寄反。”《论语·子张》：“子夏之门人当洒埽应对进退则可矣。”集解：“包曰：言子夏弟子但当对宾客，修威仪礼节之事则可。”《释文》：“洒掃，上色买反，又所绮反。正作灑，经典相承作洒。（从卢文弨校）下素报反。本今作埽。”

有两个情况需要说明。①《尔雅·释天》：“彗星为欃枪。”注：“亦谓之孛，言其形孛孛似埽彗。”《释文》：“埽，素报反。”疏：“彗谓帚也。”《释草》：“葥，王蔧。”注：“王帚也，似藜。其树可以为埽蔧。”《释文》：“埽，素报反。下同。”《尔雅·释草》：“荓，马帚。”注：“似蓍，可以为埽蔧。”《释文》：“埽，苏早反。”同样是“埽蔧”，前面两个注音是去声，后一个是上声，这个“早”可能是个讹字。②《礼记·曲礼上》：“凡为长者粪之礼，必加帚于箕上，以袂拘而退，其尘不及长者。”注：“谓埽时也。以袂拥帚之前，埽而却行之。”《释文》：“谓掃，先报反，又先早反。”这里的“埽”大概是既可理解为泛指，也可理解为特指，因而注了异读。

因此，“扫”的上去两读的音义区别是：原始词，义为清除污秽，清除，动词，苏老切（上声，＊ ᶜs əu/ ᶜs ɑu）。滋生词，特指用扫帚除去污秽，动词，苏到切（去声，＊s əu ᵓ/s ɑu ᵓ）。

四

“埽（掃）”的变调构词应当是上古的某一个阶段产生的。从韵文看，《诗经》时代“埽（掃）”大概处于词义构词的阶段。《诗经》入韵3次，都是押上声，《鄘风·墙有茨》叶“埽（‘墙有茨，不可埽也’），道，道，丑”，《唐风·山有枢》叶“栲，杻，埽（‘子有廷内，弗洒弗埽’），考，保”，《小雅·伐木》叶“埽（‘于粲洒埽，陈馈八簋’），牡，舅，咎”，后两例都是洒扫的“埽”，却押上声。两汉韵文中，“埽（掃）”入韵不多，根据《汉魏晋南北朝韵部演变研究》（第一分册），入韵1次，王褒《僮约》叶“掃（‘晨起早掃’），臼，箒，斗”，不容易判别。南北朝韵文入韵6次，陆机《汉高祖功臣颂》叶“表，讨，赵，埽（‘威亮火烈，势踰风埽’），草”，无名氏《成帝哀策文》“表，埽（‘棱威电埽’）”，张载《七哀》“五，主，膴，虎，户，虏，堵，竖，埽（‘狐兔窟其中，芜秽不复埽’），圃，土，古”，谢庄《和元日雪花》“道，宝，造，藻，杲，掃（‘掩映顺云悬，摇裔从风掃’），表，眇，矫”，王融《奉养僧田篇颂》“埽（‘八桂虽芳风乃埽’），道，老，藻，草，皓”，昭明太子《拟古》“草，皓，掃（‘疏条索无阴，落叶纷可掃’），老”，都是作“清除污秽；清除”讲。但是南北朝的“埽（掃）”无疑是变调构词的，只是洒扫的“埽”没有入韵，因此韵文中没有反映出来。这说明在运用韵文材料研究变调构词时，不能因为滋生词没有押上韵，就认为滋生词的读音跟原始词一样。

唐代韵文材料较多，“埽（掃）”入韵的用例也较多。作“清除污秽，清除”讲押上声的，例如《拟古》十二首之一叶“掃（‘月色不可掃’），道，草，槁，老，讨，早，宝”，岑参《行军诗》二首之一叶“老，保，草，道，浩，讨，掃（‘杀戮净如掃’），镐，堡，枣，抱，昊”，杜甫《雨过苏端》叶“好，早，掃（‘诸家忆所历，一饭迹便掃’），倒，枣，抱，草，保，道”，吕温《道州春游欧养家林亭》二首之一叶“掃（‘桃花成泥不须掃’），老，道”，白居易《长恨歌》叶“草，掃（‘宫叶满阶红不掃’），老”，《妇人苦》叶“掃（‘蝉鬓加意梳，蛾眉用心掃’，指整理），老，道”，杜牧《赴京初入汴口晓景即事，先寄兵部李郎中》叶“道，好，掃（‘明河澹如掃’），早，老，裹，草，讨，考，祷，抱”，温庭筠《春晓曲》叶“道，草，早，掃（‘帘外落花间不掃’），老”，徐铉《北使还襄邑道中作》叶“道，掃（‘河流激似飞，林叶翻如掃’），早，了”，刘云《有所思》叶“道，抱，掃（‘桐花落尽无人掃’）”，寒山《诗三百三首》之一叶“好，掃（‘今日畏人攀，明朝待谁掃’），老，保”，皎然《奉应颜上述真卿观玄真子置酒张乐舞破阵画洞庭三山歌》叶“好，掃（‘攒峰若雨纵横掃’），倒”，贯休《上顾大夫》叶“宝，草，造，抱，道，掃（‘里巷清如掃’），祷，浩，保，岛，藻，槁，脑，讨”，《春野作》五首之一“小，少，草，老，枣，掃（‘戴嵩醉后取次掃’）”，李涉《山中五无奈何》“草，掃（‘拥户不能掃’），道”，尹鹗《满宫花》“悄，袅，掃

（‘满地禁花慵掃’），少，鸟，晓”，李珣《西溪子》“老，到（去声），掃（‘满地落花慵掃’）”，孙光宪《菩萨蛮》“掃（‘小亭花落无人掃’），老”。作“用扫帚清除污秽”讲押去声的，例如，寒山《三字诗》六首之一叶“到，号，噪，掃（‘黄叶落，白云扫’），隩，导，好”。

大约从唐代起，洒扫的“扫”已经可以读上声了，唐代洒扫的“扫”就有押上声的例子，王建《寒食行》叶“道，草，掃（‘畏有家人来洒掃’）”，李绅《忆东郭居》叶“宝，早，倒，昊，潦，道，草，嫂，老，祷，掃（‘庭除还洒掃’），岛，抱”。明吕新吾《演小儿语》中有《笤帚秧》：“笤帚秧，笤帚秧，直干繁枝万丈长。上边掃尽满天云，下边掃尽世间尘。中天日月悬双镜，家家户户都清净。不怕六合掃不了，且向自家心上掃。”这是童谣，其中洒扫的“掃”，跟“了”押上声。现代汉语普通话中，由于“埽（掃）”的上声读法成为强势，“用笤帚、扫帚除去尘土、垃圾等”的“埽（掃）”也读成了上声，跟唐代的情况一脉相承；只有“扫帚”一词中，“埽（掃）”才保留了去声读法。由“扫帚”的“埽”仍读去声，能够断定：“埽（掃）”原来一定是变调构词的，这种变调构词是汉语口语的反映，绝非经师人为。湖北黄州话，“用笤帚、扫帚除去尘土、垃圾等”的“埽（掃）”仍然可以读成阴去，如说“扫地”、“把地儿扫一下儿”；当然也读上声，这可能是受优势方言的影响所致。

段玉裁《说文注》将《说文》给“埽”字的说解“弃也”改为“坌也”。“坌”字《说文》正排在“埽”字的前面，说解是“坌，埽除也。从土，弁声”。这个“坌”也就是洒埽的意思。段云：“坌各本讹弃，今正。此二篆为转注也。”可是他的改动没有版本的依据。今按：《说文》用“弃也”解释“埽”非常有道理。“弃”指的是清除污秽，不是特指用扫帚清除污秽，所以读上声；如果改为“坌”，那么这个“埽”大徐本应该注音苏到切，不是稣老切。段改无据。

在研究音变构词的过程中，有时候感到古人的音义材料留下来的太少。有些疑难问题的解决，需要我们多想办法。本文就是我在研究过程中所作的一种研究方法上的尝试。不当之处，敬请海内博雅匡谬补缺。

参考文献

北京大学中国语言文学系语言学教研室　2003　《汉语方音字汇》（第2版），北京：语文出版社。
班　固　1962　《汉书》，颜师古注，北京：中华书局。
丁度等　1985　《集韵》，上海古籍出版社据上海图书馆藏述古堂影宋钞本影印；《宋刻集韵》，中华书局据北京图书馆藏宋本影印，1989。
丁邦新　1975　《魏晋音韵研究》，中央研究院历史语言研究所专刊（台北）之六十五。
段玉裁　1981　《说文解字注》，上海古籍出版社据经韵楼原刻本影印。
Downer　1959　“Derivation by Tone-change in Classical Chinese”, *Bulletin of the School of Oriental and African Studies*, No. 22, London.
范　晔　1965　《后汉书》，李贤注，北京：中华书局。
顾野王　1983　《玉篇》，中国书店据张氏泽存堂本影印。

郭锡良　2010　《汉字古音手册》(增订本)，北京：商务印书馆。
国学整理社　1986　《诸子集成》，上海书店影印。
汉语大字典编辑委员会　1986—1990　《汉语大字典》，武汉：湖北辞书出版社，成都：四川辞书出版社。
汉语大词典编辑委员会、汉语大词典编纂处　1997　《汉语大词典》(缩印本)，上海：上海辞书出版社。
黄坤尧、邓仕梁　1988　《新校索引经典释文》，台北：学海出版社。
贾昌朝　1934　《群经音辨》(四部丛刊续编本)，北京：商务印书馆。
李波等　1997　《十三经新索引》，北京：中国广播电视出版社。
廉载雄　2010　《汉语“浊上变去”研究》，北京大学博士研究生学位论文。
刘　熙　2008　《释名》，清毕沅疏证，王先谦补，北京：中华书局。
陆德明　1983　《经典释文》，黄焯汇校，中华书局据通志堂本影印。
逯钦立　1983　《先秦汉魏晋南北朝诗》，北京：中华书局。
罗常培、周祖谟　1958　《汉魏晋南北朝韵部演变研究》(第一分册)，北京：科学出版社。
马建忠　1983　《马氏文通》(汉语语法丛书本)，北京：商务印书馆。
司马迁　1959　《史记》，裴骃集解，司马贞索隐，张守节正义，北京：中华书局。
唐作藩　1979　《破读音的处理问题》，《辞书研究》第2辑。
无名氏　1980　《十三经注疏》(阮元校勘本)，中华书局据原世界书局本影印。
许　慎　1985　《说文解字》，中华书局据陈昌治刻本为底本影印。
严可均　1958　《全上古三代秦汉三国六朝文》，北京：中华书局。
张　揖　1983　《广雅》(王念孙《广雅疏证》本)，上海古籍出版社据上海图书馆藏清嘉庆本影印。
中国社会科学院语言研究所词典编辑室　2009　《现代汉语词典》(第5版)，北京：商务印书馆。
周法高　1962　《中国古代语法》(构词编)，中央研究院历史语言研究所专刊(台北)之三十九。
周祖谟　1966　《问学集》，北京：中华书局。

(北京大学中文系教授)

出土战国文献中介词“於”的语义功能

张玉金

摘　要：对于介词“於”可以根据其语义功能进行再分类。介词“於”可以用作主事介词、客事介词、与事介词、凭事介词、境事介词、因事介词、关事介词和比事介词，这些用法之间有源流关系。

关键词：出土战国文献　介词　於　语义功能

应该怎样给介词“於”进行再分类呢？研究现代汉语语法的学者，在对介词进行再分类的问题上主要有两种做法。一是根据介宾短语的语义功能来分类，如赵淑华（1996）将介词分为标志时间、标志处所方向、标志原因目的、标志方式、标志关涉、标志条件依据、标志对象、标志比较、标志排除、标志协同、标志距离、标志所经、标志话题等十三类。二是根据介宾短语的语法功能，如饶长溶（1991），把介词分成四类。①“把”、“被”类：是只能作状语的；②“按”、“照”类：是能作状语、主语前修饰语的；③“向”、“往”类：是能作状语、主语前修饰语、谓语后补语的；④“跟”、“对”类：是能作状语、主语前修饰语、定语的。

研究古汉语语法的学者，在对介词进行再分类时，一般采取上述第一种分类法。如何乐士（2006）把文言文中的“於”分成“对象介词”、“处所介词”、“时间介词”、“原因介词”和“条件介词”5类。又如赵大明（1990）把文言文中“于（於）”、“诸”、“乎”的用法分为18类。

本文基本采用了陈昌来（2002）对汉语介词进行再分类的方法。他根据介词语义功能的不同，把汉语介词分成八大类，即主事介词、客事介词、与事介词、境事介词、凭事介词、因事介词、关事介词和比事介词；各类介词内部还可以再进行分类。

根据我们的研究，出土战国文献中的介词“於”，上述8种用法都用，只是使用频率有很大不同，下边分别加以叙述。

一、主事介词

主事包括施事、致事、经事、系事、起事等。出土战国文献中的介词“於”，介引主事的共有15次，占总次数（1 006）的1.5%，其中介引施事的有9次，介引经事的有5次，介引系事的有1次。未见到介引致事和起事的。

用作施事介词，可译为“被”、“由”的例子如：

（1）不韦（讳）所不李（教）於帀（师）者三……此所不李（教）於帀（师）也。（《上博楚简六·天子建州甲》）不教於师：不被老师所教。

(2) 忐（恐）后豉（诛）於吏（史）者。（《上博楚简六·竞公瘧》）

(3) 君圣人，虘（且）良依子，酒牺（将）正於君。（《上博楚简四·柬大王泊旱》）

(4) 龟尹智（知）王之庶（炙）於日而痨。（《上博楚简四·柬大王泊旱》）试比较：□□於东室，日出炙之。（《九店楚简》53）

(5) 女（如）载马、牛、羊，台（以）出入阐（关），则政（徵）於大府，毋政於阐。（《鄂君启舟节铭》，《集成》18·12113）

这种“於”一般都认为是被动式之标志。但向光忠（2000）认为这种“於”，并非决然为被动语态之体现者。他考察古文献后发现，在传世典籍中，被动句虽常用“于”，而抑或无“于”，主动句虽常无“于”，而抑或有“于”。甚或对举的选择问句，有“于”者为主动态，而无“于”者为被动态；并列的“于”字结构，其一为被动态，另一为主动态。

用作经事介词、可译为“被”的例子如：

(6) 内居西南，妇不媚於君。（《睡虎地秦简·日书甲种》）媚：爱。

(7) 姑（苦）戓（成）豙（家）父事敷（厉）公，为士宧行正（征）迺弜（强），㠯（以）见亚（恶）於敷（厉）公。（《上博楚简五·姑成家父》）

(8) 是以上之亙（恒）孜（务），才（在）讦（信）於众。（《郭店楚简·成之闻之》）

(9) 宦及智（知）於王。（《睡虎地秦简·法律答问》）

用作系事介词的例子如：

(10) 丁巳安於身，癸酉多衣。（《睡虎地秦简·日书甲种》）安：安乐、舒服。

二、客事介词

客事包括受事、成事、位事、任事、使事、感事、涉事、止事等。出土战国文献中的介词“於”，介引客事的有162次，占总次数（1 006）的16. 1%。其中介引受事的有29次，介引位事的有110次，介引使事的有3次，介引感事的有15次，介引涉事的有4次，介引止事的有1次。未见到介引成事、任事的。

用作受事介词、可译为“对”或不译的例子如：

(11) 必中青㠯（以）罹（罗）於勿（物），几杀而邦正。（《上博楚简六·天子建州甲》）罗：包罗、囊括。

(12) 天道贵溺（弱），雀（削）成者以嗌（益）生者，伐於弱，责於□。（《郭店楚简·右一生水》）

(13) 今之弋（式）於直（德）者，未年不弋（忒）。（《郭店楚简·唐虞之道》）式：效法。

(14) 亓政绍（治）而不赏，官而不簝（爵），无萬（励）於民。（《上博楚简二·容成氏》）

(15) 从人观（劝），肰（然）则季（免）於戾。（《上博楚简四·内豊》）

(16) 君子为豊（礼），以依於悬（仁）。（《上博楚简五·君子为礼》）

由于在动作动词和受事宾语之间，一般都不用介词，所以赵仲邑（1964）认为，这种“於”不是介词，而是助词。赵说不可从。动作和受事之间一般是不用“於”的，但有时为了表达特定的语用意义，就用了介词“於”。

用作位事介词，可译为“在”、“到”的例子如：

(17) 僕（仆）之父之骨才（在）於此室之膺（阶）下。（《上博楚简四·昭王毁室》）

(18) 昔尧凥（处）於丹府与藋陵之间。（《上博楚简二·容成氏》）

(19) 视（寘）盂庻（炭）亓（其）下，加圜（圜）木於亓上，思民道（蹈）之。（《上博楚简二·容成氏》）

(20) 臧（藏）於圂中垣下。（《睡虎地秦简·日书甲种》）

(21) 王遅（徙）於鄩郢之散（岁）。（《新蔡楚简》甲二：14、13）

(22) 窺（亲）刺（巡）远方，登於繹山。（《峄山刻石》）

(23) 戊午之日，涉於孟澅（津），至於共、縢之间。（《上博楚简二·容成氏》）

能带位事的动词，主要有三种，一是静态存在动词，如前引的“在”、“处”；二是放置动词，如前引的“藏”、“加”；三是位移运动动词，如前引的“徙”、“登”、“至”、“涉”等。

用作使事介词、可不译的例子如：

(24) 快於吕（己）者之胃（谓）兑（悦）。（《郭店楚简·性自命出》）快於己：使自己快乐。

(25) 三军大败……君乃自怹（过），吕敚（悦）於堇（万）民。（《上博楚简·曹沫之阵》）悦於万民：使万民喜悦。

用作感事介词、可译为“对”或不译的例子如：

(26) 毋辟（嬖）於便俾（嬖），毋倀（长）於父蜺（兄）。（《上博楚简四·曹沫之阵》）嬖：宠爱。

(27) 冒难軔（犯）央（殃），非愮於福。（《上博楚简六·用曰》）愮：爱。

(28) 此言也，言余（舍）之此而尾（度）於天心也。（《郭店楚简·成之闻之》）度：揣度。

(29) 不吕（忌）於天，而吕於人。（《上博楚简六·用曰》）忌：顾忌、忌惮。

(30) 又（有）少（小）辠（罪）而弗亦（赦）也。不菐（察）於道也。（《郭店楚简·五行》）察：明察。

(31) 虗（吾）见於君，不昏（问）又（有）邦之道。（《上博楚简四·相邦之道》）

能带感事的动词主要有两类，一类是情绪类心理动词，如“嬖”、“憮”、“度”、“忌”、“察”；另一类是认知类动词，如“见”。

用作涉事介词、可译为“对”或不译的例子如：

(32) 毋以丑徐（除）门户，害於骄母。（《睡虎地秦简·日书甲种》）

(33) 甚害於邦，不便於民。（《睡虎地秦简·语书》）

可带涉事的动词一般都是性状动词，如前引例句中的“害”。

用作止事介词的例子如：

(34) 其他冗吏、令史掾计者，及都仓、库、田、亭啬夫坐其离官属於乡者，如令、丞。（《睡虎地秦简·效律》）

上例中的“属”为关系动词，其后的“於”引进“属”的止事“乡”。

三、与事介词

与事包括当事与共事。出土战国文献中的“於”，介引当事的有218次，占总次数（1 006）的21.7%；介引共事的有4次，占总次数（1 006）的0.4%。

用作当事介词，可译为“向”、“给”、“跟”的例子如：

(35) 归備（佩）玉於二天子，各二璧。（《新蔡楚简》甲一：4）

(36) 凡宪（托）官於人，是胃（谓）邦固；宪（托）人於官，是胃邦蘼（窳）。（《上博楚简五·三德》）

(37) 忻（祈）福於司禍（祸）、司差、司舵，各一痒（牂）。（《新蔡楚简》乙三：5）

(38) 古之甬（用）民者，求之於吕（己）为亙（恒）。（《郭店楚简·成之闻之》）

(39) 君内（入）而语仆之言於君王。（《上博楚简四·柬大王泊旱》）

(40) 公曰：向者虗（吾）昏（问）忠臣於子思。（《郭店楚简·鲁穆公问子思》）

上面所引例子中的“归”、“托”属于给予动词，“祈”、“求”属于索取动词，“语”

属于告知动词，“问”属于探问动词。

用作共事介词、可译为“跟”的例子如：

(41) 上下和且辑，緍（姻）纪（配）於大国。(《上博楚简四·曹沫之阵》)

(42) 贞：既心疾，㠯（以）合於伓（背）。(《新蔡楚简》甲三：233、190)

上面所引的“姻配”、“合”属于互向动词。

四、凭事介词

凭事包括工具、材料、方式、依据等。出土战国文献中的“於”，介引凭事的很少见。介引工具的有4次，占总次数（1 006）的0.4%；介引依据的有3次，占总次数的0.3%。

用作工具介词、可译为“用”的例子如：

(43) 昔尧之鄉（饗）鍪（舜）也，饭於土轁（熘），欲（歠）於土型（鉶）。(《上博楚简四·曹沫之阵》) 土熘：食器。土鉶：饮器。

用作依据介词，可译为“依据”、“依靠”的例子如：

(44) 壬午生，穀於武，好货。(《睡虎地秦简·日书乙种》) 穀：活着。

五、境事介词

境事包括处所、时间。出土战国文献中的“於”，介引处所的有195次，占总次数（1 006）的19.4%；介引时间的有21次，占总次数的2.1%。

用作处所介词，可译为“在”、“从”、“到”的例子如：

(45) 昔［者］鍪（舜）静（耕）於鬲（鬲）丘，匋（陶）於河宾（滨），鱼（渔）於雷泽。(《上博楚简二·容成氏》)

(46) 垂（禹）乃聿（建）鼓於廷。(《上博楚简二·容成氏》)

(47) 句（后）稷（稷）既已受命，乃飤（食）於埜（野），宿於埜（野）。(《上博楚简二·容成氏》)

(48) 邵（昭）王为室於死泿（滑）之滸（滸）。(《上博楚简四·昭王毁室》)

(49) 大司马邵易败晋师於襄陵之岁，夏栾之月，庚午之日。(《包山楚简》115)

(50) 受餌（闻）之，乃出文王於𡨦（夏）臺（台）之下。(《上博楚简二·容成氏》)

(51) 秎（利）㠯取货於人之所，毋舍人货於外。(《九店楚简》42) 舍：给予。

(52) 郾（燕）客臧嘉闻（问）王於蒧郢之岁。(《郾客问量铭》,《集成》16·10373)

前面说过，静态存在动词、位移运动动词和放置动词后的处所词语为位事。此外，用来表示处所的词语应该属于境事。上引前五例中的“於”应为所在介词，而例（50）和例（51）中的前一个“於”，应为起点介词，例（51）中的后一个以及例（52）中的“於”应为终点介词。

用作时间介词，可译为“在”、“从”、“到”的例子如：

(53) 择日於八月暱祭竞坪（平）王㠯（以）逾至吝（文）君。(《新蔡楚简》甲三：201)

(54) 少（小）人之告繏牆（将）剸（専）於含（今）日。(《上博楚简四·昭王毁室》) 将専於今日：今日将要进行。

(55) 人之败也，亙（恒）於丌（其）叡（且）成也败之。(《郭店楚简·老子丙本》)

(56) 为之於丌（其）亡又（有）也，絧（治）之於丌未乱。(《郭店楚简·老子甲本》)

(57) 六帝兴於古，簷（皆）采（由）此也。(《郭店楚简·唐虞之道》)

(58) 於言又（有）之：袠袠㠯（以）至於含（今）才（哉）。(《上博楚简五·姑成家父》)

上引前四例中的“於”应为所在介词，例（57）中的“於”应为起点介词，例（58）中的“於”应为终点介词。

六、因事介词

因事包括原因、目的。出土战国文献中的“於”，用来介引原因的，只有1例。未见到介引目的的。

用作原因介词、可译为“因为”的例子如：

(59) 臣为君王臣，介備（服）名，君王遂凥（处），辱於孝（老）夫。(《上博楚简六·平王问郑寿》)

七、关事介词

关事包括对象、范围、方面、条件。出土战国文献中的“於”，用作对象介词的有22次，占总次数（1 006）的2.2%；用作范围介词的有282次，占总次数的28%；用作方面介词的有25次，占总次数的2.5%。未见到用作条件介词的。

用作对象介词，可译为“对”、“对于”的例子如：

(60) 君子之於誊（教）也，丌（其）道（导）民也不寖（浸），则丌淳也弗深悏（矣）。（《郭店楚简·成之闻之》）

(61) 君子之於言也，非从末湰（流）者之贵。（《郭店楚简·成之闻之》）

(62) 豊（礼）之於屖（尸）窗（庙）也，不腈（精）为腈（精）。（《上博楚简六·天子建州甲》）

(63) 女（如）天（夫）毋悉（爱）珪璧希（幣）帛於山川，毋乃不可？（《上博楚简二·鲁邦大旱》）

(64) 士又（有）志於君子道，胃（谓）之時（寺）士。（《郭店楚简·五行》）

(65) 不汲於利，民产又芮。（《鸟书箴铭带钩》，《集成》16·10407）

对象介词和前面谈到的与事介词（包括当事介词、共事介词）很类似，意思也差不多，不过两者是有区别的。首先，与事介词所介引的成分是句子语义结构中必有的语义成分（配价成分），而对象介词所介引的成分则只是句子语义结构中可有的语义成分。前者如“问忠臣於子思”中的“子思”，后者如“士有志於君子道”中的“君子道”。其次，能支配与事的动词有交接动词、称呼动词、针对动词、互向动词，而能支配对象的动词是上述四种动词之外的其他动词。

用作范围介词，可译为“在……中/里”、“在……上”、“从……中/里”的例子如：

(66) 情生於眚（性），豊（礼）生於情，厰（严）生於豊，敬生於厰，悳（望）生於敬，耻生於悳（望），悡生於耻，歉（廉）生於悡。（《郭店楚简·语丛二》）

(67) 誊（教），所以生悳（德）於宙（中）者也。豊（礼）复（作）於青（情）。（《郭店楚简·性自命出》）

(68) 又（有）人安（焉）又（有）不善，𤔔（乱）出於人。（《上博楚简三·恒先》）

(69) 甲乙有疾，父母为祟，得之於肉。王母为祟，得之於黄色索鱼、堇酉（酒）。（《睡虎地秦简·日书甲种》）

(70) 又（有）祱（祟）见於卲（昭）王、蕙（惠）王、文君、文夫人、子西君。（《新蔡楚简》甲三213）

(71) 頣（夏）栾：建於未、𩏂於申、敓於栖（酉）、坪於戌、窒於亥、工於子、坐於丑、盍於寅、城於卯、复（復）於晉（辰）、蓈於巳、敚於午。（《九店楚简》16）

(72) 既为金桎，或（又）为酉（酒）池，毿（厚）乐於酉（酒）。（《上博楚简二·容成氏》）

范围介词和前面讲过的处所介词不同。处所介词所介引的词语往往都是处所名词，与介词一起表示动作行为的所在、起点和终点。而范围介词所介引的词语一般不是处所名词，这些词语与介词一起表示动作行为的范围。如前面引过的“乱出於人”是说祸乱是从人里边出来的。“於人”表示“出”的范围。不过，处所介词和范围介词确实比较相近，有时候难以区分。

用作方面介词、可译为“在……方面”的例子如：

(73) 民訢（慎）於言而數（谨）於行。旹（诗）員（云）：“穆穆文王，於幾义之。”（《上博楚简·紂衣》）

(74) 此不贫於斅（美）而福（富）於悳（德）与（欤）?（《上博楚简四·曹沫之阵》）

(75) 厚於义、専（薄）於悬（仁），障而不罣（亲）。（《郭店楚简·语丛一》）

(76) 非之而不可亚（恶）者，簹（笃）於悬（仁）者也。（《上博楚简一·性情论》）

(77) 古（故）君子惇於仮（反）吕（己）。（《郭店楚简·穷达以时》）

(78) 衣備（服）逃（过）折（制），遊（失）於美。（《上博楚简五·三德》）

方面介词和范围介词也是很相近的，有时难以区分。但方面介词是介引方面的，从领域的角度讲，它所介引的往往比范围介词所介引的窄。正因如此，方面介词常常成对使用，和它的宾语一起，表示这方面如何、那方面怎样，如前引例（73）至例（75）。由此看来，典型的方面介词是可以跟范围介词区别开来的。

八、比事介词

出土战国文献中的“於”，用作比事介词的有14次，占总次数的1.4%。

比事介词可以分为两类：一类是用来比高下的，这时“於”前一般是形容词；另一类是用来比异同的，这时“於”前一般是“异”或“同”。

前一类“於”，一般可译为“比”，例如：

(79) 肰（然）则臤（贤）於垔（禹）也。（《上博楚简五·君子为礼》）

(80) 氏（是）古（故）臤（贤）人大於邦。（《上博楚简五·季庚子问於孔子》）

(81) 计脱实及出实多於律程，及不当出而出之。（《睡虎地秦简·效律》）

(82) 盗罪轻於亡，以亡论。（《睡虎地秦简·法律答问》）

(83) 丌（其）欲雨或甚於我。（《上博楚简二·鲁邦大旱》）

后一类“於”，可译为“跟”，例如：

(84) □異（异）於丘之所昏（闻）。（《上博楚简五·季庚子问於孔子》）

(85) 今异於而（尔）言。（《上博楚简四·曹沫之阵》）

(86) 所以异於父，君臣不相才（存）也。（《郭店楚简·语丛三》）

我们对出土战国文献中介词“於”的每一个用例都进行了分析，制成了下表：

出土战国文献介词“於”语义功能统计表

语义功能 \ 文献		战国金文	战国简牍·楚简	战国简牍·秦简	战国帛书	战国玉石文字	合计	
主事介词	施事	2	7				9	15
	经事		3	2			5	
	系事			1			1	
客事介词	受事	2	25	2			29	162
	位事	10	85	14		1	110	
	使事		3				3	
	感事	1	13	1			15	
	涉事			4			4	
	止事			1			1	
与事介词	当事	1	213	3		1	218	222
	共事		4				4	
凭事介词	工具		4				4	7
	依据			3			3	
境事介词	处所	7	163	23		2	195	216
	时间		21				21	
因事介词	原因		1				1	1
关事介词	对象	1	18	2		1	22	329
	范围	1	277	4			282	
	方面		24	1			25	
比事介词	比事		12	2			14	14
於是乎			29				29	29
残　辞		1	10				11	11
合　计		26	912	63	0	5	1 006	

由上表可以见到，出土战国文献中的“於”，主要的用法是用作关事介词（329 次），与事介词（222 次）、境事介词（216 次）和客事介词（162 次），其余用法都很少见。

由上表还可以见到，介词“於”在楚简中常见，共有 912 次，而在秦简中却少见，共有 63 次。可以作参照的是助词“者”，“者”在楚简中出现 483 次，而在秦简中出现 714 次。可见，“於”少见于秦简，是其地域性特征之一。

出土战国文献中介词“於”的语义功能是多样的。这多样的语义功能的源流如何？

洪波（1988）曾把动词用法和介词用法的“於”和“于”的意义概括为一些义项，并探讨这些义项之间的源流关系，他的结论如下图所示：

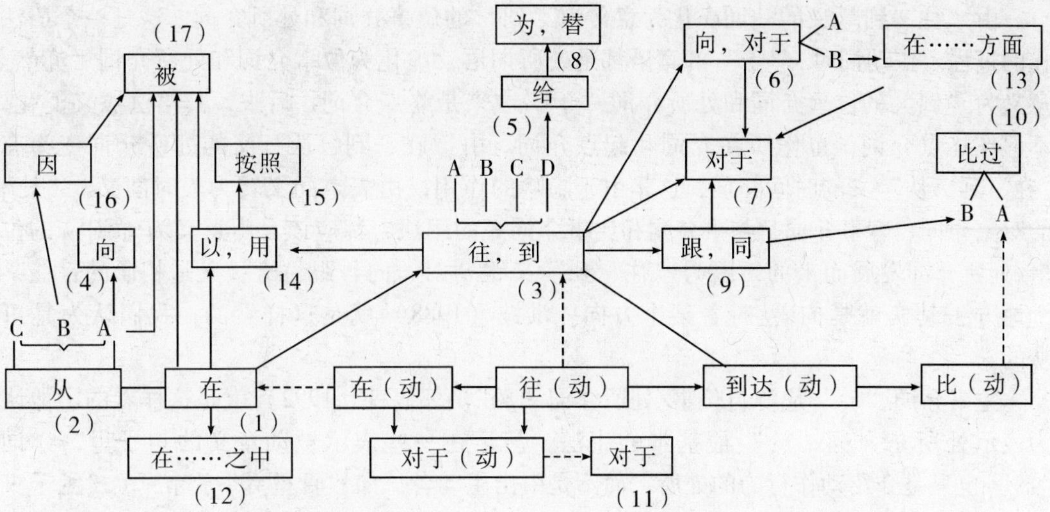

洪波（1988）能认真地思考“於”、“于”各个义项之间的联系，这是可贵的。不过，洪波的说法也有三点值得思考之处。首先，他认为动词“于”由“往”义引申出动词“到达”义、“在”义、“比”义。洪波认为“於”作动词有“在”义、“比”义和“对于”义，这种看法不太可靠。比如他认为动词“于”有“在”义，但所举的三个例子中的“于”都应是介词。又比如他认为“於”有“对于”义，但所举的两个例子中的“于”也都是介词。其次，动词“于”虚化为介词之后，其意义的发展已不同于实词词义的引申，不能等量齐观。最后，有些义项的发展，不一定如上图所示。比如说他认为“以、用”义来自“往、到”义，“在……中”义来自“在”义，同时又认为“在……方面”义来自“对于”和“向、对于”义，这些都令人难以理解。

我们认为介词“於”语义功能的发展应如下图所示：

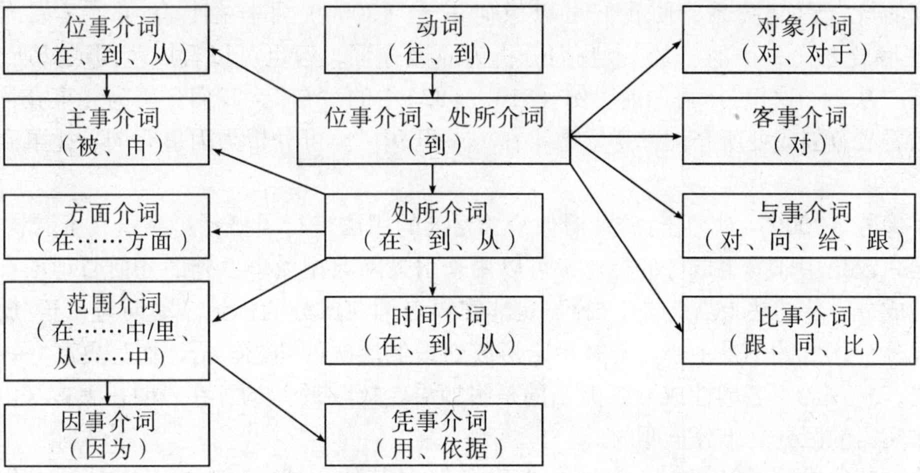

由“往、到”义的动词虚化为意义为“到”的位事介词和处所介词，这是一个语法化的过程。作动词时，“于”的宾语都是处所词语，虚化为位事介词和处所介词后亦然。意义为“到”的位事介词和处所介词“于”本来是终点介词，后来，其语法意义泛化，不但作终点介词，也作所在介词和起点介词。由“在、到、从”义的处所介词变为有“在、到、从”义的时间介词，这是由于隐喻的作用，由表空间义转为表时间义。“於”的对象介词、客事介词、与事介词和比事介词等的用法，都应该是由意义为“到”的位事/处所介词发展而来的，因为“往、到”义跟“对、向、跟、给”义是相通的：往某个地方去其实就是向着/对着某个方向。洪波（1988）就是这样看的，我们认为是可从的。

主事介词“於”应源自位事/处所介词“於”。郭锡良（1992）就是这样看的。他认为表示处所是介词“於”最基本的用法，甚至在一些表示被动意义的句子里，介词“於”也只是介绍动作行为的处所，而不是引出主动者，如“百里奚举於市”（《孟子·告子下》）。在个别表示被动意义的句子里，介词“於”究竟是引出主动者还是介绍动作行为的处所是不容易确定的。如“昔司马喜膑脚於宋，卒相中山”（邹阳《狱中上梁王书》）、“屈原放逐於楚国”（《盐铁论·相刺》），这里的“膑脚於宋”和“放逐於楚国”可有两种理解，“於＋名词”既可以认为是介绍动作行为的处所，又可以认为是引出动作行为的主动者。郭锡良说可从。

处所介词“於”是“在”、“到”、“从”的意思。由此义逐渐抽象化和泛化，引申为“在……中/里”、“从……中”，这样就变成了范围介词；由处所介词的意义引申为“在……方面”，就变成了方面介词。“因事介词”、“凭事介词”其实都是源自范围介词。先看下引两例：（a）余必使尔罢於奔命以死。（《左传·成公七年》）（b）於诸侯之约，大王当王关中，关中民咸知之。（《史记·淮阴侯列传》）前引（a）例中的“於”，何乐士（2006）认为可译为“由于”；（b）例中的“於”，何乐士（2006）认为可译为“根据”。其实，这两个“於”原来都是“在……中”的意思，只是由于“於”的宾语和前面动词的特定语义关系，使我们可以像何乐士（2006）那样翻译罢了。又如前引例（59）“辱於老夫”中的“於”，我们分析为原因介词，但也可以看成范围或处所介词，意思是“从……这里”。再如前引例（81）、（82）中的“於”，我们分析为凭事介词，但也可以看成范围或处所介词，意思是“在……里/中”。可分析为因事介词、凭事介词的“於”很少。

董秀芳（2006）对“于/於”看似纷繁复杂的用法进行了概括：从语义上看，“于/於”是古汉语中非受事成分的标志，可以用来引进除典型受事以外的任何与动词有关的名词性成分。从句法上看，“于/於”是非宾语名词性成分的标记，动词与“于/於＋名词性成分”构成的不是中心语与补足语形成的最低层次的动词短语，而是更高一级的动词短语，“于/於＋名词性成分”充当的是附加语。“于/於”的存在表明在上古汉语中宾语与非宾语的区分是十分重要的。

董秀芳的看法可以商榷。首先，“于/於”跟其他介词一样，也是由动词虚化而来的，它也必然跟其他虚词一样，走语法化的道路（另详拙文《关于介词“于”起源的问题》)。既然走语法化的道路，它的各种用法之间也必然是有迹可寻的。其次，“于/於”用来引介受事的例子并不少见，前面说过，在出土战国文献中，这种用法有29次。受事前用不用“于/於”，主要不是受事典型不典型的问题，而是受事是否被强调的问题。再次，非受事成分前用“于/於”并不均衡，有些非受事成分前常用“于/於”，如“处所”、“位事”、“范围”、“当事”前；有些非受事成分前很少用“于/於”，如“原因”、“工具”、“依据”、“共事”前；有些非受事成分前从不用“于/於”，如“目的”前。最后，“于”在甲骨文中已经是一个很常用的虚词，又是单音节，到战国时代仍然常用(这时常写作“於”)，它发展出较多的用法是自然的。在汉语的实词（比如“为”）中可以看到类似的现象。“于/於”的用法虽多，但常见的用法并不多。这些常见的用法之间的发展脉络是很清晰的。

附　注

本文使用的出土战国文献主要有四种：

一是战国金文。主要见于下列两部书：一是《殷周金文集成》（18册），1984年4月至1994年12月，中华书局出版；二是《新收殷周青铜器铭文暨器影汇编》，台湾艺文印书馆，2006年4月。前书收录的金文，一般以各个分册交付出版时已经发表和掌握者为限，多数分册断至1985年年底。后者收录《殷周金文集成》出版后至2005年底新出土的金文，也间收《殷周金文集成》漏收的金文。前者共收金文11 983件器，后者共收2 005件器。从上述两书中选出战国时期的金文。

二是战国简牍文字。主要包括五里牌楚简、仰天湖楚简、杨家湾楚简、信阳楚简、望山楚简、九店楚简、包山楚简、郭店楚简、上博楚简、新蔡楚简、香港中大楚简、睡虎地秦简、睡虎地秦牍、青川秦牍、放马滩秦简、岳山秦牍、龙岗秦简、周家台秦简、曾侯乙墓竹简等。

三是战国帛书。主要有长沙子弹库战国楚帛书。

四是战国玉石文字。主要包括守丘石刻、诅楚文、峋嵝碑、行气玉铭、玉璜箴铭、峄山刻石、秦骃玉版铭等。

应该说明的是，上述语料有一些已晚到秦代。

参考文献

蔡镇楚　1983　《试谈古汉语介词结构的语法功能》，《语文研究》第10期。

陈昌来　2002　《介词与介引功能》，合肥：安徽教育出版社。

董秀芳　2006　《古汉语中动名之间“于/於”的功能再认识》，《古汉语研究》第2期。

方平权　2000　《关于介词“于”由先秦到汉发展变化的两种结论》，《古汉语研究》第2期。

冯其庸、邓安生　2006　《通假字汇释》，北京：北京大学出版社。

郭锡良　1997　《介词“于”的起源和发展》，《中国语文》第2期。

郭锡良、李玲璞　1992　《古代汉语》（上），北京：语文出版社。

郭锡良　2005　《汉语介词“于”起源于汉藏语说商榷》，《中国语文》第4期。

何乐士　2004　《〈左传〉的介词“于”和“於”》，《左传虚词研究》（修订本），北京：商务印书馆。

洪　波　1988　《"于""於"介词用法源流考》，《语言研究论丛》（第5辑），天津：南开大学出版社。
罗国强　2007　《"于"字的动词用法探讨》，《古汉语研究》第2期。
梅祖麟　2004　《介词"于"在甲骨文和汉藏语里的起源》，《中国语文》第4期。
孟蓬生　2001　《上古汉语同源词语音关系研究》，北京：北京师范大学出版社。
蒲立本　2006　《古汉语语法纲要》，北京：语文出版社。
裘锡圭　1980a　《甲骨文中的几种乐器名称》，《中华文史论丛》第2辑。
裘锡圭　1980b　《释柲》，《古文字研究》（第3辑），北京：中华书局。
饶长溶　1991　《再说次动词》，《语法研究和探索》（五），北京：语文出版社。
时　兵　2003　《也论介词"于"的起源和发展》，《中国语文》第4期。
王海根　2006　《古代汉语通假字大字典》，福州：福建人民出版社。
王鸿滨　2004　《上古汉语介词的发展与演变》，《上海师范大学学报》（哲社版）第5期。
向光忠　2000　《古文献施受句谓语体词间之"于"考》，《徐州师范大学学报》（哲社版）第1期。
解惠全　1987　《谈实词虚化》，《语言研究论丛》（第4辑），天津：南开大学出版社。
赵大明　1990　《论汉语介词发展中的功能专一化趋势》，《陕西师范大学学报》（哲社版）第3期。
赵淑华　1996　《介词和介词分类》，《词类问题考察》，北京：北京语言学院出版社。
赵仲邑　1964　《论古代汉语介词"于"、"於"、"乎"》，《中山大学学报》第4期。
周国瑞　2004　《介词"乎"和"于（於）"用法之比较》，《殷都学刊》第3期。

（华南师范大学文学院教授）

现代汉语

语文生活与教研

语文随笔十则

曹先擢

1. 字母词。《现代汉语词典》附录收的一些字母，如 IT（英 Information Technology 的缩写）信息技术、GDP（英 Gross Domestic Product 的缩写）国内生产总值，在一定程度上进入了我们的口语，"汉化"的程度相当高。字母词，赵元任先生称为 operational synonyms，译为作业同义词（《赵元任语言学论文集》，商务印书馆，886 页）。有趣的是，还可以见到把汉语的简称也用英语的字母词来表现，如中国工商银行写作了 ICBC（英语为 Industrial and Commercial Bank of China）。我曾经问一位银行的工作人员，能不能将这 ICBC 还原为英语非简称形式，她说不知道。可见，英语汉化我们能接受，而汉语英化能知其英语的大概没有多少人了，于是人们用汉语拼音来调侃了：I（字母呼读为 ai 爱）C（cun 存）B（bu 不）C（cun 存），ICBC 被解读为"爱存不存"，妙哉。

赵元任先生说："汉语语素和文字单位的单音节性对于在各种条件下使用符号式作业同义词，有一定好处。汉语中的简称和缩略词总是给出语素而不是给出音位，或者从文字上说，总是给出字而不是字母。例如'执委会'指'执行委员会'……音节式的缩略词，在英语里只是偶尔使用。Cal/Tech/kæ/tek/（加州理工学院），有六个音位，长度大致等于七个音位的 MIT/em/əytiy（麻省理工学院）。"汉语里的缩略词（如北大、联大）都属于 Cal Tech 的类型。现在咱们使用的字母词 ICBC 则属于 MIT 的类型了。上面赵先生所说汉语中"总是给出字而不是字母"，现在看来情况有变化了：字母词用例屡见不鲜，如以 GB 表示"国标"等。

我的一位朋友从加拿大来，我与他讨论 ICBC 问题，他说 ICBC 在加拿大温哥华则指 Insurance Corporation of British Columbia，是加拿大的一家省保险公司。

2. 形小异而义迥别。下面是唐代王维的两句诗："銮舆迥出千门柳，阁道廻看上苑花。"（《奉和圣制从蓬莱向兴庆阁道中留春雨中春望之作应制》）迥与廻是形近字，在这里碰面了，形小异而义有别。“迥”指远（《说文》“迥，远也”），其义源于冂（同），《说文》：“冂，邑外谓之郊，郊外谓之野，野外谓之林，林外谓之冂。”诗人用“迥出”写銮舆车队前后逶迤而行，规模盛大，远远的“千门柳”也在视野之中了。“廻”指迂回曲折，回字古文作如水的旋涡状。这里的“阁道”不是指“栈道”而是指“复道”，即双行线、多行线，是多层次的，“阁道廻看上苑花”。这种多层次性说明上苑花的繁盛。王维以诗中有画而著名，下面的诗句是“云里帝城双凤阙，雨中春树万家人”，分别是向上仰视和向下俯视了，四句构成立体的画面。

迥与廻，如果从字形出发，探寻本义，对理解也许是有帮助的。

3. 䣊、黨、党。有人说政党、乡党的“党”，繁体字作黨，为什么义符是“黑”？其实，在《说文解字》里表示乡党的党作䣊，左边是尚，表示音，右边是邑（楷书作右耳朵旁），是义符，表示基层行政单位，再引申指一定的群体。在应用中用了同音字“黨”，“黨”本指“不鲜”，汉末的《释名》中说“五百家为黨”。可见，它很早就代替本字䣊，资格很老。“黨”简化为“党”，是晚近的事。

4. 风马牛不相及。在刮风天，马与牛行进的方向不同。马是逆风而行，古诗云：胡马依北风。牛是顺风而行，所以草原上的火灾多烧死牛。这是中央民族学院贾敬颜教授说的（1992 年 6 月 14 日《人民日报》8 版转载 5 月 30 日《周末》）。宋人张世南《游宦纪闻》卷三：“牛走顺风，马走逆风，故楚子曰：‘君处北海，寡人处南海，唯是风马牛不相及也。’意思是说齐楚两国距离很远，即使牛马走失，也不致跑到对方的境内。一说马牛不同类，雌雄不相引诱。后用来比喻两件事情毫不相干。”

5. 金砖四国。报纸、电视等上常见“金砖四国”这一说法，用来指巴西、俄罗斯、印度、中国。“金砖”二字怎么来的？原来在英语里四国为：BRAZIL（巴西）、RUSSIA（俄罗斯）、INDIA（印度）、CHINA（中国），取它们的第一个字母加一个收音 K，则成为 brick，这个词英语指砖，四国有较高的外汇储备，故名曰“金砖四国”了。

6. 岛。“岛”是一个合成字，上面是鸟（省去了一横；楷书是四点；古文字是鸟爪子），下面是“山”。而语言文字在应用中（主要是地名），山又是可以直接指“岛”。以下注释皆采自《辞海》，如【焦山】“在江苏省镇江市东北长江中。”【金山】“在今江苏镇江市西北。本在长江中，清末江沙淤积，始与南岸相连。”【普陀山】“即普陀岛。在浙江省东北部莲花洋中。属舟山市。”此外，广东的龟山是岛名，湖北的龟山在陆地。而青海湖的海心山，既是山，因为是高出的陆地；也是岛，因为在湖里。从义素分析法说，山只有一个义素：高出地面的陆地；岛有两个义素：高出地面的陆地，在水里的（部分在水里，部分与陆地相连，称半岛）。从概念上讲，山概念的内涵简单，外延大；岛概念的内涵丰富，外延小（比较而言）。以山指岛，内涵增加，外延缩小，“在水里的”这个义素潜藏了，与通常的“山”不同，是一种特殊用法。

《光明日报》2010 年 2 月 23 日“探索”专栏，大标题“锦州：学术研究重新发现笔架山”。笔架山不是山，是举世罕见的“陆连岛”，研究成果为锦州旅游产业提供了重要的理论和现实根据。其实用“山”指“岛”，我们辞书不乏材料，特别是我们的汉字在小篆里上面是鸟字，下面是山，古人是聪明的，汉字蕴涵了各种知识。

7. 畜、兽之别。谢启昆《小学考》35 页钱曾《敏求记》曰：郭璞注《尔雅》三卷：六畜字体本作兽，后人借畜养字用之，故麋鹿虎豹育于山泽者，归之释兽，马牛羊狗为人所养者归之释畜，若一概以兽例之，讹矣。《周礼·庖人》注："始养之曰畜；将用之曰牲。"前者言畜兽之别，后者言畜牲之别，畜字两见，其义可通，得相互印证之效。

8. 战国鉩。此鉩字历代字书未收，然而两千年前就有了，裘锡圭《文字概要》（商务印书馆，1996 年）说："战国玺印大多数是铜印。齐、楚、三晋等国的古印多把'玺'字写作'鉩'。这个字不见于《康熙字典》等旧字书，但是在近代金石学者和考古学者的著作里却常常可以看到。"何九盈、胡双宝、张猛《中国汉字文化大观》（北京大学出版社，1995 年）有专门栏目"战国鉩"，然这个"鉩"字却误作了"鉥"（shù）。"鉥"字在《说文解字》里释为"綦针"。段玉裁："綦"疑当作"长"。《大观》将"鉩"误作"鉥"有六七处之多，恐非手民所为者。

9. 后起字与后起词。有几种情况：A. 字是后起的，词也是后起的，二者是同步的。字是用来表示词的，通常词变化得快，汉字作适当调整即可，不需要新增字，而当要造新字时，多半是外来词造成的，如塔、魔、塑、婶。B. 字是后起的，词是老的，古已有之的。这是汉字内部系统的调整，如孵，以 fū 表示鸟类伏在卵上，一种繁衍后代的方法，古作孚。又如都江堰的堰，战国时作隁。再如读古籍要注意个、箇、個这三个字。个最早，個最晚，在文献里箇用得最多，这与量词的发展有关。可以参看《王力古汉语字典》882 页。C. 字是老的，词是新的。如"哥"，《说文》的"哥"，指"声也"，段玉裁："此义未见用。今呼兄为哥"，《王力古代汉语字典》"哥"下注为"后起词"。此类对研究词汇史有意义。

10. 喤喤。【喤喤】（huánghuáng）《现代汉语词典》："〈书〉拟声。①形容大而和谐的钟鼓声：钟鼓喤喤。②形容小儿洪亮的啼哭声。"《新华字典》【喤】"拟声词（叠）。①钟鼓声。②小儿哭啼声。"

小儿哭声和钟鼓声有 huánghuáng 的吗？原来"喤喤"是古人用来模拟小孩哭声和钟鼓声的拟声词。古人怎么读喤喤的？没有记录下来，只好靠拟测。郭锡良《汉语古音手册》喤字拟为［ɣoaŋ］，今日读 huang，用国际音标表示为［xuaŋ］，［ɣ］是［x］的浊音；介音［u］，古为［o］，按照［oa］读，庶几反映小儿哭与钟鼓之音了。《现代汉语词典》标〈书〉有必要，吕叔湘先生所著《〈现代汉语词典〉编写细则（修订稿）》规定今日的象声词，不标符号；古代的标〈文〉，举例"【扑噗】（噗嗤），象声词，形容笑或空气、水挤出来的声音；【剥啄】〈文〉形容打门的声音"（《吕叔湘全集》第 12 卷第 44 页）。再举一个有趣的例子：同为象声词【呱呱】gugu〈文〉形容小儿哭声。【呱呱】guagua 象声词，形容鸭子、青蛙等的响亮的叫声。《现代汉语词典》所标〈文〉（后改称〈书〉）实有深意焉。

台岛语文生态一瞥

周 荐

从2010年12月18日至27日，我利用休假到台岛一游。从高雄出发，经屏东、恒春、垦丁、枋寮、台南、嘉义、南投、台中、彰化、鹿港一路北上，最后一站是台北。虽说是走马观花，却也有诸多心得，尤其是对岛内的文字、语言的使用情况。兹略举数端，稍加议论，不揣浅陋，就教于方家。

文字问题

世界各国、各地区政府对语言文字工作都是非常重视的。中国历史上对语言文字工作的重视世所公认，不仅有秦的"书同文"，更有历代官修的字书、韵书；现时两岸对语言文字工作也都给予了极大的关注。大陆先后有文字改革委员会和国家语言文字工作委员会专司其事，为语言文字制定了许多标准和规范，1958年2月11日由全国人民代表大会批准并公布实施的"汉语拼音方案"就是其中十分重要的一项。"汉语拼音方案"公布实施50余年来，国家采取一系列措施加以大力推行，《中华人民共和国国家通用语言文字法》等法律法规及相关文件中对推行汉语拼音又作出了一系列明确规定，"汉语拼音方案"已被国际标准化组织和联合国秘书处确定为拼写中国地名、人名和中文的标准。汉语拼音在排序检索、编制工农业产品等的代号、编制盲文和手语及手旗语等生产和生活中发挥着不可替代的重要作用，并已成为电脑和移动电话及其他电子设备中中文的最主要输入方法，它为扫除文盲、普及教育、发展科技文化、增进对外交流都作出了积极贡献。目前，大陆和台港澳地区对外汉语教学以及国外开设汉语课程的学校、民间教授汉语的机构，普遍使用汉语拼音辅助学习汉语、汉字。不难看出，"汉语拼音方案"的制定和推广应用，对我国国民经济的长足发展和国民生活的持续改善，对提升中国的国际影响力，均起到了无可替代的重要作用。汉语拼音在长期的使用过程中，发现一些未臻完善之处，加以进一步修正，是很自然的，例如2010年11月27日《北京日报》公布的一条信息：中国人的姓名用汉语拼音拼写将很快出台国家标准，今后无论是国际会议，还是护照填表，用汉语拼音拼写中国人名，必须姓在前，名在后。这就是对"汉语拼音方案"新近追加的一项标准。大陆制定这样一项新标准是十分必要的。运动员在参加国际比赛时总要身着印有其姓名拼音的运动衣上场，如果中国运动员李宁的运动衣上时而印的是LI NING，时而印的是NING LI，可能会让外国人分辨不清这位运动员究竟是姓"李"还是姓"宁"，是叫"李宁"还是叫"宁利"。一些西方国家姓名的书写习惯是本名在前，父名或姓在后，而中国人姓名的书写习惯是姓在前，名在后。按照名从主人的原则，中国人姓名的汉语拼音应该跟汉字的顺序一致，也是姓前名后。

在台湾，采取何种拼音方案拼写汉字可谓争议久矣，内中蕴涵着几十年来的两岸政治角力。两蒋主政时期，尽管随着计算机的广泛普及和使用，汉语拼音愈来愈表现出沟通与交流的优越性，但两蒋当局出于特殊的历史原因和政治考量，一直固执地坚持使用1918年公布的注音符号。1996年，台当局筹设“亚太营运中心”，为将拼音系统与国际接轨，把统一中文译音的问题提上日程。1999年7月，李登辉“政府”的“行政院教育改革推动小组”决议中文音译采用汉语拼音。这本是顺应历史潮流的好事，也是对台功德无量的美事，不料却引发了民进党十余名县市长的激烈反对。本来就与“台独”心有灵犀的李登辉，自然顺势“暂缓推行”汉语拼音。2000年阿扁上台后，大肆推动“文化台独”和“去中国化”，汉语拼音更成了当局的“眼中钉”，必欲除之而后快。当年10月7日，台“教育部国语推动委员会”正式公布“中文译音统一规定”草案，宣布以台湾本土研制的“通用拼音”取代大陆、港澳和新加坡等地通用、联合国公认、国际标准都认可的“汉语拼音方案”。当然，阿扁的所作所为经不起历史考验，随着他的倒台，闹剧自然草草收场。从那时到如今，两三年过去了，随着岛内政治空气的日趋正常化，“汉语拼音方案”不仅得到台湾政界、学界的认可，也为整个社会接受了。如下两条电讯即可略窥岛内行政部门在民意推动下推行汉语拼音的情形：

中国新闻网2008年9月17日电：据台湾《联合报》报道，台湾当局“行政院”“跨部会会议”昨天通过台当局主管部门的提案，调整中文译音政策，改采汉语拼音。即日起，台当局的各项补助活动，若有涉及中文英译的部分，都将要求采用汉语拼音，否则不予补助。

中国新闻网2009年3月4日电：据台湾《中国时报》报道，台当局“行政院”限期一个月内完成全台368个乡镇市区的汉语拼音“正名”。尽管去年已拍板定案，中文英译系统改采“汉语拼音”，但拥有地名管辖职权的各县市政府目前仍存高度歧见，全台地名乱糟糟，“行政院”召开跨部会议，下通牒要求“内政部”一个月内统一各县市乡镇市区的中英对照表，为汉语拼音“正名”。

虽然汉语拼音在台的推广已有不小的成绩，但台湾姓名等专有名词的拼写却还存在着两个不容忽视的问题：一个是姓名的拼写顺序问题，另一个是新旧拼写法的问题。拼写顺序，台湾远比大陆混乱，台湾很多人的姓名拼写都存在着姓后名前、姓前名后两种情形，例如“张曼玉”，有媒体拼写作 Maggie Cheung，也有媒体拼写作 Cheung Maggie。用拼音将本族文字的专有名词拼写下来，便于非本族人士读出来，许多国家和地区都是这样做的。大陆对重要历史人物的姓名拼写，一般采取尊重历史原貌的原则，不再加以更改，如“孙中山”的旧式拼法为 Sun Yat-sen，而不改作 SUN Zhongshan；① “蒋介石”

① 有研究者认为 Sun Yat-sen 不是“孙中山”的拼写，而是孙文的另一个名字“孙逸仙”的拼写。那是另外一个问题，而且是更为复杂的一个问题了。

的旧式拼法为 Chiang Kai-shek，也不改为 JIANG Jieshi。而现当代的人物，则一律按照汉语拼音方案的规定来拼写，例如“王蒙”的拼法为 WANG Meng，“赵树理”的拼法为 ZHAO Shuli。地名、机构名等专有名词的拼写更有严格的规定，一般不允许沿用旧时的拼法，例如“北京”拼作 Beijing，“天津”拼作 Tianjin。只是在旧时已有的重要机构名称中，才偶有可能沿用威妥玛式的拼法，例如“北京大学”拼作 Peking University。但这不是通例，比如“天津大学”就不拼作 Tientsin University，而是拼作 Tianjin University。“北京大学”拼作 Peking University 这样的特例要不要保留，也还是有争议的，2006 年就有署名“平型关人”的网友著文反对将“北京大学”拼作 Peking University，而认为应该拼作 Beijing University，他还罗列出反对的 20 个理由。台湾地区用西文字母拼写汉字由来已久，但是因为新旧并存，拼法混乱，有的是威妥玛式拼音，如“台北”是 Taipei；更多的地名采取的是汉语拼音，如“枋寮”拼作 Fangliao。旧地名或历史人物使用威妥玛氏拼音，尊重历史，积习不改，还说得过去；而现在使用的地名和现当代台湾居民的姓名却仍新旧两式并用，给人感觉十分随意，就很难说得过去了，也极易造成混乱和费解。

拼音方法是属于文字范畴的问题。在台湾，文字的混乱不仅在于拼音，也在于汉字本身。台岛一些政治家声称台湾所用的汉字是正体字，并颇以此为傲。更有一些人以为所谓“正体字”就是繁体字。其实，繁体字是相对于简化字而言的，没有简化字便无所谓繁体字。例如因为有了简化字“发”，“發”和“髮”便被称为繁体字；“人”、“去”、“公”、“天”这些字没有进一步简化，它们就根本不存在繁体、简化的问题。至于说“正体字”，显而易见并非只有繁体字才够资格有此称谓，简化字同样有资格被称为“正体字”。“正体字”只是相对于“俗体字”的一个概念而已。倘将“繁体字”与“正体字”画上等号，那么 1964 年 5 月出版的《简化字总表》所收的 2 238 字（有两字重见，实为 2 236 字）之外不曾简化的更多的字，岂不都成了非正体字？台湾语文生活中常用的一些被台湾人士视为“正体字”的字，有不少在实际运用中也是可简可繁的，例如“台湾”的“台”，虽有岛内学者撰文指出“台”字不确，应写作“臺”，但政府机关、学界团体、大街小巷还是或写作“臺”或写作“台”，未有规范。甚至一些出版物也时而作“台”，时而作“臺”，例如：

舒国治面对生于斯、长于斯的此城，继《台北小吃札记》后，又以《水城台北》大规模地拉远时间纵深……（2010 年 12 月 27 日《自由时报》D11 版“爱读书”栏目介绍）

舒国治先后两书“台”、“臺”不一，介绍他的《自由时报》也是两者混用。这样的混乱状况引起了岛内一些行政部门的忧虑，2010 年 12 月 13 日《澳门日报》B11 版《臺灣非台灣　當局倡正體字》，转引中央社台北十二日电：

“臺灣”、“台湾”一样吗？台“教育部”今天指出，考据字源结果后定调，以后部内公文一律须用“臺灣”用字，并通函各级学校及编译馆，盼在教科书中不要再看到“台湾”的用字。但是台湾“行政院长”吴敦义则表示，不管正体、简体字，只要大众自在、能辨识就好。

从上文不难看出，连吴敦义这样的政要也并不坚持一定要将“台灣”写作“臺灣”。该文也承认，由于“台”字的笔画较少，越来越多的人把“臺灣”写成“台灣”。看来在可以预期的未来，岛内如不加以明确的规范，“臺灣”、“台灣”大概还会错杂使用下去的。再如“占”和“佔”，也是可此可彼：

2010年12月27日《自由時報》A1版標題《台灣124人滿分　占全球1/4》，A3版標題《佔全國風景名勝　救國團超低價簽百年?》。

其他如“吸烟”的“烟”，多数人写作“菸”，也有人写作“煙”，甚至还有人干脆就写作“烟”；“周年”的“周”，有的写作“週”，也有的写作“周”；“札记”的“札”，有的写作“札”，有的写作“劄”；时间副词“才”，有的写作“才”，有的写作“纔”；“身份”的“份”，有的写作“分”，有的写作“份”；“人士”的“士”，有的写作“士”，有的写作“仕”；“提升”的“升”，有的写作“昇”，更有不少人写作“升”；副词“只”，有的写作“只”，也有的写作“衹”；“分布”的“布”，有的写作“佈”，有的写作“布”。繁体字、简化字孰优孰劣，作为一个学术问题尽可请学者们继续争论下去，但是文字毕竟是工具，使用者有理由让这个工具对自己来说更便捷，有权力让它更有利于自己使用。20世纪80年代程祥徽教授在香港提出“繁简由之”的主张，体现出汉语文可根据不同社区的实际情况应采取柔性的规范观；2009年6月9日台湾地区领导人马英九先生在台北接见海外侨界代表时提出“识正书简”的主张，表示“识正”就是认识正体字，但书写时可写简体字，这样才能保存中华文化，他希望两岸未来能就此达成协议。程、马二位，一位语言学家，一位政治家，在二十年内相继提出的意见、主旨思想几乎没有什么两样，都是希望更好地利用汉字这个载体将博大精深的中华文化传承下去，正可谓英雄所见略同也。以汉字为傲，这是好事，台湾政要率先提出将汉字申请“世遗”，这是值得充分肯定的，因为它所反映的正是爱祖国、爱民族，爱中华传统文化的立场，本质上就是“一个中国”的立场。

除汉字需要加以规范之外，外来语的翻译用字，在台湾媒体上也显得非常随意，也需要进行规范。例如，2010年12月27日《中国时报》E3版有条消息，标题为《咖啡市场发烧　上岛珈琲来台展店》，同是对英文coffee的拟写，却用了“咖啡”、“珈琲”两种译法，令人莫知所从。至于说同一个人物的译名用字不同，更是俯拾皆是，例如，美国前总统Bush，或译作“布殊”，或译作“布希”，或与大陆一致译作“布什”。所幸，海峡两岸人士均已认识到了这一问题的严重性，2009年12月4日《人民日报》（海外版）报道，两岸将合编中华大辞典统一地名人名的译法。希望这项极有意义的工作能对岛内翻译用字的混乱现象起到规范的作用。

语言问题

一个国家或自治的地区，一般都要以法律规定出它的正式语文或官方语文（official languages），以利于本地区人民遵循，也有利于与本地区之外的人民的沟通和交流。例如中国大陆的正式语文为汉语普通话，香港地区的正式语文为中文和英文，澳门地区的正式语文为中文和葡萄牙文，内地凡民族区域自治地区也都规定汉语普通话和当地通用的民族语言为该民族地区的正式语文。我一直以为台湾地区也是有正式语文的规定的。但是我从高雄、台南、台中一路走来，一直拿“台湾的正式语文是什么语文”这样一个问题向一些熟识的朋友和不认识的市民请教，却无一位给我满意的答案。我想这不能怪他们，因为他们都不是语言文字领域的专家。到台北后我又向台湾师范大学的一位教授请教，可他居然也答不出来。这就令我愕然，深感纳罕了。回到澳门后我又上网向淡江大学的一位同行教授请益，终于从她那里得知：台湾根本就没有正式语文或官方语文的规定！这个回答令我深为错愕：台湾竟然没有正式语文?！台湾怎么会没有正式语文?！台湾怎么可以没有正式语文?！正式语文是一种客观存在，不是哪个领导人及其政府承认就有，不承认就没有的。2004 年台当局在公务员考试中以闽南语发音命题，宣称国语（普通话）并非唯一的“官方语言”。2004 年台“教育部”把草拟“语言平等法”的工作交给“文建会”，这个所谓的“语言平等法”是要侧重“语言的保存、研究、沟通、文学创作等方向”，并声言要“文字与语言脱钩。各族群的自然语言、手语、书写符号及所属方言都称为国家语言”。“国语”（Mandarin），被偷梁换柱地与“国家语言”（National language）画上了等号。

这所谓的“语言平等法”使用煽情的言辞和冠冕堂皇的理由将岛内 14 种原住民语言都称为国语，实际上是否定这 14 种原住民在拥有本地语言或方言的同时拥有共同的语言，否定一种更高层次的共同语的存在。共同语的产生与流通乃是一个社会成熟的标志，是这个社会的人们进入先进民族行列的标志。试想，一个社会如果连共同语都未形成，那还如何沟通与交流？那还能称之为先进民族吗？

所谓“语言平等法”的根本目的就是通过否定国语——这个台湾地区的汉民族共同语的存在，为“台独”政治立场张目。事实上台湾的正式语文跟大陆的正式语文在历史上是同一个，在今天也还是同一个，那就是两岸共同拥有的汉民族共同语。汉民族共同语在 20 世纪 40 年代末被数十万背井离乡的人带到台湾后便与它的母体睽隔 38 年，自然会发生一些变异。60 余年前抵达台岛的人们所说的汉民族共同语与先此抵达台岛的人们所说的汉民族共同语彼此交融，更进一步加剧了这种变异的速度。这些都是不能不承认的现实。但是，无论台岛的汉民族共同语怎样变化（大陆的汉民族共同语当然也在发生变化），它与大陆的汉民族共同语也仅仅是同中有异的关系，差异微乎其微，所以台湾和大陆的人民睽违数十载之后，一见面照旧可以毫无阻碍地通话，几乎可以百分之百地理解对方所要表达的意思。这就是两岸共同拥有的同一个民族共同语的力量所在。我们揣想，一个中国尚且可以“一中各表”，一个汉语是否也可说是“一语各表”呢？也就是一种语言两种表述——在1949年之后的大陆叫“普通话”，在1949年之前的整个中国和1949年之后的台湾叫“国语”。马英九、蔡英文等人嘴上的语言，吴念真、白先勇等人作品里的语言，就是活生生的台湾正式语文——国语，是与侪辈所说所写的大陆正式语文——普通话无甚原则区别的。这也是必须承认的客观事实。

许多国家和地区都存在着多元语言问题，也都面临着如何在共同拥有并使用共同语的前提下使多元语言和谐相处的问题。台湾语言问题相当突出，症结很大程度上似乎就在于没有解决好共同语与其他语言的关系问题。当你登上台湾的高铁、台铁或捷运等交通工具，一听报站名你似乎立刻就察觉有异了：它是用国语、闽南方言（被台湾一些人称作“台语”）、客家方言和英语连报四遍。台湾官方之所以没有规定本地区的正式语文，答案或许就在于此：如果台湾地区政府明确宣布仅国语是正式语文，那么一些绿营人士一定会不依不饶；如果规定国语、闽南方言、客家话都是正式语文，那么不仅于理难通（世界上尚无一个国家或地区将民族共同语和它的方言并列为正式语文的），而且接下来会有更难办的事情：轮到英语报站名该如何报呢？比如“下一站是台南”，是说成 The next station is Tainan，还是说成 The next station is . . . ？难不成要人家英语将“台南”这样要报的站名用国语、闽南话、客家话连报三遍吗？

更难面对的是台湾原住民的语言问题。我在台北参观了台湾原住民博物馆，得知岛内现有阿美族、排湾族、泰雅族、布农族、太鲁阁族、鲁凯族、卑南族、邹族、赛德克族、赛夏族、雅美（达悟）族、噶玛兰族、邵族、撒奇莱雅族共14个原住民族。我向博物馆的管理人员讨教这14个原住民族是否都有自己的语言，抑或是以前有而今消亡了，这14个原住民族中的哪一些今天还保有自己的语言，在多大程度上保留着。可惜博物馆的管理人员没有给出令我满意的回答。我手里有该博物馆的文字介绍图片，那上边也没有关于原住民族语言情况的介绍。陈依玲（2008）介绍说，台湾有50多种地方语言（或方言），包括①国语；②客家语；③闽南语；④原住民语言；⑤大陆地方方言。[①] 如此看来，原住民们以前/目前是有自己的语言的，尽管有些可能已经处于濒危状态了。李登辉、陈水扁辈攻击国民党政权为外来政权，其实操“台语”（实际上是汉语闽南方言）和汉语客家方言的李陈辈也是台岛的外来者，只不过他们的先祖比连战、马英九的先祖早个几百年或百八十年从祖国大陆迁来台湾而已；相对于原住民，阿扁也好，马英九也罢，其实无一不是外来者；如果再进行人类学和考古学的研究，一些原住民的祖先，或是南岛人的后裔，或仍是大陆迁徙过去的炎黄子孙。如此一来，大家都是外来者，大家也都是祖国宝岛台湾的建设者，都是台湾汉民族共同语的拥有者和使用者。但是台湾的正式语文该定为哪一种呢？是国语？闽南方言？客家方言？抑或是14种原住民语言中的某一种？或者这50多种地方语言（或方言）都算正式语文？在族群被人刻意撕裂开来的时代，的确是件难事。倘若真像阿扁“政府”那样，将在台湾境内使用的所有语言、方言都视为“国家语言”（他这里的“国家”实际上是所谓的“台湾国”），再偷梁换柱地将这所谓“国家语言”与“国语”画上等号，那么，台湾就真的没有正式语文了——

① 陈依玲：《语言教育政策促进族群融合之可能性探讨》，《教育研究与发展期刊》2008年第4卷第3期。

一切语文都成了“正式语文”，也就意味着无所谓“正式语文”了。

政治强人偏执性地在国语中掺杂“台语”，使得这国语愈来愈芜杂。2010 年 12 月 27 日《自由时报》A6 版发表《李批马硬拗九二共识》一文，所引李登辉的话有多处夹杂“台语”，如下：

政治人物第一条件不能对老百姓说“嚎猬话（台语，指胡说）”……外界关切李登辉如何帮助民进党打赢二〇一二年总统大选，李登辉昨表示，届时他帮助民进党会“惦惦做（台语）”……①

从上文引号里边的“嚎猬话”、“惦惦做”及加括号里国语的注释可以判定，那些方言词还是不能为全台一般百姓都能明晓的。似这般在国语中夹杂“台语”词汇的情况，实非少数，可再举两例：

好久没有出现的 LP（卵葩）字眼，14 日再从李登辉前总统的口中说了出来，他形容自己是两只脚夹着一个卵葩，不求别的，只想帮台湾正名拼下去。无独有偶，稍早前曾经扬言要刺杀陈水扁总统的立委参选人赖注醒，则是在教育部历史课程草案公听会上，因为不满未排入发言，翻桌叫嚣，还在会场大喊，阿扁不敢宣布台独建国，没有 LP!（林佳欣、林嘉生《李前总统：我两脚夹着一个卵葩　只想为台湾正名拼下去!》，2004 年 11 月 14 日超级大本营论坛）

陆委会强调陈云林此行“任务化、单纯化”，无其他行程安排，避免再重演零九年陈江第四次会谈“A 咖争抢 C 咖”（台语的“咖”字代表角色，英文字母代表等级，A 为最高级）风波……（童清峰《陈云林访台面对新形势》，《亚洲周刊》第二十五卷第一期）

第一段引文中的“卵葩”，第二段引文中的“咖”，都属“台语”词汇。且不说李登辉类政治头面人物大爆粗口是否合宜，单就国语、“台语”混杂在一起就够让人感到不伦不类了。国语中混杂的方言词很多，最抢眼的恐怕就是“古早”了。到市场上去一看，吃的喝的用的，几乎无一不被商家标上“古早”二字。不问可知，“古早”者，“古旧”、“古老”也。再如“在地”，也是一个习见的词，意思就是“当地”、“本地”。这些都是闽南方言词，进入国语，也进入台湾大众的日常生活。方言字混入台湾大众语文生活的就更不少了，例如“鲑”、“魠”、“焿”、“崁”、“尫”。

词语的混乱也影响到了习语。汉语很早就有表达谢意的习语：某甲说：“谢谢”，某乙答：“不谢”、“不用谢”或“不客气”。可是在当今的台湾，某甲对某乙说“谢谢”，某乙反馈给某甲的却是“不会”。乍听“不会”，一头雾水，颇为不解：我又没问你会做还是不会做，你干吗答以“不会”呢？听多了才明白，此“不会”非 I can not ... 的意思，而是顺承 Thank you 而来的 You're welcome，是“不谢”、“不用谢”、“不客气”的意

① 引文中所用的字，本文一仍其旧，一律不作任何更改。

思。这本来是个很直截的语意表达，却经历了一个复杂的转折性的生成过程——

某甲：谢谢！

某乙：（为某甲设想，自忖：他说谢谢我，那他一定是以为他的行为给我增添了麻烦。其实他并没有给我增添什么麻烦，所以——）不会！

呜呼！我不知道台湾同胞们的思维逻辑是否整天都是这样的。

在台期间，适逢第七届汉字文化节在台北的中正纪念堂和大同区孔庙同时举行。此次文化节从2010年12月1日至2011年1月30日，为期近两个月，主要活动包括如下五大项：

“说文解字”小神通网络学堂，“舞文弄墨”民国100年新春开笔，“自成风尚”创意服装展演、文创市集，“望文生义”四百年时空名家书法展及汉字装置艺术，“戏墨开锣”表演活动（包括墨韵·曲境·茶香——茶与乐的对话、魔力震汉魔术秀及汉字尚婧相声笑）。

不好意思，我极想去看但最终没有勇气去看，原因是宣传招贴上的那些表述实在令我丈二和尚摸不着头脑。

台湾语言文字的使用呈现出较为混乱的状况，错别字的现象在台岛街头处处可见。笔者回到澳门写这篇小文章时，民视新闻台2011年1月2日报道说刚刚成立的新北市某处广告竟将“中华民国”误写作“中华明国”！电视里的评论员感叹良久，电视外的我嗟叹到如今。岛内此种语文乱象是否阿扁当年“罄竹难书”的后果，吾不得而知，但语文水准滑落到如此田地，确是够令人痛心的了。数年前在台发起“抢救中文运动”的余光中先生，不知对此有何评论，台湾光复后国语推行运动的大将何容先生地下有知，亦不知将作何感想哩。

（澳门理工学院教授）

中华文化教学研究

施仲谋

一、背景

香港中小学的中国语文教学，一向较为强调语文能力训练而忽视中华文化的传承。直至1990年的课程纲要，始正式要求“培养学生对中国文化的认识”。2000年的课程指引，将语文学习分为阅读、写作、聆听、说话、文学、中华文化、品德情意、思维及语文自学等九个范畴①，目标才算比较完整；并对中华文化教学提出三个学习的层面：认识、反思、认同。② 其学习目标有四：

(1) 增进对中华文化的认识，提高学习语文的兴趣和语文能力。

(2) 对中华文化进行反思，并了解其对现代世界的意义。

(3) 认同优秀的中华文化，培养对国家、民族的感情。

(4) 在生活中体现优秀的中华文化。③

中华文化博大精深，认识什么？反思什么？认同什么？小学、初中、高中以至大学各学习阶段如何具体落实？各学习阶段的知识元素如何组成一个系统完整的知识链，体现由简单到复杂、由浅入深的螺旋式学习模式？这方面课程纲要并没有提出具体的建议，亦鲜有人对此作出深入研究，更遑论具体的教学大纲、文化教材和教学模式了。

二、制定阅读教学大纲及编写教材

中华文化教学的范围非常广阔，小学、初中、高中各阶段学生的兴趣和能力发展亦各异。因此，制定一套配合不同学习阶段的教学大纲，以作为整体的指导方向，实为当务之急。一个渐进式和系统化的教学大纲应如何制定？以下是笔者的一些初步想法。

(1) 中华文化教学在中、小学不必独立设科，可作为中国语文科的一部分。因此教学大纲必须配合中国语文课程的实施。

(2) 研究队伍由大学相关院系教授组成，以专司其事。成员应包括语言文化、课程学、教育心理学等专家学者、教育官员、校长、前线教师等。如果对象不限于香港，而希望推广至其他华人地区，则顾问委员应包括中国内地、台湾、澳门、新加坡、泰国、印度尼西亚、菲律宾、美国等国家和地区的代表。

(3) 具体大纲以顾问委员会的意见及老师、学生的回响作综合研究确定。制定大纲

---

① 香港课程发展议会:《中学中国语文课程指引》，2000年版，第9页。

② 香港课程发展议会:《中学中国语文课程指引》，2000年版，第18~19页。

③ 香港课程发展议会:《中学中国语文课程指引》，2000年版，第18页。

之前，先以问卷方式做意见调查，充分考虑学科本身、社会、师生、家长的需求，同时结合顾问委员会的意见，逐步修订、完善。

（4）以学生为本，适切性为原则，力求符合不同学习阶段的需要。

（5）以探讨问题的形式引导学生学习和启发学生思考。

（6）所选知识点以学生在每个学习阶段应该掌握的为原则。

（7）教学目标分认识、反思、认同三个层面，每个学习阶段的侧重点应有所区别，以配合实际情况。

香港大学中文学院、香港教育局、香港中华文化促进中心、香港教育工作者联会于2003年携手合作，邀请海内外华人地区专家学者担任顾问，以设置高小、初中、高中阶段的中华文化教学大纲，编写文化篇章，组织实验教学，建构系统的学习模式，以推动学生学习中华文化。詹师伯慧先生为顾问之一，对研究计划非常关注，耳提面命，释疑解难，铭感于心。计划的三个阶段分述如下：

（一）高小阶段

高小文化读物建基于经典、易读、易懂、易记四个基础之上。我们拟采用“诵读经典原文”的模式，让学生从小就有接触经典原文的机会。围绕这个模式，依据文化内涵丰富、思想内容健康、语言精练优美、易读易诵易记、联系生活实践五项原则，摘录经典原文中的片断和选取诗词韵文；然后分门别类，加入注释、语译、提取文化要点。图文并茂，以鼓励学生自学；通过深入浅出的评析及点拨式的提问，引导学生思考和分析；以撰择、判断、填充、配对等命题方式进行评估，并设计朗诵示范配套光盘，辅助学生学习，稳固积累，奠定文化及语言功底。

小学的基础教育，影响学生一生至为深远。语文是基础教育的基础，意义尤其重大。从小培养学生的诵读兴趣，以提高其文化感悟和语文能力，实为当务之急。优美的经典、诗文，是最佳的诵读材料。学生通过正确、流利而有感情的朗读，口诵心惟，不但可加深他们对文化的理解和提高其鉴赏能力，还可培养阅读兴趣，提高口语和书面语的表达能力，并唤发想象，促进思维发展。我们认为，传统美德如尊重、诚实、勤奋、坚毅、谦让、包容等，是中华文化的核心价值，应该从小培养，以建立良好的思想品德和积极的人生态度。朗读时，声入心通，学生会对作品中隽永的语言，留下深刻的印象，潜移默化，润物无声，得到品德情意的熏陶。我们选材时，尽量涵盖经、史、子、集最具代表性的篇章，文化内涵丰富，思想内容健康，联系生活实践。

高小的经典及散文多为节录，诗词亦以简短为主。入选的篇章，力求语言精练生动，声调铿锵优美，宜于诵读。选材分三部分：第一部分侧重于人与家庭、学校、朋友等的关系，第二部分侧重于人与社会、国家、世界等的关系，第三部分侧重于人与生命、自然、宇宙等的关系。至于若干篇章，文辞或略嫌艰深，但并不要求学生完全理解；只需略懂大意，熟读成诵，待将来人生阅历丰富了，再仔细体会。最后，为配合语文科的朗读教学，有广州话及普通话的诵读录音，仅供参考。关于字词的读音，从切从众，莫衷一是。我们既参考有关文献，也适当采用一般读音；普通话尽量根据统读规定，但也保留了一定的古音。

（二）初中阶段

语文教学鼓励学生自学，然而因为课程要兼顾多方面的学习领域，加之文化涵盖面广，实难在课堂上逐一处理，语文教材的文化知识只能蜻蜓点水式地抓一两点，很难给学生一个完整的面貌。而初中学生又未有足够的能力和时间自行筛选适合自己程度的文化项目，因而有必要制定初中中华文化的学习大纲，编订适合初中学生阅读的材料，使他们能在最经济的时间大致体认中华文化，进而培养对国家民族的感情。

研究人员本着中国语文科“学会学习”、“广泛阅读”、“寓文化于语文学习”和“跨学科学习”的宗旨，制定了初中阶段中华文化的学习大纲，然后依此编订适合初中程度的中华文化阅读材料，并组织学校进行实验。参加实验的学校老师，可以参加专门培训的工作坊，掌握文化阅读材料的编写精神、施教方法和评估方式等，然后指导学生阅读，逐步进行阶段性的评估，以期最终为全港初中学生在初中阶段定下应该掌握的文化知识的基准，同时为本学校自行编订教材提供示范及参考。

初中中华文化教学大纲参照中文科课程纲要及有关文献，订定了 24 个范畴[①]。表列如下：

1. 神话故事	2. 民间传说	3. 社会习俗	4. 传统节日
5. 河山风貌	6. 名胜古迹	7. 情操礼仪	8. 康乐文娱
9. 饮食文化	10. 工艺服饰	11. 语言文字	12. 修辞语汇
13. 伦理道德	14. 经济贸易	15. 交通传讯	16. 科学技术
17. 文学作家	18. 名篇佳作	19. 艺术欣赏	20. 人文教化
21. 治乱兴衰	22. 历史人物	23. 学术思想	24. 宗教信仰

（三）高中阶段

高中中华文化教学研究及实验计划是在初中研究计划的基础上进一步深化和延伸。高中阶段的中华文化教育，是一个全新的领域。因此，一个具有前瞻性的学习大纲和系列文化辅助教材便显得格外重要，而配套的高中文化读物的深度和广度的定位更是至关重要的。它既离不开初中文化学习重视引导的模式作为切入点，又不能像大学过分着重学术或理论的研究。也就是说，这一套教材是极具针对性的，不是单线地提供知识，而应同时具有一套演绎模式：“专门化”的学习模式——着重“探讨式”而非“灌输式”。因此，相对于初中阶段的“知识小品文”演绎模式，本阶段采用“评论小品文”的演绎模式。

初中可从文化知识的“面”铺陈，较侧重对基础文化知识的掌握；高中却必须在“面”的基础上进入点的“专门化探讨”，有机地结合新课程强调的“独立思考”和“批判思维”元素。这样，学生在完成中学的学习阶段后，才能达到“点面俱圆”的目标。

① 施仲谋、杜若鸿、邬翠文：《中华文化承传》，北京大学出版社，2006 年版，第 184 ~ 192 页。

怎样使每个文化专题的知识元素组成一个系统完整的知识链，体现由简单到复杂、由浅入深的螺旋式学习过程？作为一套具有“科学性”的文化读物，是不可以纯粹由研究人员或大学学者单方面操作的，而必须以“学生为本”，经过实验验证其适切性。

计划除了拟定高中中文科中华文化学习大纲、编写文化阅读材料、培训教师和进行实验教学作为重点项目外，更以文化专题讲座、工作坊、文化考察之旅、文化热点辩论、全港文化专题写作比赛等方式全方位相配合，以引起全港高中教师和学生的主动参与，做到身体力行，从活动中推广优秀的中华文化，并着重启导他们思考文化问题和提高思辨能力。

从微观的角度而言，是项计划只为本港的文化教学作研究；从宏观的角度而言，本计划实为中华文化现代化不可或缺的基本内容。从初中进一步推及高中，深化文化知识点和文化思辨，体现不同学习阶段的不同学习目标，不单对高中文化教学的科学建构具有长远的价值，同时配合回归以来特区政府对“国情教育”、“国民身份认同”的高度重视。参照高中课程大纲、预科中国语文及文化科课程大纲及有关文献，订定八个文化研习专题①。表列如下：

1. 政治与发展	2. 经济与生活	3. 文学与人生	4. 艺术与审美
5. 科技与文明	6. 伦理与教化	7. 思想与社会	8. 传承与交流

阅读教材的编写必须针对不同学习阶段而有所侧重，以初中和高中为例，初中可较侧重对基本文化知识的掌握；高中学生已具有一定的文化基础，可相对侧重“反思”，以进行专门化探讨。无论是哪个学习阶段的文化教材，都应该注意文化味、生活化并重和趣味性、知识性、可读性兼具等原则。但具体程度，则需根据不同学习阶段而有所区别。如小学的文化学习内容，应特别着意趣味性，以引起学生的学习动机；初中趣味性和知识性宜有所平衡；高中则可较侧重知识性。而小学和初中以认识基本知识为要，反思部分不能硬销，避免说教；高中则可相对注重反思部分。

以下为阅读教材的若干编写原则，仅供参考：

（1）内容的深浅应符合学生的程度。

（2）内容与品德情意的培养结合。

（3）透过轻松活泼的叙述笔调介绍文化知识。

（4）透过深入浅出的评论风格引导学生思考和分析。

（5）图文并茂，以提高学习的兴趣。

（6）采用鲜活的形式作主题介绍，使学生积极自学。

三、教学实验

为保证文化教材能适应不同学习阶段的确切需要，教学实验是不可或缺的，因此我

① 施仲谋、杜若鸿、潘健、邬翠文：《中华文化撷英》，北京大学出版社，2008年版，第269～277页。

们各选定了约20所中学和小学进行有关实验。大家知道，文化教学内容的深浅程度拿捏是否准确，以学生的反响最能得出结论。因此，实验的目的也就是为难以确定的文化点找出立项的根据。而这个实验，必须建立在一个系统化的评估基础上。具体评估方法如下：

（一）对文化教材素质的评估

对文化教材素质的评估是指对大纲内容和撰写方式等方面的评价。评估以“质性”的方式进行，分阶段性，最终达致总结性的评估。方式如下：

（1）要充分考虑学生的意见，做到以学生为本。方法是根据学生的评估成绩、读后感及读书报告等作“质性”的综合分析，以改进教材不足之处。

（2）专设问卷，在完成每一实验单元后，向学生和教师搜集修订的意见，意见经综合分析后，再咨询专家，以达致总结性的评估。

（二）对学生学习成效的评估

学习成效的评估是从“量性”的研究方式进行的，分阶段性，最终达致总结性的评估。分述如下：

（1）学习成效可从多次的评估中得出。评估由教师在课堂上进行。教师担当推动和监督的角色。但为了减轻教师的负担，收回的评估试卷可交由研究人员批改，并存档以作量性的统计分析。

（2）配合阶段性的评估，在正式进行实验前先进行一次“摸底测试”，评估学生的文化程度，最后再进行一次实验后整体性的评鉴测试。

（3）为了保证文化教材的代表性和适切性，根据学生的评估成绩统计分析后，逐步进行修订。

四、其他配套教学

除了制定文化教学大纲、编写文化教材和进行教学实验作为重点项目外，我们还以小组讨论、专题辩论、读经大赛、朗诵比赛、常识大赛、作文比赛、文艺导赏、文化讲座、工作坊、田野考察等活动相配合，鼓励学生主动参与，从活动中学习优秀的中华文化，并着重启导他们思考文化问题和提高思考能力。中华文化源远流长，涵盖面广，文化学习项目众多，实难在课堂内逐一处理。所以教师宜启导学生自学，善用文字、音像等不同的媒体帮助学生学习。

我们的网上数据库“中华文化教与学”，网址是 http：//www. hku. hk/cculture/，为学习者提供学习大纲、网上学习教材、广州话和普通话诵读的录音等，深受老师、学生、家长及社会人士欢迎。

其他活动形式的可行性要视实际情况，以文化讲座为例，如“中华文化的过去、现在和未来”、“中西文化的交流与互动”、“中国人的思维方式”等讲题，探讨较高层次的文化问题，比较适合高中学生；又如“书法与中华文化”、“传统文化和潮流文化”、“读书人的苦与乐”等讲题，探讨较具体的问题，便较适合初中学生。以工作坊为例，可鼓励小学生参加书法、朗诵、诗歌创作、民乐、剪纸等学习班，让他们从中分享学习心得，或通过所设计的活动学习文化。又以田野考察为例，高中学生可以组织到北京、西安、洛阳、南京、杭州等古都，通过实地考察，亲身体验和发掘传统文化的魅力；初中和高小学生则可以居住地区附近的名胜古迹作为考察的对象。

五、结　语

七年多以来，研究计划在各方的积极参与下，取得了丰硕的成果，得到社会的广泛认同。我们成功举办了十四次大型文化讲座及十一次工作坊，吸引了逾七千名师生参加。2006 年 10 月，与教育局合办"全港中学中华文化征文比赛"，出版了《香港学生看中华文化》一书[①]。此外，为推动本计划在香港、大陆、台湾及海外华人地区的影响力，研究人员多次在本地及大型国际研讨会上作报告，并得到热烈反响。一套四册的《中华文化承传》[②]、一套两册的《中华文化撷英》[③]，以及一套三册的《中华经典导读》[④]，由享负盛名的北京大学出版社出版后，深受全港中、小学校的欢迎，并得到社会各界的好评。北大出版社主动向优质教育基金洽谈出版简体字版，目前简体字版已风行全国，并远销海外。至于《中华文化承传》的英译工作，已在进行之中，期望于 2011 年推向世界各地。

为配合中文科中华文化教学范畴和新课程通识教育科的需要，我们以中华文化为阅读素材，针对不同学习阶段，因应学生的认知能力，制定不同学习阶段的阅读大纲和编订相关的阅读教材。高小阅读教学的演绎模式是"诵读经典原文"，初中阅读教学的演绎模式是"知识小品文"，高中阅读教学的演绎模式是"评论小品文"。同时，亦希望通过推动阅读风气，培养学生的阅读习惯，提高其语文能力，增进我们下一代对优秀中华文化的认识、反思和认同，培养正确的伦理道德观念，提高批判性思维和独立思考能力。期望是项研究，对促进 21 世纪中华文化的复兴有一定的参照作用。

参考文献

施仲谋、杜若鸿、邬翠文　2006　《中华文化承传》，北京：北京大学出版社。

施仲谋、杜若鸿、邬翠文　2010　《中华经典导读》，北京：北京大学出版社。

施仲谋、杜若鸿、潘健、邬翠文　2008　《中华文化撷英》，北京：北京大学出版社。

香港课程发展议会　1990　《中学中国语文科课程纲要》。

香港课程发展议会　2000　《中学中国语文课程指引》。

唐君毅　2005　《人文精神之重建》，桂林：广西师范大学出版社。

马　涛　2000　《儒家传统与现代市场经济》，上海：复旦大学出版社。

冯天瑜、何晓明、周积明　2005　《中华文化史》，上海：上海人民出版社。

张君劢　2006　《新儒家思想史》，北京：中国人民大学出版社。

---

① 施仲谋主编：《香港学生看中华文化》，暨南大学出版社，2007 年版。

② 施仲谋、杜若鸿、邬翠文：《中华文化承传》，北京大学出版社，2006 年版。

③ 施仲谋、杜若鸿、潘健、邬翠文：《中华文化撷英》，北京大学出版社，2008 年版。

④ 施仲谋、杜若鸿、邬翠文：《中华经典导读》，北京大学出版社，2010 年版。

张岱年、张克立主编　2004　《中国文化概论》，北京：北京师范大学出版社。

梁启超　2006　《中国近三百年学术史》，上海：上海三联书店。

梁漱溟　1999　《东西文化及其哲学》，北京：商务印书馆。

葛兆光　2001　《中国思想史》，上海：复旦大学出版社。

卢嘉锡、路甬祥主编　1998　《中国古代科学史纲》，石家庄：河北科学技术出版社。

（香港大学文学院副院长）

语言与方言研究

学思脞录六则：为詹伯慧先生寿[①]

鲁国尧

发端辞

以前读《汉书·高帝纪》“入为寿”颜师古注：“凡言为寿，谓进爵于尊者，而献无疆之寿。”今值詹伯慧先生八秩寿辰，我自东海之滨进此文于南海之阳，而献无疆之寿。

西风浩荡，连学术性的文章都被“格式统一”，如今学术刊物的论文一律“穿靴戴帽”，帽者，摘要、关键词之谓也；靴者，附注、引用文献之谓也。而可憾的是，我中华学术文体之一的“札记体”，在近几十年的中国语言学园地里几乎绝迹。其实，这传统堪称优良。“札记体”的优越之处在于，弃繁文缛节而直奔主题，鄙抄袭陈说而独抒胸臆，开门见山，新见迭现，无话则短，有话则长。只消翻阅一下《困学纪闻》、《日知录》、《十驾斋养新录》、《陔余丛考》，等等，其心情必如整年整月困于大都市的水泥森林，而一朝有幸脱身，信步于鸟鸣山更幽的原生态的大自然中。昔贤札记，短者不足百字，长者不过千余字，通常在三四百字之间，其大量条目的学术含金量则逾迈当今的万字论文和动辄二三十万字的博士论文。札记，札记，这一传统文体岂能听任废绝？先贤垂则，典范于前，不揣谫陋，东施效颦，试作札记，名曰《学思脞录》。今进六则，借用韩愈《送石处士序》中的话，“以为先生寿”。

一、中国语言学的道义传统

我侪语言学人常言，中国语言学有光辉的传统。但我所读的关于中国语言学历史的几十种论著，其中述及的只是中国语言学的学术传统。其实，中国语言学还有一个深层传统，即道义传统，《孟子·公孙丑上》：“‘敢问何谓浩然之气？’‘曰：“……其为气也，配义与道；无是，馁也。”’”学术传统是道义传统外化的一种形式，我中国语言学优良的学术传统历数千年而不坠，端赖这道义传统。今天我们更应该凸显、表彰、弘扬这一

① 本文稿本曾得桑宇红教授、黄笑山教授赐正多处，谨致谢忱。

道义传统，兹引述20世纪三位语言学家的文章或书信以见一斑。

请读魏建功先生于民国三十七年为其所编《升罗悖语》撰写的序文：

《升罗悖语》

亡清伪满史料

大中华民国卅七年秋斥资印布

天行山鬼①

升罗悖语二种

津门疏稿　升允②

辽海焚余稿　罗振玉③

三十七年夏，余归自台湾，贾人持此倭人诚士纯抄本来。观其题识，知为士纯之父据罗振玉原本晒蓝存副，而士纯从而手录。罗文间有眉批，则倭人立场语，当为士纯或士纯父手笔。今也何时，罗家原本，其后人必自灭迹，决不敢如商龟周鼎汉简唐韵诸品传播之力；仅诚姓父子两本流传世间，今得见其子抄本，苟遭秘闭，虑不得昭炯戒，发懔悟；爰罄口粮，购而得之，谋印二百部，合名《升罗悖语》，以布天下。庶有董狐，振直策焉！

中华人民建国垂四十年，心吕伏患初不在党，推原往迹，实政体思想诸多牵就，因循相仍，坐致沉痼。即以亡清小朝廷问题而论，小不忍，乱大谋，驯致东北开国，为国际傀儡，祸端无尽日矣！

今披两书，如温旧景，升允、罗振玉与溥仪所议论，其事皆吾辈亲历身闻，念兹丧乱，不禁眦裂。

抑余侧闻清室宗族不乏明达，深晓共和大义，十三年前后，以迄倭关东军猖狂扶植"满洲国"，在在为溥仪及其族人忧；而升罗悖谬，慷人之慨，呶呶咻咻于"君臣大义"，乃为其一偏之私，不惜远引暴邻，类吴三桂之请兵：智愚贤不肖之别，何若斯之甚也！

明是非，辨清浊，人之所以贵乎有识，似又未可必得于绩学之徒，于升罗何责焉？

此余阅两人书，重感思想乖谬之足悲惧，惜逝忧来，阁笔太息而不能已也！

三十七年八月八日如皋魏建功题记于北平朝阳门大街独后来堂，十一年前倭军入城之日也。④

---

① 魏建功先生（1900—1980），江苏海安县西场镇（原属如皋县）人，字天行，"山鬼"为其笔名之一。

② 升允（1858—1931），姓多罗特氏，清蒙古镶蓝旗人。晚清时历任山西按察使、布政使，陕西布政使、巡抚，江西巡抚，陕甘总督，坚决反对革命，罪恶累累。至民国，力谋复辟，1931年死于天津租界内。

③ 罗振玉（1866—1940），敦煌学家、文献学家、古文字学家。出生于江苏淮安，原籍浙江上虞。清宣统元年（1909）任补参事官兼京师大学堂（今北京大学）农科监督。1911年辛亥革命后，仍效忠清室，以遗老自居。1928年居于旅顺。九一八事变后，参与策划成立伪满洲国，曾任伪满监察院长等职，1940年5月卒于旅顺。

④ 《魏建功文集》第五卷第534、535页收有《升罗悖语识语》。本文笔者按，此处序文据原手稿录文，未尝增减一字，故当以此为定本。魏至师兄将天行先生手迹借我扫描，兹附于文后，供学人瞻仰。此乃文物也，亦可窥六十多年前的行文款式、标点符号，等等。

这是什么精神？答曰："爱国主义精神。"

请读王力先生（1900—1986）写于1944年的文章《老》的末段：

"老去悲秋强自宽"，这种腐败思想应该不让它再存在革命民族的心里了罢。我们应该计划一百二十年的长寿，六十年只算一半的历程，四十岁更只是三分之一。既不知"老去"，就不必"悲秋"；既不"悲秋"，就无所谓"强自宽"了。老骥伏枥，志在千里。我以为志在千里的骏马决不自认为"老骥"，因为有了这"老"之一念就决不能志在千里。有一个六十岁的人自称为"老少年"，我以为这还不够："少年"可矣，何必曰"老"！(1944年11月21日昆明《中央日报》增刊)①

这是什么精神？答曰："中华民族的自强不息的精神。"

请读朱德熙先生（1920—1992）写于1991年的《致鲁国尧函》：

看到来信很高兴。这几年足下学业精进，于音韵学史的研究，俨然自成一家。不懈的钻研精神和踏实的学风尤其令我佩服。来信说今后拟重点学习理论及方法。我意此事不可强求。一个有成就的学者必有其所长，同时也难免有其所短。象②丁梧梓先生那样样样拿得起的学者可以说是全才了，但理论似亦非其所长。研究语音史，自然需要有一定的理论基础和方法。但历史比较语言学的根本道理还是那些，近年来虽不乏新著，但都不易读，而且其中如有新理论，亦未经时间和事实的考验，最后能不能成立还很难说。所以对足下来说，不如卑之无甚高论，细读：*Bloomfield* 和 *Palmer* 二书中有关历史比较的部分以及皮特生的《十九世纪语言学史》（此书有袁家骅夫人的中译本，但最好能看原文，③ 这是最好的一本介绍历史比较方法的书）。我看主要精力和时间仍应放在语言事实的搜集和分析上。近年来，美国语言学有重理论轻事实的弊病，而且不独语言学，经济学甚至物理学亦有类似的情形。(附上李昂迪夫谈经济学的一则剪报，供参考。)

李昂迪夫谈经济问题

抨击专家昧于事实

认为不应使用太多假设与理论

【纽约邮报讯】诺贝尔得主魏惜理·李昂迪夫批评其经济学家同侪使用太多的假设和太少的事实来玩他们的水晶球。

出生俄国的李昂迪夫在圣若望大学发表的"经济现状"一篇特别演讲中告三百名大学部的学生说："我觉得目前经济学上的许多问题之一是许多理论、许多假设，和太少的事实。"

李昂迪夫说："只要看看经济刊物上出现成千上万的方程式就知道今天经济专家的问

① 王力：《龙虫并雕斋琐语》，商务印书馆，2003年版，第208、209页。

② 那时的简化字"像"作"象"。

③ 朱先生指中译本所据的英文本。

题是极为明显的。”

他说：“列出方程式是不错的，但你必须把事实放进去才能说明——真正地解释眼前的情况。”

高龄八十四岁的李昂迪夫经常还在纽约大学教书。他于1973年因发表投入产出分析法而获得诺贝尔奖。他用这种分析方法根据事实自经济的任何一项变化中预测波浪的因果。

他在哈佛大学教经济学时最先于1941年使用投入产出分析法帮助罗斯福总统预知在二次大战结束后可能发生的事。

他说：“谁都知道钢铁工业将趋衰落，后经事实证明他的预言果然正确，战后因民间建筑业旺盛，出现了钢铁供应短少的现象。”

李昂迪夫说：“当今经济专家过分依赖方程式的危险，好比一架飞机飞离跑道进入天空然后在空中来回穿梭，永不着陆，虽然情况不错，但又为我们解释了些什么呢?”

李昂迪夫说：“亚当·史密斯借体验观察，然后试图解释。但现在的经济学家和那个时代的学者不同，他们宁借推理作为分析的基础而不顾事实。使用假设虽较为安全，你们知道，假设是廉价的东西。”

李昂迪夫发明的投入产出已为一百廿个国家采用，中共和日本的“庞大”作业也都被包括在内，挪威则根据投入产出制定其全部预算，石油工业巨擘菲利普斯使用这一方法研究它的作业。①

这是什么精神？答曰：“不崇洋的精神。”

附书影四帧

二、“车有双轮”、“鸟有两翼”：语言/方言研究应平面描述与纵向探溯并重

但凡事物皆有两端可观察、可探究：一曰现状，一曰历史。任何语言/方言，无不可从此两端出发，加以研究，做出成果，甚至大块文章。试看西洋近两百多年的研究语言的学术史，发轫于18世纪末，而大盛于19世纪的比较法，其目的是追溯历史，以重构母语为依归，这当然是历史的研究，所以西方谓之 historical and comparative linguistics，中国人译作“历史比较语言学”。至19世纪末索绪尔的结构主义语言学崛起，自此以后则是平面描述的语言学成了主流，比较语言学虽仍有人研究，但作为显学风光不再。这种“描述平面现状”和“探索历史原委”的畸重畸轻的现象自有其语言学的内部原因和社会的外部原因，此处不赘。

笔者叙述这一段西洋语言学史，目的在鉴往知来，“以古为镜，可以知兴替”。我们中国语言/方言学人应该以此为鉴，克服畸重畸轻的毛病，使“平面描述与纵向探溯并重”。近几十年来，方言学的专著以百计，论文以千计，令人振奋不已，可是历史的研究还是处于弱势，成果逊于平面描述。凡有识之士都认为，这种情况需要改进，应该在大

① 载于《语文研究》2002年第4期。

力从事平面描述之时也提倡历史探溯，以臻“双丰收”的境地。

古人云“车有双轮，则有载用；鸟有两翼，堪任飞行”，今人云“两手硬”，其理一也，“确乎其不可拔”。

三、真正/理想的“鲜活语料”难矣哉

调查方言的目的是获取语料，“获取语料”四字，方言学者无人不晓，但是知易行难，取得优质的语料，可不是一件容易的事儿。什么是优质的语料？

如今方言语料，绝大多数是通过调查而得的。主动方是调查者，被调查者是提供语料的。一般认为，只要被调查者确实是当地人，说的是当地话，没有受过普通话或邻近方言的影响，那么他/她提供的语料就是真正的当地话，亦即语料就是可靠的，甚至是优质的。

其实不然。如果在1949年前，或其后的二三十年，确实可以找到从未外出的“土著”。如今不同了，当年的那些老人多数作古或老矣，时移势迁，各地之间的“老死不相往来”的闭塞状态被打破了，现在的人，外出过一段时间，就有可能受外地方言的影响；受过教育，哪怕是小学教育，学过拼音字母的，就会有普通话的影响痕迹。这尽人皆知，不去讨论。

我只讨论一个问题，即如今的这种调查者和被调查者面对面的调查方式能否得到优质语料，即真正/理想的“鲜活语料”？《朗文语言教学及应用语言学辞典》：“**accommodation**，语言调节”：“when a person changes their way of speaking to make it sound more like or less like the speech of the person they are talking to. For example, a teacher may use simpler words and sentence structures when he/she is talking to a class of young children. This is called **convergence**. 说话者改变说话方式使之听起来更像或更不像听话的另一方。例如，教师对于一个幼儿的班级，说话时会使用一些较简单的词、句子和结构。这现象叫趋同。……”① 《新编英汉语言学词典》将accommodation译为“适应理论”。②

凡从事过方言调查的人都有这样的经验：调查者和被调查者，如果不是操的同一土语，必然会发生“语言调节”现象。调查者操普通话或蓝青官话，这是主动方；被调查者是被动方，提供方言语料时就会迁就主动方，这样的语料，严格说来，就不是优质的，或用时下的词语，即不是“鲜活的”。

有一次调查方言，已时隔三十多年，我仍旧“历历如在目前”，原因是太“鲜活”了。1979年初夏，日本的汉语方言学者岩田礼先生和我一同去江苏省连云港市调查赣榆县的方言，调查对象是赣榆城关镇青口镇人，中学教师，三十多岁。调查方与被调查方正在一问一答的过程中，突然一个老者闯入，这位中学教师立刻兴奋异常，站起来，跟他的这位老同乡（是否有更深的关系，例如亲戚关系不知）热情问候、欢快交谈，约十分钟。观察他的精神状态：他已经“弃我们两个调查者于不顾”，这短短的十分钟里，

---

① Jack. C. Richards等编著，管燕红译：《朗文语言教学及应用语言学辞典》，外语教学与研究出版社，2000年版。

② 戴炜华编著：《新编英汉语言学词典》，上海外语教育出版社，2008年版。

他的心目中只有一个人即这位老同乡，他全身心地投入与老同乡的交谈中。从他的声音和表情中看得出，这位中学教师在交谈时不假思索，出语自然流畅，如同江水之出峡，瀑布之奔泻，跟接受我们调查时判若两人。当时岩田礼和我都不无羡慕地感叹，并能听懂他们两个人的话，如果都记录下来，这语料该多么理想啊！

不可不提到董同龢先生的《华阳凉水井客家话记音》这本名著，他请合作人“自编自演”从而记下大段语料，因而在中国方言学史上脍炙人口，成为经典。然而，严格地说，这还是“命题作文”，没有一个良好的语境，即没有操同一土语的乡人的自然而热情的激发/诱发，相互呼应，自然天成，也难以倾泻出高质的鲜活语料。

我认为，调查方言的上乘方法是让两个或多个被调查者自然地对话，从而获得鲜活的语料。

四、语料需要核查检验

研究语言/方言史的方法，很受到重视。众所周知，方法是很多的，有专书介评，但若求简约，当以历史文献考证法与历史比较法这两种方法最为重要，或者竟可以此二者作为代表。

追求方法，固然重要，但是只有方法不能没有语料，犹如武术家有多般舞枪弄棒的方法，但是如若没有刀枪棍棒，还是不成为武术，其人也不能成为武术家。语料，可以分为从文献得出的语料，或从田野调查获得的语料。无论从文献或从调查得到的语料要不要经过检验？我想，没有一个人会说不需要检验。

事实是，语料的来源之一文献，就需要经过文献学家的辨伪、校勘、时代确认等严格的学术手续，鉴定合格方能称得上真正的语料，然后据以推理，才有可能得出可靠的结论。如果语料不可靠，还以这种语料为根据推出结论、建构理论，岂不是如同在沙滩上造摩天大楼？同理，从田野调查而获得的语料也不可能是天生的正确的语料，也不可不接受检验。

但是比较起来，检查搜寻文献而得的语料比较容易些，而检查田野调查获致的语料则比较难些。

何以如是说？

时至21世纪，除了极个别的罕见文献如孤本、秘本外，绝大多数文献，作者能看到，读者也能读到，正如清人袁枚所云：“我所见之书，人亦能见；我所考之典，人亦能考。”① 因而难掩天下人的耳目。兹举一例，有种说法，中国的算盘至迟在汉以前发明，因为珠算最早的记载见于东汉徐岳的《数术记遗》。显然徐岳《数术记遗》是关键性的文献，如果要利用这本古书作为立论的依据，就首先需要了解这本书的性质、原委，对这本书做辨伪工作，这是从事学术研究的第一步。《数术记遗》标作东汉徐岳著，有人认同，有人不置可否，但也有许多学者做过考证，持否定态度。清代《四库全书总目提要》：“《数术记遗》，旧题汉徐岳撰，北周甄鸾注。”接着“详斥其伪，以祛后人之惑”，

① 袁枚：《小仓山房尺牍》卷七《寄奇方伯》。

认为“此必当时（本文笔者按，指唐代）购求古算，好事者因托为之，而嫁名于岳耳”。[①] 我推测，这篇提要很可能是戴震撰写的，他是四库馆臣中精通数学的专家，现当代人著的中国数学史的专书中往往有述评戴震的数学成就的文字。20世纪中国数学史权威专家钱宝琮先生主编的《中国数学史》：“本书决不是徐岳的原著，书中叙述各种计数法时，文本非常简略，如果没有甄鸾的注解，实在不能了解作者的原意。因此我们认为《数术记遗》是甄鸾的依托伪造而自己注释的书。”[②] 王渝生《中国算学史》：“伪托东汉徐岳撰、甄鸾注的《数术记遗》。”[③] 从这三则引文可见数学史学界的主流学者的观点。至于算盘跟《数术记遗》中“珠算”的关系，有人认为有关系，但也有学者持不同意见，如钱宝琮《中国数学史》：“有人认为明朝人的珠算盘是甄鸾‘珠算’的改进，我们找不到什么证据。”[④] 王渝生《中国算学史》：“珠算盘在中国究竟起源于何时，至今尚无定论。但普遍使用上二珠下五珠中隔横梁的珠算盘是在明代，那是没有多大争议的。”[⑤] 杜石然《数学·历史·社会》：“珠算是在筹算基础上演变而来的。”[⑥] 郭书春《中国古代数学》：“《数术记遗》中的珠算，算珠不穿档，且无口诀，实际不如筹算方便。现在使用的珠算盘产生于何时，自清初以来学术界争论很多。……我们认为，使用口诀并取代筹算为主要计算工具的珠算盘的产生应在元中叶以后。”[⑦] 于此可见，这几位数学史专家都不认为珠算盘产生在汉甚或“汉以前”。从事论文写作，对于有争议的书或作者，只陈述一种意见，会误导读者以为这是唯一的观点，正确的做法应该交代、指出还有另一种论点，何况这另一种意见在数学史学界是主流观点。

时至今日，绝大多数的书，学人都可以读到，因此在这个意义上说，鉴定源自典籍的资料相对来说比较容易些。

而田野调查的资料则不然，例如曾晓渝、高欢两位先生的文章《广西融水诶话同音字汇》中这样写到：“我们注意到，我们所听、记的诶话音系与其他学者的描写存在较大差异，如声母韵母的类别、调类调值等。”[⑧] 人们常以为，如果调查的是通都大邑的方言，核对就比较容易些，易于区别是非，达成共识。可是也不尽然，二三十年前，方言学者中的苏州人有好多位，对所记的苏州音就曾产生过颇为激烈的争辩，成了学坛佳话。至于深山大泽、穷僻小村，第一位调查者公布了他的调查报告，请问何时再有第二位去核查？遑论其后。所以可以说，检验调查而得的“活语料”，难度很大。即使取出录音资料为证，但是发音合作人是否合适，等等，不无讨论的余地。而已经公布、刊行的若干资料也许不可能再有人去核查了。即使在沿海地区、交通发达地区，如浙江省，同样的一个点，但记音却有较大的差异，甚至令专家也感到困惑不解，类似情况并不鲜见。

---

① 永瑢等：《四库全书总目》（上册），中华书局，1965年版，第903页。
② 钱宝琮：《中国数学史》，科学出版社，1981年版，第92、93页。
③ 王渝生：《中国算学史》，上海人民出版社，2005年版，第5页。
④ 钱宝琮：《中国数学史》，科学出版社，1981年版，第44页。
⑤ 王渝生：《中国算学史》，上海人民出版社，2005年版，第171页。
⑥ 杜石然：《数学·历史·社会》，辽宁教育出版社，2003年版，第170页。
⑦ 郭书春：《中国古代数学》，商务印书馆，2004年版，第31～32页。
⑧ 曾晓渝、高欢：《广西融水诶话同音字汇》，《中国语言学》（第2辑），山东教育出版社，2009年版。

笔者认为：对于语料，因解读见仁见智而产生争论，这是可以的。但是如果出现了错误，那就是原则问题，致误不外乎两个原因，一是学术态度严谨有欠；二是学问尚浅、技艺不精。如果学风不良，意在窃取名利，自然会马虎从事，甚或弄虚作假，指鹿为马，贻误读者，戕害学术。如果方言学、音韵学和词汇学的基本知识都未好好掌握，听音辨音记音的能力和技术比较欠缺，怎么能保证做出的成果的质量？据说当今还有人记录方音竟用汉语拼音字母，焉得不败事？

值此学风浮躁、学术腐败日甚之时，作为一个语言学者，应该在道德、学业两方面严格要求自己。《周易》云："君子进德修业。"这不朽的名言，难道不值得当今每个语言学人铭记、实行？

五、呼吁：抢救语言/方言的"残迹/残片"

如今，抢救濒危语言、抢救濒危方言，在学术界是最得人心之举。有识之士、热心学者为之奋斗不遗余力，取得了明显的效果，出版了好多本"濒危"类的书，可称之为积德！

我以为还应抢救语言/方言的"残迹/残片"。此话怎讲？待我道来，2003 年 10 月，我曾经到过王国维所说的"巴黎国民图书馆"，去的目的只有一个，即阅读伯希和劫去的敦煌卷子，当亲手接触这些卷子时，心情十分激动："中国之宝欤？法国之宝欤？"这些卷子，有的完整，有的残缺，对于后者，有个专门名词叫"残卷"。看着这些"残卷"，越发感到它的珍贵，能幸存于世，不是上苍的恩赐？由此，我联想，我类推，语言/方言里不也有"残卷"吗？因为是非物质的，只好说它是"残迹/残片"。什么是语言/方言的"残迹/残片"？我试作界定，语言/方言是人说的，人总是要死的，当某一年龄段的人都死光了，那一代人的语言也就消逝了，如果把语言史比作一棵大树，那就意味着纵向大树的一个横剖面消失了。但是未必都消失得干净，它可能还有个别"残迹/残片"幸运地遗留下来。对研究语言/方言历史的专家来说，这"残迹/残片"珍贵异常，视若吉光片羽不为过。

这"残迹/残片"，得来全靠功夫。

举个切身的例子：在我的母方言江淮官话的下位通泰方言的泰州话里，古止摄开口三等知组知彻澄、庄组庄初崇生、章组章昌船书禅的韵母都是舌尖前元音 ɿ，日母字呢，"二"、"儿"、"耳"等字，现代音念 ɚ 或 ə。可是我在年轻时还知道，流传着一个外地人嘲笑泰州人口音特异的"俗谚"："泰州有个南门，南门有个高桥，高桥底下有个洞，洞里面有条蛇，蛇有二丈二尺二寸长。"（按，我曾调查过好几个中年人、青年人，他们对这个"俗谚"全然不知。）其中的"南"、"洞"、"蛇"的泰州话的特色此处不赘，只论"二"字，在这段编造的"俗谚"里念作 zɿ。1959 年我热心调查家乡方言时，曾向家乡耆老仲一侯老先生询问过这个 zɿ 音的历史，仲先生说，他的父亲、祖父都念这个音，他自己则念 ɚ，可见这个 zɿ 音在 19 世纪末还存在于泰州话里。我是从仲一侯先生的年龄推出的，仲一侯先生，名中，以字行，1895 年生，是柳亚子亲自介绍加入南社的诗人，在柳亚子《南社纪略》中，一千多位会员按入会先后排序，他的名字列为 401 号。典籍也能证明我们的泰州话曾存在 zη 音的这一推断，《镜花缘》的作者李汝珍是一位杰出的音韵学家，他在《李氏音鉴》（1810 年刊行）里说："即如儿字，古皆瓤移切，以近时南北方音辨之，读昂移切，吴音或读娘移切。唯泰州方音读瓤移切，音与古同。"揣其意，"昂移切"乃零声母之 ɚ，"瓤移切"乃日母字 zη，泰州独有，故为李汝珍所瞩目。一则"俗谚"、耆老仲一侯先生的口述往史、李汝珍的文献记录，三者结合，19 世纪泰州话 zη 音的存在便是确凿无疑的定谳了。然而，泰州话孤立的 zη 音敌不过官音的强势的 ɚ，终于被"取而代之"，"耳"、"而"、"二"的 zη 音落得成了"残迹/残片"。① 于兹可见，语言/方言的"残迹/残片"之可贵，应该上"濒危"现象一等。

语言/方言的"残迹/残片"，似乎不为当今学人所重视，原因可能很多，时下方言学论著的著者比较年轻，自然不易想到这些"老土"语料；急于求成、安得有时间去调查这些"残迹/残片"？所以"残迹/残片"式的语料成了连城璧，记述"残迹/残片"的论著也成了连城璧。

前年我读到兰州大学张文轩教授的《高本汉所记兰州声韵系统检讨》时，很是兴奋，至今犹不能忘怀。张文记述了兰州本地人赵浚先生（生于 1922 年）叙述其父赵生彦先生（1888—1936）的方音，又记录了赵浚先生叙述其童年时的老师的发音。这些"残迹/残片"语料对于研究 20 世纪早期的兰州方言史有重要的意义。②

我在 1961—1964 年写的论文《泰州方音史与通泰方言史研究》中说："我们特别要向老年人调查更早的语言现象，因为他们对于父辈、祖辈的一些特殊语言现象总是有印象的。这种'活'的调查具有很大的可靠性。"③ 现在我还坚持这一意见，特再次向学界呼吁。着力向健在的老人调查其父辈、祖辈的特殊的更早的活语言现象，就是抢救语言/方言的"残迹/残片"。

六、三十秒钟内判别方言学论著的高下

大概十年前吧，我应邀去山东大学作学术讲演，我说过："我能在三十秒钟以内判断一本方言学书的高下。"如今我写成一条札记，以就正于方家。

我说这话，有个先决条件，即这方言学论著有音系表/声韵调配合表/同音字表。

到现在，方言志类的书估计出了总有好几百本，《××方言音系》的文章肯定有几百篇，至于众多《方言词典》前面，多有个"声韵调配合表"或者"同音字表"。这类表格里面如果有符号"□/■"，那么在表下，或页下必依次注出这符号所代表的字或词的音和义，甚或还有例句。我的阅读经验：当看到"声韵调配合表/同音字表"中"□/■"号蚁聚、表/页下注释麇集的时候，不觉喜上眉梢，因为这黑压压的一片标志着这是高质的方言学论著；反之，稀稀朗朗，怎能叫它做高质？因为在中国，不论南方和北方，任何方言中都有许许多多"有音无字"的词儿，这种写不出字来的词儿绝大多数是方言

① 鲁国尧：《泰州方音史与通泰方言史研究》，载《鲁国尧语言学论文集》，江苏教育出版社，2003 年版，第 49～50、73～74 页。

② 载《西北师大学报》2006 年第 1 期。

③ 《鲁国尧语言学论文集》，江苏教育出版社，2003 年版。

的土词，这才是方言的特色。只有调查得深入细致，才能获得很多的“□/■”；否则，“□/■”很少，甚至没有。十几年前吧，我建议一个学生做家乡的方言调查，她回到老家安徽枞阳，请姑妈做发音合作人，回来后将整理好了的同音字表给我看，我快速地翻完了，不得不说：“不能及格，因为‘□/■’号那么少！”

我将“□/■”作为鉴定方言学论著高下的试金石，或试金石之一，有次跟李荣先生讨论学术时，我曾向他汇报了我的这一看法，李先生没有反对。

我读过若干方言志、方言词典，其序言、后记或凡例里几乎都要鸣谢调查对象，这个“功臣榜”中甚至有一些七八十岁的老人，他们的名字和年龄都被清楚地列出。这是向读者显示，著者调查过“老派”了，因此这本书的质量是保险的。我则以为，听其言而观其行，如果他们的书里“□/■”少，“老派”纵使调查了一些，“老话”却没能挖掘出多少。

2011年3月10日毕工于钱江之畔

（杭州师范大学中文系教授）

湖南永兴方言［i］的舌尖化过程与特点*

鲍厚星　胡斯可

摘　要：永兴境内普遍存在舌面元音［i］发生舌尖化音变的方言点，不同方言点舌尖化的速度差异，不仅完整地反映出［i］＞［ï］＞［ɿ］的演变过程，而且呈现出诸多不同于其他方言的特点。

关键词：永兴方言　舌面元音　舌尖化

一

永兴县位于湖南省东南部，耒水中游，东经112°43′～113°35′，北纬25°58′～26°29′，隶属郴州市。东依资兴，南邻郴州，西接桂阳，北连安仁和耒阳。永兴县面积1 979.4平方公里，下辖25个乡镇，总人口63.61万（2005年）。

春秋战国时，今永兴在当时为楚地，秦属长沙郡郴县（今郴州）。公元前202年始设便县。公元9年，改称便屏县。公元25年，又称便县，属桂阳郡。三国时期为吴地，仍属桂阳郡。公元420年，便县并入郴县。公元559年，复置便县。公元589年，再次并入郴县。公元725年，置安陵县。公元742年，改名高亭县。公元1073年，定名永兴县，沿袭至今。

根据中国社科院和澳大利亚人文科学院合编的《中国语言地图集》的汉语方言分区结果，永兴方言属于赣语的耒资片。

二

永兴境内普遍存在舌面元音［i］发生舌尖化音变的方言点，各个方言点在舌尖化的道路上速度有快慢之分，个别方言点［i］＞［ɿ］的演变已经全部完成，而多数方言点按照声组的区别有不同的表现，有的声组后仍保持［i］韵，有的声组后读［i］、［ɿ］之间的过渡元音［ï］（参考朱晓农说法，用［ï］表示与舌叶音同部位的元音），有的声组后念舌尖元音［ɿ］，呈现出行进中的运动状态。永兴方言在舌尖化音变上的内部差异反映了［i］＞［ï］＞［ɿ］的演变过程及［i］在不同的声组后舌尖化的先后顺序。

下面列表对永兴马田、洞口、柏林、城关四地的相关例字作一比较。

---

* 本文初稿曾以《湖南永兴方言舌尖元音的音韵特点》为题在全国汉语方言学会第十四届学术年会上宣读，现已在材料和内容上作重要补充和修改。

蟹开三祭韵

声母	例字	马田	洞口	柏林	城关老派	城关新派
帮组	蔽 弊	pi	pi	pɿ	pɿ	pɿ
泥组	例	li	li	li	lɿ	lɿ
精组	祭	tɕi	tʃï	tʃï	tʃï	tsɿ
知组	滞	tsɿ	tsɿ	tsɿ	tsʰɿ	tsɿ
章组	制 世	tsɿ/sɿ	tsɿ/sɿ	tsɿ/sɿ	tsɿ/sɿ	tsɿ/sɿ
见组	艺	i	ʒï	ʒï	ʒï	zɿ

蟹开四齐韵

声母	例字	马田	洞口	柏林	城关老派	城关新派
帮组	闭 批 米	pi/pʰi/mi	pi/pʰi/mi	pɿ/pʰɿ/mɿ	pɿ/pʰɿ/mɿ	pɿ/pʰɿ/mɿ
端组	题 替	ti/tʰi	ti/tʰi	ti/tʰi	tʃï/tʃʰï	tɿ/tʰɿ
泥组	犁	li	li	li	lɿ	lɿ
精组	挤 齐 西	tɕi/tɕʰi/ɕi	tʃï/tʃï/ʃï	tʃï/tʃï/ʃï	tʃï/tʃʰï/ʃï	tsɿ/tsʰɿ/sɿ
见组	鸡 契 溪	tɕi/tɕʰi/ɕi	tʃï/tʃʰï/ʃï	tʃï/tʃʰï/ʃï	tʃï/tʃʰï/ʃï	tsɿ/tsʰɿ/sɿ
晓组	系	ɕi	ʃï	ʃï	ʃï	sɿ
影组	缢	i	ʒï	ʒï	ʒï	zɿ

止开三支韵

声母	例字	马田	洞口	柏林	城关老派	城关新派
帮组	皮 披 弥	pi/pʰi/mi	pi/pʰi/mi	pɿ/pʰɿ/mɿ	pɿ/pʰɿ/mɿ	pɿ/pʰɿ/mɿ
泥组	离	li	li	li	lɿ	lɿ
精组	紫 刺 斯	tsɿ/tsʰɿ/sɿ	tsɿ/tsʰɿ/sɿ	tsɿ/tsʰɿ/sɿ	tsɿ/tsʰɿ/sɿ	tsɿ/tsʰɿ/sɿ
知组	知 池	tsɿ/tsʰɿ	tsɿ	tsɿ	tsɿ/tsʰɿ	tsɿ/tsʰɿ
章组	支 侈 是	tsɿ/tsʰɿ/sɿ	tsɿ/tsʰɿ/sɿ	tsɿ/tsʰɿ/sɿ	tsɿ/tsʰɿ/sɿ	tsɿ/tsʰɿ/sɿ
见组	寄 骑 义	tɕi/tɕʰi/i	tʃï/tʃï/ʒï	tʃï/tʃï/ʒï	tʃï/tʃʰï/ʒï	tsɿ/tsʰɿ/zɿ
晓组	戏	tɕʰi	tʃʰï	tʃʰï	tʃʰï	sɿ
影组	椅 移	i	ʒï	ʒï	ʒï	zɿ

止开三脂韵

声母	例字	马田	洞口	柏林	城关老派	城关新派
帮组	鼻 屁	pi/p^{h}i	pi/p^{h}i	pɿ/p^{h}ɿ	pɿ/p^{h}ɿ	pɿ/p^{h}ɿ
端组	地	ti	ti	ti	tʃï	tɿ
泥组	尼 梨	li	li	li	lɿ	lɿ
精组	资 瓷 私	tsɿ/ts^{h}ɿ/sɿ	tsɿ/tsɿ/sɿ	tsɿ/tsɿ/sɿ	tsɿ/ts^{h}ɿ/sɿ	tsɿ/ts^{h}ɿ/sɿ
知组	致 迟	tsɿ/ts^{h}ɿ	tsɿ	tsɿ	tsɿ/ts^{h}ɿ	tsɿ/ts^{h}ɿ
庄组	师	sɿ	sɿ	sɿ	sɿ	sɿ
章组	指 示	tsɿ/sɿ	tsɿ/sɿ	tsɿ/sɿ	tsɿ/sɿ	tsɿ/sɿ
见组	饥 祁	tɕi/tɕ^{h}i	tʃï	tʃï	tʃï/tʃ^{h}ï	tsɿ/ts^{h}ɿ
影组	姨 伊	i	ʒï	ʒï	ʒï	zɿ

止开三之韵

声母	例字	马田	洞口	柏林	城关老派	城关新派
泥组	李	li	li	li	lɿ	lɿ
精组	子 慈 丝	tsɿ/ts^{h}ɿ/sɿ	tsɿ/tsɿ/sɿ	tsɿ/tsɿ/sɿ	tsɿ/ts^{h}ɿ/sɿ	tsɿ/ts^{h}ɿ/sɿ
知组	置 耻	tsɿ/ts^{h}ɿ	tsɿ/ts^{h}ɿ	tsɿ/ts^{h}ɿ	tsɿ/ts^{h}ɿ	tsɿ/ts^{h}ɿ
庄组	滓 厕 事	tsɿ/ts^{h}ɿ/sɿ	tsɿ/ts^{h}ɿ/sɿ	tsɿ/ts^{h}ɿ/sɿ	tsɿ/ts^{h}ɿ/sɿ	tsɿ/ts^{h}ɿ/sɿ
章组	志 齿 时	tsɿ/ts^{h}ɿ/sɿ	tsɿ/ts^{h}ɿ/sɿ	tsɿ/ts^{h}ɿ/sɿ	tsɿ/ts^{h}ɿ/sɿ	tsɿ/ts^{h}ɿ/sɿ
见组	记 起 疑	tɕi/ɕi/i	tʃï/ʃï/ʒï	tʃï/ʃï/ʒï	tʃï/ʃï/ʒï	tsɿ/sɿ/zɿ
晓组	喜	tɕ^{h}i	tʃ^{h}ï	tʃ^{h}ï	tʃ^{h}ï	sɿ
影组	医 以	i	ʒï	ʒï	ʒï	zɿ

止开三微韵

声母	例字	马田	洞口	柏林	城关老派	城关新派
见组	机 气 毅	tɕi/ɕi/i	tʃï/ʃï/ʒï	tʃï/ʃï/ʒï	tʃï/ʃï/ʒï	tsɿ/sɿ/zɿ
晓组	希	ɕi	ʃï	ʃï	ʃï	sɿ
影组	衣	i	ʒï	ʒï	ʒï	zɿ

深开三缉韵

声母	例字	马田	洞口	柏林	城关老派	城关新派
泥组	立	li	li	li	lɿ	lɿ
精组	集 习	tɕi/ɕi	tʃï/ʃï	tʃï/ʃï	tʃï/ʃï	tsɿ/sɿ
章组	执 湿	tsɿ/sɿ	tsɿ/sɿ	tsɿ/sɿ	tsɿ/sɿ	tsɿ/sɿ
见组	急 泣	tɕi/tɕʰi	tʃï/tʃʰï	tʃï/tʃʰï	tʃï/tʃʰï	tsɿ/tsʰɿ
晓组	吸	tɕi	tʃï	tʃï	tʃï	sɿ
影组	揖	i	ʒï	ʒï	ʒï	zɿ

臻开三质韵

声母	例字	马田	洞口	柏林	城关老派	城关新派
帮组	笔 密	pi/mi	pi/mi	pɿ/mɿ	pɿ/mɿ	pɿ/mɿ
泥组	栗	li	li	li	lɿ	lɿ
精组	疾 七	tɕi/tɕʰi	tʃï/tʃʰï	tʃï/tʃʰï	tʃï/tʃʰï	tsɿ/tsʰɿ
知组	侄	tsɿ	tsɿ	tsɿ	tsɿ	tsɿ
章组	质 实	tsɿ/sɿ	tsɿ/sɿ	tsɿ/sɿ	tsɿ/sɿ	tsɿ/sɿ
日母	日	i	ʒï	ʒï	ʒï	zɿ
见组	吉	tɕi	tʃï	tʃï	tʃï	tsɿ
晓组	乙	i	ʒï	ʒï	ʒï	zɿ

曾开三职韵

声母	例字	马田	洞口	柏林	城关老派	城关新派
帮组	逼	pi	pi	pɿ	pɿ	pɿ
泥组	力	li	li	li	lɿ	lɿ
精组	即 媳	tɕi/ɕi	tʃï/ʃï	tʃï/ʃï	tʃï/ʃï	tsɿ/sɿ
知组	值	tsɿ	tsɿ	tsɿ	tsɿ	tsɿ
章组	织 食	tsɿ/sɿ	tsɿ/sɿ	tsɿ/sɿ	tsɿ/sɿ	tsɿ/sɿ
见组	极	tɕi	tʃï	tʃï	tʃï	tsɿ
影组	亿	i	ʒï	ʒï	ʒï	zɿ

梗开三陌韵

声母	例字	马田	洞口	柏林	城关老派	城关新派
帮组	碧	pi	pi	pɿ	pɿ	pɿ
见组	屐	tɕi	tʃï	tʃï	tʃï	tsɿ

梗开三昔韵

声母	例字	马田	洞口	柏林	城关老派	城关新派
帮组	璧 辟	pi/pʰi	pi/pʰi	pɿ/pʰɿ	pɿ/pʰɿ	pɿ/pʰɿ
精组	积 席	tɕi/ɕi	tʃï/ʃï	tʃï/ʃï	tʃï/ʃï	tsɿ/sɿ
知组	掷	tsɿ	tsɿ	tsɿ	tsɿ	tsɿ
章组	隻 赤 石	tsɿ/tsʰɿ/sɿ	tsɿ/tsʰɿ/sɿ	tsɿ/tsʰɿ/sɿ	tsɿ/tsʰɿ/sɿ	tsɿ/tsʰɿ/sɿ
影组	益	i	ʒï	ʒï	ʒï	zɿ

梗开四锡韵

声母	例字	马田	洞口	柏林	城关老派	城关新派
帮组	璧 劈 觅	pi/pʰi/mi	pi/pʰi/mi	pɿ/pʰɿ/mɿ	pɿ/pʰɿ/mɿ	pɿ/pʰɿ/mɿ
端组	笛 剔	ti/tʰi	ti/tʰi	ti/tʰi	tʃï/tʃʰï	tɿ/tʰɿ
泥组	历	li	li	li	lɿ	lɿ
精组	绩 戚 锡	tɕi/tɕʰi/ɕi	tʃï/tʃʰï/ʃï	tʃï/tʃʰï/ʃï	tʃï/tʃʰï/ʃï	tsɿ/tsʰɿ/sɿ
见组	击 激	tɕi	tʃï	tʃï	tʃï	tsɿ

由以上表格可以看出，各方言知庄章组和止开三等的精组字都读［ɿ］韵。而马田话的［ɿ］韵字仅限于这些字，这和绝大多数汉语方言是相同的，为便于指称，我们暂不把马田话看作发生舌尖化音变现象的方言。永兴境内属于这一情况的还有高亭、复合、洋塘、油麻、油市、三塘、悦来、湘阴渡、碧塘等地。洞口话日母、见系各组以及其余精组字（蟹开三、四等韵和深、臻、曾、梗各摄开口三四等入声韵）变为了［ï］。属于这一情况的还有龙形市、七甲等地。柏林话的帮组字也已经完成舌尖［ɿ］的音变，读［i］韵的仅剩下端、泥组字。属于这一情况的还有太和、金龟、樟树等地。城关老派话与柏林话的区别在于端、泥组字分读［ï］、［ɿ］两韵。而从［i］向［ï］、［ɿ］演变后留下的空格又没有得到填补，因此，城关老派音系无真正的单元音［i］韵，城关老派音系中只有［ɪ］韵，分布在蟹、止两摄的合口韵中，如：杯꜀pɪ≠鞭꜀pi，倍pɪ꜄≠变pi꜄，霉꜁mɪ≠棉꜁mi。属于这一情况的还有黄泥、塘门口、香梅、城郊等地。城关新派话舌尖化速度最快，老派的［ï］韵字新派一律念［ɿ］，并且涉及的范围也很广，这一特点不仅体现在永兴方言内部，和舌面元音发生舌尖化音变现象的其他方言相比也非常明显。

现代汉语方言中“i > ʅ”音变涉及徽语、官话、吴语、晋语、湘南土话等多种方言。根据现有的材料，各类方言中发生“i > ʅ”音变现象的字大多局限于以蟹、止摄开口三四等为主的舒声韵中，只有极少方言如湖南宁远（禾亭）方言出现了来自深、山、臻、曾、梗摄的入声字，但字数有限，这些摄当中还有相当一部分的字读［i］韵，如：“毕必蜜疾悉质实室乙一逼力值职极食忆亿翼碧僻辟积迹脊籍藉惜昔夕只适益译易劈的滴敌狄绩析击。”青海乐都方言［ʅ］的覆盖面则扩散到了蟹、止开口字（除了知系）和深、臻、曾、梗入声字。

永兴方言新派［ʅ］分布的范围更为广泛，除了蟹、止开三四等（包括知系）以外，在深、臻、曾、梗摄开口三、四等入声韵之中，也同样存在它的活动地盘，且字数不少，上面提到的宁远（禾亭）方言读［i］韵的字在永兴方言新派中一律读［ʅ］韵。在“i > ʅ”音变完成以后，新派音系出现了新的［i］韵字，从［i］向［ʅ］演变后留下的空格得到了填补，读［i］韵的字主要分布在咸、山两摄的开口二、三、四等韵中，如：碱꜀tɕi | 尖꜀tɕi | 甜꜁ti | 天꜀tʰi | 边꜀pi | 闲꜁ɕi，并且还有与［i］对立的［ɪ］，“杯、倍、霉”的读音与老派话一致。至于新派出现的［i］韵字老派话都念［ie］韵，如：碱ᶜtɕie | 尖꜀tɕie | 甜꜁tɕie | 天꜀tɕʰie | 边꜀pie | 闲꜁ɕie。

根据以上音变过程，我们可以排列出永兴方言的［i］在不同声组后舌尖化的路线图（注：［tʃ］组声母只与同部位的舌叶元音［ï］相拼，其他声组与［ʅ］相拼）：

马田　　ts 知庄章和止开三精组

洞口　　ts 知庄章和止开三精组　tʃ 日母、见系和其余精组

柏林　　ts 知庄章和止开三精组　tʃ 日母、见系和其余精组　p 帮组

城关老派　ts 知庄章和止开三精组　tʃ 日母、见系和其余精组　p 帮组
　　tʃ 端组　l 泥组

城关新派　ts 知庄章和止开三精组　ts 日母、见系和其余精组　p 帮组
　　t 端组　l 泥组

三

(1)［ʅ］是［i］在舌尖化道路上达到的较高程度，有的方言直接从［i］演变为［ʅ］，有的方言在通向［ʅ］的路途中会经历过渡元音的阶段，从目前所掌握的材料看，主要有［ï］和带有摩擦音色彩的［i］两种。不考虑［i］ > ［ʅ］涉及的声组范围，以［i］舌尖化程度的高低为标准，可以把存在这一现象的汉语方言大概分成三类：

①凡是发生舌尖化音变的舌面元音［i］都已经高化到最高程度，虽不排除可能经历过 i > ï 的阶段，但这一层次目前均已消失，未见相关记录，我们将它们命名为“‘i > ʅ’终极态势型方言”。浙江遂昌、云和、湖南宁远（禾亭）、陕西子长、延川、青海乐都、安徽合肥、绩溪、江苏滨海、埠宁、山西祁县、文水等属于这一类。

②凡是发生舌尖化音变的舌面元音［i］高化的程度比前一类要低一些，介于舌面与

舌尖之间，我们将它们命名为“‘i＞ɿ’过渡态势型方言”。

东安花桥土话中，［tɕ、tɕʰ、dʑ、ɕ、ʑ］在［i］韵前实际读音为［tʃ、tʃʰ、dʒ、ʃ、ʒ］，与声母相配的［i］韵也相应地增加舌叶音色彩；永州岚角山土话、新田南乡土话也存在同样的情形；李维琦（1998）明确指出祁阳方言中处在［tʃ、tʃʰ、dʒ、ʃ、ʒ］之后的［i］韵母，与［i］接近，但在听感上既完全不是［i］，也不是舌尖后元音，而是一个舌叶元音。湘语中以舌叶音突出而著称的祁阳方言，不仅见晓组，还涉及精组（“妻西洗齐七”等）、知组（“知池迟滞秩”等）、章组（“制世执湿石”等）等更大范围。

③青海西宁、互助、大通等地的情况有所不同，“i＞ɿ”的音变出现在了 ts 组与 t 组声母后，tɕ 组与 p 组声母后的［i］变为摩擦较重的过渡音［j］。也就是“i＞j”和“i＞ɿ”两种音变并存。我们将这一类命名为“‘i＞ɿ’过渡态势与终极态势杂糅型方言”。

比较上述各类方言，虽然它们在舌面元音高化的程度上有高低的不同，但不难发现，它们的共性在于这些方言都只有单一的类型归属，而不会在共时的层面上具有“终极”、“过渡”和“过渡与终极杂糅”中的任意两种态势。也就是说，“终极”、“过渡”和“过渡与终极杂糅”三种态势分别出现在不同的方言中，呈互补分布。

我们再来看永兴城关方言的情况。城关方言老派音系没有［i］韵，有［ɪ̈］、［ɿ］两韵，［ɪ̈］韵主要分布在见系各组，其次是端组和部分精组（蟹开三、四等韵和深、臻、曾、梗各摄开口三四等入声韵）。［ɪ̈］韵的存在和［i］韵的缺乏说明永兴方言老派［i］＞［ɪ̈］的演变已经全部完成。［i］＞［ɪ̈］的演变完成之后，一些［ɪ̈］韵字仍停留在原状态，而另一些［ɪ̈］韵字又有了新的动向，进一步高化为［ɿ］韵，出现了［ɪ̈］＞［ɿ］的演变，这些字有帮组、泥组、知组、庄组、章组和部分精组（止开三）。老派的音变情况与青海西宁、互助、大通等地在类型上相似，属“‘i＞ɿ’过渡态势与终极态势杂糅型方言”。城关方言新派没有［ɪ̈］韵，有［ɿ］韵，［ɿ］韵分布的范围更为广泛，不仅包括老派的［ɿ］韵字，还包括老派的［ɪ̈］韵字，新派属“‘i＞ɿ’终极态势型方言”。

上文提到，“i＞ɿ”演变的三种态势分别出现在不同的方言中。而城关方言新老两派的读音差异则给我们提供了一个活生生的特例：城关方言的老派读音部分读舌尖音，部分尚处在舌叶音阶段，而新派的读音已先于老派全部完成了舌尖化的演变。其他方言中本属于历时过程中的两个不同态势，却共时存在于永兴方言中。这也说明舌面元音高化这一音变规律在由于年龄差异形成的同一方言的不同言语社团中，可以呈现出快慢不同的演变速度，正体现了语言发展的不平衡性。

（2）“i＞ɿ”的速度差异使得北京话［i］韵字在方言中的今读理论上有可能出现六种情况：

①方言中只有念过渡音的字，属于这种情况的方言暂未发现。

②方言中既有念过渡音的字，又有发生“过渡音＞ɿ”音变的［ɿ］韵字，如永兴城关老派、西宁、互助等方言。

③方言中只有发生“i＞ɿ”音变的［ɿ］韵字，如永兴城关新派、乐都、合肥、文水、偏关、祁县、汾阳等方言。

④方言中既有尚未发生音变的［i］韵字，又有念过渡音的字，如新田南乡土话、东

安花桥土话等方言。

⑤方言中既有尚未发生音变的［i］韵字，又有发生“i > ɿ”音变的［ɿ］韵字，如遂昌、云和、宁远禾亭、子长、延川等方言。

⑥方言中既有尚未发生音变的［i］韵字，又有念过渡音的字，还有发生“过渡音 > ɿ”音变的［ɿ］韵字。属于这种情况的方言较为罕见，永兴柏林端、泥组字读［i］韵，日母、见系以及蟹开三、四等韵和深、臻、曾、梗各摄开口三四等入声韵精组字念［ï］韵，帮组、知庄章组和止开三等的精组字读［ɿ］韵，完整地反映出“i > 过渡音 > ɿ”的渐变轨迹和动态过程。

（3）帮组音变的顺序。

有关［i］在不同的声组后舌尖化的先后顺序，朱晓农（2004）按照对官话和徽语中历时演变和共时分布情况的分析，理出了大致的顺序：精组、见系、端组、帮组。赵日新（2007）分析了吴语、晋语、湘南土话等更多方言的情况，得到的结论基本相同，这些方言中声组演化顺序的共性之一就是帮组字在序列当中处在最后。观察永兴方言，可以看到帮组的位置并未排在最后，它仅次于知庄章和止开三精组，要早于端、泥组，至于日母、见系和其余精组字虽然发生高化的现象比帮组字早，但很长一段时期保持在舌叶音［ï］的位置，最终直到城关新派口音中才与端组字一并完成舌尖化。

（4）端组的音变过程。

汉语各方言中端组的舌尖音变过程有两条不同轨迹。一条是 ti > tj > tsɿ 和 $t^hi > t^hj > ts^hɿ$，经历与过渡元音相拼的阶段，一条是 ti > tɿ > tsɿ 和 $t^hi > t^hɿ > ts^hɿ$，没有经历与过渡元音相拼的阶段。但殊途同归，它们的最后落脚点都停留在 tsɿ 和 $ts^hɿ$。永兴方言走的是另外一条道路：ti > tʃï > tɿ 和 $t^hi > tʃ^hï > t^hɿ$，先经历与过渡元音相拼的阶段，然后到了城关新派话念 tɿ 和 $t^hɿ$。那么永兴方言的端组会不会像上面两种情况一样最终演变成［ts、ts^h］呢？

永兴方言的端组字曾经面临过向［ts、ts^h］演变的机会，当它处在［tʃï、$tʃ^hï$］读音的状态时，其舌尖化道路的前景呈现出一片通途：［tʃ、$tʃ^h$］为舌叶塞擦音，［ts、ts^h］为舌尖塞擦音，二者发音方法相同，除阻时又都要通过摩擦，只有发音部位存在前后的细小区别，发［tʃ、$tʃ^h$］的时候，气流节制点稍微向前延伸，就能到达［ts、ts^h］，并且为了与同为摩擦化的元音［ɿ］相配，从发音者的角度看，由［tʃ、$tʃ^h$］到［ts、ts^h］，这是很自然、舒服的发音转变。

但城关新派人士放弃了这样的机会，而选择了演变到发音难度相对较大的舌尖塞音［t、t^h］与［tʃ、$tʃ^h$］在发音方法和发音部位上都有差别，此外，除阻时无须通过摩擦的［t、t^h］与摩擦元音［ɿ］相拼，发音者会略微觉得不顺畅。

新派人士的这种与常规不相符合的选择与西南官话郴州话的渗透有着重要的关系。郴州话是整个郴州地区的最强势方言。郴州与永兴城关相距不过四十公里，两地之间交通便利，政治、经济、文化等各方面联系紧密。城关大多数年轻人以及部分中年人都会说郴州话。永兴城关话端组字今读［t、t^h］声母正好与郴州话相同，而最能说明它受郴州话影响的证据是，城关话的定母字有成系统的文白两读，白读不送气清音，文读一律同郴州话念送气清音，并且调值不读自身的阳平调35，而照搬郴州话的阳平调21，例如：

题：题目［ti˧˥］　　题词［tʰi˨˩］　　徒：徒弟［tu˧˥］　　叛徒［tʰu˨˩］
同：同学［toŋ˧˥］　　合同［tʰoŋ˨˩］

永兴方言的端组字在历史上已经主动放弃了从［tʃ、tʃʰ］自然而然向［ts、tsʰ］演变的机会，而随着与郴州话接触程度的提高，郴州话对永兴城关话的影响力的日益增强，城关话的［t、tʰ］再演变为［ts、tsʰ］的可能性更加微乎其微了。

四

“i＞ɿ”音变现象在永兴境内的大面积出现是否与周边方言的影响有关？分析既得材料后我们发现，在与永兴接壤的县市中，郴州、耒阳和资兴尚未发生“i＞ï”或“i＞ɿ”的音变，资兴不仅仍有［i］韵，而且咸、山两摄的开口二、三、四等韵字，如“煎捡剪箭占剑钱前钳子浅贱欠先嫌扇线现苋”也像永兴那样读［i］韵，这种情况有可能促发“i＞ï”或“i＞ɿ”的音变。桂阳、安仁出现了“i＞ï”的音变，上述见晓组字都是读舌叶元音（这在那一带是很普通的读音），其余声组字仍读［i］韵，但是这些方言并没有像永兴方言那样再向前走到舌尖元音那一步。可见，永兴方言内部自身语音发展规律引发的现象使得永兴方言成为周边众多方言包围之下的一块“i＞ɿ”音变的“孤岛”，这是尤为特殊的。

在永兴这样一个很小的区域内，却有多数乡镇的方言发生“i＞ɿ”的音变，不同方言点舌尖化的速度差异，不仅完整地反映出［i］＞［ï］＞［ɿ］的演变过程，而且呈现出诸多不同于其他方言的特点。永兴方言舌尖化音变的状况，对于认识汉语方言“i＞ɿ”的共时面貌和演变历程，具有重要的语料价值和类型学意义。

参考文献

鲍厚星　1998　《东安土话研究》，长沙：湖南教育出版社。

北京大学中国语言文学系语言学教研室　2003　《汉语方音字汇》，北京：语文出版社。

李维琦　1998　《祁阳方言研究》，长沙：湖南教育出版社。

李星辉　2003　《湖南永州岚角山土话音系》，《方言》第1期。

石汝杰　1998　《汉语方言中高元音的强摩擦倾向》，《语言研究》第1期。

王双成　2006　《青海方言元音［i］的舌尖化音变》，《中国语文》第4期。

伍　巍　1995　《合肥话“-i”、“-y”音节声韵母前化探讨》，《语文研究》第3期。

谢奇勇　2004　《湖南新田南乡土话同音字汇》，《方言》第2期。

赵日新　2007　《汉语方言中的［i］＞［ɿ］》，《中国语文》第1期。

朱晓农　2004　《汉语元音的高顶出位》，《中国语文》第5期。

粤方言的“并存并用”与香港增补字符集

黄耀堃

摘　要：本文拟从詹伯慧教授提出的粤方言“并存并用”的特点，讨论粤方言这个古老方言持续发展的因素，及其与《香港增补字符集》（下称《增补字符》）的关系。

本文首先指出粤方言的读书音和口语音的差异并不大，并且有互相靠拢的趋势；词汇方面，粤方言维持与共同语的紧密关系，而粤方言的内部也相当一致，从而巩固各个次方言之间的联系。粤方言与对应的书面语的分歧并不严重，在很多作品上达到互相容忍的程度，这些都是粤方言能够保持发展的一个重要语言因素。同样，从地理和历史来看，粤方言的代表方言并非单一核心。也就是粤方言一直是向“并存并用”的方面发展。此外，方言字对维系方言的持续发展有重大影响，香港特区政府把很多粤方言的方言字放进《增补字符》，并给这些字赋予了ISO的身份，与此相关的“粤语汉字罗马拼音标准与语音应用的基础模块”的《粤拼数据库》及《计算机用汉字粤语拼音表》，还提供了粤方言拼音。这样《增补字符》的方言字身份就跟过去流通的方言字不同，不但有字形，而且有相应的读音，并且可以从法理上确认粤方言的方言字以及方俗读法，为粤方言独自持续发展创造了特别的条件。这些粤方言的材料，是头一次以中国政府的名义用行政手段来推行，对于汉语方言史来说，未尝不是一个新鲜的事物，也可以看出香港特区政府在粤方言持续发展上的贡献。

关键词：粤方言　ISO 10646　香港增补字符集

一、粤方言持续发展的语言条件

粤方言是个古老的方言，正如《广东粤方言概要》指出：“……今天的粤方言，自宋元已定型，而到明清以后，更没有多少变化了。”① 然而作为一个古老的方言，一千多年历久不衰，其独特的生存条件值得深入探讨。

现在来看看粤方言能够延续千百年的语言条件。首先是粤方言的代表方言，它的读书音和口语音的差异并不是很大，《广州话正音字典》所列出的字，绝大部分的汉字不分口语音和读书音，不单如此，粤方言口语音的韵母还比读书音多，邵荣芬曾经指出：“少数方言读书音的声、韵、调溢出了口语语音的声、韵、调之外，但溢出的也只是极少数，多收声、韵、调仍然不出口语语音的声、韵、调之外。”② 粤方言的读书音不但没有溢出口语音，还比《粤语拼音方案》少了八个韵母。③《广州话正音字典》的音韵系统没

① 詹伯慧（2002b：2）。

② 邵荣芬（2005：4）。

③ 那八个韵母是指 eu［ɛ：u］，em［ɛ：m］，ep［ɛ：p］，en［ɛ：n］，et［ɛ：t］，um［ʊm］，up［ʊp］，oet［œ：t］［詹伯慧（2002a：970）］。按：原文［ɛ：m］误作［ɛ：u］。

有收录香港语言学学会《粤语拼音方案》中的八个韵母，其中有五个韵母的主元音为［-ε-］，这五个韵母主要出现在口语之中，《广州话正音字典》不采用那些韵母，说明那些韵母并不直接影响日常生活，这也可以说明口语音和读书音的差异并没有扩大，反而有缩窄的倾向。① 《20 世纪初香山话、官话和“班本”的语音材料》曾就莫文畅（1865—1917 年）《唐字音英语》之中 119 条“俗语”音，比对《粤语拼音方案》，发现“可以发现这些‘俗话’音仍然没有超出现代粤方言读书音系统，即香港语言学学会《粤语拼音方案》所补充的八个韵母一个也没有出现”②，这八个韵母是否在 20 世纪初香港粤方言中已经存在，颇成疑问。此外，这八个韵母往往跟元音弱化有关，特别是主元音为［-ε-］的韵母，这八个韵母的出现，可能并非读书音和口语音的差异，而只是语音学上常见的弱化现象。③ 从 19 世纪以来的文献记录里发现，粤方言在声调方面又出现了一些变化，如在 19 世纪的文献记录，粤方言的高平声分化成两个音位，④ 即高平声有上高平调（即“上阴平”，调值为 55）和下高平调（即“下阴平”，调值为 53），这个现象一直维持到 20 世纪 60 年代，宗福邦（1964）和张日昇（1969）先后发表相关的论文。⑤ 不过这个现象很快就消失，五十年后的今天几乎不能在香港年轻人的口语里找到这样的音位区分，这说明口语的声调进一步向读书音靠拢。

至于词汇方面，《广东粤方言概要》指出：“其本词汇包约占总词汇 2/3 的与民族共同语相同的语词和约占总数 1/3 粤方言特有的语词，在粤方言的大部分地区都是相同的。”⑥ 这段话可以从两个方面理解，一是粤方言的词汇与民族共同语相同的有三分之二，即接近百分之七十是相同的；⑦ 二是粤方言的内部相同一致。与共同语相近，可以维持与共同语的紧密关系，而不致完全孤独发展；而内部的一致性也可巩固各个次方言之间的联系，也对代表方言产生向心的力量。随着社会的发展，民族共同语和其他方言的

① 现在试以《香港增补字符集－2008》之中 4202 字符加以分析，根据“粤语汉字罗马拼音标准与语音应用的基础模块的《粤拼数据库》及《计算机用汉字粤语拼音表》所提供的粤方言拼音（网址：http://www.iso10646hk.net/jp/index.jsp），其中 em、en、um、up 等四个韵母并没有出现，其余四个韵母，只出现在口部的字之中（下文提到《增补字符》汉字后面的括号内的编号，都是《增补字符》字符的序号），eu：“啲”（3041）、“嘝”（3077）；ep：“噏”（55）、“喋”（904）；et：“噼”（71）、“嘚”（3098）；oet：“嚯”（3080），这些口部的字最初往往只是为了标记口语而作出的临时表记文字，因此不一定能够视为日常用字的读音。至于 en 和 up 两个韵母，在《粤拼数据库》之中并没有提供任何汉字；em 和 um 各有一字“舐（lem2）”、“噉（gum2）”，不但都是跟口部有关的字，而且似乎是“训读音”，如《广韵》，“舐”作“神帋切”［陈彭年（1980：246）］，“噉”作“徒敢切”［陈彭年（1980：332）］，都不能与《粤拼数据库》的读音相合。

② 黄耀堃、丁国伟（2009：40）。

③ 黄耀堃（1998：20～22）。

④ 黄耀堃、丁国伟（2009：14～15）。

⑤ 见宗福邦（1964：377）和张日昇（1969：85）。

⑥ 詹伯慧（2002b：110）。詹伯慧还就《珠江三角洲方言词汇对照》所列的 1401 个常用词加以仔细的分析［詹伯慧（1993：244）］。

⑦ 按：《珠江三角洲粤方言的常用词》一文的看法跟《广东粤方言概要》有些不同，前者强调与北京话差异的特点：“统计的数字表明：珠江三角洲粤方言常用词和北京话常用词的差异性是相当突出的。……其词汇上的差异绝不比语言的差异小，更不容我们忽视。”［詹伯慧（1993：244～245）］后者则探讨与民族共同语的共同性。而北京话本身也有它的方言性质，因此与粤方言的差异比较突出。

词汇也大量进入粤方言之中，同样粤方言的词汇也向共同语渗透，最明显的是不少外来语通过粤方言进入了共同语之中。① 这种词汇的互动发展，也促使粤方言在21世纪维持一定的强势地位。

粤方言在语言运用上，显示出它的词汇多元性的特点，这个特点也足以令粤方言保持一定的强势。民族共同语在发展的过程中，也经过言文不一的阶段，白话文运动弛消了言文的矛盾，不过到现在仍然存在不一致的情况。粤方言面对的情况跟民族共同语差不多，不过，使用粤方言的作品，经常可以把粤方言的语词完全消减；同样使用粤方言译读民族共同语的作品时，只需要转换极少量的方言语词。欧阳觉亚《普通话广州话的比较与学习》作了一个很有趣的探讨，他指出："这些尽管被认为是用粤方言写成的，但实际上其用词是相当文雅，只是读音用广州话，加上一些常用方言词罢了。"② 他举出招子庸（1786—1847）《粤讴·解心事》，其中只有"唔（不）、系（是）、恶算（难算）、重（还）、唔使（不用）、讲过（告诉给）、睇（看）"等七个方言语词，而由红线女（邝健廉）演唱的《昭君出塞》所使用的粤方言词语一个也没有。③

这种现象不单出现在词汇方面，语音也有同样的情况，欧阳觉亚发现有些粤方言的口语作品之中，"其字音完全用书面化的读音"，就是不采用口语音。④ 欧阳觉亚又指出用粤方言"读书、读报、读信、宣读书面发言以及广播也有'雅'、'俗'两种读法"，所谓"雅"的读法，是不改变原文而用方言语音读出来；所谓"俗"的读法，就是"遇到广州话口语不同的词时，临时读成方言或者习惯的说法"⑤。不过无论是雅还是俗，都跟书面语相差不大，欧阳觉亚以一段广州电台的新闻报告为例，全文604字，方言语词只有64次，⑥ 如果再仔细分析一下，其中有些严格来说是民族共同语可以接受的语词，如"今天"、"今日"、"和（连词）"、"同"之类。

从欧阳觉亚的分析结果，粤方言几乎可以用书面语来记录，或者说粤方言与对应的书面语的分歧并不严重，可以在很多作品上达到互相容忍的程度。也许这是粤方言能够保持发展的一个重要因素。

二、粤方言持续发展的地理和历史的条件

粤方言千百年持续发展，可能是出于它的一个特点，就是粤方言的代表方言并非单一核心，所谓非单一核心是指粤方言长期以来都不是以单一次方言作为整个方言的代表。

---

① 按：《广东粤方言概要》中所举的外来语例子，不少已在共同语中生根，如"巴"（bus）构成的词语，又如"T－恤"（按：疑当作"衪"）、菲林、曲奇等［詹伯慧（2002b：111）］，城市里的一般知识分子，都以此作为标准的语词。

② 欧阳觉亚（1993：71）。

③ 欧阳觉亚（1993：72～74）。

④ 欧阳觉亚（1993：78）。

⑤ 欧阳觉亚（1993：78）。

⑥ 欧阳觉亚（1993：82）。

单就20世纪以来，“省港澳”——广州、香港、澳门——成为粤方言的中心，[①] 三地的粤方言有若干的差异，但互相包容，并以广州方言为依归。三个地方的方言互动，让粤方言得以持续发展。非单一代表方言再加上地理和政治的因素，令粤方言有强势的表现。《粤语教学与读音研究》早在20世纪60年代初就指出“在南陲粤语基地的广东，接受国语统一运动的时期是较迟的”，以及因20世纪以来多年的动乱，也没有着意推行国语统一运动。[②] 当然这是指上世纪的情况，不过，香港更因地理环境以及历史的因素，形成了以粤方言为主的教育语言。《粤语教学与读音研究》有一段非常有意义的记录：

……但在情势上，香港的中文教学，以用粤语为最主要，是无可否定的。教育当局，也承认了这种事实，所以在历届招收训练师资的章程里，都有这样一项规定：“能操流利粤语者”，这不啻明定香港以粤语教学居最主要的地位了。[③]

教育是一个影响语言政策的很重要的因素，虽然粤方言不能应用在公文上，一般文件仍然使用标准汉语（包括少数文言的成分），但促使粤方言成为一种公务上使用的口语。另外，广州方言原来作为粤方言的代表，在20世纪五六十年代开始推行普通话教学，日常公务的口语以普通话为主。相反，香港、澳门的粤方言几十年来刻意模仿旧日的广州方言，仍然保持强势，非单一核心的特点也充分发挥出来。因此，张洪年认为“香港是全球最能够保存广东话这方言的地方”，其原因是“香港在教室内沿用广东话，大家惯用了广东话思考”。[④]

詹伯慧和黄家教在讨论广州方言的特殊语序时，提出一个很有见地的说法，就是“并存并用”的现象，他们在《广州方言中的特殊语序现象》一文指出“有不少广州话中固有的语法格式，至今难以容纳共同语的语法格式来与之‘并存并用’。这说明方言中‘与众不同’的语言现象，还是具有相当强的生命力的”[⑤]，又指出“并存并用”，“正是广州话向共同语靠拢的结果，人们都觉得很自然了”[⑥]。上面提到粤方言持续和发展的条件，读书音和口语并存但差别不大，“雅”和“俗”的读法并存，甚至代表方言“非单一核心化”，可以说是詹伯慧和黄家教这个说法的延伸，也就是粤方言有“相当强的生命力”的表现。

---

① 詹伯慧指出：“通常人们把珠江三角洲地区（包括香港、澳门）看作粤方言的主要‘领地’，或者说是粤方言的心脏地带，是完全符合实际情况的。”［詹伯慧（1993：243）］詹伯慧又指出：“……由此可见粤方言的内部，至少是处于粤方言心脏地带——珠江三角洲（包括港、澳地区）的粤方言，在词汇方面可说是大同小异，所差无几的。”［詹伯慧（1993：245）］

② 莫朝雄（1961：2）。

③ 莫朝雄（1961：3）。

④ 《粤语——广东文化承传的桥梁》，《中大通讯》第365期，第2页。

⑤ 詹伯慧（1993：263）。按：这篇论文是詹伯慧与黄家教合作写成的。

⑥ 詹伯慧（1993：262）。

三、汉字与粤方言

过去，并不重视对汉字的研究，特别是在方言研究方面。但随着“字本位”理论的兴起，在汉语研究中重新重视对汉字的分析。无论如何，方言字对维系粤方言的持续发展有重大影响。

现在先从汉语方言中“训读”现象看一下方言字与粤方言的关系。① 所谓“训读”是“借义不借音、本字另有其字”，《广东粤方言概要》举出好几个，② “训读字”是一种替代方法，就是使用常用的字来替代方言中的特殊用语，这样可以减省方言的汉字数量，③ 但加重了被借汉字的负担。不过，粤方言与其他古老的方言相比，特别是闽方言，粤方言的训读字相对不多。

训读字不多，说明粤方言大部分的语词都是有“字”可写，这些可写的“字”一部分是经过考证而来的“本字”，一大部分是来自新创的方言字。这些可写的“字”，大部分不见于通用的字典之中，就算收字比较多的字典，如《汉语大字典》、《中华字海》之类，也不一定为这些字标明身份。其原因有几个，首先，如果是“本字”的话，根本是汉语古而有之的东西，身份并不属于粤方言；其次，有些粤方言的特别用法并没有标注出来，如“㓣”，《汉语大字典》：“㓣 qià《广韵》恪八切，入黠溪。❶剥面；割破脸皮。……❷同‘𠚮’。……”④ 粤方言“㓣”的意思是：“❶（以尖物）刺，扎……❷刺激……”⑤《广州方言辞典》则认为是“俗借字”，⑥ 所谓“俗借字”就是“字形见于字书，但音义不合”，⑦ 粤方言“㓣”的音义跟古义都有关联，只不过《汉语大字典》没有详及方言的用法；就算标明是方言，但由于是通用的字典，未能注出粤方言的读音，如“咗”，《汉语大字典》：“咗 zuo 象声词。❶劳动号子声。……❷方言。助词。用在动词后面，表示动作已经完成，相当于‘了’。如：失咗；唔见咗；病咗勒。”⑧ 普通话 zuo［$tsuo^{55}$］跟粤方言［tso^{35}］有对应的关系，但不是同音。

如果从通用字典的收录来看，粤方言的方言字其实没有什么特别的地位，这些方言字只是限于一些专门的字典和研究著作。因此，粤方言“有字可写”的特色，过去只能

① 按：汉语的“训读”现象是近四十年来的说法，这个现象很早就有学者讨论，如钱大昕（1728—1804 年）有所谓“音随义转”的说法，如钱大昕举“‘赓’之正音当如‘庚’，而《书》‘乃赓载歌’，即从‘续’音。《说文》‘续’，古文作‘赓’，是汉‘古文尚书’读‘赓’为‘续’矣。”［钱大昕（1997：第 9 册 233）］

② 詹伯慧（2002：116）。按：其中所举的“凹”的口语音［$nɐp^5$］可能并非训读，“凹”见于王仁昫《刊谬补阙切韵》在入声二十二洽韵，所谓：“‘凹’：下或作‘窅’，正作‘㾐’。案：‘凹’无所从，伪俗尤甚。名之《切韵》，诚曰典音。陆采编之，故详其失。”［周祖谟（1983：432）］，可见“凹”读入声而非读阴声韵。

③ 按：上面提到“俗”的读法，有些可以视为“训读”的读法，如把助词“的”读作粤方言的“ ”，系词“是”读作粤方言“系”，介词“在”读作粤方言“喺”等等。杨敬宇《清末粤方言语法及其发展研究》曾对“不”训读为“唔”进行语法考察［杨敬宇（2006：154 ~ 161）］。

④《汉语大字典》第 332 页。

⑤ 白宛如（1998：447）。

⑥《广州话正音字》加“＊”号［詹伯慧（2002a：45）］，“表示为广州话方言用字”［詹伯慧（2002a：凡例 9）］。

⑦ 白宛如（1998：引论 25）。

⑧《汉语大字典》第 599 页。

在粤方言地区流传，涉及的层面比较小。

四、香港增补字符集与粤方言的法理地位

随着计算机的普及以及生活电子化的发展，粤方言的方言字也通过各种渠道进入电子平台。不过，最初一如过去一样，使用的空间非常有限，只是限于个别计算机，或者只能以纯图像的形式存在。

香港政府在1995年建立了一个名为“政府通用字库”的中文字符集，后来与中文界面咨询委员会合作加以修订，并于1999年正式公布并取名为《香港增补字符集》，2000年以后《增补字符》提交与国际标准化组织（International Organization for Standardization—ISO）辖下的表意文字小组（Ideographic Rapporteur Group—IRG），纳入ISO/IEC 10646国际编码标准中。[①]

2009年12月公布的《香港增补字符集－2008》所收的字符除了“基本多文种平面（Basic Multilingual Plane）”、“字母区（Alphabet Block）”、“通用符号区（General Symbol Block）”、“康熙部首区（Kangxi Radicals Block）”、“中日韩符号区（CJK Symbol Block）”外，其他不少是来自古代文献，如“自”（4386）是《说文解字》的部首，[②] 又如“𩠐”（4440）是隶定的小篆“首”字；[③] 有些是在香港常用的简化汉字，如“坛”（312）、[④]“坆”（313）；[⑤] 有些是来自特殊的符号，如“伬”（4579）、“伍”（4580）、“亿”（4585）、“仜”（4586）、“仮”（4587）、“𠆾”（4588）都是来自中国音乐工尺谱的符号。其他大部分都是香港本土所用的中文字符，包括人名、地方名、粤方言用字，以及一些极不常用的异体字，甚至包括一些习非成是的字，如“⿱艹沚”（4581）、“灝”（4602），都是来自人名，大约因起名时的误写，而进入政府的计算机系统，不得不为这些字编入《增补字符》之中。无论如何，《增补字符》之中收了很多过去字书没有而流传既广而有历史的粤方言的方言字，把这些字都赋予ISO的身份，而这个身份认定的年份，都可以依《增补字符》增收的日期而确定。

五、香港增补字符集的形音义与粤方言的未来

如果单从字形而言，《增补字符》中粤方言的方言字虽然有国际标准的地位（ISO），但它的身份跟其他汉字没有什么不同，甚至可以说跟过去在通用字典之中着录的方言字没有什么不同。就算把《增补字符》归入香港的字区里面，也一如其他粤方言词典一样，只有专门性，没有普遍性。不过，《增补字符》不单提供了字形（包括仓颉码），与此相关的“粤语汉字罗马拼音标准与语音应用的基础模块”的《粤拼数据库》及《计算

① 参阅《香港增补字符集－2008》（http://www.ogcio.gov.hk/ccli/unicode/structure/cli_main.html）。

② 段玉裁（1981：731）。

③ 段玉裁（1981：423）。

④ 根据《汉语大字典》，“坛”只是“坛”的简化字，第421页。

⑤ 根据《汉语大字典》，“坆”只是“坆”的简化字，第426页。

机用汉字粤语拼音表》还提供了粤方言拼音（非汉字的部分除外）。[①] 这样《增补字符》的方言字身份就明显不同了，这些方言字不但有字形，而且有相应的读音，并可用粤方言的拼音输入计算机里面（甚至其中一些的方言字并没有相应的普通话的读音，不能以普通话拼音输入）。《粤拼数据库》及《计算机用汉字粤语拼音表》又对俗读采用比较宽松的态度，如大部分方言字容让出现［l-］、［n-］的两读，对零声母和［ŋ-］声母也如此。这样可以说从法理上确认了粤方言的方言字以及俗读法。

不过，《增补字符》还不能跟粤方言的持续发展直接有关，因为欠缺了字义的部分。《增补字符》缺乏解释，难以分辨方言用字（包括日语专用的汉字），以“ce^{1}［$t\int^{h}\varepsilon^{55}$］”这个读音为例，《增补字符》里收了五个字：唓（44）、车（600）、俥（679）、埥（3137）、焨（3633），前面三个都可以在《汉语大字典》找到解释，[②] 而“埥”和“焨”难以找到解释，因此虽有读音也无从理解和使用。

方言字大致没有正误之分，不过《增补字符》收了大量方言字，当变成流通的汉字之后，就能分辨正误，如“鱲”这个字，《增补字符》的读音有三个“laap^{6}、lip^{6}、lap^{6}”，据《中华字海》所标注的普通话是“liè”，指的是一种溪流中的鱼类，[③] 既与粤方言的意义不同，也跟“laap^{6}、lap^{6}”这个音不大对应，特别是“lap^{6}”这个读音的来源颇有问题，似乎需要加以分辨。又如香港有一种野生动物，叫［wɔŋ^{21} keŋ^{55}］，[④] 到底是“黄猄”还是“黄麖”，[⑤] 已有问题，而“黄麖地”是香港的地名，但经常被写作“黄猄地”，可能有人认为“猄”是“麖”的异体字，但在粤方言里面两字的关系到底是什么，似乎需要加以厘清。像这样的情况，《增补字符》之中就有不少，再加上与《增补字符》之外的汉字，更需要辨别其关系，然而可以翻查的资料不完备，如异体字方面，除了国语推行委员会网上的“异体字字典”外，[⑥] 其他可供参考的数据极为零碎，而且有些字在“异体字字典”里也找不到。因此，《增补字符》虽然在形和音两个方面为粤方言创造延续发展的条件，也取得了国际标准的地位，但仍需要在字义方面有进一步的研究，因此为《增补字符》编写“属性字典”似乎很有迫切的需要。[⑦]

六、赘语

香港政府在地理和历史的因缘之下，编订了《增补字符》和相关粤方言读音的资料，再次呈现出粤方言并非单一核心，与《增补字符》配套的“粤语汉字罗马拼音标准与语音应用的基础模块”又不避俗读，也说明了粤方言在法理上有着“并存并用”的特点。另外，这些方言字的材料，是头一次以中国政府名义通过行政手段来推行，也可以

---

① 请参阅《粤拼数据库》（http://www.iso10646hk.net/jp/index.jsp）。

② “唓”、“车”、“俥”各别见于《汉语大字典》第626、3511、157页。

③ 冷玉龙、韦一心（1994：1720）。

④ 按：［-eŋ^{55}］这个韵母，大约属于粤方言口语的读音。

⑤ 按：《增补字符》分别收了这两个字：麖（167）、猄（2062）。

⑥ 网址：http://dict.variants.moe.edu.tw/。

⑦ 参阅《说文段注与香港增补字符集——“废字”研究与汉字规范化》［黄耀堃（2010：115~116）］。

看出香港特区政府在粤方言持续发展上所作的贡献。对于汉语方言史来说，这未尝不是一个新鲜的事物。

2010年11月17日

参考文献

白宛如　1998　《广州方言词典》，南京：江苏教育出版社。

冷玉龙、韦一心　1994　《中华字海》，北京：中华书局。

周祖谟　1983　《唐五代韵书集存》，北京：中华书局。

邵荣芬　2008　《切韵研究》（校订本），北京：中国社会科学出版社。

段玉裁　1981　《说文解字注》，上海：上海古籍出版社。

香港中文大学信息处　2010　《粤语——广东文化承传的桥梁》，《中大通讯》第365期。

香港特别行政区政府（政府信息科技总监办公室与公务员事务局法定语文事务部合编）　2009　《香港增补字符集-2008》，http：//www. ogcio. gov. hk/ccli/unicode/structure/cli_ main. html。

香港理工大学（“粤语汉字罗马拼音标准与语音应用的基础模块”）　2009　《粤拼数据库》，http：//www. iso10646hk. net/jp/index. jsp。

国语推行委员会　2000　《异体字字典》，http：//dict. variants. moe. edu. tw/。

莫朝雄　1961　《粤语教学与读音研究》，香港：香港教育出版社。

陈彭年　1980　《互注校正宋本广韵》（余乃永校），台北：联贯出版社。

黄耀堃　1998　《香港粤语的音变》，《论锐变中的香港语文》，香港：青文书屋。

黄耀堃　2010　《说文段注与香港增补字符集——“废字”研究与汉字规范化》，《段玉裁与清代学术国际研讨会论文集》，金坛：江苏宏德文化出版基金会。

黄耀堃、丁国伟　2009　《唐字音英语》和《二十世纪初香港粤方言的语音》，香港：香港中文大学中国文化研究所吴多泰中国语文研究中心。

杨敬宇　2006　《清末粤方言语法及其发展研究》，广州：广东人民出版社。

詹伯慧　2002a　《广州话正音字典》，广州：广东人民出版社。

詹伯慧　2002b　《广东粤方言概要》，广州：暨南大学出版社。

詹伯慧　1993　《语言与方言论集》，广州：广东人民出版社。

汉语大字典编辑委员会　1986—1989　《汉语大字典》，武汉：湖北辞书出版社，成都：四川辞书出版社。

欧阳觉亚　1993　《普通话广州话的比较与学习》，北京：社会科学出版社。

钱大昕　1997　《潜研堂答问》，《嘉定钱大昕全集》（第9册），南京：江苏古籍出版社。

（香港中文大学中文系教授）

说粤语词“是但”与“乜嘢”

江蓝生

前　言

为庆祝詹伯慧先生八十华诞撰写此文。詹先生家学渊源，学问博洽，虽年届八旬，犹笔耕不辍，新作不断，著述丰盈。先生传道授业五十余载，门生弟子遍于华中、华南，乃至港澳、新马，桃李芬芳，枝繁叶茂，汉语言文字学之兴盛，汉语方言学科之建构，先生实有其功也。先生不仅埋首书斋，执鞭讲台，亦且关心社会语文生活，热心大众普及工作，其说理平易，持论稳当，拳拳之心，只为尽到学者的社会责任，此又詹先生令人敬佩之处也。詹先生学术专长为汉语方言学，尤专精于粤方言研究，盛会难得，良机不可错过，特择粤语词两则向詹先生及其门生弟子和各与会同道请教，非敢班门弄斧，实欲借问学捧场助兴，为詹先生寿：祝伯慧先生生命之树常青，学术之树常青！

一、是但

(1)“是但”在粤语中是个常用词，未见其他现代汉语方言词典着录，古代白话小说戏曲等作品中也未见使用，是地道的粤语词。各部粤语词典均收此词，释义同中有异。试看以下由江苏教育出版社出版的三部粤语词典的解释①：

詹伯慧　陈晓锦《东莞方言词典》(1997 年 46 页)

是但 si tɛŋ

❶随便；不加限制；任凭：～食啲｜～倾下｜～都得。

❷凑合；将就：冇乜餸，～食啦｜呢处条件唔好，住一两晚，～啦。

郑定欧《香港粤语词典》(1997 年 39 页)

是但 xi^6dan^6

❶不在范围、数量等方面加限制：～叫一个人去｜你～畀啲就得嘞。

❷怎么方便就怎么做；不多考虑：你钟意食乜嘢？——～喇随便。

❸任凭；无论：公共电话～边条街你都会揾到。

① 麦耘等《实用广州话分类词典》第 391 页解释为“随便”，饶秉才等《广州话方言词典》第 230 页解释为“随便地、不认真地”。

白宛如《广州方言词典》(1998 年 63 页)

是但 $si^{22}tan^{22}$ 随便；两可：你食乜野啊？——~喇｜~要乜野都得。

詹本和白本中都主要用“随便”解释“是但”，郑本虽然在字面上没有出现“随便”二字，但其三个义项与《现代汉语词典》(以下简称《现汉》)(第 5 版)“随便”条❷❸❹三个义项的释义完全相同。请看《现汉》(第 5 版)“随便”条的释义：

【随便】suíbiàn❶(-//-)动按照某人的方便：去不去~｜随你的便。❷形不在范围、数量等方面加限制：~闲谈。❸形怎么方便就怎么做，不多考虑：我说话很~，请你不要见怪｜写文章不能随随便便，要对读者负责任。❹连任凭；无论：话剧也好，京剧也好，~什么戏，他都爱看。

可见，以上三本都认为粤语的“是但”相当于普通话的“随便”，需要注意的是，郑本“是但”❷的释义虽然跟《现汉》“随便”❸相同，但用法并不一样，“是但”不能做形容词，不能把“我说话很随便”换说成“我说话很是但”。白本用“随便；两可”并列解释。白本在释义中加上“两可”似无必要，也不妥当，“两可”是两者都可以，而“随便”是任何都可以。詹本的第二个义项“❷凑合；将就”是“是但”的引申义，加得有道理。在普通话里“随便”有“不讲究、凑合”的用法，如：他单身一人，吃穿都很随便｜时间来不及了，随便吃点儿算了。正因为此，《现汉》第 6 版对“随便”的释义作了修改，增加了一个新的义项：“形不讲究；凑合”。全文为(斜体字为第 6 版的改动处)：

【随便】suíbiàn❶(-//-)动按照某人的方便：去不去~｜*你什么时候来都可以*，随你的便。❷*副*不加限制；*没有确定的目的*：~闲谈｜*~走走看看*。❸形*(言行)*不多考虑；*不慎重*：我说话很~，请你不要见怪｜写文章不能随随便便，要对读者负责任。❹*形不讲究；凑合：他单身一人，吃穿都很~｜时间来不及了，~吃点就算了*。❺连任凭；无论：*~怎么劝，他就是不听*｜话剧也好，京剧也好，~什么戏，他都爱看。

对照《现汉》第 6 版“随便”的释义，粤语的“是但”跟“随便”❷❹❺的词义相对应、吻合，但用法上，“随便”既可作副词、连词，又可作动词、形容词，而“是但”不能受程度副词“很”修饰，主要功能是作副词或连词，其单独成句的用法则是副词用法的省略。请看下表：

	动（按某人的方便）	形（不慎重）	形（不讲究）	副（不加限制）	连（任凭、任何）
随便	+	+	+	+	+
是但	−	−	副 +	+	+

由上可知，“随便”和“是但”的核心义是没有限制的，怎么样都可以，这是其共同处，但是“随便”的副词、连词义很显然是从其动词、形容词义演化而来的，而“是但”的核心词义以及其副词、连词用法的理据则不易从字面直接获得解释。为解决这一问题，首先须对“是但”的构词语素逐一加以探讨。

（2）“是但”的“是”。

“是”可作总括之词，遍指某个范围内的所有个体，其义为“凡是，任何”。如“是人”即所有的人，任何人；“是事”即所有的事，任何事；“是处”即所有的地方，任何地方。兹以“是人皆有死”这一命题为例，如从总括整体的共性的角度来表达，可以换说成“所有的人都会死”或“凡是人都会死”；如果从整体中个体的角度来表达，就可以换说成“每一个人都会死”或“任何一个人都会死”。表示总括、遍指的“是”就是基于这种逻辑转而表示任指义的。《红楼梦》第八十回有如下一例：

若静日静夜或清早半夜细领略了去，那一股香比是花儿都好闻呢。

这里的话题是菱花，菱花包括在花的范围之内，所以“是花儿”的意思就不宜换说成“所有的花”，而是刨除菱花之外的任何花，这样，“是花儿”在这里就指“任何花，不管哪种花，随便哪种花”之义了。

（3）“是但”的“但”。

“但”最初为范围副词，表示对范围的限制，相当于“只、仅”，至迟西汉已见，例如（引自席嘉169页）：

匈奴匿其壮士肥牛马，但见老弱及羸畜。（《史记·刘敬叔孙通列传》）

“但见老弱及羸畜”意思为“只见到老弱之人和瘦弱的牲畜”，“但”犹“只、仅”。此义在现代汉语中只存在于连词“不但”（即“不只”）和“但愿如此”、“不求有功，但求无过”、“但见树木，不见森林”等固定格式之中。

到了唐代以后，“但”由“只”义引申出“只管、尽管”义，仍为副词。例如：

更深越墙来入宅，夜静无人但说真。（《敦煌变文集·捉季布传文》）

“但说真”意思是“尽管说实情”，其意在于让对方敞开说，不要有任何顾虑。再如：

你但放心，我只不出去见人便了。（元杂剧《铁拐李》第二折）

此係私室，但坐不妨。（《红楼梦》第四回）

其中的“但”都是“尽管”义。所谓“尽管”，就是“不必有任何顾虑，不要受任何条件限制”。这就使副词“但”由表示对范围的限制反向演化为表示没有条件限制。这种反向词义演化是在语义引申中发生的：只需如此（表限制），别的什么都不必顾虑（表无限制）。当言语交际者强调不必顾虑时（语义重心后移），“但”就由表限制引申为表示不受限制。“尽管”表示“不受限制”，跟“随便❷”、“不加限制”的词义有了交集，但又不等同于表示任意条件的“任凭、随便”，“但”表示任意条件跟复音词“但是”有关。

“但是”表示充分条件，相当于“只要是、凡是”，最初应是副词“但”，修饰系动词“是”，习用之后凝固为偏正结构的复音词，自唐代以来已很普遍。例如：

窦家能酿销愁酒，但是愁人便与销。（元稹《劝酒》诗：只要是愁人就替他销愁）

开元中，峡口多虎，往来舟船，皆被伤害。自后但是有船将下峡，即预一人先饲虎，方举船无恙。（《太平广记》卷四二六《解颐录》）

“但是愁人”即“只要是愁人，凡是愁人”，“但是有船将下峡”即“只要有船将下峡，凡是有船将下峡”。“只要是”表示充分条件：只要是A，就会产生B；“凡是”为总括之词，表示遍指，即在某一范围内的个体没有例外，也能表示充分条件：凡是A，都会B。因此二者语义相通，这也是除了“但是、凡是”之外还有“但凡”一词的原因所在。

如上所述，表示充分条件的“但是”也能表示总括、遍指，相当于“凡是”。因为某个范围内的所有个体的特性也就是这个范围内的任何一个个体的特性，所以表示遍指（总括）的“但是”在一定语境内可转为任指（任何、不论哪个），这时“但是”既相当于“凡是”，又相当于“任何”。例如：

但是好花皆易落，从来尤物不长生。（刘禹锡《和杨师皋给事伤小姬英英》诗）

“但是好花”既可以说成遍指性的“凡是好花”，也可以说成任指性的“任何好花”，这样，“但是”就由表示遍指转而表示任指，其意义相当于“任何、无论什么”。这跟上面谈到的“是”转表任指的理据相同。由此我们认为，粤语的“是但”是由表示任指义的语素“是”和“但”连用组合而成的同义并列结构，其核心词义是任意，所以它可以用同样表示“随意、不加任何限制、无论怎样都行”的“随便”来对释。

二、乜嘢

（1）粤语中“乜”和“乜嘢”（也作“乜野”）都是方言音借字，二者都能作疑问代词“什么”讲，但“乜”能问原因和目的，相当于“为什么”，而“乜嘢”不能；反之，“乜嘢”可用如“何物、什么东西”，而“乜”则不能。二者同中有异。下引白宛如《广州方言词典》442页对“乜、乜嘢”和28页对“嘢”的描写：

乜［mɐt］上入
①疑问代词，什么：渠～都唔知道。｜你有～理由打我呢？｜因～事罢工呢？
②为什么（询问原因或目的）：～你噉样讲啊？｜～你唔食呢？｜～渠唔来呢？
乜嘢［mɐt iɛ］上入、阳上
①何物：买～？｜～来架？（这是什么东西呀）
②疑问代词。什么：为～？｜～事呀？｜你借～书呀？｜做～渠唔食饭呀？
嘢［jɛ］
①东西，物件：买～｜食～。
②事情，工作：做～打烂嘢（干活儿打破东西）。

下表可一目了然地概括三者语义的异同：

	什么	为什么	什么东西	物（东西）
乜	+	+	–	–
乜嘢	+	–	+	–
嘢	–	–	–	+

“嘢”当“物、东西”讲，在粤语区使用非常普遍。其读音多为［jɛ］（调值略有差别），如广州（13）、阳江（21）、番禺市桥（13）、增城（13）、新界锦田（23）、澳门（13）等地；也有一些地方读［ia］，如珠海前山（23）、中山石岐（213）等。它只是个粤语记音字，在古今字书和文献中未见踪迹，除客家话外，其他方言也不见使用，考证起来颇有难度。它既然是个记音字，就应从语音上入手寻其本字，但是跟“嘢”读音相同或相近的字中又找不到意义跟“物、东西”相同、相近的词，看来仅用通常考本字的办法是不够用的。笔者近年研究变形重叠词问题，受到汉语词汇史上音变构词现象的启发，尝试从这一视角探寻“乜嘢”一词的产生以及“嘢”字得义的理据。

（2）“乜”的本字为“物”。

拙文（1995）梳理了吕叔湘（1985）、太田辰夫（1988）、志村良治（1984）等各家对“甚麽”来源的研究成果（其中也加进了笔者的意见），现根据本文论题的需要，揭举学界意见基本一致的几点作为背景：

①“甚麽”的前身是唐代文献始见的“是物”，“是物”的“物”跟六朝疑问代词“何物”的“物”有语源关系。如：

何物：北方何物可贵？（《世说新语言语》）｜陆逊、陆抗是卿何物？（同上，方正）｜何物鬼担去？（《异苑》）｜何物老妪，生宁馨儿？（《晋书王衍传》）

如果说“北方何物可贵”的“何物”还可看作词组（什么东西），那么其他几例则只能看作疑问代词了。唐时，“何物”又作“何勿”，显示其已完全词汇化。

何勿：“等道”，犹今言“何勿语”也。（《后汉书祢衡传》李贤注）｜君是何勿人，在此妨贤路？（敦煌本《启颜录》）

是物：未审别驾疑~？（石井本《神会语录》）｜见无物唤作~？（敦煌本《神会语录》）

②“是物”又作“是勿、是没”（8世纪中叶），“是物”连读音变为“甚”或“甚没”（9世纪），现根据中古音并参考志村（1984）将这一过程图示如下：

zje mjuət ⟶ zje muət ⟶ zjəm ⟶ zjə^{m}muət ⟶ zjemmua ⟶ zjəmma

是承纸切物文弗切 是没莫勃切 甚常枕切 甚物 甚没母果切 甚摩

下面各举一例：

是勿儿得人怜？（《因话录》）
是没是因？是没是缘？（敦煌本《大乘无生方便门》）
于身有甚好处？（敦煌本《燕子赋》）
若不是夜地，眼眼不瞎，为甚物入入里许？（《启颜录吃人》，《太平广记卷248引》）
是甚没人？——作甚没来？（敦煌本《李陵变文》）
甚摩处来？（《祖堂集》卷20）

③“甚没”的“甚”［-m］字又作“什”［-p］，盖因彼时（9世纪）某些方言当［-p］位于鼻音之前时音变为［-m］所致；10世纪出现“什摩”，11世纪出现“什麽”：

前生为什没不修行？（敦煌本《阿弥陀经讲经文》）
贵姓什摩？（《祖堂集》卷4）
在什麽处？（《景德传灯录》卷8）

④唐五代文献中用作疑问代词的“没、莽”等应是“是物”的“物”的方音借字：

金刚经道没语？（《神会语录》）

缘没横罹鸟灾！（敦煌本《燕子赋》）

今受困厄天地窄，更向何边投莽人？（敦煌本《捉季布传文》，唐五代西北方言“莽”白读音与“没”音近）

这种单用作疑问代词的“没”后世多用“麽”字、“吗”字，闽、客、粤等东南方言多用“乜”。

笔者认为“物”字单用作疑问代词是词义沾染所致，由于“何物”长期高频使用，使原本为构词语素的“物”沾染上了疑问词“何物”或“何”的疑问词义（同理，“边”由“阿那（哪）边”沾染上问询处所义），起初它不太能单独使用，要跟系词性的“是”连用才行，后来才渐次具有独立使用的功能，不过在句首作主语时仍受限制，要与“是”组合使用。

“是物”作疑问代词今闽南话仍存其旧，闽南话问事物可单用“物”miʔ，也可用“是物”sim miʔ，这两种用法的“物”在闽南民间唱本里大都写作“乜”（黄伯荣《汉语方言语法类编》）。闽南话中“乜”与“物”声韵相同，各地只声调有异。如《海口方言词典》第4页：乜 mi⁵⁵（长入）：什么。乜物 mi⁵⁵ mi³³（长入、阳去）：什么东西；什么。《雷州方言词典》第5页：乜物 mi⁵⁵ mi³³（阳去、阳上）：什么东西。粤方言和客家话的疑问代词也作“乜”，语音相近，如粤语广州话“乜”读 mɐt⁵ 或 mɛ⁵⁵，广东中山南蓢合水客话“乜嘢”的“乜”读 mɛt³³。由于这三种方言中“乜”的语音和功能上的相近或相同，我们有理由假设或认为粤语、闽南话、客家话的疑问代词“乜”有一个共同的来源——“物”。即：

粤语：mjuət ⟶ muət ⟶ mɐt/mɛt/mɛ

闽语：mjuət ⟶ mjət ⟶ mit ⟶ miʔ/mi

（3）“嘢”与“乜”同源。

下表把粤语广州话与闽南语海康话跟“乜”相关的词语的语义作一比较：

	什么	物、东西	什么东西
粤语：广州	乜 mɐt⁵、mɛ⁵⁵ 乜嘢 mɐt³⁵ jɛ¹³、mɛ⁵³ jɛ¹³	嘢 jɛ¹³	乜嘢（音同左）
闽语：海康	乜 mi⁵⁵ 乜乜 mi⁵⁵ mi⁵⁵	乜 mi⁵⁵	

上表表明：

①粤语广州话中“什么”既可以单用“乜”表示，也可以用“乜嘢”表示，而“乜嘢”既是单纯词“什么”，又是短语“什么东西”。

②闽语海康话中“什么”既可以用“乜”表示，也可以用“乜乜”表示；“乜”既作疑问词“什么”，也作名词“东西”。

③粤语的“乜、乜嘢（什么）、嘢”分别跟闽语的“乜、乜乜、乜（东西）”对应相当，所不同的是，海康话的“乜乜”不兼表“什么东西”。

由此，我们想到：“嘢”既然与闽南话的名词“乜（东西）”词义完全相当，疑问词“乜嘢”又跟“乜乜”相当，而闽南话疑问代词和名词“乜”都源自“物”，那么粤语的“嘢”也应该跟“物”有某种关系。闽语的“乜乜”即“物物”，本是偏正结构（什么东西），但在表层形式上类似一个重叠词，于是，笔者提出如下假设：如果把“乜乜”看作一个重叠词，那么“乜嘢”是“乜乜（物物）”的变形重叠形式。试说明如下：

“物”的上古音和中古音构拟：

上古音：明母物韵 mĭwə̌t（《汉字古音手册》，第 147 页）

中古音：mĭuət（《音韵学教程》，第 147 页）

也有构拟为 mjuət 的，大同小异。根据中古音，我们推测粤语用作疑问代词的“乜”（源自“物”文弗切）发生了如下的历史音变：mĭuət > muət > mɐt。

“乜乜”（即“物物”，什么东西）在海康话里的读音为 $mi^{55}mi^{55}$，那么，我们有理由把广州话“乜嘢”（什么东西）$mɐt^{35}jɛ^{13}$ 的前身或曰底层推测为“乜乜（物物）”mɐt mɐt，mɐt mɐt 后一音节改变声母就变成 mɐt jɐt。jɐt 舒声化后音变为：jɐt > jɐ > jɛ。这种后一音节改变声母的现象并非特例，它跟汉语的变形重叠现象具有共同性。图示如下：

不变形重叠：物物（乜乜）mi mi（闽南语海康）

变形重叠：物物（乜乜）mɐt mɐt > mɐt jɐt > mɐt jɐ > mɐt jɛ/mɛ jɛ（粤语）

广东中山南蓢合水客家话“乜嘢”$mɛt^{33}$ ia^{52} 的读音跟粤语相近，同样可看作是“物”的变形重叠形式：mĭuət > miət + iət > mət iət > mɛt iɛt > mɛt iɛ > mɛt ia[①]。

（4）拙文（2008）曾论述古代、近代一些变形重叠词的特点和规律，其中有一种为变形重叠为顺向变声重叠，即变形重叠词的后字韵母与前字相同，而声母与前字不同。例如，表示短时义的“须”顺向变形重叠为“须臾”：须→须臾。重叠词后字“臾”跟前字“须”的韵母相同，都属古侯部；而声母不同，“须”为心母，“臾”为余母。从意义上看，在顺向变形重叠词中，只有前字表义，可独立运用；后字不表义，只起补充音节作用。整个变形重叠词的意义跟其前字或相同，或相关。如“须臾”中只有“须”字表“短时”义，“臾”字不为义，“须臾”的词义跟“须”相同。从变形重叠的角度看，

---

① 粤语开平赤坎疑问代词“乜阿”［$mbuɔt^{55}a^{33}$］，与“乜嘢”是同类现象，后一个音节［a］应是复元音简化而来。粤语阳江话中疑问代词“乜”（什么）读 mi^{54} 或 $miɛŋ^{54}$，其中 miɛŋ 音可视为 mi 和 iɛŋ 的合音形式，其底层与“乜嘢”一样，应源自“物＋物”，待考。

本文所论“乜乜”（物物）虽为偏正结构，但表层形同不变形重叠词；而“乜嘢”（物物）虽为偏正结构，其表层则可看作“乜（物）”的变形重叠词。即在疑问代词“乜嘢”中，“乜”和“嘢”韵母相同，声母不同，与顺向变声重叠相同；在意义上，只有“乜”可单独用作疑问代词，“嘢”不能，只起增加音节的作用，“乜嘢”的语义就相当于“乜”。

此外，粤语中既可用双音节“乜嘢”mɐt jɛ 作疑问代词，也可以单用第一个音节“乜”mɐt 作疑问代词。这样，“嘢”就成了一个不承担表义作用的羡余音节，这不仅引发了“乜”和“乜嘢”功能分工的调整（功能完全重合不符合语言的经济性），而且促使“乜嘢”的“嘢”在意义上被重新分析为“物”。因为“乜嘢”相当于疑问词“乜乜、何物”（什么），而“乜乜、何物”的底层为偏正结构（什么东西），所以在类推心理的作用下，“乜嘢”也被重析为偏正结构“什么东西”。这里经过了“分析——综合——分析”的循环过程：

物物（偏正短语：什么东西）＞乜嘢（变声重叠单纯词：什么）＞乜嘢（偏正短语：什么东西）

在偏正结构“乜嘢”中，“嘢”获得了名词“物”的语义。从根本上说，“嘢”之所以能够被重析为“物”，是因为它原本来自“物”，只不过是“物（乜）”通过顺向变形重叠产生变音罢了。

跋语——并非多余的话

对于一个既不懂粤语，又不懂闽南语和客家话的北佬来说，要准确地考释粤语疑难词其难度可想而知。本文的写作诚然出于专业上的好奇心，但更直接的动力是为了给詹先生祝寿——总该选个跟詹先生的学术领域有些关系的题目吧；特别是想到届时会有许多语言学同行莅会，对我来说是一个难得的讨教机会。文中对“是但”和“乜嘢”两个粤语词的考释，前者可能大体靠谱，后者自知比较单薄甚或有疏失之处，本想细加斟酌推敲，奈截稿期过，时不我待，只得不揣浅陋，将这篇急就章拿出，待听取各位同仁意见之后再作修改。

参考文献

白宛如　1998　《广州方言词典》，南京：江苏教育出版社。
郭锡良　2010　《汉字古音手册》，北京：商务印书馆。
黄伯荣　1996　《汉语方言语法类编》，青岛：青岛出版社。
黄小娅　2000　《粤方言用字一百多年来的演变》，单周尧、陆镜光主编《第七届国际粤方言研讨会论文集》（《方言》增刊），北京：商务印书馆。
江蓝生　1995　《说“麽”与“们”同源》，《中国语文》第3期，另载《近代汉语探源》，北京：商务印书馆，2000。

江蓝生、曹广顺　1997　《唐五代语言词典》，上海：上海教育出版社。
江蓝生　2008　《变形重叠与元杂剧中的四字格状态形容词》，《历史语言研究》第1辑，另载《近代汉语研究新论》，北京：商务印书馆。
吕叔湘　1985　《近代汉语指代词》，上海：学林出版社。
麦耘、谭步云　1997　《实用广州话分类词典》，广州：广东人民出版社。
饶秉才、欧阳觉亚、周无忌　1997　《广州话词典》，广州：广东人民出版社。
太田辰夫　1988　《中国语史通考》，[日] 白帝社；另有中译本《汉语史通考》，江蓝生、白维国译，重庆：重庆出版社，1991。
唐作藩　2008　《音韵学教程》（第3版），北京：北京大学出版社。
席　嘉　2010　《近代汉语连词》，北京：中国社会科学出版社。
詹伯慧、陈晓锦　1997　《东莞方言词典》，南京：江苏教育出版社。
张振兴、蔡叶青　1996　《海口方言词典》，南京：江苏教育出版社。
张振兴、蔡叶青　1998　《雷州方言词典》，南京：江苏教育出版社。
郑定欧　1997　《香港粤语词典》，南京：江苏教育出版社。
志村良治　1984　《中国中世语法史研究》，[日] 三冬社；另有同名中译本，江蓝生、白维国译，北京：中华书局，1995。

（中国社会科学院学部委员，原副院长）

从特征词看莆仙话和粤琼闽语的关系

李如龙

80年代之后，我先后到潮州、雷州和琼州调查那里的闽语，所到之处的发音人都跟我说，他们的祖上来自福建的莆田荔枝村，而我先前都没有看到过有关的记载，这就引起了我的注意，总想从史料和语料上来验证这个民间的口述历史。

后来从史料上我只是发现了宋代之后兴化军（莆田、仙游）的人口少有所增长，潮州因中转而减少，雷、琼则翻了数番。例如：北宋崇宁年间，据《宋史地理志》，兴化军63 157户，潮州74 682户，雷州13 784户，琼州10 337户；到元代，据《元史地理志》，二三百年间兴化军仅增4 000户（占7%），实际上是负增长，潮州62 650户（略减，显然是因为又移往雷琼二州），雷州89 535户，增6倍，琼州90 805户，增8倍。

其他史籍也有相关的记载。如祝穆《方舆览胜》说到“潮州”：“虽境土有闽广之异，而风俗无潮漳之分”，潮州贤人卢侗就是北宋中叶由莆田迁入澄海的。清代《电白乡土志》载，该县11个大姓之中就有邵、蔡、李三姓是从莆田移入的。赵汝适《诸番记》则说：“海南土产……唯槟榔、吉贝独盛，泉商兴贩，大率仰此。”蔡叶青在《海康汉族居民来源及分布》（《海康文史》1981年第2期）中就海康县来自莆田的移民说：“据最近从事地名工作者调查统计，在全县重点调查的18个乡镇的494个村中，共有族姓104个。从来源上看，有90%以上的族姓是分别自东晋至清代从福建省旧兴化府莆田县和旧福州府福清县迁来的移民，其中又以莆田来的最多，占两县移民总数的90%以上。从时间上看，有几个集中期：一是唐代，二是南宋末年，三是元末明初，四是明清中叶，五是明末清初，尤以明代为最多。”另据《五指山史话·迁琼始祖由来》所载，海南姓氏始祖来自福建莆田的、有名有姓、有时间地点记载的竟达50多个。如：符姓：符有辰，莆田人。宋仁宗天圣三年奉命渡琼，任清化军指挥使，抚黎有功，封万户侯，落籍文昌。子宗系、宗铭、宗举、宗安各任官职，分管琼、崖、儋、万四州清化军；符诸，武魁出身，宋仁宗康定元年奉诏由莆田渡琼任副总管，后升总管都元帅，落籍文昌；符大本，举人，元至正十一年奉诏由莆田渡琼任会同县知县，其后代落籍会同（琼海）、文昌一带。

宋代从泉州分出了兴化军，当时的莆仙话和泉州话应该是大同小异的。明清之后独立为兴化府，又因地理上的接近，受到了省城方言的影响，才慢慢和泉州话有了更多的差异。直到现在，莆仙话还和闽南话有很深的关系。放宽一点儿，把它作为闽南话的一片也无不可。

这些年来，我总想从语言本体，用特征词的比较来论证兴化人移居粤琼一带的历史。正因为莆仙话和闽南话的关系密切，所以有价值的材料真是不多。最近在和几位学生合编《莆仙方言研究》时，又一次提取了莆仙话和闽南、闽东都有不同的词汇，除了“管桌子叫床”是莆仙话跳过泉漳二州而和潮雷琼等地闽语相同以外，还得到了一些重要的特征词，兹列述如下（以下特征词用字皆用本字，不用同音字或训读字，读音都经过审定，符合各地语音对应，为节省篇幅，一般不再标注国际音标。拿来作比较的是潮州话、雷州话和海口话，在其他粤琼闽语可能还有不同表现。特此说明。）：

（1）“桌子”说成“床”是莆仙话和粤琼闽语相同而和闽南本土不同的最为引人注目的特征词。泉州话“床”的声母有 tsh 和 s 两读，tsh 用于“床铺”，s 用于“笼床”（蒸笼），这是和莆仙话相同的读法，但泉州话和其他本土闽南话都不能把“桌子”说成“床”。而在潮州话，凡“桌子”都说“床”，只有“酒席”说成“桌”，“书桌”说“床柜”。在雷州话和海口话都没有“桌”的说法，所有的“桌面、桌布”都说成“床”，雷州话“入酒席”说“坐床”，现代才有的“乒乓球桌”也说“波床”，海口话连“神案”都说“神床”，台灯则说“床灯”。在粤琼闽语，“桌子”和“床”的说法完全不能区别，只能靠上下文去分辨。而在本土闽南话不论是泉漳厦或是永春、德化、龙岩乃至台湾全岛，都没有把“桌子”说成“床”的。

（2）“肥猪肉”说“白肉”也是见于莆仙话和粤琼闽语而未见于本土闽南话的说法，唯潮州一带一般说“白猪肉”。

（3）用“惜”表示“疼爱”，一般的闽南话不这样说。在莆仙话说成单音词，潮州话说“惜略”是叠韵的双音词，意为“疼爱而袒护”，雷州话说“好惜”意为“疼爱”，海口话“相惜”是互相疼爱，“得侬惜”是惹人爱，“好惜”意为可爱。

（4）莆仙话用“帕”指称衣裤的“兜儿”，本土闽南话未见。潮州话的“肚帕”指的是“肚兜儿”，上面有一个小口袋，雷州话只说“衫帕”，指“衣兜儿”，海口话单音节的“帕”指方形的大布巾，也用作动词，意为“手插入衣兜”，石陂名词的意动用法。

（5）“阴天”说“乌暗天”，见于莆仙话，本土闽南话只能说成“乌阴天”。潮州话也由此说法，也说“乌暗寒”，指阴冷天。雷州话说“乌涂暗天”，义同“阴天”，多了一个叠韵音节。

（6）“干净”说“澈洁”，见于莆仙话，未见于本土闽南话。潮州话兼说“清气”是和本土闽南话相同的说法。雷州话和海口话都说“澈洁”，只是读音各不相同。闽东的福州、福清一带也说“澈洁”（福清兼说“清气”，闽东北片的福安、福鼎只说“清气”），可能是与莆仙连片相互影响的原因。

（7）“开水”说“沸水”，见于莆仙话，未见于其他本土闽语。潮州话和本土闽南话一样说“滚水”，而雷州话和海口话也都说“沸水”。

（8）“花生”说“地生”见于莆仙话，未见于本土闽语。潮州话说“地豆”，海口话花生也说成“地生”，还说：“花生糖、花生油、花生仁、花生仁皮”。唯雷州话不说“地生”而说“番豆”，应是受当地客家话的影响。

（9）“蝙蝠”说成“飞鼠”，见于莆仙话，未见于其他本土闽语。潮州话和本土闽南话一样说“密婆”，但雷州话和海口话也都说“飞鼠”。

（10）“慢”说“宽”，见于莆仙话，未见于本土闽南话。海口话“缓慢、松散、不着急、性情宽和”都说“宽”，雷州话只用作副词，如说“宽宽来”。但潮州话和漳泉一样只说慢，不说宽。

（11）婴儿满月，莆仙话说“出月”，本土闽南话“出月”指超出预产期。海口话也说“出月”，指婴儿满月，产妇可以出门活动。

从以上初步考察的材料来看，似乎走得更远的雷州、琼州话和莆仙话相同的特征词比潮州话还更多些。如果更深入的比较是如此，则可以这样解释：潮州和漳州地域相连，后来一定比雷琼与本土有更多的联系，所以放弃了莆仙话的特殊说法，改换成漳泉的说法。

其实，莆仙话还有一批特征词是和闽南、闽东、闽北都不相同的。以下所列的四十条都是比较常用的：

炊（蒸笼）	勘（问）	算（想、想念）	惨（穷）	款（有趣）
可（合算）	箧（抽屉）	听闻（听见）	知晓（知道）	复早（明天）
紧关（要紧）	乃甥（外甥）	猴急（着急）	冲狂（生气）	结果（糟糕）
挂累（连累）	科扣（盘算）	财主（富裕）	硬框（一定）	连天（非常）
扬贺（夸奖）	差险（差点儿）	数细（奚落）	无饲（夭折）	受领（招认）
相因（便宜）	使赂（贿赂）	乌肉（瘦肉）	物（东西）	婶娘（女人）
蝦背（驼背）	粗面（麻脸）	明菜（菠菜）	乌菜（紫菜）	蚁婆（蚂蚁）
去厝（回家）	事体（事情）	塔聊（玩儿）	功夫（熟练）	勘看（问候）

可见，莆仙方言的特点不仅仅兼有闽东、闽南的特征，也确有自己独有的特点。因为和闽南话分手后的近千年间，莆仙人又有自己的词汇创新。

难怪，这个方言区虽然地域不大，使用人口也不太多，从50年代讨论闽语的分区以来，总有人提倡应该认定它是闽方言的一个独立区。

不过，莆仙话的特征词也并没有全部传到粤琼闽语中去，因为明清以前迁到那里去的闽人，除了兴化府的移民之外，还会有许多泉州府和漳州府的人，而明清以后迁到粤琼去的大概就比较少了。有些特征词显然是近代以来才创造出来的。还有，不要忘记，莆仙话除了有些有别于闽南话的特征词外，还有更多的和闽南话一致的特征词。

看来，方言特征词的比较研究是很重要的，这项比较在追寻方言的流播和地理分布上甚至比语音特点的比较更加直观，也更有说服力。地理方言学的研究应该更加着力于特征词的分布研究。

参考文献

黄典诚　1998　《福建省志·方言志》，北京：方志出版社。

李如龙　1997　《福建方言》，福州：福建人民出版社。

蔡俊明　1991　《潮州方言词汇》，香港：香港中文大学出版。

张振兴、蔡叶青编纂　1998　《雷州方言词典》，李荣主编，南京：江苏教育出版社。

陈鸿迈　1996　《海口方言词典》，南京：江苏教育出版社。

李如龙、詹伯慧、高然、甘于恩　1996　《闽粤琼闽语词汇比较研究》，《第四届国际闽方言研讨会论文集》，汕头：汕头大学出版社。

（厦门大学中文系教授）

粤东凤凰山区畲族语言生活现状调查报告

林伦伦　吴榕青　杨　姝

摘　要：粤东凤凰山区畲语处于严重濒危状态。本文根据对该地区9个畲族村田野调查分析，认为粤东凤凰山地区的畲语使用人口、使用范围和语言交际功能等在剧烈缩减，未来数十年内畲语将在潮州甚至凤凰山地区消失，主要代之以潮州话，少部分为客家话。

关键词：畲族　濒危语言　粤东　凤凰山　语言生活状况

畲语属于中国少数民族濒危语言之一。本课题所调查的畲语，是一种保留着原始畲语成分而与客家话似是而非的畲民语言。虽然对这种畲语的性质有争议，但这种争议语言也已经处于严重濒危状态，原始畲语成分更是所剩无几。为查清其语言生活近况，我们带领韩山师范学院的9位学生①，从2010年开始对分散在凤凰山地区的9个畲族村进行了调研，初期成果如下。

一、凤凰山区畲族概况

广东潮州凤凰山区位于粤东潮州市与梅州市交界处，绵延百余里，森林茂密，古属潮州府管辖范围，是畲民自我认同的民族发源地②。至今仅存9个畲族村，约2 700多分散聚居的畲族人口。它们分别是：梅州市的丰顺县潭山镇凤坪村（凤吹磜）；潮州市的潮安县文祠镇李工坑村（雷姓）、黄竹洋村（蓝姓），归湖镇碗窑村（蓝姓）、山犁村（雷姓）、岭脚村（蓝姓），凤凰镇石古坪村（蓝姓），湘桥区意溪镇雷厝山村（雷姓），饶平县饶洋镇蓝屋村（蓝姓）。参见“粤东凤凰山地区畲族村地理方位图”（附件）。

二、凤凰山畲族的语言生活状况

由于长期与潮汕、客家人杂居，凤凰山畲语受到客家话和潮州话的严重影响，呈现出畲、客、闽语互相浸润的格局。我们调查的9个村中，李工坑村、碗窑村、山犁村、岭脚村、石古坪村、黄竹洋6个村获得了直接数据，其他的凤坪村、雷厝山村、蓝屋村已经弄清大致情况，具体资料尚待补充。现将其语言、生活基本状况归纳如下：

---

① 包括韩山师范学院大学生创新性试验计划“凤凰山畲族的语言生活状况调查”课题组的潘敏君、陈炎喜、陈泽、刘海生、刘佩敏、陈彦佳、吕曼霞、郑湘裕、林强锋、陈妙丹、蓝健忠11位同学。

② 现存闽、浙、赣、皖等省畲族《高皇歌》、祖图、族谱、移民记录以及史学家考证皆证实，潮州凤凰山是畲族民族发祥地和祖居地。如现存福建畲族谱牒，闽东宁德猴墩《雷氏宗谱》、福安田螺园《冯翊雷氏宗谱》等都有对本族祖先居于凤凰山的记录。毛宗武、蒙朝吉《畲族简志》也认为约在公元6世纪末7世纪初，以广东潮州凤凰山为中心的粤、闽、赣三省交界地带，已形成一个比较广阔的畲族先民聚居区。

1. 凤坪村

位于梅州市丰顺县潭江镇，距镇中心20.7公里。全村共135户。其中畲族74户，共454人；汉族61户，共307人。以种茶为主，以卖茶和小百货为辅。全村所有的人都会讲本村畲语，语言保存情况最好。

2. 李工坑村

全村大部分会讲畲语，民族和语言自我认同感比较强，语言的保存较好，但受到潮汕话一定程度的侵蚀，用语中会夹杂一些潮汕方言。抽样调查69人中，畲族占71%，汉族29%，其中畲语为母语的占66.7%。被调查者88.4%会讲畲语，10.1%能听不能讲，1.4%完全不懂。81.2%的人会用畲语与小孩（7岁以下，下同）交流。潮汕话全村人口都会讲；客家话，会讲的占4.3%，能听不能讲的15.9%。村中交流时，用畲语的占84.1%，用潮汕话的占24.6%。

3. 碗窑村

大部分会讲畲语，但受潮汕方言较大程度的侵蚀，用语中夹杂大量的潮汕方言。调查的75人中，畲族72%，汉族人24%，以畲语为母语的65.3%，受访者有86.7%会讲畲语，5.3%能听不能讲，8%完全不懂。88%与小孩交流时用畲语。潮汕话，97.3%的会讲；客家话，会讲的占6.7%，能听不能讲的占8%。村中交流时，用畲语的占80%，潮汕话38.7%。

4. 山犁村

与碗窑村相距不远，往来频繁，但只有少数人会讲畲语，且受到潮汕方言更为严重的侵蚀，潮汕话已经很大程度上替代了畲语的社会交际功能。调查的59人中，畲族72.9%，汉族27.1%。母语中，畲语33.9%，潮汕话59.3%，客家话5.1%。仅27.1%会讲畲语，39%能听不能讲，33.9%完全不懂。有15.3%的人会用畲语与小孩交流。潮汕话全村都会讲，客家话6.8%会讲。村中交流时，用畲语的占20.3%。

5. 岭脚村

据说两百多年前从碗窑村迁移而来。现在基本无人能讲畲语，仅少数人因曾到山犁、碗窑上学而能听会讲。潮汕方言等已经完全替代了畲语。受调查的40人中，畲族80%，汉族17.5%，以畲语为母语的1人，其他基本以潮汕方言为母语。对畲语，7.5%（3人）会讲，17.5%能听不能讲，75%完全不懂。95%会讲潮汕话；10%能听不能讲客家话。

6. 石古坪村

平均海拔766米，人口285人，约120常住人口。包括畲族190人，汉族93人，壮族2人。当地潮汕话已经基本替代了畲语。70岁以上的男性畲族人会讲畲话，50~60岁能听不能讲，30~40岁的基本不懂。

7. 黄竹洋村

隶属于李工坑村的自然村。调查的48人中，畲族72.9%，汉族27.1%。母语中，潮汕话占93.8%，客家话占4.2%，仅有1人是以畲语为母语，但畲语已经无人会讲，仅有39.6%能听不能讲，60.4%完全不懂。全村会说当地凤凰镇口音的潮汕话。

8. 雷厝山村

位于潮安县意溪镇，是隶属古庵村的1个自然村，海拔约100多米。全村17户，总人口120多，共76个常住人口。全村均为蓝姓畲族人，讲潮汕话，无人会畲语。少数会说几个词汇，一位老人仅能听懂。

9. 蓝屋村

1986年恢复定为畲族村。但全村已无人会讲畲语，而说当地饶平客家话。

三、凤凰山畲语趋向小结

从以上9个畲族村的调查可见，粤东凤凰山地区的畲语使用人口、使用范围和语言交际功能等在剧烈缩减。其中，凤坪村平均海拔700多米，最高峰为1409米的鸡公髻，地理环境闭塞，交通条件较差，保存情况较好；李工坑、碗窑、山犁受到不同程度的侵蚀，岭脚、石古坪、黄竹洋的畲语已经濒临消亡，而雷厝山、蓝屋村的畲语已经消亡。此外，畲族村中的青壮年和男性多外出从事打工、经商等，留守者多是老人、妇女和儿童，儿童普遍还会说普通话、潮州话，部分会说客家话。根据调查的儿童畲语接触情况看，无法保证这些儿童长大后还能完整地继承畲语。

预计未来数十年内畲语将在潮州甚至凤凰山区消失，主要代之以潮州话，少部分为客家话。时间紧迫，呼吁学术界对此种濒危语言投以更多的关注。

附：粤东凤凰山地区畲族村地理方位图

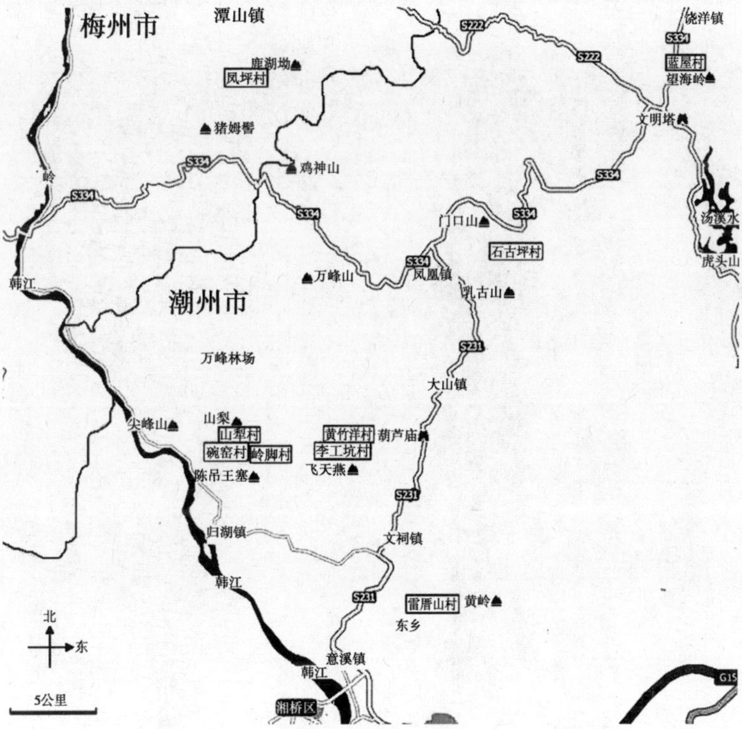

参考文献

黄家教、李新魁　1963　《潮安畲话概述》,《中央民族学院学报》,1～2期合刊。

游文良、雷楠、蓝瑞汤　《凤凰山畲语》,长春:吉林人民出版社。

林伦伦、洪英　2005　《广东潮安县李工坑村畲民语言生活调查》,《语言研究》第4期。

丽水学院畲族文化研究所、浙江畲族文化研究会编　2007　《畲族文化研究论丛——2005年全国畲族文化研讨会论文集》,北京:中央民族大学出版社。

中共潮州市委宣传部　2010　《潮州凤凰山畲族文化·语言》,深圳:深圳海天出版社。

陈丽文、饶敏　2010　《凤凰山畲族文化研究文集》,北京:中国评论学术出版社。

石中坚　2006　《畲族与潮州文化研究》,广州:广东省语言音像电子出版社。

(韩山师范学院)

北京话合口呼零声母 V 型发音琐记

平山久雄

一

有相当多的北京人往往把合口呼零声元音节的开头（即拼音 w）读成唇齿带音却一般没有摩擦成分的［ʋ］，即读 V 型发音，例如“文” wén 读成［ʋən］而不读［ŭən］。这是一种边缘现象，非关音系的大体，但不知为何，多年来我对这种读法颇感兴趣。兹借为詹伯慧先生颂寿之机会，想略述一下我个人的认识和想法，向詹伯慧先生及大方之家求教。

沈炯（1987）根据林涛先生带领北大师生调查北京城区、郊区和郊县一共 25 地点 449 人所得的材料，按市内的地区、年龄、文化程度、性别等条件分别加以统计，详细分析了北京方言中 W 型（拼音 w 读［ŭ］）和 V 型（w 读［ʋ］）[①] 分布的情形。V 型发音出现的频度按韵母也有所不同，现据沈文（354—355）所载制表如下。这是总体的数值，未按上述各种条件细分。2 组、3 组的比例数分别是所属两个韵母比例数的平均值。

组	比例数[②]	组	比例数	组	比例数
1. wen	0.565 7	2. wan wa	0.522 8	3. wai wei	0.467 7
4. wang	0.418 7	5. wo	0.100 2	6. wu	0.057 9

沈文（355）对比例数的大小不同解释说：

上述比例数的不同说明：①主要元音圆唇度较小时倾向于 V 型发音；②舌尖鼻音韵尾似乎使 V 型比例数增加，而韵尾 i 使 V 型比例数降低。

接着也指出：

wo 组与 wu 组的 V 型比例数很小。

① W 型、V 型之外沈文（352）还把音值较含糊的称为 L 型，把 W/V 自由选择，时而用 W 型，时而用 V 型的称为 F 型。据沈炯（353 页“表 1”），L 型、F 型的频数都很小，特别是 L 型。

② 比例数是总频数除以观察数的商数。

现代有些方言中存有 W（即［ŭ-］）和 V（即［ʋ-］）的对立，因此应该视为不同的音位，例如西安话中（据沈文 359 所记）：“王”［waŋ］≠“网”［vaŋ］，除声调不同外，声母涉及两个音位（即/W/和/V/），反映中古喻（云）与微母的历史差别。北京话则二者混而为一，构成同一个音位的语音变体，尽管两个变体的分歧情形是相当复杂的。关于/W/和/V/混用为一的过程，沈文（359）认为：

/V/ + /W/ → /V + w/ → /V/（山西某些方言）
→ /W + v/ → /W/（北京方言）

字母大写与小写之别表示比例数的多少。这里“山西某些方言”也可代表在北京远郊占优势的 V 型发音；“北京方言”则只代表在近郊占优势的 W 型发音。V 型发音在北京城区中也占优势，沈文对此认为城区的 V 是后来从 V 演变出来的，即

/W/ → /W + v/ → /V + w/

沈文以为：城区应该与近郊话关系密切，不应该与远郊话同出一源。

二

关于 V 型发音，白涤洲（1932：1）已有记载①：

北平另有一个近似 v 母的音，比 v 轻得多（只把上齿轻轻与下唇接触），它变本加厉，把所有 w 的结合韵都拐了过来，居然要鹊巢鸠占。试用北平音读“湾”、“温”、“王”、“为”诸字，即可发现它们决不是 wan、wen、wang、wei，而是类似 v 母的拼音。试再读“微”、“尾”、“万”诸字，也一定感觉到不是纯粹的 vei、van 而是类似 v 母的拼音，正和“湾”、“温”、“王”、“为”等的声母一样。

王力（1956：560）所引《新生周刊》第一卷第八期（1934 年）钱玄同关于国语罗马字字母之选用的文章则说②：

至于 v，北京音倒不是没有，合口诸韵母在单用时，其起首之 w 多有变为 v 的（不过这个 v 比英、法的 v 用力较轻些，吐气较少些）。例如“蛙”、“为”、“稳”、“望”，读 va、vei、ven、vang 而不读 wa、wei、wen、wang。但“乌”、“我”则不变，仍读 wu、wo 而不读 vu、wo。还有，前拼声母的都不变。那变了的，有时候又因为和别的音相连的影响而复原的。

---

① 引文中把注音字母改写为拼音字母（表示唇齿浊音的注音字母改写为 v），并把标点改为现代通用的。下引钱玄同文亦同。

② 沈文（360）亦据王力（1956：560）介绍下引文中的第一句。

这里明确指出只有 wu、wo 是 W 型，其他都是 V 型。由此看来，在白文所举的一共七字中没有 wo 音字、wu 音字在内，未必是偶然的。

下面让我介绍一下自己曾有机会观察到的三位北京人［ʋ］音的情况。其中 S、Y 二位 W 型、V 型的分歧情形和上引钱文相同。

S 女士（平山久雄 1959 的发音人，生长在东城东总布胡同，大学毕业，1919—）只有在 wu 和 wo（以及与此相应的儿化音）中读［ŭ］，其他都读［ʋ］。她的［ŭ］带有明显的紧喉音色，［ʋ］则无之，发音比较轻松。

Y 女士（平山久雄 1994 的发音人，生长在西城的西北地区，研究生院毕业，1946—）的情况与 S 女士完全相同。她虽然不是语言学者，但对语音的感觉十分敏锐，她本来知道自己 w 的发音有些特殊，是唇齿音；不过她想说得标准些的时候，就把［ʋ］都说成了［ŭ］。

1959 年我初次到北京的时候，我请 P 小姐（日语翻译，北京人，大学刚毕业，20 多岁）念一下《韵镜》上面合口零声母的几个字，她都读为［ŭ］，不管是 wo、wu 还是其他，但她说口语词或口语词组时，就连 wo、wu 都说成［ʋ］，如“我的”［ʋɤdə］、“五个”［ʋɨgə］①。可以说，［ŭ］在她是文言音乃至标准音，［ʋ］则是口语音，这一情况与 Y 女士相似，但也不完全相同。

三

上面介绍的钱文所载与 S、Y 二位（很可能还有白文所记载）都只有 wo、wu 是 W 型，其他都是 V 型。从沈文所记的比例数也可推知，属于此一分歧类型的北京人会相当多。这正符合上引沈文“（1）主要元音②圆唇度较小时倾向于 V 型发音”的概括。圆唇程度（包括圆唇持续的时间）在 wu［u］自然最大，而在 wo［ŭɤ］应该次之，因为 wo 没有韵尾，当中［ŭ］可以比其他带韵尾的韵母发得长一点，圆唇程度也可以大一点（因此 wo 一般是［uo^{ɤ}］）③；wɑ 也没有韵尾，但因主要元音开口度大，所以［ŭ］的过渡性随之要大。wu 的 V 型比例数比 wo 还更小，仅有 wo 的一半多。由此推知，北京也有一些人只有 wu 是 W 型，其他都是 V 型，这也符合上述的音理。

语音演变的趋向可有两种：①追求发音容易、轻松，哪怕音色变得模糊一些，以图利于省力；②追求音色鲜明、清晰，哪怕发音变得重一些，以图利于传达。根据这一观点可以说：

---

① 罗常培、王均（1957：89）对“半元音［ʋ］”举例说：“如北京‘文’、‘武’的声母。”“武”在这里大概也代表［ʋɨ］。

② 这里的“主要元音”应该可包括合口介音。

③ S、Y 二位都把儿化的 wur、wor 也发为 W，这该是因为这两个儿化韵母里的 r 音是微弱的，和在“歌儿”ger［kɤ^{r}］里一样。

曾经存在过/W/和/V/的对立，但后来发生了/W/>/V/的合并，W 音随之完全消失，那就是完整的 V 型，即连 wo、wu 都读为 V 的类型，这是趋向①所起的作用；反之，后来发生了/V/>/W/的合并，V 音随之完全消失，那就是完整的 W 型，即 wo、wu 以外的 w 也都读 W 的类型，这是趋向②所起的作用。在此两种类型之间，还产生了各种中间性类型，W、V 二音按韵母不同而分界相处，其中决定二音分界的最重要的条件应该是沈文所说的①即圆唇度的大小，像上面已说过的那样。圆唇程度较大，对 W 自然是有利的环境；对 V 则是不利的环境，因为发唇齿音时需要把嘴角往左右拉开，与圆唇发生矛盾。圆唇程度较小，对 V 是有利的环境，对 W 则是不利的环境，因为发［ʋ］只需使上齿轻微地接触下唇，比发［ŭ］省力多了。

此外上引沈文所说的“（2）舌尖鼻音韵尾似乎使 V 型比例数增加，而韵尾 i 使 V 型比例数降低”也可算是影响 W、V 分布的条件之一，尽管受此制约的类型恐怕是呈弱势的。舌尖鼻音韵尾 n 在北京话是近似［ɲ］，前舌面和硬腭前部相贴，因此它可能对开头的［ŭ］音发挥较大的影响。

关于 W、V 分界的语音条件，胡明扬（1987：144）根据对 100 个新、老北京人[①]调查的结果所概括的内容与沈文不同，他着眼于主要元音的高低[②]：

声母 w 有两种不同的音值，也就是有两个不同的变体：一个是元音［u］，一个是唇齿半元音［ʋ］[③]。这两个变体的出现条件是：在低元音前面读［u］，在高元音前面读［ʋ］。

［u］：wɑ“瓦”，wɑi“喂”，wɑng“王”，wo“我”。

［ʋ］：wei“为”，wen“文”，weng“翁”。

［u］/［v］：wɑn“晚”。

这里没有提到 wu，当是他认为 wu 自然皆读［u］的缘故。胡文强调元音的低、高，即开口度的大小不同。我觉得如此分法也有其道理，因为开口度较小的话韵尾就发得较强，会给开头的［ŭ］音带来一种挤压。

总之，上面北京话里面 W、V 二音的各种分居形式皆可谓是：本来互相对立的 W、V 二型各选相对更适合自己构音的语音环境而形成了互补状态。这有点类似生物界里的“分界相处”，像能长得高大的松树只能占据低山，长得矮小的松树只能占据高山，两种松树绝不在同一环境里互相竞争那样。即使我们采纳沈文的看法认为北京城区的 V 型是后起的，也同样可以说明 V 音产生的语音条件，即［ŭ］在主要元音或韵尾较大的挤压下就变化为［ʋ］了。

---

① 胡文（145）说：调查对象 100 人中 90 人有［ʋ］，9 人无［ʋ］，1 人发音不稳定。

② 据胡明扬（1991：244）引。胡明扬（1987）把［ʋ］皆写为［v］。

③ 胡文对此加注说：“但是也有人一概读成浊擦音［v］，如张寿康同志就是这样读的。”

最后要申辩一下：我其实认为北京话里的 W、V 到现在也属于不同的音位，W［ŭ］是/′ŭ/（′代表零声母），V［ʋ］则是/ʋ/，尽管二者在同一环境里不相对立①。但音位解释如何并不影响本文要提出的“分界相处”的看法，因此借用了沈文的代号，以 W、V 来代表非唇齿和唇齿的发音，不管它们在音系中的地位如何。

参考文献

白涤洲　1932　《什么是“新国音”?》，《国语周刊》第 29 期。

胡明扬　1987　《北京话声母 W 的音值》，《北京话初探》，北京：商务印书馆。

胡明扬　1991　《语言学论文选》，北京：中国人民大学出版社。

罗常培、王均　1957　《普通语音学纲要》（语言学丛书），北京：科学出版社。

平山久雄　1959　《北京语の音韵论に关する二三の问题》，《言语研究》（日本言语学会）35 号。

平山久雄　1972　《北京语［ʋ］の音韵论的解释》，《现代言语学》，东京：三省堂。

平山久雄　1994　《北京语の音声观察一例》，《教养诸学研究》（早稻田大学政治经济学部）96 号。

沈　炯　1987　《北京话合口呼零声母的语音分歧》，《中国语文》第 5 期。

王　力　1956　《汉语音韵学》，北京：中华书局。

（日本东京大学及早稻田大学荣休教授）

① 我们采用的音位归纳原则是：如果有两种语音，分布上形成互补关系，并且从构音方面能说明有一种语音由于环境不同而被同化为两种，那么它们就可以解释为一个音位的两种语音变体，否则尽管有互补关系，也应看作两个不同的音位。北京话里的［ŭ］和［ʋ］，虽然分别选择比较适合自己的构音的环境而分界共处，但也不能说明［ŭ］（例如）在 wɑ 中受到后面 ɑ 的构音的同化而添加唇齿成分作为［ʋ］的共时原因，因此，我认为［ŭ］和［ʋ］在音位论上是需要加以区别的。

潮阳方言动词“去”的形态变化及其语法功能

张盛裕

摘　要：潮阳方言动词“去”的形态变化，是用韵母元音的变化作为表现形式的。“去₁”［kʻa˧˩］用前低不圆唇元音［a］作韵母，“去₂”［kʻu˧˩］用后高圆唇元音［u］作韵母。本文用实例说明其形态变化和语法功能有一定关系。

关键词：动词“去”　形态变化　语法功能　“去1”　“去2”

形态是指词的内部变化形式，是词在语法结构中不用用法的标志，也是词的功能特征。本文所说的形态变化，是指动词“去”表示语法意义的形态变化，即其构型形态有所不同，不同在于韵母的元音有变化，语法功能也有差别。为讨论方便起见，本文管“去”读［kʻa˧˩］叫“去₁”，管“去”读［kʻu˧˩］叫“去₂”。

一、“去₁”、“去₂”的语音形式和用法

动词“去₁”、“去₂”在语句中连说，都分别有本调、前变调和后变调三种读法：

	本调	前变调	后变调
去₁	kʻa˧˩31	kʻa˧˩˥31－55	kʻa˧˩˩31－11
去₂	kʻu˧˩31	kʻu˧˩˥31－55	kʻu˧˩˩31－11

①问：俺去₁若久？naŋ˥˧ kʻa˧˩˥ zioʔ˥˩ ku˥˧?（咱们去多久?）

答：去₁十头八日。kʻa˧˩ tsap˥˩ tʻau˥˩ poiʔ˩ zik˥˩.（去十来天。）

②我后日去₁好孬？ua˥˧ au˧˥ zik˥˩ kʻa˧˩˩ ho˥˧ mõ˥˧?（我后天去好吗?）

③问：我去₁买张戏票乞汝去₂睇爱□？ua˥˧ kʻa˧˩˥ boi˥˧˦ tiõ˧ hi˥˧˥ pîo˧˩ kʻiʔ˩˥ lu˥˧˦ kʻu˧˩˥ tʻoi˥˧ ãi˧˩ mãi˧˩?（我去买张戏票给你去看要不要?）

答：□啊，我唔去₂，汝家已去₂睇。mãi˧˩ a˩，ua˥˧ m˧˥˧ kʻu˧˩，lu˥˧ ka˧ ki˩˧ kʻu˧˩˥ tʻoi˥˧.（不了，我不去，你自己去看。）

④伊去₂上海去₂有年外。i˧ kʻu˥˧˥ siaŋ˧˥˧ hai˥˧ kʻu˥˧˥ u˧˥˧ nĩ˥˩□ua˩.（他去上海去了一年多。）

⑤阮行去₁，恁坐车去₂。uaŋ˥˧ kiã˥ kʻa˧˩˩，niŋ˥˧ tsou˧˥˧ tsʻa˧ kʻu˧˩˩.（我们走去，你们坐车去。）

动词“去$_1$”、“去$_2$”可以单用，也可以用作趋向补语，构成动趋式词组。常见的动趋式词组如下：

	入去（进去）	出去	起去（上去）	落去（下去）	转去（回去）	过去
去$_1$	zip ˥ k‘a ˧˩˪	ts‘uk ˩ k‘a ˧˩˪	k‘i ˥˧ k‘a ˧˩˪	loʔ ˥ k‘a ˧˩˪	tŋ ˧˩ k‘˧˩˪	kue ˧˩ k‘a ˧˩˪
去$_2$	k‘u ˧˩˪	k‘u ˧˩˪	k‘u ˧˩˪	k‘u ˧˩˪	k‘u ˧˩˪	k‘u ˧˩˪

以上动趋式词组，又可以用在别的动词后头，充当复合趋向补语，构成复合动趋式词组。例如：

	行入进（走进去）	走出去（跑出去）	飞出去（飞上去）
去$_1$	kiã ˥ zip ˥˪ k‘a ˧˩˪	tsau ˥˧ ts‘uk ˩ k‘a ˧˩˪	pue ˧ k‘i ˥˧ˎ k‘a ˧˩˪
去$_2$	k‘u ˧˩˪	k‘u ˧˩˪	k‘u ˧˩˪

	跳落去（跳下去）	行转去（走回去）
去$_1$	t‘iau ˧˩ loʔ ˥˪ k‘a ˧˩˪	kiã ˥˪ tŋ ˥˧ k‘a ˧˩˪
去$_2$	k‘u ˧˩˪	k‘u ˧˩˪

动趋式里头，“落去$_2$”最常用。“落去$_2$”和其他动词连用时，有合音的说法。在前变调的位置读［lou ˧˩˫（＜ loʔ ˥˪ k‘u ˧˩˫）］，在后变调的位置读［lou ˧˩˪（＜ loʔ ˥˪ k‘u ˧˩˪）］。[①]

常用的复合动趋式词组还有一例：“行过去$_1$ / 去$_2$” kiã ˧˩˥ kue ˧˩˪ k‘a ˧˩˪/k‘u ˧˩˪（走过去）。如上所举，复合动趋势词组里头，只有“行转去”读前后都变的连调组，其他都读后变连调组。上述动趋式词组都能扩展，并可用在语句里。例如：“汝猛猛叫伊行出去$_2$睇下”，lu ˥˧ mẽ ˥˧ˎ mẽ ˥˧ kio ˧˩˫ i ˧ kiã ˥˪ ts‘uk ˩˫ k‘u ˧˩˫ t‘õi ˥˧ e ˩（你快叫他走出去看一下。）

吕叔湘先生指出：“把趋向动词提出来作为一个小类是有理由的，因为它附在别的动词之后构成复合动词（短语词）比单独用的时候还要多。”[②]

动词“去$_1$” k‘a ˧˩的用法有一定的限制，下文第二部分还要再讨论。动词“去$_2$” k‘u ˧˩则不同，构词能力强得多，应用得最为普遍。现在说一说“去$_2$”用法的大概情况。

（1）如上所述，“去$_2$”用在某些动词后面，表示人或事物随动作离开原处，构成“动＋去$_2$”式动趋式结构甲类。下面再举些例子：偷去$_2$ t‘au ˧ k‘u ˧˩˪（偷走了）｜衔去$_2$ kã ˥ k‘u ˧˩˪（叼走了）｜徙去$_2$ sua ˥˧ k‘u ˧˩˪（迁走了）｜骗去$_2$ p‘iaŋ ˧˩ k‘u ˧˩˪（骗走了）｜摘去$_2$ tiaʔ ˩ k‘u ˧˩˪（摘走了）｜拆去$_2$ t‘iaʔ ˩ k‘u ˧˩˪（拆走了）｜掠去$_2$ liaʔ ˥ k‘u ˧˩˪（抓走

① 张盛裕：《潮阳方言的连续变调》（二），《方言》1980 年第 2 期。

② 吕叔湘：《汉语语法分析问题》，商务印书馆，1979 年版，第 41 页。

了）。这类“去2”保留着表示动作趋向的意义，大致都有某种去向的含义。

（2）“去2”用在某些动作性较弱，或动作虚化，或由形容词转变来的动词后面，构成“动＋去2”式动趋结构乙类。“去2”在这类格式里没有什么实在的意义，可以认为是一种已经虚化了的趋向动词，但不免带有引申的意义，即隐含事物渐渐地向坏的方面变化。例如。糜去2 mĩ˥ k'u˨˩（糜烂了）｜衰去2 sue˧ k'u˨˩（衰落了）｜败去2 pai˩ k'u˨˩（败落了）｜破去2 p'ua k'u˨˩（破损了，破败了）｜塞去2 sak˩ k'u˨˩（堵住了）｜无去2 bo˥ k'u˨˩（没了，“无”是动词，多指变没，由有变无的意思，读后变连调组。如果“无去2”读成前变连调组 bo˥˩ k'u˨，意思是说“没有去”，“无”变为副词，表示否定“去”）｜ 蔫去2 iaŋ˧ k'u˨˩（不新鲜了）“蔫”字见于《广韵》平声仙韵：“蔫，物不鲜也”於乾切。□去2 saŋ˦ k'u˨˩（变瘦了）“□”字见于《广韵》上声梗韵：“□，瘦□也”，索景切。｜软去2 nŋ˦ k'u˨˩（软化了）｜硬去2 ŋẽ˨˧ k'u˨˩（硬化了）｜孬去2 mõ˦ k'u˨˩（坏了，多指变坏，读后变连调组。如果“孬去2”读成前变连调组 mõ˥˧ k'i˨，“孬”变为副词，表示否定，意思是说“不能去”）。上述“蔫、□、软、硬、孬”等本来都是形容词，在这类格式里，词性起了变化，都转变为动词了。本类所举实例，其词义都指向坏的方面转变，有变质、变味儿、变形、变样儿、变坏等意思。如“破去2”多指物件因磨损等原因，由完好变破损，也指败家、破产。“蔫去2”是指鲜鱼鲜肉等物，因存放不当而变质，由新鲜变不新鲜了。本项乙类，和“动＋去2”式动趋结构甲类的区别在于：乙类里的“去2”，其本义已经虚化，进而转变为引申义，隐含由好变坏这一趋势。

（3）动趋结构就是带趋向补语的动补结构。趋向补语“去2”前面加“会、唔”转化为可能补语。带可能补语的动补结构，是一种组合式动补结构。其肯定式是“动＋会＋去2”，否定式是“动＋唔＋去2”。例如：

肯定式	否定式
咬会去2 ka˨˧ oi˨˧ k'u˨（咬得动）	咬唔去2 ka˨˧ m˨˧ k'u˨（咬不动）
哺会去2 pou˩˧ oi˨˧ k'u˨（嚼得动）	哺唔去2 pou˩˧ m˨˧ k'u˨（嚼不动）
卖会去2 boi˩˧ oi˨˧ k'u˨（卖得出去）	卖唔去2 boi˩˧ m˨˧ k'u˨（卖不出去）
洗会去2 soi˥˧ oi˨˧ k'u˨（洗得掉）	洗唔去2 soi˥˧ m˨˧ k'u˨（洗不掉）
截会去2 tsoiʔ˥˩ oi˨˧ k'u˨（切得断）	截唔去2 tsoiʔ˥˩ m˨˧ k'u˨（切不断）
作会去2 tsoʔ˩˥ oi˨˧ k'u˨（干得了）	作唔去2 tsoʔ˩˥ m˨˧ k'u˨（干不了）
□会去2 ts'o˩˧ oi˨˧ k'u˨（装得下）	□唔去2 ts'o˩˧ m˨˧ k'u˨（装不下）
□会去2 iʔ˥˩ oi˨˧ k'u˨（睡得着）	□唔去2 iʔ˥˩ m˨˧ k'u˨（睡不着）

“睡”的意思，潮州话有四种说法。在这类格式里，四种说法都可以随便换着说。

本项所说补语成分“去2”，个别例子也可以换说“来”。如“作会去2、作唔去2”

可以换说成“作会来、作唔来”，意思一样。所举其他例子，就只限于用“去₂”。本类后置补语成分，只限于用“来”，如：“□会来（说得了，多指口才好），□唔来（说不了，多指口才不好）”。但实例少见。可见，在本类格式里，后置补语成分“来”，远不如“去₂”用得普遍。

（4）在动补结构里，还可以在可能补语“会”和“去₂”、“唔”和“去₂”中间插入“把”pa，构成组合式动补结构的另一类格式。其肯定式是“动词＋会＋把＋去₂”，否定式是“动词＋唔＋把＋去₂”。在肯定可能式里，又可以省略“会”，直接说成“动词＋把＋去₂”。这类动补结构是表示可能性的，可能性多指有无具备某种能力。例如：

肯定式	否定式
买会把去₂ boi ˥˨ oi ˧˩˧ pa ˧˩˥ k'u ˧˩（懂得购物）	买唔把去₂ boi ˥˨ m ˧˩˧ pa ˧˩˥ k'u ˧˩（不懂购物）
□会把去₂ tã ˧˩˥ oi ˧˩˧ pa ˧˩˥ k'u ˧˩（能说会道）	□唔把去₂ tã ˧˩˥ oi ˧˩˧ pa ˧˩˥ k'u ˧˩（不善言谈）
作会把去₂ tsoʔ ˩˥ oi ˧˩˧ pa ˧˩˥ k'u ˧˩（干得了）	作唔把去₂ tsoʔ ˩˥ oi ˧˩˧ pa ˧˩˥ k'u ˧˩（干不了）
读会把去₂ t'al ˥˩ oi ˧˩˧ pa ˧˩˥ k'u ˧˩（看得了）	读唔把去₂ t'al ˥˩ oi ˧˩˧ pa ˧˩˥ k'u ˧˩（看不了）
物会把去₂ muẽ ˥˩ oi ˧˩˧ pa ˧˩˥ k'u ˧˩（弄得了）	物唔把去₂ muẽ ˥˩ oi ˧˩˧ pa ˧˩˥ k'u ˧˩（弄不了）
食会把去₂ tsiaʔ ˥˩ oi ˧˩˧ pa ˧˩˥ k'u ˧˩（懂得吃）	食唔把去₂ tsiaʔ ˥˩ oi ˧˩˧ pa ˧˩˥ k'u ˧˩（不懂怎么吃）

本项所举肯定式，又可以依次说“买把去₂、□把去₂、作把去₂、读把去₂、物把去₂”和“食把去₂”，意思和在可能补语中间加“会”的说法没有什么差别。

（5）带结果补语的动补结构未见否定式，常见的肯定式是，在“去₂”和形容词性的后置结果补语（作谓词）中间，插入“会”oi ˧˩，构成的格式是“动＋去₂＋会＋形”。这类格式都表示人或事物表现出来的状态。例如：

生会₂ 会雅 sẽ ˧ k'u ˧˩ oi ˧˩˧ ŋiã ˥˧（长得漂亮）

生去₂ 会好 sẽ ˧ k'u ˧˩ oi ˧˩˧ ho ˥˧（长得好看）

洗去₂ 会白 soi ˥˨ k'u ˧˩ oi ˧˩˧ peʔ ˥（洗得干净）

刷去₂ 会白 sueʔ ˩˥ k'u ˧˩ oi ˧˩˧ peʔ ˥（刷得干净）

写去₂ 会通 sia ˥˨ k'u ˧˩ oi ˧˩˧ t'oŋ ˧（写得通顺）

画去₂ 会似 hue ˩˧ k'u ˧˩ oi ˧˩˧ siau ˧˩（画得像）

画去₂ 会然 hue ˩˧ k'u ˧˩ oi ˧˩˧ ziaŋ ˥（画得像）

本项所举例子，“去₂”都可以换说“来”lai ˥，构成类似格式“动＋来＋会＋形”，意义一样。但该格式有的说法“来”却不能换说“去₂”。比如可说：“（风）透来会凉”（huaŋ ˧）t'au ˧˩˥ lai ˥ oi ˧˩˧ liaŋ ˥（指风吹来凉快），不能换说“（风）透去₂会凉”。又如“□来会对”tã ˧˩˥ lai ˥ oi ˧˩˧ tui ˧˩（说得对），不说“□去₂会对”。

这类结构也可以不插入“会” oi˧˨，直接构成“动＋去2＋形”，或“动＋来＋形”的格式。但实例不多见。例如：

生去2□sẽ˧ k'u˨ bai˥（长得丑）｜物去2孬 muẽʔ˥˩ k'u˨ mõ˥（弄得不好）｜生来水 sẽ˧lai˥sui˥（长得漂亮）｜教来孬 ka˨˩ lai˥ mõ˥（教得不好）。

(6) 趋向动词“去2”作补语，还用在“D来D去2”（D表示同一个动词）的格式里，“去2”读本调。例如：掀来掀去2 hiaŋ˧ lai˥˩ hiaŋ˧ k'u˨（翻来覆去）｜行来行去2 kiã˥˩ lai˥˩ kiã˥˩ k'u˨（走来走去）｜盘来盘去2puã˥˩ lai˥˩ puã˥˩ k'u˨（搬来搬去，多指搬弄是非）｜捅来捅去2 t'ŋ˥˧ lai˥˩ t'ŋ˥˧ k'u˨（互揭老底）｜往东望去2 mõ˩˧ lai˥˩ mõ˩˧ k'u˨（东张西望）｜诐来诐去2 p'ueʔ˥˩ lai˥˩ p'ueʔ˥˩ k'u˨（东聊西聊）物来物去2 muẽʔ˥˩ lai˥˩ muẽʔ˥˩ k'u˨（东弄西弄）。

(7) 动词“去2”表示去除、除掉的意思，后面带宾语，就对宾语产生处置作用，构成动宾式结构，“去2”都读前变调 k'u˨˥。例如：去2痰 k'u˨˥ t'am˥｜去2火 k'u˨˥ hue˥｜去2暑 k'u˨˥ su˥｜去2湿 k'u˨˥ sip˩｜去2毒 k'u˨˥ tak˥。

“去2火”的“火”是指“火气”，中医指引起发炎、红肿等症状的病因。“去2湿”的“湿”是指中医所说时邪阻滞的病理现象，如湿热、脾湿。

(8) “去2”也可用于婉辞，指人死了。以下多种说法与“死去2” si˥ k'u˨˩同义，都是人死了的意思：老去2了 lau˨ k'u˨˩ au˥˧｜过身去2了 kue˨˥ siŋ˧ k'u˨˩｜百岁去2了 peʔ˩˥ hue˨ k'u˩˨ au˥˧｜成仙去2seŋ˥˩ siaŋ˧ k'u˨˩ au˥˧了。

此外，在“动＋得＋去2”的格式里，如“做得去2” tso˨˥ tik˩˥ k'u˨（会做，能做），在用“到”字联系的述补式（补语不是主谓式）里，如“好到耐唔去2” ho˥˧ kau˨˥ nã i˨˧ m˨˧ k'u˨（好极了），都用“去2”。诸如此类，不胜枚举。显而易见，“去2”的用法要比“去1”广泛得多。

二、“去1”、“去2”的语法功能

这里先举两个句子比较一下：

我去1了 ua˥ k'a˨ au˥˧≠我去2了 ua˥ k'u˨ au˥˧

在这两个句子里，如果动词“去”字右下角不加注数码，书面上文字是一样的，汉字掩盖了方言语音的差别，似乎是同一句话。俗话说：“听话听音儿。”前一句“去1”说［k'a˨］，后一句“去2”说却说成［k'u˨］。前一句和后一句先后一起说，听起来一对比就不一样了，意思也明显不同。实际上这是意义有区别的两句话。前一句的意思是：“我要去了。”后一句的意思是：“我已经去了。”前者末句助词“了”，用在“去1”后面，用于预期的动作，表示将要出现某种情况，“去”的动作即将发生。后者助词

“了”，用在“去₂”后面，表示“去”的动作已经完成。

从说“我去₁了”这句话出现的语境看，大体不外乎有以下两种情况。第一种情况：当某人起身准备离去时，因身旁有亲人或熟人，为了表示不失礼，这是一句对别人提问自发说出来的话。相当于北京话里的“我去了”和“我走了”。第二种情况：可能也是一句回答别人提问的话。有问有答，一问一答。下面举几个相关问答的例子：

如问：“汝欲去₁未?”lu ˥˧ ãi ˨˩˥ k'a ˨˩ bue ˩?（你要去吗?）请注意，当有人这样提问时，暗含问话人也是动词“去₁”的施动者。问句中的俗写体“欲”［ãi］字是训读字，本字“爱”，相当于北京话的“要”。“欲”字有想要、将要的意思，这里借用其字是为了采用其义。

听话者一听到问话，就意识到问话人和自己一样也是施动者，而且问话的口气多少带有点儿催促的意思，同时听话者本身也想快点儿去，随即起身回答说：“我去₁了。”如果听话者想待一会儿再走，就答以“我欲去₁了。”（我要去了），但绝不能回答说：“我去₂了”。

如问：“汝去₂未?”lu ˥˧ k'u ˨˩ bue ˩?（你去了吗?）加入听话者已经去过了，则可回答说：“我去₂了”，但绝不能回答说：“我去₁了。”加入听话者尚未去，就说：“未”，或答以“未去₂”［bue ˩˧ k'u ˨˩］（还没去），也可答：“未□!”［bue ˩ fo ˩!］（还没呢!）

从以上对话可以看出，“去₁”和“去₂”因形态变化产生了一定的语法功能。“去₁”和“去₂”的语音差别，正是传递不同语法功能信息的核心部分。“我去₁了”≠“我去₂了”，作为实例，这是一个把语音层和语法层这两个层面密切连接起来的典型例子。

现在举两组情景对话，再比较一下“去₁”和“去₂”在用法上的区别。

第一例情景：某甲和某乙是老邻居。有一天某甲要上街买菜，走到半路凑巧碰见某乙迎面走来，某乙向某甲打了个招呼，并问：“汝欲去₂地仔?”lu ˥˧ ãi ˨˩˥ k'u ˨˩˥ fi ˧ kiã ˥˧?（你要去哪儿?）某甲面露笑容放慢脚步回答说：“我欲去₁街块”（我上街去）。在问话里，“去₂”不能用“去₁”替换，因为问话者不是施动者，不跟对方一起上街去。在答话里，“去₁”不能用“去₂”替换，因为答话者是施动者，而且多做的事正在进行之中。

上例问话里的“地”字是借用的近音字，“地仔”是“哪儿”的意思。俗写体“仔”字是方言字，本子“囝”。

第二例情景：又有一天，某甲刚上集市买完东西回去，在回家的路上，偶遇街坊某丙，某丙撞见了自然而然会问：“汝去₂地仔来?”lu ˥˧ k'u ˨˩˥ ti ˧ kiã ˥˧˨˩ lai ˥（你去哪儿了?）某甲会回答：“我去₂墟块来”ua ˥˧ k'u ˨˩˥ hu ˧ to ˨˩˥ lai ˥˩（我上集市去了）。无论问答，话语中的“去₂”，都不能用“去₁”替换，因为某丙某甲所问所答，说的都刚才已经做完的事。

从这两组对话说明，句子里哪儿改用“去₁”，哪儿该用“去₂”，都跟语言环境密切相关，并为一定语法规则所制约。

潮阳方言动词“去”，在构形形态上有“去₁”k'a˨˩和“去₂”k'u˨˩之别，其用法和表示的语法意义也不同，而且和“体”、“时”的关系密切。“体”和“时”都是一种语法范畴。“体”是通过一定的语法形式表示动作进行的状态。一般分进行和完成体两种。“时”是通过一定的语法形式表示行为动作进行发生的时间。一般分为现在时、过去时和将来时三种。动词“去”的形态变化和“体”、“时”的关系见表1：

表1　动词“去”的形态变化和“体”、“时”的关系表

去1k'a˨˩	进行体（未然）	现在时	动作正在进行	例①
		将来时	动作就要或将要进行，动词前带表示未来的时间词和助动词“欲”	例②③
				例④
去2k'u˨˩	完成体（已然）	过去时	动作已经完成，动词前带表示过去的时间词，后带时态助词“过、了、过了”	例⑤⑥
	进行体（未然）	现在时	动作正在进行	例⑦

表1中举的七个例子列举如下：

①我去₁车站买票　ua˥˧ k'a˨˩˥ ts'ia˧ tsam˧˩ boi˥˧˧˨ p'io˨˩。

②等下我欲去₁上班　taŋ˥˧ e˩ ua˥˧ ã˨˩˥ k'a˨˩˥ tsiõ˧˩˧ paŋ˧。

③明年我欲去₁北京　mẽ˦ nĩ˥˩ ua˥˧ ãi˨˩˥ k'a˨˩˥ pak˩˥ kiã˧。

④过后年伊欲去₂广州　kue˨˩˥ au˧˩ nĩ˥˩ iŋ˧ ãi˨˩˥ k'u˨˩˥ kŋ tsiu˧。

⑤伊先去₂了　i˧ sãi˧ k'u˨˩˥ au˧˨。

⑥旧年我去₂过上海　ku˩˧ nĩ˥ ua˥˧ k'u˨˩˥ kue˨˩˥ siaŋ˧˩˧ hai˥˧。

⑦伊去₂洗衫间洗衫　i˧ k'u˨˩˥ soi˥˧˧˨ sã˧ kãi˧ soi˥˧˧˨ sã˧。

例④“过后年”是“大后年”的意思。“伊”iŋ˧是方言字，“他们”的意思。

动词“去”的形态变化和问话者是否施动者的关系见表2：

表2　动词“去”的形态变化和问话者是否施动者的关系表

问话例句	问话“去”的读音	问话者是否施动者	答话者的一般回答
汝欲去唔？（你要去吗？）	去1 k'a˨˩	是	肯定：我欲去1（我要去） 否定：我唔去2（我不去）
	去2 k'u˨˩	老派：不是 新派：两可	肯定：我欲去2（我要去） 否定：我唔去2（我不去）

如表2所示，答话者肯定的回答，是用“去$_1$”还是“去$_2$”，一般而言，必须与问话者在问句中是用“去$_1$”还是“去$_2$”相呼应。否定的回答，则都得用“去$_2$”，不能用“去$_1$”。当有人问起类似话题时，只要中心话题涉及“去”这一行为动作，所问有所答，答话是用“去$_1$”或“去$_2$”随问话而定的情况，基本上也是这样。

表2里的问话如用“去$_1$”，隐含问话者也是施动者，如用“去$_2$”，老派隐含问话者不是施动者，新派则不一定。原先老派的用法占绝对优势。后来，随着教育事业的发展、文化的普及、书面语的影响，以及普通话的推广，事业新派说“去$_2$”的意向指问话的人，逐渐多了起来。现在，在日常生活中，为做某事问人去不去时，尤其是中青年人，在对话时使用新派问话的现象，又比以前明显增多。从发展趋势看，将来新派的用法势必会渐渐占优势。

综上所述，“去$_1$”、“去$_2$”语法功能的共同特点是：

（1）除“来来去$_2$去$_2$”个别例子外，不能重叠。

（2）可以单独作谓语。

（3）可以在动词后面作趋向补语，构成动趋式，如“过去$_1$”kue k‘a ˨˩，“过去$_2$”kue ˨ k‘u ˨˩，并可以之作动趋式的后补成分，前面再加动词，构成复合动趋式词组，如“行过去$_1$”kiã ˦ kue ˨˩ k‘a ˨˩、“行过去$_2$”kiã ˥ kue ˨˩ k‘u ˨˩ ，还可将其扩展为短语词，用在语句里作连谓结构的一个组成部分。例如：“汝着过去$_2$睇呾伊来未”lu ˧ tioʔ ˥˩ kue ˨˩ k‘u ˨˩ t‘õi ˧˨ tã ˨˩ i ˧ lai ˥ bue ˩（你得过去看看他来了没有）。

“去$_1$”和“去$_2$”的语法功能有一些区别。“去$_1$”是窄用式，其用法受到一定限制。“去$_1$”特有的语法功能是：

（1）可用于进行体（未然）现在时和将来时，不能用于完成体（已然）过去时。

（2）不能用于“唔（不）、未、未曾”等否定副词后面。

（3）不能带句末助词“过、过了”。

（4）“去$_1$”带句末助词“了”，不是表示动作完成，而是表示催促或劝止，例如“去$_1$了、”去$_1$了、孬再等了”k‘a ˨ au ˨，mõ ˧˨ tsai ˨˥ taŋ ˧ au ˨（走了，走了，不能再等了）。

（5）“ 去$_1$”只用于动态，表明动作的方向，表明从所在地往某个地方去。

（6）在语句里，凡是涉及中心话题是用“去$_1$唔”问话的，问话者准是施动者。

“去$_2$”是广用式，其用法具有多面功能。“去$_2$”特有的语法功能是：

（1）表示完成体（已然）过去时只能用“去$_2$”

（2）后面可带句末助词“过、了、过了”。

（3）构成短语词的能力强，可用于“动＋去$_2$”，甲、乙类，及“动＋会＋去$_2$”、“动＋唔＋去$_2$”，“动＋会＋把＋去$_2$”，“动＋唔＋把＋去$_2$”，“动＋去$_2$＋会＋形”，“D来D去$_2$”等格式里（详见上文第一部分“去$_2$”用法的概述）。另外，还可以用做某些词组（动宾式等）的构词成分。

（4）“去$_2$”既可用于动态，表明动作的方向，也可用于静态，表明人体或事物的内部变化，及处于某种状态。

(5) 在语句里，凡是涉及中心话题是用“去₂唔”问话的，问话者若是老派就隐含不是施动者，若是新派则是否施动者不一定。

总而言之，在潮阳话里，动词“去”是以特有的形态变化（分“去₁”k‘a˩，和“去₂”k‘u˩）来表达“体”、“时”，已然未然，以及问话者是否就是相关的施动者等语法意义的。这是潮阳方言语法结构里的一个鲜明特征，值得进一步研究。

后记：著名语言学家詹伯慧教授博学多才，才思敏捷，平生勤于笔耕，硕果累累，从教诲人不倦，桃李盈门。詹先生是我的学长和好友，其八十华诞和从教五十八周年的庆祝活动即将来临，特为撰稿，以表敬意和祝贺。

参考文献

陆志韦 1965 《汉语的构词法》(修订本)，北京：科学出版社。

吕叔湘 1979 《语法分析问题》，北京：商务印书馆。

吕叔湘主编 1984 《现代汉语八百词》，北京：商务印书馆。

朱德熙 1982 《语法讲义》，北京：商务印书馆。

（中国社会科学院语言研究所研究员）

从语言特点看粤语与其他汉语方言的分歧性和一致性

张振兴　张惠英

摘　要：本文从粤语的几个特点出发，和其他方言进行比较，如粤语莞城话的边音 l－声母读鼻音 ŋ－、粤语近指词“呢”来自“你”以及粤语副词“先”的后置等现象，在其他方言中都有这样那样相似、相近的现象。本文主旨是说我们在看到方言现象分歧的同时，必须注意方言之间的一致性和共通性。

关键词：粤语特点　粤语莞城话　吴语　闽语　方言的分歧性和一致性

粤语主要分布于广东、广西和香港、澳门。但实际上粤语并不只分布于这四个省区，除此之外，还见于海南省等其他地方。全国使用粤语的人数大约 5 958 万人。中国境外的东南亚各地、美洲、大洋洲、欧洲、非洲，很多华侨华裔也使用粤语。国内外使用粤语的人数估计多达 6 800 多万人。

根据粤语内部的差异，又可分为广府、四邑、高阳、吴化、勾漏、邕浔、钦廉七个片。其中四邑、高阳、吴化三片粤语集中分布于广东境内，邕浔、钦廉两片粤语集中分布于广西境内，广府片分布于广东、广西、香港、澳门四地，勾漏片集中分布于广东西部与广西东部。

粤语有它的特点。一般认为最主要的特点是（据伍巍《粤语》）：

（1）古微母字今读双唇音，如“舞”、“文”、“万”、“网”等字今声母一律读［m－］，舞＝母、尾＝美、文＝门、万＝慢。

（2）古溪母开口常用字多有读清喉擦音［h－］的现象；古溪母合口字（多与古晓母合口字合流）今多读［f－］，如广州话：苦＝虎＝府 fu^{35}、宽＝欢 fun^{55}。

（3）长短元音［a］与［ɐ/e］基本成系统对立，如广州话：街 kai^{55} ≠鸡 $kɐi^{55}$，三 $ʃam^{55}$ ≠心 $ʃɐm^{55}$，蛮 man^{21} ≠民 $mɐn^{21}$，彭 $p'aŋ^{21}$ ≠凭 $p'ɐŋ^{21}$。在音值上，a、ɐ 不但有时值长短的区别，也同时有舌位高低的区别。

（4）一般有八至十个声调。平、上、去、入四调均分阴阳，入声调中阴入上下两分，有的阳入也上下两分，所以入声调通常有三个或四个。

我们可以选择几个方面的问题，进一步讨论粤语的特点。方言的特点要从方言的比较中才能看出来。从方言的比较中，我们知道粤语的这些特点，其实并不是绝对的。

首先说一个很有意思的语音现象。

陈晓锦《东莞方言说略》记载东莞莞城粤语声母表没有 l－声母。古来母字读 ŋ－声母。所以“罗先生”读同“鹅先生”（詹伯慧《东莞方言说略》序）。这在汉语方言里古来母的演变中是非常有特色的。这么一来，东莞方言读 ŋ－声母的范围就比一般的方言大，管的字就多。因为东莞古影母很多字今也读 ŋ－声母，跟古来母今读相同了。例如“椏丫鸦哑雅鸭亚，恶，欧殴，握押压扼轭，屋”这些字，东莞都读 ŋ－声母。比较北方的很多方言，古影母“爱”很多读 n－、ŋ－声母，古疑母“熬”就读零声母、n－声母、ŋ－声母了。例如“熬夜、爱人”（据陈章太、李行健《普通话基础方言基本词汇集》3120、2355 页）：

请看北京话开口呼零声母字“熬、爱”在北方话区有些地方的读音：

	熬夜 3120 页	爱人 2355 页
北京	꜁au iɛ꜄	ai꜄ ·ʐən
天津	꜁nau iər꜄	ai꜄ ·ʐən
承德	꜁ŋau ie꜄	ŋai꜄ ·ʐən
唐山	꜁nau iɛ꜄	nai꜄ ·ʐən
保定	꜁nau iɛər꜄	nai꜄ ꜁ʐən
沧州	꜁nau ie꜄	nai꜄ ꜁ʐən
石家庄	꜁ŋau iɛ꜄	ŋai꜄ ꜁ʐən
张家口	꜁ŋau iɛ꜄	ŋɛi꜄ ꜁zəŋ
阳原	꜁ŋau ie꜄	ŋɛi꜄ ꜁ʐə̃
大同	꜁nɐo iɛ꜄	nɛe꜄ ꜁ʐəɣ
忻州	꜁ŋɔ iɛ꜄	ŋæ꜄ ꜁ʐəŋ
离石	꜁ŋou iɛ꜄	ŋɛe꜄ ꜁zaŋ
临汾	꜁ŋau ia꜄	ŋai꜄ ꜁ʐən
临河	꜁ŋau ie꜄	ŋai꜄ ꜁ʐən
集宁	꜁ŋɔ ie꜄	ŋɛi꜄ ꜁zəŋ
呼和浩特	꜁ŋɔ ie꜄	ŋai꜄ ꜁ʐəŋ
二连浩特	꜁ŋɔ ie꜄	ŋɛ꜄ ꜁zəŋ
佳木斯	꜁nau ie꜄	nai꜄ ꜁in
白城	꜁nau ie꜄	nai꜄ ·in
长春	꜁nau ie꜄	ai꜄ ꜁in
锦州	꜁nau iər꜄	nai꜄ ·ʐən

现在再回过头来说说古来母字的读音，也说说今方言边音声母 l－的读音情况。古来母的不规则演变大致有如下几种：

（1）古来母读 l－，古泥母字也读 l－。这就造成古泥母与古来母今读不分，或者叫 n－、l－混同。江淮官话、西南官话等很多方言都有或多或少的反映。粤语、闽语很多方言也是 n－、l－不分的。这个不用多说。

（2）今读 l－声母扩大化。最典型的是湖南益阳一带的湘语方言。陈蒲清《益阳方言的边音声母》（《方言》1981 年第 3 期，209～214 页）指出，益阳方言［l－］声母的来历，大异于我们通常所见的方言。就是说，古全浊“从邪澄崇船禅”等声母的舒声字，在益阳方言里今都读成边音［l－］声母。后来崔振华（1998）再次证实了陈的报道全是事实。下面我们不嫌麻烦，引用崔振华（1998）书里益阳方言［l－］声母与北京话声母比较的字表（76 页）：

l	离拉罗类老路兰龙	s	随松	ʐ	若绕热辱柔然人忍
n	那乃挪内脑怒南农	tʂ	寨赵纣栈丈阵状撞	tɕ	聚贱就尽净静匠
p‘	爬	tʂ‘	茶朝仇缠常陈床唇	tɕ‘	齐囚前泉秦情晴墙
ts	昨罪坐座在皂暂	ʂ	蛇受寿神绳剩鳝上	ɕ	徐袖斜旋旬巡像详
ts‘	才曹蚕藏存曾从丛				

就是说，以上这些字在益阳方言里都读［l－］声母。可见，益阳的［l－］声母对应于北京的 13 个声类，除了［l－］、［n－］跟通常所见方言相同，［p‘－］的“爬”可能另有来历外，其他的对应都是汉语方言里不常见的。根据陈蒲清（1981）的统计，益阳 l－声母来源：古来母（占字表 38.5%）；古泥母开口及少数日母字（占 49.5%）；“定从邪澄崇船禅”古七个全浊声母字（占 49.7%）；剩下还有其他少数零星字。与益阳相邻的桃江、沅江、安化等县的部分地区也或多或少存在类似现象。桃江县的板溪和大栗港一带，甚至连大部分定母字也读边音，例如，题 li^{13}，地 li^{11}，抬 lai^{13}，袋 lai^{11}，桃 lau^{13}，豆 lau^{11}，条 liau^{13}，头 lou^{13}，肚 lou^{11}，谈 lan^{13}，淡 lan^{11}，段 lə̃^{11}，田 liə̃^{13}，垫 liə̃^{11}，同 len^{13}，洞 len^{11}，停 lin^{13}，糖 laŋ^{13}。

（3）语音变化或其他条件引发的今读 l－声母现象，这种现象局限于后字声母的［l－］声化。例如漳平（永福）方言“地”读“tei^{53}”，但“土地公”就说成［t‘ou^{31} li$^{53-22}$koŋ^{24}］。很多方言都有类似的声化现象。不过，最典型的是崇明话。崇明话浊塞音［d］作为后字声母，在［i］韵及［i］介音前，读边音声母［l］。例如：

地 di^{313} ≠ 里 ɦli^{242}　　花地庄稼 = 花里花里边儿 ho^{55} li$^{242-30}$

　　≠ 屡 ʔli^{242}　　一地一直 = 一屡一直 = 一里一里路 ʔiəʔ^{5} li$^{242-30}$

　　　　着地眠睡地铺 = 着里眠睡在最里边 dzɑʔ^{2} li$^{242-33}$ k‘uən$^{33-30}$

钿 die^{24} ≠ 连 ɦlie^{24}　　值钿疼爱 = 直连连着，一连 dzəʔ^{5}lie$^{24-55}$

条 diɔ^{24} ≠ 镣 ɦliɔ^{24}　　铁条 = 铁镣 t‘iəʔ^{5}liɔ$^{24-55}$

蜩 diɔ^{24} ≠ 聊 ɦiɔ^{24}　　紫蜩 = 主聊蝉 tsɿ^{424}liɔ$^{24-55}$

还有，崇明话一些读舌尖塞音、舌尖擦音 t、d、z 声母的字，如“上、着、得、特、大、道”等字，处于词语的非首字位置，就读 l－声母。例如：

上 zã^{242}——lã^{30}（浪）

①“上”在名词后表示位置时：

地上——地浪

身上——身浪

别场上（别处）——别场浪

合宅上（全宅）——合宅浪

心上相（心上、心里）——心浪相

嘴上相（嘴上）——嘴浪相

②“上”在动词或动词结构后表示方面时：

吃上（吃的方面）——吃浪（相）

着上（穿着方面）——着浪（相）

做生活上（干活方面）——做生活浪（相）

③“上”在时间词后表示时间时：

一时头上（一下子、顷刻间）——一时头浪

早上——早浪（相）

中上（中午）——中浪（相）

息上、息息上（时时，不时）——息浪、息息浪

其次讨论几个词语的例子。先看两个词语的比较表：

第一个表是“稻子、稻谷、稻米”三个最常见词语在几种方言里的说法。

	广州	东莞	梅县	福州	厦门	上海	宁波
稻子	禾 uɔ^{42}	vɔ^{21}	vo^{11}	釉 tiu^{353}	tiu^{11}	稻dɔ^{13}	dɔ^{213}
稻谷	谷 kok^{5}	kok^{4}	kuk^{1}	粟 ts‘uoʔ^{13}	ts‘ik^{11}	谷 koʔ^{5}	koʔ^{5}
稻米	米 mɐiˑ^{23}	mɔiˑ^{13}	miˑ^{31}	米 miˑ^{33}	biˑ^{53}	米 miˑ^{23}	miˑ^{213}

釉，《集韵》去声宥韵直佑切：“稻实。”这个比较说明粤语跟客家话是一致的，跟闽语和吴语不一样。最能说明粤语和客家话一致的还有一个联系词“系”，“我是广州人。你是谁？这个是不是你的？”的“是”粤语和客家话都说“系”，几乎没有例外。除了粤语和客家话以外，其他所有方言都说“是”，好像也没有例外。

第二个表是“站立”等几个常用词语在一些方言里的说法。

	站立	没有	吃（饭）	滴（水）	鼻子
广州	徛 k‘ei^{23}	冇 mou^{34}	食 sek^{22}	渧 tɐiˑ^{33}	鼻 peiˑ^{22}
东莞	企 k‘ɐi^{13}	冇 mɔu^{13}	食 sək^{2}	滴 tək^{2}	鼻 pɐiˑ^{32}

（续上表）

	站立	没有	吃（饭）	滴（水）	鼻子
福州	徛 k‘ie^{353}	无 mo^{53}	食 sieʔ^{5}	滴 tɛiʔ^{24}	鼻 p‘ɛi^{323}
厦门	徛 k‘ia^{11}	无 bo^{35}	食 tsiaʔ^{5}	滴 tiʔ^{1}	鼻 p‘ĩ^{11}
梅县	徛 k‘i^{44}	无 mo^{11}	食 sət^{5}		鼻 p‘i^{53}
上海	立 lieʔ^{13}	呒 ɦm^{12}	喫 tɕ‘iəʔ^{5}	渧 ti^{35}	鼻头 bieʔ^{13}
宁波	立 liʔ^{13}	呒 m^{44}	喫 tɕ‘yoʔ^{5}	渧 ti^{44}	鼻头管 bɐʔ^{12}
温州	徛 ge^{24}	冇 nau^{35}	吃 ts‘ɿ^{313}	渧 tei^{42}	鼻头 bei^{212}

徛，《广韵》上声纸韵渠绮切："立也"，古全浊声母上声，广州、东莞、温州读阳上，福州、厦门读阳去，梅县读阴平，都符合常规。粤、港、澳通常都写俗字"企"。

冇，广州、东莞是阳上调，跟赣语南昌话，湘语长沙话的"冒"来历完全相同。福州、厦门、梅县都是阳平调，其共同来历应当是古开口一等豪韵的明母字，就是"毛"。《汉书》有"饥者毛食，寒者毛衣"的说法。吴语内部有分歧。

吃（饭），广州、东莞、福州、厦门、梅县都说"食"，上海、宁波说"吃"。但是我们注意到，粤西很多地方都是说"吃"不说"食"。可以设想，粤语跟闽语一样，原来都是说"食"的，后来受到吴语、湘语、赣语的影响，很多地方改说"吃"了。温州的"吃"实际上也是从"喫"变来的，是为了回避同音字乞丐的"乞"而产生音变的结果。

滴（水），闽语、客家话都说"滴"，表示东西数量少、小，也说"滴"。这个说法见于湘语、赣语，以及几乎整个官话地区。但吴语地区多数地方都说"渧"，这个字见于《集韵》去声霁韵丁计切："泣貌，一曰滴水。"粤语多数人已经说"滴"了，但广州还是有人说"渧"的，《广州方言词典》收录"渧"［tɐi^{33}］，广州口语形容嘴馋垂涎欲滴的样子，有人就说"口水爹爹左旁加三点水渧"［xɐu^{35} tʃø y^{35} t æ^{22} t æ^{35} tɐi^{33}］。它说明粤语跟吴语早期一致性的东西很多。

鼻子的"鼻"，各地表面上看都一样，但实际是不同的。"鼻"字有两个来历：一个是《广韵》去声至韵的"毗至切"，粤语、闽语、客家话都是从这个字来的，有的读阴去，有的读阳去。另一个是入声全浊声母字，即宋闽县人孙奕《示儿编》"以鼻为弼"的说法，吴语上海话、宁波话、温州话，还有长沙话［pi$^{24}_{\supset}$］，南昌话［p‘it$^{11}_{\supseteq}$］，北京话的［$\subseteq$pi^{35}］都是来源于入声的读法。这个读音《广韵》和《集韵》都失收了。

最后再讨论两个语法现象。

（1）第二人称代词"你"表指示。

粤西南高州、化州、信宜一带的粤语方言，用"已、你"作近指和远指。例如（高州、化州据李健提供，信宜据罗康宁《信宜方言志》1987，166 页、167 页，308 页）：

高州话：	己 kɛi（阴上）	这里；这时；这样
	你 nɛi（阴上）	那里
化州话：	己 kɛi（阴上）	这里
	个已	这里；这时
	你 nɛi（阴上）	那里
	那你	那里；那时
信宜话：	己 kei^{35}（阴上）	这里；这会儿，现在
	个已 kɔ^{33} kei^{35}	这里；这会儿
	□nøi^{35}（阴上）	那里；那时候
	□□a^{11} nøi^{35}	那里；那会儿

由于和“你”nei^{23}同属止韵的“里”有 lei^{23}、løi^{23}两读，所以“你”读 nøi^{23}也符合音理。所以远指词读“你”的阳上调也可理解，又有高州话、化州话可比照。

用“你”表示指示，在吴语里也有例子。赵元任《现代吴语的研究》（1998）所记常熟话“恩”、无锡话的指示词“五”（钱乃荣分别记为 ɦŋ^{23}，ʔŋ^{55}）来自“尔”（73页）。这里“尔”就是“你”。我们现在要补充说，崇明话表指示的词尾“你子 ɦn^{242} tsɿ$^{424-30}$（你子点 ɦn^{242} tsɿ$^{424-30}$ tie^{30}、你点 ɦn^{242} tie^{30}、你其 ɦn^{242} ki$^{55-30}$）”，用在名词后，表示“像……那样”。“你子（你点、你子点、你其）”的“你”音 ɦn^{242}，和第二人称代词“你（尔）”同音。例如（《崇明方言研究》188 页）：

小囡像鹁鸪～勾勒你身浪小孩像鹁鸪鸟那样双手挂在你身上。
夷乌子～冲勒场浪他像傻瓜那样站立在院子里。
像哑子～话勿出说话像哑巴那样说不出话。
覅像小囡～只晓得孛相别像小孩那样只知道玩儿。
夷像木头～竖勒个墩像木头那样竖在那里。
小囡像百哥～会话特小孩像八哥鸟那样会说了。

清溪客话也有明证，清溪客话第二人称领属形式、复数形式都和表近指的 gia^{31}同形。张惠英在《广州话近指词“呢”的语源》一文中已作说明。现在补充湘语的例子如下：

陈晖《涟源方言研究》204 页远指词写作“那”：

那$_1$个 n^{55} ko^{55} 那个（稍远）
那$_2$个 n^{55} ko^{55} 那个（更远）
那$_1$滴 n^{55} ti^{55} 那些（所指代事物距离稍远）
那$_2$滴 n^{55} ti^{55} 那些（所指代事物距离稍远）
那$_1$嘎 n^{55} ·kɑ^{42} 那里（稍远）
那$_2$嘎 n^{55} ·kɑ^{42} 那里（更远）

按，n^{55}音同“你”（203 页）。

刘丽华《娄底方言研究》217 页远指词写作“那”：

那滴 $n^{35}ti^{35-5}$ 那些

那 $n^{35}na^{42-1}$ 那里，那儿

按，87 页同音字表还有一个远指的“那”是 n^{13}。这两个 n^{35}、n^{13}和“你” n^{42}声母、韵母相同，声调不同。

彭逢澍《娄底方言的代词》写作“尔”，分中指和远指（152 页）：

中指：尔 n^{42}　尔个 $n^{42}kɤ$　尔喃 $n^{42}na$（处所）尔阵 $n^{42}tʻin$（时间）

尔滴 $n^{42}ti$（数量）

远指：尔$_1$$n^{35}$ 尔$_1$ 个 $n^{35}kɤ$　尔$_1$ 喃 $n^{35}nã$（处所）尔$_1$ 阵 $n^{35}tʻin$（时间）

尔$_1$ 滴 $n^{35}ti$（数量）

按，中指 n^{42}和第二人称“尔”同音（146 页）。

罗昕如、罗小芹《新化方言的代词系统》中指、远指写作“那$_1$、那$_2$”（254 页）：

处所：那$_1$ 落 $n^{21}lɔ^{45}$　那$_2$ 落 $n^{21}lɔ^{45}$

时间：那$_1$ 下唧 $n^{21}ɣa^{33}tɕi$　那$_2$ 下唧 $n^{21}ɣa^{33}tɕi$

方式、程度：　那$_2$ 样 $n^{33}yõ^{45}$

按，中指 n^{21}和第二人称“你”同音（244 页）。罗昕如《新化方言研究》201 页就把这个远指词写作“你$_1$、你$_2$”。

丁加勇《隆回方言代词系统》中指词写作“那” n^{31}，和第二人称“你”同音（217 页）。

（2）广州话里，有一种常见的修饰成分后置的现象。据白宛如（1998）、郑定欧（1997）：

①先［sin^{53}］：也多用在动词之后，表示（做某事）在先，或先（做某事）再说，如：

你行先喇你先走吧！

捞来顶下档先先拿来凑合着用再说。

等一阵先食先等一会儿再吃。

你地坐住先你先坐一会儿，我马上就返来。

②多［$tɔ^{55}$］、少［siu^{35}］：这是两个表示数量的形容词，但经常用在动词后面，作为后置的状语成分。“多”表示经常性的动作，“少”虽然仍然表示数量，但有强调的意

思。如：

细路哥用匙羹食饭多小家伙经常用羹匙吃饭。
我喺呢间戏院睇戏多我经常在那间戏院看戏。
怕晒多两晒会中暑担心再晒晒会中暑。
大家讲少几句大家少说几句。
食少啲烟，身体会好啲少抽一点儿烟，身体会好一些。
喉咙痛就讲少啲野喇喉咙疼就少说点话。

这种修饰成分后置的现象，在广州话的口语中用得很多，很频繁，人们习以为常，以致不太引起注意。有一些广州话的辞书、语法书也忽略不提。可是，我们要知道，这种现象在南方方言里其实也很常见。下面举一些例子。

福建漳平（永福）话是一种闽语方言。相当于北京话的修饰成分“曾经”，永福话说作“有”，这个修饰成分经常后置。如（张振兴母语）：

伊去路街买有物件了他曾经到街上买东西了。
我做有一身红衫裤我曾经做了一套红色的衣服。
我写批叫有人随身带去我写了信曾经叫人随身带去。

浙江金华话是一种吴语方言。相当于北京话表示程度的“很”，金华话说作“猛”[maŋ^{535}]，经常后置于动词和形容词的后面。如（据曹志耘 1997）：

生活做得吃力猛吃力猛（这个）活儿做得很吃力。
个样东西我喜欢猛喜欢猛这一样东西我很喜欢。
打扮得好望猛打扮得很好看。
格碗菜鲜猛个那碗菜很新鲜。

崇明话也是一种吴语方言。相当于北京话“快要、将要”，崇明话说作“快”，也后置于动词、形容词或动词性成分的后面。如（据张惠英母语）：

要落雨快特快要下雨了。
人多来轧杀快特人多得快挤死了。
冷来冻杀快特冷得快冻死了。
日头落山快特太阳快下山了。
衣裳净好快特衣服快洗完了。
夜饭烧熟快晚饭快煮熟了。

长沙话是一种湘语方言。它的动词、形容词的修饰成分很多，也是后置的。如（据鲍厚星等 1998）：

吃一餐饱的饱饱地吃了一餐。

困咖一觉好的好好地睡了一觉。

吃净菜净吃菜；吃光饭光吃饭。

你走头，我走后你先走，我就来。

我看头，你看二，他看末我第一个看，你第二个看，他最后看。

其实，在湘语方言里，类似的情况并不少见。例如，湖南中部的娄底话就说“我讲头，你讲后我先讲，你后讲”，跟长沙话的“我看头，你看二”一样。

绩溪话是一种徽语方言。承赵日新先生告知，相当于北京话的“再、又”，绩溪话说作“添”，也后置于动词、形容词之后，并且经常和“再”前后照应使用。如：

我不曾听清楚，尔再讲遍添我没有听清楚，请你再讲一遍。

过两个月添再去再过两个月再去。

买了两本书，再买支笔添再买一支笔。

来了几个女伢，顶好再来几个男伢添来了几个女孩子，最好再来几个男孩子。

绩溪话相当于广州话的“先”，说作“起”，还有“物”或“物事”表示“只、仅仅”，都处于后置的位置。如：

尔吃嘴茶起你先喝口茶。

尔先走起，我一下就去你先走，我就去。

县子我去了两回物县城我只去了两回。

渠昼饭吃了半碗物他中午只吃了半碗饭。

值得注意的是，这种修饰成分后置的现象，不仅南部的非官话方言如此，一些官话方言也有这一类说法。据苏晓青（1996），属于江淮官话的徐州话有很多后置的成分。如：

你来了又你又来了。

他吃饭来喷他正吃饭来着。

钱都花完了快钱都快花完了。

这孩子不听话老是这孩子老是不听话。

不好吃一点儿一点儿也不好吃。

柳州话属于官话方言的西南官话，在这种方言里跟动词有关的“多、少”也不放在动词前面，而是放在动词后面。如据刘村汉（1996）：

吃多一碗饭，喝少一点酒多吃一碗饭，少喝一点儿酒。
穿多两件衣裳多穿两件衣裳。
拿少两件行李少拿两件行李。
带多几个人去多带几个人去。

从以上的例子来看，就某些修饰成分后置这一点而言，和广州话很相似。

下面再观察一些南方少数民族语言的例子。

龙州土话。广西壮族自治区南宁附近有龙州，现在城里通行西南官话和粤语，但当地原来却通行一种属于台语（Tai Languages）的所谓“龙州土话”。李方桂（1940）有关龙州土话的详细记录，里面有不少动词、形容词或动词性结构的修饰成分后置的例子，随手就可以拿来。例如：

些棵稻青再了啊稻子又青了啊！（50 页）
使我些棵稻再生返再使我的稻子重新再生长。（50 页）
所以对子他呢捱赶下来再所以他的两个孩子又被赶下来了（不能住在天上了）。（66 页）
些地下（天仙称呼世人）你拉屎臭多这些世人拉的屎真臭。（66 页）
现在你呢先不先藏中箩在先现在你呢不管怎样先藏在箩里。（79 页）
（父亲）偷偷看他做什么先（父亲）偷偷地跟在后头看他首先做什么。（95 页）

武鸣壮语。武鸣也在广西壮族自治区，武鸣壮语是壮语的一种方言。李方桂（1953）有关于武鸣壮语的详细记录，也有很多修饰成分后置的例子。例如：

试去家里岳父看岳父次一先想先去岳父家里看一次岳父。（44 页）
等我放东西先等我先放了东西。（45 页）
如果何人德诱群水牛这（回）来呢就给他取先如果谁能把这群水牛赶回来，这回就让他先拿。（46 页）
岳父他拿只马回来呢也没有出屎银任何次岳父他带回那匹马以后，（那匹马）任何一次也没有拉出银子来。（48 页）

靖西壮语。靖西位于广西壮族自治区南部，是壮族居民最集中的地区之一。郑贻青（1996）有关于靖西壮语的详细记录，有很多类似于武鸣壮语的例子。例如：

就去开荒再再开一些荒。（277 页）
又摘得许多花一再又摘了许多花呢。（278 页）
快一点再再快一点儿。（238 页）

你去先，我去后你先去，我后去。（250 页）

许多鸟一飞进顶头来呼呼许多鸟儿呼呼地从头顶飞进来。（278 页）

海南村话。村话是居住在海南岛东方县和昌江县的部分汉族居民所使用的一种语言，与当地的黎语比较接近。符昌忠（1996）有关于海南村话的详细记录，也有修饰成分后置于动词、形容词后面的例子。例如：

（水溪仙）一年到头都没断水，好摘吃很（那条小溪）一年到头流水不断，（水）很好吃。（311 页）

一小会水潭那就变红全部一会儿那水潭里的水全变成红色的了。（312 页）

两群人讲好下地方叉溪仙那等互相两群人约好在仙河叉的地方汇合相等。（313 页）

沿溪仙下去那群……就歇那里等互相沿着仙溪下去的那帮人……就歇脚在那里等候（另一帮同伴）。（314 页）

综上所述，汉语方言之间，乃至汉语方言和少数民族语言之间，其分歧的一面固然很引人注意，而其一致的一面同样值得重视和探讨。

参考文献

白宛如　1998　《广州方言词典》，南京：江苏教育出版社。

鲍厚星等　1998　《长沙方言词典》（重印本），南京：江苏教育出版社。

曹志耘　1997　《金华方言词典》，南京：江苏教育出版社。

陈蒲清　1981　《益阳方言的边音声母》，《方言》第 3 期。

陈　晖　1999　《涟源方言研究》，长沙：湖南教育出版社。

陈晓锦　1993　《东莞方言说略》，广州：广东人民出版社。

崔振华　1998　《益阳方言研究》，长沙：湖南教育出版社。

陈章太、李行健　1996　《普通话基础方言基本词汇集》，北京：语文出版社。

丁加勇　2000　《隆回方言代词系统》，载伍云姬主编《湖南方言的代词》，长沙：湖南师范大学出版社。

符昌忠　1996　《海南村话》，广州：华南理工大学出版社。

李方桂　1940　《龙州土语》（国立中央研究院历史语言研究所单刊甲种之十六），北京：商务印书馆。

李方桂　1953　《武鸣壮语》，北京：中国科学院出版社。

刘村汉　1996　《柳州方言词典》，南京：江苏教育出版社。

刘丽华　2001　《娄底方言研究》，长沙：中南大学出版社。

罗康宁　1987　《信宜方言志》，广州：中山大学出版社。

罗昕如　1998　《新化方言研究》，长沙：湖南教育出版社。

罗昕如、罗小芹　2000　《新化方言的代词系统》，载伍云姬主编《湖南方言的代词》，长沙：湖南师范大学出版社。

彭逢澍　2000　《娄底方言的代词》，载伍云姬主编《湖南方言的代词》，长沙：湖南师范大学出版社。

钱乃荣 1992 《当代吴语研究》，上海：上海教育出版社。
苏晓青 1996 《徐州方言词典》，南京：江苏教育出版社。
伍 巍 2007 《粤语》，《方言》第2期。
许宝华、陶 寰 1997 《上海方言词典》，南京：江苏教育出版社。
张惠英 2001 《汉语方言代词研究》，北京：语文出版社。
——— 2009 《崇明方言研究》，北京：社会科学出版社。
赵元任 1956 《现代吴语的研究》，北京：科学出版社。
赵元任 1956 《中山方言》，北京：科学出版社。
郑定欧 1997 《香港粤语词典》，南京：江苏教育出版社。
郑 伟 2010 《论北部吴语与闽语的历史联系——几个词汇上的证据》，《中国语言学报》第1期。
郑贻青 1996 《靖西壮语研究》，北京：中国社会科学院民族研究所。
周长楫 1998 《厦门方言词典》，南京：江苏教育出版社。

（中国社会科学院语言研究所研究员）

天津话单字音声调的统计分析

石 锋 王 萍

摘 要：本文以46位天津发音人的语料为基础，对天津方言的单字调进行了大样本的声学实验和统计分析。研究内容包括：天津话四个声调主体分布的统计分析，并且在此基础上确定了每个声调的稳态段和动态段；天津话四个声调的偏分布统计分析，即每个声调全部统计数据分布的偏离情况，它在很大程度上能够预示未来声调变化的方向。

关键词：天津话 单字调 声学实验 统计分析 偏分布

一、天津话单字音研究概述

天津距离北京只有一百二十公里，天津话跟北京话有着不同的方言色彩，其特征之一就是声调的不同表现。对于天津话声调的研究，最早可以追溯到20世纪20年代，赵元任（1922）用七弦琴对天津话的四个单字调作了描写。而后对天津话进行研究的学者有李世瑜（1956：24～27）、侯精一等（1956：51）、李行健、刘思训（1985：76～80）、谭馥（1986：447～450）、石锋（1987：53～65）、Matthew Chen（1987）、王嘉龄（2002：363～371）等。综合各家对于天津话单字调的调值和描写，可以归纳如下：

阴平 11/21/31/LL	阳平 45/55/HH
上声 13/24/214/213/LH	去声 54/53/HL

本文是考察天津话单字音声调的统计特性。我们对46位天津发音人的样品进行了声学实验和统计分析。其中主要是对于天津话四个声调主体分布的统计分析，并且在此基础上确定了每个声调的稳态段和动态段。另外还作出了天津话四个声调的偏分布统计分析，即每个声调全部统计数据分布的偏离情况，进而考察不同的调型在声调格局中分布的共同规律和声调变化的总体趋势。

二、声学实验和统计分析的基本步骤和程序

1. 发音样品的选择和制作

我们在46位天津话发音人的录音中各挑选出阴平、阳平、上声、去声四个声调4组字音作为实验样本。发音样本中没有选择声母是鼻音、边音和零声母的字。Howie（1976）曾分析声调覆盖的范围，认为以浊辅音和半元音开头的音节中，声调曲线跟其他音节的声调曲线存在着有规律的差别。前者有弯头，而后者没有。前者的弯头只是预期

性的调节段，弯头后面才是声调的调型段。因此，声调的范围不是音节中全部的带音部分，而限于元音和它后面带音的部分，也即，声调由韵母表现。石锋（1987：53～65）对天津话声调的分析中也得出相同的结论。

每个发音人四个声调各有4组发音，即每个声调为184个取样。我们共得到46×4×4=736个有效样品。发音字表的具体情况请参看本文附录。46位发音人按照年龄、性别、家庭语言背景作出分组的分布情况可参见下面的统计图：

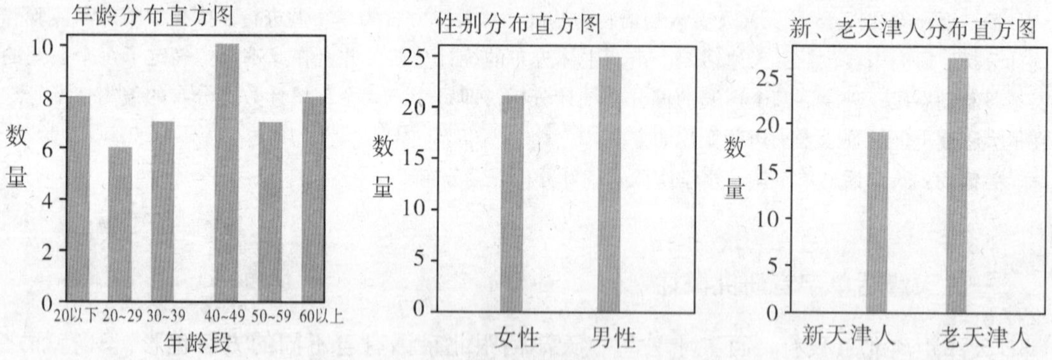

图1　发音人背景分布图

图1表现出样本发音人各年龄段的比例和性别比例都大体平衡。家庭语言背景的分布中，老天津人比新天津人多一些。这里的新、老天津人的判断标准是参照胡明扬先生在界定新老北京人时的意见，即看发音人的父母双方是否为本地人。老天津人就是父母双方为天津人，本人在天津长大；新天津人则是父母双方或一方不是天津人，而本人在天津长大。

2. 语音数据的提取和统计

我们以南开大学开发的计算机语音分析系统“桌上语音工作室”为实验工具，分别对每位发音人的语音样品进行声学分析。语音分析软件自动提取每一条声调曲线中的9个测量点的频率值，同一组样品在同一测量点上的测量数据进行平均计算。这样便于不同的声调在时长上进行归一，当然，如果有短促入声的情况还可以单独处理。

我们的声调分析全部采用相对归一的T值计算（石锋1986：66～83）。这样的数据处理可以有效地剔除性别、年龄等外部因素带来的差异，进而使不同的实验结果之间具有最大程度的可比性。我们以单一发音人的数据为依据进行声调T值的计算，公式如下：

$$T=\{[\lg x-\lg(\min)]/\lg[(\max)-\lg(\min)]\}\times 5 \quad (1)$$

其中x为任一测量点上经过统计整理的平均频率值，不是单个样品的测量值。这样得出的T值就是x点的五度值参考标度。

我们以SPSS10.0为统计工具，对每位发音人的T值数据继续进行总体的统计分析。

统计整理的过程中利用茎叶图法剔除了个别的离群值，从而保证了数据的整体客观性。

三、语音样本的主体分布统计分析

我们经过声学实验和统计分析，得出 46 位发音人全部声调的 T 值数据。每个声调有 9 个测量点，4 个声调就有 36 个测量点，每个测量点上都有 46 个 T 值数据，共计有 $4\times9\times46=1\,656$ 个 T 值数据。然后分别将每个测量点的 46 个 T 值数据输入统计软件，计算出这个测量点上全部数据的平均值、标准差、偏离参数（N_1/M）。最后，根据结果作出统计图表。

统计图表的横坐标是依照时长归一的原则依次等距离标出的 9 个点，纵坐标则是跟五度值相对应的从 0 到 5 的 T 值标度。我们经过测算得到的每一个 T 值数据都可以在坐标图中依次找到对应的一个点，属于同一个声调的 9 个点就能够确定这个声调的调型曲线。

声调样本主体统计分析的方法如下：用平均值加减标准差来得到每个声调的主体分布空间。标准差是最重要的统计数据之一。它表示一组数据对于平均值 x 的集中程度。用这种方法得出的分布空间可以排除一些偶然的个别因素，从而概括出反映普遍性的声调的主体分布表现。（见图 2）

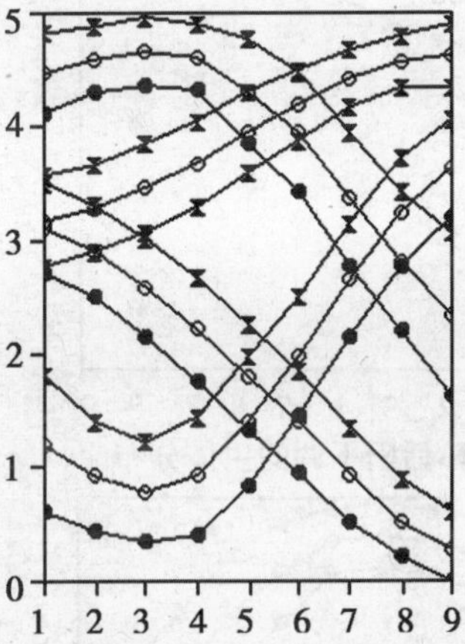

图 2　天津话四个声调主体分布总图

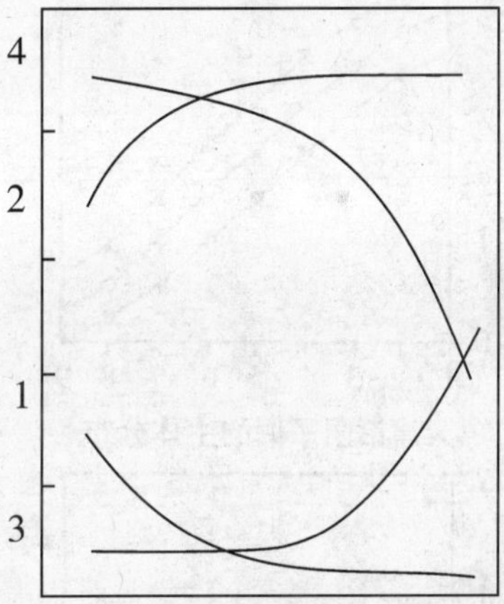

图 3　天津话单字音声调格局图（据石锋 1987）

图 2 中每个声调的声学空间都由均匀分布的三条曲线组成。其中，位于中间的曲线是 9 个点的平均值；上方和下方的曲线分别由平均值加减标准差而得到。图中每个声调的音长数据都进行了归一化。图 2 可以清楚地表现每一个声调的音高分布情况。每个声调的调型曲线可以分为调头（前 1/3）、调干（中间 1/3）和调尾（后 1/3）。将每个声调各段的标准差进行比较，我们就能够确定出它的稳态段和动态段，即标准差较小的为稳态段，反之为动态段。

图 3 是石锋（1987）对天津话单字音声调分析计算作出的示意图形（两位男性发音人，48 个取样）。图 3 和图 2 的统计结果的总体分布趋势是一致的，即天津话的单字调格局是以

"调域中线为轴"两两对称的最佳区分状态。天津话的调域是以阳平的终点为最高点，阴平的终点为最低点确定的。下面我们分别来考察四个声调的主体分布图。(见图4)

1. 阴平调

阴平调位于调域的下半部，是一个低降的调型。起点的平均 *T* 值最高，为3.12；终点最小，为0.29。对应为五度值31。阴平调的数据分布状态：起点的标准差为0.40，第五点的标准差升至最大，为0.47，以后各点逐渐降低，终点的标准差最低，为0.33。稳态段在调尾，动态段在调头。

2. 阳平调

阳平调是位于调域上部的高升/高平调。起点的平均 *T* 值最低，为3.18；终点最高，*T* 值为4.63。对应为五度值45。阳平调的数据分布状态：起点标准差最大，为0.40。以后各点逐渐减低，第八点标准差最小，为0.23，终点标准差为0.28。调头是动态段，调尾是稳态段。

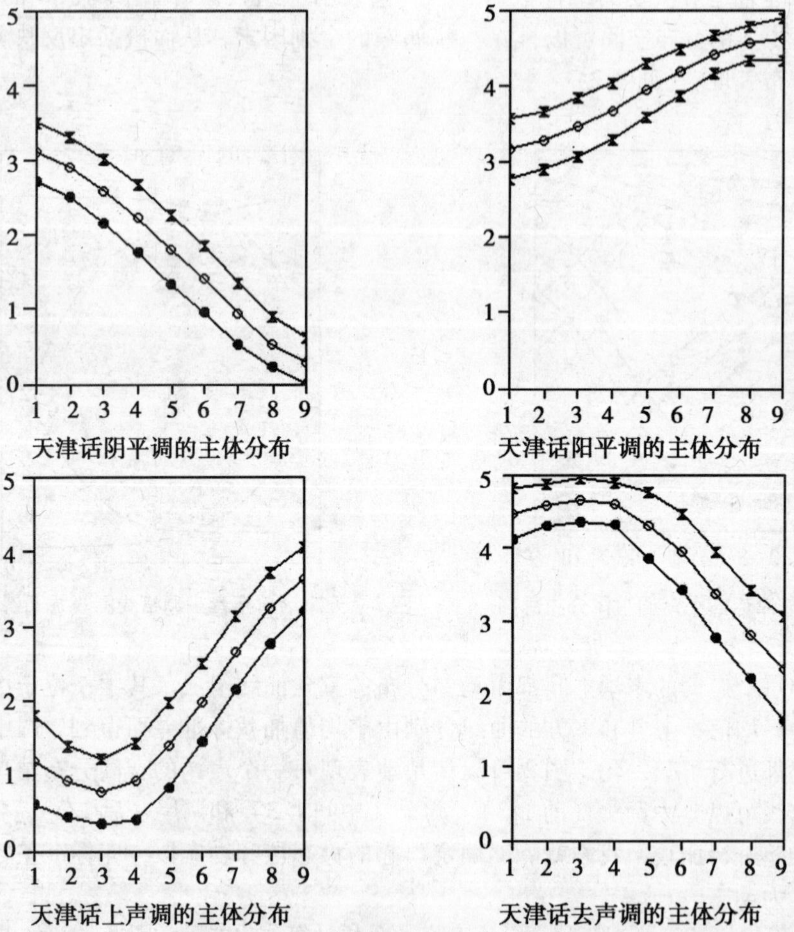

图4　天津话四个声调主体分布分图

3. 上声调

上声调是主要位于调域下半部分的低升调，起始处有“凹”特征。起点的平均 *T* 值为1.20；音高最小的是第三个点，*T* 值为0.79；终点的 *T* 值最高，为3.64。对应为五度值24。阳平调的数据分布状态：起点标准差最大，为0.62。以后各点逐渐减低，折点为0.44，终点标准差最小，为0.43。稳态段在调尾，动态段在调头。

阳平调起始段的“凹”形表现是声带发音的生理机制自然造成的，“凹”、“凸”应该作为声调表现的一种重要特征给予重视。（石锋 1987：63）这一点和北京话阳平调的表现是一致的。

4. 去声调

去声调是高降调，从调域顶部到中部，调头具有“凸”特征。起点最高，*T* 值为4.48；终点最低，*T* 值为2.35。对应为五度值53。去声调的数据分布状态：起点标准差为0.35；第三点的标准差最小，为0.27；以后各点逐渐增高，终点标准差最大，为0.72。调头是稳态段，调尾是动态段。

从四个声调各段测量点的数据分布状态来看，阳平的高升调跟去声的高降调形成对比：阳平是调头较分散，调尾较集中；去声的高降调则相反，是调头较集中，调尾较分散。低降的阴平跟低升的上声也恰成对应：二者都是调头较分散，调尾较集中。

由此确定的稳态段是阴平的调尾，阳平的调尾，上声的调尾和去声的调头；动态段是阴平的调头，阳平的调头，上声的调头和去声的调尾。

四、天津话声调、北京话声调、苏州话声调的对比分析

我们把本文天津话的统计分析情况和北京话（石锋、王萍 2006：33～40）、苏州话（石锋、贝先明 2006）单字音声调的统计分析结果进行综合比较，可以大体总结出几点带有规律性的表现：

1. 调型和调层分别对于声调稳态段、动态段的分布起着重要影响

声调调型一般可以分为平调、降调、升调和曲折调四种。声调调层大致可以分为高、中、低三层。在降调中，高降调的稳态段多在调头，突现“高”的特征，如天津话和北京话的去声，苏州话的上声；低降调的稳态段多在调尾，突出“低”的特征，如天津话的阴平和苏州话的阳去。在升调中，则是不论高升调还是低升调，稳态段都是多在调尾，如高升调有天津话的阳平和北京话的阳平，低升调有天津话的上声和苏州话的阳平，都是如此。

2. 调型和调层两因素共同制约着声调“凹”、“凸”特征的分布

高降调多表现出“凸”的特征，如天津话和北京话的去声。低升调多表现出“凹”的特征，如天津话的上声和苏州话的阳平。

声调的“凹”、“凸”特征应该与曲折调相区别。曲折调折点的位置一般多是位于调干部分；而声调的“凹”、“凸”特征多是在调头或调尾的表现。二者在感知上也是不同的。比较典型的就是关于北京话阳平和上声的声调感知问题。一些关于普通话阳平和上声区分的感知实验（Gandour 1978：41－76；Blicher，Diehl，and Cohen 1990：37－49；

Shen and Lin 1991：145－156；Shen，Lin and Yan 1993：2241－2243；Moore and Jongman 1997：1864－1877）证明：转折点（turning point）的位置和基频下降部分的时长是区分北京话阳平和上声的两个重要的声学音征。并且，折点越靠前的声调越容易感知为“升调”，折点越靠后的声调越容易感知为“曲折调”，这也就说明阳平的“凹”形由于时长很短，基本上是不影响听辨感知的。

五、语音样本的偏分布

（一）数据偏分布算法

人们通常假设一般样本的数据都是正态分布。因此，通常是在平均值上下各加减一个标准差的距离作为数据分布的主体范围。标准正态分布是对称性的，即中位数跟平均数是重合的。然而实际上二者却常常是分开的。也就是数据的分布呈非对称性，即出现不同程度的偏离现象。对于这种偏离程度和偏离方向的量化描述在语言学研究中往往是十分重要的。

为了对这种数据偏离现象进行量化描述，我们考虑了一种简单的计算方法。

设：N_1为小于平均值的数据个数；N_2为大于平均值的数据个数；D_1为N_1跟平均值之间的平均距离；D_2为N_2跟平均值之间的平均距离。M为样本数据总数。得到

$$N_1 \times D_1 = N_2 \times D_2$$
$$N_1 : N_2 = D_2 : D_1$$
$$(N_1/M) : (N_2/M) = D_2 : D_1 \qquad (1)$$

即N_1与D_1成反比关系。N_2与D_2成反比关系。

我们把（N_1/M）作为计算大于平均值的数据分布的偏离参数。把（N_2/M）作为小于平均值的数据分布的偏离参数。就有

$$N_1/M + N_2/M = 1 \quad N_2/M = 1 - N_1/M \qquad (2)$$

偏离参数（N_1/M）为0.5表明数据是平均分布；（N_1/M）大于0.5表明数据分布偏向平均值下方；（N_1/M）小于0.5表明数据偏向平均值上方。再设：S为标准差。就有

$$(N_1/M) \times 2S \qquad (3)$$

得到的是数值大于平均值的数据在主体分布中的距离位置。

$$(N_2/M) \times 2S \qquad (4)$$

得到的是数值小于平均值的数据在主体分布中的距离位置。

这种偏离参数算法也可以从统计学的“中位数”和“平均值”的比较中得到验证。本文将这种算法应用于天津话单字音声调的统计分析中，考察每个声调主体分布范围内数据分布的偏离情况。

（二）语音样本的偏分布

本文中每个声调曲线有9个测量点，每点上有46个T值数据，并不一定都是标准的正态分布，一般会有不同程度的偏离现象。对于偏离程度和偏离方向的量化描述在语言学的研究中是很重要的。在图4的基础上，我们分别计算出每个声调测量点上所有数据中大于平均值的偏离参数N_1/M（以下简称偏离参数），据此，得到了天津话四个声调偏分布统计图。图中间的曲线为平均值，平均值上方的是偏离参数（N_1/M）$\times 2S$的曲线；平均值下方的是（N_2/M）$\times 2S$的曲线。（见图5）

通过统计学中“中位数”和“平均值”的比较也可以得到和偏离参数一致的结果。我们以阴平调的终点为例来说明：终点的样本总数为46，那么它的中位数有两个（No. 23和No. 24），No. 23 = 0.20，No. 24 = 0.20，平均值 = 0.29，平均值大于两个中位数，这就说明，在阴平调终点的位置上，一半以上的数据小于平均值，那么数据主要集中在小于平均值的区域，即分布区域中靠近下方的位置。

1. 阴平调

阴平调9个点的偏离参数（N_1/M）依次分别为：$a_1 = 0.59$、$a_2 = 0.61$、$a_3 = 0.54$、$a_4 = 0.61$、$a_5 = 0.67$、$a_6 = 0.57$、$a_7 = 0.63$、$a_8 = 0.72$、$a_9 = 0.81$；都是大于0.5。我们就可以知道：调型曲线所有点的数据都朝向平均值下方集中分布。这种偏分布方式有可能反映低降调的共同分布趋势。

2. 阳平调

阳平调9个点的偏离参数（N_1/M）依次分别为：$b_1 = 0.46$、$b_2 = 0.37$、$b_3 = 0.43$、$b_4 = 0.48$、$b_5 = 0.46$、$b_6 = 0.46$、$b_7 = 0.50$、$b_8 = 0.30$、$b_9 = 0.43$；多是小于0.5。由此来看，调型曲线各点的数据多是朝向平均值上方集中分布（只有第7点的数据是平均分布的）。这种偏分布方式可能反映高升调的共同分布趋势。

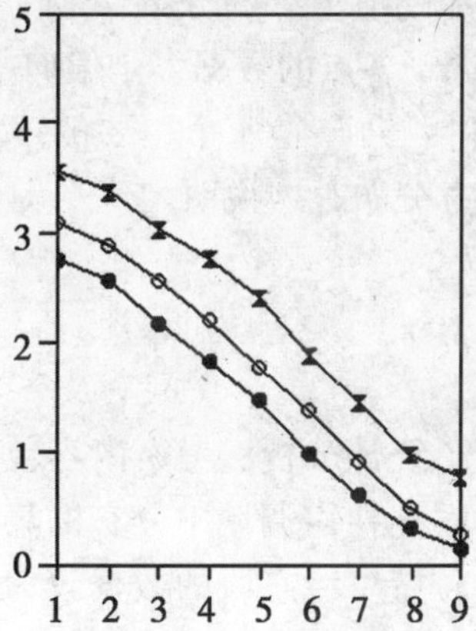

天津话阴平调的偏分布

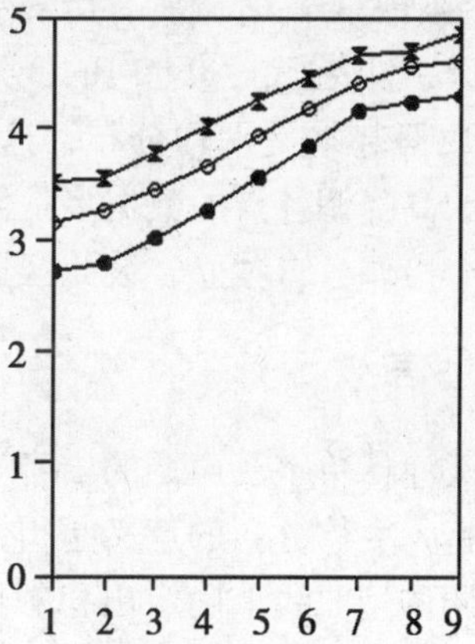

天津话阳平调的偏分布

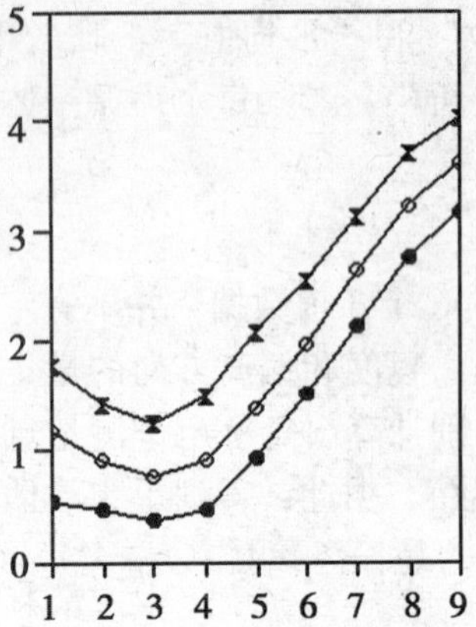

天津话上声调的偏分布

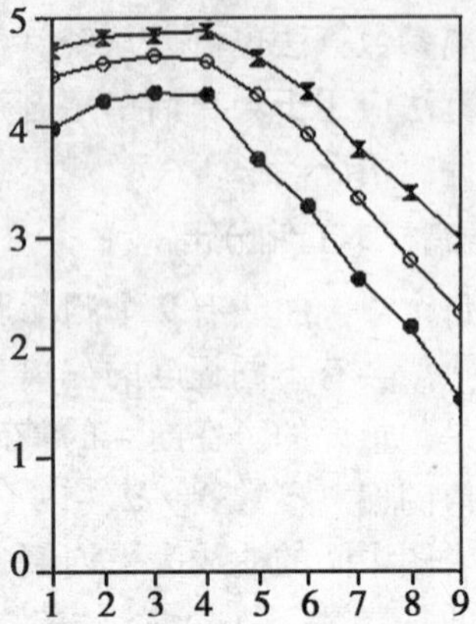

天津话去声调的偏分布

图5　天津话四个声调偏分布统计分图

3. 上声调

上声调9个点的偏离参数（N_1/M）依次分别为：$c_1=0.48$、$c_2=0.54$、$c_3=0.54$、$c_4=0.57$、$c_5=0.61$、$c_6=0.57$、$c_7=0.50$、$c_8=0.5$、$c_9=0.48$；多是大于0.5。可以推知，声调调头和调干各点的数据多是偏向平均值下方分布；调尾的数据基本是平均分布。这有可能是反映低升调的分布趋势。

4. 去声调

去声调9个点的偏离参数（N_1/M）依次分别为：$d_1=0.35$、$d_2=0.41$、$d_3=0.37$、$d_4=0.48$、$d_5=0.37$、$d_6=0.37$、$d_7=0.39$、$d_8=0.50$、$d_9=0.46$；多是小于0.5。也就是说，调型曲线各点的数据基本上都偏向平均值上方分布。这可能反映高降调的共同分布趋势。

通过图5每个声调中大于平均值的数据分布的偏离参数（N_1/M）的表现，我们看到：①阴平的低降调各点的数据都偏向平均值下方分布，这说明“低”是主要的声调区别性特征。②阳平的高升调所有点的数据多是偏向平均值上方的分布，这说明“高”是主要的声调区别性特征。③上声的低升调的调头和调干各点的数据多是偏向平均值下方，调尾部分的数据基本是平均分布；这说明“低”和“升”是两个主要的声调区别性特征。④去声的高降调各点的数据多是偏向平均值上方分布，这说明“高”是声调的区别性特征。四个声调各自独立，彼此区别，相互对立。

六、结　语

本文对天津话单字音声调的语音实验数据进行了统计分析，考察内容包括主体分布和偏分布分析。主体分布的意义是得出各个声调的数据在声调域中分布的集中程度，从而在每个声调调型曲线上确定出稳态段和动态段的位置。稳态段的数据较为集中，更多地承载着声调的调位信息，与其他调位相区分时发挥主要作用，因而它的稳定程度就高，变化的可能性就小；动态段的数据较为分散，承载的调位信息少，与其他调位相区分时发挥相对次要作用，所以它的稳定程度就低，变化的可能性就大。（石锋、王萍 2006：33～40）声调的特征点位于稳态段。这有助于我们对声调共性、声调比较、声调变化的研究以及声调教学的实践。

天津话声调的稳态段是阴平、阳平、上声的调尾和去声的调头；动态段是阴平、阳平、上声的调头和去声的调尾。阳平的高升调跟去声的高降调形成对比；低降的阴平跟低升的上声也恰成对应。两两相对，成为最佳分布模式。这也使各声调的数据统计分布具有典型性。

通过偏离参数进行声调偏分布的统计分析，在语音实验分析中很有意义。

天津话阴平的低降调各点的数据都偏向“低”分布，阳平的高升调所有点的数据多是偏向“高”分布，上声的低升调的调头和调干各点的数据多是“低”分布，去声的高降调各点的数据多是偏向“高”分布。这反映出声调数据分布的偏离方向和出现偏离的位置，具有一定的规律性。如果有更多的研究资料，可能会得出声调数据偏离的共性表现。

偏分布分析的意义有三点：①数据偏离的方向多是朝向突出、强化声调区别特征的方向，形成更为明确的调位对立；②数据偏离就是发音偏离，偏离方向在一定程度上反映生理发音的习惯和规律；③声调数据偏离的方向、偏离位置和偏离程度都可以定量考察，这会在声调的共时变化和历时变化的分析中，给我们预示声调变化的趋势。另外，我们还可以把主体分布跟偏分布结合起来考察。

调型和调层是构成声调音高表现的基本因素。这可以从本文涉及的两个问题来看。

一是调型和调层对于声调稳态段和动态段的分布有重要作用。在降调中，高降调的稳态段多在调头，低降调的稳态段多为调尾。在升调中，则是不论高升调还是低升调，稳态段都是多在调尾。在这里，“高低”是调层因素，“升降”是调型因素，缺一不可。

二是调型和调层共同制约声调“凹”、“凸”特征的出现。高降调多表现出“凸”的特征。低升调多表现出“凹”的特征。同样，“高低”是调层因素，“升降”是调型因素。

许多学者对于汉语普通话的研究（Dreher and Lee 1966；Wang 1967：629－636；Howie 1976；Chuang，Hiki，Sone and Nimura 1972：297－300；Moore and Jongman 1997：1864－1877）都表明 F0 的高度（height）和 F0 的曲拱（contour）是确定普通话声调的主要声学参数。若从音位学的角度而言，前者就是调层，后者就是调型。

Johanna G. Barry，Peter J. Blamey，Lois F. A. Martin（2002：101－113）曾经对母语为粤语的儿童进行了声调区分实验，大范围测量分析的结果表明：儿童感知区分声调最重要的声学特征是“音高高度”（调层）和“音高方向”（调型）。

参考文献

侯精一、巴桑、周殿福　1956　《对〈说天津话的人怎样学习普通话〉一文的意见》，《中国语文》第10期。

李世瑜　1956　《说天津话的人怎样学习普通话》，《中国语文》第4期。

李行健、刘思训　1985　《天津方言的连读变调》，《中国语文》第1期。

石　锋　1987　《天津方言单字音声调分析》，《语言研究论丛》第4辑，另见：石锋、廖荣蓉《语音学探微》，北京：北京大学出版社。

石　锋　1986　《天津方言双字组声调分析》，《语言研究》第1辑，见石锋、廖荣蓉《语音学探微》，北京：北京大学出版社。

石　锋、王　萍　2006　《北京话单字音声调的统计分析》，《中国语文》第1期。

谭　馥　1986　《也谈天津方言的连读变调》，《中国语文》第6期。

王嘉龄　2002　《优选论和天津话的连读变调及轻声》，《中国语文》第4期。

赵元任　1922　《中国言语字调底实验研究法》，《科学》第9期，另见：赵元任《语言学论文集》，北京：商务印书馆，2002。

Gandour. "The Perception of Tone", in *Tone: A Linguistics Survey V. A. Fromkin*, New York: Academic Press, 1978.

Blicher, D. L., Diehl, R., Cohen, L. B. Effects of syllable duration on the perception of the Mandarin Tone 2/Tone3 distinction: evidence of auditory enhancement, *Journal of Phonetics*, 18, 1990.

Shen, X., Lin, M., Yan, J. F0 turning point as an F0 cue to tonal contrast: A case study of Mandarin tones 2 and 3, *Journal of the Acoustical Society of America*, 93, 1993.

Matthew Y. Chen, Symposium on Tianjin tone sandhi: introductory remarks, *Journal of Chinese Linguistics*, 15 (2), 1987: 203～227.

Moore, C. B., Jongman, A. Speaker normalization in the perception of Mandarin Chinese tones, *Journal of the Acoustical Society of America*, 102, 1997.

Dreher, J., Lee, P. C., Instrumental investigation of single and paired Mandarin tonemes, *Research Communication* 13, Douglas Advanced Research Laboratories, 1966.

Wang, W. S－Y., Li, K－P. Tone 3 in Pekinese, *Journal of Speech and Hearing Research*, 10, 1967.

Howie, John M., *Acoustical Studies of Mandarin Vowels and Tones*, New York: Cambridge University Press, 1976.

Chuang, C. K., Hiki, S., Sone, T., Nimura, T., The acoustical features and perceptual cues of the four tones of Standard Colloquial Chinese, Proceedings of the Seventh International Congress on Acoustics (Adadémial Kiado, Budapest), 1972.

Moore, C. B., Jongman, A., Speaker normalization in the perception of Mandarin Chinese tones, *Journal of the Acoustical Society of America*, 102, 1997.

Johanna G. Barry, Peter J. Blamey, Lois F. A. Martin, *A Multidimensional Scaling Analysis of Tone Discrimi Nation Ability in Cantonese－speaking Children Using A Cochlear Implant*, 2002, Clinical.

（南开大学教授）

詹著评介

大家小书　形小义大

——《语文杂记》读后

邢福义

暨南大学出版社组织出版一套通俗性应用性语言文字丛书，名为“大家小书”，请詹伯慧教授担任主编。伯慧兄带头先走一步，于2010年7月推出《语文杂记》一书。一收到出版社寄来的这部《语文杂记》，我立即阅读起来，不由自主地一篇篇阅读下去。最后，得出了一个结论：“大家小书，形小义大。”意思是：“大家”笔下的“小书”，形体小而意义巨大。

我国语言学界，存在有“大家”写“小书”的优良传统。现代语言学家中，就有两位巨擘令人无比敬佩和永远怀念。一位是龙虫并雕的王力先生。王先生将自己的书屋命名为“龙虫并雕斋”，他在这书屋里既“雕龙”也“雕虫”，既写学术大著也写通俗小书，比如既写《汉语史稿》，也写《诗词格律十讲》。他的书可厚可薄，他的文章可长可短，取决于写作目的和对象特点，所举的例子恰当而巧妙。1983年3月中国语言学会第二届年会在合肥举行，一个傍晚有机会跟周祖谟先生一起聊天。我说：“王力先生讨论汉语词类问题的复杂性，讲过一个小故事。从前有个学生作文滥用‘而’字，老师给了他这么个批语：‘当而而不而，不当而而而，而今而后，已而已而。’这里的‘而’涉及多少种词性？很有趣，很能吸引读者。”周先生说：“我就是佩服王力先生。根据实际需要，同样的内容，你让他写4万字，他就写4万字，你要他改写成4 000字，他就能给你4 000字！”另一位是高举“务实”大旗的吕叔湘先生。吕先生早年就写出《中国文法要略》，后来，一直到90多岁，都没有中断过发表学术论著；此外，他又不停地向社会、向大众奉献通俗性成果。像《语文常谈》这样的小书，学术含量既高，可读性又特别强，几乎篇篇可以选入课本，供小学、中学或大学生们学习。江蓝生教授写过一篇《人民的语言学家》，文章指出：语言学界同仁普遍认为，吕先生又是一位龙虫并雕的巨匠。吕先生的成就在于：他是理论家，他的理论建树使他成为汉语语法学科的带头人；同时，他又是实践家，他的实践使语言研究对全社会作出了贡献。蔡文兰教授写过一篇《访吕叔湘先生谈语言研究及语言应用》，对吕先生的心里什么时候都装着读者感叹不已。吕先生用十分朴素的语言，对她说过这样的话：“我写文章总是想到有一位读者坐在我的旁边看我写。我写文章总爱改来改去，主要就是为了能让读者更容易懂。”

然而，当前的某些情况，很难让人乐观。社会风气，牵制着学术的走向；功利追求，侵袭着学术的纯净。书的厚度越来越大，竭力膨胀，因为，要是本子小了，参加学术性的评奖就会吃亏；文章的篇幅越来越长，狠劲注水，因为，学术刊物不愿意发表短文，如果文章短了，转载率就会减少，刊物的“影响因子”就会下降，刊物的“核心”名号就会动摇。这么发展下去，浮躁的学风必然加剧，对“后来人”的如何培养必然会引起有识之士的关注。暨南大学出版社决定出版一套关于语言文字的“大家小书”丛书，具有矫风针对性，是参加到做特大好事的行列里来了。

读完伯慧教授的《语文杂记》，有以下几点特别突出的感觉：

一、爱我中华的情怀

在《普通话和方言》中，作者写道：一个发达的国家，一个先进的民族，不能没有一种全社会共同使用的通用交际语。这是人同此心、心同此理的事。海峡两岸都是龙的传人，在这一点上，自然是有共识的。国语也好，普通话也好，说到底，它是代表全球炎黄子孙的通用语言，既存在于海峡两岸同胞之间，也通行于全球各地华人社区之间，更被确认为联合国六大工作语言之一。在我国全国语言运用的总格局中，由普通话唱“主角”而让各地方言，特别是像粤语这样的“强势方言”发挥“配角”的作用，无疑是当今我国社会语言应用中不可逆转的走向。在《跟进语文发展，善待语文资源》中，作者写道：我们国家有56个说着不同语言的民族，汉族还存在着各种色彩缤纷的汉语方言，这些自然都属于语言资源。所以说，应该在“地大物博，人口众多”后边再加上“语言丰富”这几个字，这是完全符合实际、毫不夸张的。语言资源如此丰富，我们一要大力开采，二要善于对待，使丰富多彩的语言和方言，都能在我们的经济腾飞和社会发展中充分发挥作用。作者的论说使人感到，这部“小书”里贯穿着一条可以为全球华人所认同的红线，这就是：“爱我中华！”

二、辩证开明的思路

在《普通话和方言》中，作者写道：实际上，普通话也是在一种方言——北方方言的基础上发展起来的，只不过作为“老大”，它既在方言之中，又在方言之上罢了。能正确理解普通话和方言之间的这种关系，也就会明白它们并非“对头冤家”，而是可以并存并用、相互补充的。在《简体字和繁体字》中，作者写道：当前我们完全可以让繁体字和简体字并存下去，在全球华人世界的汉字应用中来一个和谐共处，繁简由之。同时，我们也要提倡相互适应、相互补充。用惯简体字的人有空学学自己生疏的繁体字，争取“识繁用简”；而用惯繁体字的人也不妨抽点时间认识已经简化了的简体汉字，做到“识简用繁”。这样一来，繁体与简体的争议自然就会偃旗息鼓了。在《浅谈粤语正音》中，作者写道：语言文字是约定俗成的产物，这是语言学最基本的道理，适用于任何一种语言，也包括地方方言。我们在厘定现代粤语正音上的态度，正是充分尊重“约定俗成”原则的体现。当前出现在香港的有关粤语正音问题的争论，实际上就牵涉是否在重视历史继承性的同时，也认真贯彻“从今从众”原则的问题。在《语言应用的规范化和多元化》中，作者写道：在厘定语言规范时，有必要多做调查研究，多观察语言发展的趋势，遇到分歧的现象，不妨多保留一点儿宽容度，等一等、瞧一瞧，别忙于下结论。我是赞成“规范中有所灵活”的说法的。作者的论说使人感到，这部“小书”里又贯穿着一条做好学问的思路，这就是：辩证地、开明地处理和解决问题，避免思想的死板僵化。

三、融会贯通的学养

在《中国古代的字书（上）》中，作者评介《尔雅》和《方言》；在《中国古代的字书（下）》中，作者评介《说文解字》、《玉篇》和《广韵》。只要具有高小文化水平的读者，读完这两篇评介，都能获得鲜明的认识：《尔雅》是中国古代第一部解释字义的字典，是传统训诂学研究最早的重要典籍，并且是世界辞书史上最早的一部字典。《方言》不但是我国第一部方言字书，也是世界上第一部方言比较词汇集，虽然只有一万字左右，却能为汉语史的研究提供许多重要的资料，对后人探讨汉代方言与通语的异同、了解古音和古义等都发挥了重要的作用。《说文解字》是文字学方面的开山之作，与《尔雅》、《方言》都具有“世界之最”的美誉；《玉篇》的出现，使我国古代的字书在注音和释义方面都有了明显的突破；《广韵》是中国现存最为完整的一部韵书，虽是音韵词典，因其保存了大量古代的词语，可说既是古代韵书，也是古代词书。作者的述说使人感到，五部跟我们距离遥远的古代字书，一下子变得影像清晰了起来。之所以能够如此，是因为作者的有关学识已经达到了融会贯通的境界，进入了“自由王国”。我们可以由此得到启示：读书不能不求甚解。

四、虚怀若谷的风范

在《杂议香港的社区词——兼评〈香港的社区词词典〉》中，作者写道：这是一个崭新的概念，是一种紧扣现代社会脉搏、与现代人们生活密不可分的语言现象。它突破了长期形成的汉语词汇结构的格局，给汉语词汇的研究注入了新的内容。社区词的出现是词汇紧随社会发展而发展的具体体现。这些植根于社区居民，反映社区政治、经济、文化生活的词语，显然跟一般植根于方言地区，反映地域性特征的方言词语是不能完全等同的。最先提出“社区词”概念并加以理论阐述的是香港学者田小琳教授。她在1991年就正式提出“社区词”的概念，接连写了多篇论文。她潜心编纂《香港社区词词典》，经过多年努力，在国庆60周年前夕由商务印书馆（北京）出版问世。应该感谢田教授，她为香港粤语词汇的研究和应用做了一件有突破性意义的好事。作者的这些描述，让人好像看到了一幅水墨画，画面上既描绘了情景风貌，又凸现了核心人物。这表明，作者对别的学者在学术上的新发现抑制不住兴奋的心情，对别的专家能够提出推动学科发展的新概念而由衷地生发了敬意。这是一种虚怀若谷的大家风范。

五、通俗活泼的文笔

在《简体字和繁体字》中，作者写道：一个初进小学的儿童，打开课本第一课是

“開學了”这三个字，该有多少笔画？现在改为“开学了”，又该省去多少笔画？孰难孰易，不是很明显吗？在《少当语言警察　多做语言导游》中，作者写道：千万不能令人感到语言规范必然会束缚语言运用的多彩多姿，引发语言使用者对语言规范产生抵触情绪。我曾在一篇文章里有感而言：“少当语言警察，多做语言导游。”在《“约定俗成”解》中，作者写道：“约定俗成”威力巨大，它制约着众多的语言现象，这些“约”从何而来？这些“俗”又如何产生？这就得从语言使用者的社会历史背景、地方风土习俗、民族心理状态等语言以外的因素去揣摩了。在《琐议网络语言》中，作者写道：语言始终是交际工具，网上交流的特点是迅速、快捷而又生动活泼，在网上交际的人群以年轻人为主体，他们在网上相互交际时所用的话，只要彼此能够听得懂，没有隔阂就行了。如果能够加上一点儿调侃的味道，网上聊起来就会越发来神、越发有趣，既长知识又能娱乐，让生活丰富多彩，何乐而不为呢？作者通俗而活泼的文笔，把深奥的道理化成了浅近易懂的话语，能吸引读者津津有味地往下看，从而接受其论断。

诚然，这样的“小书”，可以让读者受到多方面的启迪。

令人高兴的是，“大家小书”的理念和思路，“大家小书”的优良传统的弘扬，近来已经一再引起较为广泛的关注。《中华读书报》2008 年 5 月 28 日，曾以“大学者写小书　大道理通俗化”为正标题，对重庆出版集团出版的《理论新视野丛书》在上海首发作了报道；《光明日报 》2010 年 10 月 21 日，再次以“大学者写小书　大道理通俗化”为正标题，对教育部就此命题在复旦大学召开的经验交流会作了报道。看来，此项举措有可能蔚然成风，热浪迭现。至于各个出版社的具体做法，比方如何组织队伍，如何圈定丛书的范围，如何写作，可能会有所不同。这需要探索，探索的结果，可能百花齐放，各具特色。前几年袁行霈先生主编的“大家小书”由北京出版社陆续出版，全套四辑，每辑十本，涉及文学、历史、佛教、语言文字等方面。暨南大学委托伯慧兄主编的丛书，圈定在语言文字的范围之内，具有明显的专题性。我相信，不管怎么做，都必定会大大推进各门学科的良性发展，有利于社会的昌明，有利于后代智力的开拓。

“莫教春秋佳日过，最难风雨故人来。”这是伯慧兄最爱写的一副对子，反映了他极重友情的特点。我和伯慧兄相识于 20 世纪 50 年代末期，至今已有 50 多年，是名副其实的老友知交。1999 年，在他执教 45 周年的时候，我写过一篇《一位可以不设防的朋友》的文章。一转眼，十二个年头又过去了，伯慧兄年已 80。在热烈庆祝他的八十华诞之际，我想还是用那篇回忆性文章的最后一句话，作为这篇札记性文章的结尾：

我在长江之边桂子山之上，遥祝他永远那么英姿勃发，那么“潇洒没商量”！

2011 年 1 月 9 日

（华中师范大学语言与语言教育研究中心教授）

读《广东粤方言概要》

崔淑慧　刘新中

摘　要：詹伯慧先生主编的《广东粤方言概要》是历史上第一部比较全面反映广东省内（旁及港澳地区）粤方言概貌的著作，从面上反映了广东粤方言的整体特点。本文对《广东粤方言概要》的主要内容作了大致介绍，并对其内容上的两大特色“全面”、“细致”进行了分析。

关键词：粤语　广东　概要　特色

一

詹伯慧先生主编，由方小燕、甘于恩、丘学强、汤翠兰、王建设、钟奇参加编撰的《广东粤方言概要》（以下简称《概要》）由暨南大学出版社于2002年7月出版，这是继《珠江三角洲方言调查报告》（三卷）、《粤北十县市粤方言调查报告》和《粤西十县市粤方言调查报告》之后，对广东粤方言进行大规模成片成区调查的又一重大成果，也是作者对粤语研究的又一大贡献。

《概要》全书共七章。第一章“导论”对广东粤方言的地理分布、广东粤方言的形成和发展，以及广东粤方言的分片作了简要叙述。第二章“广东粤方言的代表——广州方言”以较大篇幅对向来被公认为粤方言代表的广州方言做了全面的描写，包括对广州话语音、词汇和语法的论述以及成段成篇广州话口语语料的例举。第三章“广东粤方言的一致性和差异性”先从语音、词汇、语法以及方言用字等方面概括出全省粤方言的一些共同点，然后再分片分地一一阐述省内各地粤语的特点及其与粤方言代表广州话的差异，与周边其他方言的关系等等。这一部分是《概要》最引人注目的章节，也是“概要”最具学术性的内容。第四章“广东粤方言特点示意图”选取广东粤方言比较有典型性的语音、词汇和语法条目绘制成66幅方言地图，形象、直观地反映了某些语言特征在省内各粤语区的异同和分布情况。第五章“广东粤方言代表点字音对照表”、第六章“广东粤方言代表点词汇对照表”分别列表对照了全省各粤语区十个代表地点的常用字音和常用语词。第七章“广东粤方言的研究”详细论述了20世纪80年代以前及近20年来粤方言研究的概况及今后发展的路向。此外，书的最后还以附录的方式附上一份收录到本世纪初（发稿前）为止，包括1 445篇（部）方言著述的《广东粤方言研究文献选录》，为今后的粤方言研究提供了方便。总的来说，《概要》结构完整、内容丰富，既立足于内容的广度，又注意了分析的深度，可以说“全面”和“细致”构成了本书的两大特色。

二

纵览《概要》全书内容，反映出作者对广东粤方言的论述做到了既“全面”又“细致”。这里先谈谈“全面”。“全面”是指《概要》立足于广东粤方言这个全局，对广东粤方言做了迄今为止最为全面的调查研究，从面上基本反映了广东粤方言的整体特点，是历史上第一部比较全面反映广东省内（旁及港澳地区）粤方言概貌的著作。说到《概要》的全面，不能不说说詹伯慧先生主编《概要》的背景。众所周知，粤方言是汉语方言中的“强势方言”，在海内外有很大的影响。对广东粤方言的研究源远流长，从萌芽阶段算起，有文献记载的至少有两百年以上的历史。然而，直到20世纪80年代前夕，有关粤语研究的著作，研究范围基本上都离不开广州、香港两大城市及其邻近珠江三角洲的少数县（市），如中山、东莞、台山等。詹伯慧先生极其重视对广东粤方言进行全面深入的调查研究，从80年代中期开始，他把方言研究重点集中到对广东粤方言进行大面积成片成区调查研究上来，为此他开展了一系列的实践工作。从1986年到1995年期间连续十载和香港著名语言学家张日昇教授合作，联袂主持了广东省珠江三角洲、广东省北江流域和广东省西江流域共约50个县（市）粤方言的田野调查工作，先后组织起一批粤港两地的青年粤语学者（包括研究生）进行了大规模的田野调查，这几次规模较大的调查都被列为广东省社会科学“七五”、“八五”规划的重点研究课题。在汇集大量田野调查资料后，陆续编写出《珠江三角洲方言调查报告》（三卷，1987、1988、1990）、《粤北十县市粤方言调查报告》（1994）和《粤西十县市粤方言调查报告》（1998）共约500万字的成果，突破了此前粤方言研究老是在小范围内打转的局面，为全面揭示广东粤方言面貌奠定了基础。正是由于以詹伯慧先生、张日昇先生为首的课题组在前十年的粤方言调查中取得了大量的成果，汇集了大量的语料，才有可能对来自省内各地的粤方言资料进行爬梳剔抉、补充审定，以至归纳综合，进而概括出广东粤方言的基本轮廓来。《概要》正是以系列前期研究成果为依托，广泛参考此前有关粤方言研究的文献，对广东全省的粤方言进行了综合性的描写和研究，对多年来广东粤方言的调查研究工作作了一个初步的总结，把广东粤方言的研究推上了一个新的台阶。由于这一研究课题在广东方言研究史上具有突破性的意义，在1996年开始的广东社会科学“九五”规划中，被列为重点项目，成果问世后，又于近期被评为广东省哲学社会科学“九五”规划优秀成果奖。由此可见，《概要》成书的背景就为其内容的“全面”奠定了坚实的基础。

《概要》成书前期的大量田野调查工作和系列研究成果只是为《概要》内容的“全面”打下了良好的基础，但是要真正做到“全面”，还必须将这一宗旨和目标贯彻到书中的每一章节中去。前面我们大致介绍了书的主要内容，我们看到，全书从内容安排上也正是从始至终贯彻和体现着这一宗旨和目标，始终立足于对广东粤方言进行全面的综合性描写和研究。下面我们就从书的具体内容来谈谈全书是怎样贯彻和体现这一宗旨和目标的。在这里我们重点谈谈书的第三章“广东粤方言的一致性和差异性”和第七章“广东粤方言的研究”的有关内容。

先看第三章。正如前面所说，第三章是全书最引人注目的章节，也是全书最具学术性的内容。在第三章里，作者先从语音、词汇、语法以及方言用字等方面概括出全省粤方言的一些共同点，然后再分片分地一一阐述省内各地粤语的特点及其与粤方言代表广州话的差异，与周边其他方言的关系等等，可谓细致周详。这里要特别指出的是，作者在讨论广东粤方言的一致性与差异性的时候，除了按照广东粤方言分片的情况一一介绍各片的特点及内部差异外，还特别根据广东方言的实际情况，单独对片内某些有特点的方言加以集中介绍分析。如第四节“北江流域粤语的特点”、第五节“西江流域粤语的特点”、第九节“两阳粤语的特点”、第十节“港澳粤语的特点”等。北江流域的粤语和西江流域的粤语是粤海片（广府片）粤语中比较有特色的两支，于是《概要》在对粤海片粤语进行介绍后，又单列两节分别对北江流域的粤语和西江流域的粤语作了重点介绍。两阳粤语的情况同此。港澳的情况又有所不同。将港澳粤语的特点单列一节，一方面固然是由于港澳粤语在语音、词汇、语法方面有一些不同于广州粤语的特点，另一方面也是由港澳特殊的社会历史背景，以及粤语在港澳社会生活中特别重要的社会地位所决定的。由此可见，《概要》在对具体问题的处理上，不单单考虑到了语言的因素，也考虑到语言以外的各种因素，考虑可谓周全。第三章里体现《概要》“全面”特点的另一个重要表现是，在每一节里还特别注意探讨了各片粤语与周边方言的关系，将之作为每一节的一个重要问题来探讨。我们知道，广东省是一个多方言区，境内方言复杂，除了以广州话为代表的粤语外，还分布着大大小小的客家话区、闽语区，并且很多地方是客粤、闽粤双方言区。这样，粤语或是与客家话区、闽语区接壤，或是与客家话区、闽语区交错分布，在这种情况下，粤语和客家话、粤语和闽语互相影响、互相渗透的现象比较普遍。《概要》非常重视这类现象，在讨论各片的特点时，都将其与周边方言的关系单独作为一个重要问题来探讨，显示出对广东境内各种方言的全面关注和把握。

再看第七章。《概要》第七章谈的是广东粤方言的研究。从全书来看，前六章的内容已经相当充实，相当完满了，但是《概要》并未就此打住，而是在第七章对广东粤方言两百多年的研究历程作了回顾性的总结，尤其是对近二十年来的研究作了详细的归纳，还对广东粤方言的研究作了展望，指出粤语研究今后发展的路向。《概要》提出：“今后需要一方面继续扩大粤语的调查面，更广泛地收集粤语材料，为更全面、更深入的粤语研究创造更坚实的基础；另一方面也要大力开展粤语的比较研究工作，认真思考粤语与周边方言的关系，尤其是粤闽、粤客的关系，更应该进行积极的探讨。”这无疑对今后粤语的研究极具指导意义。在书的最后，作者还将一份收录到本世纪初（发稿前）为止，包括1 445篇（部）方言著述的《广东粤方言研究文献选录》附在书后，这样就给读者和粤语研究者们提供了重要的资料线索，使他们获得了很大的便利，也使谈广东粤方言研究的第七章更为完满，使全书的内容更加全面完整。

三

《概要》在内容上的另一个特点是“细致”。在细致方面，《概要》也做了许多卓有成效的工作。首先，把近五十个方言点的语言材料进行梳理，还尽可能地利用前人的研究成果，从而归纳、整理出反映粤语整体面貌的语言条目来，就不得不下一番细致的工夫。《概要》先是将各方言点的语言材料进行细致的甄别，归纳出每个方言点在语音、词汇、语法方面的特点，然后进一步归纳出粤语各片方言在语音、词汇、语法方面的一致性和差异性，还和广东粤方言的代表广州话进行比较，从而最后归纳、整理出整个广东粤方言在语音、词汇、语法方面的共同特点。在书中我们有时看到的只是十几个方言代表点的材料，但是在这十几个代表点的背后，是几十个点的材料，没有细致、认真、踏实的工作作风，是不可能办到的。

其次，我们具体从方言地图的绘制方面来看看他们是如何做的。《概要》共绘制了66幅方言地图，其中广东粤方言分布示意图1幅（第1图），粤方言特点分布图65幅。在粤方言特点分布图中，包括语音特征图24幅（第2~25图），词汇和语法特征图41幅（第26~66图）。《概要》的作者们对地图所本材料采取认真对待、细心甄别的态度，对于存疑的语料，他们宁肯花时间核实、延缓完成时间，也不愿匆忙落笔、应付了事，结果发现了原始材料一些不确之处，经过重新调查后采用了最新的材料，保证了方言地图的科学性和严肃性。例如，四邑方言人称代词的复数形式普遍采用内部屈折（变韵或变调）的方式，但他们在绘制第56图（我——我们）时，却发现恩平话的第一人称复数为“我喊齐”［$ŋua^{31}ham^{33}ts'ai^{22}$］，是词尾标志，和其他地方不同，值得怀疑。经多番核实才弄清，原来是原调查者将包括式的说法（我们大家）误为复数形式，而真正的单复数对应是“我”［$ŋua^{31}$］和“我”［$ŋua^{21}$］，方言地图据此作了纠正。这说明，《概要》方言地图的绘制者在处理方言地图与原材料的关系时，并不是处在完全被动的位置上，当发现问题时，只要证据确凿，他们就主动予以更正，以确保方言地图的可靠性。

最后，我们再举一个小小的例子来说明《概要》的作者们在编撰这本书时考虑是多么细致。在书的最后，有“广东粤方言概要字音对照表索引”和“广东粤方言概要词汇对照表索引”，主要是对书的第五章“广东粤方言代表点字音对照表”、第六章“广东粤方言代表点词汇对照表”的补充，以方便读者查阅。这两个索引，《概要》不仅附了音序索引，还附了笔画索引，工作可谓做得细致。

除了“全面”、“细致”外，《概要》在其他方面，如体例的安排方面、图表的绘制方面，以及印刷装帧等方面，还有不少优点，本文不再一一赘述。这些无疑也都反映了《概要》的质量，所以，此书一出版就受到学界的极大关注，获评为广东省哲学社会科学“九五”规划优秀成果，自然也就实至名归了。

参考文献

詹伯慧　2001　《关于〈广东粤方言概要〉的编撰》，《中国语文通讯》第57期。
詹伯慧、张日昇　1987　《珠江三角洲方言字音对照》，广州：广东人民出版社。
詹伯慧、张日昇　1988　《珠江三角洲方言词汇对照》，广州：广东人民出版社。
詹伯慧、张日昇　1990　《珠江三角洲方言综述》，广州：广东人民出版社。
詹伯慧、张日昇　1994　《粤北十县市粤方言调查报告》，广州：暨南大学出版社。

詹伯慧、张日昇　1998　《粤西十县市粤方言调查报告》，广州：暨南大学出版社。
甘于恩　2003　《〈广东粤方言概要〉地图绘制的理论收获与不足》，《中国语文通讯》第65期，香港。

（原文发表于《学术研究》2003年第11期）

（崔淑慧：华南理工大学国际教育学院副院长；刘新中：暨南大学中文系、汉语方言研究中心副主任）

方言与语言应用研究的力作

——评《漫步语坛的第三个脚印》

王红梅

摘　要：本文对《漫步语坛的第三个脚印》中所体现出的学术研究视野、研究方法等作了总结、归纳，并作简单评价，旨在呈现詹伯慧先生的治学态度、方法，以及其在方言研究方面的贡献。

关键词：粤方言　应用　规范

随着汉语方言研究的逐步深入，方言学已经成了一门备受瞩目的学科，方言学界涌现出了大批致力于方言研究的学者，詹伯慧先生就是这些孜孜不倦的学者之一。从方言学刚起步到今天的发展壮大，几十年如一日，他辛勤地耕耘着，为汉语方言的发展壮大作出了不可磨灭的贡献，这一点有目共睹。詹先生著述宏富，专著、主编、参编的著作共有30多部，公开发表的文章达300多篇。这部《漫步语坛的第三个脚印》是先生近期的一部论文集（2003年4月出版）。他用脚印来比喻自己在语言方面的成果，这个“第三”并不是他的第三部著作，而是他的第三本论文集。第一本论文集是《汉语方言文集》，主要收录他“文革”前的文章；第二本论文集是《语言与方言论集》，收录的主要是他在80年代的文章；这本论文集收录的主要是90年代后的作品。这三个脚印标志着詹先生在不同阶段的学术成果，也是他严谨、勤恳、踏实的治学态度的印证。

一、语言背景与研究视野

詹先生自幼生活在书香门第之家，深受传统文化的熏陶，使他拥有了较好的文笔、缜密的思维和流畅的表达能力。他的家庭可以说是各种方言的汇集站，父亲讲客家话，母亲讲潮汕话，上学讲粤语，先生除熟练地掌握这三种方言外，还会讲武汉话。在他小学的时候，就随父母来到粤北，进入说粤语的小学，后来上高中又在广州，因而粤语是他的长项，也是他比较关注的方言；他在大学读的是中山大学语言学系，师从王力先生等语言大家。毕业不久又去北大进修，跟随袁家骅先生攻读汉语方言学，在北京两年的学习和方言调查实践，不仅打下牢固的专业基础，还练就了一口流利的普通话。詹先生曾在武汉工作三十年，又学会了地道的西南官话。说他是一部方言大百科全书一点儿也不过分。再加上他的语言学基础以及对语言的浓厚兴趣，使得他的研究内容不拘一格、视野开阔。本书的文章涉及面很广，有方言方面的，有语言规范方面的，有普通话推广与方言关系方面的，还有词典编撰方面的。詹先生能自如地从多角度、多侧面对方言以及方言与共同语的各种关系进行研究，这和詹先生多方言的语言背景密不可分。

粤方言在南方方言中无论是面上调查整理的广度还是研究的深度，与其他方言相比都是比较充分的，这与詹先生的辛勤耕耘是分不开的。粤方言一直是詹先生研究的重点，取得的成果也十分丰厚。1960 年出版的《汉语方言概要》中，粤语部分是由先生执笔的；80 年代又出版了与张日昇先生共同主编的《珠江三角洲方言调查报告》；90 年代又有两部新的调查报告问世（一部是《粤北十县市粤方言调查报告》，另一部是《粤西十县市粤方言调查报告》）；在小范围研究的基础上，2002 年全面研究粤方言的著作《广东粤方言概要》应运而生。收入《漫步语坛的第三个脚印》的《粤北十县（市）白话的语音特点》、《粤西十县（市）粤方言的语音特点》、《广东粤方言的共同特点述略》、《关于〈粤方言概要〉的编撰》等几篇文章就是在前面调查研究基础上综合性的概括和总结，是詹先生在方言研究上由点到面、由基础调查到综合研究循序渐进的学术研究方法的印证，也是他在治学道路上一步一个脚印踏踏实实地向前迈进，在学术研究方面逐步深入的连续性的体现。詹先生还从宏观视角对“粤语的归属”、“粤语的地位”、“粤语的规范”提出独到的见解，并进一步指出粤方言可进一步深入研究的关键。在《粤语研究的回顾与展望》一文中，他指出粤语今后的研究应在继续加强调查的基础上，从社会语言学、应用语言学方面对“粤语的应用情况进行调查，把粤语应用的研究放到语言多元化的社会环境中来考虑”。

詹先生对闽方言的研究状况也十分关注。这本论文集收入五篇相关论文，主要从宏观着眼，对闽方言的研究现状进行评述，并指出研究中尚存的不足之处，一是“地区不平衡和内容不平衡的问题”；二是研究队伍整体实力很强，却“各自为战”，对宏观问题、全局性问题关注不够。针对这些不足，他还指出今后研究的几个方向，为闽方言的进一步深入发展注入新的活力。

二、敏锐透视与宏观把握

在方言的研究方面，詹先生十分关注方言的研究情况，先后写了很有影响力的《四十年来汉语方言研究的回顾》、《二十年来汉语方言研究述评》和《〈方言〉二十年述评》。这些文章对 20 世纪 50 年代以后的方言研究情况作了概括和总结。詹先生对汉语方言在几十年中所取得的成绩给予充分的肯定，主要表现在：①汉语方言的研究虽始于西汉扬雄的《方言》，但真正运用现代语言学的知识和科学的方法对方言展开调查始于 20 世纪 20 年代，至 20 世纪 90 年代近七十年的时间中，汉语方言经历了“从‘冷门’到‘热门’”、“从‘普查’到全面深入研究”、“从单点研究到成片研究”、“从词典的编撰到方言地图的绘制”的逐步深入的发展过程。②在 1979 年后，方言研究的发展更是突飞猛进。大批的学术团体和学术机构纷纷组建，这既推进了方言研究的发展，又促进了学术上的交流。③《方言》杂志的创办和学术会议的举行，为越来越多的方言研究者提供了学术讨论的专用园地，并能在某种程度上起到调控方言研究的发展方向的作用。方言词汇和语法研究是方言研究的薄弱环节，《方言》编辑部就利用《方言》这块阵地进行调控，并取得了良好的效果。在纵观方言研究的成就与发展不足的基础上，先生在《二十一世纪汉语方言研究展望》中指出方言研究今后的发展方向。詹先生在方言研究方面基础好、起步早，是半个世纪以来汉语方言发展的见证人。无论是对方言发展历史的回顾还是对未来发展趋势的展望，他的高屋建瓴都能为方言研究的健康发展起到指导作用。

汉语方言分区一直是方言学界关注的一个大问题，许多学者对汉语方言的分区问题发表真知灼见。从近代学者章太炎的十类说，经历黎锦熙的十二系，李方桂的九种方言，王力的五大方言，丁声树、李荣的八大方言到目前的七区及近期的十大方言说，汉语方言的分区越来越科学化。汉语方言分区的变动与各种分类的不同是对汉语方言特征认识不断深入，以及对分区的原则和依据把握不同的结果。詹伯慧先生在《方言分区问题再认识》一文中指出“语言特征是汉语分区的主要依据”，目前应用的主要是“历史性语音条件”和“特征词特征字”相结合的方法，这种划分依据从实用性和可操作角度来看我们不敢说是最好的，但可以说是到目前为止最不坏的。汉语七大方言与十大方言的不同关键在于对晋语、徽语、平话的处理上，主张这三个区独立的就把汉语方言分为十区，不主张独立的就分为七区。詹先生认为“综观汉语方言的全局，把晋语从北方话中独立出来，恐怕不如留在北方话的大家庭中，作为有特色的一支北方话（晋语），更为切合汉语的实际”。关于平话则“目前暂不必匆忙定夺，留待对相关‘土语’作进一步深入调查以后再来解决”。詹先生“不反对徽语独立成区”，只是徽语独立的条件即徽语特征及内涵、界线等尚需作进一步深入研究。对晋语的处理，詹先生就是按照划分标准进行定夺；对平话和徽语并没有按照划分标准作硬性的归类，而是在语言事实还不十分明了的情况下，不急于处理，留待语言事实调查得深入了，再明确其是分是合。

站得高，才能望得远，先生的高瞻远瞩与多方面的学术研究视野，与他的语言背景、学术研究历史、长期的积累是密不可分的。

三、忠于语言事实的语言观

詹先生有两句关于语言的口头禅，一句是“多做语言的导游，少做语言的警察”，另一句是“要做生活的有心人”。用他这两句话来概括他对语言规范和治学的态度再好不过。“多做语言的导游，少做语言的警察”主要是针对语言规范问题而言的。语言不是静止的、一成不变的，而是一个动态的、发展的，有一定自我调控、自我完善能力的系统。语言工作者“既要本着克服语言运用中混乱现象，重视语言纯洁健康的态度来积极研究语言规范，维护语言规范，又要使规范的语言在实际的运用中有一定的宽容度……语文工作者要防止乱挥警棍的‘警察行为’。我们不要老是当语言的警察，当语言的法官，我们不妨多当当语言的导游，把人们带进绚丽多彩的语言海洋中，让人们尽情享受语言世界的乐趣”。在这种语言观的指导下，一些新词、有表现力的方言词刚刚出现在普通话中时，就不会马上被贴上异类的标签，出现“老鼠过街——人人喊打”的局面。尊重语言事实，先让语言系统自身来调节，就不会轻易把它一棒子打死。“做生活的有心人”强调要对语言细心、敏感，这是他多年钻研语言所得出的心得，从这本论文集中的许多文章都可以看出他正是这样的一位有心人。如在谈到旅馆业的重复命名问题时，以三个坐落在广州不同地点、均用“华侨”冠名的旅馆（华侨大厦、华侨酒店、华侨旅社）为例，三个旅馆的英译名均是“Huaqiao Hotel”，汉语的名称也相似，这样的专名应加以规范。类似的例子作者还举了天河区四家以“天河”命名的“天河大厦、天河宾馆、天河酒店、天河楼”，这些旅店名称的搜集看来好像是信手拈来，实际上需要日常生活中的细心积累。

先生文如其人，踏实又大气。与前两本论文集比，《漫步语坛的第三个脚印》更注意宏观分析，研究的范围拓宽了，理论意识也逐渐凸现出来了，既不放弃在语言细微处的雕琢，又有宏观上高瞻远瞩的把握，在语言事实的基础上生发语言理论，对汉语方言学与语言应用有着理论指导意义。

参考文献

詹伯慧 2003 《漫步语坛的第三个脚印》，广州：暨南大学出版社；增订本 2006 年。

詹伯慧 2001 《汉语方言及方言调查》，广州：湖北教育出版社。

张晓山 1999 《立说传薪风雨人》，广州：暨南大学出版社。

邵敬敏 2003 《汉语语言学评论集》，杭州：浙江教育出版社。

（广东外语外贸大学教授）

厚积薄发的小书

谭任杰

早前，詹伯慧教授来澳出席一个学术研讨会，送我一本小书《语文杂记》，为什么称为小书呢？原来这本书属“大家小书”丛书之一。这套丛书中每一本都在十万字以内，是不折不扣的“小书”。

20世纪初，曾有出版社推出过一套“大家小书”丛书，包括中外“大家”所写的书共四辑，每辑若干册，作者中既有人文社会学科的大学者，又有自然科学各门学科的大学者。

而今，这套丛书由暨南大学出版社出版，只约请语言文字学方面的“大家”撰稿，不重刊作者已出版过的著作。每本都以新作为主，或近期刊于报刊中而符合本丛书的要求者。今后陆续出版。

翻看这本《语文杂记》，所收文章是詹教授汇集一年多来在香港大学讲学时应文汇报之约撰写的，另有一篇是讲稿。

每篇文章讨论一个问题，贯彻“语言研究为语言应用服务”的精神，提出不少时下人们所关心的问题，有用于语言应用方面的，有掌握语言文字知识等方面，提出切合实际的见解。

在“普通话和方言”中，詹伯慧教授强调，一个发达的国家、一个先进的民族，不能没有一种全社会共同使用的通用交际语。在大力推广全国性的社会通用语时，也一定要注意继续发挥各地方言的作用。

《繁体字和简体字》中，说到简体也好，繁体也好，一定要从规范的角度来认识。争取“识繁用简”，做到“识简用繁”。繁体字和简体字并存，应用中来一个和谐共处，繁简由之。

《浅谈粤语正音》强调发音正确，参照古音反切的同时，也应贯彻“今音从今”、“从今从众”及尊重“约定俗成”的原则。

在厘定语言规范时，要多调查研究，多观察语言的发展趋势，在规矩中有所灵活，少做语言的警察，多做语言的导游。

磨炼出来的“大家”詹伯慧很不容易。他从教五十八年（1953—2011年）来在汉语方言、汉语辞书、汉语应用和汉语规范工作研究、教学工作方面取得瞩目的成就，而在海内外享有很高的声望更不容易。国务院颁发他“有突出贡献”证书，暨南大学授予“暨南大学终身贡献奖”。

作为主编，詹教授率先出版《语文杂记》，启动这套兼具应用性和通俗性的语文读物，对研究语言文字工作来说，实是喜讯。他八十高龄仍常说：“活到老，学到老。”热爱语文，善待语文的激情和态度，在书中处处可见。

（澳门中国语文学会）

詹伯慧教授书法小记

林　锐

众所周知，詹伯慧教授是当代杰出的语言学家，一生致力于语言学的研究与教学，著述等身，成就卓著，作育人才无数。而他雅擅书法，在书法上造诣之深，则颇出乎大家的意料。

詹教授之擅长书法，实是渊源有自。他的尊人詹安泰（祝南）先生，既是现代著名学者、岭南一代词宗，又是知名的书法家，以秀逸的行书和凝重的碑体见长，尤以独具一格的碑体行楷见重于现代书坛。祝南先生是广东书法篆刻学会（广东省书法家协会前身）成立时的二十多位会员之一，与大家所熟知的容希白、商锡永二老既同为中山大学中文系教授，又并以书法著称。不过由于祝南先生英年早逝，兼且作品在社会上流传不多，还有书名为词名所掩等各种原因，近三十年来书名反而不显于世。伯慧教授幼受庭训，很早便与书法结缘。据其《翰墨缘——小时候替爸爸磨墨牵纸》一文自述：小时候，在父亲写字时负责为其磨墨、牵纸；除了耳濡目染之外，有时也在祝南先生的教导下临摹字帖，由此打下了扎实的基本功。他在文章中曾提及一个细节：20 世纪 40 年代初，中山大学迁到粤北坪石时，他还是一名高小学生，当时中大中文系的研究生陈必恒先生就曾向他索要一幅书法作品。据此可见詹教授在少年时已有相当的书法功力。因此，尽管他多年来甚少挥毫作书，但近两年甫一出手，其作品便有超迈时流之处，显示出深厚的功力，俨然大家风范。

伯慧教授的书法以行书见长，风格独具。其下笔时成竹在胸，沉着淡定，行笔不急不厉，收放自如，富有节奏感。其书风特点既有安稳祥和、冲和淡雅、不急不躁的韵致，又有用笔刚健有力、笔势宽博开张、结字内紧外松等豪放的气象，犹如南人北相，细腻而大气。其作品虽全为行书，但汲取并融汇了隶书、楷书的某些特点，形成自家风貌。其作品风格统一而意态各异：或沉着痛快，或飘逸飞举，或凝重古澹，各擅胜场，而皆能墨酣意足，骨丰肉润，使观者不会有单调乏味之感。其用笔结体看似浑朴自然，不事雕琢，但实际上能于不工处求工。如“风月畅怀抱，琴书悦性灵”一联，结字内聚外放，不同笔画、结构之间偃仰顿挫、揖让顾盼、长短收放等关系的处理颇具匠心，能做到各尽其态，使作品摇曳生姿，风韵别具。其笔画出挑之处，虽数量甚多，而能各有变化，于豪放之中见其精微，在不经意之间寓有规矩，深得古人之真髓。

伯慧教授的书法，远宗魏碑，近师祝南先生。他虽以行书见长，但究其根源，却是从魏碑入手，而得力于《张猛龙碑》之处为多。《张猛龙碑》为北魏碑刻书法中之精品，其笔法方圆兼施，结字中宫紧收，笔画开张呈放射状；用笔变化多端，而规矩自存。该碑自清中期以后一直备受书家推崇：康有为推之“为正体变态之崇”，并谓其“结构精绝，变化无端”；杨守敬则称其“潇洒古澹，奇正相生”。据詹教授回忆，其少时祝南先生就曾一字一字地教他临习过该碑。这种少年时所筑下的根基至今依然深刻地影响着他的书法。同时，也正因其早年从魏碑入手，故其行书仍具有北碑厚重端严、雄强质朴的特点。分析其作品，其雄健的笔力、开张的笔势、变幻多端的用笔，以及内敛外放的结体等特点都直接来自于《张猛龙碑》；其横画的写法也一如该碑，多取向右上方斜行的笔势。

教授自幼随侍祝南先生，并在祝南先生指导下临习碑帖。因此，其书法自然也深受其尊人的影响。其书法从用笔习惯到结体特点均可从祝南先生的作品中找到源头，如其横笔及右出钩处喜用隶书的波挑笔法，这一点就是从祝南先生处而来。但仔细分析，我们可以发现，其父子两人的书法具有不同的风格：祝南先生谨严秀雅，伯慧教授豪放洒脱。而在用笔和结体方面也多出自运，并与祝南先生拉开了距离。而这正是其最可贵之处：学古而不泥古，入古而能化。这是很多从事书法创作的人所梦寐以求而无法达到的境界，但对于詹教授来说却来得如此轻而易举，由此可见，其书法天分之高。

伯慧教授之擅长书法，其实是有迹可寻的。在他出版的很多著作中，封面的题签就出自其本人手笔。但他从未以书家自命，更没有刻意地炒作，而是一直将书法作为自己的一种业余爱好与个人修养，而与名利无涉。这种对书法的态度，同样来自于祝南先生的影响。他曾回忆道：“在我的印象里，他常告诫我写字得练好基本功，似乎并没有刻意要使我在书法艺术上有所作为。我的猜想是：父亲只是把书法看作一种文化素养来要求我罢了。”詹教授这几十年之于书法的态度，正是对这种要求的身体力行。

如果要将其加以归类，伯慧教授的书法当属学者书法无疑。对于学者书法，我历来主张必须“专业性”与“余事性”并重。“专业性”是指书写者必须具有一定的技法素养和相应的实践经验。没有专业性，就无法得书法之门而入，更谈不上登堂入室。时下很多喜欢“任笔为体、聚墨成形”的附庸风雅者之所以大行其道，也正是源于当下社会对这种“专业性”要求的缺失。“余事性”则是学者书家与一般职业书法家的分野，也是学者书家身份的一种体现。除此之外，“余事性”对书写者的更进一步的要求，则强调了书写者的学养和“字外功夫”。否则，所写的作品则易沾匠气，而与学者书法中最重要的“书卷气”绝缘。这种对学养和“字外功夫”的要求，同样适用于一般的书家，只不过对于学者书家来说，显得更为重要而已。

分析伯慧教授的书法，其专业性与余事性正好皆备。如前所述，伯慧教授青少年时期即在祝南先生的指导下打下了坚实的书法基础，而且长期随侍在祝南先生身边，耳濡目染，对书法自然有较为独特的理解。观其作品，他对书法的理解和功力显然不亚于时下的很多专业书法家。而其余事性也一如前面所述，是显而易见的。正因为伯慧教授既有扎实的“童子功”为基础，又有积数十年之功的浩渊学养涵育其性情，因而其书法虽脱胎于魏碑，而自有一种浓郁的书卷气洋溢其中，韵味隽永，可观可赏。我的业师王贵忱先生曾指出：“大学问家未必能写得好字，而写好字的必是深有学养者”。这句话恰可为伯慧教授的书法下一注语。

在对专业性的要求中，我以为少壮时所打下的“童子功”尤为重要。古人对此并无特别的论述，皆因在古人所处年代，用毛笔书写乃文人自幼必备的本领，因此无须特别加以强调。而当代则不然，毛笔书写早已退出人们的日常生活，即使是“专业”（对大多数书法家来说，我更倾向于用“职业”一词：专业代表的是一种高度和境界，而职业仅仅是一种谋生的手段而已），其对毛笔以及用毛笔进行书写的熟悉程度远远无法与古人媲美，因此就有强调“童子功”的必要。很多人临老方才执笔临池，虽鼓努为力而始终不得其径而入，究其实质，皆因无“童子功”之过。反观伯慧教授的书法，其成功无疑有很多因素：既有名师的指点，也有个人的学养和天分，但始终离不开其少年时所打下的良好基础。这无疑从正面向有意于临池的人们诠释了“童子功”的重要性，其意义自不待言。

古人评书，多以“天然”与“功夫”对举，前者指书家的天资，后者则指功力，两者只能侧重而不可偏废。伯慧教授在此前的数十年间，一直致力于学术研究和教学工作，而无暇临池。然而一旦出手，却能卓然自成家数，由此可见其天资之高。因此，在我看来，就目前的作品而言，伯慧教授当属于天然过于功夫一类的书家。也正因如此，凭着青少年时期打下的坚实基础、深厚的学养以及过人的天分，伯慧教授的书法之臻于化境指日可待。而这也正是我们最为期盼的。

（广东省文物鉴定站副站长）

从读书说起

——詹伯慧书法展感言

洪楚平

为詹伯慧教授办个书法展，闻者皆现惊诧之色。听我一说原委，均异口同声地说：“好。”

詹教授在语言学界，名满天下，读万卷书，行万里路，更难能可贵的是著作等身。近年来，詹教授不顾八十高龄，常在香港大学讲学，健步穗港两地，暇时挥毫养气。去年十月间，我赴港大拜会饶宗颐教授，后与詹教授相聚，见其笔墨酣畅、挥洒自如，令人神往，乃极力鼓动，约以八十之作，一展学者风韵，让大学领略一番“文士情怀”。

我与詹伯慧可谓忘年之交。初识之时，我刚大学毕业，在广东省政协工作，而詹教授已是暨南大学教授、文学院院长，后又兼任省政府文史馆副馆长、省民盟副主委。1990年詹教授赠我人民文学出版社出版的散文集《日本面面观》，其文如曾敏之先生“序”中所言：“如长江大河，一泻千里，如斲轮老手，应付自如。”特别是《读书之风》一文，给我影响很大。文中说：“如果你有机会逛一逛东京神田那条著名的书店街，面对那数以百计的各种书店，看着那些像蜜蜂采蜜似的徘徊于书肆之间的‘书迷’，你一定会深有感触，会感到日本确是一个具有高度文化的现代化国家。”我也曾是一个“书迷”，常常到北京路几家书店逛逛，并淘一些旧书和作者亲笔签名的折价书；逐步变成半个“书迷”。书店越来越少，喜欢看书的人也越来越少，可淘的书更少，现在又渐渐成为“书盲”，一进购书中心，就如盲人摸象。上下几层楼，“摸了半天，也不知好书在哪儿？好不容易淘到一本好书，或顺手牵羊，以免空手而归，谁知又排队半天，饥肠辘辘，心烦手软，只得放下书急急而“逃”。因此，常感而慨之：非书店之无文化，乃文化人之稀又奇也。

今乃退而“结网”，自己也努力成为文化人，首先也就是恳邀“文士”，共抒“情怀”：办个展览出本书，让我们读读书、写写字，充“饥”驱“寒”，涵养蓄神，不也乐乎。

2011年1月于广州画院

（广东画院党组书记，副院长）

文士情怀，传世书香

——詹伯慧教授在香港挥毫写字小记

庄福伍

2011年的春节前夕，“文士情怀——詹伯慧书法展”在广州举行了。开幕式当天，我因出差外地未能躬逢其盛，但那却让我兴奋不已。因为三年前在香港，我“怂恿”了詹教授挥毫写字。此后，我一直将詹教授的书法作品挑选积累和整理，并经楚平兄的精心策划，形成了这次展览和编辑成书的“规模”。

记得2006年的圣诞节前，我内派到中央政府驻港联络办工作，詹教授便到中联办来看我，这让我十分感激。詹教授是我在广东省政府文史馆工作的老领导，也可以说是忘年之交。说来也十分巧合，我到香港后就住在西环青莲台，毗邻香港大学。詹教授在香港大学为研究生授课，我便经常到陆佑堂港大文学院门口等着詹教授下课，与他一起到我宿舍喝“功夫茶”，吃“潮州粥”和“卤水鹅头”，有时加上些“花生米”，这是詹教授最喜爱的。詹教授还十分幽默地说，要靠这三碗“潮州粥”才能登上我宿舍后面那180多级台阶的陡坡。饭后，我准备好笔墨，铺开纸张给詹教授挥毫写字，最后盖上印章由我来完成，配合十分默契。詹教授常说，他小时候是负责给他尊翁磨墨牵纸的，并且做得很“专业”，这活儿不是任何人一下子就可以胜任的，是要有一定的经验，盖印章也有它的“学问”。

说起挥毫写字，起初詹教授对此还是“深藏不露”的，而詹教授对我厚爱有加，我也“蓄谋已久”，为詹教授挥毫写字一事可谓“万事俱备，只欠东风”。一切准备基本就绪，只是没有印章，詹教授以前的印章一直未能找到。我先是请著名篆刻家王文钧先生刻了几方印章。其中的一方是“传世书香”，我想这作为詹教授的闲章，是合适不过了。詹教授的祖居饶平润丰楼出过七位进士，他的尊翁祝南先生早年以名士身份受聘于中山大学，是著名学者，成为一代词学家和书法家，可谓书香门第，薪火相传。一般人都知道詹教授是著名语言学家，学富五车，但他能写一手好字却鲜为人知。据说他偶尔为人题写书名，有时也写一些条幅书法赠送给学生及好友留念。从之前见到其零星的书法作品，足见其深厚的书法天分和渊源。他小时候临过不少碑帖，如《张猛龙碑》等，并在其尊翁的指导下练习书法，打下了扎实的“童子功”。而后詹教授一直潜心于学问，可以说已无暇或很少顾及这一雅兴余事了。这次詹教授筹办书法展，国学大师饶宗颐教授闻知，欣然写下“文士情怀”四字，并题“詹伯慧书法展”作为展览横额，可见交情至深至契，这将会传为当代文坛佳话。

当我细心地品味着詹教授书法的时候，我更加体会了苏东坡那句“腹有诗书气自华”的名言。詹教授读万卷书，行万里路，著作等身，是一个满腹诗书、满腹经纶的大学者，涵养出来的气质、胸襟、情怀和学识，足以见其字外功夫。其书法在雄强峻劲、自然爽快中蕴藏着冲淡闲远，富有“书卷气”。信手拈来，也不失有学者之情趣，典雅秀逸跃然纸上，卓然成大家。

（中央人民政府驻香港特别行政区联络办公室处长）

“文脉”薪火相传的詹氏父子

钟文锋　钟云珊

广东潮州饶平有一座名叫“润丰楼”的百年客家土楼，科举时代曾经出过七名进士；到了20世纪，又出了詹安泰、詹伯慧这对享誉当代岭南语言文学界的父子。

“文脉”薪火相传的詹氏父子

在潮汕地区，人们谈到潮籍学者文化薪火相传的话题时，总会提起两个名字——詹安泰、詹伯慧。詹安泰被誉为“岭南词宗”，与夏承焘、龙榆生、唐圭璋齐名，并列中国当代词人“四大家”。有人这样评价，“詹安泰的出现改变了过去人们认为诗家词家都在江浙的看法”。而詹安泰的儿子——詹伯慧则是当代著名语言学家，虽然后来没有继承父亲在诗词方面的造诣，但也受到了父亲耳濡目染的影响。现在已经年近八十高龄的詹伯慧教授，还记得小时候父亲与许多诗家词家在家里谈诗论词，经常会牵涉语言的问题，那时的他就觉得“诗歌的根本还在于语言”，再加上从小生活在多方言的环境里，促使他萌发了对语言学的兴趣，最终走上了语言学研究的道路。在詹伯慧的成长以及后来从事语言学研究的生涯中，人们总是喜欢将他与父亲詹安泰的名字联系在一起。几十年来，詹伯慧去过国内外很多地方讲学，也接受了国内外许多媒体的采访，他已经习惯根据对方的要求，在谈语言学的同时谈自己的父亲，因为在他看来都是在做与弘扬文化有关的同样事情。最近，詹伯慧教授在接受我们的采访时，话题也从父亲詹安泰开始。

我记忆中的父亲——詹安泰

记者：詹教授，您父亲詹安泰先生虽然已经去世四十多年，但他的音容笑貌、点滴往事仍然存留在您的脑海中。在您记忆中，父亲是怎样的一个人？

詹伯慧：我父亲詹安泰一辈子献身教育事业，1926年大学毕业后先在广东潮州韩山师范教书，1938年到云南澄江中山大学任教，一直到1967年在广州中山大学病逝，前前后后四十几个年头都在孜孜不倦地教书育人，留下了很好的口碑。在我记忆中，他指导学生热情细致，受过他教诲的人，莫不为他那平易近人、谆谆善诱的长者风范所感动。据当年在韩山师范听过我父亲讲课的学生回忆，那时候他总是穿着一套丰顺汤坑产的夏布唐装，配一双薄底布鞋，虽然衣着朴素，但英姿飒爽、精神饱满，只有二三十岁却显得老成持重，大有儒者风度。当时他偶尔会带着孩童时期的我去韩师，我还清楚记得儿时乘火车来往潮州汕头之间的经历，父亲每到汕头，就总会有一些仰慕他的青年找他请教文学、诗词方面的问题，潮籍老作家吴其敏在一篇追忆先父的文章中就提到此事："……每次从潮安到汕头来，一群人拥着他，听他谈文学、谈词，他总是把最新的研究成果、最近制作的新词拿来对我们讲解，念给我们听。"

父亲在韩师时最得意的弟子蔡起贤，在纪念父亲逝世二十周年的《纪念文集》上，有过一段这样的回忆："当年詹老师的寓所在潮州城里的胶柏街，在五间平过的楼房楼上，院子很清幽。家中的设置很简单朴素，可是满目图书。靠右边最后一间房子，就是詹老师读书工作的地方。我在学校听课之外，常常是星期日到胶柏街詹老师的书房读学校图书馆没有收藏的书。詹老师的书对我是毫不吝啬的，我要读什么就翻什么。他曾说：'你珍惜书籍，不弄脏弄坏，我很放心，只要你读得懂或要读的书，都可随便取阅，也可带回宿舍，细心研读。要是我偶然有一两个星期天没有到他家，他就挂电话来唤我，……詹老师的家，就好像我的家。"从这里可见父亲对门生是如何的关爱，蔡起贤先生后来成为潮汕地区杰出的国学家、诗词家，对潮州文化的传承与发展作出了许多贡献。

父亲在韩师教许多门课，工作很忙，但每天回家总还没忘记要督促我背唐诗。我在进小学以前，父亲给我的启蒙教育就是背诵唐诗。他那摇头摆脑地示范背诗的神态，如今想来仍历历在目。那时候我还没进小学，父亲要我背诵的唐诗，大都是脍炙人口的五言、七言绝句，至今过了七十年，大都还能在我的脑子里记住。

父亲在学术造诣方面同样具有崇高的声望。他1939年初到云南澄江中大任教，当时时局动荡，人心惶惶，澄江小城一下子搬进来一所大学，自然不可能有什么好的办学条件。住的是破庙祠堂，上课教室也是破庙祠堂，简直就可以称为"破庙大学"。父亲在这样困难的条件下仍然坚持认真讲学、勤奋写作，《滇南挂瓢集》就是在这里完稿付梓的。1940年中大再迁粤北坪石，条件比澄江稍有改进，但仍是借用当地一些机关单位的旧房子，凑合着分散安置下来。那时我们全家租住了一间泥土墙的民房，用木板隔成前厅后房，面积一共才十来平方米。父亲早期研究词学的扛鼎之作《词学研究》，就是在这里每天深夜借着昏黄的植物油灯光伏在小书桌上完成的。在中大任职期间，父亲一直深受校内师生和社会人士的敬仰，先后担任过系主任、教研室主任等职务，并出任过首届广东省政协委员。作为从旧社会过来的知识分子，父亲最可贵之处是他能够注意主动接受新事物，积极学习新理论，力图跟上时代前进的步伐。新中国成立初期，他曾表示"三年不读线装书"。以大量时间潜心钻研新文艺理论，用以研究古典文学。据了解，他在新中国成立后先后系统地阅读过中外文艺理论著作两百多部，这种精神叫人叹为观止！正是在这种勇于探索精神的支撑下，父亲先后写出一批水平很高的学术论文，在古典文学界产生了很大的反响。尤为难得的是，父亲在试图运用新理论新观点剖析古典文学现象时，总是覃思精研，反复琢磨，并尽量多征询师友及学生的意见，若有片言可取，即马上采纳，一再修改，务求精益求精。他这种严谨治学的态度和虚怀若谷的学风，对学生是极其鲜活的教育。

父亲与饶宗颐先生的深厚情谊

记者：詹安泰先生的年代也是大师辈出的年代，同是潮籍学者、被学界把他与钱钟书先生并称为“南饶北钱”的汉学大师饶宗颐先生，当年与您父亲的交情也很深，能为我们讲述一下你们家与饶家之间的一些往事吗？

詹伯慧：早在我父亲到韩师任教后，和宗颐先生尊翁饶锷就有来往，饶家书斋天啸楼藏书十分丰富，父亲常去那里找书看，有时会带上还是小孩的我。1932 年饶锷老先生邀集一班潮州诗人喜结诗社“壬社”，父亲与饶宗颐都有参加，他比饶宗颐年长 15 岁，那时宗颐先生还是一位二十岁左右的翩翩少年，但已经在他父亲饶锷的培育下饱读诗书，熟谙艺文，是个有名的“潮州才子”。后来有一次我父亲生病不能上课，韩师急需找位老师代课，父亲就推荐了宗颐先生，也就是这一契机使饶宗颐一鸣惊人，在讲课中宗颐先生可谓出手不凡，深受学生欢迎，他的才华就在那时候第一次展现在众人面前。

我父亲在韩师任教十二载，在 1938 年时，日寇进犯广东，中山大学奉命西迁云南澄江，恰巧主讲诗词的岭南词家海绡翁陈洵辞去教席，文学院院长吴康求贤若渴，驰函欲以名士身份急聘我父亲接替教席主讲诗词，我父亲答应了。在他决定离开韩师前往中大任教的时候，他念念不忘才华出众的有多年深交的饶宗颐先生，有意约他同往。在 1939 年初我父亲先是单身赴任，其后我母亲和宗颐先生相约一起，打算绕道惠州经香港再转越南，取道滇越铁路上昆明与父亲汇合，但后来宗颐先生路上生病，抵港后为香港文化界所聘用，于是他终止了入滇，留在香港工作，从此开始了宗颐先生跟香港结下的大半辈子情缘。后来我母亲就带着我不到两岁的妹妹独自辗转入滇。我有时会想：如果当年宗颐先生没留在香港而是和我父亲一起去中大工作，其人生道路会不会跟我父亲一样呢？

在后来的几十年里，父亲与饶宗颐的书信来往与诗词交流一直没有间断，直到 1958 年我父亲蒙冤戴上“右派”帽子，两位潮州杰出学者才无奈中断了联系。后来发生了“文革”，1967 年时候“抄家”、“破四旧”进行得如火如荼，父亲的文稿也难逃一劫，在红卫兵焚烧我父亲毕生心血的时候，已病重的他就扒着窗台，一边看一边流泪，幸运的是那些文稿并没有完全烧完，保留了几份，被家人偷偷藏了起来。

我父亲最终在 1967 年的时候含冤辞世，饶宗颐先生闻讯悲痛万分，所幸父亲的几份作品由我弟弟偷偷保留着。在 80 年代初我到日本讲学，饶宗颐先生叫我带上我父亲的诗词手稿，后来与宗颐先生相聚日本京都三缘寺，共商刊印遗稿大计，其后经宗颐先生将手稿带到香港，多方奔走，几经周折，才终于得到时贤何耀光先生的赏识，以《至乐楼丛书》第 25 卷将我父亲詹安泰诗词遗作在香港影印刊行。饶宗颐先生鼎力促成先父遗著面世的这段情节，凸显这两位潮籍前辈学者的深厚情谊，在学术界传为佳话。

詹氏家族曾经“一楼七进士”

记者：听说您走上语言研究这条道路，除了受父亲的影响外，还有一个很重要的原因，就是与从小生活在多方言的环境里有关？

詹伯慧：这的确也是一个很重要的原因。我们家在广东潮州饶平上饶山区的新丰镇润丰楼。一座典型的客家土楼，楼内的人全都姓詹，也都全讲饶平客家话：一种跟标准客家话——梅州客家话有相当距离的“半山客”。饶平这个地方是潮州话和客家话兼有的双方言地区，客家话地区人口约占全县四分之一，潮州话（我们也叫它“福佬话”）地区人口约占全县人口的四分之三。我们家中从祖父那一代开始，詹家的媳妇都是来自县内外说潮州话地区的。这就使得我们家从来都是客家话和福佬话并用的双语家庭。女的基本上都说福佬话，而男的则基本上都说客家话。到了我这一代，自然是从小就习惯于客家话和福佬话并用。另外，我还有一个经常使用广州话的背景：父亲的大学学历是在广州中山大学的前身广东高等师范和广东大学完成的，而我则由于从小经常生活在父亲身边，抗日战争期间跟随父亲任教的中山大学来到粤北，小学就毕业于用广州话教学的汉德小学，后来高中和大学又都在广州度过，使得我从小就有了使用汉语方言七大方言中的三种：潮汕话（属闽语）、广州话和客家话的习惯。加上长期在外，对北方方言和其他方言也有较多的接触，这对于半个多世纪以来我的学术事业一直以方言研究为主攻方向，无疑发挥着一定的作用。

记者：詹氏家族的家学有什么渊源吗？作为文化世家，詹家的文脉在第三代还有承袭吗？

詹伯慧：我家乡的客家土楼“润丰楼”现在已经被定为广东省的省级文物单位，在这个有一百多年历史的围楼中，在科举时代曾经出了七个进士，有“一楼七进士”之说。1902 年，我父亲詹安泰就出生在这里一个老中医的家庭里。他从小就表现出了对文史的浓厚兴趣。11 岁那年，他写了一首长诗，给宗族中负有重望的长者看见了，大加称赏。后来，父亲就学于广东高等师范和广东大学中文系。毕业后在潮州省立第二师范学校（韩山师院的前身）任教，从此走上了教书育人与诗词研究的道路。我们家当时在饶平客家地区是比较有名的“书香门第”，父亲三兄弟都大学毕业，这在整个饶平客家地区是很少有的。但是，因为时代的原因，到我们这一代七兄弟姐妹中，只有我和二弟仲昌上了大学，继承了父亲的文脉。其余弟弟妹妹都没有机会上大学，还被下放农村。我相信不止我家是这样，很多文化世家的后代在那个年代都中断了学业。而且过去的世家都是家里自己教孩子，现在的孩子受的教育模式完全不一样，是接受公共教育。他们大学毕业想的就是怎么谋一份工作，怎么挣钱立命，能够有兴趣搞文史研究的就更少了。所以，到了我们的第三代，詹家的文脉就很难传承下去了，到了下一代，只出了一个著名的体育电视主持人詹俊，他是我二弟的儿子。

少做语言的警察，多做语言的导游

记者：您是语言研究方面的专家，有一个问题向您请教，如何看待在我们日常交流中，有时会遇到的这种情况：明明是一句有语病的话，却成为日常用语。比如，本来应该说“在我来广州以前”，很多人却说“在我没来广州以前”；还有把“今天差点儿迟到”，说成“今天差点儿没迟到”，等等。这些说法都同样可以吗？

詹伯慧：这是一个关于语言规范的话题。首先要强调的是，语言规范的目的归根结底是为语言的应用服务的，也就是为了大众能够更好地进行语言交流。现在常见的“非规范”现象一般是由“约定俗成”而生。语言虽然跟逻辑有千丝万缕的联系，但逻辑思维跟语言形式间并非一对一那样整齐配对，换句话说，就是任何语言中的语法表达，并不一定完全符合逻辑。除了你上面举的那两个例子，还有“大人吃大碗，小孩儿吃小碗”这句话按逻辑也是有语病的，但人们习以为常了，都知道叫他吃的不是碗而是碗里的东西。“今天阳光灿烂，到外面晒太阳去”也一样，“晒太阳”也是日常惯用的词组，很少人说“出去被太阳晒”。但是，大家都没有把这些看成病句，因为这是“约定俗成”了，可见，在语言学里面“约定俗成”的威力要大过一般逻辑。

记得十多年前，我曾经为一些大厦称为“广场”而在香港的刊物上发过议论，认为用词欠妥；然而如今不但香港有很多成为“广场”的大厦，内地许多大小城市也陆续出现冠以“广场”的大厦了。既然已经见怪不怪，也就只好认同了。实际上现在是“广场”一词的义项增加了。

这件事对我可说是一次教训，语言规范得多等等、多看看，别忙于匆忙下断言。现在使用范围较广的语言或方言，都是以多姿多彩的面目出现，面对异彩纷呈的众多语言表达方式，我们的语言规范工作一定要冷静对待，既不要在多姿多彩的语言现象面前眼花缭乱、无所适从；更不要动辄看不顺眼，评头品足。千万不能令人对语言规范产生抵触情绪。一句话概括就是，“少做语言的警察，多做语言的导游”。

普通话与方言是兄弟不是“冤家”

记者：国家大力推广普通话，是否意味着各地方言将逐步消失，方言作为社会交际工具的作用最终将被普通话取而代之？您如何看待普通话与方言的关系？

詹伯慧：国家推广普通话，其实质是想通过推行全社会通用语言的普通话，使原来只会说方言的人能够多学会一种全社会共同使用的交际语言。实际上，普通话也是在一种方言——北方方言的基础上发展起来的，只不过是普通话的影响力比其他方言大而已。普通话发展成为社会通用语言后，它就从方言的大家庭中上升到居于其他方言之上的地位，成为“老大”，而其他方言也就只能安于弟弟妹妹的位置上了。“既在方言之中，又在方言之上”，正是普通话与方言关系的如实写照。

普通话与方言是兄弟不是“对头冤家”，就意味着两者并不是相互对立、此消彼长，而是可以并存并用、相互补充的。例如，在20世纪30年代，普通话就曾从上海话中吸取了一些词汇来充实词库；20世纪80年代，作为改革开放前沿的广东，其三大方言之一的粤语中一些反映新时代、新事物、新观念的词语也渗入到普通话中来；同样，粤语也吸收了一些普通话的词汇来丰富自己。

只有大力普及了普通话，又充分发挥了方言的作用，“推普”才算是真正成功了。这需要大家对方言的作用有深刻的认识。最关键的一点就是要正确理解方言与文化密不可分的关系。众所周知，语言是文化的载体，而地域方言当然也就是地域文化的载体了。很浅显的道理，离开了粤语这个方言载体，哪有什么粤曲粤剧可言？要传承发展远近驰名的客家山歌这一客家文化的代表，又怎能离开客家方言？大凡民俗风情、工艺美术、饮食起居、婚丧礼仪等也都无不是以独具一格的地方方言栩栩如生地呈现出来。一首千古吟诵的“少小离家老大回，乡音未改鬓毛衰”，道出了乡音的无限情感魅力；一个离乡背井的游子，偶尔在他乡邂逅乡音未改的乡亲，那喜悦、亲切、激动之情，始终是普通话所难以表达的。所以，从今后的发展趋势来看，普通话作为社会主要的公共交际用语，方言作为乡亲之间的沟通用语和家庭用语，将在我们的社会语言生活中继续相伴而存，发挥着相互不可替代的作用。

大学教育应该借鉴国外经验

记者：之前我们看一个报道，说詹教授您痛斥国内当前大学的教育状况，认为研究生不该批量生产，是这样的吗？另据我们了解，20世纪80年代以来，您多次应聘到境外一些著名的学府比如日本东京大学、新加坡国立大学、美国加州大学、香港大学、香港中文大学、香港科技大学讲学。您认为国内的高校教育与境外这些学府相比有什么不同？

詹伯慧：（先笑了笑）现在的媒体真是什么都炒作啊，我当时只是很轻描淡写地说了句“现在的教育很奇怪，研究生批量生产”，报道上就成了“痛斥”，不过现在国内的研究生导师的确应该量力而行，专心地培养几个学生，不要觉得越多越好。

我觉得还有一个问题需要认真重视，那就是现在国内的高校体制过于“官本位”。大学里的行政人员与教师混淆在一起，作为教师同时又要搞行政的现象屡见不鲜，这样就会导致一些教师为了能“升官”而把大量精力放在搞行政与找关系上面，忽略了学术研究。同时，一些有行政职位的教授掌握了一些特权，就会把一些好的教学资源优先分配到自己手里，其他专心搞学术的教授却无法获得丰富的资源，从而造成资源垄断，这种状况不利于大学教育。

我觉得在这方面应该借鉴国外的办学经验。在国外高校里，行政系列的人一般是不能同时当教授的。除此之外，世界的前100强高校，很多是国外的私立学校，而我国的公立学校则一个也没有进入，这是值得我们深思的。私立学校有私立学校的好处，它们具有相当强的盈利性质，为了创收而不断督促提高教学质量以吸引学生。另外就是许多国外的私立学校都是教会创办的，教会每年都有许多募捐而来的钱，所以资金比较充裕。当然，国外的私立学校之所以那么多，主要是由以私有制经济为主体的社会经济结构决定的，而我国是以公有制经济为主体的社会经济结构，自然公立学校就要多一些。依我看，首先办好公立的学校，再来带动私立的学校，才是我们教育的出路……

在我们的会议室里，詹伯慧教授在他的学生语言学家甘于恩教授的陪同下接受了我们的采访。詹教授跨越一个世纪的回忆与讲述在两个钟头内不经意流逝了，詹家父子作为20世纪中国精英知识分子的代表，他们渊博的学识、严谨的治学态度、高尚的品格与坎坷的人生际遇，令我们钦佩的同时不禁欷歔不已。因为采访涉及的内容很多，每当遇到詹教授讲述不清或不全的地方，甘教授都及时给予补充说明，甘教授对老师的恭敬与细心照顾，詹教授对学生的信任与爱护有加，令我们感觉两位师生情同父子。虽然詹家的“文脉”没有很好地代代相传，但詹伯慧教授自1990年在暨南大学中文系建立第一个博士点——现代汉语博士点以来，迄今已培养毕业博士研究生29人，硕士研究生9人。如今詹教授培养的门生都已成为汉语方言学界的骨干力量。语言学界把这支富有活力的汉语方言研究团队戏称为“詹家军”。詹家“文脉”正通过“詹家军”薪火相传。

（原刊于《广东地方税务》2010年第1期）

（广东省地方税务局研究所所长）

独具慧眼的方言研究专家

——专访詹伯慧教授

夏　杨　孙　璇

詹伯慧妙言

广东有些人不重视教育，“二世祖”不少，有钱人没文化，文化人没有钱，太悲哀，必须改！

其实我根本不会当官，也没想过要当什么官。

我住的还是三十多年前盖的老房子，两个人住，够了。古人说“君子食无求饱、居无求安”。我们现在既安且饱，又能从事自己喜欢的事业，还要求什么呢？人的思想境界很要紧，境界不同，考虑问题就不同。这会影响人生的质量！

有的老师又招博士生又招硕士生，学生太多，怎么带得过来？怎么可能尽心尽力关心他们？学生论文不认真写，又怎么可以容忍？我真是很“佩服”他们！

晚来之志

我虽然 78 岁了，但学术上还要“从头越”。我希望《中国语言文字大词典·汉语方言卷》在我有生之年可以搞出来。这个任务摆在面前，我可以“退”，但不能“休”！

细数生平

• 在中山大学

得遇王力定人生基调　七位同窗个个是好汉

羊城晚报：您是当今汉语方言学界的领军者，听说您走上这条路跟著名语言学家王力先生有很大关联？

詹伯慧：我是王力先生带入门的。中山大学原来没有语言学专业，1946 年抗日战争结束，王力先生从西南联大回北方，路过广州。当时的中大校长王星拱有个习惯，只要有人才从广东路过，他就会成为“拦路虎”。他极力挽留王力先生，游说他当中大文学院院长。王力也不是吃素的，跟他讨价还价：“留我可以，但我要办个语言学系。”王星拱欣然应允，于是，这个系从 1946 年办到 1954 年，后来并入北大，前后共八届。当时我们班上有 7 人。

羊城晚报：听说你们班个个都是“英雄好汉”？

詹伯慧：其中三个分到了高校，我到武大，三十年后又调到暨大；唐作藩到北大，现在还在那里；许绍早去了东北人民大学（现吉大）。欧阳觉亚、饶秉才和麦梅翘去了中国科学院语言研究所（其中饶秉才后来也到暨大，退休后定居美国），王豫远去了中南民族学院。我的同班同学就这么几个，不多，但确实都颇有出息。

• 在北京大学

又遇袁家骅钟情方言　会客潮粤诸语有优势

羊城晚报：您现在是中国方言学的领军人物，但听说您从中大毕业时，我国还没有专门的方言学研究，您也没去研究方言？

詹伯慧：我主攻方言，还是和王力先生有关。王先生回北京后，念念不忘我们这几个学生。1954 年，北大首次在全国开设方言课程，就是我后来的恩师袁家骅教授开的。王先生对他说，我有个学生，现在在武大，方言基础不错，你是否可以接收他？因此，我就有幸在 1955 年从武大到了北大进修。这为我以后搞方言学奠定了基础。我在方言学有较好的基础，我在家里同父亲讲客家话，同母亲讲潮州话，又在广州粤语环境里生活，天生有优势嘛！

• 在东京大学

贪玩学者玩转日本国　《东瀛游记》证逸兴

羊城晚报：我们一直以为像您这样的大教授肯定很严肃，但翻看您的履历，却发现你很爱“玩”。您当东京大学的客座教授期间，去过日本很多地方？

詹伯慧：去日本是教育部推荐的：1980 年，日本东京大学有个中文教师的位子，原来由一个台湾人担任，退休了。田中角荣访华后，中日建交，东京大学决定不再找台湾，想请中国教育部推荐专家过来。教育部于是选到了我。

在日本，我工作任务越重，越要抽时间玩。当时我一个人在东京大学，教五门课，只要礼拜天没事，我就出去玩玩。后来香港文汇报的曾敏之先生约我写专栏“东瀛杂记”，我连续写了 40 多篇，后来武大出版社抢着出版了，首印过万册，1989 年转到人民文学出版社出版，书名改为《日本面面观》。

• 在暨南大学

当官本来便勉为其难　不当一身轻松不失落

羊城晚报：您 1983 年调到暨大后，马上就当了“官”？

詹伯慧：到暨大第二年，学校要与世界接轨，新成立文学院与理工学院。那时不像现在，有 20 多个学院。中文、新闻、历史、外语、社科等都在文学院，数学、物理、化学、生物等都在理工学院。文学院院长是相当于副校长的级别。其实我根本不会当官，也没想过要当什么官，但当时我是最年轻的教授，又到日本东大做过客座教授，学校领导好说歹说，要我担任文学院院长。我只好勉为其难。

羊城晚报：退休了，不当“官”了之后有没有感到失落？

詹伯慧：我本来就没想当“官”嘛，哪会有什么（失落）？

师生情分

从不忍让学生“放鸽子”　看不惯研究生批量生产

羊城晚报：在您的从教55周年研讨会上，看到您的很多学生、朋友从海内外赶来给你道贺，让人感动。您和学生关系真融洽，在现在大学里，这样的师生关系好像不多见了。

詹伯慧：我2005年才从暨大退休，之前一直带研究生。但1998年我不在国内，停招了一年。为什么要停招？因为我人都不在国内，不能让学生“放鸽子”，我要负责任啊！

我对现在研究生批量生产很看不惯。我从1990年设博士点，1991年开始招生，到2005年，整整15年，一共只带了29个博士生，平均一年不到两个。在带博士生期间，我也基本上不再招硕士生。我带的研究生不多，每个学生，我都真心对待。我太太常说，你花在学生上的精力远比自己女儿多。我始终认为我必须尽心尽力把学生带出来，能看到他们在学术上成长，是我晚年最愉快的事情！

但现在有些高校存在这样的情况：研究生批量生产。有的老师又招博士生又招硕士生，学生太多，怎么带得过来？怎么可能尽心尽力关心他们？学生论文不认真写，又怎么可以容忍……我真是很“佩服”他们！

羊城晚报：这样批量生产，研究生的质量能不能得到保证？您对这个怎么看？

詹伯慧：不好说。我总是感到一种危机，担心我们的研究生质量像鲁迅说的“一代不如一代”。和我们老师那一代相比，我们已经深感自己差得太远了，后面的是不是每况愈下，我不敢说。但我们的教育，问题确实不少。

谈“詹家军”

这支队伍确实最强大　戏称中有厚望有鞭策

羊城晚报：学术圈里，有人称你们是“詹家军”，您怎么看？

詹伯慧：呵呵，这是外界叫起来的，可能是因体育界有个“马家军”吧。这是语言的附会。也确实，我这支队伍在方言学界是公认的，是全国最强的一支。

羊城晚报：不仅体育界有“马家军”，岳飞的军队也叫“岳家军”，称你们为“詹家军”，是对您的一种肯定。

詹伯慧：无非说这支队伍有一定能量呗！不过我常常提醒学生，人家这样叫，是对你们寄予厚望，同时也是一种鞭策，不能辜负社会的期望！

羊城晚报：最近《中国语言文字大词典·汉语方言卷》上马，由您来统筹，全国六七十岁的方言学家都被请来当顾问，50岁左右的请来当骨干、当编委。开大会时，包括中国语言学界四大学会会长都来参加，这样的规格很高啊。

詹伯慧：这是一部有史以来最大的方言词典，300万字，集合了全国方言学界两代人的功力。虽然78岁了，但我现在还要“从头越”。我希望在我80岁时可以搞出来。这个任务摆在面前，我可以“退”，但不能“休”！

家学渊源

靠家学不如靠自己　“二世祖”太多没希望

羊城晚报：我们常说“家学渊源”，比如您的乡人饶芃子等学者，都是有家学的。您的父亲詹安泰先生，是岭南第一词人。您怎么看家学渊源？

詹伯慧：我老家的祖屋就叫“学文堂”，是我祖父一代留下来的。我们老家饶平县新丰镇的润丰楼前几年被命名为广东省文物保护单位，理由之一就因为它的人文传统。这座土楼清代出了四位进士，近代也产生一些名人学者。尽管我们家有“学文”传统。但我认为，做学问不一定非得有家学才行。我父亲是精于诗词创作和研究的，我也喜欢诗词，但我最终没有跟着父亲学诗词。但小时就想，我要学一门在家里学不到、需要下苦工夫的学问。

羊城晚报：您的意思是，“家学”固然重要，自己的选择与努力更不可缺少？

詹伯慧：对。我学语言学，父亲给我的影响其实并不大，但他认真做学问的文人气息对我有很深的影响。我觉得现在不能对学生要求这个（家学渊源），学生学不好也不应该怪自己没有家学渊源。没有家学也可以出人才，主要都要靠自己。

这些年来，我参政议政，差不多广东每个县都跑遍了。有个问题很触动我：历年高考入学，山区较艰苦条件下成长起来的孩子往往考得很优秀。条件越艰苦越发愤图强找出路。但珠三角的企业家很多，其中有不少暴发户，他们的儿女往往不能成才。

羊城晚报：就像一些社会学者说的：“二世祖”太多了？

詹伯慧：对，这个问题很严重。据我所知，江浙一带，人家那边的想法和我们就不太一样。人家不少企业家现在发达了，就想到自己读书少再发展很难，于是千方百计地培养儿女，让他们充实提高后再来继承自己。我们这里不是的，家里有钱就对孩子娇生惯养，给他们好的物质享受。孩子们也觉得，爸爸、叔叔他们没读多少书就有钱了，没有必要读那么多书。这是中国最悲哀的事，有钱的人没文化，有文化的人却没有钱！

有钱而又没有文化只能走向愚昧，钱多了做什么用？拿来分给子女，助长了不求上进的“二世祖”作风。现在这个问题比较严重，要扭转。太多“二世祖”，国家没有希望。

人生境界

既安且饱又有事业　人生足矣夫复何求

羊城晚报：您今年78岁，身体真好！感觉您身上有股“牛”劲，听学生说，您比他们活力还足！

詹伯慧：有人问我，为什么精力这么充沛？我说，世上不公平、不如意的事太多，任何一个社会都有，不要没事总想这些，满肚子牢骚。我常说一句话，“天塌下来当被子盖”，要相信这个时代。去年那么大的地震、那么大的灾难，我们国家都坚强地顶过来了。现在，我住的还是30多年前盖的老房子，我的学生都住进了新房，有的人想不通：“哎呀，你怎么不住新房子?”我说，我就两个人住，够了。古人说“君子食无求饱、居无求安”。我们现在既安且饱，又能从事自己喜欢的事业，还要求什么呢？人的思想境界很要紧，境界不同，考虑问题就不同。这会影响人生的质量！

生活方式

一点儿不恐惧现代科技　用十年早离不开电脑

羊城晚报：您做的是传统学问，生活方式和观念也很传统，您怎么看待现代科技呢？听说有的老教授挺恐惧现代科技的。

詹伯慧：哈哈，我用电脑已经整整十年了。我现在每个礼拜六给香港大学上一次课，礼拜四以前，我就把我的讲义用电脑写好，发伊妹儿给港大，让他们在我上课前先印发给学生。

羊城晚报：也就是说，您是67岁的时候开始学电脑的？

詹伯慧：1998年我在新加坡国立大学当了一年客座教授。在那里，人家要求很严格，坐班制，我和北大来的客座教授袁行霈也不例外。我们每个教师一个房间，每个房间都有电脑，学校里任何通知，包括学生向老师提问题，也包括图书馆借书催还的信息，都通过电脑发过来。如果不懂电脑，图书馆罚了款都不知道，那该多糟！我一到校就请教别的老师，先把电脑基本用法学会。很自然，在那样的环境中，不学习电脑不行，此后我就一直用起电脑来写作和发信了。

善待方言

方言体现地域之“俗”　粤语生命力强绝不消亡

羊城晚报：您是方言专家，研究方言，保护方言，但您同时又在积极推广普通话，这两方面的工作有没有矛盾？

詹伯慧：不矛盾，研究方言的人都是推广普通话的积极分子。其实，只有研究方言的人才最懂怎样推普啊！推普也是要对症下药的，研究方言才知道方言与普通话的差别，才能一把钥匙开一把锁。举个例子，你向潮州人推广普通话和向广州人推广普通话，方法内容就应该有所不同，向讲湖南话的人推普，又应该有所不同。

羊城晚报：我们做过调查，广州有些新客家，父母都不讲白话，孩子也不会讲；还有的夫妻都是广东人，但孩子上幼儿园、读小学都讲普通话，白话很弱。这样发展下去，很多年后，粤语会不会弱化？也有专家提出“粤语消亡论”，您怎么看？

詹伯慧：粤语绝不会消失，广东人日常生活中都在用，它还是很有生命力的！比如你到菜市场去，你听听四周都在讲白话。很多外地人来广州，也多少学了些白话，就是因为它实用。入乡随俗，方言正体现了不同地方的“俗”。

语言是社会沟通的工具，推广普通话会为我们增加一种沟通工具，是要让原来只说方言的人学会一种全国通用的社会通用语，是从单语生活过渡到双语社会，1+1=2，而不是等于1，这是不会动摇方言的存在基础的。我们建议父母应当有意识地在家里让孩子学讲自己的方言，父辈的方言不能丢，这对孩子发展有好处。方言是地域文化的载体，学习方言，可以帮你了解一个地方的文化、风情习俗，使你更快融入这个社会。

（原载《羊城晚报》2009年2月1日A2版《名人会》）

（《羊城晚报》记者）

詹伯慧：一生献给方言学

江一河　江丽芝

八十岁的老教授，骑一辆半旧的自行车在校道上穿行，车把上晃荡着一个黑色公文包，身体健朗，风雨无阻，詹伯慧已经是古老的暨南大学校园里一道珍贵的人文风景。

尽管已退休许多年，文学院一直为他保留着一间办公室，里面几大排柜里满满全是书，还有一台电脑。只要不是外出讲学，詹教授坚持经常来这儿工作，几十年如一日。他说："我可以'退'，但不能'休'，在学术上还要'从头越'。"

最近，他正忙着接收世界各地寄来的贺信与文章，因为"詹伯慧教授八十华诞暨从教五十八周年国际学术研讨会"即将于今年6月举行，这是学术界很高的荣誉。

家学："岭南词宗"之子

詹伯慧1931年7月出生在广东省潮州市，祖籍饶平县新丰镇。祖父詹辉琼是悬壶济世的老中医，算得上当地名士。父亲詹安泰是中山大学中文系教授，著名古典诗词研究家、文学史家和书法艺术家，尤精于诗词的创作和研究。他的诗词作品及词学论著在海内外有相当的影响，有"当代四大词家之一"、"南詹北夏"、"岭南词宗"之誉。

詹伯慧是长子，父亲对他寄予很大希望。五岁的时候，父亲就开始教他背诵唐诗名篇；稍长以后，父亲叫他临摹碑帖，父亲和朋友们评论诗词、读史解经时他经常跟在身边，从小接受国学的熏陶。在家里，父亲讲的是客家话，母亲是潮安枫溪人，讲的是潮州话，自然而然，詹伯慧从小就是一个典型的双语应用者，他经常分别用客家话和潮州话与父母交谈。抗日战争之后，他随父亲辗转到粤北坪石和广州上小学和高中，使用的都是粤方言。丰富多彩的语言环境使詹伯慧产生了学习和研究语言的浓厚兴趣，也培养了他区分、辨析各地方言的初步能力。

1949年，詹伯慧以优异的成绩如愿以偿考上了当时全国唯一的语言学系——中山大学语言学系，师从中国语言学"泰斗"王力老师，开始了长达五十多年的、至今仍未辍耕的语言学园地的耕耘。

汉语方言学界的"詹家军"

从珞珈山到暨南园，詹伯慧从教五十八年（1953—2011）来，已刊著作逾30部，发表论文300多篇，在汉语方言、汉语辞书、汉语应用和汉语规范等领域做了大量的研究、教学工作，取得了许多令人瞩目的成就，在海内外学术界享有盛誉。

詹伯慧1955年到北京大学进修，师从汉语方言学大家袁家骅教授，期间参加由袁家骅教授主持的《汉语方言概要》的编写工作，负责编写粤方言和闽南方言两章，约占全书50万字中的三分之一。此书为中国历史上第一部全面论述汉语方言的著作，在海内外学术界影响很大。

进入21世纪以来，由詹伯慧主编的我国第一部方言正音字典《广州话正音字典》于2002年出版，受到学术界的高度赞赏。同年还出版了他主编的《广东粤方言概要》，此书于2005年5月荣获广东省首届社会科学优秀成果一等奖（政府奖），这是广东语言学科大量著作中获此殊荣的唯一一部著作。

近期，即届八十华诞的詹伯慧正负责主编《中国语言文字大词典》中的汉语方言卷（约300万字），此书为我国历来最大型的方言及方言学大词典，预计两三年内便可完成。

从教五十八年里，詹伯慧为暨南大学的汉语方言研究和学科建设倾注了大量的心血，作出了巨大的贡献，为广东省语言学事业的繁荣和发展发挥了无可替代的作用，也为我国汉语方言学的建设作出了重要贡献。他1983年从武汉大学调入广州暨南大学任教授，1985年任暨大复办后首任文学院院长，1990年被国务院学位办评为博士研究生导师，在暨南大学中文系建立第一个博士点——现代汉语博士点。1991年开始招收攻读汉语方言学的博士研究生。迄今詹教授已培养毕业博士研究生29人，硕士研究生9人，其中包括来自港、澳、台的博士生5人，硕士生2人。1994年我国首批5名攻读汉语方言学的博士研究生毕业，获授博士学位，其中出自詹伯慧门下的就占了4位。如今詹伯慧的门生都已成为汉语方言学界的骨干力量。语言学界把这支富有活力的汉语方言研究团队戏称为“詹家军”。

语言学研究的至善境界

作为一名语言学家，詹伯慧具有强烈的敬业精神和历史使命感，他呼吁大家要正确对待方言与共同语的关系，既要大力推广社会通用的普通话，也要充分发挥各地方言在地域文化建设中的作用，他认为方言与普通话并非水火不容，而是可以共存并用的，不应有所偏废。基于这一理念，无论是研究方言还是推广普通话，他都尽心尽力，把工作做细做好。

詹伯慧不仅仅是一个语言学大师，还是一位值得尊敬和钦佩的人文学者。深厚的家学传统加之长年在世界各地游学、讲学，他真正做到学贯中西：既对中国国学有坚实的基础，又对西方的文史哲即人文科学有极深刻的领会。

受过他言传身教的许多学生对他的人文学养及治学理念都有深刻的体会。“他尊重人的价值，培养并训练人的技能——科学的技能和艺术的技能，还常常带着教人愉快的幽默感。”

“他对于语言中的新事物、新现象、新用法的包容与鼓励是令人钦佩的，他对于方言以及方言应用中出现的混乱现象的规范问题也做了大量工作，这些都拓宽了语言研究和应用的范围，值得进一步深入和加强。”

“他有着广阔的视野做背景，而且绝不把自己禁锢在传统的知识范围，他研究语言现象和语言规律，是从改造语言文字的远大理想和目标出发的。这正是我们这些从事语言学研究的人心向往之，希望达到的至善境界，这些东西的生命力能够伴随我们研究的始终。”詹老的学生、暨南大学汉语方言研究中心刘新中副教授说。

（原载《中国社会科学报》2011 年 2 月 24 日 2 版《人文岭南》第 3 期）

詹师文选

汉语字典词典注音中的几个问题

汉语字典词典的编纂出版是当前语文工作中极为重要的一环，它直接为四个现代化的伟大目标服务，无疑应该花很大的力气来把它抓好。

汉语历史悠久，遗产丰富，是世界上使用人口最多的语言。汉语字典词典的编纂必须高度重视质量，在解形、注音、释义乃至用例、引书等一系列问题上，都应做到认真编写、认真审定，力求科学地总结我国汉语文研究的成果，反映当代汉语文研究的较高水平。

笔者想就有关注音的几个问题谈谈个人的管见。

一、规范化问题

字典词典既然是“典”，在解形、注音、释义诸方面，都应该有“典范”的作用。因此，汉语字典词典的注音，无疑应该始终贯穿规范化的原则。不管汉字读音存在着何等错综复杂的现象，字典词典编纂者总得通过认真细致的调查研究，进行科学的分析整理，想方设法为每个字、词注出规范的读音来。如果我们不严肃认真地对待注音问题，而是顺手拈来，无选择地在每个字、词条目下罗列各种古今音读，必然就会使读者在各种音读面前眼花缭乱、无所适从。众所周知，号称规模空前、收字最全的《康熙字典》，每个字目下往往不加选择地杂陈历代字书韵书上出现过的反切或直音，有的三四个，多者八九个甚至十来个，这样的字音大杂烩，不能起到语音规范化的作用。《康熙字典》之后问世的几部较大的汉语字典词典，如20世纪40年代的《中华大字典》以及60年代台湾出版的《中文大辞典》，在注音方面仍然没有能够突破《康熙字典》杂陈音切的框框。看来，用规范化的精神全面系统地整理汉字的音读，已成为今天汉语字典词典编纂者义不容辞的责任了。规范化的前提是把没有区别意义的、可有可无的读音加以淘汰、简化，确定合理的规范读音，以消除读音不一的现象。当然，也不能不分青红皂白地把一切又音异读一股脑儿地加以清除，那些能区别音义的读音，还应该在字典词典中加以保留。此外，还必须考虑到字典词典的不同性质、不同规模而对又音的保留作不同的处理。正在编纂的大型字典《汉语大字典》，要兼顾普及与提高，要服务于研究工作的需要，适当地多保留一些反映古今音变的音读，是完全应该的。某些为方言地区服务的普通话——方言注音字典的词典，适当保留一些能反映方言语音继承发展关系的又音，也是无可非议的。总之，规范化的原则并不妨碍不同类型的汉语字典词典根据实际需要保留一部分又音。对于一般只收现代常用字、词的中小型汉语字典词典来说，我们认为，还是以尽量少列又音，突出规范化读音为妥。

二、从今、从众、从俗问题

既然汉语字典词典都应无例外地给每个字、词条目标注规范的读音，那么，这个规范的读音根据什么原则来定呢？我们认为，应该遵循汉语语音发展规律，在普通话语音的范围内考虑从今、从众和从俗的原则。这个“三从”原则既适用于一般中小型的字典词典，也适用于大型的字典词典。

“从今”，就是说在注音时必须着眼于现实的读法。任何一部汉语字典词典，都应该认真考虑每个字、词所注的音是否符合今天实际的读音。就是像《辞源》这样偏重于解释语源的辞典，也同样得花很大的力气来准确地定出每个词条的现代音读。离开了“从今”而谈规范，这个规范有可能只是纸上的东西，没有多大的生命力。大型汉语字典词典要根据需要与可能兼注古代音读，但归根结底标注古代音读也是为了让人们能从中看出现代音读是如何从古代音读继承发展而来的。我们的字典词典是给现代人用的，在注音方面，读者首先关心的自然是现代的读音。因而注音时就不能不从当代人民群众的口语中去找寻语音规范的依据。只有深入人民群众进行广泛的调查研究，才有可能彻底掌握每个字、词的实际读音及其发展的历史轨迹，也才可能在尊重客观事实的基础上贯彻“从今”的原则，定出合理的字音规范来。例如“滑稽”中的“滑”字，早期“官话”曾经有念为 gu 的，“滑稽”念成 guji。可是，现在广大人民群众都已念为 huaji 了。我们现在编写的字典词典，就得面对现实，肯定 huaji 作为规范的读音。“从今”的概念当然也是相对而言的，有的字音甚至在 20 世纪 40 年代乃至 50 年代还是一种读法，可是，随着语言的发展，到了 60 年代，这个字音在人们口中都已变了，我们也就不能无视语音的发展。正确的态度只能是因势利导，肯定发展变化了的字音作为规范读音，在字典词典中给以合法的地位。例如“暴露”的“暴”，按传统的读法应该是 pu，四五十岁以上的人从小就跟着老师念 pulu。可是，如今一般都说 baolu 了，我们到底是墨守传统，还是承认语言实践的现实，因势利导，就把 baolu 作为规范读音肯定下来？我们认为，还是以向前看为宜，应该把“暴露”规范为 baolu。至于 pulu 这个音，无妨作为“旧读”附在规范读音后面供读者参考。本着明确规范、减轻负担的精神，凡某字某词有几个读法同时并存时，都可以顺乎语言发展的趋势，定出其中最广泛使用的一个作为规范，而把有保留必要的读音加括号附在规范读音之后，作必要的说明。例如“血”字就可以把 xie 音作为规范，而把 xue 音附后备考；“指”字就可以把 zhǐ 音作为规范，而在后面注明尚可读 zhī、zhí。这样处理既明确了字音的规范，又适当保留了必要的又音，有主有从，以逐步减少多音字、词。

“从众”和“从俗”实际上是互相联系的两个方面。“从众”是要尊重广大人民群众的读法，要有群众观点；“从俗”是要尊重语言的习惯读法，要跳出书本的框框，从语言实践中寻找正音的依据。总的说来，“从众”和“从俗”的提出，无非是强调要掌握群众语言，掌握活的语言，不要纸上谈兵，不要脱离实际。

当然，“从众”和“从俗”绝不是没有前提的。如果没有前提，有闻必录，那又会走向另一个极端，同样达不到准确地规范字音的目的。前提就是我们在前面指出的“在普通话语音范围内考虑问题”。不属于普通话范围的语音，包括北京土语的某些读音在内，都不宜于作为规范的读音进入字典词典。这里牵涉某些方言词语进入汉语字典词典时注音能否突破普通话语音系统的问题。这个问题比较复杂。个人的初步意见是：既然已被汉语字典词典吸收进来，原则上应该按方言与普通话间的对应规律折合普通话的读音来标注。这也许会遇到不少的困难，会出现一些不尽如人意的现象，但无论如何，非万不得已，不要在注音时随意突破普通话音系，这一前提恐怕还是可以成立的。例如北京土话中“论斤卖”的“论”念成 lin，就不能作为“论”的规范读音。有时候方言土语的读音和一般普通话的俗读界限并不是很清楚。北方方言区的某些土语语音成分，特别容易在人们的语言交际中不知不觉地渗透到普通话中来。这就要求我们在确定语音规范时作深入的调查研究，对口语中的土语成分进行鉴别，为正确贯彻“从众”和“从俗”的原则提供可靠的依据。特别是对于那些口语中本来就存在读音分歧的字、词，更应该在深入调查的基础上进行认真的分析，求得比较合理的解决。例如“酝酿”的“酿”，群众都习惯于念 rang，“发酵”的“酵”，群众都习惯于念 xiao，这跟上述 lin（“论”的土音）不同，不能看作是纯粹的土语成分。现代字典词典虽然注音都用 niang（酿）和 jiao（酵），在广泛调查的基础上，考虑到“从众”、“从俗”的原则，我们订音时是不是还一定要死抠住 niang 和 jiao 不放呢？在没有经过有关审音机构重审以前，新编的汉语字典词典，可以暂把反映语言实际运用情况的“俗读”字音附在原订字音之后，加以必要的说明，承认它的合法地位。

在贯彻“从众”、“从俗”的原则时，有两个问题值得特别提出来谈谈。一是所谓“积非成是”的问题，一是“名从主人”的问题。

“积非成是”，这是在贯彻“从众”、“从俗”的过程中遇到的一种现象。“非”转化为“是”，应该是有充分的群众基础，有足够的积累过程的。“非”之转化为“是”，毕竟只能是个别现象，应该有严格的限制。绝不能随意扩大，更不能任意滥用，否则就有可能导致读音混乱的恶果，以至于为错别字开绿灯。拿人们常举的“荨麻”中“荨”字的读音来说，如果不是广大医药卫生人员都已普遍念为 xun，我们有什么理由可以断定 xun 的读音已经积“非”而成“是”了呢？某些字、词在一部分人嘴里存在着与目前字典词典注音不同的念法，只要这种念法还不具有广泛的群众基础，绝不能匆忙加以承认，更不能轻易让它进入字典词典中来，例如“蜕化变质”的“蜕”，字典词典注音为 tui，我们有时听见盲人把它念成 tuo 或 shui，这就得分析分析，不能随便肯定 tuo 或 shui 是“俗读”，从而给它以合法的地位。据初步调查，一般来说，这个字的 tuo 或 shui，只在文化程度不高的群众中流传，很可能仍属于念别字的情形。文化程度较高的人，一般是不至于说“tuo 化变质”或“shui 化变质”的。这就跟“荨麻”在医药卫生界普遍念成 xunma 大不一样了。还值得一提的是，电台播音和话剧演出对于这类字音的抉择同样负有重大的责任，特别是中央人民广播电台的播音员，往往一个字的读音，一经他们播出，就无形中在亿万人民心中刻下了合法的烙印。为此，电台播音部门和字典词典注音审音部门有必要密切配合，共同负起正音的责任来。只要我们正确理解“积非成是”，认真掌握原则，也就用不着担心会因为“积非”可以“成是”而让错读讹音像决堤洪水般涌进字典词典和播音室里来。像“鬼鬼祟祟”念成“鬼鬼 chongchong”一类的情况，是会被拒于门外的。

再说“名从主人”的问题。字典词典中人名地名的注音，一般说来，都应该恪守“名从主人”的原则，但这实际上也离不开“从众”、“从俗”的原则。就地名来说，普通话审音委员会早在“三审”中已审订过一批国内地名的读音，其中包括一些难认的地名。近年来，国家测绘制图部门编制了汉语拼音地图公开发行，地图上能找到的地名，也都用了拼音。问题在于有的地名用字，“主人”本身就存在着异读的现象，这在字典词典注音时就不能不费点神了。如“堡”字作地名，既有念 bu 的（如陕西吴堡），也有念 pu 的（如十里堡），而“城堡”的“堡”又念成 bao。这在注音时如何处理呢？当然只能把“从主人”和“从众”、“从俗”结合起来考虑。总的说来，不同的地名如有不同的念法，宜于保留又音，而不宜强求一致。对于个别地名的订音，如果经过调查研究，认为原来字典词典所注的音，乃至“三审”审订过的音确有重新考虑的必要，也未尝不可以有所修订，但必须认真做到审慎从事，择善而从。拿作地名的“济”字来说，现在好些字典词典都注作 ji，这就古代水名（“济水”）而言，也许非常确切；可是，对于现在的山东省省会济南市的“济”来说，字典词典仍订为 ji 音，而实际上一般人都念去声 jì，这就有必要按“三从”的原则来重新考虑了。1963 年 5 月《中国语文》发表了张喆生同志的意见，反映群众提出江苏邳县“邳”读为 pi，与“丕”同音，不应订为 pei，群众的呼声引起有关方面的注意。《现代汉语词典》（试用本）和《新华字典》都已接受了这个意见。这给我们一个很好的启发，地名注音非认真贯彻“从主人”和“三从”的原则不可。

人名的注音跟地名注音的性质是相同的，同样要把“从主人”和“三从”的原则结合起来考虑，特别是要把“从主人”放在优先考虑的地位。“主人”本身对同一姓名用字如有不同的念法，又该怎么办呢？我们认为，只要不是念别字，就应该尽量尊重主人自己的意见，字典词典不宜于硬性规定一个与“主人”习惯念法不同的音作为这个人名的读音。例如，“郗”有 xi 的念法，也有 chi 的念法，如果单纯从“三从”的角度来考虑，“郗”从“希”旁，读 xi 也许一般人比较容易接受。可是，姓名的读音毕竟应该首先由“主人”来决定，归根结底，是姓 xi 还是姓 chi，还得尊重姓郗的人的意见。至于像“琛”字本应该念 chen，可是有人取作名字时，自己却念为 shen，这分明属于念别字的性质，我们注音当然不能迁就这样的“主人”。

某些古代人名的读音按“从主人”的原则是一种读法，按“三从”原则又是另一种读法，怎么办呢？我们认为，应该厚今薄古。古人的名字就不一定死抠“从主人”原则了，不妨以今人的读法来考虑规范读音。但与此同时，还有必要把古读作为又音保留下来，加以必要的说明，例如“叶公好龙”的“叶”现在就可以订为 ye 音，但同时注明“旧读 she”，“郦食其”的“食其”同样可按今音标注，然后在今音后面说明这个人名“旧读 yiji”。

三、“规律”与“实际”问题

语音演变的规律性是很强的，拿现代汉语各方言和古音来比较，各有各的演变规律可循。这些规律在声母、韵母和声调方面都有所体现。充分认识音变规律，掌握音变规律，是字典词典注音必不可少的业务准备。关于古今音变的整理研究，已经有人做了许多工作，有了不少科学成果可供利用。例如丁声树先生编录、李荣先生参订的《古今字音对照手册》（科学出版社，1958 年）就是一本按照音变规律把中古字音和现代字音对照列出的著作，对于字典词典的注音来说，无疑是非常有益的参考资料。

规律不是从天上掉下来的，是从语音在不同历史时期的实际运用中归纳整理出来的。一般地说，大多数现代汉字的读音是和古今语音演变规律相吻合的。例如最普通的一条古今声调演变规律是：中古时期的上声字在全浊声母的条件下演变成现代北京音是去声，如“动”字在中古时期是全浊声母上声字，现在订音就订为去声，不会有错。可是，规律毕竟还会有例外。由于语音发展的不平衡性，有些现代语音现象，按照一般规律是不好解释的，这就是“一般”之外有“特殊”，也就是我们习惯说的“突破规律”或“规律的例外”现象。碰到这类不符合一般规律的现象，又该怎样处理呢？唯一科学的态度就是实事求是地把规律与实际结合起来考虑，兼顾演变规律与语言实际，按照前面谈到的“三从”原则来妥善地处理每个字、词的读音。当遇到语言实际与语言演变规律不相符合时，一定要全面研究，审慎处理，既不能死抠规律，又不能自然主义；要运用多方面的材料，通过仔细的比较，从中酌选最合适的读音来作为订音的依据。拿杭州著名的保俶塔中“俶”一字和西泠桥、西泠印社的“泠”字来说，按规律“俶”字《广韵》昌六切，折合现代普通话应该念 chu，可是当地人实际上却大都念 shu；“泠”字《广韵》郎丁切，折合现代普通话应该念 ling，辞书和电台广播也都作 ling，如今当地人却大都念为 leng 了。像这类已在群众中扎了根的实际读音，开始也许是由于“认字认半边”引起的讹读，可是，既然今天已成为大家习惯的读音，实际上也已没有多少人去责难这种读音的错误了。归根结底，像人名地名一类的读音，遇到“规律”与“实际”有矛盾时，还是非从实际出发，参照“从主人”与“三从”的原则来斟酌定夺不可。在某种情况下，“规律”往往只好“屈从”一下“实际”，没有多少犹疑的余地。遇到按规律折合可能有两种不同读音时，同样只有从实际出发，多做调查研究，才可能使字音订得合理。

按规律推断现代读音，得注意把音义结合起来考虑。所谓“音随义转”，一定的字音是伴随着一定的意义的。古今字音有变化，古今字义同样也有变化。在运用语音演变规律推断今音时，不能不考虑这个字目前所代表的字义与古代是否相同，有没有发生变化。字义一旦有了变化，原先代表古字义的字音就不一定能够作为推断今音的科学依据了。特别是在汉字不断简化，许多字已经压缩合并的情况下，有的古今同形的字实际上已不是同一个词了，如“干部”的“干”是“幹”的简化字，与古代的“干”就不是一回事。又如“萹”字《广韵》有许多反切：芳连切、补殄切、方典切、卑连切、布玄切、北泫切。这些不同的反切所代表的义项基本上都相同。《康熙字典》取方典切和布玄切，释义作“竹草”。《辞源》（1951 年改编本）对这个字的释义基本上沿用了古代的同一义项，仍作“竹草”、“扁竹”讲。既然字义古今没有什么变化，音随义转，按规律推断今音，可以有 biān、piān、biǎn 这几个音供选择，我们就得按照“三从”的原则结合实际来斟酌取舍。《辞源》采用 pian 音，就不出上述范围。可是，另外一种情况值得我们注意，那就是在释义时有的字典词典并不把这个“萹”字作“竹草”讲，而只是把它当作“扁”字的异体来看待。只收现代常用字、词的字典词典一般就都是这样处理的。如《现代汉语词典》（试用本）就把“萹豆”作为“扁豆”的异体（《新华字典》索性不收“萹”字），既然作为“扁”的异体，在这一释义的基础上，音随义转，“萹”的读音就可以径直订为 biǎn（同“扁”），而不必费神去考虑古代作“竹草”讲时有多少反切，折合现代音应如何选择取舍了。可以这样说，在字典词典注音工作中，如果遇到某字已明确它的身份是一个字的异体时，就不妨大胆地按异体字来处理注音，这正是严格遵循“今音从今”，不拘泥于古今音变规律的体现。

按古今音变规律推断今音，对于一些生僻字来说，几乎可以说是唯一的途径。这类字既然生僻，往往不易验诸口耳，难以依据实际的读音来验证。在这种情况下，似乎“规律”就可以主宰这类字音的命运了。我们认为，即使对于这类“我辈数人，定则定矣”的僻字读音，越是对规律的依赖性大，越是要注意避免孤立地只按规律办事。只要有实际情况可供参考，哪怕是间接的，我们都得按照实际情况结合规律来加以认真考虑，绝不可认为反正是生僻字，用途不大，人家不会深究，简单按古音反切折合一个今音就算了。例如“酅”字是个不常见的古地名、姓氏用字，《广韵》户圭切（同“携”），我们如果简单从事，只按户圭切来推断，再拿同偏旁的常用字“携”来印证，也许就会订为 xie，认为万无一失了。实际上，这个字音订为 xie 是不够妥当的。对于生僻字的注音，我们不妨多参考一些方言的资料，特别是作地名用的生僻字，更有必要找寻各地有关的地名来参考。拿这个“酅”字来说，就不妨参考一些带“巂”旁的地名，看看它们在当地群众中是怎样念的。据初步了解，“携”字在方言中是不乏念 i 韵的，闽南方言的潮州话和客家方言的梅县话就都念 i 韵。西南方言的四川有个越西县，原作越巂，这个“巂”就念 xi。再说，同“巂”旁的字中，现代北京音也并非全部念 xie，“蠵”、“觿”两字就念 xi。综合各种情况来考虑，把用作地名的“酅”字订音为 xi，无疑要比订为 xie 更妥帖一些。

总之，在我们进行字典词典的注音工作时，对规律与实际这两个经常纠缠在一起的问题一定要有正确的理解，要根据具体的情况作全面的分析，既尽量按照规律，又注意不脱离实际，这样才能保证每个字、词的注音能够科学地反映现代汉语的准确读音。

四、百家争鸣与集中统一问题

汉语字典词典的注音问题是一个学术性很强的问题。在审订字音的过程中，从原则、方法到每个字、词的读音，都可能出现不同的意见，甚至产生一些争论，这是很自然的事。只有充分调集专业力量，坚持贯彻百家争鸣，大力开展学术讨论，才能在集思广益的基础上把每个字、词的读音审订得科学准确，既能反映汉语语音发展的规律，又能符合语言运用的实际情况。

字音一旦经过充分研究，反映到字典词典中来，无疑将具有规范性和权威性。特别是对于某些存在分歧的语音现象，一经字典词典编纂者与有关审音机构作出定夺，就必然会在社会上产生极大的影响：广播电台将以之作为播音依据，语文教学将以之作为正音标准，其效果可想而知。

为此，有关部门过去曾专门成立“普通话审音委员会”作为审订普通话语音的权威机构，并于1957、1959、1962年分三批审订了普通话异读词的读音（即所谓的“三审”），对汉语语音规范化起了积极的促进作用。为了保证字典词典注音的质量，进一步推动汉语语音规范化工作，今后仍有必要由国家权威审音机构在百家争鸣、发扬民主的基础上对现代汉语每个字、词的读音加以审订。由国家出版机构出版的各种汉语字典词典，应该尽量避免出现注音不一的现象。

当前，在审音机构尚未恢复组建以前，各汉语字典词典在注音工作中有必要共同考虑以下几点：

（1）对于“三审”已经审订的音，一般不要随意改动。经过深入调查研究，认为确有改动必要的个别字音，可以姑且采取一方面保留“三审”读音，一方面加注拟改读音的办法来处理。

（2）未经“三审”审订的字、词，注音时应尽量利用前人的成果。已有字典词典中的注音，特别是影响较大、近期修订出版的字典词典，如《现代汉语词典》、《新华字典》等的注音，一般说来是经过严格的审订，比较可靠的。只要没有发现明显不符合规律或不符合实际的注音，就不要轻易改动，以免造成不必要的混乱。旧字典词典中个别注音欠妥，需要重新改订的，一定要做到根据充足、资料翔实，严格按照实事求是的科学态度办事。

（3）目前正在国家统一规划下进行编纂的各种汉语字典词典，特别是几部收字、词较多，分量较重的大型字典词典，在注音审音中应相互通气，加强协作。必要时可在统一领导下共同组成注音审音业务机构，共同研究解决注音中遇到的问题，保证起码做到各汉语字典词典的字、词同音，避免各行其是，使读者无所适从。

（4）现有字典词典中已存在某些注音不一的现象，据统计是数以百计。建议有关机构举行专门学术会议，充分讨论，协商解决，以便尽快消除字典词典中注音分歧的现象。

（《中国语文》1979年第1期，北京）

汉语方言词典编纂中的几个问题

一、引 言

近二十年来，汉语方言词汇的调查取得了丰硕的成果。全国各汉语方言地区都积累了大量多彩多姿的汉语方言词汇。在这个基础上，从20世纪80年代开始，不少方言学者都致力于总结方言词汇调查的成果，并落实到编纂各种方言词典上来。如今我们走进各地的书店，在展示辞书的书架上，多少总可以看到一些或详或略、或厚或薄的方言词典。这些词典内容、体例不尽相同，归纳起来大致有以下几种类型：

（1）汇集某一地点方言词语的单点方言词典，如《上海方言词典》、《昆明方言词典》、《北京方言词典》、《成都方言词典》、《广州方言词典》等。

（2）汇集某一地区、某一省份方言词语的地区方言词典，如《东北方言词典》、《山东方言词典》、《湖北常用方言词典》等。

（3）汇集某一专题、某一专著中方言词语的专题方言词典，如《北京话儿化词典》、《老舍作品中的北京话词语汇释》等。

此外，也出版过少量以大方言区词语为收录对象的方言词典和兼收各地方言的综合性方言词典。前者如《客家话词典》、《简明吴方言词典》等，后者如《方言小词典》等。

在我们看到的方言词典中，也有一些同一方言地点先后由不同作者编纂的几种方言词典。如广州方言就有过好几本方言词典问世，福州方言词典也出版过不止一种。

在众多的方言词典中，以李荣教授为主编的《现代汉语方言大词典》41种分卷本从20世纪80年代末开始组织筹划，90年代初着手编纂，集合了全国60位方言学者的智慧，历经八载辛劳，终于在1998年底完成这一套总字数达2 200万，内容丰富、装帧精美的皇皇巨著，深受海内外学术界的瞩目。与此同时，由上海复旦大学许宝华教授和日本京都外国语大学宫田一郎教授共同主编的五大本《汉语方言大词典》，经过十多载编纂出版的历程，在中、日两国学者的通力协作下，也终于在1999年春天和读者见面了。这两套规模宏大的汉语方言大词典，前者以分地成册的形式详列41个有代表性汉语方言点的方言词语，后者以融南北古今于一体的形式，尽录各种方言著述及古今文献中的方言词语。这两项汉语方言研究中的“重量级”工程，几乎同时起步、同时完成，堪称中国语言学史上的空前盛举。

从已经出版的许多汉语方言词典中，特别是这两套总共4 000多万字的方言大词典中，我们看到了一些编纂方言词典的好经验，也遇到一些值得探讨的问题，下面就有关的几个问题进行讨论，略抒管见。

二、方言词典的收词问题

编纂任何一种词典，首先必然会遇到收词立条的问题。收录什么样的语词，收录多大数量的语词，就体现出这部词典的性质和特征。名为方言词典，按理自然是以方言词语作为收录的对象，不应该会有多大的问题，但事实并不那么简单。首先，我们会遇到什么是方言词语的问题。如何理解方言词语？方言作为一个语言整体，作为人类社会的交际工具，它跟任何一种独立的语言一样拥有系统的语音、词汇、语法等语言要素。词汇是构成方言的“建筑材料”，出现在这个方言中的所有语词，构成这个方言词汇的整体。而方言中的每一个语词，也都是这个方言词汇中的一员。从这样的认识出发，方言词汇就应该是包括该方言中的所有词语了。下面让我们拿粤方言的一个口语句子来剖析一下：

佢点解成日都唔见人㗎？（他为什么整天都不见人呀？）

这句话中有八个词语：佢、点解、成日、都、唔、见、人、㗎。这八个词语无疑都是粤方言词汇整体中的成员，都是语言应用中的“建筑材料”。可是，当人们在谈及粤方言的“方言词”时，却总是只把“佢”（他）、“点解”（为什么）、“成日”（整天）、“唔”（不）、“㗎”（呀，语气词）等看作是粤方言词，而不认为其中的“都”、“见”、“人”等也是粤方言的方言词。这是常识性的理解，而这种理解恰恰就不是建立在“方言中所有的语词都是该方言词汇的一员”这一理念上的。由此可见，方言词汇实际上可以有广义的理解和狭义的理解之分，广义的理解指的是方言中所有语词，不论是否“与众不同”，是否有本方言的独特色彩，只要是进入了这个方言，在这个方言的词库中占有一席之地，都是这个方言的方言词汇。狭义的理解则认为方言中只有那些与众不同的独特语词才是该方言的方言词汇。通常人们总是按狭义的概念来看待方言词汇的。广义的方言词汇只是在理论上可以成立罢了。

问题在于：方言词典的编纂者都是能够理解方言词汇有广义和狭义之分的，但在他们制定编写条例，考虑入编词语时，各人的取舍尺度并不一致。既然方言词汇的理解可宽可窄，收词的范围也就同样可宽可窄。从已刊的许多方言词典来看，大多数词典都从狭义方言词的角度入手遴选方言词语。前面提到的一些单点方言词典或地区性方言词典，每册所录方言词语，少则三五千，多则七八千乃至上万，基本上都属于能显示方言特色的狭义方言词。这是因为方言词典的编纂者大都抱着显示方言特色和宗旨来编纂方言词典的，他们也就必然把收词的着力点放在挖掘方言中特有的词语上。凡属“人无我有”的词语，大概是很少会遗漏的。当然，由于编纂人员水准不一，调查的深度也不一，某些方言词语未被发现，某些词语应否收录又拿不定主意，因而漏收错收也毫不足怪。同是某个方言的方言词典，收词量多寡不一，有的甚至相去甚远，这也是意料中事。

时下除了大多数方言词典以体现方言特色的方言词语为收录对象外，也还有少量方言词典收词范围扩大到非方言词语上来。80年代初出版的《普通话闽南方言词典》就是一部代表作。这部词典开宗明义标明是“普通话和闽南方言”的词典，即兼收普通话和闽南方言的词语，并含有对比的意思。这部词典收录闽南方言词7万条，同时收录见诸《现代汉语词典》的普通话语词5万多条，可谓洋洋大观。以往广东省也曾出版过以《新华字典》为蓝本，在每个字目下加注方言读音的字典。其实这类字典只能说是加注方言音读的共同语（普通话）字典，称之为方言字典是不贴切的。这类字典既然以共同语为收录对象，尽管加注了方言读音，从字典的体例上出发，在共同语中没有出现的方言词语也就无缘挤进字典中来了。

李荣教授主编的41卷《现代汉语方言大词典》有统一的编写体例。在收词方面，既要求尽量深入挖掘各地富有特色的方言词语，同时又制定了拥有3 000多语词的常用词调查大纲，要求各卷编纂者都要记录下这3 000多个词在本方言中的说法。这是一种以狭义方言词为主，以广义方言词为辅的收词原则。之所以这样做，是准备在编就41卷分地方言词典以后，再以各卷共同收录的3 000多个词为基础，编纂一部综合41个方言点的《现代汉语方言大词典》（综合版）。李荣教授在41卷分地方言词典的总序中说得很清楚：“分地方言词典的要求有两项：一是为综合的方言词典准备条件，二是反映本方言的特色。”

我们赞成方言词典应着眼于收录具有特色的方言词语，但在编纂以收录方言特有词语为主的方言词典之外，为了某种需要（如比较、综合）也适当编纂一些兼收部分非方言特有的通用词的方言词典，是完全有必要的。如要编纂一些用以比较不同方言词汇面貌的词典，就非收录一批共同的常用词语，并以共同语的词语作为对照比较的参数不可。上述李荣教授主编的41卷《现代汉语方言大词典》，正是这样做的。北京大学语言学教研室编的《汉语方言词汇》，通过二十个有代表性的方言点，对照列出1 000多个常用词在这些方言点中的说法，让人们看到汉语各地方言词汇异同的情况，虽然它还不能算是严格意义上的方言词典，但在显示汉语方言词汇特色上也产生了显著的效果。前述80年代出版的《普通话闽南方言词典》，其目的在于“帮助解决人们在学习与推广普通话，以及从事文化、教育、宣传工作和日常交际时所遇到的语言问题”，同时也为汉语方言研究提供丰富翔实的闽南方言资料，像这样性质的方言词典，全面兼录闽南方言和共同语的词汇，也就理所当然了。由此可见，方言词典收词的范围一般都在能否显示方言特色的前提下来考虑，但这只是就单一方言的方言词典而言，对于内容涉及多种方言或具有综合对比性质的方言词典，收词的原则、标准和范围，也就得另行考虑了。例如，当今一般方言词典都只收现代通行于方言地区的方言词语，不大会顾及历史文献中有无本方言的词语出现。但近期面世的五大本《汉语方言大词典》，开宗明义表明它是“通贯古今、综合南北”的汉语方言词典，内容必然力求详尽，自然也就要突破一般方言词典收词的范围，设法尽录古今方言著述及相关文献中的方言词语了。

对于大量只收录狭义方言词的单点方言词典来说，仍然存在着如何掌握收词宽严标准问题。有的方言词通行地界不很明晰，可能同时出现在相邻几个不同方言中，甚至出现在相隔很远的不同方言中，编纂方言词典时，这类方言词同时为几部不同地区的方言词典收录进去，是屡见不鲜的事。主张从严掌握的学者认为，既然几个不同方言地区都出现这个词，就不宜收到某一方言词典中来；主张从宽掌握的学者却认为，不论这个方言词是否也在别的方言出现，只要它在本地方言里能显示方言的特色，就可以收进本地方言词典中来。实际情况是：方言之间的关系错综复杂，某些方言的区界就很难做到泾渭分明，这又怎能避免方言词语在不同方言中交叉出现的现象呢？汉语各方言都是汉语历史发展的产物，在漫长的发展过程中，相互渗透、相互吸收是非常自然的。面对这一现实，我们认为，在编纂方言词典时，如果一见自己经过调查收录进来的方言词在另一方言中同时出现便马上加以剔除，显然是欠妥的做法。倘若在我们所编的方言词典中，大部分词语可以肯定是本地方言特有的，另有一小部分词语既属本地方言用语，也存在于别的方言，就应该从宽对待，只要这些词语不属于共同语中的通用词语，就不必过于计较是否“只此一家”了。在方言研究中，我们往往乐于找寻所谓的“特征词”，这些“特征词”可以用来鉴别方言的“身份”，这当然是很有价值的。但一个方言中能够称得上是特征词的语词，毕竟总是很少的数量。方言词典中收录的词语不可能都是经过严格筛选的特征词。决定能否作为方言词语收进方言词典来，主要还是跟共同语对比而言的。看来在处理方言词典收词的“宽”、“严”问题上，“法取乎中”也许是比较合适的尺度。对于并非“只此一家”的方言词，要左顾右盼、仔细斟酌，既不一概拒之门外，也不一概加以吸纳，紧紧围绕着“方言词典要能突出方言特色”来决断，大概就不会出现太大的偏差。近期我们看到有的方言词典竟把“爸爸”也当方言的语词收进来，这就未免过于“宽大无边”了。把“父亲”叫“爸爸”在汉语方言中非常普遍，共同语也同样用“爸爸”来称呼“父亲”，如果我们编纂出来的方言词典，里面充满许多像“爸爸”这样谈不上半点方言特色的词语，那还能称之为方言词典吗？

语言有口头语和书面语之分。历来一般语文词典大都收录有文字记载，有文献可稽的词语。在这一点上，方言词典可说是比较特殊的。除了少数收录古代文献中方言词语的方言词典，以及像《汉语方言大词典》那样兼收南北古今各种方言词语的综合性方言词典以外，方言词典一般主要都是录入该方言地区人民群众口语中使用着的地方性词语，特别是所谓俚俗土语的。因此我们总是强调方言词典必须建立在对方言地区进行田野调查的基础上，没有实地调查，掌握不了从群众口语中表现出来的大量方言词语，也就谈不上方言词典的编纂了。方言词典以地方口语为主要收录对象，这一点必须十分明确，毫不含糊，这就使方言词典有别于一般的语文词典。大至汉语大词典，小至新华字典，编纂时都不是从调查口语入手来操作的。但我们也不能因此走向极端，在尽量挖掘、收集口语语词的同时，也不能完全摒弃出现在书面文献、作家作品中的方言词语。有的方言地区（如粤方言和台湾闽南话）方言词语入文的现象比较普遍，甚至报刊上还出现一些完全称得上是“方言作品”的文章，至于各地民间说唱、地方戏曲等文艺形式，更是普遍存在着许多地方方言的词语，这些对我们编纂方言词典，无疑是宝贵的素材，可以大大补充直接从口语调查得来的语料，当然不能轻易放过。但也要注意书面语言资料的鉴别工作，从书面文献中收集到的方言词语，最好能拿到口语中去验证，看看在口语实践中是否也存在，通过“验明正身”再收到词典中来，就可以放心不会出错了。总之，在收集方言词语的过程中，通过实地调查得到的口语素材自然可以大胆信其真，而通过书面作品，特别是从历史文献上录得的资料，就一定要做好分析验证的工作，不可囫囵吞枣，一概照收。时下有的人喜欢从一些古典名著中搜集方言词语进行编纂方言词典，如从《水浒传》中寻找山东方言词汇，这样的工作得非常谨慎。单凭文学名著作者的籍贯和作品中人物活动的地域来确定作品中使用的某些词语必属某某方言，这未必是可靠的。例如作家欧阳山的小说中使用了一些粤方言的词语，我们编纂粤方言词典时，当然不能熟视无睹，不妨把从《三家巷》等作品中录得的粤语语词拿来跟珠江三角洲一带活着的民间口语印证一下，确定不会“错认门牌”，再收进方言词典中来，这样就可以放心了。

一部方言词典其规模大小固然决定于收词的多少，而其质量是否上乘，也跟收词问题息息相关。能否把好收词这个关口，做到该收的不漏，不该收的不留，对于实现方言词典的编纂主旨——体现方言特色，无疑是十分重要的。

三、方言词典的注音、用字问题

编纂方言词典，必然要遇到方言的注音问题。注音方式的抉择直接影响到注音的效果。汉语方言词典的注音到底使用什么样的方式最能准确表现方言音读的实际，又最便于词典使用者掌握呢?

早期西洋传教士为了传教的需要，曾为中国方言地区编写过一些方言词典或拼音字（词）汇，以至方言读物。这些方言字典读物都采用了专门设计的罗马字拼音字拼音方案来注音。上百年来，罗马字母（拉丁字母）几乎成为拼注汉语各种方言字（词）读音的共同选择。但同样使用罗马字母注音，注音方案的设计却是五花八门，各不相同。近几十年来各地学者运用现代语言学的理论方法编纂汉语方言词典，仍多以罗马字母为首选注音符号，但注音方案的设计却多考虑与50年代国家公布推行的“汉语拼音方案”相衔接、相协调，因而也就各自根据方言音系为方言的注音设计了专用于该方言的拼音方案。典型的例子就是1960年广东省在推广普通话的高潮中为省内四种方言设计了四套方言拼音方案，由文字改革出版社出版面世。在编写广东省内各方言地区学习普通话的小册子时，就分别用这几套方言拼音方案来拼注方言的读音。直到近期广东出版的方言词典（如饶秉才等编著的《广州话词典》，1997，广东人民出版社）仍采用当年设计的广州话拼音方案作为拼注广州话读音的工具。这类专为某方言注音设计的拼音方案，由于和群众熟悉的“汉语拼音方案”较易沟通，供既懂得该方言又懂得“汉语拼音方案”的人使用，有相当便利之处。然而，随着近十多年来各地纷纷编纂方言词典，方言注音问题引起了方言学者的重视，是继续沿着不断设计各种方言拼音方案的路子走下去呢，还是改以共同一致的注音方式来拼注各种方言？在这个问题上，“寻求一致”的呼声明显渐成主流。“一致”的归宿在哪里？在国际音标。主张使用国际音标的学者认为，国际音标本来就是可以用来标注任何一种语言或方言的科学工具，以往国际音标只在语言学界和外语的教学中使用，在举国上下的"推普"浪潮中，为了便于已掌握汉语拼音方案的广大群众，在方言地区设计方言拼音方案，供对比方言与普通话之用是无可非议的。但是，事隔几十年，如今随着国际文化交流的拓展，外语的日渐普及，作为拼注各种语言的国际音标正随之不断普及。而相反的情况是，60年代设计的一些单一方言拼音方案，现在能掌握的人已不多，拿广州话的拼音方案来说，广州人懂得的就很少。如果再用这套方案，要读懂广州话词典及广州话读物，首先就得学会广州话拼音方案，而学会了这套广州话拼音方案，却又不能用来阅读其他方言的词典。与其让学者们花力气为众多不同的方言设计各种拼音方案，读者又为阅读不同方言词典花力气来学会各种拼音方案，倒不如从今而后统一步调，大家都来使用国际音标标注各种方言的音读，这样不是更省事、更符合讲求效率的时代精神吗？基于这样的认识，90年代以来，中国内地出版的各种方言词典，已大都使用国际音标来拼注方言音读，而不辞劳苦为编纂方言词典另行设计拼音方案的，也就寥若晨星了。我们认为，统一使用国际音标为方言词典注音的路子是可取的，值得大力提倡。国际音标注音的科学性毋庸置疑，使用国际音标，不但能保证方言音读的准确性，也便于和现代各种语言学术专著、各类语言调查报告和相关语言报刊的标音体系相衔接。即使原先不大熟悉国际音标的人，从头学会国际音标，也可顺利阅读各种语言辞书和语言读物，这真是一本万利的事，何乐而不为呢！前面提及李荣教授主编的41卷《现代汉语方言大词典》（分卷本）和许宝华教授、宫田一郎教授主编的5卷《汉语方言大词典》，在这两套巨型方言词典中，凡是方言词语，都一律标注国际音标。这一做法在方言学界中受到普遍赞赏。

方言词典注音问题基本上解决了，方言中有音无字的词语，又如何解决呢？众所周知，由于现行方块汉字不是表音文字，说着不同方言的人都使用同样的汉字，同一个汉字用不同的方音来读，并不影响表达的效果。就这一点来说，似乎方言用字不会是个大问题，但这只是一般而言。对于某些方言特殊词语较多，有音无字的现象也比较普遍的方言，如海内外影响很大的粤方言来说，问题就不那么简单了。接触过粤方言的朋友都知道，粤方言为数众多的方言词语，经常以多种书写形式出现在书面语言中，或使用训读字，或使用自造字，或使用音同音近字，当然也有少数是沿用古已有之的本字，总之是形形色色，五花八门。从目前比较流行的几部粤方言词典来看，其中用来表现方言词语的各种方言用字少则一百多个，多则三四百个，这个数字在常用汉字中所占的比例不算小。如果以粤语口语为基础来写作，很可能每十个词语中至少会出现一两个方言用字。由于这些方言用字多出现在日常生活用语中，一些通俗性的文字（如港澳报纸中某些市民爱看的副刊），出现方言用字的机会就更多了。像粤语这样在书面语中出现方言字的机会很多，而这些方言字又多是群众自发创造的，随意性很大，既不像通用汉字那样有严整的造字规律，又没有统一的语言文字职能部门（如国家语委）或权威的语文研究机构（如中国社会科学院语言研究所）来统筹制定，结果就难免出现"各行其是"而缺乏规范的局面。这种局面自然会给方言词典的编纂带来诸多麻烦。毫无疑问，找不到合适汉字来表示的方言语词，有的是可以考证出古代的"本字"来的，有的则存在着方言使用者自发创造的"俗字"。在方言词典的编纂中，有的学者比较强调方言词语无一无所本，必有“本字”可考，因而对于每一个有音无字的方言词语，都要穷根究源，千方百计把“本字”挖掘出来，不赞成随便使用自制“俗字”，更不赞成随意用“开天窗”（□）的方式来表示有音无字。另外一些学者却比较强调方言中使用的俗字是人民群众创造的，是应该尽量使用而不可随意抛弃的。这些学者赞成在方言词典中的本字和俗字，乃至群众使用的同音字近音字可以兼收并用，“和平共处”。不得已时也不妨使用“开天窗”（□）的方式来解决。笔者是比较倾向于后一种意见的。我们的态度是：有“本字”且群众中已通行自造的俗字的，不妨顺水推舟，使用俗字。在方言用字的抉择中，还是从众从俗，服从约定俗成的原则为好，死抱着每个方言词都要考出本字的想法不放，是不切实际的。我们无意贬低“本字”的作用，考证词源，考证本字属于语言文字研究的内容，也是方言研究中的重要课题，作为语言专业人士，能够通过形、音、义诸方面的考察，为那些有音无字的方言词语考证出确凿无疑的本字来，指出方言词语的“娘家”，自然是功德无量的事。但我们不能不注意到：“研究”、“考证”是语言学家的事，“用字”却是社会上千百万使用语言文字的人民大众的事。倘若语言学家考证出来的方言“本字”是个不寻常的生僻字，不便于群众广泛使用的字，即使考证得十分准确，解说得十分合理，也不一定能使广大方言使用者认同，不一定能在方言地区得到推广。我们的语言研究成果未能为语言应用者所接受，也只能徒呼奈何。在现实的社会语言生活中，研究归研究，应用归应用，两者挂不上钩是常常可以遇到的。说到底，语言文字的应用是约定俗成的习惯行为，约定俗成是语言文字的本质特征。如果方言地区的民众在语言实践中已经自发地运用了考本字以外的手段，如自造俗字、同音代替等方式来解决本地方言中有音无字的难题，并且早已不胫而走，成为大家公认的用字习惯的话，即使这些方言用字既非“本字”，又不符合汉字造字规律，甚至有的还可视为错别字，语言学家们也很难说服大家改变用字习惯，很难使大家改弦易辙了。例如广州话中表示“站立”义的 k·ei^{13}，本字是“徛”，但广州人已习惯用同音字“企”，也就不必强求非改用“徛”不可；又如第三人称单数 k·œy^{13}，本字是“渠”，广州人习惯写俗字“佢”，也只能顺其自然了。人们宁愿使用俗字而不愿使用有根有据的本字，不愿让语言研究者牵着鼻子走，这正是语言文字社会性、习惯性的具体体现。我们在考证本字上下足工夫，而考出来的本字又未能得到群众的接受和推广，也大可不必为此而伤心难过。只要把匡谬正误的思想和约定俗成的现实结合起来考虑，在观念上认同语言文字的约定俗成的准则，也就不会“想不通”了。基于这种认识，在方言词语的用字上，大可以采取比较宽容的态度，让“本字”、“俗字”、“同音字”等多种类型的方言用字并存并用，给方言词语使用者有选择的自由。《方言大词典》的编纂者只是在同一方言词语出现了多种不同写法的情况下，才需要有所取舍，有所定夺。在这种情况下，方言词典的抉择也许多少可以发挥一点儿引导的作用。我们知道，闽方言中表示“穿着”义的方言词经闽语学者考证出本字为“颂”，表示“人”的方言词考证出本字为“农”，闽南方言区的群众却不一定全愿意遵循考证的结果，在方言入文时，把“穿”写成“颂”，把“人”写成“农”，至少我家乡的潮州话，就没有出现过这种依照“本字”的写法。这又有什么关系呢？人家不写“本字”，丝毫也不影响本字考证的准确性，不降低本字考证的学术价值，但我们编写

《方言词典》时，首先要在方言词典中如实反映现实用字的情况，训读字、俗字、同音字都不予排斥，同时也把本字考证的成果反映进来。也就是说，不妨在方言词语中列明应用中的俗字，同时也附上考出的本字。关于这一点，李荣教授在为编纂《现代汉语方言词典》所撰的“方言词典说略”一文中有精彩的论述。他认为方言条目一般用通行文字，但各地俗字也应录入，有的条目写的是同音字，他认为“写同音字足以反映方言事实，并非白璧之瑕”。至于“本字”，他说了这么几句话：“方言调查以记录事实为主。考证本字也重要，到底不是主要的。考本字考对了是理应如此，考本字考错了是画蛇添足，没有把握的本字要少说，没有把握的时候最好用同音字。”这段话对我们处理方言用字中的本字问题，是很有启发作用的。

说到底，方言用字对于方言词典的编纂来说最棘手的还是如何处理同一个方言语词有多种不同写法的问题。例如，粤方言中表示“现在”义的 jikɑ 就有“而家”、“宜家”、“依家”等不同的同音代替法；又如“大排档”、“大牌档”都是“卖饭食的摊档”，还有语气词，“啦”可以用自造字“嚹”，或“喇”，也可以用通用字“啦”，如此等等。《词典》一经择善而从，也就会对读者产生影响。还有一种情况，同一个方言用字，一会儿用于甲义，一会儿又用于乙义，叫人无所适从，例如，粤方言中的俗字“冚”，既有用作“盖”义，念 k‘ɐm^{35}的，也用作“严密”义，念 hɐm^{22}的；钞票“一元”粤语常按同音写成“一蚊”，而“小孩子”也叫做“细蚊仔”，“蚊”字并非自造俗字，在通用字中指“蚊子”、“蚊虫”，也是常用字。这样一来，如果广州人说“细蚊仔”到底是指“小孩子”还是指“小蚊子”呢？像这类一字多用的现象，反映出群众自发地使用方言字，难免会出现一些混乱现象，方言词典最好在这类问题上能体现出一种规范的导向，凡出现方言字中有一字多词或一词多字的，都明确表明词典选定规范的态度，这对于遏止各行其是之风，是会产生积极作用的。就拿粤方言中常用的几百个方言用字来说，其中包括了不少同词异字的现象，倘若编纂广州方言词典的学者能对此进行归纳分析，作出取舍判断后反映到词典中来，必然会有助于克服方言用字中的混乱现象。

四、方言词典的释义用例问题

对于任何一种类型的词典，释义都是头等重要的事。释义的准确性和释义方式的科学性都直接影响词典的质量。方言词典的编纂，同样要高度重视释义的内容和释义的方式。

一般单点方言词典都是在方言词条下先注方言音读，接着就用通用的现代汉语（白话文）解说方言词的词义。有多个义项的则先分义项，再逐一进行释义。方言词典并非只为本方言区的读者而编，要让不懂该方言的读者也能使用，在释义上就得紧紧抓住“对比”这一环节，如同一些汉英双语词典那样，特别注意方言与共同语间的差别，务必通过有效的对译方式，使读者对该方言词语有明晰的认识。例如，客家方言中“热水”叫“烧水”，看上去像是动宾结构，《梅县方言词典》的编者就在“烧水”这一词条下加注“偏正式，非动宾式”的说明。这样一来，词义就十分清晰了。方言词典在释义中遇到的棘手问题是并非每一个方言词语都能找到内涵与之完全相同的共同语语词来对译。方言中十分生动活泼的词语无法用很贴切的通用语来对译，这正好反映出方言和共同语之间的差别，也正是方言特色的具体体现。因此我们一定要想方设法把这类难以直接对译的方言词通过适当的方式把它解说清楚。拿粤方言来说，这类方言词可谓俯拾即得。例如“论尽”［$lœn^{22}tsœn^{22}$］、“搞掂”［$kau^{35}tim^{22}$］这样很常用的词，就不容易用简单的语词准确地对译过来。释义中遇到这种情况，也只好诉诸单词以外的方式，用更多的话语来解说了。这种释义中的问题，在每部方言词典都会碰到，能否运用一定的语言形式把具有浓厚特色的方言词语阐释清楚，对于方言词典的编纂来说可算是一次释义水准的测试。

释义的中心要求是准确性。释义好坏主要拿准确性这把尺子来衡量。而要达到准确性，有时光靠释义不行，还得配以恰当的用例，才能完满实现准确释义的目的。例如潮汕方言中常用动词“食”，对应于共同语就是好几个动词：吃、喝、抽（吸）等，共同语泛指吃东西用“吃”（吃饭、吃点心等），吃流质的东西用“喝”（喝酒、喝茶等），吃香烟用“抽（吸）”（抽云烟、吸洋烟等），而潮汕方言则一律用“食”（食饭、食烟）。我们在解说潮汕方言“食”时，如果不举出一些恰当的例子，就很难达到对“食”这个语词释义的准确性了。看来对于方言词典来说，简明的释义加上精当的例句是缺一不可的。正如李荣教授所说：“释义给读者轮廓，举例给读者全貌，配上合适的例子，整个注释就活了。”方言的用例一定要强调“原汁原法味，真材实料”。只有原原本本、不走样的方言说法才能如实反映出方言词的面貌。特别是遇到那些方言色彩十分浓郁的方言词语，像广州话中的“巴闭”、“执笠”、“孤寒”、“牙烟”、“闭翳”、“鶆线”、“扭计”等之类，更不能只是简单的释义，而必须配以纯粹的口语例句，才能尽显这类方言语词的独特风貌。时下坊间所见的种种粤方言词典，给人以良莠不齐、泥沙俱下的印象，其中释义、用例的准确性和得体性各书相去甚远。我们比较欣赏由麦耘、谭步云编著的《实用广州话分类词典》。这部粤语词典可谓后出转精。试以前面提到的“论尽”一词为例，在麦、谭所编词典中，这个词有三个义项，是分别放在“生与死”和“状况与现象”两类中来立目释义的。我们把它集中在一起：

①累赘、不方便：咁多行李，路上好～喍
（这么多行李，路上会很不方便的）
②情况不好，糟糕：
a. 真喺～喇，架单车爆呔呔添
（真是糟糕了，自行车轮胎漏气了）
b. 睇嚟呢单嘢好～嚅
（看来这事很不妙哇）
③［婉］原意为累赘、不方便，转指怀着孩子
你而家～就唔好嘟得咁犀利喇
（你现在怀着孕就不要动得那么厉害了）

上述对粤方言词“论尽”的释义和举例，既有简明的共同语对译，也通过方言的例句充分反映出方言词的内涵和用法，是比较得体的。

关于用例的取材。我们认为，要求尽量“原汁原味”，完全可以按照口语的实际记录下来，不一定要从书面语中去寻找“书证”。对于方言来说，上口是必然的、普遍的，而入文却是少有的、罕有的。除了像港澳粤方言和台湾闽南话这样能较多地进入当地报刊的通俗副刊版面以外，南北各地的汉语方言，包括一些跟共同语存在较大差异的方言，尽管人们说的是满口方言土语，一旦写到纸上，进入书面语言，便都是字典上规范的汉语汉字，在书面语言中，只能偶尔读到一鳞半爪的方言词语了。方言词语连同方言用字能够登堂入室，在书面上大派用场，这既是粤方言与其他方言不同的一大特色，也是粤方言地区社会语言文字应用规范化中的一大难题，“推普”工作长期不尽如人意的原因之一。我们在方言词典中把释义的工作做好，能准确地将方言词语对译为共同语规范词语，这对于方言地区人民群众掌握好方言与共同语的异同，正确使用统一的书面语言，无疑也会有一定的帮助。

有的方言词典释义时引用一些书面语言中的方言例句，特别是地方色彩较浓的文学作品中的方言词语。这当然是适宜的，但这绝不意味着只有在书面语中出现的方言词语才有资格进入方言词典。方言本质上就是地方口语，编纂方言词典就是要反映地方口语中方言词语的情况。因此，首先要考虑的是如何搜集口语中的方言词语，从口语中取材是方言词典有别于一般语文词典的一个特色。就这个意义来说，有没有书面语言的例证，对于方言词典的编纂是无足轻重的事。

参考文献

北京大学中文系语言学教研室　1995　《汉语方言词汇》(第2版)，北京：语文出版社。

李荣主编　1991—1998　《现代汉语方言大词典》(分卷本)(41卷)，南京：江苏教育出版社。

李荣　1992　《方言词典说略》,《中国语文》第5期。

麦耘、谭步云　1997　《实用广州话分类词典》，广州：广东人民出版社。

饶秉才、欧阳觉亚、周无忌　1997　《广州话词典》，广州：广东人民出版社。

厦门大学中国语言文学研究所汉语方言研究室　1992　《普通话闽南方言词典》，福州：福建人民出版社。

许宝华、宫田一郎［日］主编　1999　《汉语方言大词典》(5卷)，北京：中华书局。

詹伯慧主编　1991　《汉语方言及方言调查》，武汉：湖北教育出版社。

(《庆祝李荣先生八十华诞论文集》，商务印书馆，待刊，北京)

关于方言词的用字问题

——以粤方言为例

摘　要：我国一向重视语言文字应用的规范问题。近期在汉语方言地区，随着某些方言词语不同程度地进入书面语，出现了各式各样的方言词用字。号称“强势方言”的粤方言，方言词语“入文”的现象尤为显著。大量出现的方言词语特殊用字，引起了语文学界的关注。本文试图以粤方言为例，略论汉语方言词用字的一些问题。内容包括：一、引言；二、汉语方言词用字的种种表现；三、汉语方言词用字的规范问题；四、汉语方言词典中的“本字”与“俗字”问题。

关键词：方言词　用字　规范　粤方言

一、引　言

长期以来，我国十分重视语言文字应用的规范问题，1955 年在北京举行的那次影响极大的“现代汉语规范问题学术会议”，就是一次全面研讨现代汉语规范中方方面面问题的学术盛会。由于记录汉语的汉字体系的特殊性，汉语的规范问题，一般也包括汉语的书写形式——汉字的规范问题。四十多年前出台的简化汉字方案，正是推行汉字应用规范化的一项重大措施。几十年来的实践证明，把简化汉字作为我国通用的规范汉字来使用，对于推动我国语言文字应用的现代化、促进文化教育事业的发展，都发挥了极其显著的作用。近十多年来，针对社会上出现的一些汉字使用混乱、不注意汉字规范的现象（如乱造简化字、滥用繁体字等），国家及地方各级语言文字职能部门和广大语言文字工作者做了大量的纠偏工作，目的就在于强化文字应用中的规范意识，贯彻语言文字规范化的精神。

当前，在汉字的社会应用中，出现了一种不容忽视的现象，即在大力规范通用汉字应用的同时，在通行汉语方言的地区，特别是南方方言势力较为强劲的地区，随着一些方言词语的书面化，出现了不少专用于表达方言词语的方言用字。以粤方言为例，据不完全统计，进入粤方言地区书面语并出现在粤方言辞书中的粤方言词语特殊用字，少说也有两三百个。由于地方性的报刊及影视作品，以至广告招牌等都频频出现，这些记录粤方言词语的方言用字几乎可以说是家喻户晓。在改革开放的大潮中，随着南北交流的日益频繁，一部分原先只属于粤方言地区专用的方言词语也“北上”进入民族共同语，其中个别属于粤方言词专用的方言字也出现在像《现代汉语词典》、《新华字典》以至出版不久的《现代汉语规范字典》这样权威的共同语词典中了。例如“靓”、“孖”、

"腩"、"煲"、"镬"、"焗"等。众所周知，推广普通话的目的并非要消灭各地方言，而是要使方言地区的人民除了会说自己的家乡话外，还要学会使用共同语——普通话作为全社会共同交际的语言。使共同语成为通用的语言。在"推广共同语、保留方言"的政策下，像粤方言这样的"强势方言"，是不大可能因为大力推广普通话而丧失它继续作为地方性社会交际工具的作用的。既然粤方言会长期存在、长期流通，也就带来了粤方言的词语连同它特有的用字会在一些粤方言区的地方性报刊影视，以及一些带有粤语地方色彩的通俗文艺作品中出现。面对这样的现实，作为粤方言地区的语言文字专业人士，本着理论联系实际的精神，当我们在考虑语言文字应用的规范问题时，难道就不应该也想想出现在粤方言区中的方言用字问题？事实上，方言用字问题早就引起方言学者们的瞩目了。近一二十年来，在一些有关方言的学术会议中，我们常常听到有关方言字问题的讨论。就拿粤方言词的用字来说，编过多本粤方言辞书的粤语专家周无忌先生就先后在第六届（1997）、第八届（2001）国际粤方言研讨会上发表专论论述粤方言中的方言词用字问题，深受与会学者的瞩目①。暨南大学博士研究生黄小娅近期还专门以《近两百年来广州方言词汇和方言用字的演变》为题撰写了博士论文，文中以大量篇幅论述广州方言词用字的演变②。香港理工大学粤语学者张群显博士和包睿舜博士（Robert Bauer）最近也在合作编写关于粤方言用字的专著③，可见粤方言用字问题，是多么值得探讨的现实问题。

二、汉语方言词用字的种种表现

下面我们以粤方言为例，先来看看方言词用字的种种表现：

1. 沿用古已有之的古（本）字

广义的本字通常包括两类：一类是某些方言都在使用的一些本字，但在民族共同语和另外一些方言中却已经不大使用，或者说只在带有文言色彩的书面语和成语中才能遇上。而在某些方言中，这类本字却频频出现在日常用语中，在书面语和口语中都可以见到。其实这只是保存古词古义所用的本字，这些字在我国的通用汉字中也都可以见到，算不上是什么方言的专用字，如粤方言中的"翼"（翅膀）、"颈"（脖子）等；另一类则是某个方言中保留了某个古代汉语的语词，不仅音义依旧，而且用字上也完全沿用了该古词的写法，这种写法（本字）在现代通用汉字中已不大使用，被看作只是出现于一般人很少接触的古籍中，堪称生僻汉字。许多以考本字为题的著述，所考的本字正是这类鲜为人知的生僻古字。如粤方言中常用的"睇"（看）、"焗"（闷热、焖煮食物）、"黐"（粘）、"睩"（眼睛转动）、"敨"（展开）、"菢"（孵）、"捆"（打），等等。

---

① 参看周无忌：《粤方言词语用字应予规范》，第六届国际粤方言研讨会上宣读，1997年8月，澳门；《谈谈〈广州话正音字典〉粤方言用字原则》，第八届国际粤方言研讨会上宣读，2001年12月，广州。

② 黄小娅：《近两百年来广州方言词汇和方言用字的演变》，暨南大学汉语言文字学专业博士论文，2000年。

③ 参看张群显、包睿舜：《以汉字写粤语》（未刊稿）。

2. 训读字

用现有跟该词词义相同或相近的通用汉字来书写读音并不相同的另一个方言词。如粤方言中的“孖”，意为“双”，《广韵》应为“子之切，双生子也”。粤方言取其义，而读音为ma˥，则无所本；又如粤方言“罅”，意为“缝儿”，《广韵》为“呼讶切，杩韵”。“罅，孔罅。”粤方言取其义而另读为la˧，亦无所本，为训读字。

3. 自造方言俗字

方言地区存在着不少民间通用的方言俗字，这些俗字大都沿用《六书》的造字方式来创造，造出来的方言字一般只用于本方言，在本方言的字（词）典中可以看到。下面是粤方言的例子：

（1）会意字：仿效《六书》中的会意字新造出来的方言字。例如：“孭”（背负）、“乸”（母，母的）、“氹”（水塘）、“奀”（廋小）、“嬲”（生气）等。

（2）形声字：仿效《六书》中的形声字新造出来的方言字，声符以粤音为据，义符则起到意义归类的作用。例如：“谂”（想）、“掟”（扔）、“搣”（拔）、“餸”（下饭的菜）、“煲”（锅、煮）、“脷”（舌头）、“髀”（腿）等。特别令人瞩目的是，粤方言词中有许许多多新造的方言字，就简单化地用口旁加上一个表示声音、用作声符的声旁来组成。这个口旁虽不同于传统形声字的义符，但它却笼统地表示这个字是方言口语中的特殊用字，叫人一看就知道这是粤方言词新造的方言词用字，不妨把这许多带口旁的新造字也看作粤方言特有的方言形声字。例如：“咗”（相当于助词“了”）、“喼”（装衣物的箱子，一般多指“皮箱”）、“啱”（对，刚好）、“啖”（量词“口”）、“呃”（骗）、“咁”（这样，那样）、“唞”（歇息）、“郁”（动）、“嘅”（助词“的”）、“嘢”（东西）、“叻”（能干），等等。

（3）借用音同或音近的通用汉字作为“假借式”的方言词用字：这跟前述“训读字”有所不同。“训读”是借义不借音，“假借式”方言字是借音不借义。粤方言词用字中这类现象很多。外地人看着这类面熟的字形，却没法理解在粤方言中它被假借过来后所表示的词义。例如，“叹”可以表示“享受”的意思，“痕”可以表示“痒”的意思，“喊”可以表示“哭”的意思，“茅”可以表示“蛮横”的意思，“点”可以表示“怎样”的意思，“杰”可以表示“稠”的意思，“凑”可以表示“照料（小孩）”的意思，“遮”可以表示“伞”的意思，“虾”可以表示“欺负”的意思，“而家”可以表示“现在”的意思，“点解”可以表示“为什么”的意思，“牙烟”可以表示“危险”的意思，“边度”可以表示“哪儿”的意思，如此等等，真是不胜枚举。此外，外来语词译音的用字一般也是借音不借义，亦属这一“假借式”类型，如“波”（球，源自英语 ball）、“骚”（表演，源自英语 show）、“多士”（烤面包，源自英语 toast）、“士多”（商店，铺子，源自英语 store），如此等等。值得注意的是，同一个来源的外来词，不同方言借入时，由于各自运用自身熟悉的通用汉字或本方言特有的方言字来对译外来词语，也就自然出现同一个外来词进入汉语不同方言时会有不同的面孔出现的现象。

以上以粤方言为例大致归纳了方言词用字的几种类型。其中自造方言俗字数量最多，沿用古字（本字）次之，而使用训读字的数量最少。在大量的自造方言俗字中，尤以借助音同或音近的方式居多，这反映出粤方言词的用字是充分利用了《六书》中的“形声”、“假借”的造字方式来使得大量具有特色的粤方言词得以用方块汉字表现出来。在粤方言书面语中常见的方言词用字，大都是长期以来广泛流行于民间的，有的俗字可以追溯到百年以上的历史，例如明代的木鱼书《花笺记》、《二荷花史》等都是用粤方言写的文学作品，已有五百年的历史了。其后流行于粤方言区的大量民间说唱艺术，包括南音、龙舟、咸水歌、粤讴等，都是我们研究岭南文学艺术的宝贵财富，蕴涵着许多粤方言词语及为这些词语而创造的方言俗字。时下出现在两广粤方言地区，特别是香港、澳门两个特别行政区的传媒、影视、报刊以及到处可以遇见的广告、标牌中的许许多多形形色色方言用字，应该说，大部分也都是由来已久、代代相传下来的方言俗字。只有一部分方言字是随着社会发展的需要才于近几十年中由粤方言地区广大的人民群众陆续创造出来的。例如出现在港澳地区的新造粤方言字“𨋢”（电梯）就是很典型的一个新字，其造字构思仍没有跳出《六书》的体系。取“立体的车”来表示“电梯”，语音上又接近这一外来事物的英文原名 lift，堪称是当代“仓颉”的佳作。

三、汉语方言词用字的规范问题

上面我们略举了汉语方言词用字的一些情况。实际上，在书写方言词时，不同的人笔下有可能会用不同的汉字来表示同样一个方言语词。这就使得某些方言词在“入文”之际，由于作品、作者以及出现场合的不同而可能有不同的词形出现。明明是同一个方言的同一个词，倘若写法上有所不同，难免会被误认为是不同的方言词。这类现象如果只是偶尔见到，倒也无须过于介意。但到了像粤方言这样的方言词语大量出现在各种地方性的文字作品中，有的甚至在中小学生的作业中也可见到的地步，这种始终缺乏规范性的写法而任由方言词用字的随意性和不稳定性现象维持下去，就难免要影响语言运用的效果了。例如表示“现在”意义的粤方言词，通常人们多写作“而家”，但也有写成“依家”或“宜家”的；另一个表示“刚才”的粤方言副词，通常人们写作“头先”，但也有人写作“求先”；表示“给予”意义的粤方言词，通常人们多写作“畀”，但也有人写作“俾”，甚至还有写作“比”的，如此等等，并非个别现象。除了一词多形以外，还有用同一个字形来代表不同方言词的现象，例如一个“冚”字，在粤方言词中既用来表示“（器皿）严密、严实”，又用作表示“盖”的动词，还用在表示“全部”的方言词中（如“冚唪呤”、“冚啲”），这在书面语中同样难免会造成混乱。粤方言词用字中存在的种种缺乏规范的现象，在粤方言通行地区，早就引起社会各界，特别是文教界、学术界的深切关注了。目前两广、港澳及海外操粤方言者约七八千万人，对粤方言词用字进行规范的呼声常常可以听到。随着粤方言的发展，方言词方言字还可能会不断产生，倘若不注意对粤方言词的用字进行必要的引导和规范，方言词用字的混乱现象将愈演愈烈，势必给粤方言的使用和研究带来诸多的不便，也会影响到粤方言的健康发展，不利于粤方言地区经济、文教事业的发展。

下面就粤方言词用字的规范问题谈谈我们的看法。

（一）确立方言词用字规范的原则

汉语方言用字采用什么原则来加以规范？拿粤方言来说，多年来我们粤、港、澳一些研究粤方言的学者，在共同审订粤方言的读音以及随后编纂《广州话正音字典》中，就有意识地注意到粤方言词在书写上出现的情况，对粤方言词的用字有过一些思考和讨论。从粤方言中有音无字较多的实际出发，我们认为应尽量为粤语口语中的每一个方言词找出或造出适当的用字来，尽量少用“开天窗”（口）的办法。对于普遍存在方言“入文”、方言书面化现象的粤方言来说，广大人民群众笔下用到方言词时，常有无字可写之苦，倘若经过我们专业人士的努力，许多方言词都结束了无字可写的局面，那该是多大的好事！应该说，这正是语言文字研究为语言文字应用服务的一大善举。朝着这一思路，我们要考虑的是尽量往方言词用字“一音一字”的方向去努力。文字是记录语言中的语词的，汉字不是拼音文字，长期以来一直存在着用同一汉字代表不同语音的现象，与此同时，也存在着一音多字的现象，多音多义字在汉字中占有相当的比重，这是现代汉字的实际表现。这种表现正是历史悠久、相对稳定的方块汉字难以跟不断发展的语言相适应的结果，是历史遗留下来的、无可避免的现象。现在我们要为尚未明确或尚未固定以何种字形来表达的汉语方言词确立它的书写规范形式，自然应该遵循“一音一字”、“同词同字”的原则来考虑，以避免产生方言词用字“音无定字”的麻烦，给粤方言的教学研究和社会应用带来诸多的不便。这一工作应该参照前述汉语方言词用字产生的多种方式，一方面为尚未有书面形式的方言词确立一个合适的书写形式；另一方面为那些在同一方言词中存在着的不同书写形式遴选一个比较合适的字形，对方言词中同音异字、同词异字而缺乏规范的现象进行必要的整理，最终达到克服方言词用字随心所欲混乱局面的目的。总之，我们在考虑方言词用字问题时，指导思想始终十分明确：方言词用字必须合理规范。

（二）做好方言词用字规范工作的方法

1．某些方言词的用字业已进入《新华字典》、《现代汉语词典》的，宜乎无条件地作为方言词的规范用字

众所周知，《新华字典》和《现代汉语词典》这两部权威的辞书，是不轻易收入方言字（词）的。而在新版的这两部字（词）典中，我们发现有一些粤方言词的用字，例如“焗”、“孖”、“腩”、“睇”、“煲”、“唛”、“冇”、“枧”、“镬”、“奀”、“靓”等等，都已被收录进去，说明这些方言词的用字在汉语中有比较高的使用频率。这类已进入民族共同语辞书中的方言词用字，在方言词的书面语中，自然应该可以当作规范字形来看待，大概不会有什么争议。

2．充分尊重约定俗成的方言俗字

拿粤方言来说，在方言词的用字中，有许多是长期以来流行在粤方言地区的通俗作品中，并在社会上广为传播的方言俗字，这在前面已经介绍过。由于这许多方言俗字历

史悠久、家喻户晓，我们在考虑方言词用字的规范问题时，自然没有理由把它们撇开而费尽心机去另找“更合适”的字形。语言文字总是约定俗成的产物，拿粤方言来说，数以百计的方言俗字，正是长期扎根于粤方言区群众之中，日积月累而成为大家都乐于使用的约定俗成的方言用字的。像“嘢”、“啱”、“唔”、“咁”、“呖”、“乸”、“瞓”等在粤方言中很常见的方言俗字，当年我在参加《汉语大字典》编纂、负责收录各种流行于方言中的特殊用字时，就尽可能地有闻必录，使这部大字典做到名副其实地成为我国收字最多的汉语字典。像这类业已约定俗成的方言俗字，即令有些不大符合汉字传统的造字原则，作为方言地区方言词的专用字，也就不妨顺其自然，不必过于计较，多有挑剔了。

3. 有选择地使用古字本字

各种汉语方言都跟古代的汉语存在着继承发展的关系。南方一些历史悠久的方言，如闽语、粤语等，保留着较多古代汉语的词汇，这是十分自然的事。随着许许多多古词古义在粤方言中的保存，一些在现代汉语中已不用或少用的古汉语用字自然也在粤方言中被沿用下来，而且在粤方言词的用字中占有相当大的比重。其实这许多出现在粤方言书面语中的古字，正如我们在前面介绍方言词用字表现时所提到的，有一部分古（本）字实际上并非严格意义上的方言词专用字。这部分“古（本）字”在现代汉语的辞书中也大都可以见到，只不过它们作为口语语词在共同语和其他方言中并未出现，而只出现在某一特定的方言（如粤语）中。这样一来，人们也就把记录这类古代语词的用字看作是某个方言的方言词专用字了。

方言特有的口语词利用古字来表达，我们认为应该有所选择，不能无条件地一概“存古”。那些在古汉语书面语中出现较多，人们比较熟悉、容易理解的古字，用来表达本来就是从古代继承下来的方言词，自然是顺理成章，不会有什么问题。可是，有些方言中的口语词表面上已不容易看出它跟古代语言的承传关系，语言学者本着考本溯源的精神在考本字上下工夫考证，结果往往能为这些方言中的口语词考证出它的“本字”来。在语言学的层面上，考本字当然是具有学术价值的研究课题。但是，经过学者考证出来的本字，有不少是很生僻，甚至很难写的古字。倘若一股脑儿地把这些生僻字都用来作为相应方言词的书写形式，恐怕就值得商榷了。一些生动活泼的方言口语词，有可能由于用了生僻难懂的古（本）字而蒙上一层晦涩的面纱，这是许多在口头和通俗书面语中经常使用方言词语的人士所不愿意见到的。作为语言文字第一职能的无疑是人们之间的交际和交流，倘若方言词的表达用的多是生僻难懂的文字，势必要妨碍语言功能的充分发挥，这是不能不加以考虑的。我们是否可以定下一个原则：当有音无字的方言词需要采用经过严格考证、确凿无误的古字本字时，就得看看这个古字本字会不会过于冷僻，对广大民众的使用会不会带来不便。必须明确，在记录方言词时适当动用古字本字，绝不是为存古而用古。倘若该方言词在当地社会中已有普遍认可的用字，不论这个字通过什么方式产生，是否能够“存古”，我们都没有必要以不符合古字本字为由而去做正本清源的纠偏工作。这也就是考证归考证，应用归应用。考证的学术成果不容抹杀，但在社会应用的层面上，考虑取舍的角度就不单纯只是学术的问题了。这正如古文字学家在学术研究中会不断有所发现、有所前进，但从来也没有哪一位古文字学家动过要让古文字来代替现行的通用文字（包括已简化的汉字和未简化的汉字）在社会上广为流通的念头。举例来说，粤方言中表示第三人称单数的代词用“佢”，此字的本字应是“渠”，但既然“佢”已为粤方言区广大人民长期习惯使用，也就不必因为它不符合本字的写法而一定要改用“渠”来代替“佢”；同样道理，粤方言中一般以“企”表示“站立”的意思，有学者考出此字的本字应该写作“徛”，但既然长期以来大家都写作“企”，都理解这个“企”就是“站立”的意思，也就宜乎从众从俗，不必计较它符不符合本字的写法了。总之，在已经有了通俗写法并在社会上广为流通的情况下，我们就不必再枉费心机去考虑是否要改用本字写法的问题了。

4. 原则上认同借用音同音近的字，必要时可考虑有所规范

在方言词的用字中，大量借用了音同或音近的汉字，这种做法原则上应该加以认可。只是当同一个方言词用了多个不同字形的同音（或近音）字来书写时，就有必要考虑要不要取其一作为规范写法的问题了。这类方言用字规范的原则无非就是比较几种不同的写法，既要看看哪一种写法更符合方言读音的实际，所借的字音读是否贴切，也要看看几种不同写法在应用中实际出现的频率，在多作比较后再来提出规范写法的意见。归根结底，最终还是以约定俗成的原则为依归。如表示“还有”中的“还”，粤方言读为tʃuŋ˧，就有“仲”、“重”等不同的写法；表示“上班”就有“返工”、“翻工”等不同的写法；表示“刚才”既可以写“头先”，也有人写“求先”；还有作指示词“这 -”、“那 -”用的kam˥，粤方言既有取“甘”音加口旁的“咁”，也有取“敢”音加口旁的“噉”，这些不同的写法，如果能够有所规范，一定会受到粤语应用者的欢迎。有一种情况是：方言中某个词跟共同语其实并没有多少差别，只不过语音不同，方言中就大可不必另找一个音同的字来作为这个词的方言写法，以区别于共同语中与之相应的词。例如“裤子”粤方言叫fu˧，其实就可以跟共同语一样写作“裤”，没有必要再借“夫”的音新造一个粤方言的形声字“袪”。与此相关，对于那些由于方言读音不同而各自翻译成不同文字的外来借词，难免也会给人们的学习和应用带来额外的负担。这类译音词的用字有必要在不影响方言地区人们正确理解的前提下参照共同语的译音作适当的规范。例如“麦克风”、“马达”、“巧克力”等，在现代汉语的书面语中经常出现，方言区的人民同样十分熟悉，随着普通话在方言地区的日益普及，这些外来词已在粤方言区家喻户晓，也许有朝一日，“马达”可能会代替“摩达”，“巧克力”可能会代替“朱古力”，成为粤方言词汇中的一员呢！

5. 尽量避免同一个字充当不同方言词的书写形式

用同一个字来表示不同词义的方言口语词，这种现象是方言词用字混乱的主要表现之一，解决的唯一办法是摸清底细，了解方言词中这类实例到底有多少，然后进行必要的规范。拿粤方言来说，像前面提到过的“冚”这个字，就不要让它时而用作动词“盖”（k‘ɐm˥），时而用作形容词“（器皿）严密”（hɐm˨）；同样的道理，也不要让“冧”这个字时而用作动词“哄骗（小孩）”（lɐm），时而用作动词“倒塌”（lɐm˧）；如

此等等，倘若不加规范，当人们在粤方言的书面语中看到“冚唔冚”时，就无法理解到底是指“盖不盖”还是指“盖得严不严”了。与此相关的还有一个值得考虑的问题：我们在几部权威的汉语字（词）典中都看到有“甩”这个字（词），意思是“挥动、抛开”，读作 shuɑi，但粤方言却把此字用来作为表示“脱落”的方言词，读作 lɑt，这样恐怕也就不合适了。“甩”字显然不能当作仅仅是粤方言词的用字来看，它在共同语中有固定的音义，如果借其音而用来当作粤方言中与之同音的某一个方言词的书写形式，那倒没有什么不可，但并非只是借音而取共同语中一个有固定音义的字来书写方言中另外一个音义毫不相干的方言词，这样难免会产生一些误会，在方言词的用字中，我们是不希望出现这类情况的。

四、汉语方言词典中的“本字”与“俗字”问题

前面谈了方言词用字规范中的几个具体问题。我们在《广州话正音字典》所收的8 781个字目中，有230多个属于粤方言词的特别用字。其中除了借用通用汉字的以外，有177个字在普通话中一般是不使用的，这177个字也就是没有普通话读音的广州方言用字。我们把这177个方言用字用附录的方式集中列在字典的末尾供读者参考。一般来说，《广州话正音字典》在对待粤方言词的用字时，大体上是按照前述规范的原则来处理的。鉴于汉语方言的词典越出越多，粤方言的字（词）典更如雨后春笋般出现在众多的辞书丛中。而各种方言词典在对待古（本）字和俗字的态度和处理的方式上又各行其是，颇不一致，笔者愿借此机会再就汉语方言词典用字中的“本字”和“俗字”问题略抒管见。

1. 三种不同的处理方式

如前所述，方言词的用字可以有种种不同的类型，同一个方言词也可能有不同的用字。时下我们看到的一些汉语方言词典，对于方言词的用字，处理的方式各有一套，其中分歧主要集中在如何对待“本字”和“俗字”上。在到底使用“本字”（古字）还是使用“俗字”的问题上，存在着三种不同的处理方式：一是编者着重于考证本字，意在通过为每一个尚无现成用字的方言词都考出一个有确凿根据的本字来，以达到引导读者正确使用方言词用字的目的。这类方言词典对于存在民间的方言俗字，既没有进行调查，看到了也置若罔闻，采取了“不值得提”的态度，基本上是不用方言中存在的俗字来记录方言词的。二是编者着意了解社会上方言词用字的实际情况，对大量存在于民间的方言俗字基本上持认同的态度。在这类方言词典中，大致上能尽录广为流行的方言俗字，至于本字（古字），凡经考证出来而又通俗好懂的，一概作为方言词用字录入，但对于那些生僻难懂的本字（古字），则视乎有无必要而有所选择地加以吸收，并非所有生僻的本字都一概录入。三是编者在编撰方言词典时就十分明确，在方言词的用字上既要广泛收录社会上业已通行的方言俗字，也要注意录入经过方言学者认真考据而得出的“本字”（古字）。这类方言词典中对方言词用字的具体做法是：首先以业已流行的俗字来表示方言中的特有语词，然后注意该方言词的写法是否已有学者考证出其“本字”（古

字），若有考证出可信的“本字”（古字），则将该“本字”（古字）同时列出，对于那些并无通行俗字表达的方言词，倘若有现成已经考证出的“本字”（古字）可用，也就酌情使用“本字”（古字）来记录这个方言词了。

上述三种不同的处理方式，无疑反映出方言词典的编撰者对待“俗字”和“本字”（古字）在方言词用字中所处地位的不同态度。

2. 把学术研究和社会应用结合起来考虑

我们认为，从学术研究的角度出发，每一个方言词的用字都有必要深入挖掘、追根溯源，对方言词进行严格的科学考证。语言学者在音义吻合的前提下考求出不少汉语方言词的“本字”（古字）来，这自然是很有意义、很有价值的事。历来不少考求方言本字的专论和专著，都是这方面的学术研究成果。有学者还利用这些成果编撰《字源》、《语源》一类的辞书。毫无疑问，考本字、朔语源在中国传统语言学研究中的作用是不能低估的。可是，如果我们注意到编撰汉语方言词典的目的并不只是为方言的研究服务，为汉语史的研究服务，而是同时也要为广大方言使用者的语言应用服务，那我们在处理汉语方言词用字的问题时，就非把学术研究和社会应用两个方面结合起来考虑不可了。作为学术研究成果所考证出来的方言词的“本字”（古字），是否要一个不漏地全部作为现代方言词的用字放到方言词典中来，从方便广大读者使用方言词典的角度出发，也就有值得斟酌的余地了。关于方言词典的作用，李荣先生在为41卷《现代汉语方言大词典》所写的《分地方言词典总序》中说：

方言调查记录语言的现状，方言比较反映语言的历史。方言词典用分条列举的形式表达调查研究的初步成果。读者可以用来查考方言词语的意义。语言工作者可以据此从事专题研究，文史方面的学者，也可以取用其中的语料。①

这段话表明编撰现代汉语方言词典的作用是多方面的，并非只是为了显示方言中每个与众不同的特殊词语都是“有所本”的。对于方言词典中存在着的方言词用字问题，看来还是有必要兼收方言区中广为流传的方言俗字和经过语言学家们考证出来的“本字”（古字），不宜只收“本字”（古字）而把所有方言俗字都抛诸门外。其实就广大使用方言词典的读者来说，尽管方言俗字存在着某些使用上的混乱现象，许多人相对而言还是更乐意于接受通俗好懂的俗字的。拿粤方言来说，大量方言俗字来自民间，都是为了填补方言词无字可写的空白而产生的。在我国通用的汉字中，有许多冷僻字在汉字规范化的整理过程中已被作为“异体”从汉语字（词）典中淘汰出去。现在我们编撰汉语方言词典，在为特殊的方言词物色适当的书写形式时，怎么能回过头来千方百计地寻找那些冷僻古字，让它们来个“借尸还魂”呢!? 如前所述，其实解决方言词用字问题的路子是宽阔的，并非只有考求“本字”（古字）这一办法。作为文字，我们始终认为，约定俗成的原则总是应该得到充分重视的，为方言词厘定适当的用字，更非切实掌握有

① 参看李荣主编：《现代汉语方言大词典》（分卷本），江苏教育出版社，1994—1998年版。

无约定俗成的书写形式可供利用不可。倘若方言词典中某个方言词已有在社会中通行的方言俗字可用，我们千万不要随意抛弃，即使我们已经考求出可信的本字来，且估计这个本字会被广大的方言使用者所接受，但还是让本字和俗字都出现在方言词典中为好。如果某个方言词确有约定俗成的写法，方言词典就应该以此写法列目，然后再附上确凿可信的该方言词的本字，加以“本字应为 X”的说明。这样既尊重了约定俗成的用字习惯，也提示读者这个方言词是“有所本”的，实在是何乐而不为的大好事。至于某些实在过于冷僻的“本字”，估计读者是不大可能使用的，我们就大可不必非把它视为某个方言词的“正确写法”不可。把这些由语言学家们费尽心血考求出来的冷僻古字，放到专论专著中去，使之在方言史研究、汉语史研究以及一般文史研究中发挥作用，也是很有意义的。循着这样的思路来处理方言词典中“本字”（古字）和“俗字”的问题，无疑是比较切合实际的，因而也必然会受到方言词典使用者的欢迎。前述第三种处理“本字”和“俗字”的方式，即既录“俗字”又录“本字”，只要有现成的“俗字”就尽量用“俗字”来书写方言词的处理方式，这是值得赞赏的处理方式。事实上，“俗字”和“本字”并不完全是对立的。不少方言词典中的“俗字”，从来源上看正好也就是“本字”。“俗字”和“本字”合二为一的现象在方言词的用字中并不少见。可以想见，如果在方言词典中，过多运用冷僻的“本字”来书写方言词语而妄顾是否已有方言俗语在社会上广为流行的事实，这样的方言词典难免会给读者的应用带来不便，有违语言研究密切结合语言应用、为语言研究提供服务的精神。必须明确，考求本字是方言研究中的一项重要工作，却不是编撰方言词典的主要内容。方言词典中出现多少方言词的本字，也绝不是评价方言词典水准高低的标尺。如何正确处理“本字”与“俗字”的关系，倒是值得方言词典编撰者关注的问题。

（庆祝《中国语文》创刊 50 周年论文集，商务印书馆，2004，北京）

汉语方言的研究及其应用

——纪念吕叔湘先生

一

在我国现代语言科学发展的历史中，出现过几位世人公认的，堪称大师的语言学家。他们始终站在语言学科建设的前沿，以其博大精深的学术造诣和高瞻远瞩的学术胸怀，引领着我国老中青三代语言学人为建设中国特色的现代语言学而奋斗终生，吕叔湘先生便是其中的一位。他生前长期处于语言学界的领导层，参与制定过我国语文工作的方针政策，擘划过一期又一期的语言研究规划，领导并参与完成过一项又一项的重大研究项目，为我国语言学宝库增添了不少的财富，作出了巨大的贡献。

岁月如梭，敬爱的吕叔湘先生离开我们几年了。今年正值先生百年诞辰，海内外语言学界同仁聚首京华，缅怀吕老对中国语学所作的卓越贡献，追思吕老的道德文章，切磋语言研究中的心得体会，发表各具己见的学术论文，是十分有意义的语坛盛事。此刻我的案头摆着吕老馈赠的他的著作，想起吕老生前对我们晚辈的诸多勉励和谆谆教诲，音容笑影，历历在目，真令人感慨万千！

早年我负笈中山大学语言学系，吕老的著述便是我必读的经典之作。吕老和我的业师王了一先生是深交，在课堂内外，我们常常可以听到了一先生谈及吕老的学问和为人，使我们顿生仰慕之情。20 世纪 50 年代我有机会在北京见到心仪已久的吕老，他给人的印象是那么随和，那么可亲！大概是因为了一师曾在吕老面前谈到过我们同班几位同学的缘故（那时候我们全班才只有七位同学），吕老见到我时，一下子就说出我的窗友唐作藩、许绍早、欧阳觉亚等的名字来，问起他们几位的情况，使我倍感亲切。回首往事，在我踏足语言学界的半个世纪中，有幸多次在学术会议上聆听到吕老的高论，还有幸多次登门造访吕老于其永安南里的寓所。最令我难忘的是其中的两次：一次在 1980 年春，我应聘将赴东京大学任教两年，出国前登门拜见吕老，请他就此行作些指点。吕老对我这次东渡表示十分欣喜，他说：我们中国语言学界终于能够走出国门，有机会跟一衣带水的东瀛邻邦进行切磋交流了，这是大好事情。你是第一个走上东大讲坛的中国语言学者，是我们的文化使者，一定要把这两年的任务完成好。吕老听了我详细汇报这次到东大任教的具体安排以后，语重心长地勉励我不要胆怯，要大胆工作，还要我充分利用那里丰富的汉学资料进行教学和研究。最后吕老嘱咐我见到日本汉学家时一定要替他转达问候之情。临走时吕老拿出一本打印的稿本“汉语语法分析问题”签上名字送给我，二十多年来我的住所几经搬迁，但这本稿本一直都珍藏在身边。在到达东京后不久，日本中国语学会为我举行的一次学术讲演会上，我作了题为“三十年来中国语言工作的一些情况”的报告，向日本朋友介绍了新中国建立后我国语言文字工作进展的情况，报告中谈到老一辈语言学家在我国语言学建设中所发挥的巨大作用，并借此机会转达了王力先生和吕叔湘先生向日本汉学家的亲切问候，希望此后中日两国的语言学家能多多来往、切磋交流。可能因为我那次讲话是日本汉语学界几十年来很少听到的情况介绍，提供了较多有关新中国语文工作的学术信息，因而他们特别感兴趣，随后不久这篇讲话就被全文刊登在日本中国语学会的会刊《中国语学》上了。另一次令我终身难忘的是1988年第七届全国人大和全国政协两会在京开幕前夕，我作为人大代表于会前一天先期抵京，就约同来自四川的人大代表张永言兄一起到永安南里拜访吕老。当时吕老是老代表，而我们则是新代表，他兴致勃勃地跟我们谈起人大的过去和现在，还问我们这一届语言学界有哪几位当了代表。接下来吕老就把话题转到语言学的本行上来了。他主要跟我们谈了语言学在社会上如何发挥作用的问题。他说我们语言学应该在社会上发挥更大的作用，语言研究是可以产生社会效益的。吕老给我们举了在报纸上开展点评报刊语言文字毛病的例子，说这样做很好，是我们语文工作者关心社会语文应用的表现，还可以把点评的范围扩大一点，进一步帮助新闻工作者克服语言文字运用中出现的毛病，提高他们的语文修养。记得那次谈话间我曾问吕老，说听闻当初全国人大制定我国宪法时，宪法条文的文字关是由吕老和叶圣陶两位把关敲定的，这说明语言学家在制定国家大法中发挥了无可代替的作用。吕老点头微笑，说这也是语言学能够发挥社会效益的例子嘛。吕老要我们语文工作者时刻记住使语言研究为社会语言应用服务，使之尽可能地产生社会效益。这是吕老一贯的思想，也是老一辈语言学家传给我们的极其可贵的学术品格。1988年我在吕老家中聆听他老人家的这一教诲，到1992年4月语言学界同仁聚会北京，举行中国语文研究四十年的学术讨论会时，吕老在开幕词上又向来自全国各地的语言学界同仁表达了他的这种心情。吕老语重心长地说：我们的研究取得了很好的成绩，但是在社会上还没有发挥应有的作用。语言研究应该更好地发挥社会效益。可见，吕老对于语言研究如何在社会上发挥作用的问题总是耿耿于怀，总是殷殷期望着能得到大家的重视和落实。

记得在那次中国语文研究四十周年的会议上，我应邀作了题为“四十年来汉语方言研究工作的回顾”的发言，对新中国成立以来汉语方言研究作了粗略的概括，并且列举了一些具有突破性意义的成就。但是，对于汉语方言的研究如何贯彻语言研究为语言应用服务的精神，如何遵照吕老的指示，使之能更好地发挥社会效益，显然是重视不够的。在我的那篇发言中，这方面的问题并没有很好的论述。说明当时在我的思想中，还没有意识到应该使方言的研究多多适应语言应用上的需求，使方言的研究更多更好地产生社会效益。此刻重温吕老的教导，重新回顾方言研究走过的历程，面对方言研究蓬蓬勃勃的大好形势，更深深感到落实吕老教诲的重要性。大量事实说明，方言研究与社会语言应用之间明显存在着十分密切的联系，方言研究为社会服务的天地十分宽广。在这方面有许多现实的课题值得我们认真思考、认真探索。可以预见，我们在方言工作中所取得的每一项进展，都有可能使我们的学术研究更贴近社会语言生活，使我们的研究成果产生更好的社会效益。

二

就目前情况而言，要使方言的研究与社会语言的应用密切结合起来，下面这几项工作值得重视。

第一，深入探讨方言和民族共同语的关系，为方言研究与语言应用的结合提供理论上的依据。关于这个问题，“方言是民族共同语的地方变体（或曰地方分支）”，“方言的发展趋势是向着民族共同语逐渐靠拢”这样一类的说法相当普遍，似乎早已在语言学界达成共识，方言和共同语的关系不存在什么值得讨论的问题。实际上，只要我们深入了解方言地区的社会语言应用情况，我们就会感到，在某些方言势力不甘示弱的地区，方言和共同语（普通话）的关系并不那么简单，那么“不言自明”。从社会应用的角度来看，打从20世纪50年代举国上下开展推行普通话作为全社会通用语言以来，南方方言复杂地区的地方方言，无疑受到了很大的冲击。普通话已在某些公共场所成为公共交际用语。这可能使人产生一种错觉，以为方言此后将要退出历史舞台，不再在社会上发挥多大的作用了。事实上，情况并不是那么想当然。如果我们迈开双脚，到南方这些方言复杂的地区走走，一旦深入街道里弄，就会恍然大悟：深感方言势力依然存在，有的地方还相当“顽固”，看不到有即将退出语言社会的迹象。特别是像粤方言这样拥有“强势方言”称号的方言地区，尽管“推普”工作也取得了显著的成绩，但这种成绩实际上并不表现为粤语在社会上让位于普通话，而是表现为当地人民群众的言语交际习惯经过几十年来的大力“推普”，正在逐步从只说方言的单语生活向着既说本地方言又说普通话的双语生活过渡。众所周知，粤方言始终是香港、澳门两个特别行政区的第一社会交际语，普通话在两个特区回归以后才逐渐在社会上有了一定的市场，才开始成为仅次于粤语的社会交际语之一。在外来人口已经超过千万的广东粤方言地区，随着“推普”工作的日益加强和外来人口的不断增加，普通话对于长期以来只说粤语的人来说已经不再是陌生的情况了，但粤语在社会语言生活中所占的比重，依然还是不亚于全国通行的普通话。一个毋庸置疑的事实是：在比较偏僻的农村中，由于能够熟练运用普通话的人毕竟太少，小学里的教学用语，不得已还只好用当地的方言（还谈不上用标准的粤语）来进行。我们通常都把普通话和地方方言的关系理解为“主（普通话）——从（方言）”的关系，理论上应该如此，但实际上，在不同的方言地区，从语言应用的层面来看，这种主从关系的表现也并不是千篇一律的。看来只是强调主从的关系，未必能够准确反映民族共同语与汉语方言之间的实际关系。从语言的本质看，方言作为地域性的社会交际工具，它跟作为全民族乃至全国社会交际工具的共同语，同样都是拥有独立语言所应具备的语言要素——语音、词汇和语法，换言之，都是一个完整的语言独立体。决不能把方言视为一堆支离破碎的语言材料。就这一点来说，方言和共同语是一样的。同样都能发挥传达信息、交流思想的功能，同样可以有效地为某个社会群体的每一个成员服务。所不同的只是共同语是全民族通行的语言，而方言只是在某些地区通行的地域性语言，两者的通行范围和服务对象不完全一样。之所以会形成主从的关系，跟共同语和方言的通行范围和服务对象不尽相同不无关系。世界上许多民族的共同语，往往都是根据政治历史文化等条件在某一个地方方言的基础上形成发展起来的。我们的汉民族共同语就是在北方方言的基础上形成的。地方方言一旦发展，升格为民族共同语，这个方言和其他方言之间的关系也就产生了变化，随着共同语在全民范围内的推广和普及，本属平行的关系就转化为主从的关系，共同语也就在社会语言生活中处于主导地位了。处于主导地位的共同语，可以说是既在方言之中，又在方言之上。共同语并非原原本本照搬某个方言，而是在某个方言的基础上逐渐形成。我们通常把作为共同语基础的方言叫做基础方言，拿汉语来说，广义的北方方言（大北方话，又叫“官话方言”）就是汉民族共同语（普通话）的基础方言。把方言、基础方言、共同语三者之间的关系弄清楚是十分必要的。除了共同语和方言之间存在着主从关系外，方言和基础方言之间又是什么样的关系呢？应该说是兄弟姐妹的关系，而“老大”无疑就是基础方言。兄弟姐妹的关系其实就是同源异流的关系，例如汉语各方言，包括基础方言在内，都是古老汉语历史发展的产物。古代汉语在漫长的历史发展过程中，在它通行的不同地区，由于各种影响语言发展的因素，包括内部因素和外部因素，循着各具特色而又极不平衡的路向发展下来，结果就先后形成了当今汉语南北各大方言并存的格局。正因为这些方言有着同源异流的关系，它们才显示出“同中有异”和“异中有同”的面貌。

综上所述，方言和共同语的关系实质上不是对立而是共存，不是相互排斥而是相互补充，“推普”工作是在既承认汉语方言存在分歧，也承认方言在一定范围内同样能够发挥社会交际职能的前提下进行的。方言地区的“推普”工作不断获得进展，必然会在方言地区形成普通话和方言相互影响、相互补充、有主有从、并存并用的语言应用格局。

第二，发扬20世纪方言调查研究为推广普通话、为汉语规范化服务的优良传统，让众多的方言调查成果在语言应用中充分发挥社会效益。年纪稍大的人，大概对于新中国成立初期，在50年代大张旗鼓地开展的“三大语文运动”记忆犹新。拿方言的调查研究来说，第一次堪称“腾飞”的事情便是在举国上下大力开展“推普”工作、认真讨论语言规范问题之际，相应进行了历史上从未有过的全国性方言普查工作，用方言调查的成果来服务于“推普”和语言规范化工作的开展。这正是一次对方言调查研究能否在语言应用中，在国家语言政策、语言规划的贯彻中发挥作用的很好检验。值得欣喜的是，广大的语言专业工作者和业余的方言调查工作者用自己的实际行动做好了这份“考卷”，对全国近两千个县的汉语方言进行了一次简单却很实用的大普查，为各地结合方言特点开展“推普”工作提供了条件。在这个过程中，方言调查研究的社会效益得到了最充分的发挥！打那以后，哪里有方言调查，哪里的“推普”工作就有“事半功倍”的可能。方言调查成为“推普”工作必不可少的“前奏”。与此同时，在配合汉语规范化工作方面，作为语言规范的重要基本建设，汉语方言研究无疑也是足以产生明显效应的一环。随着社会的发展和时代的进步，语言现象越来越纷繁，语言规范所面对的问题自然也越来越复杂。拿词汇的规范问题来说，反映新时代、新气象的新词新语无日不在悄悄产生，其中有不少源自南方方言，随着南北交流的日益频繁，有的新词新语不胫而走，一出娘胎便纷纷"北上"，进入到共同语的基础方言中来。这种现象不断产生，原先不属于基础方言的词语，经常破门而入，从语言规范化的角度来看，又该怎样处理呢？我想考虑语言规范最根本的出发点是为应用而规范，规范化绝不意味着由语言学家们开个会定几条"规则"让全国人民来遵守。语言规范应是动态的。面对因改革开放南北交流而出现的南方词语进入基础方言、进入共同语的现象，是想尽办法加以阻拦，把来自方言的词语一概拒之门外呢，还是别急于清扫来到门前屋外的不速之客，而是等一等、看一看，先把新词新语有闻必录地搜集下来，加以分门别类、分析研究，看看哪些在丰富共同语中可以发挥一定的作用，哪些一时还看不出在丰富、发展共同语词汇中有积极的作用。在广泛调查、充分研究的基础上，再根据汉语规范化的精神进行必要的定夺：该开门的开门，需关闸的关闸，这样才有可能做到规范有序，去留得当。要做到这一点，关键之一就是必须有不断跟进的调查，特别是方言词汇发展变化的调查。没有方言调查作基础，不掌握许许多多在方言中出现的新词新语，词汇的规范工作也就一筹莫展了。《现代汉语词典》在这方面是做得很出色的。它能够及时跟进语言的发展，及时在新版中反映现代汉语词汇在应用中的新变化新动向。拿1996年版的《现代汉语词典》来说，收词6.1万条，其中新增词目9 000多个，删去陈旧词语及过于专门的科技词目4 000多个。这么大的改动，反映了编者是多么重视词汇的发展变化，是多么与时俱进。20世纪80年代末90年代初，在吕叔湘先生的关怀和指导下，组织起一支调查北方话（基础方言）基本词汇的队伍，开展了对大约100个北方方言点的词汇调查，经过几年的努力，于1996年10月出版了5卷700多万字的《普通话基础方言基本词汇集》，这一方言调查的巨大成果为汉语规范化工作的深入开展提供了至关重要的基础，是方言研究为语言应用服务的又一典型范例。没有这样大规模的方言调查，作为民族共同语基础方言的大北方话（官话）的词汇到底是个什么样子？大家心中无数，又怎能掌握好汉语词汇规范的准则呢？扩大一点来说，近一二十年来各地针对本地区所开展的大规模方言调查工作，包括为编写《方言志》而进行的方言调查，其成果及所积累下来的方言素材，也都有助于研究确立汉语的词汇规范，有助于解决语言应用中产生的问题。方言调查研究在语言规范、语言应用中的作用如此明显，我们的前辈几十年来在这方面所做的大量工作，为我们指明了方向，我们理应继承和发扬这种传统，使今后的方言研究为当前的社会语言工作，特别是为"推普"和语言规范化工作多作贡献。

第三，加强方言词典编纂，研究解决方言使用中的实际问题。方言词汇调查的成果最直接用于语言应用的莫过于方言词典的编纂。20世纪80年代以来，汉语方言词典的大量出版可算是中国语言学研究取得重大突破的一个方面。其中尤以具有里程碑式的、由李荣先生主编、集合全国几十位方言学家共同完成的42卷《现代汉语方言大词典》分地版和6卷《现代汉语方言大词典》综合版，以及由许宝华和宫田一郎主编的5卷《汉语方言大词典》的相继问世。尽管如此，汉语方言众多，能够汇集大量方言词汇编写出为语言应用服务的方言词典来的，毕竟还是为数不多，有些很重要的方言点，迄今仍未有人编写方言词典。就以南方方言最为复杂的粤、闽两省来说，方言调查研究的成果相当丰富，但是，方言词典的编写还远远不能适应语言应用的需要。我的家乡潮汕地区的闽语是很有特色的，在海外也很有影响。这些年来潮汕地区的学者在潮汕方言的调查研究上用力甚勤，可是没有看到一本方言词典问世，有的只是早年在新华字典的基础上加注一点儿方言音义的小型字典。而李荣先生主编的那套42卷《现代汉语方言大词典》分地版，也把潮州方言给遗忘了。由此看来，作为方言调查研究最直接用于应用的方言词典编纂工作，确有大力加强的必要。

鉴于方言在一定地域、一定范围中还是社会上使用频率相当高的语言，在对外汉语的教学中，某些汉语方言，如南方的粤语，往往也是前来学习汉语的人需要学习的。因此，从应用的角度来看，方言研究的成果还得考虑为学习方言的人提供学习的条件。比方说，方言教材的编写就是一个突出的问题。拿粤语来说，为了适应海外人士以及国内非粤语区人士因各种不同原因而学习粤语的需求，近十多年来坊间出现了不少教学粤语的小册子，这些小册子大都不是调查研究过粤语的专业人士执笔编写的，编著者冲着市场而来，商业气味浓厚而学术质素欠缺，有的粗制滥造，连粤语的基本内涵都未弄懂就编起什么《粤语一月通》之类的教材来，误人子弟，莫此为甚！在这种情况下，我们难道可以熟视无睹、听之任之吗？当然不能！我们作为粤语方言的研究者，作为熟悉粤语的专业人士，自然应该高高举起粤语研究为粤语教学服务的旗帜，下工夫编写出一批质量上有保证的粤语教材来，让它们能很好地为粤语教学服务，发挥一定的社会效益。既然要编好粤语的教材，就要面对粤语应用中存在的问题，加以研究，加以解决，例如粤语的正音问题。我们打开一些常用的粤语工具书，不时发现同一个字标音有异的情况，港澳地区以粤语为教学用语，中小学老师就经常提出这类问题，我们研究粤语的人也就应该帮助解决了。我们认为，既然方言研究也要为方言应用服务，在方言应用中遇到方言正音问题，同样必须加以重视，设法解决。正是基于这种想法，我们粤、港、澳三地的一批粤语研究者，从20世纪90年代初开始，花了足足十年的工夫，进行了旷日持久的粤语审音工作，最终以审音的成果编成一部《广州话正音字典》于2002年出版，颇受读者欢迎。我想这大概是第一部为方言正音的字典，过去我们只想到普通话应该审音正音，哪里会想到今天也要为方言正音呢！通过为粤语审音正音，我们还发现在方言运用中存在的一些其他问题，突出的如方言用字问题，这在粤语应用中确是非花力气研究解决不可的。打开一份香港报纸的副刊，为数不少的粤语专用字几乎令内地的读者无法读懂。粤语方言“入文”的现象大概是其他方言中少见的。这些方言字五花八门，有的同一个词在不同印刷品中以不同的写法出现，随意性相当大，究竟如何取舍？是以使用本字为主还是约定俗成为主？要不要有所规范？这些都是值得探讨的。两年前（2002年6月）香港理工大学就以方言用字为题举办过一次国际研讨会，该校张群显博士和包睿舜博士（Robert Bauer）还出版了一本名为《以汉字写粤语》（英文版）的专著，可见方言用字还真是大有文章可做！此外，在方言的应用中，还有一些其他的问题，例如港澳以粤语教学语文课时，老师们就遭遇到学生说的是粤语，课堂上教材中所选的文章基本上都是以民族共同语创作的白话文佳作，这就造成了言文脱节的矛盾，反映到学生的习作中，由于方言的影响，往往出现一些不该有的错误，如“做”、“造”不分，“小”、“少”不分等毛病，这些都是方言习惯带来的。看来结合方言特点帮助解决方言应用中的问题，的确还有许多工作可做。

第四，加强方言在相关学科应用中的研究，更广泛地发挥方言学科的作用。语言是文化的载体，方言作为地域性的语言，自然是地域文化的载体。作为地域文化载体的方言，是当地社会历史文化发展的见证。方言与好些相关学科都有密切的联系。通过方言可以看到社会百态，可以了解社会变化，还可以认识到灿烂辉煌的华夏文化是如何绵延不断地在不同的地域承传下来的。不调查研究汉语各地方言，我国“百花齐放”中的“百花”——各地戏曲在语言艺术上各有什么特色，显示出什么样的风格，也都不容易说清楚。至于那些直接用方言口语来表现的民间说唱艺术，以及大量流传民间的民歌民谣，都是完全通过方言这一载体来体现的。民俗学的研究更是离不开地方方言口语的调查研究，要深入了解各地独特的风俗民情，也必须对当地的方言土语有相当的认识。此外，方言的调查研究还与移民、地名、考古等的研究密切相关。总之，方言的研究成果将应用于许多相关的学科。一个特殊的方言词语、一个特殊方言地名的流通途径，往往反映出地域文化的差异，体现出不同地域的不同生活习俗和不同历史背景。例如“铁锅”粤方言区的人通称“镬”，闽方言区的人通称“鼎”；南方地名中的“圳”、“滘”、“凼”等与水有关的语词，在北方方言中是看不到的。方言研究在地域文化研究中的应用如此明显，一部完整的中国文化史，几乎每一章每一节都很容易和方言挂上钩。充分认识方言在华夏文化研究、弘扬华夏文化中所发挥的重要作用，大力加强方言在相关学科应用中的研究，也就显得十分必要了。

（《语文研究》2005 年第 2 期，太原）

方言分区问题再认识

摘　要：笔者自20世纪60年代以来多次就汉语方言分区问题为文发表过意见。近来鉴于这一问题仍存在某些争议，深感有结合海内外学者的相关论述，对汉语方言分区问题进行再认识的必要。本文先就汉语方言如何分区论及方言界限的划分与方言分区的区别、汉语方言分区的原则和依据、区分汉语方言的语言条件等问题，再讨论汉语方言分区的层次和格局问题，并提出根据汉语方言的现实状况具体划分汉语方言区的意见。

关键词：汉语方言　分区依据　分区格局

一、引　言

长期以来，汉语方言问题一直受到中国语言学界的关注。我国传统语文学者提及方言时，一般只着眼于方言间的异同，也注意探求方言词语的来源，似乎不大关注方言类型、方言区域的划分。当然也不是完全不考虑方言的地理分布问题。扬雄在《方言》中常常提及某些语词出现在某些地方，多少意味着当时存在着不同的方言区域。正因为这样，现代有的方言学者就根据扬雄的《方言》对当时存在哪些不同的方言区进行了整理归纳，得出多少带有一点儿推测性的古代方言分区表来。自从20世纪二三十年代现代汉语方言调查研究之风兴起以来，随着方言调查覆盖面的日渐扩展，语言学者对各地方言的认识日渐加深，区分不同方言类型、对各地方言进行分区的问题也就自然成为方言学者议论的话题了。从黎锦熙的汉语方言十二系到赵元任、李方桂的汉语九种方言、王力的五大方言区到当代的八大方言、七大方言，一直到近期提出的十大汉语方言①，说明时至今日，汉语方言的分区仍然是汉语方言研究中一个深受关注的课题，近期出版的一些汉语方言学著作，都在这个问题上有所阐发。笔者从20世纪60年代以来，曾先后多次对汉语方言分区问题为文略抒管见②，最近重温海内外学者的相关论述，特别是近几年来颇具争议的一些论述，深感作为汉语方言研究的专业人士，对这样一个深受方言学界关注的问题，实在有进行再认识的必要。

---

① 各家的方言分区转录自詹伯慧主编：《汉语方言及方言调查》，武汉：湖北教育出版社，1991年版，第55～63页。

② 我对汉语方言分区的看法见于以下文章：《有关汉语方言分区的一些问题》（黄家教、陈世民合写，《厦门大学学报》1963年第4期）、《汉语方言研究概况和有关的几个问题》（香港《语文杂志》1981年第8期）、《谈谈汉语方言的调查研究》（《亚非语言计数研究》1982年第19期，东京）、《略论划分汉语方言的条件》（香港《语文杂志》1984年第12期）。

二、汉语方言如何分区

1. 方言界线的划分和方言分区不是一回事

方言通常指的是地域性的方言，并不指所谓的“社会方言”。方言的分布是方言地理学研究的内容。19 世纪曾有一些西方语言学家认为方言没有分界线可言，他们的根据是“方言在地理上常常表现为一种渐变的连续体”。其实在现实的语言社会中，不同方言的分布界线并不是绝对不能划分的。尽管方言间的差异一般会在地理上以渐变的形式延伸，但到了一定的地界，就可能会出现两种截然不同方言的“楚河汉界”。不同方言的界线分明了，界线两侧所说的是完全迥异的不同方言，这样的例子在汉语中并不少见。我的家乡广东东部和福建接壤的饶平县就是个典型的例子：这是一个兼有潮汕闽语和粤东客语的双方言地区。闽语从县南沿海的县城黄冈镇一直往北延伸，进入北部山丘地带，到了老县城三饶镇就是闽语的北沿地界了。出了三饶镇，往北几公里到了我的老家新丰镇，墟镇上赶集的人熙熙攘攘，交叉使用着县城的潮汕闽语和北部山区的上饶客话。从墟镇往北看是一座座跟闽西客区完全相同的客家土楼。毫无疑问，那是客家民居的标志性建筑，自然是纯客家方言的地区了。而作为闽语和客家话分界的正是那个熙熙攘攘的新丰镇，从南边三饶到新丰墟这几公里的村落，正是闽客两大方言地理上逐渐过渡的双语混用地带，新丰镇则是典型的闽客方言并用地区，而一旦离开新丰墟北上，到了我老家的土楼地界，就是清一色的客家话世界了。这岂不就是不同方言在地理上表现出泾渭分明的界线来了吗？倘若我们进一步对方言界线两侧的居民作较为全面的了解，就会发现两侧居民在历史渊源、民俗风情以至社会文化的方方面面都存在着明显的差异。方言的不同反映地方社会文化迥异的情景栩栩如生地出现在我们眼前。社会学家们爱用“民系”这个词来概括一些集方言、民俗、文化特色于一体的地方居民，饶平的例子正好说明说着饶平闽语和说着饶平客话的两侧居民，是历史上形成的两个不同“民系”。

方言的地理划界只能说明说不同方言的人所处的地域区界，跟方言分区是两个不同的概念。解决了不同方言在地理上的区界并不意味着方言分区的问题也一并解决了。方言区界两侧的居民都知道彼此说着不同的地方话，却未必都能说清楚自己所说的话属于汉语方言中的哪一个方言区，更不可能每个居民都能说出自己的乡音具有哪些语言特点来。比起方言的地理划界来，方言的分区具有更明显的语言学专业性质。它是从事方言研究的专业人士在调查研究了众多方言之后，对各地方言的异同进行了归纳分析，在方言学的理论基础上对各地方言所作的分类。方言的地理区界无疑为方言的分区提供了重要的前提，如果根本不存在地理界线两侧的人说着不同的地方方言，不同方言的分类问题又从何谈起呢！然而，一旦方言学家们面对不同地域存在着不同方言的现实，意识到要给这些不同的方言进行分类时，就得考虑比起地理界线来更多、更复杂的许多有关方言分区的问题来：各种方言的内涵如何，不同方言的通行范围如何，诸如此类的问题都不能不加以考虑，这就必然要跳出地理界线这个单一的框框了。不同方言的地理区界无法作为方言分区的条件，方言分区绝不是地理上方言区界的划分，这早已是方言学家们的共识。一旦模糊了方言地理划界和方言分区之间的区别，一些地理上并不同在一块儿，但又无可争辩地同属一个方言区的方言归属现象，例如分散在南方许多地区的客家方言、闽方言等，其分区定性就变得难以解释了。总之，方言的地理区界和方言的分区分类毕竟是两码事。方言的分区并不根据方言的地理区界来确定，只是对于某些只出现在一个地区而通行范围又连成一片的方言，其语言面貌跟相邻另一边也是连成一片的方言俨然不同时，倘若方言学家按照区分不同方言区的标准认定这两种相邻的方言应是两个各自独立的方言区，这时就可能出现不同方言地理区界的两侧恰恰就是两个不同方言区的现象。这种现象只能说明方言的地理界线跟方言的分区分类有可能出现重叠，却不能因此而混淆了方言地理区界和方言分区分类之间的不同性质。由于方言区的下位层次“次方言”（方言片）往往是在地理上连接成片的方言，常常使用当地地名来命名，如粤方言的四邑次方言（四邑片），四邑正是通行这一次方言的地理区域。利用这个地理名称来作为通行于这个地区的一种别具一格的粤语次方言的名称，但并不意味着那里就全是粤语通行的地盘，不能说明粤语的区界止于四邑。有趣的是：在四邑的台山，就有一个赤溪区（镇）完完全全是说客家话的，而在四邑以东的鹤山、斗门等地，也有部分地区其方言仍然归属于粤方言中的四邑次方言，虽然在地理上已经不属于四邑的范围了。由此可见，方言的划界跟方言的分区、包括不同层次的分区确实是既存在一定联系又具有不同性质、不同内容的两回事。

2. *汉语方言分区的原则和依据*

既然方言的分区不同于方言的地理划界，那么，汉语方言分区的原则和依据是什么呢？

首先，我们必须十分明确，区分不同的方言，给方言进行必要的分类，必须面对不同方言的现实，从方言的实际情况出发。换句话说，有不同方言的不同面貌才有汉语方言的不同类型，才有汉语方言的分区。给方言分区不论采取什么标准、不论从哪个方面入手，都离不开各种方言的现实表现。因此，要说区分汉语方言的原则，最简单而又最明确的答案就是：从方言的实际出发。只有把从方言的实际出发这个原则贯彻到方言分区的全过程中，才能保证方言分区的科学性、合理性，才能得出令人满意的结果来。原则明确以后，就得考虑区分汉语方言的依据是什么。依据可以有语言本身的因素，也可以有语言以外的因素。总的来说，既然方言的分区原则上要从方言的实际表现出发，自然也就应该以语言方面的因素为主要的依据了。具体来说，各地方言中表现出来的语言特征，必然就会成为方言学者进行方言分区时首先考虑的因素。如果两个不同的地域通行着语言基本特征、语言整体面貌大致相同的方言，即使地理上相隔遥远，也不能把它们看作是两个不同类属的方言，因为这违背了以语言特征作为方言分区主要依据的准则。只要是经过语言学家们确认在语言特征上同属一类的地方方言，也就没有什么理由可以不认同它们应该同属一个方言区了。汉语方言中的官话（北方话）、吴语、闽语、粤语、客家话等，分布地域都相当辽阔，有的翻山越海，但仍然能够确认一些分隔在不同地域的方言归属于同一个方言区，正是通过对其语言特征的剖析和比较来下结论的。全面剖析比较方言的特征，重要的前提是对各地方言的语言构成因素，包括方言语音、方言词汇、方言语法进行充分的调查研究，在全面掌握方言特征的基础上，才有可能以同中求异、异中求同、析异明同的方式归纳出不同的方言区属来。“同”和“异”实际上存在于任何方言的比较之中，在比较中既要注意其差异性，又不能忽略其一致性。没有差异性体现不出方言的相异归属，没有一致性又体现不出方言的相同归属。只有一方面注意差异性，一方面注意一致性，才能保证汉语方言分区的客观性和科学性。事实证明，在分区问题上常有不同的见解，往往正是对方言异同的掌握有所不同的结果。长期以来，我们在面对比较复杂的汉语方言时，多着眼于方言间的差异性就会觉得汉语方言可以多分几个方言区，多着眼于方言间的共同性则又会得出相反的看法，认为全国汉语方言只需分成少数几个方言区就行了。当然，这里面也牵涉对方言特征的理解和运用问题。语言特征既然是区分不同方言的主要依据，就有可能因为所持的语言依据不一而导致分区结果的不同。

在有了语言特征作为方言分区主要依据之后，还要不要考虑其他的因素，即语言以外的因素呢？语言也好，方言也好，都不是自然界的现象，而是社会现象。语言随社会而产生、发展，社会离不开语言，语言离不开社会。而方言呢？方言是语言发展的产物，也是社会发展的产物。把语言及方言与社会联系起来，自然就会意识到方言的形成和发展，方言的异化和趋同，方言的种种不同表现，都难免掺杂着一定的社会因素。就拿方言的词汇来看，北方、西北方言畜牧业的词汇比较丰富，南方沿海地区方言渔业用语、海洋用语也会较多，这都是方言地区的社会背景所使然。在影响方言的众多社会因素中，有历史方面的，有文化方面的，当然也有地缘方面的。可以说，在任何一种地方方言的语言体系中，其特色之处往往免不了刻上一些社会的烙印。我们常常听到说地方方言是地方文化的载体，地方方言反映地方风情习俗，以至于在各地地方志的编撰中，总得给方言留下足够的篇幅，或者干脆让《方言志》独立成书。方言既然和社会历史结下不解之缘，在构成方言特征的因素中，社会因素也就自然掺杂其中了。方言学者在给不同方言进行分区时，自然首先把视点集中到方言的语言特征上来，而最终给方言的归属进行定性时，却也有必要把方言产生发展的社会历史背景一并加以考虑。因为如果不存在特殊的社会历史背景，该方言的某些语言特征也许就不存在了。例如我们说在南方诸方言中，客家方言的语言特征相对来说比较接近于中原官话，而迥异于吴、闽、粤诸方言，这显然就跟客家先民历史上多次从中原播迁南来不无关系。倘若我们能注意到地方文献中关于客家先民的来源、客家地区行政建制的沿革、移民情况的记载等等，一方面可以印证我们从语言材料的分析中得出的客家方言应属汉语方言中有其独特面貌的一个方言区；另一方面，也可以进一步把语言特征与社会历史资料结合起来，对散居在南方各省的客家话的归属问题作出具有说服力的判断，确认粤东北客话、闽西客话、赣南客话、台湾客话以至于散居在湖南、广西、四川等地的零散客话都是货真价实的客家方言。可见，以语言材料为主要依据而又辅以社会历史背景方面的资料，在方言分区时就更有把握保证分区结果的科学性了。1963 年 8 月在厦门举行的福建省汉语方言科学讨论会上，与会学者曾经热烈讨论过汉语方言分区的问题，联系到福建省内复杂的方言现象，《福建省汉语方言概况》编写组提出汉语方言分区应“以语言材料为依据，以社会历史资料为主要参考”，受到与会者的赞赏。事过近四十年，这一提法仍然大致符合汉语方言分区的实际，是基本可行的。“依据”是主要，“参考”是次要。这一提法突出了汉语方言的分区始终应抓住语言材料这一依据，非语言的因素在方言分区中只能发挥一定的参考作用，认真掌握这一精神，汉语方言的分区就有把握获致令人满意的结果。

必须明确，汉语方言的不同类别是客观存在的。给汉语方言进行分区，只不过是通过可行的方式，归纳出这些客观存在的方言系属，给以一定的名称，作出一定的说明。方言分区的目的绝不是为分区而分区，而是要通过方言分区显示不同类型的方言所具有的语言特征及其通行范围，使方言工作者在方言的调查研究中遇到任何一种方言时，稍作了解便可以心中有数，在已有的方言区中找到“对号入座”的位置。一旦遇到某种方言难以归到已有的方言区中来时，就得考虑这个方言是不是属于“过渡方言”、“混合方言”？假如客观上出现较多未能纳入原已设定的方言区，也许就得考虑原来的分区是否合理，有没有修订的必要了。众多的方言通过合理的分区被归纳到为数有限的方言区，这也便于进一步从共时和历时的角度对汉语方言进行比较研究。毋庸置疑，一个明晰的、符合汉语方言实际情况的汉语方言分区体系，对于准确反映方言的面貌，全面揭示方言历史发展的规律，阐明不同方言之间的关系，都是十分重要的。而方言分区是否科学合理，首先就决定于如何掌握方言分区的原则和依据。明确了分区的原则是从汉语方言的实际出发，分区的依据是方言的语言特征并参考方言的社会历史文化背景，接下来的问题就是如何具体运用方言分区的原则和依据，厘定可操作性的标准和条件来区分不同的方言了。

3．区分汉语方言的语言条件

语言特征既然是汉语方言分区的主要依据，在方言的各种特征中，该采用哪些语言特征？如何运用这些特征来给方言分区，才能获得最佳的效果呢？按方言地理学的方式，在方言地图上同言线的两边显示着某个方言特征的不同，这似乎就可以用一系列的同言线来作为区分不同方言的依据，把不同的方言区别开来。但麻烦的是同言线两边的方言并非都是泾渭分明的。有可能同言线一边的方言特征是甲，而同言线另一边的特征则是乙、丙等等，再就是虽然同言线一边的特征大致都是甲，另一边大致都是乙，但仔细检查之下，在大致是乙特征这一边，又可能发现某些方言点夹杂有甲特征。这就得运用同言线以显示语言特征的方式来区分不同的方言，且常常会遇到纠缠不清、难以定夺的局面。现代我国语言学者们较常用的区分不同汉语方言的方式是基于各地方言都是汉语历史发展产物的前提，联系古音在现代汉语各地方言发展演变的情况，通过古今语音比较的方式来区分不同的方言。比较的程序大致上是拿切韵音系和各地方言音系作系统的比较。例如在声母方面切韵音系中塞音和塞擦音都是有清浊音之分的，但在现代大多数汉语方言中已不存在清浊之分，也就是没有浊塞音和浊塞擦音；又如韵母方面切韵音系中有三套鼻音韵尾 -m，-n，-ŋ 和三套塞音韵尾 -p，-t，-k，这在南北各地的汉语方言中又有各种不同的表现；再如声调方面，切韵音系有平、上、去、入四类，而现代汉语各地方言中，入声的保留与否就有很大的差别。在入声丧失的方言中，古代属入声的字去向存在很大的差异。而保留入声的现代方言，有的只有一个入声，有的古代入声的字保留入声后还分化出两个或三个，甚至还有少数方言分化出四个入声调来。通过系统比较各地方言与切韵音系声韵调的异同，从声、韵、调各方面选取若干明显具有区别性特征的条目来进行方言间的比较，以之作为区分不同方言的语言依据，这是迄今为止使用最为广泛的一种区分汉语方言、确认方言归属的方法。当今汉语各大方言区，大体上都可以从这种方式得出大致合理的分区结果。在这方面，丁邦新教授有过具体的实践，他在列举了一些方言学家在论及汉语方言时所提及的十六条语言特征以后，在这十六条语言特征的基础上提出了一个划分汉语方言的办法，用他自己的话来说是："以汉语语音史为根据，用早期历史性的条件区别大方言；用晚期历史性的条件区别次方言；用现在平面性的条件区别小方言。早期、晚期是相对的名词，不一定能确指其时间。条件之轻重以相对之先后为序，最早期的条件最重要，最晚期的条件也就是平面性的语音差异了。"（丁邦新，1982）

根据上述观点，丁邦新挑选出来的六个早期历史性条件是：

（1）普遍性的条件两个：

①古全浊塞音声母 b－d－g－的演变；

②古塞音韵尾－p －t －k 的演变。

丁邦新认为有这两个普遍性的条件，汉语七大方言已经分得清楚，可以赋予大致清楚的定义了。接下来他还有：

（2）独特性的条件两个：

③古知彻澄母字读 t－tʻ－；

④古次浊上声"马买埋领晚"等字读阴平。

丁邦新认为③是闽语的特征，有了这一条，①中闽语古全浊声母大致不送气跟湘语有点雷同也就可以分开了；又因为客、赣方言同样是古全浊声母大致平仄都送气，有了④，客家话次浊上声字读阴平而赣语不读阴平，这又把客、赣方言分清楚了。通过上面这四条，七大方言已全部可以分开，再加上：

（3）补充性的条件两个：

⑤古舌根音声母 k kʻx在前高元音前的演变；

⑥古调类平上去入的演变。

丁邦新认为加上⑤可以将各大方言分为两大类：南方客家、闽、粤等方言仍读舌根音，而官话、吴语、湘语和赣语则读为tɕtɕʻɕ，这也便于进一步廓清客与赣、闽与湘的分别；加上⑥的目的是对声调方面的历史演变，从声调的数目到调类的分合，可以有一个概括的说明。这样一来，以上述六个历史性的条件来给现代汉语各大方言分区，也就相当完善妥帖了。接下来丁邦新再用他所说的时间较晚的条件来作为区分下位方言——次方言（方言片）的条件。例如区分官话的下位方言，首先就用两个具有普遍性的条件：

①古入声的演变；
②古泥、来母的分混。

根据这两条已经可以大致区分官话的南北各片。此外再增加两个补充性的条件：

③鼻音韵尾有弱化消失的现象；
④古鱼虞韵知章见系的韵母读ɥ。

通过③又便于进一步把北方官话中的晋语与其他官话区分开来，而通过④又可以补充鄂东“楚语”的特征，便于将“楚语”与其他官话区分开来。

上述丁邦新运用古今语音历史比较的方法区分汉语方言的做法无疑是有成效的。但由于汉语方言在不断发展，汉语方言的调查研究工作也在不断发展，方言素材也不断涌现、方言资料不断增加，原先根据有限语音条目设计的历史比较框架，也就难以满足区分方言的需要，因而可能出现分区结果与方言实际不尽相符的现象，特别是在处理边界地区比较复杂的方言现象时，更难免会遇到困难。例如古全浊塞音声母的演变，在粤方言中原以为都是平声送气、仄声不送气，但在近十多年广东粤语的调查中，我们就发现粤西北的粤语中却存在着不少古全浊塞音声母无论平声仄声都读为不送气清音的现象，如“婆”、“白”两字，粤西北阳山、连山、四会、广宁、德庆、封开、郁南等地就都是p声母，“途”、“肚”两字上述各地粤语就都读t声母。游汝杰在提及拿古全浊声母演变来确定湖南某些地方的方言归属时有一段话也引起我们的思考。他说：

如果仅根据浊塞音这一条标准，湘西北花垣、吉首、保靖、永顺、古丈、泸溪、辰溪、沅陵等县方言应划归老湘语，但是在其他方面，这些地方的方言跟西南官话接近得多。（游汝杰，1992，第48页）

看来只是使用语音上的少数条目来进行历史比较，以求得汉语方言分区的彻底解决，确实存在着一定的困难。上述游汝杰所举的例子，并不是绝无仅有的。罗杰瑞在划分汉语方言时采用了他认为“既照顾到历史的深度，也反映现在方言之间的关系”的一套标准，选取了包括音韵、词汇、语法三方面的十个条目：

①第三人称“他”或“他”的同源词。
②领属助词是“的”或“的”的同源词。
③常用否定词是“不”或“不”的同源词。
④表示动物性别的次序在前，如“母鸡”。

⑤只有平声才分阴阳。

⑥古舌根音在 i 前腭化。

⑦用“站”或“站”的同源词。

⑧用“走”或“走”的同源词。

⑨用“儿子”或“儿子”的同源词。

⑩用“房子”或“房子”的同源词。

罗杰瑞这十条中属于语音方面的只有⑤⑥两条，可见，他更注重词汇、语法特征在区分汉语方言中的作用。他认为应用这十条标准，从南到北的方言就可以区别开来。（罗杰瑞，1995，161～162 页）与此同时，近十多年来，陆续有一些学者提出了选取少量有代表性的方言词来作为区分汉语方言条件的“特征词判断法”，为此有的方言学者在遴选不同方言的特征词上下了不少工夫，例如已故黄典诚教授在《闽语的特征》一文中分别列举了闽语的语音特征、词汇特征和语法特征，其中词汇方面从厦门、莆田、福州三处口语里选取了 33 个常用字，认为这些就是典型的闽语特征词（黄典诚，1984）。论述方言特征词的文章有的列举了数量相当大的特征词，甚至有年轻学人以某个方言的特征词为题撰写博士学位论文（曹廷玉，2001）。毫无疑义，在考虑以方言特征来区分不同方言时，语音、词汇和语法理应受到同样的重视，词汇特征在辨认不同方言中所起的作用不容忽视。拿粤语、闽语来说，在粤语中常用的方言词如“叻”（能干）、“啱”（对、合适）、“嘢”（东西）、“镬”（铁锅）、“咁”（这样）等，在闽语中常用的方言词“刣”（宰杀）、“厝”（房子）、“骹”（脚）等，确实容易叫人想到这是粤语或闽语，但问题在于词汇间的相互交流、相互影响是比较普遍的，除了闽粤等南方较为古老、较为复杂的方言有可能找出“只此一家”的方言特征词来外，往往一部收录好几千条词目的方言词典，其中大部分语词都是几个不同方言共同拥有的，并非“只此一家”的方言词语。近期有的讨论方言特征词的论文，文章作者列举了不少自认为堪称特征词的方言词语，却意料不到很快就有人出来说：“某某词某某词在某某方言中也有。”说有易，说无难，要在各个方言中都找出典型的、“只此一家”的特征词来作为区分方言的标准，实在谈何容易！鉴于“只此一家”的方言特征词实在难得，依靠特征词来给汉语方言分区似乎不大现实，方言学者又设法在“确立特征”的前提下进一步寻求更好的出路。不久以前，丁邦新教授在他原先构建区分汉语方言的历史音韵条件之外，又提出一些“特字”来，旨在使他心目中的这些为数极少的“特字”也能够成为区分汉语方言的有力依据（丁邦新，2000）。所谓“特字”，早年赵元任先生等在《湖北方言调查报告》中曾经提到过：“有一些特别的字在各地方言中不但读的音值不同，它的音类也不一致。”丁邦新所说的“特字”，范围是缩小到应属常用字而又最好不要是名词，因为名词容易借用。他所指的“特字”来源于以下几个方面：①韵书漏收，如“贷”字韵书属“透”母，北京应该读去声 t'ai，却读成不送气的 tai，声母演变不合正例，可能这个字还会有“定”母一读，是韵书漏收了；②读半边字，如“械”为匣母字，官话读如“戒”可能是读半边的结果；③受常用字影响，如“玻”，韵书为“滂”母，可能受“波”影响而读 po；④避讳，如“勾”、“钩”原为“见”母字，粤语中因避开男性生殖器的音而改 k 声母为 ŋ 声母；⑤存古，如闽语“糊”字读 k－，跟其他方言读擦音声母不同，是存古；⑥音变遗留。除此以外，还有一些找不出原因来的特字。丁邦新从他确认的“特字”中遴选出七个他认为具有相当典型性的“特字”，这七个“特字”是：“特”、“别”、“捉”、“剂”、“集”、“购（构）”、“站”。用它们来区分汉语各大方言，情况是这样的：官话是“特”读 t‘－而“别”读 p－，湘语是“特”读 t’－而“别”读 p‘－，吴语是“站”读 z－或 dz－，赣语是“剂”读 tɕ－而“集”读 tɕ‘－，客家话是“剂”读 ts－而“集”读 s－，粤语是“购（构）”读 k‘－，闽语是“捉”读ts‘－。倘若能发掘出更多合适的“特字”，或许大方言区的下位方言——次方言乃至小方言的区分也有可能得到比较简便的解决办法。目前就汉语各大方言而言，特点较多的方言如粤语、闽语、客家方言等大概“特字”会比较多，相对而言，官话、吴语、湘语、赣语等的“特字”就较少一些。说到底，“特字”的运用其实并不可能完全代替通过古今语音比较区分方言的办法，只不过是对传统的历史音韵条件起一些补充作用罢了。丁邦新在提出“特字”时就明确地表示：“本文以少数特字作为方言分区的尝试，希望对以往方言分区的方法增加一点证明。”

无论是选取历史性的语音条件还是采用特征词特征字的办法来给汉语方言分区，总体来说，都属于以“特征判断法”来区分汉语方言的范围，“特征判断法”能否达致最佳的方言分区效果，关键在于所选取的特征条目有没有足够的典型性，能否充分显示方言的特性，既对不同方言区的方言具有明显的差异性，又对同属一个方言区的方言具有明显的一致性。典型性的条目不一定需要很多，但一定要经得起检验，确实符合区分汉语方言的条件。按理典型性的语言特征是存在于各种语言要素之中的，但实际上就汉语来说，各地方言间的差异表现在语音和词汇方面比较突出，而表现在语法方面相对较少，加上以往对方言语法特征的发掘还不够充分，客观上也就造成方言学者较多依据语音上和词汇上的特征来辨认不同的方言了。事实上，在汉语各地方言中，语法上的特征并非微不足道，像人称代词的表示方式，南北各地就很不一致。随着方言研究的不断深入，“特征判断法”还有不少可供区分方言的潜在条件有待发掘。除了语音、词汇、语法以外，还有必要留意一些在方言中带整体性的特征，从中体察这些整体性特征在区分汉语方言中如何发挥作用。例如文白异读现象特别严重，以至于几乎形成读音的双轨制，这恐怕只有闽语中的闽南方言是如此，在区分闽语各个次方言时，闽南方言的这一突出特征就不能不加以考虑。

汉语方言现象错综复杂，不同层次的现象，主流和非主流的现象常常交织在一起，使得方言的区分很难像切豆腐那样一刀两断、泾渭分明。我们唯有仔细观察、小心判断，才能看清在一个方言中，哪些是主流的现象，哪些是非主流的现象；哪些属于本质的现象，哪些属于非本质的现象。既然方言间的关系是“你中有我、我中有你”，一些语言特征同时出现在不同的方言中是正常的现象，只要我们能够掌握好主次，就能够在运用语言特征来区分方言时用得其所。例如，我们已把“舌上归舌头”、“轻唇归重唇”看作是闽方言语音特征的主流，当我们在客、赣方言中也遇到此类现象时，就得分析比较一下，最后得出客、赣方言并非像闽方言那样全面反映“古无舌上音”、“古无轻唇音”的特征。这样，作为判断是否属于客、赣方言的特征条目，这两项肯定就不合适了。因为对于客、赣方言来说，这只不过是次要的特征而非主要的特征。有的方言归属哪个方言区基本上可以确定，但多少却又夹杂一点儿邻近方言的特征。这是方言之间相互影响、相互渗透的结果。一旦遇到这种情况，一定得仔细分析，看看哪些语言因素是其他方言影响所引起的，决不能让非主流的枝蔓模糊了视线，以至看不清主干，甚至怀疑起本已确定的方言区属来。

鉴于单纯依靠少数特征项目在方言分区中可能遇到的困难，有学者放弃了通常广为使用的“特征判断法”而改用“综合判断法”。“综合判断法”是首先列出有系统性的一些语音、词汇、语法项目，再就这些项目拿各种不同方言来比较其异同，然后根据各个方言异同的数目和出现的频率来划分不同的方言区。这种结合统计法来区分不同的方言有一定的优点，即比较能反映方言特点的总和。但这种区分方言的方法计算过程过于繁复，跟许多方言学者希望能简便而有效地区分方言的想法相去甚远，因此，无法得到普遍的运用，最终还是回到寻找有效率较高的方言特征项目，仍用“特征判断法”来给方言分区。

方言活在人们的嘴里，一般非语言专业人士往往只凭通话的可懂度，也就是所谓的语感来测定方言异同的程度。这样，就有一些人认为不必从语言结构本身出发来给方言分区，而试图从语言信息的接受度来区分不同的方言。这一方法如果设计完善，有可能反映本地人的语感。可惜这方面的设计迄今还难见有理想的成果。听不听得懂是由很多因素造成的，一定的语言环境、对话者的文化背景等都与之有关系。况且由于汉语方言是汉语历史发展的结果，方言分区理所当然得兼顾共时和历时的情况，方言学界既然习惯于联系切韵音系来考虑方言的分区，完全撇开方言历史来源的“可懂度测验”，也就没有多少人采用了。尽管理论上方言的分区可以从听懂的程度方面来考虑，在汉语方言分区的实践中，迄今还没有采用听懂度方式取得满意结果的记录。曾经有人因听懂度很低而怀疑汉语方言中的粤语、闽语等是否仍可视为汉语的方言，这种撇开方言历史渊源等因素而轻易判定粤语、闽语等并非汉语方言的看法，很难获得大多数方言学者的认同。我们讨论汉语方言分区的前提是：都是汉语方言。粤语也好，闽语也好，不管多么复杂，多么难懂，始终是汉语方言。只要联系汉语历史音韵，汉语各大方言间的关系总是明确的。不论相互间的可懂度是大是小，其作为汉语发展过程中形成的一个汉语方言区——或者说是汉语方言的类别，是完全可以成立的。当然，我们对汉语方言进行分区，在坚持原则、明确依据的情况下，征询一下本方言区人民大众对当地方言系属的意见，也是完全必要的。本地人对本地口语与四邻口语的差别最为敏感，他们常常会向方言调查者指出本地方言和邻近方言的特点，他们的看法值得我们在制定方言分区调查项目时参考。

汉语方言分区既然不大可能处处都像切豆腐那样做到一刀两断、泾渭分明，那么，对于某些一时难以确切定出方言归属的地区，暂时保留作为“未名系属”的方言或“过渡性方言”，应该也是可以的。

三、汉语方言分区的格局

1. 汉语方言分区的层次

任何一种科学的分类都必然会有不同的层次（级）。语言学的谱系分类有语系、语族、语支、语群等不同的层次。汉语方言的分区通常有方言区——次方言（方言片）——小方言（方言小片）——地点方言等不同的层次。例如，闽方言——闽南方言——潮汕方言——饶平方言。近期在汉语方言分区的讨论和实践中，有学者从汉语方言的现实状况出发，提出在汉语方言的分区中，应该首先着眼于南北方言的分别问题，在明确南北方言明显不同的基础上，再来按照实际情况，给汉语方言划分若干方言区。美国学者罗杰瑞教授早在20世纪80年代就提出汉语方言首先应分为三个大区：北方方言区、南方方言区和中部方言区，然后在第二层再把时下人们所认同的各个方言区归纳到这三个方言大区中来。这实际上是在汉语方言的分区中增加了一个层次。罗杰瑞在他的著作《汉语概说》（*CHINESE*）中对他提出的"北部方言"、"中部方言"和"南方方言"各自的特点作了相当详尽的论述，颇能引起汉语方言学界的瞩目（罗杰瑞，1988、1995）。1995年，刘勋宁在《再论汉语北方话的分区》一文中设计了一个汉语方言的"关系网"，也是把汉语方言先在第一层次中将汉语方言分为南北两大块，只不过他所使用的术语不同：把北方话称为"基础汉语方言"，目的在于改变地理上的"极不确切"，避开把远在西南的云、贵、川也称作北方话的别扭；北方话以外的南方诸方言则统称为"东南诸方言"（刘勋宁，1995）。与此相似，我们近期有机会读到石锋教授的一篇文章，他明确地提出汉语方言的分区应有层级性，而第一层级首先应作南北划分，把汉语方言分为北方方言和南方方言两个大区，下面再各分出方言区和小区、片、小片等等。按照石锋的设计，汉语方言首先以北方方言和非北方方言为第一层次，第二层次才是湘、赣、客、吴、粤、闽等方言（石锋，2000）。参照上述几家的理论，我们认真检视一下几十年来陆续发表的一些汉语方言调查研究成果，特别是方言词汇方面积累下来的丰硕成果，就不难发现：汉语各种方言之间往往给人一种印象，即尽管各地方言千差万别，但从方言与方言之间的关系及异同来看，的确存在不少南方诸方言与北方方言间的明显迥异。而与此同时，北方方言与南方方言确实也存在着不少共同的语言特点，这正是汉语方言间"你中有我，我中有你"的体现，也是北方方言与南方方言俨然分开的明证。虽然迄今为止，南北方言的分野还缺乏足够的、可供全面进行比较研究的资料，但确实已有种种迹象足以粗略地勾画出汉语南北方言明显不同的轮廓来。例如，语音上声调的简化与否及入声的保留与消失给人的印象就是南北方言存在着明显的差别，尽管北方方言也有保留入声的，但那毕竟不是北方方言共同的整体现象，不像南方方言那样，各地都有入声存在。又如语法上人称代词的第三人称，北方方言基本上以用"他"（她）为主，而南方各方言却大都非"渠"（佢）即"伊"，除湘语外，基本上没有用"他"（她）的。要是这类的例子多挖掘一些出来，南北方言的系统差别也就显示出来了。由此可见，上述几位学者提出在汉语方言分区的层次上宜先以南北方言的划分为第一层次，是切合汉语方言的实际情况的。这样一来，汉语方言分区的层次就可作以下考虑：

第一层次：北方方言（或“基础汉语方言”）；南方除隶属北方方言的西南官话以外的各方言（或称“东南诸方言”）。

第二层次：汉语七大方言区（或十大方言区，含北方方言）。

第三层次：汉语七大方言区（或十大方言区）下位的方言小区（方言片、次方言）。

第四层次：各方言小区（方言片、次方言）下位的方言小片（土语群）。

第五层次：地点方言。

2. 汉语七大方言与汉语十大方言

从上述汉语方言分区的层次出发，时下汉语分区中的七大方言或十大方言，实际上就是撇开第一层次先不考虑归纳为南北方言，而直接按第二层次的要求将汉语方言分为七区或十区。七区是：北方方言（官话方言）、吴方言、湘方言、赣方言、客家方言、粤方言、闽方言。十区是十多年前李荣教授在主编《中国语言地图集》时提出来的，反映在中国社会科学院和澳大利亚人文科学院合作编纂的《中国语言地图集》（1988）中。十区是在七区的基础上增加了晋语、徽语和平话三个方言区，即：官话区、晋语区、吴语区、徽语区、赣语区、湘语区、闽语区、粤语区、平话区。“十区说”自李荣提出来迄今已经十多年了（李荣，1985、1989），虽然已经用在《中国语言地图集》中，但始终存在着一些有争议的问题，还未能在方言学界取得共识，因而不少很有影响的现代汉语著作，包括汉语方言著作，目前仍然保留七区的体系。争议的焦点集中在新设立的三个方言区，特别是晋语和平话上面。对此，个人的看法是：

（1）晋语问题。当年李荣提出让山西及与山西毗邻的有入声的地区从北方话（官话）中分离出来，让其独立成为一个方言区——晋语，主要是考虑到这些地方的方言有入声，可是同样有入声的江淮官话却又仍然认作北方话的一支，实际上四川的西南官话和河北的一些地方也存在有入声，因而不少语言学者对晋语该不该独立为一个大方言区提出了质疑。其后侯精一、温端政等方言学者对晋语进一步作了深入的研究，又陆续提出了一些入声以外的特征来支持晋语独立成区之说。个人认为，晋语在北方方言中比起其他北方官话来无疑是有一些较为突出的特征的，但是综观汉语方言的全局，把晋语从北方话中独立出来，恐怕还不如留在北方话的大家庭中，作为有特色的一支北方话，更为切合汉语方言分区的实际。或者像刘勋宁所建议的，把它改称秦晋方言，作为跟其他官话平行的、同属他所说的“基础汉语方言（北方话）”下位的两支北方话，也不失为一个解决的办法。

（2）平话问题。把广西境内一些方言独立出来建立一个新的汉语方言区——平话区，这个问题在语言学界，特别是汉语方言学界引起了不少的争议，直到近期的《方言》杂志（2001年第2期），还发表了一组文章专门讨论这个问题。笔者近期认真阅读了广西两代语言学者关于平话问题的一些论述，特别是最近几篇以平话为题撰写的博士论文（梁金荣，1997；覃远雄，2000；谢建猷，2001），反复思考这个问题，觉得从广西平话的实际和汉语方言分区的原则和格局出发，在汉语方言分区的第一层次中将平话独立为一个大方言区的理据似欠充分，个人倾向于桂南平话可以并入桂南的粤方言，而桂北平话比较复杂，有学者认为与桂北土语、湘南土语颇有相似之处，其归属问题不妨跟湘、桂“土语”的归属合在一起来考虑，目前暂不必匆忙定夺，留待进一步深入调查来解决。

（3）徽语问题。徽语的特点十分突出，早年赵元任就把徽语当作汉语方言中独特的一支看待，他在20世纪60年代先后发表了《绩溪岭北音系》（1962）和《绩溪岭北方言》（1965），初步撩开了皖南徽语的面纱。其后，在80年代以后，又有郑张尚芳、平田昌司（日）、伍巍等方言学者先后对徽州方言进行了调查研究，发表了一批关于徽州方言的著述。看来把徽州方言的特征彻底弄清楚以后，从发展的眼光看，把徽州方言独立成为一个方言区，是完全有可能的。笔者并不反对徽语独立成区，只是认为必须进一步对徽语的特征及内涵、界线等都研究清楚，才能确认徽语实在无法纳入官话（北方话）中，到那时，徽语独立成区也就水到渠成了。

总的来说，我们的意见就是目前不妨仍然维持汉语方言七大区的分区格局，暂不考虑晋语与平话的“升级”问题。至于徽语，可以留待更为丰富的调查研究成果来作是否需要“升级”的定夺。

参考文献

曹廷玉　2001　《赣方言特征词研究》，暨南大学博士学位论文。

丁邦新　1982　《汉语方言区分的条件》，《清华学报》14-1-2，《庆祝李方桂先生八十诞辰论文集》，新竹。

———　1996　评《中国语言地图集》，《国际中国语言学评论》Volume 1，Number 1，John Benjamins Publishing Co.，Hongkong。

———　2000　《汉语方言中的特字》，第九届国际汉语语言学会议宣读论文（新加坡）。

侯精一　1999　《现代晋语研究》，北京：商务印书馆。

黄典诚　1984　《闽语的特征》，《方言》第3期。

黄家教等　1997　《汉语方言论集》，北京：北京语言文化大学出版社。

李　荣　1985　《关于汉语方言分区的意见》，《方言》第2~3期。

———　1989　《汉语方言的分区》，《方言》第4期。

李如龙　1996　《方言与音韵论集》，香港中文大学吴多泰中国语文研究中心。

梁　敏、张均如　1999　《广西平话概论》，《方言》第1期。

梁金荣　1997　《桂北平话语音研究》，暨南大学博士学位论文。

梁金荣、高然、钟奇　1997　《关于汉语方言分区的几个问题——兼论晋语的归属》，《语文研究》第2期。

梁振仕　1984　《桂南粤语说略》，《中国语文》第3期。

刘村汉　1995　《桂南平话——粤方言的一个分支》，第五届国际粤方言研讨会宣读论文。

刘勋宁　1995　《再论汉语北方话的分区》，《中国语文》第2期。

罗杰瑞　1988　*Chinese*，Cambridge：Cambridge University Press。

———　1995　《*Chinese* 的中译本〈汉语概说〉》，张惠英译，北京：语文出版社。

覃远雄　2000　《桂南平话研究》，暨南大学博士学位论文。

石　锋　2000　《汉语方言的南北分区》，第九届国际汉语语言学会议宣读论文（新加坡）。

王福堂　2001　《平话、湘南土语和粤北土语的归属》，《方言》第 2 期。

温端政　1997　《试论晋语的特点与归属》，《语文研究》第 2 期。

——　2000　《晋语“分立”与汉语方言分区问题》，《语文研究》第 1 期。

伍　巍　2001　《论桂南平话的粤语系属》，《方言》第 2 期。

谢建猷　2001　《广西平话研究》，中国社会科学院研究生院民族系博士学位论文。

杨焕典主编　1998　《广西通志 · 汉语方言志》，南宁：广西人民出版社。

游汝杰　1992　《汉语方言学导论》，上海：上海教育出版社。

余霭芹　1991　《粤语方言分区问题初谈》，《方言》第 3 期。

袁家骅等　1983　《汉语方言概要》（第 2 版），北京：文字改革出版社。

詹伯慧　1991　《汉语方言及方言调查》，武汉：湖北教育出版社。

詹伯慧、张日昇　1987、1988、1990　《珠江三角洲方言调查报告》（3 卷），广州：广东人民出版社。

詹伯慧　1993　《语言与方言论集》，广州：广东人民出版社。

张光宇　1999　《东南方言关系综论》，《方言》第 1 期。

张振兴　2000　《闽语及其周边方言》，《方言》第 1 期。

中国大百科全书语言文字卷　1987　中国大百科全书出版社，北京—上海。

中国社会科学院和澳大利亚人文科学院　1988　《中国语言地图集》，香港：朗文出版（远东）有限公司。

（《方言》2002 年第 4 期，北京；发表时略有删节，此为原稿）

汉语方言语法研究的回顾与前瞻

摘　要：本文分两个部分：前一部分回顾汉语方言语法研究从未受青睐到深受重视的历程；后一部分展望汉语方言语法研究的走向。文中在概述了汉语方言语法研究的发展轨迹后提出今后汉语方言语法研究宜乎抓好三件事：一是调查、调查、再调查；二是比较、比较、再比较；三是组织汉语方言学术队伍打造几个汉语方言语法研究的大工程。

关键词：汉语方言　语法研究　回顾　前瞻　调查　比较

一、回顾——从方音研究到方言语法研究

汉语方言的调查研究从方言语音的调查开始。方言语音最能直接、具体地显示方言的特点，这是无可争议的事实。正因为这样，从20世纪20年代我国开始采用国际上通用的语言学方法来调查研究汉语方言以来，在长达半个多世纪的漫长岁月中，汉语方言的研究几乎完全被方言语音的研究所包揽。于是乎，出现在图书馆和语言学者书架上的汉语方言著作，就以某某音系之类的方音研究著作为最多。20世纪40年代以后问世的几部大型方言调查报告，如《湖北方言调查报告》以及后来陆续在台湾出版的《湖南方言调查报告》、《云南方言调查报告》和《四川方言调查报告》等，每部的字数都超过百万，打开一看，其内容都是清一色的方音描写和记录，以及方音和中古语音的比较。至于方言词汇和方言语法的调查研究，长期以来一直处于乏人染指的状态。20世纪50年代，为配合推广普通话和汉语规范化工作的开展，举国上下进行了声势浩大的方言普查。但那次普查旨在找出方言与普通话之间的语音对应规律，以帮助方言区人民更好更快地掌握普通话语音。普查工作要求在较短的时间内完成方言语音的记录整理以及揭示方言与普通话语音的对比工作，自然也就无暇顾及方言词汇、方言语法的问题了。20世纪60年代初，在方言普查工作基本完成之际，作为哲学社会科学学部委员的丁声树先生在学部委员会的第三次会议上就汉语方言工作作了发言，提出今后汉语方言的调查研究应以词汇、语法为重点，“而现阶段则特别应把方言词汇作为重点来抓”。丁先生的意见发表在1961年3月号的《中国语文》月刊上，一向少人问津的汉语方言词汇，开始受到方言工作者的瞩目，在语言学术刊物中，关于方言词汇研究的文章陆续出现，一扫长期以来只能看到一两本记录研究北京方言土语的著作（如陆志韦先生的《北京话单音词汇》、张洵如先生的《北京话轻声词汇》等）的局面。至于汉语方言语法的调查研究，一直到20世纪60年代，始终处于沉寂状态，除了零星发表在《中国语文》、《方言与普通话集刊》等刊物上几篇介绍个别方言某些语法特征的文章外，论述汉语方言语法的专著，能看到的公开出版物就只有台湾南风书局于1950年出版的李献璋的《福建语法序说》了。

直到张洪年在香港中文大学所写的硕士论文《香港粤语语法的研究》一书在1972年由香港中文大学出版社正式出版发行，汉语方言语法的研究才出现了逐步发展起来的势头。我和黄家教先生曾于1965年在《中国语文》第3期发表了《谈汉语方言语法材料的收集和整理》一文，论及有关收集整理汉语方言语法材料的一些问题，当时我们是受丁声树先生1961年那篇呼吁重视汉语方言词汇语法研究的文章所感召而开动脑筋考虑起汉语方言语法研究的问题来的。在那篇文章中，我们就汉语方言语法材料的收集汇总和整理分析谈了一些来自实践的初步想法。在收集方言语法素材方面，我们谈到如何收集、从哪些方面收集、在收集时必须注意哪些问题，如记音的准确性问题，方言中新旧因素并存并用的问题等；在整理分析方言语法现象方面，我们谈到如何进行方言语法材料的审核、分类和归纳整理；至于如何开展汉语方言语法研究的问题，我们提出在汉语方言语法研究刚刚起步之际，缺乏有关汉语方言语法体系的资料可供参考，不妨参考现代汉民族共同语的语法体系，首先把汉语方言语法的研究建立在方言和民族共同语相互比较的基础上，通过比较来认识方言中存在的语法特点，不失为可行之路。当时可供汉语方言语法研究的材料实在太少，我们在那篇文章中所归纳分析的一些方言语法现象，自然是挂一漏万、很不全面的了。可就是那样一篇在20世纪60年代几乎是唯一一篇谈论汉语方言语法研究的文章，在那个汉语方言研究基本上仍处于方音研究一花独放的年代，对于提倡汉语方言语法研究来说，多少还是起了一点儿"点火"的作用。说实在的，汉语方言语法的研究毕竟还是20世纪70年代以后才逐渐引起方言工作者的关注的。尽管早在1972年就出现了张洪年的《香港粤语语法的研究》一书，但汉语方言语法研究的真正"起飞"，却应该说是70年代末、80年代初以后的事。作为方言语法研究的专著，继上述张洪年的粤语语法专著之后，台湾罗肇锦在1984年由学生书局出版的《客语语法》，就算是比较早面世的汉语方言语法研究专著了。而恰恰这两部专著都不是由中国大陆的学者执笔的。在中国大陆，20世纪80年代刚刚热闹起来的汉语方言语法研究，初期还主要是在刊物上有一些单篇的研究论文出现，还来不及编写系统揭示某个方言语法的专著。在这里，我们要特别提到创刊于1979年的《方言》杂志在倡导汉语方言语法研究、推动汉语方言语法研究迅速发展中所发挥的积极作用。这份被认为是世界上独一无二的方言研究专业期刊，一诞生就把推动汉语方言研究朝着语音、词汇、语法齐头并进的路向发展作为办刊的指导方针之一。早在创刊不久的1980年第3期，《方言》就发表了朱德熙先生结合方言现象论述汉语中"的"字的论文《北京话、广州话、文水话和福州话的"的"字》，引起了语言学界的瞩目。据初步统计，从1979—1998年这二十年间，描写、分析、讨论有关汉语方言语法现象的文章在《方言》上发表的就有120多篇。占《方言》二十年间所刊全部文章的18%，比所刊方言词汇研究的文章还要多。《方言》编辑部显然是有意要在刊物上组织起对一些方言语法问题的讨论，如西南官话中的重叠式，在1987年一年间就刊出了9篇论文。最近几年《方言》刊出的方言语法文章仍然保持着相当的比重：1998年和1999年各有10篇，2000年有9篇，2001年有12篇，2002年有4篇。把这些数字加到上述二十年间发表的120多篇中来，累计自1979年创刊至2002年年底，《方言》刊出的研究汉语方言语法的文章，总数就达175篇之多。我们不妨再来看看所谓“强势方言”的粤方言在方言语法研究方面的形势又是怎样的情况呢？从詹伯慧主编的《广东粤方言概要》一书“附录”的“广东粤方言研究文献选录”（詹伯慧，2002）可以看到，该《文献选录》共选录篇目1 445项，其中201项是属于粤方言语法研究的。这201项中，只有8项发表于20世纪80年代以前，其余都是20世纪80年代以后才发表的。在这里有必要一提的是，方言语法研究受到重视的程度之所以能够与日俱增，跟老一辈语言学家的反复强调和身体力行以及认真实践是分不开的。早在半个世纪以前，袁家骅教授第一次在北京大学开设“汉语方言学”课程时，就在课堂上一再强调汉语方言语法的研究将有助于打破印欧语言语法体系对汉语语法研究的桎梏。他认为在大量汉语语法事实的支撑下，真正符合中国语言实际的、体现汉语特色的语法体系就有可能产生。袁先生当年没有多少时间来专门研究汉语语法，而朱德熙先生则通过自己长期深入的汉语语法研究，深切体会到要把现代汉语语法研究好，非着力把标准语（普通话）语法的研究和汉语方言语法的研究及汉语历史语法的研究结合起来不可，这也就是语法学界通常所说的语法研究的“大三角”理论。早在1985年，朱先生在为日本著名汉学家桥本万太郎的《语言地理类型学》作序时就指出：“研究现代汉语的人往往只研究普通话，不但不关心历史，把方言研究也看成隔行，画地为牢，不愿越雷池一步。这不管对本人说，还是对学术发展来说，都不是好事。”他还以他自己对“的”字研究过程的反思为例，语重心长地说：“我在这里把自己三十年来在研究‘的’字的过程中已经觉察到的疏忽和失误提出来，这也许可以作为今后语法研究工作中的一点儿小小的借鉴。”（朱德熙，1993）。正是在这一观点的左右下，朱先生从20世纪80年代以来，先后发表了多篇贯彻“标准语语法——方言语法——历史语法”三结合的重要论文（朱德熙，1980、1985、1991），用语言事实有力地论证了在汉语语法研究中认真贯彻“三结合”精神的重要作用。在朱德熙先生辞世以后，《方言》编辑部发表了他的遗稿《从方言和历史看状态形容词的名词化》，更使我们进一步看到朱先生如何在他的语法研究中大力贯彻他自己经过长期实践后总结出来的语法研究“三结合”的重要理论。朱先生生前所提出的这一汉语语法研究指导思想，无疑是现代汉语语法研究、包括现代汉语方言语法研究在理论方法上的一次重大革新。它使研究现代汉语语法和研究汉语方言语法的人都大大开了窍，使彼此的研究工作有了新思路，进入了新境界。这也就自然而然地开通了现代汉语语法研究者和汉语方言研究者之间在研究理念上相互沟通、相互协作的新渠道。打从20世纪90年代以来，汉语方言语法研究不断升温，持续发展。从这十来年发表的著述来看，其中不乏成功之作，明显是受了朱先生立论的影响而在努力贯彻“三结合”理论的。众所周知，邢福义教授就是和朱德熙先生持同一见解，大力贯彻这一理论的一位语法学家。他在《方言》上先后发表的《从海南黄流话的“一、二、三”看现代汉语数词系统》、《说“您们”》、《小句中枢说的方言实证》以及《“起去”的普方古检视》等文章（邢福义，1995、1996、2000、2002），就是很好的范例。邢先生的弟子汪国胜教授的《大冶金湖话的“的”“个”和“的个”》等方言语法专论也是在朱先生和邢先生语法研究理论的指引下撰写成的。

综观近二十多年汉语方言语法研究的情况，从20世纪70年代末到80年代末，主要是发表在《方言》以及有关学术刊物上的论文日渐增加，而到了20世纪90年代，除了学术刊物上发表的汉语方言语法研究论文以外，以专书形式出现的汉语方言语法论著也陆续出现，一扫长期以来汉语方言语法著作寥若晨星的局面。下面是迄今我们能看到的一些近期出版的汉语方言语法著作：

[**专著**]

台湾闽南语语法稿（杨秀芳，台北大安出版社，1991）

客家方言语法研究（何耿镛，厦门大学出版社，1993）

大冶方言语法研究（汪国胜，湖北教育出版社，1994）

内蒙古西部方言语法研究（邢向东、张永胜，内蒙古人民出版社，1997）

上海话语法（钱乃荣，上海人民出版社，1997）

连城客家话语法研究（项梦冰，语文出版社，1997）

苏州方言语法研究（李小凡，北京大学出版社，1998）

上海方言语法研究（徐烈炯、邵敬敏，华东师范大学出版社，1998）

晋方言语法研究（乔全生，商务印书馆，2000）

鄂东方言语法研究（陈淑梅，江苏教育出版社，2001）

成都方言语法研究（张一舟、张清源、邓英树，巴蜀书社，2001）

汉语方言代词研究（张惠英，语文出版社，2001）

海南屯昌闽语语法研究（钱奠香，云南大学出版社，2002）

闽东方言词汇语法研究（林寒生，云南大学出版社，2002）

[**论文集**]

汉语方言体貌论文集（胡明扬主编，江苏教育出版社，1996）

动词的体（张双庆主编，香港中文大学中国文化研究所吴多泰中国语文研究中心，1996）

湖南方言的动态助词（伍云姬主编，湖南师范大学出版社，1996）

湖南方言的介词（伍云姬主编，湖南师范大学出版社，1998）

汉语方言共时与历时语法研讨论文集（伍云姬主编，暨南大学出版社，1999）

湖南方言的代词（伍云姬主编，湖南师范大学出版社，2000）

动词谓语句（李如龙、张双庆主编，暨南大学出版社，1997）

代词（李如龙、张双庆主编，暨南大学出版社，1999）

以上共22部，可能还有遗漏。除此以外，在一些综合性的汉语方言研究著作中，也或多或少会有专门的章节论述方言语法。拿出版著作较多的闽南方言来说，尽管专以闽南方言语法研究为题出版的论著尚属罕见，我们却可以从近期问世的综合研究某些闽南地点方言的专著中看到不少关于闽南方言语法的论述。例如周长楫、欧阳忆耘著的《厦门方言研究》一书（厦门大学出版社，1998），就以《厦门方言的造词法》和《厦门方言的若干句法特点》两章较为系统地论述了厦门方言的词法和句法，让读者可以从中略窥闽南方言代表点厦门方言的语法面貌。又如刘纶鑫主编的巨著《客赣方言比较研究》，对江西的客赣方言语法就有详尽的描写比较，并说明各种语法特点分布在客赣方言的哪些地区。还有像李新魁、黄家教等著的《广州方言研究》（广东人民出版社，1995），全书九章中语法部分就占了三章，在全书585页中占了160多页；钱曾怡主编的《山东方言研究》（齐鲁书社，2001）；侯精一、温端政主编的《山西方言调查研究报告》（山西高校联合出版社，1993）；以及一些大型的省、市方言志，如吴积才主编的《云南省志·方言志》（云南人民出版社，1989），殷焕先主编的《山东省志·方言志》（山东人民出版社，1995），许宝华、汤珍珠主编的《上海市区方言志》（上海教育出版社，1988），等等，也都有一定的篇幅描写论述方言语法。还有一点需要补充：从上列汉语方言语法研究的专著中，我们可以看出，除了少数几本出版于20世纪90年代初以外，其余都是1996年以后才问世的。可见，尽管汉语方言语法的研究早在80年代已经“渐成气候”，不断有这方面的论文见诸学术刊物，但汉语方言学者由针对汉语某一方言中的某一语法现象进行探讨，撰写专题论文，进而发展到对某一方言的语法面貌作系统的、全面的描写和论述，还得有一个在不断进行调查、不断积累资料的基础上一边建构理论方法，一边分析归纳语法事实的过程，这样的过程一般不大可能在短时间内就完成，更不可能一蹴而就。也许可以这样认为：从20世纪70年代末80年代初汉语方言语法研究开始受到瞩目、逐渐“起飞”以来，这二十年左右的时间内，汉语方言语法研究的发展大致经历了前后两个相互衔接的阶段：从20世纪70年代末80年代初到90年代中以单项单篇的分散研究为主的阶段，发展到90年代中期以后对某个方言的语法现象进行全面探讨和对方言中某些突出语法现象进行专题探讨两者并举的阶段。毫无疑义，对方言语法现象进行单项专题研究是方言语法系统研究不可缺少的基础，要全面、系统揭示一个方言的语法面貌，缺乏众多单项研究成果的支撑是不可能实现的。因此，当方言学者开始把注意力扩展到研究方言语法整体面貌时，大量的单项专题研究仍然会是汉语方言语法研究的主流。

二、前瞻——展望汉语方言语法研究的未来走向

如前所述，汉语方言语法研究发展到了今天，已经可以说进入到相当成熟的阶段，完全具备可持续发展的条件了。汉语方言语法研究不受青睐、不受重视的历史已经过去，理论方法上的不断进步，前辈学者的带路引航，加上不断积累、不断丰富的方言语料和日渐增多的汉语普通话语法及汉语历史语法研究成果的相互支撑。应该说，现今正是汉语方言工作者可以在方言语法研究这个大舞台上大展拳脚、大显身手的黄金时期。面对汉语方言语法研究的大好前景，此时正宜好好总结过去、策划未来。依个人的管见，今后的汉语方言语法研究，倘若能在以下几个方面多下工夫，必然会不断打开新的局面，不断获得新的成果。

1. 调查、调查、再调查

汉语方言的研究主要取材于实地调查（田野调查）所得的口语语料。以往方言调查在语音、词汇方面下的工夫较多，积累的材料也比较丰富，而语法方面，相对来说是方言调查的薄弱环节，积累下来的材料比较少，这就需要从“备粮”做起，把“粮草”备足了，才有足够的力气“上战场”。方言语法材料的积累需要迈开双腿，走进方言实际中去开展记录、搜集的工作，因此，我们就要在此大声疾呼：大家都来为方言语法的研究多做调查，要调查、调查、再调查。记得十年前余霭芹教授在第四届国际粤方言研讨会（香港城市理工学院，1993）上作题为“粤语研究的当前课题”的主题讲演时，首先提出的一项就是“粤语方言资料的收集”，她一再强调就汉语方言的研究来说，最要紧的是多做调查，多提供方言调查的语料，她认为从当时的情况看，可供方言研究使用的语言材料实在是很不够。那时候我们刚刚花了好几年工夫做完对珠江三角洲几十个方言点的粗略调查并整理出版了三卷本《珠江三角洲方言调查报告》，她就特别提到此书，表示对这类工作的赞赏和期盼。事过十载，如今方言研究有了长足的进步，方言的调查面有了很大的扩展，方言语料的积累也已大大增加，堪称今非昔比了。然而，对于起步较晚的方言语法研究来说，方言语法资料的搜集始终还是难以充分满足日益发展的方言语法研究的需求。因此，当1997年第六届国际粤方言研讨会在澳门举行时，余霭芹教授就亲自带来一些汉语方言语法调查的问卷，请到会的年轻朋友帮忙调查。其实这一方言语法调查的工作，她早在20世纪90年代初，甚至更早的时候就着手进行了。1993年在法国出版的那本《汉语方言语法比较》（英文版），正是她费尽心机、多方调查的一项成果。长期以来研究汉语方言语法的人都急切盼望能有一部大致反映汉语方言语法现象的综合性著作。随着汉语方言语法研究的不断发展，由黄伯荣教授主持、历经多年筹划编集的《汉语方言语法类编》（以下简称《类编》）终于在1996年由青岛出版社出版问世了。此书取材于400多篇汉语方言语法论文和几十部汉语方言著作，按照一定体例整理归纳，以词法、句法的顺序排列，汇编成为收录汉语方言语法条目2 500多个、总字数180万、16开本800多页的皇皇巨作。尽管此书由于如实收录各方作者以各自不同的体系和方法来描写分析方言中的语法现象，难免致使体例、术语未能完全统一，以至同样的方言语法现象在整理归类中偶有处理欠妥的地方，但总的来说，当前方言语法研究材料缺口不小，能有这样一本材料如此丰富的《类编》供大家使用，编撰者筚路蓝缕之功，实不可没。还应该一提的是，以黄伯荣教授为首的《类编》编者，在编写《类编》之余，从长期以来汉语方言语法调查缺乏较为完善调查大纲的实际需要出发，又充分利用《类编》所提供的大量方言语法材料，爬梳剔抉，选取一些例句，从词法和句法两个方面入手加以分门别类，设计、编写了一本《汉语方言语法调查手册》（以下简称《手册》），于2001年由广东人民出版社出版，这对于汉语方言语法的调查研究，无疑能产生积极的促进作用。当然，光靠一本《类编》再加上一本《手册》，是无法满足汉语方言语法研究不断深入发展的需要的。最根本的“解渴”良方还是深入语言实际，调查——发掘，再调查——再发掘。对于任何一种汉语方言的语法研究来说，当务之急始终是通过调查汇集大量的语言材料，在掌握大量确凿可靠的语言事实之后，才谈得上整理分析，谈得上把方言中蕴藏着的特殊语法现象挖掘出来。总之，通过深入调查来挖掘汉语方言的语法特点，这是任何从事方言语法研究的人必不可缺的功课。一次调查不够，就进行第二次调查、第三次调查，直到调查的材料可以满足方言语法特点的发掘和分析为止。调查当然也应该包括别人的调查、同行学者的调查，不一定都要自己本人亲力亲为地调查。如果每个方言区、每个方言点都有人做过详尽的语法调查，各人调查所得的材料就可能成为大家共享的宝贵财富，这就有可能在各自运用自己所掌握的材料进行单点方言语法研究的基础上，开展汉语方言语法的综合研究，使汉语方言语法的研究步步扩展、步步深入。要达到这一目标，说到底还是要再三强调资料积累的重要性，强调深入调查的重要性。这里再引用余霭芹教授的一句话："方言资料是咱们研究的基础，资料不够就大大限制了研究的范围和结论。"（余霭芹，1993）

2. 比较、比较、再比较

汉语方言语法研究的核心是比较。倘若没有比较，只停留在罗列现象、描写现象上，或者说，仅仅是反映一点儿方言语法调查的结果，说明方言中存在哪些语法范畴，有哪些表达的方式，这显然是很不够的。我们调查研究汉语方言语法，要能够步步深入，就必须通过我们在调查中掌握到的大量方言事实来进一步深入分析，从中挖掘出方言事实中所反映出来的语法特征，并竭力寻找出其中带有规律性的东西来。特征也好，规律也好，都只有通过比较研究才能够得出合乎实际的、科学的结论来。长期以来欧洲语言学中广泛采用的历史比较法，是具有特定范围、特定内涵的语言比较法。我们在汉语方言的研究中论及比较，一般是指共时的比较和历时的比较，有时也指内部的比较和外部的比较。把共时和历时结合起来考虑，那就是既要做横向的共时的比较研究，也要做纵向的历时的比较研究。这横向和纵向两个方面的研究，始终贯穿着比较的内容，也就是通常所说的比较研究了。横向的比较研究往往透露历时发展的线索，而历时的比较研究又往往加深我们对横向比较中语言异同现象的认识。前面谈到朱德熙先生倡导的"标准语语法——方言语法——历史语法"三结合的语法研究模式，其实也就是横向比较和纵向比较相结合的模式。朱先生发表在《方言》杂志上的最后一篇论文，题目是《从方言和历史看状态形容词的名词化》，文中既拿几种方言的"的"和北京话的"的"作比较，又拿方言中的"的"和历史文献中的"的"作比较，正是通过横向和纵向的反复比较，仔细剖析了"的"字的种种不同表现，从而科学地论证了他所要阐明的命题：状态形容词的名词化。现在我们要强调深化汉语方言语法的研究，这"深化"的路子如何走？我看，归根结蒂也就是要好好把握朱先生所倡导的这个"三结合"，也就是邢福义教授所说的语法研究的"大三角"。认真做好"三结合"的实践，把"大三角"研究的功夫做足做透，自然就会在深挖方言语法特点、揭示方言语法规律上不断取得新的突破，并可由此而进一步对语言学理论上的一些深层次的问题进行探讨。从近期发表的一些研究汉语方言语法专题的著述看来，"三结合"、"大三角"的理论已在汉语语法研究中占着主导的地位，但除了这个"三结合"、"大三角"外，还有多方面的研究方法也值得我们重视，例如"类型学"的方法，把一些方言的现象放到更大的范围来考察，桥本万太郎教授的"语言地理类型学"理论（桥本，1985）就值得我们汉语方言语法研究者好好学习，认真借鉴。再如人们常说的语法研究中的另一个三结合——语形、语义、语用的三结合，也就是邢福义教授所说的语法研究的“小三角”，在方言语法的研究中同样应该受到重视。如果能够把“方——古、方——普、方——方”的三结合和“语型——语义——语用”的三结合结合起来考虑，对于探索汉语方言语法的特点和规律及其发展变化的轨迹，无疑将会有显著的效果。此外，汉语方言中语音——词汇——语法间的密切联系也应引起我们的关注。汉语方言中不乏通过语音的屈折变化，即通常所谓形态变化的方式来表现语法特征的实例，在方言语法研究中，注意语音、词汇、语法间的关系，又是另一种三结合的考虑。总之，在汉语方言语法的探讨中，脑子里要多一点儿“结合”上的思考，而所有“结合”方面的研究，总是离不开“比较”这一总课题。可以说，在方言语法现象的调查研究中，处处可见“比较”的踪影，正因为这样，我们在这里要特别强调“比较”的重要性：比较、比较、再比较。用一句顺口溜来说，就是“比较是个宝，万万不可少”。

3．抓点汉语方言语法研究的大工程，把方言语法研究推向新的台阶

汉语方言的调查研究自从20世纪80年代进入飞跃发展的历史时期以来，二十年间所取得的辉煌成果有目共睹，堪称史无前例。《中国语言地图集》的编成，《现代汉语方言大词典》（41卷分地本和巨型的综合本，李荣主编）和五大卷《汉语方言大词典》（许宝华、宫田一郎主编）的相继问世，为汉语方言学的建设树立了巍巍丰碑，在中国语言学史中写下了辉煌的篇章。如前所述，汉语方言的研究在语法方面业已打破长期以来冷冷清清、明显滞后的局面，出现了日趋繁荣的势头，取得了令人瞩目的成绩。此时此刻，方言研究者正宜乘胜前进，不断开拓进取，争取更大的丰收。而及时组织力量，打造几个方言语法研究的大工程，为汉语方言学的发展再创新的辉煌，更应提到议事日程上来，成为今后当务之急。依个人的管见，汉语方言语法研究的大工程，首先应是在现有的基础上，组织起各大方言区的汉语方言研究力量，着手编纂一批能够较好反映汉语各大方言语法面貌的综合性方言语法专著，以《丛书》的形式出版，如《粤方言语法》、《闽方言语法》、《吴方言语法》、《客家方言语法》等等，有了如实反映各大方言区语法面貌的综合性著作以后，接下来就有可能迈入第二步，再组织起一支方言学界强有力的学术队伍，综合吸取各地方言语法研究的成果，策划另一个方言语法研究的大工程：编纂起一部能反映汉语方言语法总体面貌的《汉语方言语法》来。至此，汉语方言语法的研究也就有望登上一个“俯瞰众山小”的高山平台了。

参考文献

丁声树　1961　《关于进一步开展汉语方言调查研究的一些意见》，《中国语文》第3期。

高华年　1980　《广州方言研究》，香港：香港商务印书馆。

侯精一　2002　《现代汉语方言概论》，上海：上海教育出版社。

黄伯荣　1996　《汉语方言语法类编》，青岛：青岛出版社。

李小凡　2003　《当前方言语法研究需要什么样的理论框架》，《语文研究》第2期。

李新魁　1994　《广东的方言》，广州：广东人民出版社。
李新魁等　1995　《广州方言研究》，广州：广东人民出版社。
罗肇锦　1984　《客语语法》，台北：学生书局。
眸　子　2003　《方言语法研究的思考——兼评陈淑梅〈鄂东方言语法研究〉》，《方言》第1期。
桥本万太郎　1985　《语言地理类型学》（余志鸿译），北京：北京大学出版社。
汪国胜　2000　《新时期以来的汉语方言语法研究》，华中师范大学学报。
邢福义　1995　《从海南黄流话的“一、二、三”看现代汉语数词系统》，《方言》第3期。
邢福义　1996　《说“您们”》，《方言》第2期。
邢福义　2000　《小句中枢说的方言实证》，《方言》第4期。
邢福义　2002　《“起去”的普方古检视》，《方言》第2期。
游汝杰　1992　《汉语方言学导论》，上海：上海教育出版社。
余霭芹　1993　*Comparative Chinese Dialectal Grammar*，Paris，EHESS.
余霭芹　1993　《粤语研究的当前课题》第四届国际粤方言研讨会讲演稿，香港：英文稿发表JCL（《中国语言学报》）第23卷1期，Berkeley，CA，U. S. A. 1995，1。
余霭芹　1995　《广东开平方言的“的”字结构——从“者”“之”分工谈到语法类型分布》，《中国语文》第4期。
袁家骅　1958　《略论汉语方言研究》，《语言学论丛》第2辑。
袁家骅等　1983　《汉语方言概要》（第二版），北京：文字改革出版社。
詹伯慧　1994　《汉语方言语法研究大有可为——序〈汉语方言语法调查手册〉》，《语文研究》第4期。
詹伯慧　2000　《二十年来汉语方言研究述评》，《方言》第4期。
詹伯慧　1991　《汉语方言及方言调查》，武汉：湖北教育出版社。
詹伯慧　2002　《广东粤方言概要》，广州：暨南大学出版社。
詹伯慧、黄家教　1965　《谈汉语方言语法材料的收集和整理》，《中国语文》第3期。
张洪年　1972　《香港粤语语法的研究》，香港：香港中文大学出版社。
张振兴　1996　《蓬勃发展中的汉语方言学》，载于许嘉璐主编《中国语言学现状与展望》，北京：外语教学与研究出版社。
朱德熙　1980　《北京话、广州话、文水话和福州话里的“的”字》，《方言》第3期。
朱德熙　1985　《汉语方言里的两种反复问句》，《中国语文》第1期。
朱德熙　1991　《“V-neg-VO”与“VO-neg-V”两种反复问句在汉语方言里的分布》，《中国语文》第5期。
朱德熙　1993　《从方言和历史看状态形容词的名词化》，《方言》第2期。

（《语言教学与研究》2004年第2期，北京）

粤语研究的当前课题

摘　要：粤方言研究近二十多年来蓬勃发展，取得了丰硕的成果。面对这种持续发展的繁荣景象，本文提出了今后保持良好发展势头的一些想法：①进一步做好填空补缺的调查研究工作；②进一步深入开展粤语语法的研究；③进一步开展粤语应用的研究；④进行粤语历史及粤语与周边语言（方言）关系的研究；⑤加强粤方言研究队伍建设，创办粤语研究刊物。

关键词：粤方言　填空补缺　语法研究　历史研究　队伍和刊物

一

粤语研究自从20世纪80年代以来取得了堪称突飞猛进的进展。二十多年来的研究成果，无论是深度或广度、数量或质量，都呈现出不断登上新台阶、不断创造新辉煌的良好势头。我在四年前的第七届国际粤方言研讨会（香港大学，1999）上曾经作过一次“回顾与展望”（见《第七届国际粤方言研讨会论文集》，商务印书馆，2000）的报告，在前年于广州暨南大学举行的第八届国际粤方言研讨会上，我又以“历届国际粤方言研讨会的回顾”为题回顾了自从1987年在香港中文大学举行首届粤方言国际研讨会以来连续八届研讨会的情况。这些都恍惚还是昨日的事，可一晃好几年就过去了。如今咱们第三次汇集到澳门来，这又是第九届粤方言研究者的盛会了。旧与新知欢聚一堂，面对粤语研究蓬勃发展的喜人景象，我想大家心里一定都会有许多关于如何进一步开展粤语研究的想法。在这里，我把近期脑子里对粤语研究工作的一些想法说一说，旨在抛砖引玉，希望听听朋友们的回应，让咱们共同针对粤语研究的现实来切磋今后如何继续保持粤语研究的良好势头，如何进一步开拓粤语研究的新领域，如何解决粤方言研究中接触到的各种问题，使我们的粤方言研究能够持续繁荣下去。

二

依个人的管见，当前粤语的研究，宜在以下几个方面多下工夫：

1．进一步做好填空补缺的调查研究工作

尽管粤语调查研究的涵盖面日益扩大，但毋庸置疑，迄今为止仍有少数纯粤语区和非纯粤语区未有人调查过，例如粤西和粤北的某些地区和桂南的某些地区。其实这个问题在上两届的研讨会上我们都呼吁过，引起过大家的关注。正如近十多年我们在粤语研究中着力扭转以往只关注语音的调查而忽略词汇语法调查的局面一样，近几年我们一再提出不能只注意珠江三角洲“大本营”的粤语调查，而必须把粤语调查研究的触角伸向那些少人过问的粤语地区，不这样我们就难以把握粤语的全局。我们注意到，这两年来已经出现了一些可喜的现象，粤西南的粤语和桂东南的粤语都有粤语学者在染指了。我们暨大的陈晓锦教授连续几年带领研究生深入桂东南一些粤语地区进行调查，前几天她在广东省中国语言学会的学术研讨会上（2003，15～18，梅州）宣读了题为《广西北海粤语的名词词缀》的论文，而这次提交第九届国际粤方言研讨会的论文是《广西玉林七个粤方言点语音特点概述》，说明她和她的弟子们对桂东南粤语的调查研究已经结出了果实。华南师范大学邵慧君博士近期的科研项目题为“湛江地区粤语和客家话接触研究”，已经多次深入粤西茂名、化州等地调查当地的粤语和客家话的情况。广西方面语言学者近期正大力开展广西平话的调查研究，其中必然也会对广西粤语进行一些调查。香港方面近几年由张双庆教授领衔的香港新界方言调查已经结出了硕果，由香港商务印书馆于2003年10月出版了《香港新界方言》一书，让我们对整个香港特区包括粤语和客家话在内的语言面貌有较为全面的认识。上面略举粤语调查研究中带有填空补缺性质的几个项目，说明这一工作已经呈现好的势头，取得明显的成效。但总的来说，在这方面还有许多工作需要我们倾注更多的精力来继续努力，只有当两广及港澳地区的粤语都有了全面而不遗漏的方言调查，我们才有可能编写出跨省份、跨地区的，堪称完整准确反映粤方言整体面貌的著作来，也才可能在此基础上着手绘制科学准确的粤方言地图。

2．进一步深入开展粤语语法的研究

汉语方言语法的研究近十多年有了很大的进展，从北方到南方，在汉语语法学界大力贯彻朱德熙先生生前倡导的“标准语语法——方言语法——历史语法”三结合研究方法的基础上，一批方言语法研究的论文和专著陆续问世，其中专著就有20多部，都是1991年以后才出版的。我在《汉语方言语法研究的回顾与前瞻》（第二届现代汉语语法国际研讨会宣读论文，2003，11～14，暨南大学）一文中曾经作过粗略的统计，这仅有的二十多部汉语方言语法专著中，官话系方言的、吴语系方言的、湘语系方言的、客赣语系方言的、闽语系方言的，可就没有一本是粤语系方言的。尽管我们在书店里可以不时见到粤方言的新书上架，但大多是供粤语学习者用的工具书和教材，偶有一两本带点研究性的粤语著作出现，也都是非粤音即粤词，属于研究粤语语法的，压根儿就不见踪影。可以说，打从张洪年教授三十年前的名著《香港粤语语法的研究》（香港中文大学出版社，1972）出版以来，单篇的粤方言语法研究论文常有发表，我们历届的粤方言研讨会论文集也发表过相当数量的语法研究文章。但长达三十年之久，直到今年夏天，我的学生方小燕博士把博士论文的部分章节修订补充后出版了《广州方言句末语气助词》一书（暨南大学出版社，2003），才算打破了粤语语法研究三十年未见专著的局面。由此可见，在当前的粤语研究中，非加大语法研究的力度不可。进一步加强各粤方言点的语法调查，进一步深挖粤方言的语法特点，更全面地揭示粤方言的语法面貌，无疑是推动粤语研究深入发展的重要举措。

3. 进一步开展粤语应用的研究

就方言的应用功能而言，在汉语各大方言中，粤语无疑是最为突出的。没有哪一种汉语方言，其社会应用的广泛性能与粤方言相比拟。尽管在全国范围内，粤语通行的地域远不及作为民族共同语基础的大北方话（官话）方言，也不见得比吴、闽、客家等方言大多少，但从语言的实际应用看，粤语在海外华人社区的广泛使用，在国外汉语教学中的备受青睐，却是众所周知的事实。粤语口语有着大量"入文"的现象，这也是其他任何一种汉语方言都不具有的。方言一旦进入书面语，其应用范围必然大大扩张。港澳地区数以百计的中小学长期以来一直使用粤语作为教学用语，粤语在港澳七百多万人民中是社会通用的第一交际语，这跟其他方言地区方言除个别词语外一般不入文，学校教学语言一般不用方言的情况明显不同。粤语这种特殊的社会应用现象使我们的粤语研究工作不能不多多关注粤语在应用中存在的问题。拿粤语的读音来说，港澳地区的中小学老师常为同一个汉字的粤语读音存在分歧而感到困惑，为此，正音问题也就成为粤语应用中一个相当突出的问题，不能不引起粤语研究者的关注。大家知道，我们一批粤、港、澳的粤语研究者有感于粤语正音工作的迫切性，便在十多年前（1990）组织起一个粤语审音的机构，花了将近十年的时间，对粤语常用字（词）典中同一个字（词）注音有别的进行了认真的审订，随后以审音的结果为依据编写了一本《广州话正音字典》，于去年（2002）出版问世。据出版社反馈回来的信息，这本正音字典很受欢迎，初版 8 000 册不到一年便售罄，现在正在重印，以应社会急需。粤语应用中出现的问题当然不只是正音的问题。口语"入文"以后方言用字问题也显得十分突出，需要我们来共同研究。去年（2002）春天香港理工大学在张群显、包睿舜（Robert Bauer）两位学者的倡议下举行了一次"汉语方言书写国际研讨会"（2002，21 ~ 22），其中最受关注的自然是粤语口语"入文"后的书写问题。他们两位多年研究粤语书写问题已经有了成果，出版了名为《以汉字写粤语》的专著［《中国语言学报》（JCL）Monogragh Series Number 18，Berkeley，UC］。书中列出的粤语用字竟达 1 095 个，这可是一个惊人的数字！这么多的方言用字，使用起来会不会有欠妥之处？要不要在规范方面做点工作？这当然也是粤语应用中的问题。此外，还有粤语教材的编写问题、粤语注音方案的选用问题等，也都大有文章可做。张振兴教授日前在我们广东中国语言学会学术年会上作了题为"粤方言与粤语地名"的讲演，列举了粤语地区许多富有特色地名用字中值得研究的字音字形问题，对我们研究粤语的应用很有启发。我常常对香港一些地名的读音感到困惑，为什么"湾仔"、"荃湾"、"柴湾"、"筲箕湾"的"湾"读阴平，而"长沙湾"、"铜锣湾"的"湾"却读成阳平？名从主人，这主人的读音是如何考虑的。还有一个地名的写法与拼音问题：一个无人不知的"旺角"，拼成英文却不是粤语的 Wongkok 而是 Mongkok，是不是原先此地是"望角"，因而拼写英文时就用 Mongkok 呢？把"望"改为"旺"，也许多少还含有社会心理上的因素。总之，进入到应用语言学的范畴，粤语的研究天地十分宽阔，值得探讨的问题俯拾即是，我们没有理由视而不见、听而不闻。

4. 进行粤语历史及粤语与周边语言（方言）关系的研究

汉语各大方言都不是孤立存在的。粤语作为一种具有较多独特个性的汉语方言，必有其内部原因及外部原因。把粤语形成发展的历史进程和粤语在历史发展进程中与周边方言（语言）的关系研究好，我们对粤语在语音、词汇、语法等各个方面表现出来的众多特征，对粤语内部的复杂性就有可能认识得比较清晰。

方言接触，方言关系的研究一直是汉语方言研究中难度较大的课题，吴闽方言的关系、闽客方言的关系等都有过一些有分量的专论发表，也有过一些不同观点的交锋。可是，迄今我们还没有见到过有关论述粤语与其他方言关系的文章。就连同处广东省内粤、闽、客三大方言间的关系如何，我们明知存在着强势方言必然向弱势方言渗透的现象，却始终没有看到论述这方面问题的论文发表。近几年来方言学界对广西平话问题的讨论相当热烈，其中核心的问题正是广西平话与广西粤语的关系问题。该不该让平话独立成为汉语的一大方言区，关键就在于必须全面深入考察，比较广西平话与广西粤语间的异同及其相互关系。只有把粤语与平话的关系弄清楚了，才能摆正广西平话在汉语方言区划中的地位。关于粤语形成的历史，无疑是粤语研究中一个无法回避的课题，自然也应是当前粤语研究的重要一章。据悉张洪年教授近期正在致力于粤语早期文献的整理研究，这是非常有价值的研究工作。从早期韵书入手，可以从一个侧面了解到粤语的历史面貌，为粤语发展史的研究提供重要的依据。我们期待着张洪年教授的研究早结硕果。记得我们粤语学界的老朋友李新魁教授生前就十分关注粤语历史的研究，发表过几篇很有价值的论文，可惜英年早逝，实在是我们粤语学界的一大损失！

5. 加强粤方言研究队伍建设，创办粤语研究刊物

应该肯定，我们粤方言研究的队伍是一支具有较大潜力、充满勃勃生机的队伍。打从20世纪80年代首届国际粤方言研讨会以来，我们在每一届研讨会上都看到不少新鲜的面孔，说明我们的队伍在不断壮大，这是很令人欣喜的事。事在人为，没有足够的研究力量，没有日益壮大的学术队伍，我们的粤语研究就无法保证其持续发展与持续繁荣，更谈不上不断攀登新的学术高峰了。我们曾经作过粗略的统计，经常活跃于粤语研究领域中的学人中，能够积极参加每一届国际粤方言研讨会，能够经常在学术刊物上发表粤方言研究文章的，大约不超过150人。这当然不包括那些只是经常运用粤语却没有对粤语进行研究，没有发表过有关粤语文章的人，如一般中小学的语文教师。倘若这支150人的队伍，大家都能坚持进行粤语研究，我们每年的研究成果肯定大为可观。当前如果要保持这支队伍充沛的活力，一方面一定要多多组织学术活动，像现在这样两年一届的研讨会，可以说是最为集中、最有效果的学术交流活动。另一方面我们还得创造条件，为大家提供发表研究成果、交流研究心得的园地，这就需要考虑创办一份粤语研究的专业性刊物。这次会议前夕，澳门的几位粤语研究学者已经组织起一个澳门粤方言学会，并且计划创办一份粤语研究刊物，这真是一件好事。我相信大家一定会支持这份刊物，和澳门同道一起同心协力把刊物办好。

凡事贵在有恒，我们的粤方言研讨会从1987年以来能连续不断地举办到现在的第九届，正是有恒的具体体现。后年第十届研讨会是我们大家坚持有恒的第二十年。我建议，就把这第十届研讨会放到举行首届研讨会的香港中文大学来开，同时具有庆祝国际粤方言研讨会举办二十周年的意义。我想，这次到会的香港中大的同道，一定会乐意接受这一光荣任务，把第十届研讨会组织好。到那时，我们刚才提到的粤方言研究刊物也已经出版多期了。有了不断壮大的研究力量，有了日渐成熟的学术刊物，有了持之以恒的学术研讨活动，我们的粤方言研究也就必然会蒸蒸日上，持续繁荣。

（《暨南学报》2004年第3期，广州）

关于闽方言研究的几点思考

一、闽方言研究的现状

闽方言在汉语方言中处于相当突出的地位。就使用人口而言，据张振兴先生近年来的统计，闽、台、粤、琼等省以及浙、桂、苏、赣等省（自治区）的少数地区就有5 462多万人，加上海外华人及港澳同胞中以闽方言为主要交际工具的也有1 000万人，这样，世界上用闽方言作为日常交际工具的就有约6 500万人①。这个数字当然比不上作为民族共同语基础的北方方言（官话方言），但以其在海内外的影响而言，闽方言的地位和作用绝不亚于其他汉语方言。最近有人就现代汉语各方言的势力进行排队，认为最强势的方言在北方为北方方言，在南方为粤方言②。除了南北两大强势方言之外，我想闽方言和吴方言无疑也该属于强势方言之列。吴方言在中国大陆的影响力不亚于闽方言，但在中国大陆以外，闽方言的影响却大大超过吴方言。

闽方言的地位和影响使闽方言的研究深受海内外学术界重视。远的如18世纪一些“十五音”系统的闽方言音韵著作及19世纪以来一些传教士编纂的闽方言字典暂且不说，单就近半个世纪海内外关于闽方言的研究来说，其人数之众多、成果之丰硕都居汉语各大方言的前列。据不完全统计，几十年来已刊闽方言研究成果的篇（册）数，大概超过500项。我们在《汉语方言及方言调查》一书的附录“现代汉语方言研究参考资料选目”中遴选了闽方言的著述371项，而同时选入的粤方言著述是206项。这还只是选到1987年为止，此次闽方言研讨会上，林伦伦先生在宣读他的《广东闽方言研究述评》一文中所附“广东闽方言研究文献要目”（截至1992年），就列出广东省的闽方言著述181项，可见，尽管粤方言被认为是比闽方言更具强势的方言，实际上闽方言的研究成果却大大超过粤方言。几十年来闽方言研究的覆盖面已遍及闽、台、粤、琼各省。不同类型的闽语，就研究内容而言，既有共时的描写研究，包括语音、词汇、语法等各个方面，也有历时的比较研究，涉及音韵、训诂等许多课题；而闽方言的形成问题、分区问题，以及一些突出的方言现象，如文白异读、连读音变、训读现象、本字探索等，或多或少也都陆续有所发现、有所讨论。此外，在研究队伍的不断壮大，研究机构的日益增多，学术活动的持续活跃方面，闽方言也是相当令人瞩目的。像这样两年一度的闽方言学者国际盛会，现在是第三届了，今后还会继续举办下去，通过这种定期举行的学术研讨会，对

① 参看张振兴：《闽语的分布和人口》，《方言》1989年第1期。

② 参看易丰：《汉语方言势力探微》，《语文建设通讯》1992年第37期。

检阅闽方言研究的成果，总结闽方言研究的经验，交流闽方言研究的心得，作用无疑是非常显著的。

尽管闽方言的研究已经取得了许多的成果，甚至可以称得上是“硕果累累”，但也存在一些值得我们重视的问题。其中比较突出的就是两个不平衡：

一是研究布局的不平衡。长期以来，我们闽方言研究者的注意力较多地集中在闽南、闽东这两支闽方言上，闽南方言尤其是“众矢之的”，成为闽方言研究的聚焦点，包括福建闽南话、台湾闽南话和广东潮汕闽南话在内的三大支闽南方言，几十年来先后发表的著述估计超过400篇（册）以上，而闽方言其他支系的调查研究、成果就大大不及闽南方言了。一些地方的闽方言，如海南闽方言、粤西雷州半岛闽方言，以及分散在浙、赣、桂各省的闽方言，至今研究者仍然寥寥无几。

二是研究内容的不平衡。长期以来，我们较多地在描写分析方言音系、整理归纳方言词语，以及揭示文白异读、连读音变、本字词源等方面做文章，而对于闽方言的宏观研究，如综合比较方面和理论方面的一些问题却注意得比较少，著述也就很难见到了。1985年张琨先生发表的论文《论比较闽方言》和1986年张光宇先生的博士论文“Comparative Min Phonology”① 以及1991年出版的陈章太、李如龙两位闽语学者的专著《闽语研究》② 等，可算是综合比较研究闽方言中较为重要的论著。近年来在《方言》等刊物上虽然偶尔也有一点儿从整体上、宏观上论及闽方言的文章发表，但是从数量和分量上看，都和闽方言研究的客观需要不大相称。时至今日，我们还没有把描述整个闽方言面貌，绘制整个闽方言地图，编纂整个闽方言词典的工作摆到显著的位置上来；而福建省早在20世纪60年代就开始编写的《福建省汉语方言概况》，在印出讨论稿以后，陆陆续续进行了旷日持久的修改、定稿工作，迄今还没能正式面世；至于广东、海南等省的闽方言全面调查工作，更是迟迟未能起步。可见闽方言的研究工作，还有许多填空补缺的任务需要我们去完成；研究布局和研究内容不够平衡的现状，看来一时还难以得到改变。

二、闽方言的分区问题

闽方言分布地域广，内部差异也很大。关于闽方言的分区，从大区到小区、从省内到省外，历来有不同的看法。经过几十年来的讨论和实践，现在有的问题解决了，有的问题尚未完全解决，还有待进一步研究，以取得共识。

长期以来，语言学大师赵元任先生在给汉语方言分区时，一直是把闽方言作为汉语方言中两个并列的大方言区对待的。他先是在1934年为上海《申报》60周年纪念印行的《中华民国分省新图》中所提供的语言区域图里把汉语方言分为九区，其中就有闽方言和潮汕方言两区；后来在20世纪40年代他对自己所提的九区方言作了修订，修订后仍是九大方言，而闽方言仍为两区，只不过把原先的“闽方言”具体化为“福州方言”，

① Chang Kuangyu（1986），*Comparative Min Phonology*，UC Berkeley，Ph. D. disertation；张琨：《论比较闽方言》（《历史语言研究所集刊》55本第3分，1985，台北）。

② 陈章太、李如龙：《闽语研究》，语文出版社，1991年版。

而把潮汕方言改为厦门—汕头方言。这反映出赵先生始终认为福建东部福州一带的闽方言，跟闽南地区包括粤东潮汕地区的方言，是应该在汉语方言的分区中分立为两区的①。与此同时，另一位语言学大师李方桂先生，则把汉语方言分为八区，而认定“闽语”只能算作汉语八大方言中的一个区②。20世纪50年代中期以后，中国大陆的语言学者一直采用丁声树、李荣两位先生提出的分列两区③。而台湾的语言学者，以董同龢先生为代表，则基本上沿用赵先生的九区说而略作调整，在闽方言的处理上改从李方桂先生的闽语合为一区说④。海峡两岸语言学者对于汉语方言中闽方言这一支的态度，三十多年来一直保持着合为一区和分为两区两种不同的分区见解。把闽语分为两区的学者多着眼于差异性，目的在于突出两支不同闽语的差别；把闽语合为一区的学者则多着眼于一致性，目的在于显示闽方言的共性。尽管各地存在着许多差异，但仍然有“大同”的一面，有许多的“共性”。这两种不同的分合之见，应该说都是有一定根据的。

随着闽方言调查工作的逐步深入，各地闽语的研究成果日渐增加，在比较全面了解闽方言内部分歧情况的基础上，许多闽语学者，特别是福建省内的闽语学者，大都感到就闽方言的内部差异而言，分为闽北（或闽东）和闽南两个方言区是难以反映闽方言内部分歧的实际情况的，闽方言至少有好几个不同的支系，各支系都有明显的差别，但同时又存在着闽语共同的特征。与其分列闽北（东）、闽南两区，倒不如取其“大同”的共性而把各地闽方言统统列为一个大方言区——闽方言区，至于这个闽方言大区中内部的各种差异，则留到分区的第二个层次——次方言（或称方言片）中去反映。这种观点基本上认同于早年李方桂先生把闽方言统列一区的观点，早在20世纪60年代就已有人提出⑤，只是当时还未能引起方言学者的足够重视。80年代以后，闽语合为一个方言区之说才逐渐在中国大陆的语言学界成为主流。1979—1980年，在我写《现代汉语方言》一书和袁家骅教授修订《汉语方言概要》一书时，都采用了“闽方言不再分闽南、闽北两大区”的观点，从而使汉语方言的分区从原来的“八区”转为“七区”。我把这一“七区”的体系也引进到由黄伯荣、廖序东两位先生主编的大学文科教材《现代汉语》中来⑥。随后由张志公先生主编的电视大学《现代汉语》教材也采用了将闽方言合为一区的“七区说”，而原先采用“八大方言”的胡裕树先生主编的《现代汉语》教材，在1987年的新版本中也改从“七区说”，把闽方言合为一个方言区了。1988年出版的《中国大百科全书·语言文学卷》中的汉语方言部分，在设计框架条目时，也考虑到汉语方

---

① 赵元任的方言分区转引自丁邦新《汉语方言分区的条件》一文注二，丁文刊于《清华学报》第14卷第1、2期合刊，1992，台湾新竹。

② 李方桂的分区原载 *Chinese Year Book*，59～63，上海商务印书馆，1973年，*Journal of Chinese Linguistics*（Berkeley，U. S. A.），创刊号刊出李氏《中国的语言和方言》一文，再次发表他的八大方言说，此文汉译本刊于《民族译丛》，1980年第1期，北京。

③ 参看现代汉语规范问题学术会议秘书处：《现代汉语规范问题学术会议文件汇编》，科学出版社，1956年版。

④ 参看丁邦新：《董同龢先生语言学论文选》，（台北）食货出版社，1974年版，第354～356页。

⑤ 参看潘茂鼎：《福建汉语方言分区略说》，《中国语文》1963年第6期。

⑥ 黄伯荣、廖序东主编的《现代汉语》教材中汉语方言一节由我执笔。该教材20世纪80年代初由甘肃人民出版社出版，近年来改由高等教育出版社出版。

言的分区以“七大方言”为主流，并考虑到要和社会上流行较广的现代汉语教材取得一致，同样也就遵从七大方言说来设立条目，而把闽方言作为一个大方言区设条了。大家知道，80 年代以来，“七大方言”、“闽语合一”不但是中国大陆汉语方言分区的主流，也已成为台、港及海外各地汉语学者所乐意接受的分区体系了。在座的丁邦新教授十年前在《汉语方言区分的条件》一文中，就以汉语七大方言作为论述的对象，而把闽方言作为七大方言中的一个来看待①。近期由李荣先生主持编制的《中国语言地图集》尽管对汉语方言的分区作了较大的调整，把汉语方言划为十个方言区，但仍把闽方言作为一个区，改变了过去把闽南、闽北分列为两个方言区的做法②。时至今日，我们已可以断言，在汉语方言的分区中，把闽方言作为汉语各大方言中的一个大方言区，这一点海内外汉语学者都已取得基本一致的看法，谈及闽方言分区的问题时，注意力主要集中在分区的第二层次上，即闽方言下面如何进一步划分次方言（方言片）的问题上。

闽方言内部的分区，在相当长的时期内，一直沿用比较粗略的划分法，把原先认为差别很大，可以并列两大方言的闽北（闽东）和闽南作为闽方言的两大支系，而以地处闽东的省会福州市作为闽北（闽东）方言的代表点，以闽南重邑、厦门市作为闽南方言的代表点。至于福建以外其他地方的闽方言，包括广东、台湾、海南、浙江以及广西、江西等省区中少数地区的闽语，则笼统地视为闽南系的外延，归入以厦门为代表的闽南方言。闽方言这种粗略分为两大支系的格局，在闽方言调查工作逐步深入，各种方言现象纷纷“亮相”以后，自然也就难免被打破了。打破了闽南、闽北（闽东）两大次方言对峙的局面后，新的分区格局如何建立？直到 1983 年，两位资深的闽方言专家陈章太先生和李如龙先生在《论闽方言的一致性》一文中，根据他们长期调查研究福建各地闽语的心得，明确提出福建闽语宜分为五个次方言区：闽东话、莆仙话、闽南话、闽中话、闽北话，并在随后发表的姊妹篇《论闽方言内部的主要差异》一文中列出这五个闽语支系的语音特征，还指出这五个次方言的划分不仅语言上符合事实，而且“也反映了福建先民依山傍水聚落繁衍的事实，在自然条件和经济生活上，这五个区域都有自己的特点。不仅如此，这种分布情况又是和历史上行政管理区划的建制相一致的”③。

至此，福建闽方言下面第二个层次的划分，算是有了比较清晰的眉目。1985 年以后，笔者在撰写《中国大百科全书・语言文字卷》中的闽方言条目时，就采用了这一闽方言区五个次方言的体系，随后我们编写高等学校文科教材《汉语方言及方言调查》时，也采用这个闽方言的分区法来介绍闽方言④。现在看来，就福建省内闽语而言，这一五区说大体上能够比较准确地反映福建各地闽方言差异的情况，无疑是可以站得住脚的。问题在于，五区的划分只着眼于福建省内的闽方言，至于福建省外各地的闽方言，是不是还一如既往，把他们统统归到闽南话一支中去呢？这就大有商榷的余地了。看来，以

① 参看丁邦新：《汉语方言区分的条件》，载《清华学报》新 14 卷第 1、2 期合刊，1982 年，台湾新竹。

② 参看李荣：《中国的语言和方言》，《方言》1989 年第 3 期。

③ 参看陈章太、李如龙：《闽语研究》，语文出版社，1991 年版，第 133 页。

④ 参看：《中国大百科全书・语言文字卷》，中国大百科全书出版社，1988 年版，第 292～297 页；詹伯慧：《汉语方言及方言调查》，湖北教育出版社，1991 年版，第 108～115 页。

往把散居福建省以外各地的闽方言都看作是闽南方言的支系，无疑太粗略了一点儿。粤东潮汕地区约1 000万人口的闽方言、台湾岛上有人作为“台语”看待的闽方言，跟以厦门话为代表的福建闽南话差别的确不大，同列为闽方言区下面的一个次方言区（方言片），是可以说得过去的；但是，远在广东西南角上雷州半岛通行的闽语（黎话），跟粤东闽语有着明显的差别，跟福建省内闽南话的差异也相当突出，是不是一概归入闽南次方言？我看是值得思考的。至于海南省通行的闽语、浙江省南部通行的闽语，从已经发表的资料来看，跟福建闽南话的差别也是相当大的，特别是海南闽语的某些特点（如声母中有近似吸气音的ɓ，ɗ，某些塞音、塞擦音缺少送气音等）甚至在所有汉语方言中都很少见，把它们从闽南话中分列出来另立一系，我看也是可以考虑的。除此以外，处于别的方言包围中的一些零星闽方言岛（如广东中山隆都话），不妨视其主要特征考虑归入闽方言的某一支系，或一时举棋难定，则暂时保持“游离分子”的状态，只确定其为闽方言的身份，不必具体划归哪一个次方言。这样一来，闽方言的内部分区，大概就会是以下这个格局：

闽方言——
- 闽北
- 闽东
- 闽中
- 莆仙
- 闽南——
  - 台湾闽南话
  - 福建闽南话
  - 粤东潮汕话
- 海南
- 雷州
- 浙南

上图显示闽方言共分为八种次方言（方言片），其中福建省内五种次方言，福建省外则除了台湾闽南话和粤东潮汕话仍归福建省内的闽南话，共同组成闽方言中最为庞大的一支“闽南大军”外，其余海南、雷州和浙南的闽方言，则独立各成一支。图中还缺少广东的海陆丰闽语，我想一般可把它归入潮汕话系统，因为历史上广义的潮汕地区也包括海陆丰在内，而就语言特征来说，海陆丰话跟潮汕话也是比较接近的。

倘若上图基本符合闽方言内部差异的实际，在此基础上再进一步划分闽方言的第三个层次——方言小片（土语群），也就不会太棘手了。

方言分区必须有明确的标准，通常总是拿一些最有区别性的特征条目来作为方言分区的依据。无论是第一层次方言区的区分，还是第二层次“次方言区”（方言片）的区分，以至第三层次“方言小片”（土语群）的区分，都要有具体“对内一致性”和“对外排他性”的特征条目才行。闽方言之区别于其他大方言，具体现出“对内一致，对外排他”的共同特征条目，如语音方面普遍反映“古无舌上音”、“古无轻唇音”，古全浊声母字今多读相应的不送气声母、古匣母字今口语一部分读同“群”母及“云、以”母等；词汇方面普遍以“厝”为“房子”，以“骹”为“脚”等特征，倘若也拿来作为划分闽方言各个次方言的区别性条目，显然就不合适了。拿海南闽语来说，既然我们认为它可以在闽方言中独立一支，就应该拿出它区别于其他地区闽语的特征来，例如前面提到的声母中有ɓ，ɗ声母，以及舌尖塞音、塞擦音缺少送气声母（无tʻ、tsʻ声母）等，还有词汇中突出的"训读泛滥"现象（如"不"、"无"、"没"都念bo）等，或许就可以用来作为海南闽语的区别性特征条目。

闽方言的内部分区是在具有共同闽语特征，明确属于闽语的前提下进行的。因此，如果我们遇到某个方言具有闽方言中某个次方言所具有的特征而又并不具备闽方言共同的一些特征，也就不能把它看作闽方言的一支来看待。例如，闽方言的莆仙一支有一个明显的区别性特征：声母中有边擦音ɬ，这是它区别于其他闽方言支系的重要依据，但粤方言中某些地方（如桂南、四邑）也有ɬ声母，难道我们能据此就轻易地把四邑粤语和莆仙闽语扯到一块，认定它们的"亲戚"关系吗？当然不行。我们既不能因为有ɬ声母而怀疑莆仙话的闽语身份，更不能因为有ɬ声母而改变四邑粤语、桂南粤语的粤方言资格。

三、闽方言的本字和用字问题

闽方言是现存最古老的汉语方言之一，它保存着许多古代汉语的特点，包括语音、词汇和语法的特点。有不少语言学者对现代闽方言中的古汉语语词进行寻根溯源的考证工作，作出了不少的成绩。例如，最近出版的李新魁先生、林伦伦先生合著的《潮汕方言词考释》一书，便是考证闽语词源的一项丰硕成果。在考证词源的时候，免不了也要接触到考证本字的问题。一个活在现代闽语中的古语词，可能在写法上跟原先有出入，我们查阅文献，对证音义，费尽心机把本字考证出来，还它本来的面目，这当然是很有意义的事。把本字考证出来后，我们也希望能够缓解大量方言词语"有音无字"的问题，使方言用字能够有所依循，减少各行其是的混乱现象。

现实的问题是，考释词源、考证本字是语言学家的事，而使用方言、运用方言词语却是广大民众的事。在一个文化还比较落后，教育还谈不上普及的方言地区，你考证出来的本字，如果是个常用的字，本来人们笔下就常用着，只是由于词义或语音演变的关系，使得常用的音义跟方言口语中的音义对不上号，因而视而不见，总觉得口中的方言词"无从下笔"。针对这种情况，只要你把考证出的方言词本字公之于众，向方言地区的人民群众做些宣传解惑工作，我想，群众大概会乐于接受的。语言研究为语言应用服务，这时也许就会产生明显的效果。通过对方言本字的考证，也就可能有助于提高方言地区人民的文化水平，促进方言地区文化教育事业的发展。然而，我们考证出来的本字，倘若是个非常少用的生僻字，甚至是一般现代汉语词典中所未收录的字，就算你的考证再准确，你的解释再合情合理，你完全可以写出很有学术价值的论文来，然而却难以在方言地区得到广泛应用。这时，研究归研究，应用归应用，两者总不容易挂上钩。群众本来已经在方言词语无字可用的困境中所采取的应急办法——使用同音字、训读字或自造方言字等，尽管不及你考证出来的本字科学，甚至你会觉得群众笔下的方言字是"错字"，但是你也无法说服他们改掉原先用错字的习惯来使用你那有根有据的本字。在这种情况下，考证出本字来固然可以感到欣慰，但你考证出来的本字得不到社会的应用，语言的研究成果与语言的实践相脱节，在本字没能流通的情况下，你也只好“深感遗憾”了。当前方言地区在用字上存在着的一些混乱的现象，跟我们的本字研究工作未能与方言地区的社会用字沟通，考证出来的本字又多属生僻难字，不大符合汉字使用中从简从俗的趋势不无关系。既然本字没用上，同音字、自造字、训读字也就层出不穷，五花八门，很难谈得上有所规范了。闽方言词语目前用到书面写作上还不很普遍，方言用字上的问题也还不至于像粤方言那样突出。但闽方言使用地区辽阔，内部差异远比粤方言大，随着各地乡土文化的发展，闽方言的用字也有可能日趋增多。在这种形势下，结合目前考本字和用本字的情况，个人认为有几个问题值得我们认真思考。

（一）本字应用与约定俗成问题

考证出来的本字希望能得到应用，这种想法是合情合理的。方言学家探求本字跟古文字学家研究甲骨文的目的并不完全一样，相信不会有哪位古文字学家希望现在的人用甲骨文来作书面交际工具，但是历来考证本字的语言学家，多少总有一点儿“匡谬正误”的想法，希望考证出来的本字能在纠正方言用字的错误中发挥一点儿作用。如前所述，既然你考证出来的本字，群众不一定乐意使用，我们也就不能不在脑子里多打几个转：群众为什么不愿意接受考证出来的本字？这也许首先还得重新从语言文字的本质和语言文字流通的特点入手来认识。语言是约定俗成的，记录语言的文字虽然是人为的，但一旦成为公认的书面交际工具，同样要受到约定俗成的制约。群众认字、写字都按约定俗成的一套办事，写字、用字的人很多，而懂得文字学，能考证出本字来的人毕竟很少。群众不懂本字、不懂词源，但是他们需要口头言语交际，也需要笔下文字交际，一旦嘴里说的方言遇到没有现成汉字可写时，总要想办法来对付，等不到语言学家考证出本字来再来书写，就有了同音代替，有了“训读”，也有了许多创造“俗字”和“方言字”的“新仓颉”出现。同音字也好，训读字也好，自造字也好，一经使用很快就会流通开来，成为约定俗成的东西。你考证本字在后，他用俗字在前，一旦人们用惯了俗字，要改弦易辙，谈何容易！所以说，到了某个方言词已有了一个哪怕是“不大合理”的公认字时，想扭转局面实在是太难了。此时此刻，与其评头论足、愤愤不平，说这个字写错那个字不对，倒不如平心静气地回到“约定俗成”的观念上来。其实错与不错也不是绝对的，一旦约定俗成了，长期都这样用了，“积非”不也可以“成是”吗？你考证出方言的本字来，把方言中常用口语的“娘家”找到了，对方言的研究是贡献，对汉语史的研究也是贡献，社会上自然承认你的研究成果。考证出来的本字如果能用上当然最好，用不上也无妨。在用与不用的问题上，尊重既成事实，多走群众路线，不就可以减少烦恼、心安理得了吗？

（二）本字认定的准确性和差异性问题

考证本字是一项非常细致的研究工作。从事方言本字考证的人，既要熟识这个方言的语音、词汇、语法，也要通晓音韵、文字、训诂诸方面的学问。本字的确定要从形、音、义三方面同时入手，任何一个方面都不能马虎，音证、义证一般都要通过书证来检验，倘若词义的分析完全正确，语音上却存在差距，或语音上虽对上了号而词义又不尽相同，就不要轻易下结论。考证本字切忌牵强附会，更不容许捕风捉影、生拉硬套，否则容易以讹传讹，流为笑谈。如果你考证出来的本字本身就错了，又怎能叫人应用？李荣先生于1991年11月在南京全国汉语方言学会的学术会议上谈及方言词典编纂中的本字问题时，他说方言本字“搞对了锦上添花，搞错了画蛇添足”。我认为这个观点是很中肯的。

我们闽语研究者在考证闽方言词语的本字上下了许多工夫，有了许多成果，但有时同一个闽方言词，不同学者考证出来的本字却不一样，这就令人纳闷。其中可能有对的也有错的，这作为学术探讨问题不大，而一旦作为提供给方言地区人民书写方言词语的用字，倘若不能保证本字的准确性，就很成问题了。如果是准备编到方言词典中去的方言本字，学者们最好能够取得共识，尽量避免出现分歧。事实上，这个问题早已摆到我们桌面上来了。姚荣松先生提交的本次研讨会的论文《两岸闽南话对方言本字认定的差异》，谈的正是这个问题。何止“两岸”对方言本字的认定有差异，就是同一岸的学者也存在着不少对闽方言本字认定的差异。“人”到底是“农”还是“侬”，“房子”是写作“厝”好，还是写作“康”好？不是也有不同的看法吗？对方言本字认定的差异写成文章来讨论当然可以，但是既然编进词典，就具有权威性和典范作用，编者总不能各执一端、互不相让，致使读者面对不同面貌的本字而莫衷一是、无所适从吧！现在国内正在编纂几十个方言点各为一册的《现代汉语方言大词典》，希望同一方言区各方言点使用的方言本字，能通过方言大词典的编纂协调统一起来。例如“站立”这个意思的方言词，在闽方言中用本字“徛”字，在粤方言中却用“企”字，考证出来的本字既然是“徛”，在闽方言系统的各种方言词典中（如厦门、福州、潮汕、海南等）是否就可以统一用“徛”？至于粤方言的词典，既然已经约定俗成，在群众笔下多用“企”表示“站立”，我看“企”就让它作为具有“站立”义项的方言词出现，但同时注明“本字为徛”。这样既尊重了群众用字的习惯，又反映了本字考证的成果，可谓两全其美。

（三）方言字、同音字的选用问题

方言词语有音无字是普遍现象，但这些词语如何表现却各行其是。如前所述，除了使用考证出的本字外，还有同音代替、自造方言字、同义训读等多种方式。同一个方言词，甲方言用本字，乙方言用同音代替，丙方言也可能自造方言字或采用训读的方式来表达，这是不足为怪的，也可算是方言特色的一种表现吧！就闽方言来说，方言学家们考证出来的本字不少，但有的本字只在闽方言这部分地区通行，有的本字只在那部分地区通行。同属闽南方言，拿福建、厦门等地的闽南话跟广东潮汕地区的闽南话来比较，如果我们记录一段口语语料，注意其中的方言词语，一方面会发现厦门使用本字而潮汕话不使用本字的不少（如“颂”——穿，“喙”——嘴，“樵”——柴等），当然也有少数潮汕话用了古词连带用了本字，而厦门话不用的，如“睇”（看）；另一方面，厦门话和潮汕话自造的方言字也并不一致，如潮州的“唔”厦门用“伓”，都是表示口语中的“不”，而潮汕话由于“说话”口语是tã，便自造了“呾”字，这在厦门话中就没有了。这类差异属于当地群众自发的用字习惯，我想可能跟方言区的民间口头文学、说唱文学等是否发达以及方言在书面语言中出现机会的多少不无关系。有的方言区群众造方言字的积极性比较高，方言俗字俯拾即是，本字的市场不免大受影响。例如粤方言，我们随便拿起一份当地的报纸来看，方言字、同音代替的字在各种副刊中用得很多，而经过我们一些语言学者考证出来的粤方言本字，却很难在报上见到。面对这种五花八门的自发使用方言字、同音字的现象，我们语言工作者该持什么态度？要不要有所引导，有所规范？应该说，引导是需要的，规范也是需要的。但首先必须细心观察，多做调查，掌握情况，然后才能在充分尊重群众用字习惯的基础上因势利导，逐步使之向着规范化的方向发展。

就拿同音代替来说，既是同音代替，“音”总该是差不离吧？例如，现在粤语报刊中常见“而家”这个同音代替的方言词，意指“现在”，但偶尔也能见到用“依家”、“宜家”甚至“呢家”等来代替“而家”的。我看，这也不必大惊小怪，之所以会出现同音代替的“异体”，无非是大家都自发选择同音来代替，这些“异体”都基本音同，只不过缺乏统一的规范罢了。当前我们就是要广泛调查，从各个方面收集到方言用字的种种表现，同音也好，训读也好，自造也好，有见必录。要意识到用字的分歧也是方言特色的体现，在众多不同的方言用字中，你心目中可以认为哪一个比较合适，但还是不要轻易抛弃其余的；你可能已考证出来某个方言词的本字，但也不能因为有了本字就把群众使用惯了的方言字全否定掉。

本字是早先古人创造的，方言字却是现代人创造的，现代人用自己创造出来的方言字来记录现代使用着的口语，可能要比用古代人使用的本字更为自然。我们一方面要做本字的考证工作，另一方面也要做方言词语用字的考察工作。一旦考证本字有了成果，同时对方言用字的了解也比较全面，就会心中有数，比较有把握，可以根据不同的情况来考虑方言用字中哪些是较为可行的，哪些是有待商榷的，分别就不同的类型进行分析，再提出处理的办法来供社会用字参考。就闽方言来说，由于方言成分进入书面语的机会远不及粤方言多，更没有诸多敞开大门广纳方言词语的新闻媒体、商业广告、通俗报刊等的推波助澜，除了民间说唱、地方戏曲之外，方言词语在书写中市场比较狭窄，因此，方言俗字、同音代替等现象还不至于太引人注目。但是，这个问题仍然不能不加以关注，拿闽语中最有势力的闽南方言（外延包括潮汕和台湾的闽语在内）来说，在一些地方性通俗作品中，甚至在报纸副刊上，有时也可见到方言词语出现，这些方言词语的表现形式如何，有没有各自的用字规律可循，我们应该如何对待，仍然是很值得注意的问题。

（四）方言字（词）典的注音问题

方言用字的问题必然牵连方言字（词）典的注音问题。倘若语言学家们考证出来的方言本字受到广大方言使用者的支持，能在社会的语言应用中发挥积极的作用，所有考证无误的本字在方言区畅行无阻，原先使用非本字的人也乐意“改邪归正”，抛弃自造字或同音代替、训读等方式，那么，方言字（词）典中收录的方言词，既以本字的面貌出现，也按通行的音读来注音，两者自然不会产生矛盾。例如闽语中表示“人”这个意义的方言词如确实应是“侬”，那么，在闽方言的词典中，就收“侬”这个词，标音或lan（厦门等地）或naŋ（潮汕等地），然后，在释义中注明“人”的义项，不就万事大吉了吗？问题却出在：社会上的用字并不因“人”本字为“侬”而采用“侬”来表示“人”，换言之，闽方言区人民的书写习惯仍用“人”字而不用“侬”字，那么，在闽方言字（词）典中，这个“人”的注音该如何处理？要不要用实际上是所谓训读音的 lan 或 naŋ 来注“人”的音？字（词）典一般总是带有规范性，对读者的读音会有指导意义，字（词）典上注的音读者一般都会承认它是正确的读音，自己的读音如果不符合字（词）典中的注音，就考虑自己的读音错了，应该跟着字（词）典改正过来。

与此同时，作为字（词）典，应该如实反映出每个字（词）在社会上流行的、得到社会公认的、业已约定俗成的实际读音，不能无视客观上的实际音读，哪怕这个读音并不符合语音的规律，只要已在群众中通行无阻、习以为常，就不能够回避现实，不能够充耳不闻。到底应该在方言字（词）典中如何处理注音的问题呢？一般来说，可以有两种不同的方式：

一是把社会上虽不流行，但根据规律折合的、符合古反切今读的音认作正确读音，与社会上虽已广泛流行但不符合规律的误读音（或训读音）同时注出，并且表明编纂者的态度：或以前者为正音而以后者为“俗音”，或两者并列，其中一个作“又音”看待；二是编纂者在两种读音中有所选择，只取其一作为正音注出而舍弃另一个读音，到底选择哪一个，也就表明了编纂者的态度。

这两种不同的处理方式我们在已刊的一些闽方言字（词）典中都可以看到，有时同一部方言字（词）典，在对待不同的字（词）目时，又交叉使用了两种不同的方式。拿广东人民出版社出版的两本小型潮汕方言字典——1979 年版李新魁编的《普通话潮汕方言常用字典》和 1983 年版吴华重主编的《潮州音字典》来看，对潮汕方言字（词）的注音就大不一样。姑且以“夜”字为例，本字无疑是用“暝”（莫庭切，一般闽语多写作“冥”，而“夜”字的反切则是“羊谢切”。潮汕地区通常并不写作“冥”或“暝”）来表示“夜晚”的意思，而是跟民族共同语一样仍用“夜”来表示“夜晚”，但这个“夜”字的读音却明显采用了“冥”的读音，也就是“夜”字的训读音 me。李著在“夜”字下先注 ia^{7}也^{7}，再注上“俗” mên^{5}骂^{5}，显然是认为潮汕方言“夜”字应正音为 ia^{7}，而时下通行的读音 mên^{5}只不过是“俗读”；吴著“夜”的注音是：“毛楹^{3}〔猛^{3}〕，又：毛楹^{5}〔猛^{5}〕”，显然都是注的“冥”字的音读，承认“冥”的读音就是潮汕方言“夜”的读音，既不管这个读音是否是“训读”，也不考虑拿反切的拼音方法，根据“夜”的反切来推断它是另一个符合语音规律的读音。透过这个实例，可以看出两位作者的态度是截然不同的。

李新魁先生比较注意字（词）典的规范性、指导性作用，社会上已有的读音如果不合该字的反切，即不符合语音规律的，尽管已经广泛通行、约定俗成，也只能承认这个音是“俗读”，字（词）典的首要任务是把每个字根据语音规律确定的正确的形、音、义告诉读者，起到字（词）典的典范作用，发挥字（词）典的指导性功能；而吴华重先生则完全从俗从众，他的出发点是：字（词）典的注音应该是约定俗成的实际读音的记录，某个方言词在社会上的实际读音是什么，我们就把它作为正式的音读反映出来，不必再管其他的读音。

两种对待方言字（词）典注音的不同态度，从理论上看，李氏的做法似乎较为全面稳妥，但从实践上看，被李氏定为正音的音读，社会上不遵守、不流通，因为现代语言的读音，不一定都是按照语音规律、按照反切来定的；而李氏认为属俗读的音，却很容易在社会上广泛流传，这“俗”与“正”的关系如何处理？如果我们提倡改变俗读的习惯，确立正音的规范，难免会给人以将书本上理论上的音读强加给广大民众的印象。事实上也是很难做到的，如果无意改变俗读的影响，字（词）典的正音作用又将何以发挥？“典范”的功能又从何体现出来？看来，这又得回到我们的研究与推广、考证与应用之间的关系上来思考了。

研究的成果、考证的结论当然很值得珍视，但成果是否能全部用来指导语言的实践和应用，始终还是一个问题。语言的实践归根结底还不能不受到约定俗成的制约，联系社会流通的因素，我们在供一般应用的方言小字（词）典中，认为语言工作者不能只是考虑如何吸纳研究、考证成果的问题，而要同时考虑能否获得社会认同的问题，这样才能做到合理对待方言字读音中的正读和俗读。当然，对于那些明明属于错误的读音，即使社会上早已相当流行，我们仍有责任使之得到及时的纠正。不过，最好赶在某个讹读音还没“积非成是”之前就做好工作，一旦时间拖得太久，使用的人积习难改，也就“回天乏力”，最后可能不得不承认这种讹读音的地位了。

编纂较为详尽的大、中型方言字（词）典，当然更应该做到充分接纳，充分反映方言研究、方言考证的成果。对于这个问题，林伦伦先生提出过方言字典“要注意注音的规范化问题，要注出每个字普通话有对应关系的有古反切为依据的正音，做到无一字无根据”。同时，要认识到方言字典也应该是方言的翔实材料，应该尊重语言符号约定俗成的原则，如实地把每个字在方言中的读音记录下来。因此，我们主张方言字典对俗读字和训读字应该正俗（训）音均注，并用“训”、“俗”等符号加以区别①。

四、闽方言研究的展望

如前所述，当前闽方言的研究虽然相当热闹，却存在着地区不平衡和内容不平衡的问题。这些不平衡现象的解决，必然会大大推动闽方言研究事业的进一步发展，使闽方言研究中某些薄弱的环节能够得到加强，从而达到更好地揭示闽方言整体面貌的目的。从目前的实际情况出发，要充分发挥闽方言研究队伍“兵强马壮”的优势，跳出各自为战的樊篱，把眼光多放到整个闽方言上，多看到宏观的问题上。只要齐心协力、加强协作，有组织有计划地打几场“攻坚战”，就一定会在较短的时间内作出较大的成绩来。当前有必要抓好以下三项工作：

（1）闽、台、粤、琼、浙等省的闽语学者，尽快组织好本省闽语的普查工作，整理出各调查点闽语的音系，收集一定数量的方言词语，在此基础上争取通过多年的努力，编写出本省闽方言点字音对照和词汇对照来。

（2）就闽方言一些共同的突出问题选择若干代表点进行综合比较研究，在三五年内

① 参看林伦伦：《潮汕方言与文化研究》，广东高等教育出版社，1991年版，第73页。这些意见很值得重视，这个问题还有进一步探讨的必要。

写出一批反映闽方言若干特点在各闽方言区的表现，且附有相当数量的对照比较图表及闽方言特征的分布地图的论著。

（3）在各省分别摸清省内闽方言的分布区域及其语言特征的基础上，组织跨省协作的研究组，汇总各省闽语资料，有步骤地进行闽方言的全面综合研究，编制出各地闽方言的声、韵、调对照表，字音对照表和词汇对照表，着手绘制闽方言全图。至此，作为汉语方言中最为复杂的闽方言，其全貌也就会展现于世，而闽方言总论一类的专著也会接踵产生。

上述这几项大工程的顺利开展，必须有一定的研究组织来进行策划，做到决策民主化；每个课题开始以后，要经常讨论总结研究过程中出现的问题。像现在举行的这种闽方言研讨会无疑应该坚持继续举行下去，每两次这样规模的研讨会中间，还可以穿插一些小型的专题研讨会。这样一来，闽方言的学术研究氛围就一定会越来越活跃，闽方言的研究也就必然会沿着不断拓展、不断深入的方向健康发展下去。

为适应闽方言研究工作的发展，组织好闽方言学者间的协作，是否有必要组织一个跨地区的闽方言研究会，最好也能在这次会上酝酿一下，提出一个方案来。

（香港中文大学《中国语文研究》1995年第11期）

客家方言研究之我见

——在第八届客家方言国际研讨会（台湾中央大学）上的讲话

摘 要：本文分四部分：第一部分是引子，作者以随感的笔调杂议对研究客家方言的一些想法；第二部分开始就当前客家方言研究中需要抓紧的课题展开论述。阐述了要扩大客家话调查研究的范围，多多研究鲜为人知的客家方言，“填空补缺”，以便全面掌握各地客家话的面貌；第三部分论述在扩大调查研究领域的同时，要抓好客家方言的应用工作，了解客家话社会应用的实际情况，研究客家话在应用中存在的问题，及时加以解决；第四部分指出除了上述两大课题之外，客家方言分区的问题，客家方言与客家文化的相关问题，也都值得开展研究。最后作者还建议大家考虑设立客家话研究的联络机构及创办客家话研究专业学术刊物的问题。

关键词：客家方言　客家文化　客家方言应用

一

咱们的客家方言盛会从十五年前（1993）在福建龙岩举行首届国际研讨会开始，终于能够不间断地开到第八届来，这真是令人欢欣鼓舞的事！客家方言在中国大陆的通行地域主要集中于闽、粤、赣三省，研讨会从闽西客区开到粤北、粤东客区，再开到江西客区。在三省客家居地都举行过客家方言国际盛会之后，与会同道自然会想到要跨出大陆，把这一客家话盛会开到港澳台，甚至开到东南亚客家人聚区中去。可是，要跨出这一步，实在是谈何容易！第五届在南昌举行的研讨会上，大家就此议论纷纷，来自台湾的同道都表示要创造条件，把这一客家方言盛会开到台湾宝岛去。可是客观条件一时尚未成熟，结果第六届研讨会还是回到福建，在厦门举行。多亏香港中文大学的张双庆教授，经过他的多方努力，得到香港客家宗亲会馆的赞助支持，终于把第七届国际客家方言研讨会开到香港，实现了这一客家盛会跨过“罗湖桥”，走向港澳台的第一步。继往开来，如今有了以罗肇锦教授等为代表的台湾同道们的精心筹划，大家又终于能够聚集到台湾来举行第八届客家方言盛会了。沿着这一良好的势头发展下去，我深信，研讨客家方言的盛会一定可以有序地轮流在海内外各个客家人聚居地不断举行下去，把客家方言的研究推上一个又一个新的台阶。

众所周知，客家方言在台湾是仅次于闽南话的通行广泛的社会用语。长期以来台湾学者对岛上各种客家话进行了卓有成效的调查研究，刊行了许多客家话的著作及教材，又先后在多家大学设立了客家方言文化的研究院（所），同时还在社会上，特别是传媒的层面做了大量推广、普及客家话的工作，而政府方面对此也给予了大力的支持，行政院专门设置有“客委会”主管这方面的工作。这一切说明客家人和客家方言在台湾的地位和作用日益上升，社会语言应用多元化的格局在台湾业已形成，并受到社会各界的认同。此刻当我有幸再度踏足台湾宝岛之际，不免想起四年前（2004）应邀前来新竹义民庙出席台湾饶平客家乡亲举行的“饶平客家文化夏令营”的情景。据说在台湾的客家人中，饶平客家人是仅次于“四县客家”和“海陆丰客家”的第三类台湾客家人。但由于长期以来台湾岛上一直以“国语”和闽南话（台语）为主导语言，早年移居台湾的饶平客家人对自己“祖语”的承传问题也关注不够，以至到了第三代、第四代的饶平客家后裔，对祖籍的文化习俗了解很少，能用饶平客家话交际的青少年就更少了。1991 年我的小书《现代汉语方言》在台北由新学识文教出版中心刊行繁体字本，董忠司教授在书后附刊了他写的《台湾的厦、客话》一文。按照董教授当时的说法，在台湾的四种客家话中，排在第三、第四位的饶平客家话和诏安客家话，“在若干乡镇中，则成为快要消失或已经消失的语言”。这该是多么可怕的下场啊！这几年我国语言学界不时响起拯救濒危语言和方言的呼声。据我所知，中国社会科学院语言研究所和民族研究所都十分重视这个问题，把这方面的研究列为重点课题来看待。我这个饶平客家人，一想起十多年前董教授所说的这几句话，总不免忧心忡忡：到底台湾的饶平客家话是不是真的面临灭顶之灾了呢？台湾的语言学者，特别是研究方言、研究客家话的朋友们，有没有谁会出来拯救这类濒危的语言呢？纳闷、存疑，心里总不是滋味。尽管后来也知道有两位台湾学者先后对台湾饶平客家话做了调查研究，先后出版了吕嵩雁教授和徐贵荣博士撰写的台湾饶平客家话专著，让我颇有喜出望外之感，知道起码台湾饶平客家话的语言事实已经被记录在册，作为文献保存下来，不至于白白湮没了！可是语言的生命毕竟在于应用，只有应用中的语言，才能永远活在人们的嘴上，记在人们的心中。活着的台湾饶平客家话被记录下来作为文献存之久远了，它在社会中，在原先通行的乡镇中、社区中以至于家庭中应用的情况又如何呢？这些问题一直留在我的脑子里，直到 2004 年 7 月我的新竹义民庙之旅，当置身于众多男女老少的台湾乡亲之中，我才解开了心中的疙瘩，得到了明确的答案。我意识到，在台湾，饶平客家话的“根”是始终存在的。它既存在于老一辈的饶平客家人中，也存在于不少热心维护客家权益、维护客家文化传统的有识之士中。正是出自“寻根溯源不忘本，弘扬家乡文化不让人”的良好愿望，怀着传承饶平客家文化的强烈感情，在当今台湾岛上客家文化日渐受到重视的大气候中，才有了在新竹义民庙举办这样一次凝聚全台湾饶平客家人的盛会——饶平客家文化夏令营的出现。当时我作为来自大陆的唯一饶平客家人，参加了那次盛会，的确受到了一次很好的乡土教育，给我留下了终身难忘的深刻印象，也给我带来了自身专业研究中的重要启示：那次夏令营活动要求进入会场必须一律说饶平客家话，这在我的心中激起了不小的震撼。夏令营的组织者善用这样的方式来唤醒男女老少的乡亲们：语言是我们的根，说家乡话就是找回我们的根！饶平客家人不能丢弃饶平客家话，这是天经地义、毋庸争议的事！当会议主持者要求我用饶平客家话向与会乡亲作介绍家乡方言的讲演时，我开始感到为难：自己在大学执教半个多世纪，可从来没有在讲坛上用家乡话讲过课，这对我既是一次考试，也是一个考验。可是，会场中浓郁的乡情感染着我，会场内不断播送着当地老师们谱写的、用饶平客家话演唱的歌曲，我想到在场有这么多少小离家的乡亲期盼着听到亲切的乡音，终于鼓起勇气，破天荒地用饶平客家话一口气讲了一个多小时。真没想到，我的话音一落，热烈的掌声便响起，这次讲演的反应可真不小，大家听后纷纷跟我说："你讲的客家话跟我们在这里讲的一样，没有什么听不懂的。""你讲的家乡话我们听了非常亲切！"……这对我这个长年离家在外，很少回到家乡、平常几乎完全没有机会讲饶平客家话的人来说，实在是莫大的鼓励！由此我进一步领会到乡音无改的威力，也进一步增强我对方言在凝聚乡谊乡情、团结海内外中华儿女中所能发挥作用的认识。说实话，我受了台湾乡亲的感染，打那以后，对家乡话的感情也进一步加深。那次新竹义民庙客家文化之旅，台湾乡亲千方百计为后代营造寻根氛围，想方设法让新生代熟悉、了解祖籍文化习俗，培育乡土感情的生动场面久久萦怀，我由衷赞赏乡亲们的做法，同时也对台湾同道学者长期执著于发掘、弘扬客家语言文化的精神深感敬佩。在座吕嵩雁教授、徐贵荣博士先后对饶平客家话做了深入的调查研究，在他们所刊行的很有分量的饶平客家话专著面前，我深感自己对家乡饶平客家话的认识实在很不够。读着他们惠赠的饶平客家话著作时，一是敬佩，二是惭愧。我们应该深深感谢他们为饶平客家文化的发展所作出的贡献！

二

上面结合家乡客家话拉拉杂杂谈了自己的所思所想。下面谈谈我对今后客家方言研究的一些不成熟想法，望能抛砖引玉，通过大家的齐心协力，来共同绘制客家方言研究发展的蓝图。

首先，我认为有必要大力拓展客家方言研究的范围，在"填空补缺"上多下工夫，尽力揭开某些鲜为人知的客家方言的面纱。据有关方面统计，使用客家方言的人分布很广，中国广东、江西、福建、台湾、广西、湖南和四川等地，以及海外许多华人华裔聚居的地方，特别是东南亚各国，都有通行客家话的地域。客家方言的研究虽有悠久的历史，打从19世纪末（1899）温仲和纂《方言》（《嘉应州志》卷七）、20世纪初（1908）杨恭垣纂《客家本字》等早期的客家方言著述问世以来，已有一百多年了，但实际上迄今为止，我们能够掌握到的客家方言材料，包括已刊行的著述和未刊行的调查记录并不很多，而且调查研究大都只集中于粤、闽、赣、台等省中客家人比较集中的地点，只有粤东客话、闽西客话、赣南客话和台湾客话的研究成果较为突出，面世的客家话著述较多。众所周知，20世纪30年代初罗香林的名著《客家研究导论》问世，标志着一门人文科学的新兴学科——客家学（Hakkaology）应运而生，开始出现了一个研究探讨客家问题的热潮，由此也带动了语言学家们对客家方言的关注，开始陆续有了现代语言学意义上的客家方言研究。我们的前辈学者赵元任、李方桂、杨时逢等闻风而动，早在1935年就对包括客家方言在内的江西境内方言做过一次调查，可是随之而来的客家方言研究者并不踊跃。当时人们对客家的来源、客家的性质以及客家民系的特色等方面的兴趣远远超过对承载客家文化的客家方言的兴趣。直到1948年，另一位台湾朋友都很熟悉的语言学前辈学者董同龢先生出版了他对四川一处客家话的调查研究成果《华阳凉水井客家话记音》，此书在短短的篇幅中以其审音之严谨及分析之细致揭示了远离客家大本营的四川客家话面貌，现代客家话才有了单独刊行的专著出现。此后很长一段时间，除了1950年罗常培教授在他的《语言与文化》一书中“从客家迁徙的踪迹论客赣方言的关系”一文对客家方言进行了精辟论述以外，大陆各地的客家方言学者，就没有人写过调查报告或论述的文章。整个50年代、60年代以至70年代，只有台湾这边的语言学者积极关注客家方言的调查研究。出现了杨时逢教授记录台湾两种客家方言的《台湾桃源客家方言》(1957) 和《台湾美浓客家方言》(1971)。说到底，许多客家方言研究的成果，都是出现在《客家研究导论》问世半个世纪以后的事。只是到了20世纪80年代，整个汉语方言的研究出现了前所未见的蓬勃发展，客家研究也掀起了新的热潮，这时客家方言的调查研究才随之出现一个持续繁荣的局面，一批揭示客家方言面貌的著述接踵而出。其中也包括了在座罗肇锦教授等的一些客家话专著。据不完全统计，自20世纪80年代以来，大陆出版的客家方言著述约30部，包括历届客家方言研讨会的论文集和一些不定期刊行的客家研究集刊，这些著述所论及的客家话，地域范围始终有限，调查研究所覆盖的客家地域，大都不出粤、闽、赣几省客家话集中的地区，应该说是不够全面的。拿广东省来看，1990年以来面世的约十多部客家方言著作中，绝大部分都是以客家话的代表点——粤东梅县（梅州市）的客家话作为记录、描写、分析、研究的对象。至于那些在本地并不处于优势地位的客家方言，不少迄今仍处在无人过问的状态中。我们知道，在粤西，在珠江三角洲西翼的许多地方，都是粤语和客家话双语流通的。在双语交际的情况下，其中客家话的表现如何，显示出什么样的特点，就都有待客家学者对其进行调查研究来阐明。只有认真关注这类地区中客家话的情况，在客家话的研究中扩大研究范围，才有可能彻底弄清散居在各地的客家先民们所说的是什么样的客家话。至于粤、闽、赣以外地区的客家话，例如湖南、广西、四川等地作为省内非主流语言的客家方言，迄今未经调查，情况未明的就更多，也就更需要我们客家研究学者来发掘、来研究了。近期我在国际粤方言研讨会和国际闽方言研讨会上都曾建议把粤、闽方言研究的眼光多多射向少人关注、有待开发的西部粤语、西部闽语上，由此而提出了“粤语研究西进”、“闽语研究西进”的命题。现在看来，从客家方言研究的现状出发，远离粤、闽、赣客家主要聚居地、地处主要客家住地以西的中西部客家话，包括散见于粤西、湖南、广西、四川境内的客家话，同样应该受到客家研究者的多多关注，也许同样可以提出“客家方言研究西进”的命题来，以激发大家对西部地区客家话调查研究的热情。现在不是常常听到“西部大开发”、“经济建设要多多向西部地区倾斜”一类的说法吗？看来作为文化建设重要内容的方言研究工作，特别是粤、闽、客家这南方三大方言，结合到方言本身的实际，同样也可以在这个大潮中有所作为，具体的行动就是在“西进”上多下工夫。至于台湾岛上的客家方言研究，在已有丰硕成果的基础上，是不是也该对那些处于弱势的客家话，特别是那些流通不广、濒临消失的客家方言进行带有抢救性的调查研究工作呢？这就要请台湾的同道们多多考虑了。总之，在当前的客家方言研究中，个人认为，当务之急应该多多关注那些以往少人问津，迄今鲜为人知或鲜有研究的客家话，在条件成熟时，还应该就分布于各地的客家方言分别开展客家方言的普查工作。争取通过大家的努力，在不久的将来，我们能够对全国各地客家方言的全貌有一个更为全面的认识。只有在全面掌握各地客家方言的基础上，才有可能进一步集合相关资料数据，研究设计编纂客家方言大观一类的综合性著作，并着手为绘制全国客家方言地图创造条件。

三

前面谈到，当前客家方言的研究首要的工作在于开拓研究领域，扩大研究范围，加强对鲜为人知的客家方言的研究，以至于着手进行客家方言的普查。总的来说，其目的就在于全方位地了解客家方言的面貌。与此同时，我们认为，在当前的客家方言研究中，另一个重要的课题就是要在客家方言的应用方面大做文章。语言研究从来就是要为语言应用服务的。语言研究的成果要用到语言实践中来，语言实践中遇到的问题又必然要成为语言研究最现实的课题。只有把语言研究和语言应用紧密联系起来，让语言研究切切实实为语言应用服务，语言研究工作才能在“有的放矢”中充满勃勃生机、持续发展、不断前进。客家方言既然是流通范围较广、在海内外有较大影响的一种方言，它在社会实际应用中到底是怎样一种情况呢？作为客家地区的社会交际工具，它是否能够充分发挥作用呢？作为地域文化的载体，它在传承与创新地域文化方面的表现又如何呢？这一系列涉及客家方言社会应用的问题，不能不引起我们足够的重视。据我所知，这方面各个客家地区的情况是很不一样的。拿台湾地区来说，随着客家族群在社会上的地位日渐提升，客家文化在岛内日渐受到重视，这就为客家方言的社会应用创造了良好的条件，开辟了广阔的天地。近一二十年来，在客家研究同道们的大力倡导下，台湾客家文化通过客家方言的承载已在大众传媒、乡土文化等领域中大派用场，逐步深入人心。在“客委会”的大力支持下，作为客家主流的台湾“四县客话”，研究和传播都时有进展，正在悄悄扩大它的社会应用范围。前面谈及我亲身经历过的几年前岛内饶平客家乡亲在新竹开办客家文化夏令营的情景就充分显示出，连在台湾岛内客家话中处于弱势的饶平客家话，也不乏热心人士在应用方面下足工夫。他们编写教材，开设讲座，极力为饶平客家话的社会应用开辟途径，并积极通过传媒在岛内扩大影响。事实说明，在台湾岛上并不属于主导语言的客家话，从研究到应用，多年来就是这样一步一个脚印地往前走来的。然而，反观大陆粤、闽、赣等省客家方言集中地带，客家方言的应用情况又如何呢？据我们了解，在这方面是存在一些问题的。总的来说，大陆客家话的社会应用是大大落后于台湾宝岛的。除了属于客家地区的地方戏曲及民间文学、口头说唱，如蜚声海内外的客家山歌等客味很浓的特色文艺，非以客家方言表达不可，长期以来尚能始终保持以客家方言为载体，为客家方言的社会应用提供平台以外，在社会生活的许多方面，客家话的应用实在是乏善足陈。无可讳言，长期以来，全国各方言地区，在持续不断的推广普通话热潮中，由于一些人对大力“推普”工作与继续发挥方言作用之间的关系缺乏足够的认识，甚至误以为“推普”是要让全国通用的普通话在方言地区完全代替地方方言，成为唯一的社会交际工具，任由本地方言在社会中逐渐消失，以至于销声匿迹。在这种认识的误区中，人们不能正确理解到“推普”工作其实并无驱赶方言、“扫地出门”之意，而是要使方言地区的人民在只会说方言的基础上学会多说一种全国通用的社会共同语——普通话。让方言地区的社会语言生活从方言的单一应用转向方言加普通话的双语应用，形成一种“推广普通话，保留方言”、“有主有从，并存并用”的语言应用格局，达到一方面推广全民共同语，一方面充分发挥地方方言作用的目的。能够充分理解这一点，自然也就用不着发出诸如“客家话没用了”一类的慨叹了。事实上，近几年来，随着上述“推普”政策的深入人心，方言地区那种“抛弃方言”的错误想法正悄然从社会上退出。有识之士纷纷发表敦促人们重视方言作用的言论，相关机构也推出了一些让方言可以发挥作用的措施。例如中国社会科学院就把“拯救濒危语言（含方言）”列为重大研究课题；又例如有的方言地区提出要把方言列为乡土教材；要建立展示以地方方言为载体的地方戏曲及地方方言、地方民俗的博物馆；前几年在广州市的“两会”（人大、政协）期间，有与会者提出正在筹备中的2010年亚洲运动会应该大打粤语牌，让粤语文化充分展示它的魅力。如此等等，种种迹象表明，方言的应用正在日渐受到社会各方的青睐。在这种形势下，客家方言的社会应用，也就有望可以在一些领域中逐步展开。例如在传媒影视中，除中央广播电台长期保留客家话播音的节目外，各客家人集中地区的广播电视，近年也已出现少量客家话的播音节目。虽然这些节目大都仍局限于报道新闻，但此举深受当地民众欢迎，从“以人为本”、构建和谐社会的理念出发，发展下去也必然会在客家人聚居地逐步扩大客家话出现的范围、提高其使用的频率。可以预期，暂时在社会应用方面尚未出现“规模效应”的大陆各省客家话，其社会应用必将日渐受到关注，前景应该是乐观的。为了扩大客家方言的社会应用，客家学者们就有必要借鉴台湾同道的经验，在服务客家话应用方面多做研究，并有计划、有步骤地付诸实践。例如制定、改进客家话拼音方案，研究确定客家方言特有词语的书写问题，编写客家话教材、读物、工具书，开展各种以客家话为载体的社会文化活动等等，把这些工作一一开展起来，客家话的社会应用自然日渐扩大，客家话的社会影响也自然日渐提高。话说回来，在当前举国上下大力推广和普及全社会通用语——普通话之际，我们强调发挥客家方言的作用，一定要掌握分寸，决不能让人们误会是要跟“推普”唱对台戏，要干扰社会语文工作的主旋律。因此，我们在具体操作上，还得始终把握“有主有从，双语并用”、“既要大力推广普通话，又要继续发挥方言作用”这一指导思想，决不能因为倡导客家方言的社会应用而导致背离国家语言文字方针政策的后果。

四

除了上述开拓客家方言研究范围、关注客家方言应用问题之外，在客家方言中还有许多有待解决、值得重视的课题，需要我们去思考、去研究。这里不妨略举数端：

第一，客家方言跨省越海，不同地域的客家话各具特点，同中有异是必然的现象。如何对遍布各地的客家话进行科学的、合理的分区，是应该提到客家方言研究的议事日程上来了。要达到科学分区的目的，首先当然是要大致了解客家话的分布及其主要特征。

这一点应该说目前已经具备了相当的条件了。尽管我们在前面提到当前还有一些地方的客家话尚未调查清楚，强调了当务之急是要揭开那些鲜为人知的客家话的面纱，要多做“填空补缺”的工作。就整个客家方言的分区来说，现在就不妨着手进行，在根据已知语言事实进行初步分区以后，随着调查研究工作的深入发展，一旦有了新的语言现象发现，还可以对现有的分区做适当的调整。事实上，先有一个切合实际的分区，对于进一步的方言调查研究是十分有利的。整个汉语方言需要分区，汉语中的各大方言，包括客家方言，也需要有所分区。这样才便于在触及各地方言时，可以让这些地方方言在已有的分区中对号入座，找到各自在本方言中的下位归属。拿客家方言来说，台湾岛内的客家话，同道学者早已经有了“四县客话”、“海陆丰客话”和“饶平客话”等区分；广东省内的客家话，也有比较模糊的所谓“粤东客话”、“粤北客话”之说；那么，江西客话、福建客话内部又该如何分区呢？这就有赖于当地客家学者们的研究来定夺了。我想，如果能先从粤、闽、赣、台等几处客家比较集中地区的语言实际出发，各自先考虑本地区的客家话有多少不同的类型，可以分设多少个客家方言区，在这个基础上，就可以整合各地对客家话分区的情况，根据语言上的异同对整个客家方言进行分类，最终为整个跨省越海的大客家话的分区设计出能够为大家所接受的大体格局来。这是一项相当艰巨、工作量很大的工程。我想，如果现在就着手准备，各自为战，通过各地客家研究的同道共同努力，一定有望可以一步一步地来完成。

第二，我们常说语言是文化的载体。方言的重要价值就突出体现在它与地域文化的互为表里上。丰富多彩的地域文化通过方言得到充分的表现，而地方方言的种种特色本身又正是独特的地域文化的体现。这方面的生动例子在各大方言中可谓俯拾即是。然而，不研究方言的人，哪怕非常重视地域文化，也不一定认识得那么清楚。这方面我们从事方言工作的人就有必要多作宣传，让社会上关心文化工作的人士对方言与文化的关系都能有比较切实的认识。宣传要从理论的阐发和实际应用的例子来论证，才会令人信服。因此，我认为我们从事方言工作的专业人士，不能只埋头于调查、发掘方言事实上，还得多多联系社会语言学、应用语言学、文化语言学以至民族学民俗学等，对地方方言作为社会文化不可或缺的组成部分，方言的应用在推动社会前进、构建和谐社会、建设具有特色、充满活力的地域文化中的作用以及如何更有效地发挥上述作用等现实问题进行深入的探讨。我们可以充分利用人所共知的方言承载文化的生动例子来作有理有据的论证。例如日常生活中的饮食文化、礼俗文化就都在地方方言中栩栩如生地反映出来；潮州话中的“功夫茶”，该含有多少关于茶的文化！南方一些方言区都把清明扫墓叫做“拜山”，这跟北方就不一样，显示出地理文化的差别。一部部详尽的方言词汇集，凝聚着方言学者对神州大地乡土文化的深厚感情；百花齐放、璀璨夺目的地方戏曲、说唱文学、民歌民谣，无一不是华夏文明大花园中的朵朵奇葩。这一切，都需要我们方言学者去研究、去阐发。对于客家话的研究来说，联系到客家文化的方方面面，我们该有多少工作可以做啊！就拿客家山歌来说，大家都知道客家山歌蜚声海内外，但如果要对客家山歌的语言运用进行研究，可就有赖于客家方言研究者和客家山歌整理者、演唱者的通力合作来完成了。客家文化的传承和创新，一旦进入客家方言学者的视野，成为客家方言研究中的重要内容，就一定会如虎添翼，产生出令人惊喜的成果来。

以上略举两个值得大家探讨和实践的课题。此外，还有一些值得关注的、涉及客家方言研究者考虑的具体问题，例如，为了更好地推动客家方言研究的持续发展，是否也有必要通过大家协商酝酿、建立一个联络机构，在沟通信息、筹划学术活动等方面做些未雨绸缪的工作；又如为了及时显示研究成果，加强学术交流，有没有必要组织力量办起一份客家方言研究的专门刊物来。这些问题常在我的脑子里盘旋，这里也不妨端出来跟大家一起斟酌。一个专业学术团体、一份专业学术刊物，对于推动这个学科、这个专业的繁荣发展，其作用是不言而喻的，我想在座同道可能也会有类似的想法，这里我就不再赘述了。

我的讲话就此打住，请各位多多指教。

（《客语千秋》，第八届国际客方言学术研讨会论文集，罗肇锦、陈秀琪主编，文鹤出版有限公司，2010，台北）

二十年来汉语方言研究述评

——在加州大学（柏克莱）赵元任中国语言学研究中心的讲话

一

汉语方言的调查研究从汉代扬雄（53B. C—18A. D.）算起，已经历了两千年的历史。但是，用现代语言科学的理论、技术和方法来调查方言、研究方言，还是20世纪20年代以后的事，只有七十多年的历史。这七十多年现代汉语方言研究的历程，大致上可以分为两个大的阶段：前三十年和后四十年。前三十年从1924年1月北京大学成立方言调查会开始，以赵元任领衔的一批具有现代语言理论和技术素养的学者，从汉语方言的实际出发，以赵元任的现代吴语调查为发端，连续开展了一系列包括两广、陕南、徽州、江西、湖南、湖北、云南、四川等地区的大面积方言调查，出版了有分量、有影响的著作，为汉语方言调查研究积累了一批前所未有的可靠资料，使我们对现代汉语方言的类别和特点有了比较明确的认识，为现代汉语方言研究的全面开展奠下了初步的基础。这三十年的实践，可说是现代汉语方言研究的奠基期。后四十年从20世纪50年代开始，也就是两岸学人开始隔绝，中央研究院历史语言研究所一批语言学者离开大陆以后，这四十年期间中国大陆的汉语方言研究，经历了逐步加深对方言工作的认识。从开展方言普查到全面深入进行调查研究的漫长岁月，期间又大致可以分为两个不同的时期：普查期和飞跃期。普查期的时间比较短，从50年代中到60年代中，只有十年左右；接下来是将近十年"文化大革命"的偃旗息鼓时间，随后到了70年代末"十年浩劫"结束，中国进入学术振兴的新时期，汉语方言的研究也随之跨进了一个堪称飞跃发展的腾飞期。这个腾飞期持续发展到今天，已有二十年了。总的来说，整个现代汉语方言研究的七十年历史，就中国大陆而言，可分为奠基期（20年代初至50年代初）、普查期（50年代中至60年代中）和飞跃期（70年代末迄今）。如果扣除"文化大革命"的十年，现代汉语方言的研究在中国大陆实际上只有六十多年的历史。另外，就中国台湾和海外学者的汉语方言研究而言，以董同龢、杨时逢、丁邦新、张琨和桥本万太郎、易加乐、包拟古、罗杰瑞、余霭芹等为代表，则是从50年代以来一直沿着赵元任等前辈学者开创的方言研究的传统，结合现代语言科学的发展，吸取了新的理论和方法，继续不断地开展汉语方言的调查研究，取得了不少的成果。

本文根据作者掌握的资料，对近二十年来（1979—1998）中国大陆汉语方言调查研究进行了简要的述评。

二

近二十年来，汉语方言研究的飞跃发展有目共睹。这门自50年代开展“全国方言普查”就引起社会瞩目的学科，此刻已彻底摘掉了“冷门”的“帽子”，在中国语言学中占有突出的地位了。1979年开始的这二十年间，汉语方言学界学术活动频繁，充分显示出这门学科是充满活力的、朝气蓬勃的，下面举几个方面的事实来看看：

（一）学术团体和学术机构的组建

当年中央研究院一建立就设有历史语言研究所。然而，除了这个研究所外，只有北京大学的方言调查会作为汉语方言调查萌芽阶段的学术团体出现，50年代以前的汉语方言调查工作，几乎都由中研院史语所包揽了。50年代初，北京成立了中国科学院语言研究所，其中有一个方言组，这个方言组自然也就是全国汉语方言工作的总指挥、总调度部门。50年代那次全国方言普查，正是在语言研究所方言组的策划和指导下开展的。那时还谈不上建立汉语方言研究的专门学术团体。全国汉语方言学会以及一些省（市）的大学中的方言调查研究机构，都是在80年代以后建立起来的。这许多方言调查研究学术团体、学术机构的产生，在近二十年来的汉语方言研究的飞跃中所发挥的作用，是不言而喻的。就以全国汉语方言学会的创建来说，这个诞生于1981年11月的全国性学会，是1979年夏天由一批云集福建厦门的汉语方言学者发出倡议书而着手筹建的，当时提出了一个响亮的口号“抢救方言”。语言研究所吕叔湘所长给在厦门举行的那次方言学术讨论会的学者们写了一封信，强调了方言研究的迫切性，他说：“方言正在不断地变化，慢慢丧失自己的特点，破坏自己的系统性。现在赶紧进行调查，还不太晚，如果现在不着手，再过二三十年，有许多极有价值的材料将要无可挽回地丢失。”这个中国历史上首创的中国汉语方言学会，作为团结全国汉语方言工作者，推动汉语方言研究的学术团体，一经成立就显示出它在汉语方言学界的重要作用。学会不仅大力推动全国方言研究工作的开展，也大大促进了海内外同道学者的学术交往。学会的成立大会暨首届学术讨论会于1981年11月23—29日在厦门举行时，出席的方言研究者就有100多人，会上宣读的论文就有60多篇。此后，学会会员逐年增加，截至1995年底，会员数目已达520多名。从1981年起，全国汉语方言学会每两年组织一次大型学术讨论会，先后九届分别在福建厦门（1981）、安徽合肥（1983）、山西忻州（1985）、浙江舟山（1987）、湖南大庸（1989）、江苏南京（1991）、山东青岛（1993）、湖北武汉（1995）、广东汕头（1997）等地举行。从第三届起，每届都有香港及国外的汉语方言学者应邀出席，90年代海峡两岸沟通以来，近几届的学术会议又都有台湾的同行学者与会。

在成立全国汉语方言学会的同时，不少地方的语言学术团体（学会）和高等院校也根据本身的条件分别设立方言研究的学术机构，起步最早的厦门大学方言研究室在1979年就成立，其后上海复旦大学成立了吴方言研究室，广州暨南大学、福建师范大学、山东大学、湖南师范大学、华中师范大学等也在80年代陆续建立了汉语方言研究室或汉语方言研究中心。有的省、市如山东、山西、湖南、天津、汕头等也成立了省、市一级的汉语方言研究学术团体。而中国社会科学院语言研究所中的方言组，在方言研究之风日盛，方言研究课题不断增加的形势下，更加充实队伍，充实内涵，发展成为所内最具实力，在语言学界影响很大的方言研究室。

（二）《方言》杂志的创办

中国社会科学院语言研究所在李荣教授的积极倡导和具体策划下，办起了中国历史上从未有过的方言研究专业期刊——《方言》杂志。这份每年出版4期，每期16开80页的季刊，是近二十年中国方言研究飞跃发展的一个重要标志。杂志的开局不凡，本着既办刊又育人的精神，通过刊物既推动方言研究工作的深入发展，又培养、锻炼出一批方言研究的后起之秀。据统计，《方言》迄今出刊二十年，八十期中，从未有过脱期的记录。每年4期约刊出52万字，二十年来刊出汉语方言研究文章，已突破1 000万字大关。1 000万字的成果，也就够说明二十年来汉语方言研究事业的飞跃发展了。《方言》二十年来所创下的业绩，让人们领略到汉语方言资源无比丰富，汉语方言研究道路无比宽广。它成为所有方言研究者必备的杂志，方言工作者无不经常从中找到自己研究中所需要的新鲜养料。

（三）学术会议的频繁举行

近二十年来，汉语方言研究飞跃发展，突出表现在有关汉语方言的学术活动异常频繁上，而多层次、多类型的学术研讨会，更是学术活动空前活跃的明显标志。自80年代以来，汉语方言方向的专业学术会议此起彼伏，具体数字难以准确统计，几乎每年都有两次会议，地点遍及南北各地以及港、澳地区。下面就笔者所知，列举一些汉语方言学术会议：

1. 全国汉语方言学会学术会议

届次	时间	地点	出席人数	提交论文
第一次	1981年	福建厦门	约100人	60多篇
第二次	1983年	安徽合肥	97人	89篇
第三次	1985年	山西忻州	160多人	65篇
第四次	1987年	浙江舟山	130多人	109篇
第五次	1989年	湖南大庸	130多人	70多篇
第六次	1991年	江苏南京	120多人	60多篇
第七次	1993年	山东青岛	130多人	90多篇
期八次	1995年	湖北武汉	110多人	95篇
第九次	1997年	广东汕头	140多人	70多篇

2. 国际粤方言研讨会

届次	时间	地点	召集人	出席人数	论文数
1	1987 年 7 月	香港	单周尧（香港大学）	50 多人	40 多篇
2	1989 年 7 月	广州	詹伯慧（暨南大学）	50 多人	40 多篇
3	1991 年 7 月	澳门	胡培周（澳门中国语文学会）	约 40 人	30 多篇
4	1993 年 12 月	香港	陈志诚（香港城市大学）	约 100 人	60 多篇
5	1995 年 12 月	广州	詹伯慧（暨南大学）	70 多人	60 多篇
6	1997 年 8 月	澳门	胡培周（澳门中国语文学会）	约 70 人	40 多篇

3. 国际闽方言研讨会

届次	时间	地点	召集人	出席人数	论文数
1	1988 年 4 月	福州	李如龙（暨南大学）	约 30 人	20 多篇
2	1990 年 8 月	汕头	梁东汉、林伦伦（汕头大学）	65 人	55 篇
3	1993 年 1 月	香港	张双庆（香港中文大学）	63 人	46 篇
4	1995 年 4 月	海口	詹伯慧（暨南大学） 李如龙（暨南大学） 张双庆（香港中文大学）	50 多人	40 多篇
5	1997 年 2 月	泉州	詹伯慧（暨南大学） 李如龙（暨南大学） 张双庆（香港中文大学） 周长楫（厦门大学） 王建设（华侨大学）	50 多人	44 篇

除了上述全国方言学会学术讨论会、国际粤方言以及闽方言研讨会都是两年一届定期举行外，还有：

4. 国际吴方言、晋方言、官话方言研讨会

1988 年在香港中文大学举行过一次“国际吴方言研讨会”，由徐云扬、许宝华教授为召集人。1995 年在山西太原举行过一次“首届晋语国际研讨会”，由侯精一、温端政、陈庆延等教授主持，而作为汉语方言最大一支的官话方言，也在 1997 年 7 月于山东青岛举行了首届国际研讨会，由钱曾怡教授主持。

5. 客家方言（国际）研讨会

研究客家方言的学者曾于 1993 年 9 月聚会福建省龙岩，举行首次客家方言研讨会，

其后又于1996年8月在广东增城举行了第二届客家方言（国际）研讨会。近期又于1998年10月在广东省韶关市举行了第三届客家方言（国际）研讨会。这几次客家方言研讨会分别由饶长溶、李如龙、周日健、林立芳等客家方言学者主持。

6. 双语双方言研讨会

由深圳深港语言研究所主办，每隔两年在深圳举行一次双语双方言研讨会（国际），自1988年以来已举行过五次，每次都由该所所长陈恩泉主持，研讨会内容主要是研究方言地区双语双方言（含多方言）的社会应用问题。

7. 李实学术研讨会

1991年9月在四川遂宁举行过一次别开生面的国际李实学术研讨会，会上对李实所著《蜀语》进行了讨论，有海内外学者40多人出席，宣读论文20多篇。

此外，还有1994年10月在厦门大学举行的一次小规模的“海峡两岸闽南方言学术研讨会”，1996年12月在广州暨南大学汉语方言研究中心举行的一次“首届东南亚华人语言学术研讨会”，以及由李如龙、张双庆（港）、平田昌司（日）等分别于1993、1994、1995、1996、1997年在上海、广东韶关、湖北武汉、安徽黄山等地举行的小型“东南方言语法比较研讨会”等。

以上所举，汉语方言学术会议已有30多次，难免会有遗漏。二十年来汉语方言学术活动之频繁，也就可见一斑了。

（四）人才的培养和专业队伍的建设

近二十年来，汉语方言研究的飞跃发展在人才的培养和专业队伍的建设上也有所体现。50年代在开展大规模汉语方言普查时，就曾以短期培训的方式培训了一批散布在全国各地的能够从事方言调查的人才。他们中不少人士，在近二十年方言研究事业的腾飞中，通过进一步调查实践，充实自己的业务，提高自己的研究能力，在方言研究中作出了贡献。与此同时，随着研究生教育的发展，80年代以来，各地高等院校开始招收以汉语方言研究为方向的硕士研究生，先后毕业的已有几十人投身到方言研究的行列中来。90年代以来，中国社会科学院语言研究所和广州暨南大学、厦门大学、上海复旦大学、北京大学、山东大学、上海师范大学等高等学校的相关专业，又先后招收了一些有志于汉语方言研究的博士研究生，迄今已有十多位获得博士学位，成为汉语方言研究专业队伍中的骨干力量。

三

以上四个方面的事实，从不同侧面反映出二十年来汉语方言研究飞跃发展的状况。然而，这些都还没有触及方言研究在路向和内涵上的变化。综观二十年来发表的数以千计的汉语方言研究论文和数以百计的汉语方言研究专著，给人的印象是：这二十年来，遍布各地的汉语方言工作者在填补方言研究空白、揭示方言特点、编纂方言词典、绘制方言地图，以及扩展研究领域、进行成片调查等多方面都取得可观的成绩。就拿《方言》杂志所发表的近700篇论文来看，内容林林总总，其中属于填补空白、深挖特点的文章就很多。拿“填补空白”来说，近二十年来，在辽阔的中华大地上，北至陕甘宁青、新疆内蒙和东三省，南至云贵川湘闽粤琼桂，东至鲁皖苏浙赣，中及豫鄂等省（市、自治区）。几乎凡有汉语方言的地方，或多或少都已有过方言调查的记录，完全未有方言工作者“染指”过的“处女地”，为数已越来越少了。《方言》杂志创刊以来，以《记略》的方式发表的记录地点的方言文章就有26篇，涉及广东、湖南、河南、广西、浙江、福建、山西、陕西、甘肃、青海、黑龙江等多个地区。以“音系”为题发表的文章也有26篇。这两类文章所描写叙述的汉语方言，其中大都是填补以往方言调查的空白。再拿深挖汉语方言特点方面来看，二十年来发表在《方言》、《中国语文》及各地学术刊物中的文章不计其数，其中不少是就汉语方言某一语音特点进行深入挖掘、深入探讨的。如揭示方言语音的屈折变化，讨论方言中的连读变调、文白异读等现象的文章就不少。其中在《方言》杂志上发表的连读变调文章就有36篇之多。光是讨论苏州方言连读变调的，在头一年的四期中就有7篇，这反映出语音方面的研究路向，已从一般的记录描写转向对特殊语音现象的深入探讨。特别值得重视的是对于方言词汇、方言语法特征的揭示和比较，在近几年发表的汉语方言论文，乃至汉语方言专著中，已占有相当的比重，一扫过去只重方音研究而忽略方言词汇和方言语法研究的偏向。拿《方言》杂志发表的700多篇文章来说，属于方言语法的累计达120篇，占文章总数的18%，属于方言词汇研究的约为60篇，占文章总数的9%，这对于改变长期以来方言词汇和方言语法研究处于薄弱环节的局面，无疑是具有显著作用的。以往人们很少看到专论方言语法的专著出版，长期执教于此地（柏克莱）的张洪年教授，早年所写的《香港粤语语法研究》一书，就是难得一见的少数研究方言语法而卓有成效的专著。近年来这一情况有所改变了，不但在《方言》等刊物上经常出现探讨方言语法现象、深挖方言语法特征的论文，以方言语法为内容的专著也时有所见。华盛顿大学余霭芹教授1993年在法国出版的《汉语方言语法比较》便是突出的代表。前面提到近年来由李如龙、张双庆等语言学者组织的东南方言语法小型研讨会，每次讨论一个方言语法专题，会后也已经连续出版了几本方言语法的论文集。在拓展方言研究领域，进行大面积成片方言调查方面，近二十年来所取得的成绩也颇为可观。众所周知，80年代以来，汉语方言学者为配合各地编修地方史志而大力开展的《方言志》编纂工作，取得了空前的大丰收。各类大、中、小型，详略不一的《方言志》不断出版，这比起60年代只有语言研究所方言组编写的一部《昌黎方言志》来，真可谓一日千里，大踏步前进了。如果说《方言志》的编写是方言工作者在扩大方言研究领域中迈出的可喜一步，那么进一步把方言研究和地域文化联系起来，和社会语言应用联系起来，方言研究的天地就更加广阔了。二十年来在这方面也有成功的例子。上海复旦大学游汝杰教授与周振鹤教授合著的《方言与中国文化》，就是把方言研究领域进一步拓宽而获得好评的一本专著。时下不少学者在双语双方言的命题下对方言社会应用问题开展了系列的探讨，这类探讨使方言研究更富有现实的社会意义。二十年来，方言工作者在这方面所作的努力和所取得的成果，体现在由连续五届《双语双方言》研讨会的论文汇集编成的五本《双语双方言》论文集中，总共近200万字。这无疑也大大丰富了现代汉语方言学的宝库。

如前所述，由赵元任、罗常培、丁声树、杨时逢、董同龢等前辈学者开始的汉语方言调查研究，就以分省分区的大面积成片调查引起学术界的瞩目。在50年代的普查以后，也曾经有过要在普查的基础上再做进一步有重点的深入调查，以期能够编写出分省分区方言调查报告或方言概况的设想。可惜的是“文革”风暴呼啸而来，学术界“万马齐喑”，方言调查工作被迫停顿，许多地方连“普查”积累下来的一些原始方言材料也荡然无存，进一步的大面积调查也就无法实现了。只是到了近二十年，在方言研究工作进入飞跃时期后，这一类属于方言研究中重大基础建设的大面积方言调查才又得到充分的重视。不少省（市）为此投入大量的人力物力，经过了少则三载五载、多则十载八载的努力，才终于有了预期的收获。拿我们对广东粤方言的调查来说，从80年代中期到90年代中期，连续“作战”了将近十载，才终于完成了对珠江三角洲、北江流域和西江流域这三个地区几十个粤方言点的初步调查，编出了约500万字共五册粗线条的方言调查报告。像这样经得起长年累月“折腾”的方言工作，近二十年来同样出现在江苏、浙江两省的吴语调查中，也出现在山东省的胶东方言调查、福建省的闽方言调查、山西省的“晋语”调查和湖南省、四川省、云南省的大面积方言调查中。特别值得一提的是，近期出版的773万字五卷巨著《普通话基础方言基本词汇集》，从1985年立项到1996年出版，集结了数以百计的北方方言工作者，进行了近十载的耕耘，终于把面积占大半个汉语地区的北方方言的基本词汇展示到读者面前。这类重大的方言基础工程的完成，无疑是二十年来汉语方言研究取得辉煌成果的重要标志。

在论及“巨大工程”时，人们当然不会忘记摆在许多图书馆汉语方言书架上堪称巨著的两大本《中国语言地图集》和41卷本的《现代汉语方言大词典》（已出版约30卷），这两套巨著是在语言研究所方言研究室李荣教授的主持下，集结了全国各地的方言工作者的力量分别在80年代后期和近期协力完成的，如此大型的汉语方言调查研究工程，在中国语言学史中无疑也是占有突出地位的。

四

如上所述，持续二十年的汉语方言研究飞跃时期，为汉语方言学的学术大厦打下了坚实的基石，也为中国语言学宝库增添了一大笔珍贵的财富。二十年来发展的事实说明，汉语方言的研究，正在不断向着多层次、全方位的方向发展。那就是：既坚持全面开花，又强调深入挖掘；既要注意开拓新领域，又要重视传统研究。在综观二十年来汉语方言研究持续发展的历程，赞赏取得辉煌成绩的同时，我们也感到在某些方面尚有值得改进的余地：

（1）尽管大面积成片研究已取得不少成果，但覆盖面还不够大。从已发表的论文和专著和论文看，大多数仍是描写、研究地点方言的居多，涉及成片地区的方言调查项目不多。目前能够看到的反映一个省或一个地区方言面貌的著述更是屈指可数，有必要在统一规划下投入更多的力量，组织更强大的研究队伍来投入这类大面积的汉语方言调查工作，争取几年内有更大的突破。与此相关，对一些重要的跨地区的方言，如闽方言、粤方言等，也有必要组织大兵团作战，为不同地区的闽方言、粤方言、客方言等分别编写出综合的《闽方言概说》、《粤方言概说》、《客方言概说》一类较有分量的反映该方言全貌的著述来。

（2）方言比较方面的研究有必要进一步加强。汉语方言的比较研究，无论是历时的比较还是共时的比较，都是重要的研究课题，如闽吴方言的比较研究、闽粤方言的比较研究等。二十年来发表的这类成果极少，这无疑是值得加强的薄弱环节。

（3）方言应用问题的研究。在共同语日渐普及的情况下，方言的社会功能如何？方言是不可能消灭的，如何在既推广共同语，又保持方言的作用方面取得适当的平衡？这中间有理论的问题，有政策的问题，也有技术性的问题。方言的研究应该与社会语言学、应用语言学紧密配合。在这方面，过去二十年似乎注意得不多，今后也有必要加强。

（4）二十年来汉语方言研究中曾经有过一些值得讨论的问题，然而，对这些问题的讨论由于没有能够一竿子插到底，以致仍有“悬而未决”的现象存在。其中突出的一个问题就是汉语方言的分区以及某些方言的归属。1983 年全国汉语方言学会第二届学术讨论会在合肥进行时，曾以汉语方言的分区为研讨主题，随后在《方言》杂志上也曾陆续发表过几篇讨论分区问题的文章。这些文章在解决某些方言的区界、某些方言的归属问题上产生了一定的效果。可是，对于整个汉语方言分区的格局，对于总体上如何确立汉语各个方言区，讨论还不够充分，某些问题也还没能取得一致的见解。就在这种意见尚未统一的情况下，由中国社科院和澳大利亚人文科学院合编，于 1988 年出版的《中国语言地图集》中的汉语方言部分，在汉语方言的分区中，就出现了对原先“七区说”进行较大改动的新体系。其中最引人注目的是在官话方言（北方方言）中分立了“晋语”一区，使之与官话及其他各大方言平行。作为权威之作的《中国语言地图集》，对汉语方言分区的这一改动自然影响很大。由于有的方言学者认为把“晋语”独立一区的理由不够充分，而这样大的改动也没有在方言学界进行过认真的讨论，持不同意见的同道缺少“争鸣”的机会。由此带来的后果就是“想不通”者始终保留自己的观点，新的分区体系难以得到普遍的认同。一些现代汉语及汉语方言的教材也多未采纳新的分区说。其实这个问题并不止中国大陆的方言学者意见不一，海外语言学家中，未能接受“晋语”独立之说者也大有人在。不久前丁邦新教授在《国际中国语言学评论》第一期（1996）中发表的《中国语言地图集》书评，就对晋语问题、平话问题以及其他几个有关方言分区问题发表了他的看法，丁先生明确指出：晋语分区理由不足，并指出《中国语言地图集》中对汉语方言的分区“缺乏原则性的讨论”，“有的时候用音值作为条件，有的时候用词汇或构词法作为条件，显得章法不清，瑕瑜互见”。由此看来，汉语方言分区问题并不是已经不值得再讨论了，而是还大有讨论的余地。这个问题反映出汉语方言学界学术争鸣的气氛还不够浓。“争鸣”的开展对于汉语方言学的理论建设无疑十分重要，今后在这方面，确非认真加强不可。

（5）跟学术争鸣问题有关。二十年来汉语方言研究硕果累累，成绩斐然。虽然出版了许许多多的学术著作，却很少看到有关这些著作的书评在刊物上发表。这种缺少评论气氛的现象，显然也是不利于汉语方言学的健康发展的。近十多年来，我们研究汉语方言的人，书架上都增添了不少大部头的汉语方言巨著，可是，我们从《方言》杂志或《中国语文》等权威语文杂志中却很难看到这类巨著的书评。看来，有必要提倡我们的同道多写书评，也希望刊物多发表书评。我很赞赏《国际中国语言学评论》这样的刊物，我想即使不能办这样专门发表评论文章的刊物，在《方言》、《中国语文》等刊物中开辟书刊评论的专栏，经常发表一些书评，也是功德无量的大好事。

（1998年12月于柏克莱）

语言规范与语言生活的多样化

摘　要：本文分几个部分论述语言规范与语言生活的多样化。第一部分是导论，论述语言规范的重要性，并强调语言规范化工作不断出现新情况、新问题，语言规范应从实际出发，与时俱进。第二部分介绍和剖析当今国内外社会中语言生活多样化的各种表现。第三部分论述语言生活多样化和语言规范化的关系，提出结合语言生活多样化的情况开展语言规范化工作的几点意见。第四部分论述在发展中，在动态中进行语言规范化的问题。最后是几句结语，提出要多做调查研究，要防止在语言规范化工作中出现“乱挥警棍”的行为，“少做语言的警察，多做语言的导游”。

关键词：语言　语言生活　规范化　多样化

一

语言作为社会交际工具，作为社会上传递信息、承载文化最重要的手段，对社会的发展和进步无疑产生显著的推动作用。语言的规范化是语言发展中必然会遇到的现实问题。在现代社会里，人们往往把语言的规范看作是一个民族、一个国家文明水平的标志之一。一个具有明确规范、能够充分发挥其社会功能的语言，被认为是民族意识增强、民族文化高涨的重要体现。

汉语是高度发达的语言，也是世界上使用人口最多的语言。汉语的规范化工作，包括具有特殊体系的汉字规范工作，长期以来一直受到有关部门和社会各界人士的深切关注，在我国语言文字工作中占有突出的地位。1949 年中华人民共和国成立以来，更把大力开展汉语规范化工作看作是贯彻、实行国家语言文字政策的重要一环。语言文字专业工作者围绕着汉语言文字的规范问题进行了卓有成效的研究工作，取得了显著的成果。随着社会的发展和语言的发展，随着汉语的应用越来越受到国外人士的重视，汉语在世界上的地位急速上升，汉语规范化工作不断出现新的情况，产生新的问题。如何与时俱进，从实际出发，不断做好新时期的汉语规范工作，是摆在我们语言文字专业人士面前的重要课题。

二

语言生活多样化是现代社会的普遍现象。当今社会中人们的生活多彩多姿，表现在各个方面：经济生活、文化生活以至家庭生活都会有所反映。而在人们的语言生活方面，作为社会交际工具、社会文化载体的语言，同样显示出日益多样化、日益丰富多彩的应用格局。语言应用多元化包括各式各样的形式和内容。在基本上普及全民共同语——普通话的地区，全民通用的共同语正随着社会的发展不断丰富、不断发展。在多种语言或多种方言同时作为社会交际工具并存并用的地区，社会语言生活自然是多样化的格局：或双语并用、多语并用，如瑞士、新加坡等；或双方言、多方言并用，如我国南方一些方言众多的地区；或地方方言与全民共同语并用，如我国大部分存在着方言的地区，过去是、现在是、将来也可能仍然是这样的语言应用格局。在各种类型的多样化语言生活中，都存在着并存并用的各种语言（方言）之间的关系问题。如何结合语言应用的实际，给社会中并存并用的语言（方言）以恰当的定位，是正确处理它们之间关系的前提。瑞士这个经济发达、现代化水平很高的小国，同时使用着几种不同的语言，政府规定法语和德语都属于官方的语言，都具有"国语"的资格。加拿大的主要通用语言是英语，但魁北克省却明文规定以法语为官方语言，被称为"法语省"。新加坡是以华人为主体的小国，但由于历史上的原因和政治上的考虑，英国人、马来人和印度人也是新加坡社会中的成员，所以在新加坡独立时，就宣布上述四种语言并存，同时决定以英语作为工作语言及对外的官方语言。新加坡这种给国内多种语言定位的做法，显然是基于新加坡社会语言应用多元化及文化多元化的现实状况而采取的符合其国情的政策，其模式与格局都不同于瑞士和加拿大。它们的共同点则都是从语言多元化及文化多元化的现实出发而采取积极面对的做法，结果都没有给这些国家的经济发达和社会进步带来阻力，造成影响。众所周知，瑞士属于欧洲经济比较发达的国家，加拿大属于西方七大工业国之一，而新加坡则是亚洲经济最为发达的"四小龙"之一。事实证明，语言应用的多元化、语言生活的多样化反映文化生活的多元化，是不会影响经济的发展，不会拖社会进步的后腿的。

刚才举了几个国外的例子，国内的情况又如何呢？在咱们伟大的祖国，凡是出现双语（多语）并存、双方言（多方言）并存以及国家通用语和方言并存的地区，语言应用的多元化和语言生活的多样化又会带来什么样的后果呢？这就要视乎我们的国情和我们的语情了。首先，我们必须肯定：像我们这样一个幅员广阔、人口众多、历史悠久，拥有几千年灿烂文化的中华民族，是不能没有一个举国上下、全社会通用的共同语言的。这就决定了长期以来我们国家始终不渝地贯彻大力推广社会通用语，人人学会普通话的"推普"政策。这是维护民族团结，齐心协力建设现代化社会，并大力提高文明水平不可缺少的条件。但与此同时，在少数民族地区，除了要尽力帮助当地人民学会掌握全国通用的共同语，使之在社会语言生活中能够发挥作用外，还必须充分保障各民族人民使用本民族语言的权利。这就实际上形成了在少数民族地区的社会语言应用是"国家通用语言(普通话)+本民族语言"的双语应用格局。毫无疑问，两种语言都是社会通用语，对于未能掌握普通话的少数民族同胞来说，本民族语言可能就是他们唯一的交际语言。只有在学会了普通话以后，他们才能够达到时而用本族语言、时而用普通话的双语交替使用的境界。至于在汉族人民居住的广大南北地区，特别是东南各省方言繁多、语言生活多样化现象比较突出的地区，一方面要花很大力气推行全国通用的普通话，使之不断巩固其作为社会"主导语言"的地位；另一方面，在主导语言之外，仍然得让长期以来流通于当地社会的地方方言拥有一席之地，能够充分发挥其应有的作用。在方言与共同语并存的格局下，方言既不可能自动消失，也不可能完全丧失它在当地社会语言生活中的地位和作用。既然方言不可能消失，并且还有它发挥作用的余地，在国家通用的共同语进入方言地区并取得社会语言生活中的主导地位以后，方言在这个社会中继续服务于一定范围内的广大人民群众，继续发挥交际工具的作用，也就顺理成章了。这就形成了在中国各地大量存在的双语（方言）并存并用的格局。在“普通话为主，方言为从”的框架内，社会通用语和地方方言各司其职、相安无事，有主有从地在社会上各自发挥着应有的作用。我国南方千千万万方言地区的人民大众，正是处于这样的语言环境下，习惯于普通话不断推广、地方话始终保留的社会语言生活。实际上当前在方言地区进行“推普”的目标并非要使方言完全退出语言社会，而是要使原来只会使用方言作为交际工具，过着单一语言生活的人民群众改变语言运用的习惯，通过学会普通话过渡到“普通话＋方言”的双语并用，实现从只说方言的单一语言生活向着既说本地方言又说国家通用语言的双语生活过渡。由此可见，“推普”不但不会阻碍社会语言生活的多样化，反而有利于语言多样化的健康发展。当然，这种多样化跟国外某些国家或地区的模式并不完全相同。就目前的情况而言，基于我国的国情和语情，突出的表现也就是“普通话＋方言”的语言应用双语化现象在南方方言地区的普遍存在。具体的做法就是：倡导一种（普通话），保留多种（方言），有主有从，并行并用。

下面我们不妨再补充一个语言生活多样化的例子，看看作为我国行政特区、实行一国两制条件下的香港的社会语言生活是个什么样子。香港回归以后，实行的是“三语两文”政策。“三语”是粤语、普通话和英语，“两文”是中文和英文。香港七百万居民大都来自大陆沿海粤、闽、琼、沪、苏、浙等省市，其中尤以来自广东珠江三角洲的为最多，只有少数来自华北华中各省。至于外籍人士，总共人口占全港人口不到1%。回归前在香港社会语言生活中占主导地位的是粤语和英语。回归后社会语言生活中增加了普通话，“两语”变成“三语”，这当然也是语言应用进一步多元化的体现。但香港这一多元化的语言格局是与特区的“特”字紧密相连的，跟上述国内各地由于大力“推普”而在方言地区形成的“普通话为主，方言为从”的双语并用模式是不相同的。换言之，拿粤方言通行的地区来说，在语言应用多元化的格局中，香港地区的粤语和两广地区的粤语所处的地位是俨然不同的。当今粤语在香港社会的“三语”中事实上处于首要地位，也就是流通量最大的社会交际用语，实际上等于全香港社会通用的语言，它的地位远远超过英语。在社会通用率方面也大大超过普通话。然而，两广地区通行的粤语，尽管使用的人口大大超过了香港，但在两广的粤语地区，通过“推普”形成了普通话和粤语并行使用之后，我们就得让作为国家法定的全民共同语——普通话在社会语言交际中处于主导地位，尽管一时不一定都能做到，我们也得朝这个方向努力。可见，同时存在汉语方言与汉民族共同语（普通话）并存并用的语言社会，中国大陆和大陆以外的华人社区情况是不大一样的。香港的情况是让使用率最高的方言——粤语具有了全社会通用语言的功能。新加坡的情况是让华人使用的多种方言都汇合到中国国内所推行的普通话（华语）中来，然后以这个华语作为新加坡76%的华人的共同语言，跟马来语、印度语、英语组成一个四语并用、和谐相处的多元化语言社会。事实说明，语言生活多样化是世界各地存在的普遍现象，但在不同的国家和地区，相关语言和方言在多元化语言格局中的定位却各有不同，各具特色。了解和分析了语言生活多样化在国内外的一些表现，对于我们掌握语言生活多样化的实质是完全必要的。在这个基础上，我们才能够从业已形成的语言应用多元化的现实出发来考虑如何理顺语言应用与语言规范之间的关系，结合语言生活多样化的实际进行语言规范化工作。

三

语言规范化的宗旨是通过这一工作使语言有明确的规范，从而能够更充分地发挥它作为传递信息、交流思想、承载文化的功能，使语言的应用达到最佳的效果，并引导人们正确地、有效地运用语言。语言规范对于多元化的语言应用，存在着如何很好地协调的问题，而不存在哪种语言冲击哪种语言的问题。按一般的理解，通常人们论及语言的规范化，包括语言本身的规范和社会语言生活的规范。语言规范首先要抓的是应用中的各种语言或方言本身的规范。拿我国当前各种类型的语言社会应用多元化的情况来看，在多元中往往处于主导地位的汉民族共同语（普通话），本身就是一个经过长期发展，不断充实内容、不断进行规范的高度发达的语言。这个高度发达的汉民族共同语，处在由各种不同的语言和方言组成的多元化语言大家庭中，其规范化的精神必然会感染到与之共处的其他语言或方言，促使多元格局中的其他语言或方言也会各自进入规范化的平台。这样一来，在多语言多方言组成的语言大世界中，语言规范不仅仅是某个语言，或者说是某个占主导地位的语言的规范问题，而是构成这一多元化语言应用格局中的各种不同语言或方言，为了更好地发挥语言的威力，都按着各自的实际情况进行必要的规范问题。拿粤语这一号称“强势方言”来说，在两广粤语通行的地区内，当地的语言应用格局基本上是“国家通用共同语——粤语”这样的双语应用状态。值得注意的是，尽管从理论上和政策上说，国家通用的共同语——普通话理应处于主导的地位，但实际上在相当多的场合，例如熙熙攘攘的商场市集，当地的粤语却在社会交际中明显处于主导的地位。粤语是完全能够独立自主地发挥其社会交际功能的。如前所述，粤语在香港（还有澳门）的多样化语言生活中早就明显处于“第一交际语”的地位，成为七百多万港澳同胞生活中不可缺少的日常用语。像粤语这样的方言，它在应用中的规范问题也就必然会引起社会人士，特别是文教界人士的关注了。正因为如此，我们粤港澳三地研究粤语的专业人士，一向十分关心粤语的规范问题。面对粤语音读上存在的某些歧异现象，从1990年我们就组织了一个粤语的审音委员会，经过长达十载的努力，基本上完成了审音工作，并且把审音的成果反映到随后编撰、于2002年正式出版的《广州话正音字典》中。这部方言正音字典出版以来，粤语社会反应相当强烈，这就说明我们的粤语规范工作是很值得做的。

在这个语言生活日趋多样化、语言现象时刻在变化着的新时代，无论是社会通用的共同语还是地区性的方言，在进行语言规范的时候，都有必要认真对待以下几个方面的问题，使规范工作建立在科学、合理的基础上。

（1）语言（包括文字）的规范不是为规范而规范，而是为应用而规范。要在应用中发现问题，在应用中进行规范。语言的应用是随社会的发展而发展的。因此，语言规范就必然要贯彻“从应用中来，到应用中去”的原则。我们要十分明确：语言规范绝不是套在语言使用者脖子上的绳索，决不能成为语言使用者的束缚。半个世纪以前我国把难认、难写、难读、难记的繁体汉字进行必要的简化，公布了《汉字简化方案》，这一汉字改革也是对汉字进行整理规范的一项重大措施。几十年来的实践证明，汉字简化正是从应用中来，到应用中去的具体体现。它符合语言文字规范化的精神，符合广大汉字使用者的利益。简化汉字减少了学习汉字的难度，减轻了汉字学习者的负担，有利于文化教育的普及，有利于加速扫除文盲，有利于从总体上提高人民的素质。语言规范工作牵涉千家万户，影响到每一个语言文字的使用者。无论在哪个方面进行规范化工作，都不能闭门造车、脱离实际。规范化工作每走一步都得考虑是否方便应用，要把方便应用、有利于应用这一原则认真贯彻下去。为此就必须深入了解社会语言生活的真实情况，在了解语言实际的基础上再来考虑规范取舍的问题。因此必须树立起一个观念：一种语言现象能够在社会上广泛流通，能够得到社会上的认可，必然有它存在的理由和价值。在进行语言规范时，一定要充分重视社会上广泛应用的语言现象，这也是“从应用中来”的具体实践。

（2）语言运用是多方位、多层次的。任何一种使用较为广泛的语言，都可能以多种形式和不同的面貌出现在不同的场合和不同的环境中。语言规范一定要结合实际，以实事求是的态度来对待。不能一见语言中出现新奇的现象，或稍有偏离常规之处，就怀疑是否有损规范，应该加以摒弃，加以清除。当语言应用中出现新事物和新现象时，我们应该不忙于判断是非。要冷静地观察，仔细地分析，耐心地等待；要意识到在当今多样化的语言生活中，不同语言或方言之间相互影响、相互吸收的现象比比皆是。拿汉语来说，共同语与方言并存并用，共同语多彩多姿，方言也多彩多姿。来自不同方言地区的人相聚在一起，大家说起社会通用的语言——普通话来，也都难免“南腔北调”，不那么纯正。之所以有普通话水平等级测试的划分，正是考虑到不同方言区人民学习普通话的实际情况。广东人、福建人所说的普通话，带有浓重的乡音是可以理解的。南方方言区的人民，在运用普通话的词语时，总是难以百分之百地符合社会通用语言的规范。如果规范化硬性规定只能说“堵车”不能说“塞车”，只能说“稀饭”不能说“粥”，那难免令京城以外的千千万万的南方民众深感说起普通话来动辄得咎，信心不足。我们在海外华人社区中所能听到的华语（普通话、国语），乡音夹杂、不够标准的现象就更为普遍了。特别是在词汇的运用方面，一大批本地特有的“社区词”渗进方言区人民所操的共同语中也是不足为怪的事。我们认为，在这种情况下，汉语规范化工作一方面固然要坚守语音、文字、词汇、语法等固有的规范准则；另一方面对出现在不同社会语言环境中的一些差别，大可以视为无伤大雅，不必视为背离规范，难以接受。换言之，同一语言在发展中由于所处的社会环境不同而产生一定程度的“变异”现象，是语言应用走向多元化的必然趋势，我们应该以“规范中有所灵活”的心态来看待。例如在新加坡使用的华语（普通话）中，有一些深具本地特色的华语语词，像“巴刹”、“组屋”、“德士”、“罗厘”之类，在华人的日常生活中经常要用上，就可以视为汉语应用在特定环境下的适当灵活，不必笼统地说成“违反汉语规范”。当然，如果新加坡华人到了北京，在北京使用华语交际时，自然应该改“德士”为“的士”、改“巴刹”为“市场”了。这种在特定环境下灵活使用语言规范的做法，是不会构成对语言规范整体的破坏的，更谈不上有损于语言的纯洁和健康。语言规范要对应用中的语言现象有所选择、有所舍弃、有所提倡、有所反对的原则绝不会因为在具体实践中有了一定的弹性而受到削弱。总之，在不同环境中使用具有明确规范的民族共同语时，仍需采取“可宽则宽，该严则严”的态度，别忙于在五花八门的语言现象中“拨乱反正”，别随便扣上语言污染的大帽子。对待新词新语的规范，一定要多看多分析，不能有急躁的情绪，要明白规范始终是滞后于语言的发展的，不能匆忙下结论，不能急于求成，而要用心汇集各种来到身边的丰富多彩的语言现象，耐心地进行爬梳剔抉、归纳整理，然后仔细看看每一种语言现象、每一个新出现的词语到底在社会语言交际中，在信息的沟通和思想的交流中发挥着什么样的作用。我们最终总会有可能发现某些语言现象明显是多余累赘的，甚至是有碍语言健康发展的。到那时再来提出语言规范的取向也不迟。只有通过一个审慎取舍的过程，才能够真正达到规范得当、去芜存精的目的，也才可以避免由于规范工作的粗疏而导致把语言发展中涌现的许多异彩纷呈的现象当作“脏水”一股脑儿泼掉的失误。与此同时，我们还要特别关注文艺作家笔下某些看似不大符合语言规范，却有助于增强艺术感染力的语言现象，同样要以灵活的态度来宽容对待，这才不至于令作家们感到语言规范给他们的创作带来太多的束缚，妨碍他们施展艺术才华。如果我们在语言规范化中始终板起一副语言卫道者的面孔，坚持民族共同语的运用在任何情况下都要有“纯之又纯”的原则，不允许在任何条件、任何环境下有半点儿灵活的余地，就不仅会使本来有可能表现得更加多彩多姿的语言趋于刻板无华，也可能影响语言规范在社会上的传播和普及。总之，语言规范化既要达到克服语言文字运用中的混乱现象，促使语言文字健康发展的目的，又要使规范化的语言在实际运用中能根据不同的情景具有一定的灵活性和宽容度，使之能充分适应语言生活多样化的特点，体现出绚丽多彩的语言风貌。

（3）在大力推广普通话且方言仍然在社会上广泛流通的情况下，面对这类“共同语（普通话）+方言”的双语（方言）格局，语言规范问题更应该结合共同语与方言的关系来考虑。汉语方言和汉民族共同语的关系本质上是“同源异流”的关系，具体表现就是“你中有我，我中有你”。汉民族共同语是在汉语北方方言的基础上发展起来的。在共同语形成、发展的过程中，也不断吸收方言中有益的成分来充实自己。在方言地区大力推行共同语的形势下，自然形成了“双语（方言）并用，有主有从，一种推广，一种保留”的语言应用总格局。在这个总格局中，方言所发挥的作用是不容忽视的。《现代汉语词典》近十多年来在修订和补编中就录入了不少生动活泼的方言词语。近期陆续出版的许多新词新语词典，其中来自方言的词语也占相当大的比重。事实证明，在普通话的应用中，无区别地一味排斥方言词语的进入，动辄对其挥动干戈、口诛笔伐，凡方言词语皆扫地出门的做法是幼稚的、不明智的，既不适应当今语言发展的大趋势，也不符合语言应用多元化、语言生活多样化的时代精神。我们认为，规范化的全民通用共同语当然不能敞开大门，让形形色色的方言土语蜂拥而入。但是，如果不是无条件地蜂拥而入，而是有选择、有条件地把一部分方言词语“请”进共同语中来，那就是合情合理、值得提倡了。有必要强调的是，方言植根于一定地域的广大人民群众之中，生动活泼的方言词语是人民群众在语言实践中长期积累下来的。方言还记录着、承载着本地区社会生活、民俗风情、文化历史等多方面的情况，是民族共同语所不能代替的。多元语言反映多元文化，决不能低估方言在地域文化的承传与发展中所发挥的作用，体现地方文化特色的方言词语是语言宝库中具有强大生命力的一部分，在语言规范化中，理应加以好好保存，决不能随意糟蹋。新加坡自 1979 年起连续在华人社会中大力推行规范汉语（华语）二十多年，取得了举世瞩目的成效。后期意识到在规范、普及华语的同时，必须加强对华族历史文化的认识和承传，因而又对华人所使用的各种方言采取了比较宽容的态度，鼓励华人在学会规范华语的同时，保留对华语方言的掌握，这明显就是从华语方言与华族文化传承的关系方面来考虑的。

（4）语言生活的多样化往往体现在各种不同的人群中使用着各自长期积累下来的语言习惯中。这些语言习惯有的似乎不大合乎语言规范，但却是约定俗成、不能随意改变的。这就牵涉到如何正确看待某些语言习惯跟规范化之间关系的问题。毫无疑义，语言现象的形成一般都是约定俗成的。可以说，约定俗成是语言最具普遍性的一个特征。有一些语言现象，尽管不合逻辑，一旦成为习惯，大家都愿意遵守，习惯成自然，也就难以扭转乾坤了。这方面的实例在各种语言中都有，可谓不胜枚举。在纷繁的各种语言现象中，并非一切语言现象都是可以理喻的。支持某一语言现象产生并使之流通开来的，甚至可以是某个偶然的原因。“约定俗成”几乎可以说是一条放之四海而皆准的语言规律。不是也有什么“积非”可以“成是”的例子吗？约定俗成的“约”是什么？“俗”又何来？这就跟使用语言或方言的人民大众所处的社会历史文化背景、民族心理状态等不无关系。事实上，研究语言规范、推行语言规范是语文职能机构、语文研究机构、语文专业人士的事，而约定俗成、自然沟通却是千百万语言或方言使用者的习惯行为。要使语言规范与语言习惯能够水乳交融、互不抵触，语言规范就一定要充分尊重约定俗成的语言习惯，把人民群众应用中的语言习惯科学地提升为语言的规范，再回过头以语言规范来引导人们正确运用语言习惯。这样一来，语言规范就能够充满活力，就能够在人们的语言实践中充分发挥威力。约定俗成是需要相当时间的。今天还未能“俗成”的，也许过些时日就“俗成”了。一些现在人们可以接受的语言现象，一二十年前可能接受不了。如房地产业中常用的“广场”、“花园”这类词，十多年前我曾写文章反对过，如今似乎已经约定俗成，我也就犹豫起来了。又如字母词要不要“放行”，要不要规范？这是近期语言应用中深受关注的一个热门话题。从规范化的角度来看，不能不审慎考虑，草率表态是不行的。诸如此类的问题，一旦达到约定俗成的地步，也就自然为大家所接受，没有什么考虑的余地了。

四

语言随社会的发展而发展。社会发生急剧变化的时候，语言的发展变化自然会比较明显。由于社会和语言都处于不断发展的状态，语言规范自然也应该是动态的、发展的，而不能是静态的、一成不变的。当今语言生活多样化的势头也迫使语言规范工作必须持发展的眼光，不能墨守成规，动辄“看不惯”。在语言发展变化比较迅速的时期，语言规范工作往往跟不上语言应用的需要，这也是不足为怪的事情。我国实行改革开放政策以来，社会各项事业迅速发展，经常出现一些反映社会发展的新词新语，不少引人注目的新奇语言现象令人耳目一新。电脑的普及更带来了形形色色前所未见的语言现象，语言生活的多样化不断有了新的内容。因特网上的语言在广大网民中流传，这里面有的可能是不符合一般语言规律的，对语言规范化既是挑战又是压力！我看也还是得冷静对待，切不可火上心头、大动干戈。有人说网上的语言大都是垃圾，更有人认为语言学家于根元教授不应该编垃圾字典（他编的是《网络语言词典》），摆出一副语言卫道者的面孔，我看这也大可不必！不是常说语言没有阶级性吗？网上的语言我看也是没有阶级性的，作为网民们通用的网语，同样也是一视同仁地为所有在网上聊天、交流的网民们服务的。把能够在一定范围内发挥社会交际作用的语言一概视为语言垃圾，这就大有商榷余地。总之，时代在前进，语言在发展。新鲜的语言现象不断来到身边，自然会给语言规范带来新的问题。我们只要本着“原则性与灵活性相结合”的精神，紧跟语言的发展，在语言发展中审慎对待语言规范问题，在千变万化的语言现象面前多看多思，冷静分析，耐心等待，静观其变，不忙于评头论足，不急于给众多的语言现象判断是非，就有可能与时俱进，以客观、科学的态度来处理好语言规范化与语言应用多元化、语言生活多样化之间的关系，使人们的语言生活在语言规范的指引下永远充满活力，永远丰富多彩。

上面拉拉杂杂谈了有关语言规范化和语言生活多样化的一些问题。说到底，要做好这方面的工作，关键还在于面对现实，加强调查，加强研究，这样才能心中有数、沉着应对。在结束这篇文章时，我想再重复几句我在许多场合都说过的话：

在语言规范化工作中，要防止乱挥警棍的“警察行为”；语文工作者要少当语言的法官，少当语言的警察，多当语言的导游。让广大的语言使用者能够在绚丽多彩的语言大世界中遨游，尽情享受语言中的乐趣。

（《语言规划的理论与实践》，第四届全国社会语言学学术研讨会论文集，教育部语用所编，语文出版社，2006，北京）

粤语是绝对不会沦陷的

——对出现“废粤推普”风波的一些思考

摘　要：2010年六七月间，广州市部分政协委员提出为了方便海内外人士，建议在亚运会期间广州电视台在新闻播送中适当增加用普通话播音的时间，不料因此在网民和新闻媒体中引发了一场所谓“废粤存普”的语言风波，“粤语沦陷”、“粤语文化垂危”等危言耸听的口号喧嚣一时，直到广州市的领导出来举行记者招待会，澄清事实真相，指出这些口号是伪命题，是子虚乌有，这场风波才平息下来。本文作者亲历其境，特借第十五届国际粤方言研讨会（2010年12月，澳门）举行之际，就那场风波的来龙去脉以及自己对粤语和普通话问题的一贯看法写成此文。作者认为被卷进风波中的人大都抱有热爱自己方言及其文化的乡土感情，但又缺乏一些语言和方言的基础知识，对语言和方言的关系也不甚了解，我们不能怪罪他们，而应该以此为契机大力加强语言研究为语言应用服务的工作，在语言知识的普及和语言政策、语言法律的宣传教育方面多下工夫。

关键词：粤方言　普通话　方言文化　语言知识　语言政策

一

2010年6月，广州市政协为配合第十六届亚运会的举行，方便来到广州参加亚运的海内外人士及时了解亚运进行情况，给亚运会营造一个良好的语言环境，准备提出一项议案：建议广州电视台综合频道适当增加用普通话播放新闻的时间，不料在该提案挂出网上进行调查，了解社会群众的看法时，却引发了社会媒体和一些网民的强烈反应，有人将此举曲解、放大、炒作，把尚未提出的“建议”看作是要“废粤存普”，进而危言耸听，大肆渲染粤语文化垂危，粤语面临沦陷，粤语出现“天坑”……极力使之演变成为一场关乎粤语存废的争论，呼吁市民挺身保卫粤语，一时间“粤普之争”成为全市热门话题，大有山雨欲来风满楼之势。尽管广州市政协提案委员会马上回应：“不是要取消，是要增加一点儿普通话节目。”反对所谓“废粤存普”的声音仍然此起彼伏，没能降温。后来市政协终于正式提出这一提案，更刺激反对的声浪进一步升温，使这一方言与共同语播音时长之争更加激化。此前广州电视台于20世纪80年代获国家广电部特别批准，以粤语播出一部分节目，此后发展到9个频道均以粤语播音为主，尤其是综合和新闻频道的时政要闻也很少以普通话播出。广州目前有三分之一外来人口，加上亚运期间来穗的国内外宾客也有很多不懂粤语，市政协这一建议只是要求广州电视台在综合频道或新闻频道适当增加普通话播出时间，应该是合情合理、不成问题的。可是，却万万想不到这样一个播音语言的问题却被个别别有用心的人用来煽动不明真相的群众，以至发展成为一场罕见的方言与共同语之间的语言风波。

此事延续了一个多月，直到7月中下旬，问题的实质日渐明朗，《人民日报》开了腔，于7月20日发表了题为“保卫粤语是场虚构的战斗!”的评论。其指出：“一则尚不具有法律效力的建议，却引来媒体、市民强烈的反应，甚至有‘粤语沦陷’、‘广州人面临集体失忆’之说。”评论强调推广普通话还是“保卫”方言，实际上并不是“非此即彼”。“中国历来就是官话与方言并行不悖。前者提供规范，后者提供语料，向来都能互补与融合，从现实状况看，通用语言文字法中，只强调在国家机关、教育、出版等领域提倡使用普通话，而不是唯普通话独尊。”“归根结底，在语言问题上，我们需要在法律和习俗之间，取得一种平衡、保持一份平静。”这篇评论既概括出普通话与方言的关系，也扼要地阐明了国家通用语言文字法的精神，反映出官方舆论对发生在广州的这场语言风波的态度。与此同时，广州市委副书记苏志佳公开表态：“推普废粤根本不存在。”7月28日，广州市政府便举行新闻发布会，严正指出：“将根本不存在的问题炒成生死存亡的保卫战，如果不是杞人忧天、无知自扰，就是别有用心，造谣惑众。”市府新闻发言人代表市政府明确重申：“‘推普废粤’是一个彻头彻尾的伪命题！纯属子虚乌有!”还说此次事件是无事生非的无厘头闹剧。政协提案是民主政治的体现，程序、渠道合法，不能与“推普废粤”这一伪命题画上等号；对故意造谣惑众、混淆视听或非法聚众的行径，公安机关将依法依规予以严惩。至此，这场延续约两个月的涉及粤语与普通话的所谓“推普废粤”之争终于以“伪命题”、“子虚乌有”的定性而结束。

二

闹剧闭幕，雨过天晴。经历了这场世人瞩目的“风雨”，我们这些长期跟粤语打交道的专业人士从中得到了不少的启示。一些涉及我们的业务——汉语方言，特别是粤方言的问题，很值得我们仔细思考，认真研究。

首先，我们必须看到，发生这样一场闹剧，无中生有，挑起事端的，毕竟只是少数人，甚至可以说只是个别人，绝大多数卷进这场闹剧，为“伪命题”摇旗呐喊过的群众，都是出自对自己方言母语，以及她所承载的方言文化的热爱，出自一种天然的、朴素的乡土情结，以致在尚未弄清真相、不明白争议实质的情况下，受到个别别有用心者利用不实之词进行挑拨而糊里糊涂地做了附和者。一些发出过激言论的人，从他们的言辞中，都不难看出他们对语言的性质，特别是对我们国家的共同语和方言的性质以及它们之间的关系普遍缺乏认识，或者说基本上没有认识。正因为没有认识，心中无数，才会说出一些稍有语言知识的人不会说出来的话。例如在一些跟着起哄的人中，有人轻信“粤语已经沦陷”的论调，其实稍有语言知识的人是绝不会相信会有这样的事出现的。语言随社会的产生而产生，随社会的发展而发展。语言离不开社会，社会不能没有语言。粤语是依附于粤语社会的语言交际工具，只要以粤语为交际工具的社会依然存在，没有崩溃，就不可能会有粤语沦陷的可能！在广州，不管怎样推广普通话，粤语依然活在千百万说着粤语人民的嘴里，粤语区的老百姓日常生活中也都离不开粤语。比如你到菜市场去，你会发现交易双方大都是说粤语，一些外地人为了生活上的方便，也多少学着说点粤语。一句话，在推广普通话业已半个世纪的广州，我们仍然到处可以看到说着粤语的人群，在社会上如此活跃，如此充满生命力的粤语，怎么可能会沦陷？怎么可能会销声匿迹？如今面对误以为“推普”将会导致粤语从社会上消失的人，我们绝不能责难他们，而应该想想：我们长期以来在普及语言知识方面，在提高全社会对语言的认识方面做了哪些工作？产生了什么样的效果？更进一步，我们还得想想，在我国方言地区大力推广普通话，对于方言跟普通话是什么样的关系，为什么要大力推行全民族共同使用的社会通用语——普通话，大力“推普”以后方言会不会从社会上消失，方言的作用能否继续发挥，如何继续发挥等一系列部分社会群众仍然心存疑惑的问题，作为专门从事语言工作，特别是从事方言工作的专业人士，我们理应挺身而出，面向社会，多多进行语言知识的科普宣传工作。可以肯定，这次卷入到“废粤推普”伪命题旋涡里来的人，绝大多数正是由于对上述问题缺乏足够的、明晰的认识。

三

在这场由伪命题“废粤推普”而引发的语言风波中，我们看到了一个明显的迹象：尽管我国早在半个世纪以前就已经制定并推广全民通用的社会通用语——普通话，并且取得了十分显著的成效。但迄今为止，社会上仍然存在不少对这一国策的重大意义认识不足的人，在方言势力较大的地区，甚至还存在对“推普”的必要性缺乏认识，担心“推普”可能影响原有方言的继续使用、担心方言及其所承载的文化可能遭受破坏的人群。说明几十年来国家对“推普”这一重大语言政策的宣传教育工作还没有完全到位，还未能做到深入人心，让所有国民，一代又一代地，从老一辈到七十后、八十后以至九十后都能掌握这一语言政策，都能心悦诚服地自觉执行这一政策。就拿“推普”与保留方言的关系来说，政策明明是一方面要大力“推普”，一方面要继续保留方言，方言地区的人民应该不必担心方言会因“推普”而丧失作为交际工具和承载地域文化的作用。可是，从这次广州发生的关系到对粤语社会作用可能丧失的疑虑来看，长期以来我们在“推普”中对“推广普通话，保留方言”，“推普的结果将形成普通话和方言双语并用的语言应用格局”，“推普是 1 + 1 = 2，而不是 1 + 1 = 1”，“推普将使原来只会说方言的人转为既会说方言，又会说普通话，从单一的方言生活过渡到既说方言又说普通话的双语生活”等一系列消除群众思想顾虑的政策性宣传解说显然做得不够，还没能使方言区的人民都正确理解方言和普通话的关系，都深信“推普”的必要性和深信“推普”不会影响方言的生存和流通，“推普”不会抛弃方言，“推普”会让方言和普通话并存并用，有主有从，各司其职。

这次“风波”还让我们看到一个值得重视的现象，就是有不少人不仅对于国家语言政策不甚了解，连国家早在 21 世纪初已经为语言文字的应用制定并且开始实施多年的《中华人民共和国国家通用语言文字法》，也一无所知。实际上，对待语言文字的应用，我们已是有法可依，已进入一个法治的时代。关于普通话和方言的社会应用，在堪称我国历史上第一部的语言文字法中，都已有了明确的规定。这方面的精神是：广播电视一般都要用社会通用语——普通话播音，但在某些地区，某些特别需要使用方言播音的，经过广播电视主管部门的批准，也可以使用方言作为播音语言。我们广东电视台的珠江频道，以及广州电视台的一些频道，就是在这种“特批”的情况下使用粤方言播音的。为了加强对海内外粤语人群的服务工作，中央还特别安排南方电视台的一个卫星频道，24 小时全天候地用粤语进行播音。从这里可以看出，对待广东广播电视语言的使用，中央已经是根据实际需要对《语言文字法》的贯彻适当采取了灵活措施。据了解，这种特许使用方言播音的措施，在其他大方言区的广播电视中，包括吴语区（上海话）、闽语区（福州话、厦门话）等在海内外有较大影响的方言，都还没有普遍实施。像广州电视台这样有多至八九个频道基本上全用广州话播出的情况，无疑是独一无二的。可是，偏偏就是这个广州电视台，这次当市政协提出为了配合亚运营造良好语言环境而在某个频道的某个时段略微增加一点儿普通话的播音时间时，竟引发起一场轩然大波！其中的原因和背景，应该说是多方面的，而缺乏法制观念，很多人脑子里尚无语言文字法的观念，甚至根本不知道有这么一部法律，无疑也是一个重要的原因。因此，为了更好地引导方言地区人民正确看待方言的应用问题，大力宣传普及《中华人民共和国国家通用语言文字法》，使之家喻户晓，使大家都乐于遵守这部语言文字大法，实在是刻不容缓的事。

四

在结束这篇短文之前。笔者想借此机会重申自己对推行普通话与发挥方言作用问题的一贯想法：

第一，普通话的推广是完全必要、毋庸争议的。民族共同语的形成和普及是我国作为有着悠久文化历史的文明国家的必需。在我们这样一个民族众多、方言众多的十三亿人口大国中，不能够没有一个全民共同使用，全社会广泛流通的通用语言。这样一个社会通用语言对于凝聚不同民族地区、不同方言地区的人民群众，团结起千千万万的华夏子孙，齐心协力来推动社会的发展，来促进现代化国家的建设事业，无疑是十分重要的。在强调“推普”必要性的同时，也应该正确对待地方方言。重视发挥方言在充当地域性的交际工具以及承载和弘扬地域文化中不可取代的作用。在方言地区推广普通话，一定要坚持“推广一种、保留多种”，“双语并用，有主有从”的正确方针。地方方言与地域文化间密不可分的关系是客观存在的，充分发挥方言在承传、发展地方优秀文化中的作用，必须始终保持方言在社会语言应用格局中应有的地位。正因为这样，各地的“推普”骨干，往往正是研究方言的专业人士。只有把方言研究好、研究透的人，才最有条件做好“推普”工作。方言研究服务“推普”，“推普”促进方言研究。正确认识好这种相得益彰的关系，处理好这种关系，是十分重要的。

第二，语言问题关系到全社会，也关系到每一个使用语言的个人，语言政策是国家的一项重大国策。这项国策的制定十分审慎，是经过充分的调研，汇集语言专家和各方面人士的真知灼见，在反复研究、反复论证的基础上才形成的。政策一经形成，应该就是全国人民共同遵守的语言运用、语言实践的准则。在考虑普通话与方言的问题时，脑子里不能没有语言政策的观念，更不能没有国家语言文字法的观念。脱离语言政策的轨道，脱离语言文字法的轨道，不同看法、不同观点势必难以达成共识。一旦大家都认同国家制定的语言政策，明确大力推行普通话的必要性和坚信“推普”并无让方言消失之意；认同“推普”只是要强调在国家机关、教育、出版、传媒等领域提倡使用普通话，而不是要在任何场合都限制方言，排斥方言；认同方言及方言地区的特色文化将不会在“推普”中受到破坏……有了这样一些认同，也就不会由于对政策有所误解或缺乏认识而导致语言风波的产生。

第三，说到底，普通话会继续推广，方言会永远保留。像粤语这样的“强势方言”，完全不必担心它会消失，会退出社会语言生活的大舞台。粤语承载着许许多多精彩的岭南文化，在大力弘扬岭南文化的同时，粤语的作用自然也就同时得到充分的发挥。现在从政府到民间，都在尽心尽力弘扬像粤曲、粤剧这样的地域文化，这是有目共睹的事实，还有什么理由怀疑粤语将日渐式微，甚至会面临灭顶之灾呢？粤语跟任何一种语言及方言一样，都具有工具的属性和文化的属性，作为工具，它始终没有停止过充当社会交际工具的功能；作为文化，它又始终没有停止过承载、弘扬粤语地区传统文化和民情习俗的功能，这就决定了粤语始终不会有消失、“沦陷”的可能。我的结语是：粤语永远坚挺！粤语是绝对不会沦陷的！

（《学术研究》2011 年第 3 期，广州）

师道悠悠

——杂忆了一师

一

岁月飞逝，往事如烟，转眼了一师离开我们十多年了。此刻回想起几十年来和了一师相处的日子，老人家的音容笑影犹历历在目。抬头望望挂在壁上的了一师玉照，那慈祥可亲的面孔、那充满着仁爱与期待的眼光，这哪像是已经撒手人寰、永离我们的恩师呢！不！了一师没有离开我们——他不忍心离开这块历经沧桑后正在抹去伤痕、重建辉煌的神州沃土，他不忍心离开他呕心沥血为之奉献毕生的学术事业，他不忍心离开六十年来精心培育的莘莘学子，他更不忍心离开他那朝夕相处、患难与共的白发老伴，不忍心离开他那业已成才和茁壮成长的大小儿孙。了一师没有离开我们，了一师不忍心离开我们，了一师永远活在我们心中。请听他二十年前八十高龄时在报刊上发表的充满豪情的《元旦遣兴》：

星移斗转又新年，酒饮屠苏意盎然。
漫道古稀加十岁，还将余勇写千篇。
从知大难能添寿，喜见中兴复尚贤。
前路光明远景美，河山壮丽艳阳天。

二

毕竟了一师已经闭上他的眼睛，长眠在那翠柏环绕的万安公墓了。这些年来，多少聆听过了一师高论，拜读过了一师大作的海内外学者，深怀着仰慕之情来到这个普通百姓墓地，向了一师献上一束鲜花，低吟着墓碑上刻写着的他生前深情赞颂师母夏蔚霞女士的诗篇①，人们不禁为了一师的高尚情操而潸然泪下。这是多么可敬可仰的伟大情操啊！一位把毕生精力奉献给祖国学术事业，堪称丰碑式的大学者，如此真诚地把自己的成功、自己的业绩跟自己的贤内助紧紧联系起来。读着诗中那情真意切的肺腑之言，该

① 了一师和师母结婚45周年之际所写的《赠内诗》：“甜甜苦苦两人尝，四十五年情意长。七省奔波逃猃狁，一灯如豆伴凄凉。红羊溅汝鲛绡泪，白药医吾铁杖伤。今日桑榆晚景好，共祈百岁老鸳鸯。”

是多么令人感动啊！了一师1986年5月辞世，噩耗传来，海内外学术界悲恸不已，党和国家高度评价他对国家和人民作出的杰出贡献，决定让他在八宝山烈士公墓安息，以体现国家和人民对他的崇高敬意。这样的礼遇了一师自然是当之无愧的。可是，他老人家却在临终的遗书上给儿女们一个重要的嘱咐，表达出自己不平凡的心愿：要儿女们为他在京西万安公墓觅购一块长眠之地，让师母百年之后也安葬于此，天长地久，相依相伴。1987年，当了一师的骨灰从八宝山移葬万安公墓，实现老人家生前的遗愿时，目睹这一移灵情景的人莫不为之动容落泪，也为之啧啧赞好！1988年清明前夕，我有幸趁着来京出席全国人大会议之便，约陈章太兄前往燕园陪同师母到万安公墓拜祭恩师。当我站到了一师墓碑前，向了一师默默致哀之际，脑海里蓦地浮现出我客居海外时亲历过的几个难忘的镜头。首先我想起1990年在巴黎讲学时曾专程前往一处庞大的墓园，参拜长眠在那里的许多名人的情景：那天，我费了很大的劲才终于找到了当年“巴黎公社”烈士牺牲的地方，用深深的鞠躬表达我这来自远方游子的崇敬之情。尔后，我又按图索骥，照着墓园提供的“指南”目录在数以千计的墓冢中寻找那些我从小就十分仰慕的历史文化名人，我好不容易找到了巴尔扎克、乔治·桑、肖邦……来到了这一处处久经风雨剥蚀的古老墓地，看着那爬着藤蔓、摆着花束的墓碑，仔细端详那不易看清的碑文，脑子里不断涌现出从小就深深刻在脑海里的名作佳篇和那回肠荡气的美妙旋律。千百年来，不正是这些名垂青史的文化巨匠，以他们的不朽之作汇成了人类灿烂文化的长河，构筑起一座座欧洲盛世文艺的宝殿，点燃起一盏盏永不熄灭的文明之光吗？如今长眠在巴黎城里这座郁郁苍苍墓园里的众多历史名人，那朴素无华的墓碑前时刻摆着五湖四海凭吊者敬献的鲜花，这不正说明优秀的文化遗产属于全人类、全世界，不正反映出创造文化瑰宝的文化大师们是多么的得天下之民心、受万世之景仰吗？我想安息在墓园里的先贤先哲们，他们是天长地久、永不寂寞的。如今我们眼前看到的这座王力先生的普通墓地，不也同样足以千秋万代不断勾起海内外许多参拜者的怀念景仰之情，印证着文化巨人永远活在千千万万人民的心中吗？站立在了一师的墓碑前，我脑海里又浮现出另一个镜头：那是1981年了一师偕师母应邀访问日本，离开东京前夕我们在新大谷饭店相聚话别的情景。这是了一师唯一的一趟东瀛学术之旅。一位年逾八旬的老学者，在短短的十天内，夜以继日地在日本展开频繁的讲学和交流活动，劳累自不待言。离日回国前的那个下午，了一师伉俪刚从京都奈良风尘仆仆地赶回东京，本该好好息一下，养足精神准备翌晨踏上归途。可就在那天下午，他要我先期到他下榻的饭店等候他从外地归来。我一直等着等着，等到傍晚时分，了一师和师母终于回来了。师母一见到我就对我说：“这几天在外地一直没时间和你相聚。老师交代说：‘明早就要登机回国了，今晚我们请你吃饭，临别好好叙一叙。’我们已辞却一切应酬，就单独和你在一起了。”听了这番话，我既感激又惭愧。打从了一师和师母抵日以来，碍于主人的日程安排，我除了到飞机场接机以外，很少有机会尽弟子之劳，心里一直很不安。如今恩师和师母临别还要请我吃饭，我哪儿担当得起！我左思右想，忖度着了一师的心情，要单独请我吃饭，也许有些话要当面跟我说。想到客居东瀛一年多了，已经好久没有聆听了一师的教诲了，这实在是个难得的机会，我便抱着歉疚之情留下来和老师、师母一起吃这顿临别的晚饭。席间了一师侃侃而谈，说到他此次关西之行的许多感受。他特别提到和当今日本汉学界的大权威小川环树在京都良晤的情景，又谈及在京都的演讲会上，有位年轻人拿出一本没有作者的《汉语史稿》要他签名的事。此书明明是了一师在北京出版的那套上、中、下三册《汉语史稿》的翻版，书名还是他老人家自己题署的，怎么一下子变成无名氏的著作呢？了一师笑着说："无名氏就无名氏吧！反正是我的著作，我还是给签了'王力'两个字。"这顿晚饭边吃边聊，饭毕已是八点多钟了。师母拉我到一旁说："明天就要回国了，我想上街买点东西，你能陪我去吗？"我看时间不早，就建议师母和我一起坐地铁到著名的秋叶原电器街去逛逛。一路上，师母同我谈了许多家里的事。说她准备征求了一师的意见，把了一师多年来积蓄的稿费拿出来设立一个基金会，奖励在语言研究中作出贡献的学者。师母还强调说，了一师年事已高，这件事想趁他健在时就办妥。听着师母这一席话，我深深感到她真不愧为对了一师学术事业尽心尽力，多有帮助的贤内助。到了秋叶原，我领着师母走进一家又一家的电器店，师母说想买个手表给了一师，说了一师的手表太旧了，也该换一换了，这里的表比国内的便宜，今晚就买一个给他老人家，作为此次日本之行的纪念吧！接着师母还说："在北京好几次想给他换只手表，他总是舍不得，不肯换。今晚要是他一起来，这只表大概又会买不成。"说着说着，我们终于把给了一师的表买到手，动身回新大谷饭店了。到饭店后我如实给了一师汇报了师母在秋叶原给他物色一只价廉物美手表的事。谁料一听此话，了一师很不高兴，竟发起火来。我从来没见过老师发火，这下可真把我给吓愣了！老师批评我不该带师母去买表，说他手上的表戴了一二十年还是挺好的，干嘛要换！我只低头听着，不敢吭声。了一师又接着说："要买表的话，首先得给师母买，她比我更需要。"师母见了一师批评我，一再替我解释："买表的主意是我出的，见你的表实在太旧了，便背着你给买了一只回来。价钱又不贵，你就要了吧！"了一师听完仍不满意，坚持说不该给他买表。但是木已成舟，也实在为难。了一师沉吟片刻，才又对师母说："除非再买一只给你，咱俩一人一只，否则我不要！"见此情景，我连忙建议再马上去买一只女表给师母。但此刻时间已过十点，上秋叶原是来不及了，怎么办？不得已只好下楼到饭店附设的商场里去。在那里，了一师亲自为师母选购了一个女表，老两口彼此互赠，这才把这场"风波"平息下来。了一师伉俪访日期间这段"让表"的佳话，在我的心中久久难以忘怀，但又迟迟不敢"曝光"，直到了一师仙逝以后，有一次我给某刊物撰写《怀念王了一师》的纪念文章时，感到公开这一"佳话"，让人们从中领略了一师和师母互敬互爱的高尚情怀，也许不无意义，便把此事连同了一师临终嘱咐儿女在万安公墓为他和师母觅一双栖墓穴一事结合起来，写到纪念文章中去了。①

三

了一师作为语言学一代宗师，学问大，架子小，为人谦逊，虚怀若谷，获得海内外

① 原文《怀念王了一师》，刊于香港《中国语文通讯》第7期，1990年3月；又收入《中外学者论王力》一书中，广西教育出版社，1993年版。

学术界的高度赞赏，深受晚辈、后辈以至工农大众、中小学生的爱戴。正如郭绍虞先生在《了一先生像赞》中所称赞的："不矜己长，不攻人短，是真学者，是好风格！"① 在我有幸和了一师相处的日子里，对此更是深有感受。了一师讲课深入浅出，通俗易懂，条理清晰，上过他课的学生都有同感。他乐于向文化程度较低的工农兵群众、中小学生普及语言学知识，热心为社会提供语文服务，在语言学界堪称楷模，有口皆碑。他把自己毕生从事的语言科学事业视为提高全国人民科学文化水平、提高全民族素质的重要一环，大力提倡语言研究要面向社会需要，面向语言实际。早在20世纪40年代，他就为开明书店撰写了普及汉语基本知识的《中国语文讲话》。进入50年代，他常常走出校园，应邀到中小学去给青少年讲语文知识，并动笔为青少年读者编写通俗性的小册子，如《字的形音义》(1955)、《虚词的用法》(1956)、《谈谈汉语规范化》(1956)等。1980年在庆祝他老人家学术活动五十周年的座谈会上，他说："我们语言工作者不愁英雄无用武之地，有许多工作等待我们去做。我个人认为：除语言学本身的价值以外，有两件事是直接为四个现代化服务的。第一是语文教育工作，第二是文字改革工作。"又说："我希望同志们多关心语文教育，提高我国人民的语文水平，从而也就是提高我国人民的科学文化水平。"众所周知，王力先生是五十年代我国"文改会"的主要负责人之一，汉语拼音方案和简化字的出台，凝聚着王力先生和其他一些语言学前辈的心血，充分体现出语言学研究为社会语文应用服务的精神。四十多年后的今天，当我们看到汉语拼音的推行和简化汉字的实施在我国语文教育的普及和科学文化的发展中所发挥的显著作用时，我们不会忘记王力先生所作出的伟大贡献。毫无疑义，他一生倡导的"语言科学面向社会"、"语言科学为提高语文教育服务"的理论在新中国诞生不久的50年代就已经开始开花结果了。了一师经常告诫我们：做学问要有坚强的毅力和不断进取的精神，要钻得进去跳得出来，要把自己的学业和社会的进步、祖国的前途紧紧相连。为了让我们有机会接触现实的语言文字工作，了解和掌握国家的语文政策，他想方设法为我们创造条件，让我们能够参加一些语言学界的重要活动，从中增长见识，获得熏陶。1955年秋天，具有历史意义的"全国文字改革会议"和"现代汉语规范问题学术会议"在京举行。那时，我正在北大跟袁家骅师进修汉语方言学。了一师为了使我能及时了解当前语言文字工作的大局，掌握国家语言文字方针政策，特别为我弄来了旁听证，嘱咐我每天都要到西苑大旅社去旁听。我有机会听到吴玉章、陈毅、郭沫若等领导同志和罗常培、吕叔湘、丁声树等老一辈语言学家在会上所作的精彩报告，脑子里一下子充实起来。在了一师的谆谆教导下，我边学边干，在会后随即写了一组关于汉语规范化的小文章送到报纸上连载，又编写了一本学习普通话的小册子及时出版。现在回头想想，要不是了一师无微不至的关怀督促，我哪能有机会到北大进修？又哪能有如此迅速的面向社会、为三大语文运动服务的行动？就在我编写学话手册时，唯一能够参考的同类小册子，也就是了一师早在1936年出版的《江浙人学习国语法》和1951年出版的《广东人学习国语法》(1955年重版分别改名为《江浙人怎样学习普通话》和《广东人怎样学习普通话》)。了

① 转引自《王力先生生平》一文，载《王力先生纪念论文集》，商务印书馆，1990年版。

一师在贯彻语言研究为语言实践服务的问题上，早就是身体力行，开风气之先了！这里我又记起一件小事：现代汉语规范化问题学术会议刚刚闭幕，报刊的许多记者、编辑纷纷上门向了一师索稿，了一师应接不暇。有一天，他把我叫到他家里，跟我说："你这些时都旁听了会议，收获一定不小吧！现在给你一个任务，马上写一篇关于汉语规范化的文章，几天内交卷，也算是一次小小的'考试'。"我心里有点儿犹豫，怕仓促成文，贻笑大方，但又想到了一师如此厚爱，师命不可违，便诚惶诚恐地如期把一篇两千字左右的《谈谈汉语规范化》草就交给了一师，了一师看后笑了笑说："不错，写的都是我的想法，可以用。"后来当我看到这篇小文章在报上刊出时，心里真有说不出的高兴！了一师教书育人的特点一贯都是一方面严格要求，言传身教；另一方面又放手让学生"在游泳中学会游泳"，希望学生不要墨守成规，要有所传承、有所创新。学生在学习研究过程中有点滴的成绩，他总是尽量肯定，给予诸多鼓励；如果学生能够提出新的见解，能够对他的著作提出不同的看法，他尤其重视，格外高兴。记得我在中山大学语言学系求学时，为了学好语言学，没有选修当时极为时髦的俄语而选修法语。了一师知道后给我很大的鼓励。我跟着李慰慈教授学法语，有一次，试着翻译法国语言学家柯恩（M. Cohen）的文章，请了一师指正。没料到了一师竟十分认真地逐字逐句为我修改。为了鼓励系里的同学学好外语，又指示系办公室把我这篇译文印发给全系师生参考，这使我十分感动，更激发我为学好专业而努力学习，攻克外语难关的决心和信心。大学毕业那年，我选"汉字改革"为题撰写论文，了一师答应做我的导师，热情鼓励我把这篇有助于推动语言文字工作的文章写好，又让我读他自己在1940年出版的《汉字改革》一书，使我对汉字改革问题有了比较全面的认识。毕业前夕，为了使我们几个毕业班的同学有机会进行语言调查的实践，作为系主任的了一师又亲自跟已从中大调往中南民族学院的严学宭教授联系，请他帮忙安排我们7名毕业班学生到中南民院调查广西少数民族的语言。记得当时我就和唐作藩兄一起记录、整理了仫佬族话。那次时间不长的语言调查实习，为我们日后的语言调查实践补了扎扎实实的一课。了一师对我们学业成长的深切关怀，永远铭刻在我们的心中。

四

了一师不仅在学业上对我们谆谆教诲，细心培育，为我们的成长架桥铺路，费尽心血，在生活上也给我们无微不至的关怀，使我们时刻感受到阳光的温暖和雨露的滋润。1953年，我们这个班的同学要毕业了，了一师和全系的老师商量，要给我们安排一个温馨的毕业欢送会，决定就在他家的客厅中摆上两张大圆桌，由师母亲自主厨，让全系老师和我们7个毕业生一起以家宴的形式欢叙话别。席间商承祚老师、陈必恒老师、周达甫老师等都表演了节目。商老的京剧清唱尤为到家。四十七年前这次终身难忘的毕业聚会，回想起来恍如昨日的事，而时光已经流逝近半个世纪了。如今我们敬爱的了一师，还有张为纲师、陈必恒师、周达甫师、容希白（庚）师都已历尽人生坎坷，先后作古了；商承祚师晚年算是日子比较好过，能够颐养天年，终归也在年届九旬之际归了道山。

我们这几个当年的“同窗”，除许绍早兄年前遽然辞世外，其余一个个也都先后步入古稀之年，来到人生黄昏的境界了。回首当年的校园生活，师道悠悠，师恩绵绵，怎能不令人黯然神伤！了一师对后学的奖掖，对晚辈的呵护，岂止于我辈登门弟子！半个多世纪以来，海内外凡有幸亲炙了一师的学人，莫不感受到他那谦厚随和、春雨润物的慈爱胸怀。多少年来，我接触过的不少海外同道，都用“如沐春风，毕生难忘”来形容他们和了一先生过从的感受。记得20世纪80年代初，了一师访日，限于时间的短促和主人的安排，一些平素十分仰慕这位语言学大师的东瀛友人，难得有机会和大师见上一面，谈上两句。怎么办？了一师得悉此情，一再要我想想办法。他说：“既然来到日本，就应该尽量多会几位日本同道，多开展一点儿交流”，“能够多和日本朋友聊聊，再累也是乐事！”为了不打乱主人的日程安排，了一师想出一个点子，悄悄跟我说：“某日下午日程表上安排我观看日本的歌舞伎，不如就利用这段时间，我先去剧场礼貌式地看一会儿戏，四点以后你来剧院门口接我，事先约好几位日本朋友到你家来，我们就在你家便饭畅叙，如何？”我很欣赏了一师这一灵活安排，那天照着老师的吩咐，事先约好了几位了一师稔熟的日本学者傍晚到我家来，我先买好一点儿家常菜和啤酒，准备按计划下午四点去歌舞伎剧场迎接了一师伉俪。不巧那天下午我上完课，有几个学生缠着问问题，弄得我不能准时离开教室赶往剧场。而了一师和师母见时间已到我却未来，心里十分着急，便自己叫辆的士到东京大学来找我。但因为没有我上课的确切地点，又没有我寓所的地址电话，的士司机在校园周围兜了几个圈也没法找到我，而我见过了约定时间也焦急万分，连忙叫的士赶去剧场，同样不见人影。他们找我，我找他们，彼此在偌大的东京都内“捉迷藏”。最后了一师伉俪无奈只得回饭店去，幸好我也猜到他们可能回饭店，终于到饭店去把了一师和师母接到客居的寓所来。这时，几位应邀的客人已在那里等候多时了。那天了一师特别高兴，同久违的朋友边喝啤酒边叙契阔，还把特意从北京带来的几幅条幅分赠在座的友人。了一师和师母在东京我家里这次别有情趣的聚会，后来我就以“在东京捉迷藏”作标题，写到我的散文专栏《东瀛杂记》中去，作为“王力教授在日本”的一节发表出来。去年（1999）秋天，我再度访问日本，平山久雄教授刻意在当年王力教授访日时发表演讲的东京神田学士会馆为我举行欢迎酒会，几位当年被邀到我在本乡西片町寓所来和了一师欢聚的朋友跟我谈起这段难忘的往事，大家不免欷歔叹息：了一先生离开我们太早了！太早了！这些日本朋友全都期盼着能有机会再和了一先生重温旧谊，听他老人家谈经论学，说古道今呢！

五

今年是敬爱的了一师百年寿诞之期，也是人类步入新千年的时刻。了一师随世纪而来，却未能随世纪而去。但他毕竟是一位世纪型的伟大学者，是一颗光芒四射的世纪之星！正如《庆祝王力先生八十寿辰论文集》的《前言》所说：他“从事了逾半个世纪的汉语研究，研究了几十个世纪的汉语，而由他开创的汉语现代化研究以及所得到的成果肯定会持续和保留至以后无尽的世纪”[①]。了一师为中国语言学所作的巨大贡献，为我们留下的宝贵财富——近一千万字的等身著作，将在新世纪中永放光芒！他的治学精神、道德风范，将永远激励着我们一代又一代的后学，继往开来，去不断攀登中国语言科学的高峰！

（《王力先生百年寿辰纪念文集》，北京：语文出版社，2000；《人物》2000 年第 7 期，北京；《澳门笔汇》2000 年第 16 期，澳门）

① 参看香港中国语文学会编：《王力先生纪念论文集》前言，三联书店香港分店，1987 年版。

附　录

詹伯慧小传

詹伯慧教授，1931 年生，广东饶平新丰镇人。1953 年毕业于由王力教授创办的中山大学语言学系。从师中国语言学大师王力教授和著名方言学家袁家骅教授。历任武汉大学助教、讲师、副教授、教授 30 年，1983 年调入广州暨南大学任教授，1985 年任暨大复办后首任文学院院长，兼任汉语方言研究室（1994 年更名为汉语方言研究中心）主任。现为暨南大学中文系教授，汉语方言研究中心名誉主任，兼任香港大学中文学院名誉教授。1990 年被国务院学位办评为博士研究生导师，在暨南大学中文系建立第一个博士点——现代汉语博士点。1991 年开始招收攻读汉语方言学的博士研究生。迄今詹教授已培养毕业博士研究生 29 人，硕士研究生 9 人，其中包括来自港、澳、台的博士生 5 人，硕士生 2 人。1994 年我国首批 5 名攻读汉语方言学的博士研究生毕业，获授博士学位，其中出自詹伯慧教授门下的就占了 4 位。如今詹教授的门生都已成为汉语方言学界的骨干力量。语言学界把这支富有活力的汉语方言研究团队戏称为“詹家军”。

詹伯慧教授从教 58 年（1953—2011）来在汉语方言、汉语辞书、汉语应用和汉语规范等领域做了大量的研究、教学工作，取得了许多令人瞩目的成就，在海内外学术界享有崇高的声望。他早年参加由北京大学袁家骅教授主持的《汉语方言概要》的编写工作，负责编写粤方言和闽南方言两章，约占全书 50 万字中的三分之一。此书为中国历史上第一部全面论述汉语方言的著作，在海内外学术界影响很大。他在辞书的编纂方面也卓著成绩，曾担任《汉语大字典》编委多年，主持该字典的收字审音工作。他还是《中国大百科全书语言文字卷》中方言分科的副主编，撰写了许多方言方面的条目。近期他正负责主编《中国语言文字大词典》中的汉语方言卷（约 300 万字），此书为我国历来最大型的方言及方言学大词典，预计三五年内便可问世。20 世纪 80 年代以来，詹教授屡屡应聘到境外一些著名的学府讲学。1980 年至 1982 年，他作为我国教育部推荐的首位学者受聘到日本东京大学讲学两年，为中日两国语言学界的学术交流开了先河。当年他在日本培养的学生，如今都已成为日本汉学界的知名学者。此后詹教授先后在法国高等社会科学院（1990）、新加坡国立大学（1998）、美国加州（柏克莱）大学（1998）、香港大学（1986、2000、2004—2011）、香港中文大学（1987、1992）、香港科技大学（2005）以及台湾中央研究院（1995）等著名学术机构担任客座教授或开设讲座。他所授的课和他所作的学术讲演都给听讲者留下了深刻的印象，获得了普遍的赞誉。

詹伯慧教授已刊著作 30 多部，发表论文近 400 篇。先后出版过《汉语方言文集》（日本东京龙溪书舍，1982）、《语言与方言论集》（广东人民出版社，1993）、《方言　共同语　语文教学》（澳门日报出版社，1995）、《漫步语坛的第三个脚印——汉语方言与语言应用论集》（暨南大学出版社，2002，增订本 2006）、《詹伯慧（1953—2008）语文评论集》（2009）等五部个人论文选集。他主编的广东省社会科学“七五”、“八五”、“九五”规划重点研究项目成果《珠江三角洲方言调查报告》（三卷本，

1987、1988、1990）、《粤北十县市粤方言调查报告》（1994）和《粤西十县市粤方言调查报告》（1998）等多次获评国家教委和省社科优秀成果奖。他主编的全国高校通用教材《汉语方言及方言调查》获评国家教委第三届普通高校优秀教材二等奖。进入21世纪以来，由他主编、粤港澳三地一批粤语学者共同编纂的《广州话正音字典》（2002）以及由他主编、他的几位博士生协力完成的《广东粤方言概要》（2002）相继出版，受到学术界的高度赞赏。《广州话正音字典》为我国第一部方言正音字典；《广东粤方言概要》于2005年5月荣获广东省首届社会科学优秀成果一等奖（政府奖），这是广东语言学科大量著作中获此殊荣的唯一一部著作。詹教授1992年获国务院颁发有突出贡献证书，享受政府特殊津贴。1992年和1997年他连续两度被国家语言文字工作委员会评为全国语言文字先进工作者，1997年暨南大学授予他“八五”（1991—1995）期间杰出科研工作者称号，2001年获评为暨南大学优秀研究生导师，2002年又被评为暨南大学“十佳先进个人”。他的业绩被海内外许多名人辞典所刊载。1988年他当选第七届全国人民代表大会代表，1993年和1998年又连续两届出任第八届、第九届全国政协委员。他连续15年在全国“两会”中积极参政议政、建言献策，获得过第九届全国政协优秀提案奖。詹教授是中国民主同盟盟员，自1988年起连续两届被选为中国民主同盟中央委员会委员及广东省委员会副主任委员。他又被推举为暨南大学首任老教授协会会长，现任该协会名誉会长。目前，詹教授仍担任一些相关学术团体的领导职务，如广东省中国语言学会名誉会长、广东省社会科学联合会顾问、中国语文现代化学会顾问、全国汉语方言学会理事、中国辞书学会理事等。他还是广东省语言文字工作委员会委员，曾任第一、第二届广东省学位委员会委员，并曾被广东省人民政府任命为广东省人民政府文史研究馆副馆长达十年之久（1991—2000），现仍为该馆馆员。

詹伯慧教授简历

笔　　名：柏苇　汉语拼音名：Zhan Bohui
出生时间：1931 年 7 月 10 日
籍　　贯：中国广东省饶平县
住　　址：中国广州市石牌暨南大学苏州苑 22 栋 402 号
邮政编码：510632
电　　话：86－20－85223109　e-mail：tzbh@ jnu. edu. cn

【主要职务】

广州暨南大学汉语方言研究中心名誉主任，中文系教授，博士研究生导师，校学位评定委员会委员兼文学分会主席（曾任），校高级职称评定委员会委员兼语文组组长（曾任），香港大学中文系、语言学系名誉教授，华中师范大学（武汉）中文系兼任教授，汕头大学文学院兼任教授，广西师范大学兼任教授。

【主要社会职务】

中国语言学会理事，全国汉语方言学会理事，中国辞书学会理事，中国语文现代化学会副会长，广东省中国语言学会会长，广东省学位委员会委员，广东省语言文字工作委员会委员，广东省社会科学学会联合会主席团委员，广东省哲学社会科学“九五”规划语言文学学科评审组成员，广东省社会科学系列高级职称评审委员会委员，广东省中华民族文化促进会顾问，中国应用语言学会顾问，广州市推广普通话协会顾问，广州市语文学会名誉会长，海南省语言学会顾问，汕头语言学会顾问，深港语言研究所顾问，香港中国语文学会顾问，香港普通话研习社顾问，香港大学中文学会名誉会长，《中国语言学年鉴》编委会委员，《广东百科全书》编委会委员，《中国语言学大辞典》顾问、方言卷审定人，《中国语言文字大词典》副主编、《中国语言文字大词典·汉语方言卷》主编。《普通话水平测试大纲》学术委员会委员，潮汕文化丛书顾问，香港中文大学《中国语文通讯》顾问，广东光明书画学会会长，广州话正音字典编委会主任委员，20 世纪中国语言学丛书编委会委员，《中国语言学人名大辞典》顾问，《汉语学报》（华中师范大学）编委会委员，《国际汉学集刊》编委，《粤语研究》编委会名誉主编。《中国语言学》学术委员，《南方语言学》名誉主编。韩山师范学院饶宗颐研究所学术顾问。

第五届湖北省政协委员，第五、第六届广东省政协委员兼教育文化委员会副主任，第七届全国人民代表大会代表，第八、第九届全国政协委员，中国人民外交学会广东省分会理事，广州潮人海外联谊会理事，广东客属海外联谊会常务理事，暨南大学老教授协会会长、顾问、首任会长。

【主要学术经历】

1. 1953 年毕业于广州中山大学语言学系。

2. 1953—1983 年历任武汉大学助教、讲师，副教授、教授。

3. 1983 年迄今任暨南大学中文系教授、汉语方言研究室（后改为汉语方言研究中心）主任、名誉主任，期间于 1985—1989 年任暨南大学文学院院长，1990 年 11 月起任现代汉语方言方向博士研究生导师。

4. 自 1955 年 10 月至 1958 年 2 月在北京大学中文系进修，师从袁家骅教授专攻汉语方言学，期间于 1956 年 6—12 月参加中国科学院少数民族语言第一调查队赴海南岛调查黎语。

5. 自 1975 年起参加汉语大字典编纂工作，负责主持收字、审音业务，期间于 1979—1984 年担任汉语大字典编纂委员会委员；自 1984 年受聘为中国大百科全书语言文字卷方言学科副主编；自 1986 年受聘为中国语言学大辞典顾问及汉语方言卷审订人；自 1991 年受聘为广东百科全书编委会委员，潮汕文化丛书顾问；自 1992 年受聘为中国语言学年鉴编委会委员；自 1994 年受聘为《中国语言学人名大辞典》顾问；自 1996 年受聘为 20 世纪中国语言学丛书编委会委员。

6. 自 1980 年 4 月起受聘到日本东京大学讲学两年；自 1985 年起连续十年与香港中文大学（前期）、香港理工大学（后期）张日昇教授合作共同主持广东粤语研究工作；自 1986 年起几度担任香港大学、香港中文大学客座教授（研究员），21 世纪初开始连续担任香港大学语言学系、中文系（学院）名誉教授，2004 年起每年均为港大中文系开设专题课程；自 1998 年 1—12 月受聘在新加坡国立大学担任客座教授一年；1990 年 5—6 月受聘在法国高等社会科学院讲学；1995 年 7 月受聘到台湾中央研究院讲学；1998 年 12 月受聘在美国加州大学（柏克莱）讲学；2005 年 1—6 月受聘于香港科技大学，为人文学部研究生讲授专题课程。

7. 自 1990 年至 2000 年被广东省人民政府任命为广东省文史研究馆副馆长。

8. 自 2007 年 6 月受聘为《中国语言文字大词典》副主编、《中国语言文字大词典·汉语方言卷》主编。

9. 自 2007 年 6 月受聘为《粤语研究》编委会名誉主编。

10. 自 2008 年受聘为暨南大学汉语方言研究中心名誉主任。

11. 自 2009 年受聘为《南方语言学》名誉主编。

【获奖情况】

一、学术著作奖

1.《现代汉语方言》获 1982 年武汉大学科研优秀成果奖。

2.《珠江三角洲方言调查报告》第一卷《字音对照》获第四次广东省社会科学研究成果二等奖（1989 年 4 月 10 日）。

3.《珠江三角洲方言调查报告》第二卷《词汇对照》、第三卷《综述》获第五次广东省社会科学研究成果一等奖（1994 年 7 月 18 日）。

4.《珠江三角洲方言调查报告》第 1 ~ 3 卷获广东省高等教育 1995 年人文社会科学研究优秀成果一等奖（1995 年）。

5.《珠江三角洲方言调查报告》第 1 ~ 3 卷获国家教委全国高等学校人文社会科学研究优秀成果二等奖（1995 年 12 月 15 日）。

6.《粤北十县市粤方言调查报告》获国家教委第二届全国高等学校出版社优秀学术著作奖（1995 年 11 月）。

7.《汉语方言及方言调查》获国家教委第三届普通高等学校优秀教材二等奖（1995 年 12 月 30 日）。

8.《珠江三角洲方言调查报告》获“七五”、“八五”广东省社科规划课题优秀成果二等奖（1999 年 9 月）。

9.《粤西十县市粤方言调查报告》获第六次广东省社会科学研究成果二等奖（1999 年 9 月）。

10.《广东地区社会语言文字应用问题调查研究》获 1999—2000 年度中国大学版协优秀学术著作一等奖（2001 年 6 月 30 日）。

11.《广东粤方言概要》获广东省哲学社会科学“九五”规划优秀成果三等奖（2003 年 3 月）。

12.《广东粤方言概要》获 2001—2002 年度中南地区大学出版社优秀学术著作一等奖（中国大学出版社协会，2003 年 9 月）。

13.《汉语方言与语言应用论集》获广东省人民政府文史研究馆 2003 年度优秀作品奖（2004 年 1 月2 日）。

14.《广东粤方言概要》获第七届“广东省优秀图书、期刊、作品奖”（优秀图书奖）二等奖（2004 年 10 月）。

15.《广东粤方言概要》获首届广东省人民政府广东省哲学社会科学优秀成果一等奖（2005 年5 月）。

16.《新时空粤语（上册）》获广东省人民政府文史研究馆 2006 年度优秀作品奖（2007 年 2 月1 日）。

17.《新时空粤语（上册）》获中国大学出版社协会 2005—2006 年度中南地区出版社优秀教材一等奖（2007 年 6 月）。

18.《詹伯慧语文评论集》获广东省人民政府文史研究馆 2008 年度优秀作品奖（2009 年 1 月15 日）。

19.《语文杂记》获广东省人民政府文史研究馆 2010 年度优秀作品奖（2011 年 1 月 20 日）。

二、先进工作者奖

1. 1989、1994 年两次被广东省社会科学联合会评为广东省社会科学团体先进工作者。

2. 1992 年 12 月被国家语言文字工作委员会评为全国语言文字先进工作者。

3. 1992 年 10 月获国务院颁发有突出贡献证书，自 1992 年 10 月发给政府特殊津贴。

4. 1997 年 4 月获评为暨南大学“八五”期间杰出科研工作者。

5. 1997 年 12 月再次被国家语言文字工作委员会评为全国语言文字先进工作者。

6. 2001 年 9 月 7 日获评为暨南大学“优秀研究生导师”奖。

7. 2002 年 9 月荣获暨南大学 2002 年“十佳先进个人”称号。

8. 2002 年 10 月 22 日，全国政协在京举行政协第九届全国委员会优秀提案和先进承办单位表彰大会，在 16 255 件提案中评出优秀提案 200 件，以“中小学减负不能够形式主义，不能一哄而上，必须充分认识，全社会配合，以求实效”提案（在第三次会议上）获评为优秀提案，由全国政协颁发荣誉证书。

9. 2006 年 9 月获评为暨南大学终身贡献奖。

10. 2007 年 2 月 1 日获评为广东省人民政府文史研究馆 2006 年度优秀馆员。

11. 2011 年 1 月 20 日获评为广东省人民政府文史研究馆 2010 年度积极贡献奖。

12. 2011 年 6 月获评为广东省优秀社会科学家（首届）。

【国外及港澳台学术交流简历】

一、学术访问、讲学经历

1. 1980 年 4 月至 1982 年 3 月受聘为日本东京大学客座教授，在东京大学文学部、大学院（研究院）、教养学部任教。

2. 1981 年 3 月应香港大学中文系之邀前往访问并作学术演讲。

3. 1986 年 10 月至 1987 年 1 月受聘为香港大学荣誉教授，在港大中文系任教，期间应聘为香港大学中文学会名誉会长。

4. 1986 年 11 月应邀到澳门中国语文学会访问、讲学；1987 年 1 月应邀到香港中文大学中国文化研究所访问、讲学。

5. 1988 年 4 月应邀到新加坡华文研究会访问、讲学。

6. 1990 年 1 月率领广东省中国语言学会代表团访问澳门。

7. 1990 年 5—6 月应邀为客座教授，到法国高等社会科学院讲学。

8. 1992 年 10 月至 1993 年 1 月应聘为香港中文大学高级客座研究员，到中国文化研究所从事研究工作。

9. 1992 年 12 月至 1993 年 1 月应香港理工学院中文及翻译系之邀，前往进行北江流域粤语调查资料之协作整理工作。

10. 1993 年 12 月应香港理工学院中文及翻译系之邀，前往进行西江流域粤语调查资料之协作整理工作。

11. 1993 年 12 月 27—28 日应澳门华夏文化中心和香港伟文出版社之邀，前往澳门访问并发表学术演讲。

12. 1995 年 6 月 19—26 日应台湾中央研究院历史语言研究所之邀，前往台北进行学术交流并发表学术讲演。

13. 1995 年 9 月 18 日至 10 月 8 日前往香港理工大学中文及双语系进行西江流域粤语调查报告协作撰稿并进行定稿工作。

14. 1998 年 1—12 月前往新加坡国立大学作为客座教授讲学一年。

15. 1998 年 3 月 7 日应新加坡南洋理工大学之邀前往访问作学术演讲。

16. 1998 年 11—12 月应美国加州大学（柏克莱）之邀到该校访问讲学。

17. 1999 年 9 月 2—21 日应日本学术振兴会之邀，到日本早稻田大学进行学术合作研究，期间先后在东京大学、日本中国语学会关东分会、筑波大学作学术讲演，并到京都、天理、奈良、大阪、神户、名古屋等地与日本汉学家进行学术交流。

18. 2000 年 11 月 22 日至 2001 年 2 月 21 日应香港大学语言学系邀请，到港大访问、讲学。

19. 2001 年 1 月 3 日、10 日，2 月 10 日应香港中文大学普通话教育研究及发展中心的邀请，作四场专题学术讲演。

20. 2001 年 2 月 12 日应香港科技大学的邀请，赴该校作学术讲演。

21. 2001 年 2 月 17—18 日，应澳门中国语文学会和澳门语言学学会的邀请，前往进行学术访问，期间作了学术讲演。

22. 2001 年 2 月 19 日，应香港城市大学的邀请，前往该校作专题学术讲演。

23. 2001 年 7 月 12 日应香港中文大学普通话教育研究及发展中心的邀请，在“名家名师谈普通话教与学”系列讲座中作专题学术讲演，题为“从实际出发思考香港的普通话教育问题”。

24. 2002 年 1 月 20 日至 2 月 8 日应香港大学语言学系邀请，前往协作进行粤方言研究网站建设第一阶段的工作；同时受聘为香港大学语言学系名誉教授（2002 年 1 月至 2004 年 12 月）。

25. 2002 年 1 月 25、26 日及 2 月 1、2 日应香港中文大学普通话教育研究及发展中心的邀请，为“普通话作为教学语言专业证书课程”作两次专题讲演：“普通话与汉语方言概说”、“普通话和粤方言词汇、语法上的差异”。

26. 2002 年 2 月 6 日应香港大学中文系的邀请，在港大作题为“汉语方言分区问题再认识”的学术讲演。

27. 2003年10月16日至11月2日应香港大学语言学系邀请，前往协作进行粤方言研究网站第二阶段更新增补工作。

28. 2004年4月3日应香港大学中文系邀请，为查良镛学术讲座作题为“粤语的研究与应用”学术讲演。

29. 2004年9月至2006年3月应香港大学之聘，以名誉教授身份为中文系“学位教师中文学科知识深造文凭课程”学员讲授“中文资讯检索”课中的“中国语文工具书说略”共10周；“现代汉语”课中词汇部分2周。(前后两届)

30. 2005年1月26日至6月15日应香港科技大学之聘，为人文学部中国语言学研究中心研究生讲授“粤语研究”课程。

31. 2005年11月13日应澳门粤方言学会之邀，到澳门作“谈谈粤语研究”的讲演。

32. 2006年9—12月，应香港大学之聘，以名誉教授身份开始为中文学院首届中国语言文学研究生班（M. A.）讲授“现代汉语专题研究”课；2007年9—12月（因病延误至2008年1月）继续为第二届研究生班（M. A.）讲授“现代汉语专题研究”课；2008年9—12月，继续为第三届研究生班（M. A.）讲授“现代汉语专题研究”课；2009年9—12月，继续为第四届研究生班（M. A.）讲授“现代汉语专题研究”课；2010年11—12月，为第五届研究生班（M. A.）讲授“中国文化专题研究”课中“中国语言与中国文化”五讲。

二、出席国际学术会议经历

1. 1982年8月出席在北京举行之第十五届国际汉藏语言学会议。

2. 1985年5月出席在香港举行之普通话教学与测试研讨会。

3. 1985年12月出席由香港教育署语文教育学院主办的首届国际语文研讨会。

4. 1986年12月出席由香港大学主办的“人的革命”研讨会。

5. 1987年7月出席由香港语言学学会、香港中文大学联合主办的第一届国际粤方言研讨会。

6. 1988年8月23—26日出席由深圳教育学院主办的“深港片语言问题研讨会”(国际)。

7. 1989年7月30日至8月2日出席由广东省中国语言学会、暨南大学联合主办的第二届国际粤方言研讨会。

8. 1989年8月出席由澳门中国语文学会主办的世界汉语教学研讨会。

9. 1989年12月出席由香港大学主办的中国学术之承传与创新国际研讨会。

10. 1990年8月出席由汕头大学、汕头社科联联合主办的第二届闽方言学术研讨会（国际）。

11. 1991年6月18—21日出席由新加坡国立大学主办的汉学研究之回顾与前瞻国际研讨会。

12. 1991年7月31日至8月2日出席由澳门中国语文学会主办的第三届国际粤方言研讨会。

13. 1991年8月5—7日出席由深圳教育学院主办的第二届双语双方言研讨会（国际）。

14. 1991年10月7—11日出席由泰国南甘杏大学（RAMKHAMHAENG UNIVERSITY）和清迈大学（CHIANGMAI·UNIVERSITY）主办的第二十四届国际汉藏语言学会议（曼谷、清迈）。

15. 1992年7月3—6日出席由香港中文教育学会主办的第二届中文科课程教材教法国际研讨会。

16. 1993年1月11—12日出席由香港中文大学主办的第三届国际闽方言研讨会。

17. 1993年8月17—20日出席由深圳教育学院主办的第三届国际双语双方言研讨会。

18. 1993年12月17—19日出席由香港城市理工学院、香港语言学学会主办的第四届国际粤方言研讨会。

19. 1993年12月20—22日出席由香港中文大学主办的潮州学国际研讨会。

20. 1994年11月11—15日出席由澳门中国语文学会主办的广州话审音委员会第六次工作会议。

21. 1995 年 4 月 7—12 日出席由香港中文大学吴多泰中国语文中心、广东省中国语言学会、海南省语言学会主办的第四届国际闽方言研讨会（海口）。

22. 1995 年 6 月 30 日至 7 月 2 日出席由深港语言研究所和深圳市语言文字工作办公室主办的第四届国际双语双方言研讨会。

23. 1995 年 12 月 9—11 日出席由香港中国语文学会、香港中文大学吴多泰中国语文研究中心主办的“1997 与香港中国语文”学术研讨会。

24. 1995 年 12 月 21—23 日主持由暨南大学汉语方言研究中心和广东省中国语言学会主办的第五届国际粤方言研讨会。

25. 1996 年 1 月 6—8 日出席由澳门语言学会主办的“语言与传意”国际研讨会。

26. 1996 年 8 月 21—23 日出席第二届国际客家方言研讨会（广东增城）。

27. 1996 年 11 月 9—12 日出席由新加坡南洋客属总会主办的第二届国际客家学研讨会。

28. 1996 年 12 月 18—19 日出席由澳门语言学会主办的“方言与共同语”国际研讨会。

29. 1997 年 2 月 20—23 日出席由华侨大学和泉州历史文化中心主办的第五届国际闽方言研讨会。

30. 1997 年 3 月 25—27 日出席由深港语言研究所主办的第五届双语双方言研讨会（国际）（深圳）。

31. 1997 年 3 月 28—29 日出席由香港大学语言及听觉学系主办的香港多语多文化研讨会。

32. 1997 年 8 月 4—6 日出席由澳门中国语文学会主办的第六届国际粤方言研讨会。

33. 1997 年 11 月 15—17 日出席由汕头大学主办的第二届潮学国际研讨会。

34. 1997 年 11 月 29—30 日出席由香港启思出版社主办的普通话教学研讨会。

35. 1997 年 12 月 10—12 日出席由香港大学主办的“香港大学中文系七十周年纪念国际学术研讨会”。

36. 1999 年 6 月 11—13 日出席由深圳市语言文字工作委员会办公室、深港语言研究所主办的第六届国际双语双方言研讨会（深圳）。

37. 1999 年 6 月 23—25 日出席由香港科技大学、香港中文大学联合主办的第六届闽方言国际研讨会。

38. 1999 年 6 月 26—28 日出席由香港大学中文系、语言学系联合主办的第七届国际粤方言研讨会。

39. 1999 年 7 月 5—7 日出席由澳大利亚墨尔本大学主办的第八届汉语语言学国际会议。

40. 2000 年 1 月 6—10 日出席由香港理工大学主办的语文测试与语文教学国际研讨会。

41. 2000 年 6 月 26—28 日出席由新加坡国立大学主办的第九届汉语语言学国际会议。

42. 2000 年 8 月 14 日出席由北京大学主办的纪念王力先生百年诞辰国际学术研讨会。

43. 2000 年 11 月 15—17 日出席由梅州客家研究会主办的第四届客家方言国际研讨会。

44. 2001 年 1 月 17—19 日出席由香港大学主办的 21 世纪中国学术研究前瞻国际研讨会。

45. 2001 年 2 月 1—3 日出席由香港城市大学主办的 21 世纪首届现代汉语语法国际研讨会。

46. 2001 年 7 月 1—4 日出席由深港澳语言研究所主办的第七届双语双方言研讨会（国际）。

47. 2001 年 7 月 7 日出席由澳门理工学院主办的语言与方言国际研讨会。

48. 2001 年 11 月 3—5 日出席由厦门大学主办的第七届闽方言国际研讨会。

49. 2001 年 11 月 22—24 日出席由香港中文大学主办的第四届潮州学国际研讨会。

50. 2001 年 12 月 21—24 日主持由暨南大学汉语方言研究中心和广东省中国语言学会主办的第八届国际粤方言研讨会。

51. 2002 年 3 月 12—14 日出席由香港大学主办的第一届中国语言文字国际学术研讨会。

52. 2002 年 6 月 21—22 日出席由香港理工大学主办的首届汉语方言书写国际研讨会。

53. 2002年6月28日至7月2日出席由中国社会科学院语言研究所等单位主办的庆祝《中国语文》创刊50周年国际学术研讨会（南昌）。

54. 2002年7月3—6日出席由南昌大学主办的第五届客家方言暨首届赣方言学术研讨会（国际）。

55. 2002年11月9—12日出席由湖南师范大学主办的湘南土语与周边语言国际研讨会。

56. 2002年11月27—29日出席由新加坡国家历史博物馆等主办的海外潮人社会文化国际研讨会。

57. 2003年3月28—29日出席由澳门理工学院主办的汉语（普通话）教学与测试国际研讨会。

58. 2003年4月11—14日出席由暨南大学和香港大学主办的第二届现代汉语语法国际研讨会。

59. 2003年11月10—12日出席由新加坡国立大学语言中心主办的第三届肯特岗国际汉语语言学圆桌会议。

60. 2003年12月22—24日出席由澳门中国语文学会主办的第九届国际粤方言研讨会。

61. 2004年6月16—17日出席由中国社科院语言研究所主办的纪念吕叔湘先生百年诞辰国际学术研讨会。

62. 2004年8月13—16日出席由深港澳语言研究所主办的第八届国际双语双方言研讨会（深圳）。

63. 2004年12月3—6日出席由华中师范大学主办的第二届国际汉语方言语法学术研讨会。

64. 2005年1月4—5日出席由香港理工大学主办的PSK词汇大纲鉴定会。

65. 2005年6月3—6日出席由浙江师范大学主办的21世纪第三届现代汉语语法国际研讨会。

66. 2005年9月23—25日出席全国汉语方言学会第十三届年会暨汉语方言国际学术研讨会(苏州)。

67. 2005年10月24—26日出席由福建师范大学主办的第九届闽方言国际学术研讨会。

68. 2005年12月12—14日出席由香港中文大学主办的第十届国际粤方言研讨会。

69. 2006年1月4—5日出席由香港理工大学主办的香港普通话水平考试（PSK）入门等级审定会。

70. 2006年12月8—10日出席由广西大学主办的第十一届国际粤方言研讨会。

71. 2006年12月13—16日出席由香港大学主办的“学艺兼修，汉学大师——饶宗颐教授九十华诞学术研讨会”；17—18日接着出席由潮州市人民政府主办的“饶宗颐学术研讨会”（香港—广东潮州）。

72. 2007年1月19—22日出席由香港中文大学及香港崇正总会主办的第七届国际客家方言研讨会。

73. 2007年4月7—9日出席由全国汉语方言学会主办的第十四届年会暨汉语方言国际学术研讨会(杭州)。

74. 2007年8月3—6日出席由青海民族学院主办的21世纪第四届现代汉语语法国际研讨会。

75. 2007年11月22日作为嘉宾出席香港中文大学中国文化研究所成立四十周年庆祝大会。

76. 2007年12月15—17日在中山市主持第十二届国际粤方言研讨会。

77. 2008年7月4—7日出席由暨南大学汉语方言研究中心主办的“首届海外汉语方言国际研讨会”。

78. 2008年11月21—24日出席由台湾中央大学等主办的第八届客家方言国际研讨会（台湾桃园县中珴镇）。

79. 2008年12月15—17日出席由香港中文大学主办的“历时演变与语言接触：中国东南方言国际研讨会”。

80. 2008年12月18—20日出席由香港城市大学主办的第十三届国际粤方言研讨会。

81. 2009年5月18—20日出席由澳门大学主办的“冲突对话与文明建设国际学术研讨会”。

82. 2009年11月20—21日出席由华南师范大学主办的“岭南文献与岭南学国际研讨会”。

83. 2009年12月1—3日出席由全国汉语方言学会和澳门大学联合主办的汉语方言国际学术研讨会暨全国汉语方言学会第十五届学术年会。

84. 2009年12月7—9日出席由桂林高等师范专科学校主办的第十四届粤方言国际学术研讨会、第五届土语平话国际学术研讨会。

85. 2009年12月11—14日出席由韩山师范学院承办的广东省中国语言学会2008—2009学术年会暨语言接触国际研讨会。

86. 2010年2月27至3月1日出席由泉州市人民政府和华侨大学主办的第二届海外汉语方言国际研讨会。

87. 2010年8月27—29日，出席由北京大学主办的中国语言学发展之路——继承、开拓、创新国际学术研讨会。

88. 2010年9月21—24日出席由澳门特区政府高教辅助办和澳门大学主办的古典诗歌研究与人文精神思考国际学术研讨会。

89. 2010年12月13—15日出席由澳门中国语文学会、澳门粤方言学会和澳门理工学院联合主办的第十五届国际粤方言研讨会。

90. 2010年12月20—22日出席由广东省潮州市人民政府和韩山师范学院主办的纪念詹安泰先生国际学术研讨会。

【有关詹伯慧教授之参考资料】

一、辞书及人物专书

1. 中文部分

中国现代语言家第四分册（河北教育出版社，1995合订本下卷；河北教育出版社，1989，石家庄）
《中文学会情报》创刊号（香港大学中文学会，1987）
中国普通高等学校教授人名录（高等教育出版社，1988，北京）
广州高校潮籍人才录（广州高校潮汕文化促进会编，1989）
《饶平当代人才》第一辑（饶平县委宣传部、饶平文联合编，1990）
中国当代社会科学人物（重庆大学出版社，1990）
当代中国社会科学学者大辞典（浙江大学出版社，1990，杭州）
中国语言学大辞典（江西教育出版社，1991，南昌）
中国当代文化名人大辞典（中国广播电视出版社，1991，北京）
潮汕人物辞典（文史艺术分册）（中山大学出版社，1991，广州）
中国当代教育名人传略（未来中国出版社，1992，香港）
当代中国科学家与发明家辞典（当代中国出版社，1997，银川）
珞珈拮英（之一）（武汉大学出版社，1993，武汉）
中国人民政治协商会议第八届全国委员会委员名录（文化教育出版社，1994）
中国现代社会科学家大辞典（书海出版社，1994，太原）
广东百科全书（中国大百科全书出版社，1995，北京）
中国专家大辞典（广东卷）（广州，1996）
广东高级专家大辞典（第一卷）（广州，1996）
历届全国政协委员人名辞典（中国国际广播出版社，1997，北京）

中国高等教育专家名典（中国人事出版社，1997，北京）
中国高级专业技术人才辞典（中国人事出版社，1997，北京）
中国语言学人名大辞典（岳麓书社，1997，长沙）
中国百科学者传略（三）（巴蜀书社，1997，成都）
中外名人辞典（新世纪卷）（中国新闻出版社，1999，北京）
世界文化名人辞海（华人卷五）（中国言实出版社，1999，北京）
二十一世纪人才库（1）（中国世界语出版社，1999，北京）
世界优秀专家人才名典（第一卷中）（中国国际交流出版社，世界人物出版社，1999，北京）
世界名人录（新世纪卷）（世界人物出版社，中国国际交流出版社，2000，香港）
2001 年广州年鉴（人物篇：博士生导师）（广州年鉴社出版，2001，广州）
中国现代语言学家传略（中国语言学会编写，河北教育出版社，2004，石家庄）
百年暨南人物志（张玉春主编，暨南大学出版社，2006，广州）
群星璀璨——暨南大学研究生导师风采（广东人民出版社，2006，广州）

2．英文部分

Dictionary of International Biography Twenty Second Edition（IBC Cambridge，England，1992）
Man of Achevement Fifteenth Edition（IBC Cambridge，England，1992）
International Dictionary of Distinguished Leadership Fourthsecond（ABI Raleigh，N. C. U. S. A. 1993）
International Man of the Year 1992/1993（IBC Cambridge，England）
Most Admired Men And Women of the Year（ABI Raleigh，N. C. U. S. A. 1994）
Five Hundred Leaders of Influence（ABI Raleigh，N. C. U. S. A. 1994）

二、介绍文章及传媒报道

记语言学家詹伯慧（《文汇报》，1994 年 5 月 17 日，香港）
访暨大最年轻教授、文学院新任院长詹伯慧（《文汇报》，1985 年 5 月 13 日，香港）
“我是理所当然要忙的”——访《每日一句话》主编人詹伯慧教授（《南方日报》，1985 年 7 月 28 日，广州）
Teaching Method，Syllabi Should be Changed（Hong Kong Standard，Dec. 18，1985. Hong Kong）
暨大文学院院长詹伯慧教授获港大授荣誉教授衔（《明报》，1987 年 5 月 15 日，香港）
潮籍语言学家詹伯慧（《潮人》第 5 期，1987 年 10 月，广东汕头）
愿携手弘扬中华文化——省政协委员詹伯慧教授一席谈（《南方日报》，1988 年 1 月 17 日，广州）
方言只能限制，不可能消灭（《新明日报》，1988 年 4 月 16 日，新加坡）
让学习语言者认识实际用途（《联合早报》，1988 年 4 月 17 日，新加坡）
推广华语运动并不是消灭方言（《联合晚报》，1988 年 4 月 19 日，新加坡）
潮籍语言学家詹伯慧（《汕头日报》，1988 年 11 月 9 日）
正确理解方言共同语的关系——访汉语方言专家詹伯慧（《社会科学报》第 135 期，1988 年 12 月 29 日，上海）
语言学家詹伯慧教授（《暨南大学研究生学报》1989 年第 5 卷第 1 期，广州）
中国语言宝库里的撷英者（《华夏》1989 年第 5 期，广州）
方言有存在价值（《香港明报》，1989 年 12 月 19 日）
“愿大家都学普通话”——詹伯慧教授谈推普工作（《羊城晚报》，1989 年 12 月 21 日，广州）

“越是地方性，就越有世界性”记潮籍方言学家詹伯慧（《汕头日报》，1990 年 9 月 23 日）

语言学家詹伯慧教授（《广州日报》，1990 年 10 月 1 日）

记语言学家詹伯慧（《新晚报》，1990 年 10 月 9 日，香港）

一位为我国语言科学作出重要贡献的学者——记博士生导师詹伯慧教授（《暨南大学学报》第 119 期，1991 年 10 月 10 日）

一位热心社会语文工作的语言学家——记暨南大学詹伯慧教授（全国语言文字工作“双先”表彰会交流材料，1992 年 12 月，北京）

博士生导师詹伯慧教授（《暨南学报》1993 年第 3 期，广州）

詹伯慧　一位杰出的语言学家（《中国教育报》，1993 年 12 月 12 日，北京）（《学习之友》1994 年第 3 期转载，广东汕头；《潮州》1994 年第 2 期转载，广东潮州）

方言沃土绵延，翰林勃发荣枝——访暨大博士生导师詹伯慧（《学术研究》1994 年第 3 期，广州）

詹伯慧：方言“岛”上痴情人（《今日名流》1996 年第 1 期，武汉；《潮州》1996 年第 4 期，广东潮州）

一门双教授，两代皆英才（《潮州》1995 年第 4 期，广东潮州）

詹伯慧委员谈香港语言问题（《中国新闻》总 13821 号，1996 年 3 月 14 日出版，北京；中新社北京 1996 年 3 月 13 日电，1996 年 3 月 14《澳门日报》及《香港大公报》、《东方日报》、《澳洲新报》等刊出）

马照跑、舞照跳、广东话也照样讲，香港粤语主导地位暂难动摇（《商信》第 172 期，1996 年 4 月 2 日，广州）

“九七”后香港讲什么话？詹伯慧谈香港语言问题（《粤港信息日报》第 2882 期，1996 年 4 月 8 日，广州）

詹伯慧谈香港语言问题（《广州文摘报》第 14 期第 1 版，1996 年 4 月 4 日）

做语言的警察还是语言的导游（专家访谈）（《文化参考报》第 288 期，1996 年 8 月 7 日，广州）

香港渐成三语社会——詹伯慧教授谈回归后多元语言生活（《信息时报》，1997 年 4 月 20 日，广州）

回归后语言多元化（《亚洲周刊》，1997 年 5 月 5 日至 11 月，香港；又澳洲悉尼《澳华时报》转载，1997 年 5 月 15 日）

为了汉语方言这块沃土（《普宁文艺》1996 年冬季号）

詹伯慧从事学术生涯 45 年，门生及省语会负责人表祝贺（《澳门日报》，1997 年 7 月 20 日）

汉语方言学家詹伯慧弟子举办祝华诞及论文集首发仪式（《华侨报》，1997 年 7 月 20 日，澳门）

汉语方言学专家詹伯慧（《暨南大学》第 221 期，1997 年 9 月 1 日，广州）

光辉的业绩——记著名语言学家詹伯慧（《潮州日报》，1997 年 6 月 12 日）

詹伯慧教授对汉语方言学的重要贡献（《恭贺詹伯慧教授六六华诞汉语方言论文集》，1997 年，香港）

潮籍方言学家詹伯慧教授与汉语方言学（《潮学研究》1997 年第 6 期，广东汕头）

潮籍著名学者詹伯慧（《潮州》1998 年第 4 期，广东潮州）

我心底里的方言学家詹伯慧教授（《语文教学与研究》1999 年第 1 期，武汉）

詹伯慧老师——慈祥的老教授（新加坡国立大学中文系第十九届毕业特刊）

立说传薪风雨人——庆祝詹伯慧教授从教 45 周年文集（暨南大学出版社，1999 年 3 月，广州）

敬贺詹伯慧教授从教 45 周年特辑（澳门中国语文学会学报《语丛》总第 39 第 40 期，1999 年 3 月，澳门）

詹伯慧从教 45 周年（《南方日报》，1999 年 6 月 1 日）

穗庆祝詹伯慧从教 45 周年（《澳门日报》，1999 年 6 月 2 日）

辛勤耕耘，桃李满园（《羊城晚报》，1999 年 6 月 3 日，广州）

詹教授老泪纵横（《新快报》，1999 年 6 月 5—6 日，广州）

辛勤耕耘四十五载，著作等身桃李满园（《暨南大学》第 261 期，1999 年 6 月 10 日，广州）

语言学家　晦人不倦（《澳门日报》，1999 年 6 月 20 日）

客座教授詹伯慧（《北京日报》，1999 年 6 月 25 日）

立说传薪　风雨人生（《粤海同心》，1999 年第 12 期，1999 年 12 月，广州）

Paris dans le coeur du professeur Zhan Bohui（LA Chine au Present，Fevrier，2001）

中文版《詹伯慧教授的巴黎情结》（黄伊著：《编辑的故事》，金城出版社，2003 年 5 月，北京）

锲而不舍，团结协作——詹伯慧回顾广东粤方言研究工作（《澳门日报》，2001 年 2 月 18 日）

詹伯慧教授（暨南学人）（《暨南学报》2001 年第 2 期，2001 年 3 月，广州）

视学术为生命，以服务社会为己任——语言学家詹伯慧成功之路（《侨教之光——群星荟萃暨南园》，广东人民出版社，2001 年 5 月，广州）

一位语言学家的情怀（《潮州日报》，2001 年 8 月 21 日，广东潮州）

从教半世纪，桃李满天下——记著名语言学家、博士生导师詹伯慧教授（《红枫》2001 年第 9 期，广州；《广州潮讯》2001 年第 4 期，广州）

汉语方言学家詹伯慧（《同舟共进》2001 年第 10 期，广州）

呵，恩师的眼睛（《检察文学》2002 年第 2 期，陕西咸阳）

詹伯慧教授的政协提案获全国政协表彰（《暨南大学简报》第 32 期，2002 年 11 月 7 日，广州）

展示客家民俗风采——省级文物保护单位新丰镇润丰楼剪影（《潮州日报》记者尤小年，2002 年 11 月 25 日）

父子双佼　史传佳话——潮州市近、现代文化名人简述之八（潮州市广播电视中心《潮州风情》，http：//cztv. chaozhou. gd. cn/ps/czfq/ps_ czfq319. htm，2003 年 1 月 5 日）

粤方言研究方兴未艾（香港大公报驻广州记者袁秀贤，《香港大公报》，2003 年 7 月 7 日）

方言泰斗——詹伯慧（《河间天地》第 2 期，2004 年 1 月 15 日，深圳）

从广东走向世界的语言学家詹伯慧（《岭南文史》2004 年第 1 期，广州）

“岭南词宗”之子、语言学家詹伯慧：我与父亲的运动劫（《南方都市报》，2006 年 11 月 10 日）

名门望族［詹安泰家族］：穷年一楼七进士，盛世一人续文脉（《南方都市报》“广州旧闻：家族故事名人传奇”，第 17 期，总第 132 期，2007 年 6 月 26 日 C24 – 25 版广州杂志）

方言与共同语关系（《南方网 > 南方理论 > 岭南大讲坛 > 岭南学术论坛》第 33 期：广东的语言与广东的文化》，2008 年 5 月 5 日，广州）

岭南方言的研究及其应用（《南方网 > 南方理论 > 岭南大讲坛 > 艺术论坛》第 33 期，2008 年 6 月 12 日，广州）

韩江论坛邀请名家对话：弘扬潮汕文化，传递人文精神（《潮州日报》，2008 年 6 月 17 日）

平易之中见深邃——詹伯慧印象（《潮州日报》《观潮》，2006 年 7 月 11 日）

著名汉语方言学家詹伯慧教授莅临我院讲学（韩山师范学院新闻中心，2008 年 7 月 29 日）

方言的研究是几辈子的事——访文学院原院长、博士生导师、语言学家詹伯慧教授（《暨南大学》第 504 期，2008 年 11 月 20 日）

暨大庆祝詹伯慧从教 55 周年（《羊城晚报》，2008 年 12 月 23 日）

暨大将建“资源库”，抢救岭南濒危方言——语言学家詹伯慧从教 55 周年研讨会召开（《南方日报》，2008 年 12 月 23 日）

培养汉语硕博“詹家军”（《深圳特区报》，2008 年 12 月 24 日）

岭南词宗詹安泰——访著名语言学家詹伯慧先生（《岭南学》第2辑，2008年12月，中山大学出版社，广州）

新时期语言学研究生培养专题研讨会暨詹伯慧教授从教55周年学术研讨会隆重召开（《暨南大学》第509期，2009年1月10日）

詹伯慧痛批研究生批量生产　学生论文乱写，老师居然通融，我真“佩服”［《羊城晚报》，2009年2月1日A2版；《牛眼探春》名人会专稿，作者夏阳、孙璇；本文同日在新浪、搜狐、大学校园、中学联（Acsf，com）、BBS（寒泉）等多个因特网上转载刊出］

詹伯慧五十五载方言情结（《澳门日报》，2009年1月3日B2版；电子版同时刊出）

詹伯慧学术思想初探（《暨南学报》2009年第2期，2009年3月出刊，作者刘新中）

詹伯慧：潮语体现社会文化（《澳门日报》，2009年2月2日B6版）

告别暨大教坛以后——记恩师詹伯慧教授（《检察文学》2009年第12期；《潮州》2010年第1期。作者许慈航）

语言学家詹伯慧教授到访詹氏经济文化交流协会驻深办事处　（《河间天地》第15期，2009年12月，深圳）

广州话正音字典料明年出版（《香港大公报》驻广州记者袁秀贤2010年1月30日发稿，《香港大公报》，2010年2月4日刊出）

经济优势　地域因素　全球讲粤语人数不减反增（《香港大公报》，2010年2月11日A14版，驻广州记者袁秀贤2010年2月10日电）

“文脉”薪火相传的詹氏父子［《广东地方税务》2010年第1期（总145期），本刊记者钟文锋、钟云姗］

普通话是粤语的敌人吗（《羊城晚报》，2010年6月9日A8版《都市圈》，记者张演钦专访）

文士情怀——詹伯慧书法展1月22日至2月1日在广东画院美术馆展出。展出近百幅书法作品。（《广州日报》，2011年1月24日B4版《展讯六则》）

詹伯慧：一生献给方言学（《中国社会科学报》，2011年2月24日人文岭南版，记者江一河，实习记者江丽芝）

当代学林：詹伯慧（《学术研究》2011年第3期封二）

半世纪耕耘，造就方言学泰斗（《广州日报·大学生报》总23期《名师录》第6版，2011年5月30日）

田野春秋——庆祝詹伯慧教授八十华诞暨从教五十八周年纪念文集（甘于恩主编，暨南大学出版社，2011年6月）

三、著述评论

1.《珠江三角洲方言调查报告》

①《材料丰富的方言调查报告》——评《珠江三角洲方言字音对照》

（古三，香港《书海》第17期，1988年4月）

②《汉语方言词汇研究的新进展》——介绍《珠江三角洲方言词汇对照》

（黎静，香港《书海》第20期，1989年4月）

③ Zhan Bohui，Cheung Yat-Shing et al.，*A Survey of Dialects in the Pearl River Delta*（Laurent Sagart，Cahiers de Linguistique Asie Orientale，Vol. XX，No. 2 Hiver 1991，Paris）

④《珠江三角洲方言调查报告评介》（郭振芝，《暨南大学》1992年第1期，广州）

⑤《珠江三角洲方言调查报告简介》（《全国高等学校首届人文社会科学研究优秀成果奖获奖成果简介汇编》，国家教委社会科学司编，高等教育出版社，1997年，北京）

2.《汉语方言及方言调查》

①一部合作的方言教材（黄坤尧，香港《中国语文通讯》第18期，1992年1月）

②汉语方言研究的方法论——读《汉语方言及方言调查》（石锋、余志鸿，《语文研究》1993年第4期，太原）

③十年格物而一朝物格——读《汉语方言及方言调查》（梁金荣，《学术研究》2000年第7期，广州）

3.《汉语与方言论集》

①笔耕不辍，严谨平实——介绍詹伯慧教授的《语言与方言论集》（邵慧君，《岭南文史》1993年第1~2期，广州）

②与时代的脉搏共同跳动（梁金荣，澳门中国语文学会主编《语丛》第27期，1995年6月）

4.《方言·共同语·语文教学》

①议论纵横　理据俱全（李鹏翥，《潮学研究》1995年第2期，广东汕头）

②走向国际的汉语方言学（邓景滨，澳门日报《语林》第230~231期，1995年10月8日；10月22日）

5.《东瀛杂记》

喜读《东瀛杂记》（潘华，《香港文汇报》，1984年6月22日）

6.《广州话正音字典》

①千呼万唤始出来——喜见《广州话正音字典》面世（胡培周，澳门日报《学海》第277期，2002年11月3日）

②《广州话正音词典》评介（陆镜光，《学术研究》2002年第12期，广州；澳门日报《新书刊》，2003年2月5日转载，题为“詹伯慧主编的《广州话正音字典》”）

③介绍《广州话正音词典》（施仲谋，《现代教育通讯》第65期，2003年3月，香港）

④欣喜《广州话正音字典》出版（沛雁，丹华文化教育中心第25期，2003，荷兰鹿特丹）

⑤谈谈《广州话正音字典》（张振兴，《广东中国语言学会通讯》第10期，2003年11月，广州）

⑥粤普兼备　正俗并收　易检易用——2002年刚出版的《广州话正音词典》（何国祥，《广东中国语言学会通讯》第10期，2003年11月，广州）

⑦一本规范广州话读音的词典（周无忌，《广东中国语言学会通讯》第10期，2003年11月，广州）

⑧人杰地灵　天作之合（胡培周，《广东中国语言学会通讯》第10期，2003年11月，广州）

⑨一部兼备实用价值、学术质量和可检索性的方言词典——评《广州话正音词典》（王彦坤，《广东中国语言学会通讯》第10期，2003年11月，广州）

⑩“小”字典　大学问——庆贺《广州话正音词典》出版（方小燕，《广东中国语言学会通讯》第10期，2003年11月，广州）

⑪试谈《广州话正音字典》的检字部首（陶原珂，《广东中国语言学会通讯》第10期，2003年11月，广州）

⑫一部深具特色的方言正音词典——评《广州话正音字典》（杨蔚，《辞书研究》2004年第4期，上海）

⑬方言正音字典的定位与体例问题——读《广州话正音字典》（甘于恩，《辞书研究》2004年第4期，上海）

7.《广东粤方言概要》

①读《广东粤方言概要》（崔淑慧，《学术研究》2003 年第 11 期，广州）

②粤方言研究的重大突破——读《广东粤方言概要》（刘新中，《暨南学报》2004 年第 3 期，广州）

8.《漫步语坛的第三个脚印——汉语方言与语言应用论集》

①名为《汉语方言与语言应用论集》，詹伯慧著作出版（《澳门日报》，2004 年 1 月 6 日）

②方言与应用语言研究的力作（王红梅，《田野春秋》——庆祝詹伯慧教授八十华诞暨从教五十八周年纪念文集，暨南大学出版社，2011 年，广州）

9.《詹伯慧语文评论集》

云路又丰碑——初读《詹伯慧语文评论集》（谭任杰，澳门日报《新园地》，2009 年 6 月 10 日）

10.《语文杂记》（《大家小书》丛书之一）

①厚积薄发的小书（谭任杰，澳门日报《新园地》，2010 年 10 月 22 日）

②大家小书，形小义大——《语文杂记》读后（邢福义，《田野春秋》——庆祝詹伯慧教授八十华诞暨从教五十八周年纪念文集，暨南大学出版社，2011 年，广州）

11. 文士情怀——詹伯慧书法展

①不经意间寓规矩——詹伯慧教授书法小记（林锐，《文士情怀——詹伯慧书法展》，主编洪楚平，公元出版有限公司，2011 年，香港）

②从读书说起——詹伯慧书法展感言（洪楚平，《文士情怀——詹伯慧书法展》，主编洪楚平，公元出版有限公司，2011 年，香港）

③文士情怀，传世书香——詹伯慧教授在香港挥毫写字小记（庄福伍，《田野春秋》——庆祝詹伯慧教授八十华诞暨从教五十八周年纪念文集，暨南大学出版社，2011 年，广州）

詹伯慧学术年表

【学术经历】

1. 1953年，毕业于由王力教授创办的中山大学语言学系。

2. 1953年至1983年，为武汉大学中文系教师三十年，历任助教、讲师、副教授、教授，1982年起任教授。期间于1955年秋至1958年春，为北京大学进修教师，从师袁家骅教授专攻汉语方言学，于1956年6—12月参加中国科学院少数民族语言第一调查工作队海南分队在海南岛调查黎语。1957年起参加由袁家骅教授主持的《汉语方言概要》编写工作。1975年起脱产从事《汉语大字典》编撰，负责收字、审音工作。1980年春至1982年春受教育部推荐，到日本东京大学担任客座教授两年。1981年全国汉语方言学会成立，被推选为学会理事，此后连续十五届一直蝉联理事。

3. 1983年秋至2010年，为暨南大学中文系教授。1984年创建汉语方言研究室并开始招收硕士研究生，1985年至1989年兼任文学院院长，1990年被国务院学位办评为汉语方言学博士研究生导师，在暨南大学中文系建立现代汉语博士点，1991年起招收汉语方言方向博士生，直至2005年退休，共培养29名博士生。期间于1984年受聘为《中国大百科全书·语言文字卷》汉语方言分科副主编。

4. 1985年12月，作为特邀嘉宾出席香港教育署语文教育学院主办的首届国际语文研讨会。

5. 1986年起担任广东省中国语言学会会长二十多年，直到2008年卸任；是年秋应聘首次到香港大学以荣誉教授衔讲学，担任《现代汉语》教学一学期；8月，与香港中文大学张日昇教授签署《珠江三角洲汉语方言调查研究协议书》，珠江三角洲方言调查计划开始实施。11月15—16日，应澳门中国语文学会邀请，首次到澳门作学术讲演。12月，出席香港大学主办的“人的革命”学术研讨会。

6. 1987年1月，首次到香港中文大学短期讲学；7月在该校出席首届国际粤方言研讨会。

7. 1988年4月应新加坡华文研究会邀请首次到新加坡访问讲学10天。

8. 1989年7月30日至8月2日，主持在广州举行的第二届国际粤方言研讨会；8月，出席在澳门举行的世界汉语教学国际研讨会。

9. 1990年1月，率领广东省中国语言学会代表团访问澳门；5—6月，应法国高等社会科学院邀请，前往巴黎作为期一个月的访问讲学；9月，出任由粤、港、澳粤语学者组成的“广州话审音委员会”召集人；是年开始出任广东省人民政府文史研究馆副馆长；直到2000年卸任。

10. 1991年6月，出席新加坡国立大学主办的“汉学研究之回顾与前瞻国际研讨会”；10月，出席由泰国南甘杏大学和清迈大学主办的第二十四届国际汉藏语言学会议。

11. 1992年，“北江、西江流域粤方言调查研究”项目启动，8月7日，与张日昇教授一起率领此项目成员赴粤北进行实地调查；10月，应香港中文大学中国文化研究所邀请，前往进行四个月的研究工作。

12. 1993年6—7月，率领西江流域粤方言调查组到西江流域10县（市）进行一个月实地调查；12月，率调查组成员到香港理工学院开展西江流域调查资料的协作整理工作；12月20—22日，出席由香港中文大学主办的首届潮州学国际研讨会。

13. 1994年10月18—20日，中国语文现代化学会成立，当选为副会长；10月25日，暨南大学汉语方言研究中心成立，被任命为主任；12 月 29 日至 1995 年 1 月 1 日，广州话审音委员会会议决定《广州话正音字典》编纂工作开始，被推举为主编。

14. 1995 年 3 月 20—22 日，出席省社科联第四次代表大会，被选为省社科联主席团委员；6 月 19—26 日，应台湾中央研究院邀请，首次前往该院历史语言研究所访问讲学一周；12 月 9—11 日，到香港中文大学出席“1997 与香港中国语文”学术研讨会。

15. 1996 年，1 月 6—7 日，出席澳门语言学会主办的“语言与传意”学术研讨会；8 月 18—19 日，出席在潮州举行的饶宗颐学术研讨会（国际）；10 月 14—17 日，出席在桂林举行的第二届全国语言文字现代化学术会议；11 月 9—12 日，出席在新加坡举行的第三届国际客家学研讨会。

16. 1998 年 1 月，受聘为新加坡国立大学客座教授一年；3 月 7 日，应邀到新加坡南洋理工大学作关于汉语规范化问题的学术讲演；11—12 月，应邀赴美国加州大学（柏克莱）作一个月的访问讲学。

17. 1999 年 6 月 23—25 日，出席由香港科技大学和香港中文大学主办的第六届国际闽方言研讨会；6 月 26—28 日，出席由香港大学主办的第七届国际粤方言研讨会；7 月 5—7 日，出席由澳洲墨尔本大学主办的第八届汉语语言学国际会议；9 月 2—21 日，应日本学术振兴会之邀到东京早稻田大学与平山久雄教授进行合作研究，期间先后在东京大学、日本中国语学会关东分会、筑波大学作学术讲演，并到京都、天理、奈良、大半、神户、名古屋等地与日本汉学家进行学术交流。

18. 2000 年 6 月 26—28 日，出席在新加坡举行的第九届汉语语言学国际会议；8 月 14 日，出席北京大学举行的纪念王力先生百年诞辰国际学术研讨会；应香港大学邀请，2000 年 11 月开始在港大访问讲学三个月。

19. 2001 年 1 月 17—19 日，出席香港大学主办的“21 世纪中国学术研究前瞻国际研讨会”；2 月 12 日，到香港科技大学作学术讲演；2 月 19 日，到香港城市大学作学术讲演；5 月 18—20 日，出席在天津南开大学举行的“中国语言学博士点专家座谈会”；12 月 21—24 日，主持在暨南大学举行的第八届国际粤方言研讨会。

20. 2002 年，与香港大学语言学系联合建立粤方言研究网站，自 1 月起受聘为港大语言学系名誉教授，为期三年；6 月 21—22 日，出席由香港理工大学主办的首届汉语方言书写国际研讨会；11 月 2—3 日，出席暨南大学主办的“语言学科建设高级专家座谈会”；11 月 27—29 日，出席由新加坡国家历史博物馆等主办的“海外潮人社会文化国际研讨会”；12 月 15 日，在中山大学出席纪念詹安泰教授诞生 100 周年及学术研讨会。

21. 2003 年 11 月 10—12 日，出席由新加坡国立大学主办的第二届肯特岗国际汉语语言学圆桌会议。

22. 2004 年 4 月 3 日，应邀为香港大学查良镛学术讲座作专题学术讲演；6 月 16—17 日，出席中国社会科学院语言研究所主办的纪念吕叔湘先生百年诞辰国际学术研讨会；7 月 9—17 日，应邀访问台湾一周，出席在新竹义民庙举行的“2004 饶平客家文化研习营”，期间访问了中央研究院语言学研究所、中央大学、成功大学、中山大学等学术机构，进行学术交流；9 月开始，应香港大学之聘，以名誉教授身份，接连三个学年为“中文学科知识深造文凭课程”讲课；11 月 6—7 日，出席由暨南大学主办的第二届语言学科建设高级专家论坛。

23. 2005 年 1 月 4—5 日，出席由香港理工大学主办的 PSK 词汇大纲鉴定会；1 月 26 日至 6 月 15 日，应聘为香港科技大学人文学部中国语言学研究中心研究生讲授“粤语研究”课；4 月 5—17 日，应邀到山西大学进行学术交流，期间作了学术讲演，并出席“新世纪中国语言学科建设与发展研讨会”；8 月 13 日，出席由暨南大学与教育部语信司联合主办的“语言与国家”高级论坛。

24. 2006 年 2 月 22 日，应邀与香港教育署语文教育与研究常设委员会签订协议，担任专题研究顾问，提供广东“推普”经验，撰写《从广东的推普看香港的推普工作》咨询报告，于 2007 年初完成；

3月31日至4月1日，出席在北京由国家语委等主办的“语言文字规范化工作学术研讨会”；6月上旬，作为南昌大学“211工程”验收组成员到该校参与评估验收工作；6月8—10日，作为专家评估组成员参加对深圳市语言文字工作进行评估工作；6月中旬，应邀前往广西玉林师院讲学；9月，受香港大学之聘，以名誉教授身份开始为中文学院新设立的中国语言文学硕士班（M. A.）讲授“现代汉语专题研究”课程，每学年一次（十五周），周而复始；10月29日至11月3日，应邀出席在重庆—宜昌三峡游轮上举行的《中国语言文字大词典》座谈会，被推为方言卷的主编；11月29日至12月1日，出席在深圳举行的首届国际上海方言学术研讨会；12月13—16日，出席香港八大学联合举办的“学艺兼修，汉学大师——饶宗颐教授90华诞学术研讨会”。

25. 2007年1月19—24日，出席由香港中文大学主办的第七届国际客家方言研讨会；5月12—14日，出席在天津由天津师范大学文学院和北京大学中文系联合主办的“继往开来的语言学发展之路2007学术论坛”；7月14—16日，《中国语言文字大词典》汉语方言卷顾问、编委联席会议在暨大举行，宣告《方言卷》在暨大挂牌，正式启动；12月15—17日，到中山市主持第十二届国际粤方言研讨会。

26. 2008年2月20—22日，出席在北京举行的《中国语言文字大词典》编撰工作会议；4月21日，应教育部语信司邀请，出席在北京举行的纪念汉语拼音方案颁布五十周年学术研讨会；4月22日，应北京大学中文系邀请，到该系作学术讲演；5月31日，应邀为岭南大讲坛作题为“岭南方言的研究及其应用”的讲演；6月15—19日，应潮州市有关领导邀请访问潮州，期间为《韩江论坛》作题为“我的父亲詹安泰”的讲演，并出席潮州电视台的《名家对话》栏目，纵论岭南文化与潮州文化；7月4—7日，出席由暨大方言研究中心主办的首届海外汉语方言国际研讨会；11月7日，出席由省社联和佛山市委宣传部在南海仙湖举办的“广府文化与改革开放”学术研讨会；11月21—24日，赴台湾出席由台湾中央大学主办的第八届客家方言国际研讨会；12月15—17日，出席由香港中文大学主办的“历史演变与语言接触：中国东南方言国际研讨会”；12月18—20日，出席由香港城市大学主办的第十三届国际粤方言研讨会。

27. 2009年3月，应香港商务印书馆之约，与单周尧教授一起主编的《当代粤语正音字典》启动；应香港文汇报之约，开始为该报《百家廊》撰写系列杂文《语文杂记》；5月18—20日，出席澳门大学主办的“冲突对话与文明建设”国际学术研讨会；6月11—12日，出席由中央文史研究馆在西安举办的“正确使用祖国语言文字调研座谈会”；11月7—9日，出席由南昌大学主办的“第二届赣方言国际研讨会”；11月11—15日，应北京大学中文系邀请访问北大，为“王力学术讲座”作“王力教授与汉语方言学”学术讲演；11月30日至12月3日，出席在澳门举行的汉语方言国际学术研讨会暨全国汉语方言学会第15届学术年会；12月6—9日，出席在桂林举行的第十四届国际粤方言研讨会。

28. 2010年，2月27日至3月1日，出席在泉州由华侨大学主办的第二届海外汉语方言国际研讨会；4月7日，出席《广东客家人》编委会，答应撰写其中《广东客家话》部分；4月10日，出席《广府文化丛书》编委、专家座谈会，答应与甘于恩合作撰写其中《广府方言》一册；4月24—25日，出席由暨大汉语方言研究中心主办的广东汉语方言研究的理论与实践暨《广东粤方言地图集》专题研讨会；8月9—10日，在广州与上海古籍出版社编辑部主任李保民签署由詹伯慧主编的《詹安泰全集》编辑出版合同，全书五卷200多万字，2011年出齐；8月27—29日，出席北京大学为中文系一百周年系举行的“中国语言学发展之路——继承、开拓、创新国际研讨会”，并在京与刘家丰签署《中国语言文字大词典·汉语方言卷》出版协议书。9月3日，接受潮州电视台六集纪录片《饶宗颐》拍摄组采拍，讲述与饶公两代交往往事；9月21—24日，出席由澳门特区高教办与澳门大学主办的“古典诗歌研究与人文精神思考国际学术研讨会”；10月14日，赴深圳大学主持暨南大学汉语方言研究中心深大工作站揭牌仪式，并向文学院师生作“语海弄潮”讲演；10月23日，因临时眼睛受伤，未克应邀出席第二届湘语国际研讨会，特向会议发送题为“发挥优势，开拓进取，再创汉语方言研究的新辉煌”论文；12 月 13—15 日，出席在澳门举行的第十五届国际粤方言研讨会；12 月 20—22 日，出席由潮州市人民政府和韩山师范学院联合主办的纪念詹安泰先生国际学术研讨会。

29. 2011 年 1 月 9—10 日，赴广西梧州学院主持暨南大学汉语方言研究中心梧州学院工作站揭牌仪式，并向中文系及政治教育系学生作“谈谈语文学习”讲演；1 月 22 日，由广东画院主办的“文士情怀——詹伯慧书法展”在该院展厅开幕；1 月 28 日，出席广东省社科联顾问座谈会；2 月 18 日，接受中国社会科学报《人文岭南》版记者专访。

【主要著作】

已刊著作30多种，文章近400篇。这里只列主要著作：

1. 武汉人怎样学习普通话	湖北人民出版社	1956
2. 汉语方言概要（集体编著，袁家骅主编）	文字改革出版社	1960
3. 现代汉语方言	湖北人民出版社	1981
	日本东京光生馆（日译本）	1983
	台湾新学识文教出版中心（繁体字本）	1991
4. 浠水方言纪要	日本东京龙溪书舍	1981
5. 汉语方言文集	日本东京龙溪书舍	1982
6. 东瀛杂记	武汉大学出版社	1982
（增订本《日本面面观》）	人民文学出版社	1989
（重版本《东瀛杂记》）	暨南大学出版社	2011
7. 珠江三角洲方言调查报告（三卷，主编）	广东人民出版社	1987、1988、1990
8. 学讲汉语普通话	中国国际广播出版社	1989
9. 汉语方言及方言调查（主编）	湖北教育出版社	1991
10. 语言与方言论集	广东人民出版社	1993
11. 粤北十县市粤方言调查报告（主编）	暨南大学出版社	1994
12. 方言·共同语·语文教学	澳门日报出版社	1995
13. 粤港澳学生用普通话常用词手册	暨南大学出版社	1997
14. 汉语方言论集（与黄家教等合著）	北京语言文化大学出版社	1997
15. 东莞方言词典（与陈晓锦合著）	江苏教育出版社	1997
16. 粤西十县市粤方言调查报告（主编）	暨南大学出版社	1998
17. 广东地区社会语言文字应用问题调查报告（主编）	暨南大学出版社	2000
18. 广东粤方言概要（主编）	暨南大学出版社	2002
19. 广州话正音字典（主编）	广东人民出版社	2002
20. 现代汉语方言概论（合著，侯精一主编）	上海教育出版社	2002
21. 漫步语坛的第三个脚印——汉语方言与语言应用论集	暨南大学出版社	2003初版，2006增订本
22. 饶平客家话（合著，第一作者）	澳门环球文化传播有限公司	2003
23. 普通话水平测试实施纲要（合著，普通话水平测试国家指导用书）	商务印书馆	2004
24. 詹伯慧语文评论集（邓景滨、刘新中编）	暨南大学出版社	2008
25. 新时空粤语（主编，上下册）	暨南大学出版社	2006、2009
26. 语文杂记（《大家小书》丛书之一）	暨南大学出版社	2010
27. 文士情怀——詹伯慧书法展（洪楚平主编）	公元出版有限公司（香港）	2011

詹伯慧著述目录

（1950—　）

一、著作

1. 在反动统治下英勇斗争的和平战士	华南人民出版社	1951
2. 武汉人怎样学习普通话	湖北人民出版社	1956
3. 汉语方言概要（集体编著，袁家骅主编）	文字改革出版社	1960、1983
	语文出版社	2001 年第 2 版
4. 湖北方言概况（初稿，集体编著）	湖北省教育厅油印本	1960
5. 语法知识（与陈恩泉、钟隆林合著）	湖北省直属机关业余大学教材	1964
6. 现代汉语（集体编写）	武汉大学教材	1974、1978
7. 现代汉语（集体编著，黄伯荣、廖序东主编）	甘肃人民出版社，现由高等教育出版社出版	1979 年初版
8. 现代汉语方言	湖北人民出版社	1981
	湖北教育出版社	1985
	日本东京光生馆（日译本）	1983
	台湾新学识文教出版中心	1991
9. 浠水方言纪要	日本东京龙溪书舍	1981
10. 汉语方言文集	日本东京龙溪书舍	1982
11. 东瀛杂记	武汉大学出版社	1982
12. 日本面面观（《东瀛杂记》，增订本）	人民文学出版社	1989
13. 珠江三角洲方言字音对照——珠江三角洲方言调查报告之一（合著，与张日昇共同主编）	广东人民出版社、新世纪出版社	1987
14. 珠江三角洲方言词汇对照——珠江三角洲方言调查报告之二（合著，与张日昇共同主编）	广东人民出版社、新世纪出版社	1988
15. 珠江三角洲方言综述——珠江三角洲方言调查报告之三（合著，与张日昇共同主编）	广东人民出版社、新世纪出版社	1990
16. 学讲汉语普通话（与饶秉才、陈慧英合著）	中国国际广播出版社	1989
17. 汉语方言及方言调查（主编，与黄家教、许宝华、李如龙合著）	湖北教育出版社	1991、2001
18. 语言与方言论集	广东人民出版社	1993

19. 粤北十县市粤方言调查报告（合著，与张日昇共同主编）	暨南大学出版社	1994
20. 方言·共同语·语文教学	澳门日报出版社	1995
21. 粤港澳学生用普通话常用词手册	暨南大学出版社	1997
22. 汉语方言论集（与黄家教等合著）	北京语言文化大学出版社	1997
23. 东莞方言词典（与陈晓锦合著）	江苏教育出版社	1997
24. 粤西十县市粤方言调查报告（合著，与张日昇共同主编）	暨南大学出版社	1998
25. 广东地区社会语言文字应用问题调查研究（合著，主编）	暨南大学出版社	2000
26. 广东粤方言概要（主编）	暨南大学出版社	2002
27. 广州话正音字典（主编）	广东人民出版社	2002
28. 现代汉语方言概论（合著，侯精一主编）	上海教育出版社	2002
29. 漫步语坛的第三个脚印——汉语方言与语言应用论集	暨南大学出版社	2003 初版，2006 增订本
30. 饶平客家话（合著，第一作者）	广东饶平客属海外联谊会 澳门环球文化传播有限公司出版	2003
31. 普通话水平测试实施纲要（普通话水平测试国家指导用书，编写第三部分中的“普通话与粤方言词语对照表”）	商务印书馆	2004
32. 新时空粤语（主编）（上、下册）	暨南大学出版社	2006、2009
33. 詹伯慧语文评论集(邓景滨、刘新中编)	暨南大学出版社	2008
34. 语文杂记	暨南大学出版社	2011
35. 二十世纪的汉语方言研究（与陈章太、伍巍合著）	书海出版社（待刊）	
36. 现代汉语方言学	东北师范大学出版社(待刊)	

二、主编及校订论文集

1. 第二届国际粤方言研讨会论文集（主编）	暨南大学出版社	1990
2. 中国文化专题精编（校订本）	香港伟文出版社	1992
3.《中国语文研究》第十一期第三届国际闽方言研讨会专号（主编之一）	香港中文大学中国文化研究所	1995
4. 第四届国际闽方言研讨会论文集（主编之一）	汕头大学出版社	1996
5. 第五届国际粤方言研讨会论文集（主编）	暨南大学出版社	1997
6. 广东省中国语言学会通讯（1—12）（主编）	广州	1986—2007
7. 詹安泰词学论集	汕头大学出版社	1997
8. 第五届国际闽方言研讨会论文集（主编之一）	暨南大学出版社	1999

9. 暨南大学汉语方言学博士研究生学术论文集（主编）	暨南大学出版社	2001
10. 第八届国际粤方言研讨会论文集（主编）	中国社会科学出版社	2003
11. 詹安泰全集（主编）	上海古籍出版社	2011

三、单篇文章

［1950 年］

1. 加强团结，把新文字推广开去	《新文字周刊》第 46 期	上海

［1951 年］

2. 教师采取主动是搞好师生关系的要素	《广东教育与文化》第 3 卷第 1 期	广州
3. 关于汉字写法的横直行	《广东教育与文化》第 3 卷第 2 期	广州
4. 关于简体汉字的问题	《广东教育与文化》第 3 卷第 3 期	广州
5. 文教工作者要重视文字改革问题	《广东教育与文化》第 3 卷第 5 期	广州
6. 我看了《中国民族大团结》	香港大公报《电影圈》1951 年 3 月 28 日	

［1952 年］

7. 祖国的语言文字	《广东教育与文化》第 4 卷第 3 期	广州

［1954 年］

8. 对争论语法理论问题的意见	《中国语文》第 3 期	北京

［1956 年］

9. 介绍两本指导普通话学习的书（王力著）	《中国语文》第 4 期	北京
10. 评介《语音常识》（董少文著）	《语文学习》第 5 期	北京
11. 关于汉语规范化	《长江日报》12 月 15—17 日	武汉

［1957 年］

12. 海南方言中同义字的训读现象	《中国语文》第 6 期	北京
13. 评《汉语史稿》上册（王力著）	《中国语文》第 11 期	北京

［1958 年］

14. 万宁方音概述	《武汉大学学报》第 1 期	武汉
15. 粤方言中的虚词“亲住翻埋添”	《中国语文》第 3 期	北京
16. 潮州话的一些语法特点	《中国语文》第 5 期	北京
17. 厚古薄今一例	《中国语文》第 6 期	北京
18. 语言学课程整改笔谈	《中国语文》第 8 期	北京
19. 收集和整理汉语方言词汇	《中国语文》第 11 期	北京

[1959 年]

20. 海南岛军话语音概述	北京大学《语言学论丛》第 3 辑	上海
21. 潮州方言	《方言与普通话丛刊》第 2 本，中华书局 日本名古屋采华书林重版 1996 年 11 月	北京
22. 广济方言与北京语音的比较	《武汉大学学报》第 6 期	武汉

[1960 年]

23. 有关编写《学话手册》的几个问题	《中国语文》第 10 期	北京

[1962 年]

24. 浠水话动词“体”的表现方式	《中国语文》第 8、9 期	北京

[1963 年]

25. 关于汉语方言词汇调查研究的问题（与黄家教合著）	《武汉大学学报》第 1 期	武汉
26. 有关汉语方言分区的一些问题（与黄家教、陈世民合著）	《厦门大学学报》第 4 期	厦门

[1964 年]

27. 鄂南蒲圻话的语音特点（与李元授合著）	《武汉大学学报》第 1 期	武汉

[1965 年]

28. 谈汉语方言语法材料的收集和整理（与黄家教合著）	《中国语文》第 3 期	北京

[1966 年]

29. 什么是四声？什么是平仄？	《武汉晚报》2 月 5 日	武汉

[1979 年]

30. 汉语字典词典注音中的几个问题	《中国语文》第 1 期	北京
31. 略谈方言和普通话的语法差异	《光明日报·文字改革》2 月 14 日	北京
32. 略谈普通话学习中的“知己知彼”	《武汉大学学报》第 2 期	武汉
33. 郧县方音纪要	《江汉语言学丛刊》第 1 集	武汉

[1980 年]

34. 我的几点想法	《中国语文通讯》第 2 期	北京

35. 三十年来中国语言工作的一些情况	《中国语学》第227期	东京
	《语文现代化》第4辑	北京
	《武汉大学学报》第3期	武汉
36. 王力先生对汉语规范化的贡献（与唐作藩、杨耐思合著）	《语文现代化》第4辑	北京
37. 关于日本国语研究所和日本的汉语研究工作	《语文现代化》第4辑	北京
38. 交流文化，发展友谊	日本东京大学《教养学部报》	东京

［1981年］

39. 日本中国语学会第三十届年会	《国外语言学》第2期	北京
40. “可别误会”	香港《文汇报》8月11日	香港
41. 日本人的姓名	香港《文汇报》8月19日	香港
42. 王力先生——经历和业绩	日本《中国语》第260期	东京
43. 汉语北方方言的一致性和差异性	日本《中国语学》第228期	东京
44. 汉语方言研究概况和有关的几个问题	《语文杂志》第8期	香港

［1982年］

45. 日本中国语学会第三十一届年会	《国外语言学》第1期	北京
46. 谈谈汉字改革问题	《语文研究》第1期	太原
47. 地名趣谈	香港《文汇报》2月12日	香港
48. 中国语热	香港《文汇报》3月14日	香港
49. 谈谈汉语方言的调查研究	《亚非语言计数研究》（CAAAL）第19期	东京

［1983年］

50. 漫谈汉语方言	《字词天地》第1期	武汉
51. 对修订《现代汉语》教材的几点意见	《汉语学习》第2期	延吉
52. 广州方言中的特殊语序现象（与黄家教合著）	《语言研究》第2期	武汉
53. 根深叶茂的日本中国语学会	《国外语言学》第3期	北京
54. 汉语方言的调查研究	《中国百科年鉴》	北京
55. 我心目中的语言学大师——纪念赵元任先生逝世一周年	《语文杂志》第11期	香港
56. 评介《广州话方言词典》（饶秉才、欧阳觉亚、周无忌编著）	《中国语文》第3期	北京

［1984年］

57. 谈汉语方言知识在现代汉语教学中的运用	《语文月刊》第4期	广州
58. 略论划分汉语方言的条件	《语文杂志》第12期	香港

59. 一衣带水情意浓	《长江日报》9月16日，9月23日，10月4日，10月7日	武汉

［1986 年］

60.《广州话普通话语音对照手册》（施仲谋编著）序	香港风华书局有限公司出版	香港
61. 广东方言漫话	《广东语文报》1985—1986 年	广州
62. 从社会的需要论语文教师的培训	香港语文教育学院编《语文教师培训与语文教学》专集	香港
63. 有关汉语方言工作的一些认识（与黄家教合著）	《语文研究》第3期	太原
	《韩山师专学报》1985年1月	潮州
64. 就广东的情况谈推广普通话的一些问题	《语文建设》第4期	北京
65. 谈汉语方言的语音调查（与黄家教合著）	《中山大学学报》第4期	广州

［1987 年］

66. 谈谈当前的语言文字工作	澳门日报《语林》第3～8期（1986—1987年）	
	澳门中国语文学会《语丛》1988年第1期	澳门
	《暨南学报》第3期	广州
67. 汉语名词解释	《广东语文报》第28、30、32期（1—2月）	广州
68. 广东方言说略（提要）	澳门日报《语林》第11期（4月5日）	澳门
69. 谈新闻从业人员的语文修养	澳门日报《语林》第18～25期（7—10月）	澳门
	澳门中国语文学会《语丛》1988年第2期	
	《暨南学报》1988年第2期	广州
70. 评介《中国大百科全书·语言文字卷》	香港大学《东方文化》第2期	香港
71. 谈谈语文学习	香港中文大学教育学院二十周年纪念专刊《教学集》	香港
72. 鄂南蒲圻话的词汇语法特点（与李元授合著）	《武汉大学学报》第5期	武汉
73. 祝贺与期望（为《语文月刊》创刊五周年而作）	《语文月刊》第4期	广州

［1988 年］

74. 进一步发挥汉语拼音的巨大作用	《语文建设》第1期	北京
	《汉语拼音论文选》	北京

75. 汉语方言	《中国大百科全书·语言文字卷》(137~149页)	北京
76. 官话方言	《中国大百科全书·语言文字卷》(112~115页)	北京
77. 湘方言	《中国大百科全书·语言文字卷》(421~424页)	北京
78. 闽方言	《中国大百科全书·语言文字卷》(292~297页)	北京
79. 粤音韵汇	《中国大百科全书·语言文字卷》(504页)	北京
80. 广东粤语分区刍议	《学术研究》第3期	广州
81. 小议高等教育改革中的几个问题	《高教探索》第3期	广州
82. 谈谈方言和普通话	新加坡《华文研究》第3期	新加坡
83. 故乡情思	《广东语文报》第11期	广州
	饶平县文联编《饶平乡情》(1988年7日)	广东饶平
84. 新加坡的推广华语运动	《广东语文报》(推广普通话版)第34~40期	广州
	《语文建设》第6期	北京
	澳门日报《语林》第50期(1988年10月2日)	澳门
85.《古汉语常用同义词辨析》(张百栋、邵祖成编著)序	《语文月刊》第6期	广州
86. 闽方言的分布及其主要特征	香港大学中文系六十周年纪念专刊《东方》	香港
87. 结合重大科研项目培养研究生的几点体会	《暨南教育》第7期(1988年12月)	广州

[1989 **年**]

88. 对文科科研工作的一些想法	《高教探索》第1期	广州
89. 汉语方言分区问题驳议(庆祝王力先生学术活动50周年)	《语言文字学术论文集》知识出版社	上海
90. 学府决不能变成官府	《群言》第1期	北京
91. 处处留心皆学问	《广东语文报》第72期(2月28日)	广州
92. 关于闽方言研究的一封信	澳门日报《语林》第64期(4月16日)	澳门
93. 广东方言研究述略	澳门日报《语林》第67期(5月28日)	澳门

94. 海南岛的语言研究工作	《广东省中国语言学会通讯》第3期（1989年1月）	广州
	《海南省语言学会通讯》第1期（1989年3月）	海口
95.《双语双方言》学术论文集序言	《双语双方言》论文集，中山大学出版社	广州
96. 方言和规范化杂议	《双语双方言》论文集，中山大学出版社	广州
	《双语双方言与现代中国》论文集，北京语言文化大学出版社，1999	北京
97. 现代汉语方言概况	《现代汉语教学说明及习题解答》，甘肃人民出版社	兰州
98.《文学翻译学》（杨烈雄著）序	中国经济出版社	北京
99. 谈谈对外汉语教学	《语言教学与研究》第3期	北京
	澳门中国语文学会《语丛》第4期	澳门
100. 请留神"同中有异"	《世界汉语教学》第3期	北京
101.《学术论文写作研究》（王吉亮、郑惠卿著）序	山东大学出版社	济南
102. 广东汉语方言研究四十年	《学术研究》第5期	广州
103. 珠江三角洲粤方言常用词述略	《方言》第4期	北京
	澳门中国语文学会《语丛》第4期	澳门
	《暨南学报》1990年第1期	广州
104. 中国辞书编纂出版事业蓬勃发展	澳门日报《语林》第81期（12月10日）	澳门
	《语文月刊》1990年第2期	广州
105. 工厂标牌语言剖析	《语文建设》第6期	北京

［**1990年**］

106. 现代汉语方言研究的重大成就	《云南方志》第1期	昆明
	《云南语言研究》第2集	昆明
107. 关于辞书学和辞书研讨会的通信	《辞书研究》第1期	上海
108.《新丰方言志》（周日健著）序	《新丰古今》第1期	广东新丰
109. 怀念王了一师	《中国语文通讯》第7期	香港
	《中外学者论王力》，广西教育出版社，1993	南宁
110. 广东省中国语言学会的工作	澳门日报《语林》第89期（4月1日）、第90期（4月15日）	澳门

111.《第二届国际粤方言研讨会论文集》序	澳门日报《语林》第 93 期（5 月 27 日）	澳门
	《第二届国际粤方言研讨会论文集》，暨南大学出版社	广州
112. 珠江三角洲方音说略	《王力先生纪念论文集》，商务印书馆	北京
113. 检阅闽方言研究成果的一次盛会第二届国际闽方言研讨会述评	澳门日报《语林》第103 期（10 月 14 日）	澳门
	《学术研究》第 6 期	广州
114. 广东境内三大方言的互相影响	《方言》第 4 期	北京
	《第二届国际粤方言研讨会论文集》，暨南大学出版社，1992	广州
115. 关于广州话审音问题的思考	《中国语文通讯》第 11 期（1990 年 11 月）	香港
116. 艰苦创业美名扬的法国潮人——巴黎华埠散记	《广州潮人海外联谊会会刊》第 2 期	广州

［1991 年］

117. 访法归来谈潮人	《华夏》第 1 期	广州
118. 坚持简化方向，坚持规范化原则	《语文建设》第 1 期	北京
119. 群策群力，把广东的语言文字规范工作做好	《暨南学报》第 2 期	广州
	《语言文学论集》，广东教育出版社	广州
120. 汉语促进国际文化交流	澳门日报《语林》第 112 期（2 月 3 日）	澳门
	《华夏》第 2 期	广州
121. 粤语研究中几个问题的思考	《中国语文通讯》第 15 期	香港
122. 抓紧关键环节，切实做好自身建设工作	《中央盟讯》第 6 期	北京
123.《汉语语法》（冯锦威著）序	广东教育出版社	广州
124. 第三届国际粤方言研讨会（澳门）述评	澳门日报《语林》第 128 期（9 月 29 日）	澳门
	《华夏》第 5 期	广州
125. 推行共同语和双语并用	《深圳教育学院学报》第 2 期	深圳
126. 弘扬中华文化的盛会——汉学研究之回顾与前瞻国际会议（新加坡）综述	澳门日报《语林》第 131 ~ 132 期（11 月 10 日、11 月 24 日）	澳门
	《广东学术通讯》第 12 期	广州
	《岭南文史》1992 年第 1 期	广州
127. 珠江三角洲方言调查成绩辉煌	澳门日报《语林》第133 期（12 月 8 日）	澳门

128. 齐心协力，为繁荣广东语言研究工作多作贡献	澳门中国语文学会《语丛》第2期（1992）	澳门

［1992年］

129. 汉语方言研究中的几个问题——在第24届国际汉藏语言学会议（曼谷、清迈）上宣读论文	《暨南学报》第2期	广州
130. 汉语方言研究的回顾与前瞻	《学术研究》第1期	广州
	《汉学研究之回顾与前瞻》，中华书局，1996	北京
131. 推广普通话适应改革开放	《人民日报》3月2日	北京
	《南方日报》3月4日	广州
132. 改变广东方言环境小议	《羊城晚报》3月25日	广州
133. 口语、书面语、文言、白话、普通话、方言	《出版词典》，上海辞书出版社	上海
134. 海南岛语言资源的开发大有可为	《华夏》第2期	广州
135. 饶平上饶客家话语言特点说略	《中国语文研究》第10期	香港
136. 为中学生的佳作叫好！《中国著名中学华南师大附中作文精华》序	澳门日报《语林》第150期（8月2日）	澳门
137. 谈谈汉语方言与语文教学	澳门日报《语林》第158～162期（11月12日，12月6日，12月20日，1993年1月3日，1月17日）	澳门
	澳门中国语文学会《语丛》1993年第1期	澳门
	香港语文教育学院学报第11期（1994）	香港
	香港语文教育学院中文系学术讲演第二集《语文教师的认识》（李学铭编，1994）	香港
138. 四十年来汉语方言研究的回顾	《大陆杂志》第85卷第3期（9月15日）	台北
139. 略论广东的推广普通话工作	《普通话》第2期	香港
140. 群策群力，把广东的“推普”工作推向前进	《韶关大学学报》第3期	广东韶关
141. 略论方言、共同语与双语制问题	彩虹出版社	香港
	《双语双方言与现代中国》论文集，北京语言文化大学出版社，1999年	北京

［1993年］

142. 语文杂议	《中国语文通讯》第24期	香港

143. 专名的简缩	《中国语文通讯》第25期	香港
144. 普通话"南下"与粤方言"北上"	《语文建设通讯》第39期	香港
	《学术研究》第4期	广州
	《人大复印资料·语言文字》	北京
145. 小议香港中文科教学的问题和对策	《暨南学报》第2期	广州
	澳门中国语文学会《语丛》1992年第3~4期	澳门
	《语文教学面面观》，香港中文教育学会编，香港文化教育出版社，1994	澳门
146. 一次面对语言生活现实的盛会——第三届双语双方言研讨会（国际）述评	澳门日报《语林》第179期（9月12日）	澳门
	澳门中国语文学会《语丛》第2期	
147. 广东省饶平方言记音	《方言》第2期	北京
148. 第三届国际闽方言研讨会	《方言》第2期	北京
149. 为"羊城粤语60秒"开播说几句话	《屏幕之友》（6月3日）	广州
150. 广州话审音方案	《中国语文通讯》第27期	香港
	《语丛》第3期	澳门
151. 广东省中国语言学会年会	《中国语文通讯》第27期	香港
152.《东莞方言说略》（陈晓锦著）序	广东人民出版社	广州
153. 四十年来汉语方言研究工作的回顾	《中国语文研究四十周年纪念文集》，北京语言学院出版社	北京
154. 经济发展与推广普通话	《语文建设》第12期	北京
155. 把握方向，大力开展粤方言的研究工作	《广州话研究与教学》，中山大学出版社	广州
	《岭南文史》1994年第1期	广州
156. 翰墨缘——小时候替爸爸磨墨牵纸	《广东第二课堂》第11期	广州
157. 背诵唐诗的滋味	《广东第二课堂》第12期	广州
	《河间天地》第2期	深圳
158. 再论方言、共同语与双语制问题——在第三届双语双方言研讨会（国际）的讲话	《语文建设通讯》第42期（1993年12月）	香港
	《双语双方言》（三），汉学出版社	香港
159.《饶平客家丛书》序	广东饶平客属海外联谊会编，12月	广州
160. 一本普及语文知识的佳作——序邓景滨《语文漫笔》	《语丛》第4期	澳门
	澳门日报《语林》第202期（1994年9月11日）	
	《暨南学报》1994年第4期	广州
	澳门语言学刊1995创刊号（1994）	澳门

［1994 年］

161. 为辞书学界的打假批劣叫好！——中国辞书学会第一届年会（广州）述评	澳门日报《语林》第 189、190 期（3 月 13 日；3 月 27 日）	澳门
162. 第四届国际粤方言研讨会	《方言》第 2 期	北京
163. 我谈语文规范化	《语文建设》第 5 期	北京
164. 小议潮汕方言的宏观研究	《学术研究》第 5 期	广州
	《潮州学国际研讨会论文集》（上册），暨南大学出版社	广州
165. 詹安泰教授的生平与学术成就述略	《潮学研究》第 2 期	广东汕头
166. 珠江三角洲粤方言述要（与张日昇合著）	《第一届国际粤方言研讨会论文集》，单周尧主编，香港现代教育出版社	
167. 粤北十县市白话语音特点述略	《方言》第 4 期	北京
168. 第三届双语双方言研讨会（国际）述评	《中国语文通讯》第 31 期（1994 年 9 月）	香港
169. 汉语方言语法研究大有可为——《汉语方言语法调查手册》序	《语文研究》第 4 期	太原
	《人大复印资料·语言文字》第 2 期	北京
170. 广州话审音工作的进展及有关问题的认识	《中国语文通讯》第 32 期（1994 年 12 月）	香港
	澳门日报《语林》第 204 期（1994 年 10 月 9 日）	澳门
171. 饶平县志方言志	广东人民出版社	广州

［1995 年］

172.《广州话正音字典编写细则》	澳门日报《语林》第 212 期（1 月 29 日）	澳门
173. 澳门语坛又一佳作——邓景滨《语坛争鸣录》序	澳门日报《语林》第 216、217 期（3 月 26 日至 4 月 9 日）	澳门
	澳门语言学刊 1995，创刊号	澳门
174. 第四届国际闽方言研讨会（海南）述评	澳门日报《语林》第 219、220 期（5 月 7—21 日）	澳门
175. 广东中国语言学会举行学术年会	澳门日报《语林》第 223 期（7 月 2 日）	澳门
176. 1995 年广东中国语言学会学术年会报道	《语文建设通讯》第 48 期（1995 年 6 月）	香港
177. 广东省中国语言学会 1994—1995 学术年会	《中国语文通讯》第 35 期（1995 年 9 月）	香港
178. 海峡两岸开展闽南方言研究之我见	《学术研究》第 4 期	广州

179. 对方言和普通话性质的再认识	《语文建设通讯》第49期（1995年9月）	香港
180.《东莞方言辞典》引论（与陈晓锦合著）	《方言》第3期	北京
181. 第四届国际闽方言学术研讨会	《方言》第3期	北京
182. 第四届国际闽方言研讨会述评	《中国语文》第5期	北京
183. 汉语方言调查与汉语规范化	《语文建设》第10期	北京
184. 祝贺与随想（代序）	《语言文学论丛》，广东教育学院编，华南理工大学出版社	广州
185. 汉语方言研究的回顾与前瞻——在台湾中央研究院历史语言研究所的讲话	《中国语文通讯》第36期	香港
186. 关于闽方言研究的几点思考	《中国语文研究》第11期，第三届国际闽方言研讨会专刊	香港
187. 研究粤语词汇的一部佳作——曾子凡《广州话·普通话语词对比研究》序	澳门日报《语林》第235期（12月17日）	澳门
	《语文研究》第1期	太原
188. 要进一步搞好广东的推普工作——纪念全国文字改革和现代汉语规范化40周年	《南方日报》12月19日	广州
189.《广州话正音字典》编辑出版方案及《凡例》	澳门中国语文学会《语丛》第2期	澳门
190. 为促进语文现代化而努力奋斗——纪念全国文字改革和现代汉语规范化40周年	《广东语文报》推普版第135期（12月21日）	广州

［1996 年］

191. 对香港语言问题的几点思考	《中国语文》第2期	北京
192. “1997与香港中国语文”研讨会评述	《学术研究》第4期	广州
	《人大复印资料·语言文字》第8期	北京
	澳门日报《语林》第241期摘录（3月10日）	澳门
	澳门中国语文学会学报《语丛》第1期	澳门
193.《中国语文教学的现状与发展》（李学铭著）序	《中国语文通讯》第37期	香港
194. 第五届国际粤方言研讨会	《方言》第1期	北京
195. 汉语方言词汇差异述略	澳门中国语文学会《语丛》总第28期（1995年12月）	澳门
196. 语言规范化与语言应用	《语言与传意》论文集，程祥徽主编，海峰出版社	香港

197. 闽粤琼语词汇比较研究（与李如龙、高然、甘于恩合著）	《第四届国际闽方言研讨会论文集》，詹伯慧、李如龙、张双庆主编，汕头大学出版社	广东汕头
198. 《第四届国际闽方言研讨会论文集》前言	《第四届国际闽方言研讨会论文集》，詹伯慧、李如龙、张双庆主编，汕头大学出版社	广东汕头
199. 试论粤方言地区的推广普通话工作	《学术研究》第9期	广州
	《语文建设》第1期	北京
	澳门中国语文学会《语丛》第31期（1996年12月）	澳门
	《语文现代化论丛》第三辑，语文出版社	北京
200. 让更多的香港同胞早日学会普通话——序《实用普通话速成》	《实用普通话速成》，熊怀苑著，广东高教出版社	广州
	澳门日报《语林》第256期（10月6日）	澳门
201. 一部方言学与音韵学的力作——李如龙《方言与音韵》序	澳门中国语文学会《语丛》第30期（1996年第2期）	澳门
202. 不断开拓，继续前进——第五届国际粤方言研讨会开幕词	《暨南学报》第4期	广州
203. 《普通话声调中心测试法》序	《普通话声调中心测试法》，王群生主编，内蒙古人民出版社	呼和浩特
204. 方言和普通话杂议	《双语双方言》（四），汉学出版社	香港

［1997 **年**］

205. 粤西十县市粤方言语音综述（与邵宜、伍巍合著）	《方言》第1期	北京
	《第五届国际粤方言研讨会论文集》，暨南大学出版社	广州
206. 我所认识的饶宗颐教授	《东方文化》第4期	广州
	澳门日报《新园地》1997年3月12—16日	澳门
	《饶宗颐学术研讨会论文集》，曾宪通主编，翰墨轩出版有限公司	香港
	《文史资料》第17辑（潮州市政协编）	广东潮州
	《走近饶宗颐》，潮州市地方办公室编，2005	广东潮州
207. 《粤语区人学习普通话教程》序	《粤语区人学习普通话教程》，周小兵主编，高等教育出版社	北京
	《语文月刊》第7期	广州

208. 试论方言与共同语的关系	《方言与共同语论文集》，程祥徽主编，海峰出版社	香港
	《语文建设》第4期	北京
	《第五届国际闽方言研讨会论文集》，暨南大学出版社，1999年	广州
	《现代汉语通论参考文献精选》，邵敬敏主编，上海教育出版社，2002年	上海
209. 回归前后的香港语言生活	《学术研究》第5期	广州
210. 对香港多元文化语言生活的思考	《岭南文史》第2期	广州
211. 广东客家方言研究之我见	《学术研究》第7期	广州
	《客家大观园》2000年第1~2期	广东梅州
212. 认识—研究—再认识—再研究——对潮汕文化的一些想法	《文史知识》第9期	北京
213. 《广东光明书画学会作品集》序	1996年8月	广州
214. 广东省中国语言学会举行学术年会	《中国语文通讯》第43期	香港
215. 要做有心人	《暨南大学》第217期	广州
216. 香港语言生活多元化	《广东盟讯》第3期	广州
217. 《潮汕人学习普通话辨正》序	《潮汕人学习普通话辨正》，陈基藩主编，广东人民出版社	广州
218. 云南方言研究的又一佳作——《昆明方言词典》序	《昆明方言词典》，张华文、毛玉玲编著，云南教育出版社	昆明
219. 把语文工作推向21世纪	《语文建设》第10期	北京
220. 第六届国际粤方言研讨会在澳门举行	《中国语文通讯》第44期	香港
221. 杂议潮汕文化研究	《潮学研究》第6期	广东汕头
	澳门日报《语林》第284~286期（1996年11月30日，12月14日，12月28日）	澳门
222. 《增城方言志》（第二分册客家方言）序（王李英著）	广东人民出版社	广州
223. 略论香港多元文化语言生活的前景	《双语双方言》（五），汉学出版社	香港
224. 一本地道“港味”的粤语词典——张励妍《港式粤语词典》序	万里出版社	香港
	《语文建设通讯》第54期	香港
225. 中国语文现代化学会第二次学术会议开幕词	《语文现代化论丛》第3辑，语文出版社	北京

［1998 **年**］

226. 一篇探讨粤方言词语考释的佳作——陈伯辉《论粤方言词本字考释》评析	香港中华书局	香港

227. 近二十年来汉语方言学学术活动述评——在香港大学中文系七十周年纪念国际学术研讨会上宣读论文	香港大学	香港
228. 一部有特色、有新意的中国语言学史——班弨《中国语言文字学通史》序	广东高等教育出版社	广州
229. 留住方言留住根	《源》第2期	新加坡
	《岭南文史》第2期（总46期）	广州
230. 略论语言规范与语言应用	《联合早报》5月9日、11日	新加坡
231.《方言》二十年述评	《方言》第3期	北京
232. 我与《学术研究》	《学术研究》第3期	广州
233. 关于《广州话正音字典》	《学术研究》第6期	广州
	《第六届国际粤方言研讨会论文集》，邓景滨主编，澳门中国语文学会，2003	澳门
234. 现代汉语方言语音、词汇、语法的差异	《现代汉语教学参考与自学辅导》，黄伯荣、廖序东主编，高等教育出版社	北京
235. 广州话的审音工作	《广州话研究与教学》（三），郑定欧、蔡建华主编，中山大学出版社	广州
236. 结合教学应用，把粤语研究深入下去——为《广州话研究与教学》（三）而作	《广州话研究与教学》（三），郑定欧、蔡建华主编，中山大学出版社	广州
237. 怀念新魁	《李新魁教授纪念文集》，中华书局	北京
	《澄海文史资料》第17辑	广东澄海
	《汕头特区晚报》7月27日	广东汕头

［1999 年］

238. 近二十年汉语方言学学术活动述评	《学术研究》第2期	广州
239.《第五届国际闽方言研讨论文集》前言	《第五届国际闽方言研讨会论文集》，暨南大学出版社	广州
240. 开发中国语言资源的伟大成就	《江苏教育书讯》第5期	南京
	《方言》第3期	北京
241.《语言与方言论稿》序（高然著）	暨南大学出版社	广州
242. 再论语言规范与语言应用	《语言教学与研究》第3期	北京
	《双语双方言》（六），汉学出版社，1998	香港
	《澳门语言学刊》第10、11期（2000年7月）	澳门

243. 广东语言科学在飞跃发展	《学术研究》第 10 期	广州
	澳门日报《语林》第 265 期(11 月 28 日)	澳门
244.《增城方言志》（第二分册，客家方言）序（王李英著）	广东人民出版社，1998	广州
245. 粤语研究的回顾与展望	《暨南学报》第 6 期	广州
	《人大复印资料·语言文字》，第 3 期	北京
	《第七届国际粤方言研讨会论文集》，单周尧、陆镜光主编	
	《方言》增刊，2000 年，商务印书馆	北京
246. 客家方言研究的可喜成果——读王李英《增城方言志》第二分册	《语文月刊》第 11 期	广州

[2000 年]

247. 广东语言学者的学术交流	澳门日报《语林》第 268 期（1 月 9 日）	澳门
248. 广东省中国语言学会举行学术年会	《中国语文通讯》第 53 期（2000 年 3 月）	香港
249.《汉语方言大字典》：取舍之间见功力	《复旦学报》（社科版）第 3 期	上海
	《人大复印资料·语言文字》，第 8 期	北京
250. 提高香港中文教学水准之我见——兼论语文教学质量之评估	《中国语文通讯》第 54 期（2000 年 6 月）	香港
	《教学与测试：语文学习成效的评量》，李学铭主编，商务印书馆，2002	香港
251. 一部多有突破的语文词典	《辞书研究》第 4 期	上海
252. 谈谈语言规范与语言应用	《学丛》（新加坡国立大学中文系学报）第 5 期	新加坡
253. 研究生的培养要在“研究”上多下工夫	《世纪寄语——博士生导师谈治学》，李风亮主编，暨南大学出版社	广州
	《现代汉语教学与研究》（第 2 辑），杨启光主编，暨南大学出版社，1999	广州
254. 语言学百花园里一朵绚丽的鲜花——读黄匡宇《电视新闻语言学》	中国广播电视出版社	北京
255. 师道悠悠——杂忆了一师	《人物》第 7 期	北京
	《王力先生百年诞辰纪念文集》，语文出版社	

	《澳门笔汇》第16期（2000年10月）	澳门
256. “九五”广东的汉语方言研究	《中国语文通讯》第55期（2000年9月）	香港
257. 二十年来汉语方言研究述评	《方言》第4期	北京
	《人大复印资料·语言文字》，2001年第3期	北京
	《现代汉语教学研究与探索》第3辑，暨南大学出版社	广州
258. “推普”的欣喜与尴尬	北京日报《理论周刊》第80期（12月4日）	北京

［2001年］

259. 不断进取，不断开拓，把客家方言的研究推向新的台阶	《暨南学报》第2期	广州
	《客家方言研究》（第四届客方言研讨会论文集），暨南大学出版社，2002	广州
260. 关于《广东粤方言概要》的编撰	《中国语文通讯》第57期（2001年3月）	香港
261. 新加坡的语言政策与华文教育	《普通话教研通讯》第14期	香港
	暨南大学华文学院学报《华文教学与研究》第3期	广州
	澳门日报《学海》双周刊第260期（2002年3月10日）	澳门
262. 广西“平话”问题刍议	《语言研究》第2期	武汉
	《人大复印资料·语言文字》第9期	北京
263. 新奇“网语”是否文化垃圾	北京日报《理论周刊》第101期（5月14日）	北京
264. 大力宣传，认真贯彻落实《国家通用语言文字法》	《广东教学报》5月16日	广州
265. 当前一些语言现象与语言规范	《暨南学报》第4期	广州
266. 社会语言文字应用的现象值得重视——广东语言文字应用调查的一些启示	《学术研究》第8期	广州
267. 重视语文教育，加强应用研究	《语文教学与研究》，2001年9月上半月	武汉
268. 汉语方言地图的绘制（与陈章太、伍巍合著）	《方言》第3期	北京
269. 新世纪潮汕文化研究之我见	《潮学研究》第9期	广东汕头

270.《暨南大学汉语方言学博士研究生学术论文集》前言	暨南大学出版社	广州
271. 汉语方言词典收词小议	《中国语文》第6期	北京
	《人大复印资料·语言文字》2002年第2期	北京
272. 二十一世纪汉语方言研究展望	《澳门理工学院学报》第4期	澳门
273.《广州音北京音对应手册》新版序言（施仲谋著）	暨南大学出版社	广州
274. 对当前语言运用中一些现象的看法	《双语双方言》（七），汉学出版社	香港

［2002年］

275. 从实际出发思考香港的普通话教育问题	《语言文字应用》第1期	北京
	《普通话教研通讯》第15期节登（2001年6月）	香港
276. 把握优势，开展文化双向交流	中国教育报《文化周刊》第260期（2002年3月12日）	北京
277. 第八届国际粤方言研讨会	《方言》第1期	北京
278. 我所认识的王均先生	《语文建设通讯》第70期（2002年5月）	香港
	《清风明月八十秋》，刘照雄等主编，吉林人民出版社	长春
	《汉语学报》第5期（2002年上卷），湖北教育出版社，2003年10月	武汉
279. 历届国际粤方言研讨会的回顾	《暨南学报》第3期	广州
280. 近两年粤语研究的实绩与新趋势	《学术研究》第6期	广州
281. 从历届研讨会看闽方言研究的当前课题	《闽语研究及其与周边方言的关系》，香港中文大学出版社	香港
282. 对培养博士研究生的几点想法	《现代汉语教学研究与探索》第3辑，杨启光主编，暨南大学出版社	广州
283. 雷州方言与雷州文化（与甘于恩合著）	《学术研究》第9期	广州
	《岭峤春秋——雷州文化论文集》，中山大学出版社，2003	广州
	《人大复印资料·语言文字》2003年第1期	北京
284. 方言分区问题再认识	《方言》第4期	北京
285. 略论广西“平话”	《纪念王力先生百年诞辰学术论文集》，商务印书馆	北京
286. 詹安泰教授的生平与学术成就述略	澳门日报《学海》第279期（12月1日）	澳门

	《河间天地》第2期（2004年1月15日）	深圳
287.“岭南词宗”詹安泰	潮州日报《潮州文化》专版，2002年12月31日	广东潮州

[2003年]

288. 广东粤方言的共同特点述略（与丘学强合著）	《汉语学报》第4期（2001年下卷），湖北教育出版社	武汉
289. 语言学科建设也要与时俱进——“语言学科建设高级专家座谈会”纪要	《学术研究》第2期	广州
290. 背诵名篇，终生难忘	《广东教学报》（小学语文总第3期）5月16日	广州
291. 关于广西“平话”的归属问题（与崔淑慧、刘新中、扬蔚合著）	《语文研究》第3期	太原
292. 不断攀登高峰，不断创造辉煌	《方言》第3期	北京
293.《马来西亚的三个汉语方言》序（陈晓锦著）	中国社会科学出版社	北京
294.《广州话普通话速查字典》序言（曾子凡编著）	世界图书出版公司	广州
295. 挖掘汉语方言语法特点的一部力作（代序）——读方小燕《广州方言句末语气助词》	暨南大学出版社	广州
296. 一部填补空白的客家方言著作——《中山客家方言》序（甘甲才著）	汕头大学出版社	汕头
297. 当前“推普”的一些思考	澳门日报《学海》第304、305、306期，2003年11月16日，11月30日、12月14日	澳门
	《学术研究》第12期	广州
298. 潮汕文化研究刍议	《海外潮人的移民经验》，李志贤主编，八方文化企业公司，2003	新加坡

[2004年]

299. 汉语方言语法研究的回顾与前瞻	《语言教学与研究》第2期	北京
	《汉语语法研究的新拓展》（二），邵敬敏、陆镜光主编，浙江教育出版社，2005	杭州
300. 当前汉语方言研究中的几个问题	《语文研究》第2期	太原
	《国际汉学集刊》第1集，陈学超主编，中国社会科学出版社	北京

301. 粤语研究的当前课题	《暨南学报》第3期 澳门日报《学海》第321期（7月11日）	广州 澳门
302. 一部考释古籍的上乘之作——读王建设《〈世说新语〉选译新注》（代序）	社会科学文献出版社 《泉州晚报》7月31日	北京 福建泉州
303. 第九届国际粤方言研讨会在澳门举行	《中国语文通讯》第69期（2004年3月）	香港
304. 中国大陆客家方言的研究与应用	《台湾文学评论》第4卷第3期（7月15日）	台南
305. 饶平上饶客家方言的两字组连读变调（与刘镇发合著）	《方言》第3期	北京
306. 语言文字研究突飞猛进的十年——为《广州市志》（1991—2000）而作	《汉语学报》第2期 商务印书馆	北京 北京
307. 品尝潮州文化的独特韵味	潮州日报《周日书屋》副刊，8月29日	广东潮州
308. 少当语言的警察，多当语言的导游——谈当前汉语中存在的三大问题	羊城晚报《花地·百家》，11月8日	广州
309. 深挖粤语特征的可喜成果（代序）——读彭小川《粤语论稿》	暨南大学出版社	广州
310. 关于方言词的用字问题	《庆祝〈中国语文〉创刊50周年学术论文集》，《中国语文》编辑部编，商务印书馆	北京

［2005年］

311. 粤方言调查研究的新进展（代序）——陈晓锦、陈滔著《广西北海市粤方言调查研究》	中国社会科学出版社	北京
312. 一部反映香港社区词的辞书	《学术研究》第1期	广州
313.《山西方言亲属称谓研究》（孙玉卿著）序	山西人民出版社	太原
314. 汉语方言的研究及其应用——纪念吕叔湘先生	《语文研究》第2期	太原
315. 语言研究为语言应用服务的良好范例——读甘于恩《新闻语误评析》	《澳门日报》2005年9月16日 《深圳特区报》2006年6月13日	澳门　深圳
316. 小议方言区的双语应用问题	《双语双方言》（八），汉学出版社 《语文研究》第4期	香港 太原
317. 粤方言语法研究的当前课题	《暨南学报》第6期 《汉语方言语法研究》，汪国胜主编，华中师范大学出版社	广州 武汉

[2006 年]

318. 同根同祖，同源同声——漫谈海内外汉语言文化的互动	《岭南文史》第 1 期	广州
319. 海南各语言的 - om、- ɔm、- op、- ɔp 等韵母的分布（与刘新中合著）	《民族语文》第 4 期	北京
320. 海南语言资源的开发大有可为——读《海南闽语语音研究》（刘新中著）	中国社会科学出版社	北京
321. 我看客家方言与《中山客家话研究》	《学术研究》第 7 期	广州
322.《北流白话研究》序言（杨奔、李芒著）	广西教育出版社	南宁
323. 谈谈语言规范与语言应用——对时下语言应用中的一些现象的看法	澳门日报《学海》第 370 期（7 月 30 日）	澳门
324. 语言规范与语言生活的多样化	《语言规划的理论与实践》，教育部语用所社会语言学与媒体语言研究室编，语文出版社	北京
325.《百炼成钢——饶平四中教育文集》序（广州饶平四中校友会编）	银河出版社	香港
326. 岭南词宗詹安泰	《潮州文化研究》总第 5 ~ 6 期，2006 年 11 月	广东潮州
327. 略论共同语和方言并用中的主从关系——纪念现代汉语规范问题学术会议和全国文字改革会议五十周年	《双语双方言》（九），汉学出版社	香港

[2007 年]

328. 结合“推普”开展方言研究的良好范例——喜读《桂北平话与推广普通话研究》丛书	《桂北平话与推广普通话研究》丛书首发式讲话集锦	桂林
	《桂林师范高等专科学校学报》第 1 期	
	《当代广西》半月刊 6 月 A，2007 年第 11 期	南宁
329. 对“平话”问题的再认识	《贺州学院学报》第 1 期	广西贺州
330. 略谈饶宗颐教授与“潮学”的兴起	《岭南文史》第 1 期	广州
	《饶宗颐学术研讨会论文集》，潮州市潮州文化研究中心编，海天出版社	深圳
331. 汉语方言语法研究再议《汉语方言语法研究的新拓展（三）》（邵敬敏、张先亮主编）	东北师范大学出版社	长春

332. 方言研究持续繁荣的又一信号——祝贺《粤语研究》创刊	《粤语研究》创刊号，2007年6月	澳门
	澳门日报《新园地》，2008年3月22日	
333. 粤语研究的当前课题——历届国际粤方言研讨会的回顾	《粤语研究》创刊号，2007年6月	澳门
334. 粤语研究的当前课题（压缩修订稿）	《方言》第3期	北京
335. 汉语方言“VXVX”动词重叠式比较研究（王红梅合著）	《语言研究》第3期	武汉
336. 一次为语言研究提供服务的成功实践——甘于恩《粤语与文化研究参考书目》序	《粤语与文化研究参考书目》，甘于恩主编，广东科技出版社，2007年11月	广州
	《粤语研究》第2期（2007年12月）	澳门
337. 海南语言资源的开发大有可为——读《海南闽语语音研究》	《暨南学报》第6期	广州
338. 回顾和期望	《广东学术通讯》第11期（2007年11月）	广州
339. 语坛一颗不老的劲松（代序）——	敬贺同窗好友唐作藩教授八十华诞《语苑撷英（二）——庆祝唐作藩教授八十华诞学术论文集》，耿振生、刘家丰主编，中国大百科全书出版社，2007年12月	北京
340. 岭南方言的研究及其应用	《岭南学》第1辑，华南师大岭南文化研究中心主办，左鹏军主编，中山大学出版社，2007年12月	广州

[2008年]

341. 有关语言学科建设的一些看法	《继往开来的语言学发展之路》，陈燕、耿振生主编，语文出版社，2008年1月	北京
342. 《普通话水平测试（新大纲）指导》（《普通话水平测试〈新大纲〉指导》编写组）序	暨南大学出版社，2008年2月	广州
343. 略论闽语研究的“西进”	《湛江师范学院学报》第29卷第2期（2008年4月）	广东湛江
344. 三足鼎立的岭南方言	羊城晚报《花地·论坛》，2008年6月7日	广州
345. 家乡情结	潮州日报《观潮》，2008年6月20日	广东潮州

346.	我的父亲詹安泰	潮州日报《观潮》，2008 年 6 月 20、6 月 27、7 月 4 日	广东潮州
		《饶平人》（广州饶平商会主办）总第 14、15 期，2009 年 10 月、12 月	广州
347.	粤语研究与粤语应用	《学术研究》第 10 期	广州
		《粤语研究》第 3 期，2008 年 6 月	澳门
348.	让汉语拼音在社会主义现代化中发挥更大的作用	《语言文字应用》2008 增刊，2008 年 6 月 30 日	北京
349.	略论汉语方言研究与方言应用	《中国语言学》第 1 辑，郭锡良、鲁国尧主编，山东教育出版社，2008 年 7 月	济南
350.	濒危方言的研究大有可为——读丘学强《军话研究》	《中国语文通讯》第 83 ~ 84 合刊 2008 年 6 月	香港
		《暨南学报》第 5 期	广州
351.	当前客家方言研究之我见——关于客家方言应用问题的一些思考	《客家纵横：第七届国际客方言研讨会论文集》，张双庆、刘镇发主编，香港中文大学中国文化研究所吴多泰中国语文研究中心出版，2008 年 11 月	香港

［2009 年］

352.	汉语方言研究三十年	《云南师范大学学报》第 2 期（2009 年 3 月）	昆明
353.	揭示多方言交界地区方言接触现象的可喜成果（代序）	《赣东北方言调查研究》，胡松柏等著，江西人民出版社，2009 年 3 月	南昌
354.	普通话和方言（《语文杂议》之一）	文汇报副刊《采风》（C3）2009 年 4 月 13 日	香港
355.	繁体字和简体字（《语文杂议》之二）	文汇报副刊《采风》（C3）2009 年 4 月 20 日	香港
356.	浅谈粤语正音（《语文杂议》之三）	文汇报副刊《采风》（C3）2009 年 4 月 27 日	香港
357.	语言应用的规范化和多元化（《语文杂议》之四）	文汇报副刊《采风》（C3）2009 年 5 月 4 日	香港
358.	少当语言警察，多当语言导游（《语文杂议》之五）	文汇报副刊《采风》（C3）2009 年 5 月 11 日	香港
359.	“约定俗成”解（《语文杂议》之六）	文汇报副刊《采风》（C3）2009 年 5 月 18 日	香港

360. 是兄弟不是父子（《语文杂议》之七）	文汇报副刊《采风》（C3）2009年5月25日	香港
361. 形形色色的方言字（《语文杂议》之八）	文汇报副刊《采风》（C3）2009年6月1日	香港
362. 琐议网络语言（《语文杂议》之九）	文汇报副刊《采风》（C2）2009年6月8日	香港
363. 杂议外来词（《语文杂议》之十）	文汇报副刊《采风》（C2）2009年6月22日	香港
364. 保护和抢救濒危语言语方言（《语文杂议》之十一）	文汇报副刊《采风》（C2）2009年7月20日	香港
365. 粤语水平的测试（《语文杂议》之十二）	文汇报副刊《采风》（C3）2009年8月3日	香港
366. 方言特色拾零（《语文杂议》之十三）	文汇报副刊《采风》（C3）2009年8月17日	香港
367. 中国语文工具书（《语文杂议》之十四）	文汇报副刊《采风》（C2）2009年9月9日	香港
368. 中国古代的字书（《语文杂议》之十五）	文汇报副刊《采风》（C3）2009年9月25日	香港
369. 见证文化建设的辉煌：六十年辞书编纂成就斐然（《语文杂议》之十六）	文汇报副刊《采风》（C2）2009年10月7日	香港
370. 杂议香港的“社区词”（《语文杂议》之十七）	文汇报副刊《采风》（C3）2009年10月25日	香港
371. 湘西乡话的语音特色（与杨蔚联名）	《方言》第3期	北京
372. 湘西乡话的分布和分片（与杨蔚联名）	《语文研究》第4期	太原
373. 再谈粤语正音	《粤语研究》第4、5期合刊	澳门
	《粤语跨学科研究——第十三届国际粤方言研讨会论文集》，香港城市大学语言资讯科学研究中心出版，2009年12月	香港
374. 加强海外汉语方言研究之我见	《首届海外汉语方言国际研讨会论文集》，陈晓锦、张双庆主编，暨南大学出版社	广州
375.《南方语言学》序	《南方语言学》第1辑，甘于恩主编，暨南大学出版社	广州
376. 略论香港的“社区词”——兼评《香港社区词词典》	《南方语言学》第1辑，甘于恩主编，暨南大学出版社	广州

［2010年］

377. 杂议《通用规范汉字表》（《语文杂议》之十八）	文汇报副刊《采风》（C2）	香港

378. 海外华人使用的汉语及其方言（《语文杂议》之十九）	文汇报副刊《采风》	香港
379. 广东汉语方言研究的回顾与展望	《暨南学报》第3期	广州
	《南方语言学》第2辑，甘于恩主编，暨南大学出版社，2010年12月	广州
380. 建设文化强省之我见	《广东地方税务》2010年第7期	广州
381. 《广东语言文字工作60年纪事》序言（李学明主编）	广东高等教育出版社	广州
382. 实践出真知——读辜广生同志的《那一回》	《韩江文苑》2010年第4期	潮州
	潮州日报《学海泛舟》2010年	潮州
383. 大力弘扬中国古典诗歌的人文精神	《广东地方税务》2010年第9期	广州
384. 跟进语文发展，善待语文资源——跟青年朋友谈语文学习	《韩山师范学院学报》（社会科学版）2010年第5期	潮州
385. 客家方言研究之我见	《客语千秋》：第八届国际客方言学术研讨会论文集，罗肇锦、陈秀琪主编，国立中央大学客家语文研究所、台湾客家语文学会出版	台北
	文鹤出版有限公司，2010年10月初版	
386. 粤语是绝对不会沦陷的——对出现“废粤推普”风波的一些思考	《粤语研究》第8期	澳门
	《学术研究》2011年3期	广州
387. 王力教授和汉语方言学——在北京大学纪念王力先生学术讲座上的讲话	《第十四届粤方言国际学术研讨会论文集》，义祥辉、刘村汉主编，桂林师范高等专科学校学报，2010年	

［2011年］

388. 岭南词宗，风范永存	《广东地方税务》第1期	广州
	《岭南文史》第1期	广州
	《潮州文化研究》第2期	潮州
	澳门日报《文化·视野》（略有删节）2011年3月14日	澳门
	《岭南学》第4辑（华南师大岭南文化研究中心主办，左鹏军主编），中山大学出版社	广州
389. 双语双方言理论的重大突破——读陈恩泉《潮·普双言语词典》	《南方语言学》第3辑，甘于恩主编，暨南大学出版社	广州

詹伯慧年谱

1931 年 7 月 10 日（农历 5 月 25 日）出生于广东潮州。

1935 年，开始在父亲督促下学习背唐诗。时父亲任教于潮州韩山师范。

1937 年 9 月，在潮州韩山师范学校附属小学上一年级。

1938 年，日寇攻陷广州，中山大学西迁云南澄江。当年 10 月，父亲詹安泰以名士身份受聘为中山大学中文系教授，入滇继岭南词家陈洵（述叔）讲授古典诗词。伯慧被送回饶平新丰老家，在启明小学继续读书。

1940 年，中山大学自云南回迁粤北乐昌坪石。父亲回老家接伯慧到坪石，进入坪石汉德小学插班读五年级，直到小学毕业。

1942 年，日寇实行“打通粤汉线”战略，自湖南南侵粤北，中山大学文学院迁到粤东梅县。父亲再次送伯慧回老家，伯慧于 1943 年初进入刚创办不久的饶平上饶区立初级中学（现饶平四中），开始三年初中学业。期间父亲曾在该校短期任教。

1946 年初，在上饶区立初级中学毕业。随即到潮州进入设于开元寺之金山中学补习一学期，准备投考高中。是年暑假到广州，考入中山大学附属中学读高中，直到 1949 年暑假毕业。期间多次参加由地下学联组织的反对国民党政府倒行逆施的民主运动（大游行）。

1949 年 9 月，考入由王力教授创办、全国唯一的中山大学语言学系，名列榜首。广州 10 月解放，11 月获通知到校注册入学。

1950 年，在中大积极参与推动拉丁化新文字运动，经常在上海《新文字周刊》发表文章，并参与组织中山大学新文字研究会，成为该会骨干成员。

1951 年，配合当时轰轰烈烈的世界和平运动，撰写了第一本书《在反动统治下英勇斗争的和平战士》，由华南人民出版社出版。这一年开始在由广东省教育厅主办、作家秦牧主编的《广东教育与文化》月刊连续发表多篇论及语言文字的文章，包括《关于汉字写法的横直行》（1951 年第 1 期）、《关于简体汉字的问题》（1951 年第 2 期）、《文教工作者要重视文字改革问题》（1951 年第 3 期）、《祖国的语言文字》（1952 年第 3 期）等。

1953 年 7 月，大学毕业由国家统一分配到武汉大学中文系任助教。

1954 年，第一次在《中国语文》（1954 年第 4 期）上发表文章《对争论语法理论问题的意见》。

1955 年 10 月至 1958 年 2 月，经王力教授举荐，作为进修教师到北京大学师从袁家骅教授专攻汉语方言学。期间曾于 1955 年 10 月在北京西苑大旅社连续举行的“全国文字改革会议”、“现代汉语规范问题学术会议”和“民族语文工作会议”等语言学界重要会上旁听。

1956 年，湖北人民出版社出版《武汉人怎样学习普通话》，这是第一部语言学方面的著作。6 月至 12 月，经袁家骅教授安排，在北京参加中国科学院少数民族语言第一调查工作队海南分队，在严子君（队长）、王少恭（副队长）的率领下赴海南岛调查黎语；在调查黎语的同时，于海南岛极南的崖县发现两种特别的汉语方言：军话和迈话，立即对这两种方言进行了初步的调查整理。其后又调查记录了海南闽语万宁话和文昌话，并初步探讨了海南闽语中的训读现象。是年发表了两篇书评：《介绍两本指导普通话学习的书》（王力著）（《中国语文》第 4 期）；《评介〈语音常识〉》（董少文著）（《语文学习》第5期），又在武汉《长江日报》连载了《关于汉语规范化》一文（12月15—17日）。

1957年，在北大参与编写由业师袁家骅教授主持的我国第一部全面、系统论述汉语方言的专著《汉语方言概要》，负责撰写占全书篇幅的三分之一（17万字）的粤方言和闽南方言两章。同年6月，在《中国语文》上发表短文《海南方言中同义字的训读现象》。是年7—8月，作为袁家骅教授的助手，到青岛新新公寓参加高教部组织的、由王力教授与游国恩教授分别主持的高等学校语言、文学各门课程教材编写工作，为期一个月。父亲作为古代文学史专家也应邀从中山大学北来与会。父子在此相聚一个月。参加此次教材编纂的语言文学专家都是国内第一流的学者，包括北京大学的王力、游国恩、周祖谟、袁家骅、余冠英、王瑶、林庚，复旦大学的赵景琛，武汉大学的刘绶松，中山大学的詹安泰、王起等。名单中原有武汉大学的程千帆，因会前“反右运动”开始，程千帆被划为“右派”，失去了前来与会的资格。

1958年2月，从北京大学回到武汉大学，开始以方言调查研究为主要方向的学术生涯。是年在《武汉大学学报》第1期上发表《万宁方音概述》一文。与此同时，还在《中国语文》月刊上发表了三篇研究汉语方言的文章：《粤方言中的虚词“亲住翻埋添”》、《潮州话的一些语法特点》和《收集和整理汉语方言词汇》。这一年父亲被划为“右派”，从此成为“右派子女”。

1959年，《海南岛军话语音概述》在北京大学主办的《语言学论丛》第三辑刊出（上海教育出版社）；《潮州方言》在丁声树、李荣主持的《方言与普通话丛刊》第二本上刊出（中华书局出版）。

1960年，主持完成编纂《湖北方言概况》初稿的工作，油印出来向国庆献礼。《有关编写〈学话手册〉的几个问题》在《中国语文》上发表。《汉语方言概要》初版发行。执笔其中粤方言和闽南方言两章，约占全书50万字的三分之一。

1961年暑假，到湖北浠水调查方言，住在浠水博物馆一个多月。记录博物馆馆长王祖佑老先生的浠水话。是年再度受袁家骅师之邀，前往与他共商进一步修订《汉语方言概要》事宜，住在北京大学承泽园袁师家中。

1962年7月，在武汉与湖北宜昌专区医院小儿科医生陈雅仙结婚。是年《中国语文》第8、9合期发表《浠水话动词“体”的表现形式》。

1963年7月，福建省汉语方言科学讨论会在厦门鹭江饭店举行。会议期间，黄家教、陈世民、詹伯慧、陈章太、许宝华、施文涛、张盛裕、王福堂、李如龙等人按年龄依次排队合影，从此，有了“方言学界九弟兄”之说，一直延续下来。伯慧排第三，称为“老三”。此次会后，黄家教、陈世民、詹伯慧联名在《厦门大学学报》（1963年第4期）上发表了《有关汉语方言分区的一些问题》，由詹伯慧执笔。同年詹、黄还联名在武汉大学学报上发表《关于汉语方言词汇调查研究的问题》一文。

1964年4月10日，女儿詹曼芸在宜昌出生。是年受聘为湖北省直属机关业余大学讲授语法课，与陈恩泉、钟隆林合作编写《语法知识》作为教材。

1965年，与黄家教合作在《中国语文》上发表《谈汉语方言语法材料的收集和整理》（第3期）。

1966年，文化大革命开始，被以“莫须有”的罪名关入“牛栏”，抄了家，成为“牛鬼蛇神”，失去自由。每天除了劳动改造就是写检讨，接受批斗。国庆前夕，与武大一批“牛鬼蛇神”被赶往武昌县东升公社集中关押，不让听到国庆的声音。

1967年4月6日，父亲因罹癌症病逝中山大学，享年65岁。弥留之际，获红卫兵“恩准”，自“牛栏”兼程回穗，在父亲病榻前亲视含殓。

1969年至1972年间，武汉大学以“办分校”为名将文科教师“下放”到湖北襄阳隆中。伯慧被编入基建队，当起泥瓦工，后期又兼当分校家属小学的英语教师，半天劳动半天给小学生上英语课。

1973年到1975年，武大中文系教师自襄阳分校回武昌珞珈山校本部，招收工农兵学员入学。此后两三年间，屡屡下农村、下码头、上轮船、上工地，与工人农民相结合，“接受再教育”。记得清楚的几次：一是1974年全国开展“批林批孔”之际，被派往长江航运公司，在来往沪汉的“东方红”客轮上生活一个来月，向船员讲解“批林批孔”文件，一起学习，一起“批林批孔”；一次是到湖北枣阳跟农民“三同”几个月，日夜和农民一起下田干活；再一次是和工农兵学员到武汉港码头与码头工人一起“忆苦思甜”，控诉旧社会码头工人饱受压榨的血泪史，编写码头工人奋起斗争的工运史，集体完成《码头风云》一书，负责执笔书中《号子喧天》一篇。此外，还到湖北云梦县长江埠参加过一段时间修建汉丹铁路的劳动。

1975年，参加鄂、川两省协作编纂《汉语大字典》的筹备上马工作，负责收字、审音工作，此后几年完全脱离中文系教学工作。作为《汉语大字典》专职编纂人员，经常奔走于川、鄂两省各《汉语大字典》编纂组之间，1979年大字典成立编委会，被任命为编委会委员，仍主持审音工作。

1979年初，结合《汉语大字典》注音的实践，在《中国语文》上发表《汉语字典词典注音中的几个问题》(1979年第1期)；同时又在《光明日报·文字改革》上发表《略谈方言和普通话的语法差异》(2月14日)。6月，参加厦门大学方言科学研讨会，与会学者倡议成立全国汉语方言学会，并推举詹伯慧起草倡议书。是年年底，饶宗颐教授应湖北博物馆邀请到武汉访问，期间专程来珞珈山武大相聚，共游东湖胜景。饶先生十分关心先父遗稿付梓刊行一事。谈及来年彼此都将应邀赴日讲学，建议出国时将先父遗稿带到东瀛，届时在国外仔细商量如何实现遗稿梓印问世事宜。

1980年4月，经教育部推荐，受聘出任日本东京大学文学部第一位来自中国大陆的客座教授，任期两年。抵东京时平山久雄教授到机场迎接，随后由东大安排租住其附近的本乡西片町三丁目，直到两年后离日回国。据介绍，当年鲁迅先生来东京，也曾在此地住过，东大的安排别具历史意义。5月，由东京大学田仲一成教授陪同，自东京赴京都造访应聘来京都大学讲学、客居京都三缘寺的饶宗颐教授。畅叙中话题主要集中到先父诗词遗稿付梓刊行之事。宗颐先生嘱将已带到身边之先父诗词手稿抄本交其带回香港谋划刊行。同年秋，作为特邀学者再次前往京都，参加日本中国语学会在京都举行的学术年会，并受同窗唐作藩兄之托，登门造访京都产业大学池田武雄教授，承热情款待，在其寓所留宿。6月21日，在日本中国语学会主办的学术演讲会（东京）上作题为“三十年来中国语言工作的一些情况”的专题演讲。讲稿在当年出版的日本中国语学会学术刊物《中国语学》（年刊）第227期上发表。国内《语文现代化》1980年第4期、武汉大学学报1981年第3期也先后刊出此文。是年暑假，在东京大学平山久雄教授和他的几位门生木村英树、岩田礼等的先后陪同下，遍游日本北起北海道、南迄南九州各地名胜，访问了各地著名大学。并于“七夕节”期间在青叶城（仙台）遍访当年鲁迅先生在此习医的一些遗迹。瞻仰了日本人民于1960年在青叶山麓建立的鲁迅纪念碑。年底，因痔病住进东京厚生年金病院动手术，二十多天后出院。

1981年元旦晚上，应邀到平山久雄教授家中做客，第一次享受日本家庭的“年饭”。寒假春节期间回国度假。返日前应邀到湖南师范大学作短暂讲学，并于3月31日应香港大学中文系主任马蒙教授邀请，首次到港大作学术讲演。讲稿《汉语方言研究概况和有关的几个问题》在年底出版的香港《语文杂志》第8期上发表。同年3月，《现代汉语方言》由湖北人民出版社出版。是年夏天，全国汉语方言学会成立，当选为学会理事；此后两年一届改选理事会，一直蝉联，直至2010年，已连续担任全国汉语方言学会十五届理事。当年农历5月25日，在日本度过难忘的五十岁生日。东京大学中文系全体“教官”（老师）和研究生在东京涉谷台湾人开的丽乡餐馆隆重设宴贺寿。6月18日，应日本亚非语言文化研究所邀请，到该所作题为“谈谈汉语方言的调查研究”的学术讲演，讲稿其后在该所主办的《亚非言语计数研究》第19期（1982，东京）上发表。10月1日，应日本国际交流基金会和日中学院院长藤堂明保的邀请，恩师王力（了一）教授暨师母到达东京，对日本进行为期十天的学术访问。与平山久雄教授一起到成田机场迎接。期间曾遵了一师嘱咐，邀请波多野太郎教授等几位日本友人到东京寓所共进自制晚餐，与了一师暨师母欢聚，盛况难忘。12月10日，应邀到日本爱知大学作题为“谈谈汉字改革问题"的学术讲演，讲稿经整理后在《语文研究》（太原）1982 年第 1 期上发表。12 月 17 日，平山久雄教授陪同南下访问九州大学，与九大中文系主任冈村繁教授及原籍台湾高山族的刘三富教授座谈畅叙，并由刘教授陪同遍游福冈名胜古迹。12 月出席在东京举行之日本中国语学会 1981 年会。《汉语北方方言的一致性和差异性》一文在会刊《中国语学》第 228 期上发表。是年，经日本中国语学会会长波多野教授推荐，《浠水方言纪要》在东京龙溪书舍出版。随后，第一本论文集《汉语方言文集》也于 1982 年由龙溪书舍出版。

1982 年 3 月，结束东瀛讲学回国。在北京短暂逗留期间，应北师大中文系主任钟敬文教授之邀向该校中文系全体师生作报告，介绍在日进行学术交流的体会。回到武汉大学，下车伊始便到由严学宭教授在华中理工大学主办的"语言学短期学习班"为来自各地的年轻语言学人讲课。同年正式晋升为武汉大学教授。《现代汉语方言》获武汉大学科研优秀成果奖。在日期间为香港文汇报专栏撰写的 40 多篇散文《东瀛杂记》，也于当年由武汉大学出版社结集出版。是年 8 月，赴京出席由吕叔湘教授署名邀请的第十五届国际汉藏语言学会议。

1983 年春，出任第五届湖北省政协委员。《现代汉语方言》被筑波大学汉语学者樋口靖翻译成日文在东京由光生馆出版社出版。与黄家教合写的《广州方言中的特殊语序现象》在《语言研究》1983 年第 2 期上发表。与此同时，《我心目中的语言学大师——纪念赵元任先生逝世一周年》一文亦在香港《语文杂志》第 11 期上发表。是年 5 月，出席在安徽合肥举行的第二届全国汉语方言学会学术年会，会后与黄家教、饶秉才、许宝华、李如龙等同上黄山游览，安徽师大年轻教师伍巍陪同引路、导游。10 月，自武汉大学调暨南大学任中文系教授。

1984 年，创建暨南大学汉语方言研究室，成立现代汉语硕士点，开始招收 4 名攻读汉语方言学的硕士研究生。是年受聘为中国大百科全书语言文字卷方言分科副主编。同年春，出任第五届广东省政协委员，1988 年换届后继续担任第六届广东省政协委员，直到 1992 年。期间还任省政协文教委员会副主任。5 月 17 日，香港文汇报刊出《记语言学家詹伯慧》。是年发表的论文有《谈汉语方言知识在现代汉语教学中的运用》（《语文月刊》第 4 期）、《略论划分汉语方言的条件》（香港《语文杂志》第 11 期），9—10 月又在《长江日报》上连载《一衣带水情意浓》。

1985 年 2 月至 1989 年 2 月，出任暨南大学在广州复办后首任文学院院长，享受相当于副校长的副厅级待遇。是年 5 月，出席在香港举行的普通话教学与测试研讨会。5 月 13 日，香港《文汇报》刊出《访暨大最年轻教授：文学院新任院长詹伯慧教授》。7 月，出席在山西忻州举行的第三届全国汉语方言学会学术年会。7 月 8 日南方日报刊出专稿："我是理所当然要忙的——访《每日一句话》主持人詹伯慧教授。"是年秋，赴昆明出席中国语言学会第三届学术年会。12 月，作为特邀嘉宾、讲者出席由香港教育署语文教育学院主办的首届国际语文研讨会。

1986 年 5 月，接替高华年教授担任广东省中国语言学会会长，此后一直连任五届至 2008 年 12 月。6 月 21—24 日，广东省语言文字工作会议在深圳举行，应邀到会作"广东语言文字专业人员的光荣职责"专题发言。8 月 15 日，与香港中文大学张日昇教授正式签署《珠江三角洲汉语方言调查研究协议书》，广东省社科"七五"重点项目"珠江三角洲方言调查"开始实施，暑假期间课题组成员到珠江三角洲各地开展方言调查工作。9 月 7—12 日，赴京出席国家语委召开的"七五"规划会议。10 月，获香港大学授予荣誉教授衔，到港大讲课三个月。期间被聘为港大中文学会名誉会长。11 月，出任广东省语言文字工作委员会委员。11 月 15—16 日，应澳门中国语文学会邀请，首次到澳门进行学术访问，作"中国语言文字工作展望"学术讲演。11 月 29 日，在香港语言学学会和香港中国语文学会联合主办的学术报告会上作"广东方言研究的几个问题"的学术讲演。12 月，出席香港大学主办的"人的革命"研讨会。12 月 19 日，应香港青年学艺讲座的邀请，在香港大会堂作题为"谈谈语文学习"的讲演。是年受聘为《中国语言学大词典》顾问及汉语方言卷审订人。是年在《语文研究》第 3 期上发表

《有关汉语方言工作的一些认识》（与黄家教合写）；在香港语文教育学院《语文教师培训与语文教学》专集上发表《从社会的需要论语文教师的培训》；在《语文建设》第4期上发表《就广东的情况谈推广普通话的一些问题》；在《中山大学学报》第4期上发表《谈汉语方言的语音调查》（与黄家教合写）。

1987年1月13日，应香港中文大学中国文化研究所邀请，首次到港中大进行学术交流，在该所作题为“广东汉语方言说略”的学术讲演。5月15日，香港明报报道：暨大文学院院长詹伯慧教授获港大授荣誉教授衔。7月1—3日，出席在香港中文大学举行的首届国际粤方言研讨会。8月2—15日，广东省中国语言学会和暨南大学中文系联合举办的汉语讲习班在暨大开课，随后不久，前往福建泰宁、厦门为国家语委开办的“普通话与方言”干部培训班讲课。9月中旬，出席在浙江舟山举行的第四届全国汉语方言学会学术年会。10月，《珠江三角洲方言调查报告》第一卷《珠江三角洲方言字音对照》出版；《潮人》第5期发表《潮籍语言学家詹伯慧》（广东汕头）。12月，承办中国语言学会第四届学术年会，于24—31日在华南师范大学举行。是年秋加入中国民主同盟，随后即被选为广东省委会副主委，并赴京出席民盟全国代表大会，被选为中央委员。此后连续十年担任了两届民盟广东省委副主委和中央委员，直到1997年卸任。是年夏，中山大学与广东省文学学会联合举行詹安泰教授逝世二十周年纪念会。香港大学中文学会《中文学会情报》创刊号详细介绍詹伯慧教授的文章。这一年发表的论文有《谈谈当前的语言文字工作》（澳门日报《语林》第3~8期）、《广东方言说略》（提要）（澳门日报《语林》第11期）、《谈新闻从业人员的语文修养》（澳门日报《语林》第18~35期）、《评介〈中国大百科全书·语言文字卷〉》（香港大学《东方文化》第2期）、《谈谈语文学习》（香港中文大学教育学院二十周年纪念专刊《教学集》）、《鄂南蒲圻话的词汇语法特点》（与李元授合写）（《武汉大学学报》第5期）。

1988年1月1—15日，应云南语言学会会长吴积才教授之邀，赴昆明参加审订《云南汉语方言志》。1月17日，《南方日报》发表专稿《愿携手弘扬中华文化——省政协委员詹伯慧教授一席谈》。3月，被选为第七届全国人民代表大会代表，同时仍担任第六届省政协委员。4月15—25日，应邀到新加坡华文研究会访问讲学；期间新加坡媒体《联合早报》、《联合晚报》及《新明日报》等连续三次进行访谈，作为“时人语录”发表访谈内容。5月，广州市成立普通话协会，受聘为顾问。7月9—10日，广东省中国语言学会在中山大学举行1987—1988学术年会。7月24—30日，参加在青岛举行的“现代汉语教学讨论会”，8月23—26日，出席由深圳教育学院主办的“深港片语言问题研讨会（国际）”。10月，《珠江三角洲方言调查报告》第二卷《珠江三角洲方言词汇对照》出版。11月9日，《汕头日报》发表《潮籍语言学家詹伯慧》。12月，上海《社会科学报》记者前来访问，于该报第135期（1988年12月29日）发表《正确理解方言共同语的关系——访汉语方言专家詹伯慧》。是年发表的文章主要有《进一步发挥汉语拼音的巨大作用》（《语文建设》第1期）、《广东粤语分区刍议》（《学术研究》第3期，广州）、《小议高等教育改革中的几个问题》（《高教探索》第3期，广州）、《谈谈方言和普通话》（《华文研究》第3期，新加坡）、《新加坡的推广华语运动》（《语文建设》第6期）、《闽方言的分布及其主要特征》（香港大学中文系六十周年纪念专刊《东方》）、《结合重大课题培养研究生的几点体会》（《暨南教育》第7期）。

1989年4月，《珠江三角洲方言字音对照》获第四次广东省社会科学研究成果二等奖。7月30日至8月2日，主持在广州举行的第二届国际粤方言研讨会。8月，出席在澳门举行的世界汉语教学研讨会，出席在湖南大庸举行的第五届全国汉语方言学会学术年会。《华夏》发表《中国语言宝库里的拮英者》（1989年第5期），《暨南大学研究生学报》发表《语言学家詹伯慧教授》（第5卷第1期）。12月，出席香港大学主办的“中国学术之承传与创新国际研讨会”，12月14日，香港《明报》刊出专访：《方言有存在价值》。12月21日，《羊城晚报》发表《“愿大家都学普通话”——詹伯慧教授谈推普工作》。是年入选《中国现代语言学家》第四分册（河北教育出版社）和《广州高校潮籍人才录》。这一年发表论文主要有《汉语方言分区问题驳议》（庆祝王力先生学术活动五十周年《语言文字学术论文集》，知识出版社，上海）、《学府决不能变成官府》（《群言》第1期，北京）、《广东方言研究述略》（澳门日报《语林》第67期）、《方言和规范化杂议》（《〈双语双方言〉论文集》，中山大学出版社）、《谈谈对外汉语教学》（《语言教学与研究》第3期）、《广东汉语方言研究40年》（《学术研究》第5期，广州）、《珠江三角洲粤方言常用词述略》（《方言》第4期）、《工厂标牌语言剖析》（《语文建设》第6期）。

1990年1月，率领广东省中国语言学会代表团访问澳门。5月3—4日，出席省社科联第三次代表大会，当选为主席团委员会委员。5—6月，应邀作为客座教授到法国高等社会科学院访问讲学一个月。期间作了四次学术讲演，每次讲演均由法国著名汉学家李嘉乐教授主持。7月，在校内被自行车撞伤骨折，住越秀区正骨医院一个月。8月，出席第二届国际闽方言研讨会（汕头大学）。9月6日，由粤、港、澳粤语专家联合组成的广州话审音委员会正式成立，詹伯慧、周无忌、林受之为召集人，并举行了第一次全体委员及审音编辑组会议，讨论审音方案及《关于进行广州话审音工作的意见》。9月23日，《汕头日报》发表专稿《越是地方性，就越有世界性——记潮籍方言学家詹伯慧》。9月24—25日，《广东百科全书》举行编纂工作会议，确定由詹伯慧主持《语言文字学》部分，组织力量编纂。10月1日，《广州日报》发表专稿《语言学家詹伯慧教授》。10月9日，香港《新晚报》发表专稿《记语言学家詹伯慧》。10月14日，由香港《中国语文通讯》编辑部和广州话审音委员会联合主办的粤语正音问题座谈会在广州举行。11月，国务院学位委员会发布学位办〔1990〕54号文件，经学位委员会第九次会议批准，暨南大学设立以汉语方言为方向的现代汉语博士点，詹伯慧为该博士点博士生导师。12月28—30日，广东省中国语言学会1989—1990学术年会在佛山举行，选出新一届学会理事会，詹伯慧蝉联会长。《珠江三角洲方言调查报告》第三卷《珠江三角洲方言综述》出版。是年起出任广东省人民政府文史研究馆副馆长，连续两届十年，至2000年为止。是年发表的文章主要有《现代汉语方言研究的重大突破》（《云南方志》第1期）、《关于辞书和辞书研究的通信》（《辞书研究》第1期，上海）、《怀念王了一师》（《中国语文通讯》第7期，香港）、《珠江三角洲方音说略》（《王力先生纪念论文集》，商务印书馆）、《广东境内三大方言的互相影响》（《方言》第4期）、《关于广州话审音问题的思考》（《中国语文通讯》第11期，香港）。

1991年1月3日，出席首届港、澳、台、侨及海外中华文化与广州关系国际研讨会，作了大会发言。1月26日，出席国家语委在人民大会堂举行的“纪念汉字简化方案发表35周年座谈会”。3月25日至4月9日，在出席第七届第四次全国人大期间，提出《加强语言文字规范工作的意见》提案，联署代表有秦牧等12人。4月4日，新加坡《联合早报》刊出其在北京的采访报道：“中国坚决推行汉字简化与汉语拼音”，副标题为：“中国著名语言学家詹伯慧教授对本报说：……”6月18—21日，出席由新加坡国立大学主办的“汉学研究之回顾与前瞻国际研讨会”。7月31日至8月2日，出席第三届国际粤方言研讨会（澳门）。8月5—7日，出席第二届双语双方言研讨会（深圳）。8月，《汉语方言及方言调查》出版。9月，首批4位博士研究生入学。10月，出席由泰国南甘杏大学和清迈大学主办的第24届国际汉藏语言学会议。10月10日，《暨南大学》第119期发表《一位为我国语言科学作出重要贡献的学者——记博士生导师詹伯慧教授》。11月，出席在南京举行的第六届全国汉语方言学会学术年会。是年入选《当代中国社会科学学者大辞典》（杭州，浙江大学出版社）、《中国语言学大词典》（南昌，江西教育出版社）、《中国当代文化名人大词典》（北京，中国广播电视出版社）、《潮汕人物词典》（文史艺术分册）（广州，中山大学出版社），并受聘为《广东百科全书》编委会委员、《潮汕文化丛书》顾问。《现代汉语方言》繁体字版由新学识文教出版中心（台北）出版。这一年发表的文章主要有《访法归来谈潮人》（《华夏》第1期）、《坚持简化方向，坚持规范化原则》（《语文建设》第1期）、《群策群力，把广东的语言文字规范工作做好》（《暨南学报》第2期）、《汉语促进国际文化交流》

(《华夏》第2期)、《粤语研究中几个问题的思考》(《中国语文通讯》第15期，香港)、《推行共同语和双语并用》(《深圳教育学院学报》第2期)、《弘扬中华文化的盛会——汉学研机之回顾与前瞻国际会议》(新加坡)综述(澳门日报《语林》第131~132期)。

1992年3月2日，在《人民日报》上发表《推广普通话适应改革开放》。3月8日，出席汕头语言学会和潮汕方言研究会举行的1992年学术讨论会。4月16日，广东电视台播放“詹伯慧教授谈推普”专访节目。4月22—24日，出席在北京举行的“中国语文研究四十年”，作专题发言“四十年来汉语方言研究的回顾”，讲稿全文在台湾《大陆杂志》第85卷第3期(9月15日)发表。7月3—6日，出席在香港大学举行的“第二届中文科课程教材教学研讨会”。广东省社科“八五”重点项目“北江、西江流域粤方言调查研究”开始实施；8月7日，与张日昇教授一起率领课题组成员赴粤北进行实地方言调查，为期一个月。9月3—12日，应邀到武汉三所大学作短期讲学。10月1日获国务院颁发有突出贡献证书，享受政府特殊津贴。10月2日起应香港中文大学中国文化研究所之聘，前往进行四个月的研究工作。10月16日，唯一的外孙女在香港出生。12月，被国家语言文字工作委员会评为全国语言文字先进工作者。受聘为《中国语言学年鉴》编委会委员。是年入选《中国当代教育名人传略》(未来中国出版社，香港)，并被英国剑桥传记中心选入《世界名人传记》1992年22版和《世界杰出人物》1992年15版；与此同时，美国传记研究所(ABI)亦在多种世界名人词书中收入传略。是年，负责校订的《中国文化专题精编》在香港伟文出版社出版。发表的文章主要还有《汉语方言研究中的几个问题——在第24届国际汉藏语言学会议上(曼谷、清迈)宣读的论文》(《暨南学报》第2期)、《汉语方言研究的回顾与前瞻》(《学术研究》第1期)、《改变广东语言环境小议》(《羊城晚报》3月25日)、《海南岛语言资源的开发大有可为》(《华夏》第2期，广州)、《饶平上饶客家话语言特点说略》(《中国语文研究》第10期，香港中文大学)、《谈谈汉语方言与语文教学》(澳门日报《语林》第150期)、《略论广东的推广普通话工作》(《普通话》第2期，香港)、《群策群力，把广东的“推普”工作推向前进》(《韶关大学学报》第3期)、《略论方言、共同语与双语制问题》(彩虹出版社，1992年8月，香港)。

1993年1月11—12日出席由香港中文大学主办的第三届国际闽方言研讨会。1月16—17日，应澳门中国语文学会邀请，率领博士研究生到澳进行学术交流。3月，被选为第八届全国政协委员。5月6—9日，在惠州主持广东省中国语言学会1992—1993学术年会，期间开始广州话的审音工作。6—7月，率领西江流域粤语调查组一行8人到西江流域10个县(市)进行为期一个月的实地调查。7月21—25日，出席在青岛召开的全国汉语方言学会第七届学术年会。8月17—20日，出席在深圳、珠海举行的第三届双语双方言研讨会(国际)。是年入选《当代中国科学家与发明家词典》(当代中国出版社，银川)与《珞珈拮英(之一)》(武汉大学出版社)。12月，应香港理工学院中文及翻译系之邀，带领研究生赴港开展西江流域粤语调查资料之协作整理工作。12月12日，《中国教育报》刊登专稿《詹伯慧：一位杰出的语言学家》。《暨南学报》亦在第3期刊出《博士生导师詹伯慧》。12月17—19日，出席由香港城市理工学院、香港语言学学会主办的第四届国际粤方言研讨会。12月20—22日，出席由香港中文大学主办的潮州学国际研讨会。12月27—28日，应澳门华夏文化中心和香港伟文出版社之邀，前往澳门作学术讲演。第二本论文选集《语言与方言论集》由广东人民出版社出版。是年发表的文章主要有《语文杂谈》(《中国语文通讯》第24期，香港)、《专名的简缩》(《中国语文通讯》第25期，香港)、《普通话“南下”与粤方言“北上”》(《语文建设通讯》第39期，香港)、《小议香港中文科教学的问题和对策》(《暨南学报》第2期)、《广东饶平方言记音》(《方言》第2期)、《广州话审音方案》(《中国语文通讯》第27期)、《四十年来汉语方言研究工作的回顾》(《中国语文研究四十年纪念文集》，北京语言学院出版社)、《经济发展与推广普通话》(《语文建设》第12期)、《再论方言、共同语与双语制问题》(《语文建设通讯》第42期，香港)。

1994年3月26—29日，广州话审音委员会在深圳寰宇大酒店举行审音会议，会后参观大亚湾核电厂。4月3日，广东省中国语言学会在广东教育学院举行学术沙龙活动，在会上作工作报告。6月，首批4位博士研究生毕业，全部获得文学博士学位。6月25日，《学术研究》在第3期发表专稿《方言沃土绵延，翰林勃发荣枝——访暨大博士生导师詹伯慧》。7月，《珠江三角洲方言调查报告》第二卷《词汇对照》和第三卷《综述》获第五次广东省社会科学研究成果一等奖。7月8—11日，在深圳贝岭居宾馆举行广州话审音工作会议，继续进行审订广州话字音工作。9月，出席在厦门大学举行的“海峡两岸闽南方言学术研讨会”。10月18—20日，中国语文现代化学会在北京成立，当选为副会长。10月25日，暨南大学正式下文成立“暨南大学汉语方言研究中心”，给编制三个。11月11—16日，在澳门皇都酒店举行广州话审音工作会议，继续审订广州话字音。12月29日至1995年1月1日，在暨南大学举行广州话审音委员会工作会议，成立《广州话正音字典》编纂委员会及编纂部，《广州话正音字典》编纂工作启动。是年，入选《中国现代社会科学家大词典》（书海出版社，太原），受聘为《中国语言学人名大辞典》顾问。12月，《粤北十县市粤方言调查报告》由暨南大学出版社出版。这一年发表的文章主要有《为辞书学界的打假批劣叫好——中国辞书学会第一届年会（广州）述评》（澳门日报《语林》第189、190期）、《我谈语文规范化》（《语文建设》第5期）、《小议潮汕方言的宏观研究》（《学术研究》第5期）、《詹安泰教授的生平与学术成就述略》（《潮学研究》第2期，汕头）、《珠江三角洲粤方言述要》（与张日昇合写）（《第一届国际粤方言研讨会论文集》，现代教育研究社，香港）、《粤北十县市白话语音特点述略》（《方言》第4期）、《汉语方言语法研究大有可为——〈汉语方言语法调查手册〉序》（《语文研究》第4期，太原）、《广州话审音工作的进展及有关问题的认识》（《中国语文通讯》第32期，香港）、《〈饶平县志〉中的“方言志”》（广东人民出版社）。

1995年，《方言·共同语·语文教学》由澳门日报出版社出版。《中国语文研究》第11期第十三届国际闽方言研讨会专号（主编之一）出版（中国文化研究所，香港中文大学）。1月19日，《广州话正音字典》编纂部首次工作会议在省社科联举行。3月，《珠江三角洲方言调查报告》（三卷本）获广东省高教1979—1994年人文社会科学研究优秀成果一等奖。3月18日，《广州话正音字典》编纂部在暨南大学开会，汇报开始编写的情况。3月20—22日，出席在珠岛宾馆举行的省社科联第四次代表大会，被选为省社科联主席团委员。4月6—12日，出席在海南大学举行的第四届国际闽方言研讨会。5月27—30日，广东省中国语言学会1994—1995学术年会暨换届选举大会在韶关举行，蝉联会长。6月19—26日，应台湾中研院历史语言研究院之邀前往台湾进行学术交流，期间作了题为“汉语方言研究的回顾与前瞻”的学术讲演；讲稿于当年12月在香港《中国语文通讯》第36期发表。6月30至7月2日，出席在深圳举行的第四届双语双方言研讨会。8月14日，担任广东新闻广播电台当晚直播座谈会嘉宾，谈广州“推普”工作并回答听众提出的问题。8月18日至9月8日，率领几位博士生到香港理工大学合作进行《粤西十县市粤方言调查报告》定稿工作。10月4—6日，广东省中国语言学会与广东省语委办联合举行两场纪念全国文字改革和现代汉语规范化四十周年学术报告会，詹伯慧、唐启运、陈炜湛、曾国忠分别作了专题讲演。10月21—26日，出席在武汉举行的第八届全国汉语方言学会学术年会，趁便于25日上午应邀到湖北大学作学术讲演，下午应邀到武汉大学与语言学教师、研究生座谈。10月30—31日，主持中山市直属机关干部普通话大赛评判工作，并以“方言与共同语及推普问题”为题向全市中小学教师作学术讲演。12月9—11日，出席在香港举行的“1997与香港中国语文”学术研讨会，会上宣读论文《对香港语文问题的几点思考》，随后在《中国语文》（1996年第2期）发表。12月19日，在《南方日报》上发表特约专论《要进一步搞好广东的“推普”工作》。12月21—23日，在暨大主持第五届国际粤方言研讨会。12月25—28日，出席在北京举行的首届全国语言文字应用学术研讨会，被会上筹备成立的中国应用语言学学会聘为顾问。是年入选《广东百科全书》。《粤北十县市粤方言调查报告》获第二届全国高等学校出版社优秀学术著作优秀奖；《珠江三角洲方言调查报告》一至三卷获国家教委1979—1994人文社会科学研究优秀成果二等奖；《汉语方言及方言调查》获国家教委第三届普通高等学校优秀教材二等奖。《潮州》第4期刊出《一门双教授，两代皆英才》。这一年发表的文章主要有《〈广州话正音字典〉编写细则》（澳门日报《语林》第212期）、《海峡两岸开展闽南方言研究之我见》（《学术研究》第4期）、《对方言和普通话性质的再认识》（《语文建设通讯》第49期，香港）、《〈东莞方言词典〉引论》（与陈晓锦合写）（《方言》第3期）、《第四届国际闽方言研讨会述评》（《中国语文》第5期）、《汉语方言调查与汉语规范化》（《语文建设》第10期）、《关于闽方言研究的几点思考》（《中国语文研究》第11期，香港中文大学）、《〈广州话正音字典〉编辑出版方案及"凡例"》（澳门中国语文学会《语丛》第2期）、《为促进语文现代化而努力奋斗——纪念全国文字改革和现代汉语规范化40周年》（《广东语文报》推普版第135期）、《汉语方言词汇差异述略》（澳门中国语文学会《语丛》总第28期）。

1996年1月6—7日，出席由澳门语言学会主办的"语言与传意"学术研讨会。3月3—13日，出席全国政协八届四次会议。3月14日，北京《中国新闻》总13821号刊出《詹伯慧委员谈香港语言问题》，4月4日，《广州文摘报》第14期第1版转载。3月24日，在暨南大学举行《广州话正音词典》编纂工作会议。3月26日，出席全省文化文物会议。4月8日，《粤港信息日报》第2882期刊出《"九七"后香港讲什么话？詹伯慧谈香港语言问题》。8月7日，《文化参考报》第288期刊出《做语言警察还是语言的导游（专家访谈）》。8月18—19日，出席在潮州举行的"饶宗颐学术研讨会（国际）"。8月21—23日，出席在广东增城举行的"第二届全国客家方言研讨会"。10月14—17日，出席在桂林举行的第二届全国语言文字现代化学术会议。11月9—12日，出席在新加坡举行的"第三届国际客家学研讨会"。12月11日，出席省社科"九五"规划会议。12月18日，出席在澳门举行的"方言与共同语学术研讨会"。12月20—22日，出席在暨南大学举行的"第一届东南亚华人语言学术研讨会"。《普宁文艺》冬季号刊出《为了汉语方言这块沃土》。是年，"广东粤方言概要"经省社科规划组讨论通过列为广东省社科"九五"重点项目，并入选《中国专家大辞典》（广东卷）和《广东高级专家大词典》（第一卷）。参与主编的《第四届国际闽方言研讨会论文集》由汕头大学出版社出版。这一年发表的文章主要有《"1997与香港中国语文"研讨会述评》（《学术研究》第4期）、《语言规范化与语言应用》（《语言与传意》论文集，海峰出版社，香港）、《闽粤琼语词汇比较研究》（与李如龙、高然、甘于恩合写）、《第四届国际闽方言研讨会论文集》（汕头大学出版社）、《试论粤方言地区的推广普通话工作》（《学术研究》第9期）、《方言和普通话杂议》[《双语双方言》（四）]。

1997年2月20—22日，出席在泉州华侨大学举行的第五届国际闽方言研讨会。2月28日，赴京出席全国政协八届五次会议。3月25—27日，出席在深圳举行的、由深港语言研究所主办的第五届双语双方言研讨会。3月28—29日，出席由香港大学语言及听觉学系主办的香港多语多文化研讨会。4月20日，《信息时报》刊出专访《香港渐成三语社会——詹伯慧教授谈回归后多元语言生活》。5月5—11日香港《亚洲周刊》刊出《回归后语言多元化》；悉尼《澳华时报》5月15日转载。6月5日，广东卫星电视在"港澳台之窗"节目中播出专题访谈：詹伯慧教授谈香港语言问题。6月12日，《潮州日报》刊出《光辉的业绩——记著名语言学家詹伯慧》。7月4—6日，广东省中国语言学会1996—1997学术年会在中山举行。会议期间还举行《汉语方言论文集——庆祝詹伯慧先生66寿辰》（现代教育研究社，1997，香港）首发式座谈会。8月4—6日，出席在澳门举行的第六届国际粤方言研讨会。期间应澳门电视台邀请在该台直播谈论有关粤方言研究的情况及未来发展趋势。9月1日，《暨南大学》第221期刊出《汉语方言学专家詹伯慧》。10月，《潮学研究》第6期刊出《潮籍方言学家詹伯慧教授与汉语方言学》。11月15—17日，出席由汕头大学主办的第二届潮学国际研讨会。11月29—30日，出席由香港启思出版社主办的普通话教学研讨会。12月10—12日，出席香港大学中文系七十周年纪念国际学术研讨会。是年4月，获评暨南大学"八五"期间杰出科研工作者。12月，再次被国家语委评为全国语言文字先进工作者。是年，入选《中国高等教育专家名典》（中国人事出版社）、《中国语言学人名大辞典》（岳麓书社）、《中国百科学者传略》（三）（巴蜀书社）、《中国高级专业技术人才辞典》（中国人事出版社）、《历届全国政协委员人名辞典》（中国国际广播出版社）。是年撰写和主编的著作出版有《粤港澳学生用普通话常用词手册》（暨南大学出版社）、《东莞方言词典》（与陈晓锦合著，江苏教育出版社）、《汉语方言论集》（与黄家教等合著，北京语言文化大学出版社）、《第五届国际粤方言研讨会论文集》（主编，暨南大学出版社）、《詹安泰词学论集》（主编，汕头大学出版社）。发表的论文主要有《粤西十县市粤方言语音综述》（《方言》第1期）、《我所认识的饶宗颐教授》（《东方文化》第4期）、《试论方言与共同语的关系》（《语文建设》第4期）、《回归前后的香港语言生活》（《学术研究》第5期）、《对香港多元文化语言生活的思考》（《岭南文史》第2期）、《广东客家方言研究之我见》（《学术研究》第7期）、《认识—研究—再认识—再研究》（《文史知识》第9期）、《把语文工作推向21世纪》（《语文建设》第10期）、《杂议潮汕文化研究》（《潮学研究》第6期，汕头）、《略论香港多元文化语言生活的前景》[《双语双方言》（五），汉学出版社，香港]。

1998年，受聘为新加坡国立大学客座教授一年。2月春节期间，在新加坡乘火车前往马来西亚吉隆坡探望年过九旬的三叔父力泰。三叔侨居大马逾半个世纪，一直未能回唐山与亲人相聚。此番在异国他乡共度春节，乐也何如！年初二参加旅游团到槟城游览，年初四晚乘大巴返新加坡。不久即传来噩耗，三叔于是年四月仙逝。3月7日，应邀到南洋理工大学（新加坡）作关于汉语规范化的学术讲演。3月28日，在新加坡国立大学中文系主办的学术讨论会上作《从〈方言〉杂志看中国方言研究的走势》。是年3月，再度被选为第九届全国政协委员。因身在国外，不能出席。此为担任两届全国政协委员十次全会中唯一一次请假缺席。5月上旬，参加旅行团到泰国观光。22日，应邀在新加坡中文与东方语言信息处理学会主办的“语言学与语言信息处理学术研讨会”上作“中国的语言规范工作”专题讲演。《潮州》杂志于第4期刊出《潮籍著名学者詹伯慧》一文。《粤西十县市粤方言调查报告》于12月由暨南大学出版社出版。11—12月，应美国加州大学（柏克莱）之邀，到该校东方语文系、赵元任中国语言研究中心作一个月访问讲学，期间作了“二十年来汉语方言研究述评”的学术讲演，并到美国东部纽约、华盛顿、费城和西部洛杉矶、大峡谷、拉斯维加斯等地游览，期间还在门生林柏松陪同下参观了斯坦福大学和国防语言大学，并到新泽西州三妹慧凡家中做客小住数天。圣诞节前夕，结束新加坡国立大学一年讲学回到广州。是年发表的文章主要有《留住方言留住根》（《源》第2期，新加坡）、《略论语言规范与语言应用》（新加坡联合早报5月9、11日）、《〈方言〉二十年述评》（《方言》第3期）、《关于〈广州话正音字典〉》（《学术研究》第6期）、《现代汉语方言语音、词汇、语法的差异》（《现代汉语教学参考与自学辅导》，高教出版社）、《结合教学应用，把粤语研究深入下去——为〈广州话研究与教学〉（三）而作》[《广州话研究与教学》（三），中山大学出版社]、《怀念新魁》（《李新魁教授纪念文集》，中华书局）。

1999年1月26日，出席省社科联全体委员会议。2月10日，出席省社科联主席团成员及顾问迎春茶话会。3月1日，赴京出席全国政协九届二次会议。4月5日，应邀出席在北京人民大会堂举行的《现代汉语方言词典》（41卷）出版座谈会。5月31日，庆祝詹伯慧教授从教45周年暨《立说传薪风雨人》出版发行大会在暨南大学学术报告厅举行，到会有关领导、海内外学术界人士以及亲友、门生等三百多人，省、市、港、澳媒体、广播电视及相关刊物作了详细报道，主要有《敬贺詹伯慧教授从教45周年特辑》（澳门中国语文学会《语丛》第39、40期）、《詹伯慧从教45周年》（《南方日报》6月1日）、《穗庆祝詹伯慧从教45周年》（《澳门日报》，6月2日）、《辛勤耕耘，桃李满园》（《羊城晚报》6月3日）、《詹教授老泪纵横》（《新快报》6月5日）、《辛勤耕耘四十五载，著作等身桃李满园》（《暨南大学》第261期，6月10日）、《语言学家，诲人不倦》（《澳门日报》，6月20日）、《客座教授詹伯慧》（《北京日报》6月25日）。此外，武汉出版的《语文教学与研究》在1999年第1期刊出了邢福义教授的《我心底里的方言学家詹伯慧教授》，广东省委统战部的刊物《粤海同心》在第12期刊出了《立说传薪，风雨人生》的专稿。6月11—13日，出席由深圳市语委办和深港语言研究所主办的第六届双语双方言研讨会。6月23—25日，出席由香港科技大和香港中文大学主办的第六届国际闽方言研讨会。6月26—28日，出席由香港大学中文系和语言学系主办的第七届国际粤方言研讨会。7月5—7日，出席由澳大利亚墨尔本大学主办的第八届汉语语言学国际会议。9月，《珠江三角洲方言调查报告》（三卷本）获"七五"、"八五"广东省社科规划课题优秀成果二等奖，《粤西十县市粤方言调查报告》获第六次广东省社会科学研究成果二等奖。9月2—21日，应日本学术振兴会之邀到日本早稻田大学与平山久雄教授进行学术合作研究，期间分别在东京大学、日本中国语学会关东分会、筑波大学作学术讲演，并到京都、天理、奈良、大阪、神户、名古屋等地与日本汉学家进行学术交流。11月5—8日，出席在广西桂林广西师大举行的第十届全国汉语方言学会学术年会。11月26—29日，广东省中国语言学会1998—1999学术年会暨新一届理事会换届大会在肇庆举行，继续蝉联会长。是年有多部人物辞书录入传略：《中外名人辞典》（新世纪卷）（中国新闻出版社，北京）、《世界文化名人辞海》（华人卷五）（中国言实出版社）、《二十一世纪人才库（1）》（中国世界语出版社）、《世界优秀专家人才名典》（第一卷中）（中国国际交流出版社）。是年出版了作为主编之一的《第五届国际闽方言研讨会论文集》（暨南大学出版社）。发表的文章主要有《近二十年汉语方言学学术活动述评》（《学术研究》第2期）、《再论语言规范与语言应用》（《语言教学与研究》第3期）、《广东语言科学在飞跃发展》（《学术研究》第10期）、《粤语研究的回顾与展望》（《暨南学报》第6期）。

2000年6—10日，出席在香港理工大学举行的"语文测试与语文教学国际研讨会"。6月26—28日，出席在新加坡举行的第九届汉语语言学国际会议。8月14日，出席由北京大学主办的纪念王力先生百年诞辰国际学术研讨会。11月15—17日，出席在梅州举行的第四届客家方言研讨会。应香港大学语言学系的邀请，自2000年11月至2001年2月到港大访问讲学三个月。是年入选香港世界人物出版社的《世界名人录》（新世纪卷）。出版了主编的《广东地区社会语言文字应用问题调查研究》（暨南大学出版社）。发表的文章主要有《〈汉语方言大词典〉：取舍之间见功力》（《复旦学报》社科版第3期，上海）、《提高香港中文教学水准之我见——兼论语文教学质量之评估》（《中国语文通讯》第54期，香港）、《一部多有突破的语文词典》（《辞书研究》第4期，上海）、《谈谈语言规范与语言应用》（新加坡国立大学中文系学报《学丛》第五期）、《师道悠悠——杂忆了一师》（《人物》第7期）、《"九五"广东的汉语方言研究》（《中国语文通讯》第55期）、《二十年来汉语方言研究述评》（《方言》第4期）、《"推普"的欣喜与尴尬》（北京日报《理论周刊》第80期）。

2001年1—2月，应香港中文大学普通话教育研究及发展中心的邀请，作了四场关于普通话学习的专题讲演。1月17—19日，出席香港大学主办的"21世纪中国学术研究前瞻国际研讨会"。2月12日，应邀到香港科技大学作学术讲演。2月13日，出席香港城市大学主办的"21世纪首届现代汉语语法国际研讨会"。2月17—18日，应澳门中国语文学会和澳门语言学学会的邀请，前往进行学术交流，期间作了学术讲演。2月19日，应邀到香港城市大学作专题学术讲演。5月18—20日，出席在天津南开大学举行的"中国语言学博士点专家座谈会"。7月1—7日，出席在深圳（前期）和澳门（后期）举行的第七届双语双方言学术研讨会。7月7日，出席由澳门理工学院主办的"语言与方言国际研讨会"。7月12日，为香港中文大学的"名家名师谈普通话"作专题讲演。10月9—13日，出席在西安举行的第十一届全国汉语方言学会学术年会。11月3—5日，出席在厦门大学举行的第七届国际闽方言研讨会。11月22—24日，出席由香港中文大学主办的第四届潮州学国际研讨会。12月21—24日，主持在暨南大学举行的第八届国际粤方言研讨会。12月25—29日，广东省中国语言学会2000—2001学术年会在湛江市举行。是年6月30日，《广东地区社会语言文字应用问题调查研究》获1999—2000年度中国大学版协优秀著作一等奖。9月7日，获评为暨南大学"优秀研究生导师"。报刊上发表的相关文章、报道有《锲而不舍，团结协作——詹伯慧回顾广东粤方言研究工作》（《澳门日报》）、《詹伯慧教授》（《暨南学报》、《暨南学人》，第2期）、《视学术为生命，以服务社会为己任——语言学家詹伯慧成功之路》（《侨教之光——群星荟萃暨南园》，广东人民出版社，5月）、《一位语言学家的情怀》（《潮州日报》，8月21日）、《从教半世纪，桃李满天下 ——记著名语言学家、博士生导师詹伯慧教授》（《 红枫》第9期，广州）、《汉语方言学家詹伯慧》（《同舟共进》第10期，广州）、*Paris dans ie coeur du professeur Zhan Bohui*（LA CHINE AU PRESENT，FEVRIER，2001）。是年出版了主编的《暨南大学汉语方言学博士研究生学术论文集》（暨南大学出版社）。发表的文章主要有《不断进取，不断开拓，把客家方言的研究推向新的台阶》（《暨南学报》第2期）、《关于〈广东粤方言概要〉的编纂》（《中国语文通讯》第57期，香港）、《新加坡的语言政策与华文教育》（暨南大学华文学院学报《华文教学与研究》第3期）、《广西“平话”问题刍议》（《语言研究》第2期，武汉）、《新奇“网语”是否文化垃圾》（北京日报《理论周刊》第101期）、《当前一些语言现象与语言规范》（《暨南学报》第4期）、《社会语言文字应用的现象值得重视——广东语言文字应用调查的一些启示》（《学术研究》第8期）、《新世纪潮汕文化研究之我见》（《 潮学研究》第9期，汕头）、《汉语方言词典收词小议》（《中国语文》第6期）、《二十一世纪汉语方言研究展望》（《澳门理工学院学报》第4期）、《对当前语言运用中一些现象的看法》[《双语双方言》（七），汉学出版社，香港]。

2002年1月20日至2月8日，应香港大学语言学系的邀请，带领几名博士研究生前往协作建立粤方言研究网站第一阶段的工作，同时受聘为语言学系名誉教授（2002年1月至2004年12月）。1月25—26日及2月1—2日，应香港中文大学普通话教育研究及发展中心的邀请，为“普通话作为教学语言专业证书课程”作两次专题讲演。2月6日，应香港大学中文系邀请，作题为“汉语方言分区问题的再认识”的学术讲演。3月12—14日，出席香港大学主办的第一届中国语言文字国际学术研讨会。6月21—22日出席由香港理工大学主办的首届汉语方言书写国际研讨会。6月28日至7月2日出席在南昌由中国社会科学院语言研究所等单位主办的庆祝《中国语文》创刊50周年国际学术研讨会；接着于7月3—6日在南昌出席由南昌大学主办的第五届客家方言暨首届赣方言学术研讨会（国际）。《广东粤方言概要》（暨南大学出版社）和《广州话正音字典》（广东人民出版社）都在7月出版发行。参加编写粤方言部分的《现代汉语方言概论》由上海教育出版社出版（侯精一主编）。9月28日，由广东人民出版社和广东省中国语言学会联合主办的《广州话正音字典》出版座谈会在广东社科联举行，穗、港、澳三地语言专家、出版传媒人士约50人出席会议。11月2—3日，出席由暨南大学主办的“语言学科建设高级专家”座谈会。11月9—12日出席在长沙由湖南师范大学主办的“湘南土语与周边语言国际研讨会”。11月27—29日出席由新加坡国家历史博物馆等主办的海外潮人社会文化国际研讨会。12月15日，纪念詹安泰教授诞生100周年及学术研讨会在中山大学举行，到会300多人，饶宗颐先生、陈伟南先生及《澳门日报》总编辑李鹏翥先生专程与会，一批国内及港、台学者到会宣读词学研究方面论文。是年9月，获评为暨南大学2002年“十佳先进个人”。10月22日，以在全国政协九届三次会议上所提“中小学减负不能够形式主义，不能一哄而上，必须充分认识，全社会配合，以求实效”议案获评为九届全国政协优秀提案，受邀出席在京举行的表彰大会。《检察文学》第3期（陕西咸阳）发表了纪念许慈航的文章《啊，恩师的眼睛……》。11月25日，《潮州日报》刊出专稿《 展示客家民俗风采——省级文物保护单位新丰镇润丰楼剪影》。是年发表的文章主要有《从实际出发思考香港的普通话教育问题》（《语言文字应用》第1期，北京）、《把握优势，开展文化双向交流》（中国教育报《文化周刊》第260期）、《我所认识的王均先生》（《语文建设通讯》第70期）、《历届粤方言研讨会的回顾》（《暨南学报》第3期）、《近两年粤语研究的实绩与新趋势》（《学术研究》第6期）、《从历届研讨会看闽方言研究的当前课题》（《闽语研究及其与周边方言的关系》，香港中文大学出版社）、《对培养博士研究生的几点想法》（《现代汉语教学研究与探索》第三辑，暨南大学出版社）、《方言分区问题再认识》(《方言》第4期)、《略论广西“平话”》(《纪念王力先生百年诞辰学术论文集》，商务印书馆)、《詹安泰教授的生平与学术成就述略》(澳门日报《学海》第279期)、《“岭南词宗 ”詹安泰》(潮州日报《潮州文化》，12月31日)。

2003年3月28—29日，出席由澳门理工学院主办的汉语(普通话)教学与测试国际研讨会。4月11—14日，出席由暨南大学主办的第二届现代汉语语法国际研讨会。7月10—11日，出席在北京举行的新编中国语言地图集(汉语方言部分)规划会。7月13日，出席由北京师范大学主办的“岑麒祥教授诞辰一百周年纪念会”。7月28日至8月1日，出席在贵阳举行的“全国汉语方言学会第十二届学术年会”。10月16日至11月2日，带领6位博士生到香港大学语言学系进行粤方言网站更新内容的协作工作。期间于10月16日和29日两度访问香港科技大学人文学部，受到丁邦新、张洪年等语言学家的热情接待。29日还聆听了到访该校的美国学者余蔼芹教授的学术演讲会，并参加了香港科技大学“中国语言学研究中心”的成立典礼。10月24日，带领6位博士生访问香港普通话研习社，与该社主要领导进行座谈、交流。11月10—12日，出席由新加坡国立大学主办的第二届肯特岗国际汉语语言学圆桌会议。11月15—18日，主持在梅州嘉应学院举行的广东省中国语言学会2002—2003学术年会暨学会理事会换届选举大会，再次蝉联学会会长。12月22—24日，出席由澳门中国语言学会主办的第九届国际粤方言研讨会。是年出版了《漫步语坛的第三个脚印——汉语方言与语言应用论集》(暨南大学出版社)和《饶平客家话》(合著)(广东饶平客属海外联谊会)，并出版了主编的《第八届国际粤方言研讨会论文集》(中国社会科学出版社，北京)。3月，《广东粤方言概要》获评为广东省哲学社会科学“九五”规划优秀成果三等奖，该书又在9月获评2001—2002年度中南地区大学出版社优秀学术著作一等奖。潮州市广播电视中心《潮州风情》在1月5日播出《 父子双佼，史传佳话——潮州市近、现代文化名人简述之八》；香港《大公报》驻广州记者于7月7日发表访谈报道《粤方言研究方兴未艾》。是年发表的文章主要有《广东粤方言的共同特点述略》(《汉语学报》第4期，武汉)、《语言学科建设也要与时俱进》(《学术研究》第2期)、《关于广西“平话”的归属问题》(与崔淑慧等合写)(《语文研究》第3期)、《当前“推普”的一些思考》(《学术研究》第12期)、《潮汕文化研究刍议》(《海外潮人的移民经验》，八方文化企业公司，新加坡)。

2004年4月3日，应香港大学中文系邀请，为查良镛学术讲座作题为“粤语的研究与应用”的讲演。6月16—17日，出席在北京由中国社会科学院语言研究所主办的“纪念吕叔湘先生百年诞辰国际学术研讨会”。7月9—17日，应邀访问台湾一周，出席在新竹“义民庙”举行的“2004饶平客家文化研习营”，用饶平客家话作“饶平上饶客家话”专题讲演，并遍访台湾各地饶平客家宗亲，拜谒台北阳明山詹氏大宗祠。期间还先后到中央研究院语言学研究所、中央大学、成功大学、中山大学等学术机构与同行学者聚会交流，参观了星云大师建立的佛教名刹台南佛光山。8月13—16日，出席由深圳深港澳语言研究所在深圳举行的“第八届双语双方言研讨会”。10月16—18日，出席在北京传媒大学举行的第四届全国社会语言学学术研讨会。10月23—25日，出席在南宁举行的“桂北平话及周边语言研讨会”。11月6—7日，出席由暨南大学举办的第二届语言学科建设高级专家论坛。12月3—6日，出席由华中师范大学主办的第二届国际汉语方言语法学术研讨会。2004年9月起，应香港大学之聘，以名誉教授身份，开始每学年为中文系“学位教师中文学科知识深造文凭课程”学员讲授“中文资讯检索”课程中的“中国语文工具书说略”10周，“现代汉语”课中词汇部分两周，一连三届，于2008年6月完成此项教学任务。2004年10月，《广东粤方言概要》获第七届“广东省优秀图书、期刊、作品奖”(优秀图书奖)二等奖。入选《中国语言学家传略》(中国语言学会编写，河北教育出版社，石家庄)；出版了作为学术委员会委员参与编写的《普通话水平测试实施纲要》(普通话水平测试国家指导用书，商务印书馆)。《岭南文史》(广州)第1期发表了《从广东走向世界的语言学家詹伯慧》；《河间天地》(深圳)第2期发表了《方言泰斗——詹伯慧》。是年发表的文章主要有《汉语方言语法研究的回顾》(《语言教学与研究》第2期，北京)、《当前汉语方言研究中的几个问题》(《语文研究》第2期)、《粤语研究的当前课题》(《暨南学报》第5期)、《中国大陆客家方言的研究与应用》(《台湾文学评论》第1卷第3期)、《饶平上饶客家方言的两字组连读变调》(与刘镇发合写)(《方言》第3期)、《语言文字研究突飞猛进的十年——为〈广州市志〉1991—2000而作》(《汉语学报》第2期，商务印书馆)、《品尝潮州文化的独特韵味》(《潮州日报》"周日书屋"，8月29日)、《少当语言的警察，多当语言的导游——谈当前汉语中存在的三大问题》(《羊城晚报》"花地·百家"11月8日)、《关于方言词的用字问题》(《庆祝〈中国语文〉创刊50周年学术论文集》，商务印书馆)。

2005年1月4—5日，出席由香港理工大学主办的PSK词汇大纲鉴定会"。1月26日至6月15日，应聘为香港科技大学人文学部中国语言学研究中心研究生讲授"粤语研究 "课程。4月5—17日，应邀到山西大学进行访问交流，期间出席由山西大学和山西社科院语言所主办的"新世纪中国语言学科建设与发展研讨会 "，在会上作学术讲演，并参观访问了"乔家大院"、平遥古城、晋词、五台山等名胜。4月26日，出席由林伦伦教授在广东技术师范学院召开的"南方少数民族语言与文化研讨会"。5月，由广东省人民政府主办的"首届广东省哲学社会科学优秀成果奖 "(政府奖)揭晓。《广东粤方言概要》获著作一等奖。6月3—6日，作为特邀代表出席在浙江师范大学(浙江金华)举行的"第三届国际现代汉语语法研讨会"，在会上作学术讲演。会后到千岛湖、绍兴、宁波等地观光。8月5日，作为澳门首届社会科学成果评委，前往澳门出席颁奖仪式，澳门特首何厚铧亲临大会颁奖。8月初，随广东省文史研究馆同仁到甘肃、新疆考察观光，首次踏足敦煌莫高窟、新疆喀纳斯湖等名胜古迹。8月13日，出席由暨南大学与教育部语信司联合主办的"语言与国家"高级论坛。9月23—25日，出席在苏州举行的全国汉语方言学会第13届学术年会，会后访问上海，与许宝华伉俪欢聚城隍庙(豫园)。10月24—26日，出席在福州举行的第九届国际闽方言研讨会。11月13日，应邀赴澳门为澳门粤方言学会开设粤语讲座，作题为"谈谈粤语研究"的学术讲演。12月12—14日，出席由香港中文大学主办的第十届国际粤方言研讨会，在会上作主题报告。12月16—18日，主持在深圳大学举行的广东省中国语言学会2004—2005学术年会。是年发表的文章主要有《汉语方言的研究及其应用——纪念吕叔湘先生》(《语文研究》第2期)、《小议方言区的双语应用问题》[《双语双方言》(八)，汉学出版社，香港]、《濒危方言的研究大有可为——读丘学强〈军话研究〉》(中国社会科学出版社，北京)、《粤方言语法研究的当前课题》(《暨南学报》第6期)。

2006年1月4—5日，作为专家组成员(副组长)出席由香港理工大学主办的"香港普通话水平考试(PSK)入门等级审定会"。2月中旬，香港语文教育与研究常设委员会职员在王培光教授引荐下于"又一城"见面，商谈担任专题调研顾问，提供广东"推普"工作经验，撰写咨询报告供香港决策参考用。2月22日，由李颖思代表发来语常会秘书胡德英签署的正式邀请函，随后签订协议，于一年内完成题为"从广东的'推普'看香港的推普工作"咨询报告。结果于2007年初如期完成任务，撰写约8万字的《报告》送香港语常会。3月31日至4月1日，出席在北京由国家语委等主办的"语言文字规范化工作学术研讨会"，开幕式在人民大会堂听取许嘉璐、陈至立的报告。4月12—14日，作为广东省一类城市语言文字工作评估组成员在深圳对深圳市语言文字工作进行预评估。4月15—17日，出席在韶关学院举行的"汉语语法南粤论坛"。4月19—21日，出席在广东阳江举行的"全国高师现代汉语教学研讨会第十一届年会暨教学研讨会"。5月中旬，作为专家组成员参加对深圳市进行"一类城市"语言文字工作评估验收。5月24日，应邀出席香港大公报在广州国际大酒店举行的"百年看广东"专题论坛，作"岭南文化谈"专题发言。6月上旬，作为南昌大学"211工程 "验收组成员前往南昌参与评估验收工作。期间于6月2日在南昌大学作题为"当前语言规范工作的几点思考"的学术报告，并借此机会与江西省语言学会会长刘焕辉教授等同行学者交流两省语言学会工作，还游览了景德镇、婺源等名胜。6月8—10日，作为专家评估组成员在深圳对深圳市语言文字工作进行正式评估。6月中旬，应广西玉林师院邀请，前往该院讲学，期间于6月18日为该院作学术报告，并专程前往博白瞻仰恩师王力教授故居。7月7—10日，出席在深圳举行的第九届双语双方言研讨会。8月，随省文史馆同仁前往湘鄂两省考察观光，连续登了湖南张家界天门山、湖北神农架和湖北武当山等名山，还游览了湖南凤凰城，湖北三峡等地。9月，受香港大学之聘，以名誉教授身份为该校新设立的中国语言文学硕士班（M. A.）讲授“现代汉语专题研究”课程，此后每学年讲授一次（15周）。9月上旬在暨南大学庆祝教师节大会上，被授予暨南大学“终身贡献奖”。10月29日至11月3日，应邀出席先后在重庆市及重庆—宜昌三峡游轮上举行的《中国语言文字大词典》座谈会，会上决定将该大词典分七卷编纂出版。我被推为《方言卷》主编，乔全生为副主编。《方言卷》计划编300万字左右。会后着手组织编纂班子，争取来年正式启动。11月29日至12月，应邀出席由复旦大学和深圳大学联合在深圳举行的首届国际上海方言学术研讨会 。12月8—10日，出席由广西大学主办、在广西南宁举行的第十一届国际粤方言研讨会。12月13—16日，出席由香港八大学联合举办的“学艺兼修，汉学大师——饶宗颐教授九十华诞学术研讨会”，前期在香港举行，后期应潮州市政府邀请到潮州参加潮州主办的研讨会和“饶宗颐学术馆”开馆仪式。是年11月，暨南大学庆祝建校一百周年。作为百年校庆系列出版物之一的《漫步语坛的第三个脚印》一书在7月出版了增订本，内容由初版的48篇50万字扩充到70篇近70万字，与此同时，与丘学强等合作的《新时空粤语》（上册）亦于7月出版。此书一出即深受读者欢迎，出版后送出参加全国大学出版社协会评选，获得优秀著作一等奖。是年发表的文章主要有《同根同祖，同源同声——漫谈海内外汉语言文化的互动》（《岭南文史》第1期）、《海南各语言的－om、－ɔm，－op、－ɔp等韵母的分布》（与刘新中合写）（《民族语文》第4期，北京）、《我看客家方言与〈中山客家话研究〉》（《学术研究》第7期）、《谈谈语言规划与语言应用——对时下语言应用中一些现象的看法》（澳门日报《学海》第370期）、《语言规范与语言生活的多样化》（《语言规划的理论与实践》，语文出版社）、《岭南词宗詹安泰》（《潮州文化研究》总第5～6期）、《略论共同语和方言并用中的主从关系——纪念现代汉语规范问题学术会议和全国文字改革会议五十周年》［《双语双方言》（九），汉学出版社，香港］。

2007年1月19—24日，出席由香港中文大学举办的第七届国际客家方言研讨会。3月11—13日，出席在广西贺州举行的“第四届平话及周边语言研讨会”。4月7—9日，出席在杭州举行的第十四届全国汉语方言学会学术年会，会后到浙江奉化溪口旅游，参观了蒋氏故居等名胜古迹。5月12—14日，出席在天津由天津师范大学文学院和北京大学中文系联合主办的“继往开来的语言学发展之路2007学术论坛”，发表了题为“有关语言学科建设的一些看法”的论文。会后赴京参加中大语言学系在京校友为唐作藩兄八十华诞的祝寿宴会。5月26—27日，应邀到番禺莲花山出席由华南师范大学岭南文化研究中心主办的“文科基地与相关学科建设学术研讨会”，作专题发言。6月，由澳门粤方言学会创办的、以粤语研究为内容的期刊《粤语研究》问世，担任名誉主编，主编与副主编分别为门生邓景滨博士和汤翠兰博士。6月中旬，作为专家组成员参加对广州市进行国家“一类城市”语言文字工作的评估验收。7月11日，经校长办公会议决定，暨大校办发文恢复“暨南大学汉语方言研究中心”。7月14—16日，以詹伯慧为主编、乔全生为副主编的《中国语言文字大词典·汉语方言卷》顾问、编委联席会议在暨南大学校行政楼会议厅隆重举行，校长胡军和校党委书记蒋述卓出席会议，并设宴招待与会专家学者。《中国语言文字大词典·汉语方言卷》编纂工作宣告正式启动。会议期间还在暨大文学院门口举行了编委会的挂牌仪式。8月3—6日，出席在青海西宁举行的“21世纪第四届现代汉语语法国际研讨会”。中秋节前夕，不幸因叠凳取物摔伤，经急诊照片确诊为腰椎压缩性骨折，9月25日（中秋节）住进华侨医院骨科，11月初方可走动即出院，边工作边在院外休息治疗。11月22日，应邀作为嘉宾出席香港中文大学中国文化研究所成立四十周年庆祝大会。12月1日，作为顾问出席香港中国语文学会一年一度的理事会改选及讨论当前香港语言文字问题的学术座谈会。12月15—17日，主持由中山学院承办、在中山市富华酒店举行的第十二届国际粤方言研讨会。12 月 20—23 日，主持在大学城广州大学举行的广东省中国语言学会 2006—2007 学术年会。为退出会长职务准备的述职报告《回顾与期望》在学会《通讯》第 12 期和《广东学术通讯》第 11 期刊出。12 月 24—26 日，《中国语言文字大词典·汉语方言卷》各编写组召集人及部分特邀顾问在暨南大学举行工作会议，初步汇总各组提交的“入典条目”，讨论并解决了一些编写中可能遇到的问题。是年发表的文章主要有《结合“推普”开展方言研究的良好范例——喜读〈桂北平话与推广普通话研究〉丛书》（《当代广西》2007 年第 11 期）、《对平话问题的再认识》（《贺州学院学报》第 1 期）、《略谈饶宗颐教授与“潮学”的兴起》（《岭南文史》第 1 期）、《汉语方言语法研究再议》［《汉语方言语法研究的新拓展》（三），东北师范大学出版社，长春］、《方言研究持续繁荣的又一信号——祝贺〈粤语研究〉创刊》（《粤语研究》创刊号，2007 年 3 月；《澳门日报》2008 年 3 月 22 日《新园地》）、《粤语研究的当前课题》（《粤语研究》创刊号，2007 年 3 月，澳门）、《粤语研究的当前课题〈压缩修订稿〉》（《方言》第 3 期）、《汉语方言“VXVX”动词重叠式比较研究》（王红梅合写）（《语言研究》第 3 期）、《一次为语言研究提供服务的成功实践——甘于恩〈粤语与文化研究参考书目〉序》（《粤语研究》第 2 期，2007 年 12 月）、《海南语言资源的开发大有可为——读〈海南闽语语音研究〉》（《暨南学报》第 6 期）、《语坛一棵不老的劲松——敬贺同窗好友唐作藩教授八十华诞》（《语苑撷英〈二〉——庆祝唐作藩教授八十华诞学术论文集》，中国大百科全书出版社，2007 年 12 月，北京）、《岭南方言的研究及其应用》（《岭南学》第一辑，中山大学出版社，2007 年 12 月）。

2008 年 1 月，南方日报出版社出版了《我的一九七六》一书，刊入原发表在《南方都市报》（2006 年 11 月 10 日）上的口述文章《“岭南词宗”之子、语言学家詹伯慧：我与父亲的运动劫》一文。《继往开来的语言学发展之路——2007 学术论坛论文集》一书由语文出版社出版，收入《有关语言学科建设的一些看法》一文。2 月 20—22 日，应邀出席在北京燕郊举行的《中国语言文字大词典》编纂工作会议，出席会议的是部分总编委会委员、顾问和各分卷主编。在会上作了《方言卷》2007 年工作回顾的发言，会后在京逗留三天，参加了在京中大语言学系老校友的迎春欢叙。2 月 29 日，广州市黄浦区教育局网站刊出詹伯慧谈深入学习领会《国家通用语言文字法》的访谈录。4 月 21 日，应教育部语信司邀请，出席在北京香山饭店举行的纪念《汉语拼音方案》颁布五十周年学术研讨会。4 月 22 日，应邀在北京大学中文系作题为“方言研究与方言应用”的学术讲演。4 月 25 日，出席由广东省委宣传部和广东省社科联主办、暨南大学汉语方言研究中心和广东省中国语言学会共同承办的第 33 期“岭南学术论坛：广东的语言与广东的文化”，作“方言与共同语关系”主题讲演，讲演录音整理稿于 5 月 5 日在《南方网 > 南方理论 > 岭南大讲坛 > 岭南学术论坛》第 33 期上发表。河南《寻根》杂志社于 4 月出版书法题词汇集《寻根寄语，名家墨宝》一书，收入 2002 年为该杂志题写的《寻根问祖，继往开来》墨迹，并附刊小传及相片。5 月 31 日，应邀在广东省委宣传部和广东社科联主办，《羊城晚报》和广东人文学会承办的“岭南大讲坛·艺术论坛”作题为“岭南方言的研究及其应用”讲演，讲演实录于 6 月 12 日在《南方网 > 南方理论 > 岭南大讲坛 > 艺术论坛》第 33 期上发表。6 月 15—19 日，应潮州市有关领导邀请访问潮州。期间于 6 月 15 日晚在潮州电视台出席“韩江论坛”的“名家对话”，谈论岭南文化与潮州文化，6 月 16 日晚出席由中共潮州市委宣传部和潮州市社科联主办的“韩江论坛”讲演会，作题为“我的父亲詹安泰”的专题讲演，讲稿在潮州日报《观潮》分三期（6 月 20 日、27 日及 7 月 4 日）刊出。访潮期间还先后到饶平县、汕头市访问，由饶平县副县长与汕头市人大副主任设宴款待。7 月 4—7 日，出席由暨大汉语方言研究中心主办的“首届海外汉语方言国际研讨会”，作题为“加强海外汉语方言研究之我见”的专题发言。7 月 11 日，潮州日报《观潮》刊出记者舒小梅专访《平易之中见深邃——詹伯慧印象》。10 月 20 日，召开广东省中国语言学会第六届常务理事会换届前最后一次会议，研究确定换届推荐新一届领导层候选人名单及换届大会日程等。11 月 7 日，应邀出席由省社科联、佛山市委宣传部及羊城晚报社在南海仙湖联合主办的“广府文化与改革开放”学术研讨会，作大会发言：《粤方言与广府文化》。11月14日，受聘为《汕尾（海陆丰）文化系列丛书》编纂工作委员会学术顾问。11月20日，暨大校报《暨南大学》第504期发表了专访《方言的研究是几辈子的事——访文学院原院长、博士生导师、语言学家詹伯慧教授》。11月21—24日，赴台湾中玚出席由台湾中央大学主办的第八届客家方言国际研讨会，作“客家方言研究之我见”专题讲演。12月8日，受聘为广东文史学会理事。12月14—16日，出席由香港中文大学主办的“历时演变与语言接触：中国东南方言国际研讨会”作题为“从广东三大方言的相互影响看语言接触的走向”专题报告。12月18—20日，出席由香港城市大学主办的第十三届国际粤方言研讨会，宣读题为“再议粤语正音”论文。12月22日，暨南大学汉语方言研究中心、中国语言文学系举行“庆祝詹伯慧教授从教55周年大会”，当年大学同班同学唐作藩、麦梅翘、欧阳觉亚、王予远等到会，饶秉才因签证问题滞留香港，23日始赶来。会议隆重热烈，到会有相关领导、国内和港澳学者及来自各地的门生等近百人。《詹伯慧语文评论集》（103万字）作为庆祝会专书同时出版，分赠与会来宾。《羊城晚报》、《南方日报》于23日分别刊出该报记者会议报道消息；深圳特区报亦于24日刊出该报记者的会议报道消息。12月28—30日，应邀赴汕尾出席汕尾（海陆丰）文化系列丛书编纂工作会议。是年发表的文章主要有：《有关语言学科建设的一些看法》（《继往开来的语言学发展之路》，陈燕、耿振生主编，语文出版社，2008年1月，北京）、《普通话水平测试（新大纲）指导》（《普通话水平测试〈新大纲〉指导》编写组）序（暨南大学出版社，2008年2月，广州）、《粤语研究的又一研究成果——读曾子凡〈香港粤语惯用语研究〉》（香港城市大学出版社，2008年）、《揭示多方言交界地区方言接触现状的可喜成果——读胡松柏〈赣东北方言调查研究〉》（中国社会科学出版社，2008年）、《略论闽语研究的“西进”》（《湛江师范学院学报第29卷第2期》，2008年4月，广东湛江）、《三足鼎立的岭南方言》（羊城晚报《花地·论坛》2008年6月7日，广州）、《家乡情结》（潮州日报《观潮》2008年6月20日，广东潮州）、《我的父亲詹安泰》（潮州日报《观潮》2008年6月20日，6月27日，7月4日，广东潮州）、《粤语研究与粤语应用》（《粤语研究》第3期，2008年6月，澳门）、《让汉语拼音在社会主义现代化中发挥更大的作用》（《语言文字应用》2008年增刊，2008年6月30日，北京）、《略论汉语方言研究与方言应用》（《中国语言学》第1辑，郭锡良、鲁国尧主编，山东教育出版社，2008年7月，济南）、《濒危方言的研究大有可为——读丘学强〈军话研究〉》［《暨南学报》第5期及《中国语文通讯》（香港）第83～84合刊（2008年6月）同时发表］、《一部揭示湘西乡话的方言佳作——序〈湘西乡话音韵研究〉》（杨蔚，广东人民出版社，2008年，广州）、《当前客家方言研究之我见——关于客家方言研究的一些思考》（《客家纵横：第七届国际客方言研讨会论文集》，张双庆、刘镇发主编，香港中文大学中国文化研究所吴多泰中国语文研究中心出版，2008年10月，香港）、《岭南词宗詹安泰——访著名语言学家詹伯慧先生》（《岭南学》第2辑，中山大学出版社，2008年12月，广州）。

2009年1月10日，《暨南大学》第509期在第一版刊出报道：“新时期语言学研究生培养专题研讨会暨詹伯慧教授从教55周年学术研讨会隆重召开。”1月14日，在香港大学与单周尧教授一起与香港商务印书馆领导商洽编纂重点在于提供粤语正音的繁体字本粤语常用词正音字典问题，准备参与此项工作之港大中文学院陈以信博士参加商谈。1月15日，《詹伯慧语文评论集》获省文史馆授2008年“优秀作品奖”。2月1日，《羊城晚报》在A2版《牛眼探春·名人会》以整版篇幅刊出记者夏阳、孙璇的专访，冠以“詹伯慧痛批研究生批量生产”及“学生论文乱写，老师居然通融，我真‘佩服’”上下两个标题。此文同日在新浪、搜狐、大学校园、BBS（寒泉）、中学联等多个因特网上转载刊出。2月3日，《澳门日报》在B2版刊出专访《詹伯慧五十五载方言情结》。3月，《暨南学报》开辟专栏《中国当代语言学家学术思想研究专题》，约写栏目主持人语，并在本专栏第一篇刊出刘新中编撰的《詹伯慧学术思想初探》。同月，与单周尧教授、陈以信博士一起开始启动《当代粤语正音字典》（繁体字本）编纂工作，此后每两周到港一次，逐字会审陈博士先行写出之初稿，此字典拟在一年左右完成。4月上旬，应香港文汇报副刊《采风》编辑之约，开始为该刊《百家廊》撰写语言文字方面专稿。以《语文杂议》为总题，第一篇“普通话与方言”（之一）于4月13日刊出；随后，于4月20日刊出第二篇“繁体字与简体字”（之二）；4月27日刊出第三篇“浅谈粤语正音”（之三）；5月4日刊出第四篇“语言应用的规范化和多元化”（之四）；5月11日刊出第五篇“少当语言的警察，多当语言的导游”（之五）；5月18日刊出第六篇“‘约定俗成’解”（之六）。5月17日，应澳门大学之邀，前往出席18—20日在澳大举行之“冲突对话与文明建设”国际学术研讨会，发表题为“略论文明建设与文明踫撞”的论文。5月25日《语文杂议》刊出第七篇“是兄弟不是父子”（之七）；6月1日刊出第八篇“形形色色的方言字”（之八）；6月8日刊出第九篇“琐议网络语言”（之九）。6月10日，受广东文史馆领导之托，代表省文史馆飞往西安，出席于11—12日在西安由中央文史馆主办，西安文史馆承办之小型“正确使用祖国语言文字调研座谈会”，出席的有来自中央、上海、安徽、广东及承办单位的十几位文史馆专家。6月10日，澳门谭任杰（武大门生）于澳门日报《新园地》发表“云路又丰碑”一文，副标题为“初读‘詹伯慧语文评论集’”。6月22日，《语文杂议》刊出第十篇“杂议外来词”（之十）。7月1日下午，趁赴港之便，路过深圳到访“詹氏经济文化交流协会驻深办事处”。7月20日，刊出《语文杂议》第十一篇“保护和抢救濒危语言与方言”（之十一）；8月3日，刊出第十二篇“粤语水平的测试”（之十二）；8月17日，刊出第十三篇“方言特色拾零”（之十三）；9月9日，刊出第十四篇“中国语文工具书”（之十四）；9月25日，刊出第十五篇“中国古代的字书”（之十五）；10月7日，刊出第十六篇“六十年辞书编纂成就斐然”（之十六）；10月25日，刊出第十七篇“杂议香港的‘社区词’”（之十七）。11月7—9日，应邀出席由南昌大学客赣方言与语言应用研究中心主办的“第二届赣方言学术研讨会”，在第一天的大会学术报告中作题为“大力开展江西多方言地区的方言研究”的学术报告。11月11—15日应邀偕雅仙访问北京大学，于11月13日为北大王力学术讲座作题为“王力教授与汉语方言学”的学术讲演。访京期间还在李鸿简陪同下参观了“鸟巢”和国家体育馆这两座举行过奥运会的雄伟建筑。11月20—21日，应邀出席由华南师范大学岭南文化研究中心主办的“岭南文献与岭南学国际研讨会”，在大会作题为“我对文献运用的一点认识”的发言。11月30日至12月3日，在澳门作为特邀嘉宾参加汉语方言国际学术研讨会暨全国汉语方言学会第十五届学术年会，宣读《略论香港的“社区词”》论文。同时举行理事会进行换届工作，再次连任学会理事。期间澳门日报记者作专题采访，于12月2日，刊出专题报道《詹伯慧：潮语体现社会文化》。12月6—9日，在桂林作为特邀嘉宾出席第十四届粤方言国际研讨会，作题为“王力教授与汉语方言学”大会讲演。期间会议安排游览了漓江景色，并由梁金荣联系安排到龙胜多民族聚居县参观，又于游阳朔时观看了张艺谋导演的著名大型歌舞《印象·刘三姐》。12月11—14日，出席在潮州市由韩山师范学院承办的“广东省中国语言学会年会暨语言接触国际研讨会”，期间与潮州有关领导及韩山师范学院、潮学院领导商量次年举行纪念詹安泰学术研讨会及由上海古籍出版社出版《詹安泰全集》事宜；并带同几位门生应邀到饶平参观游览，接受县政府盛情设宴款待，期间也曾与人在外地的潮州市汤锡坤市长通电话，他表示会支持举行纪念家父活动及出版家父全集的事。是年发表的文章除上述《语文杂议》外，尚有《汉语方言研究三十年》（《云南师范大学学报》2009年第2期，2009年3月，昆明）、《我的父亲詹安泰》（《饶平人》双月刊2009年10月及2009年12月两期连载，转自《潮州日报》2008年6月20日，27日，7月4日）、《湘西乡话的语音特点》（与杨蔚联名，《方言》2009年第3期，2009年8月，北京）、《湘西乡话的分布和分片》（与杨蔚联名，《语文研究》2009年第4期，2009年11月，太原）、《加强海外汉语方言研究之我见》（《首届海外汉语方言国际研讨会论文集》，陈晓锦、张双庆主编，暨南大学出版社，2009年11月，广州）、《再谈粤语正音——为第十三届国际粤方言研讨会（香港）而作》（《粤语研究》第4、5期合刊，2009年12月，澳门；此文同时刊于《粤语跨学科研究——第十三届国际粤方言研讨会论文集》，香港城市大学语言资讯科学研究中心出版，2009年香港）。

2010年1月9日，香港文汇报副刊《采风》中《百家廊》专栏刊出《语文杂议》（之十八）《杂议〈通用规范汉字表〉》。1月27至2月1日，列席省政协会议，期间会晤省政协委员、省工商联副会长、乡亲詹玉湘谈及家父全集出版需筹集经费事，玉湘表示可由他出资赞助出版，此事终于有了着落。1月30日，《广东地方税务》第1期发表了该刊编辑部主任及记者钟云姗的长篇专访《"文脉"薪火相传的詹氏父子》，同日，香港《大公报》刊出驻广州记者袁秀贤的专访报道《〈广州话正音字典〉料明年出版》。2月8日，专程赴深圳出席詹玉湘的企业"友和公司"春节联欢会，席开70桌，很有气派。2月11日，香港大公报刊出驻广州记者袁秀贤的专访报道《全球讲粤语人数不减反增》。2月27至3月1日，应邀在泉州出席第二届海外汉语方言国际研讨会，作题为"进一步做好海外汉语方言的调查研究工作"的大会发言。同时出席元宵节期间在泉州举行的"首届海峡两岸闽南文化节"活动，观看了由中央电视台（四频道）主持的"中华情，闽南风"大型文艺晚会及歌舞剧"光明之城"的精彩演出。3月7—8日，与甘于恩一起前往湛江师范学院举行暨大汉语方言研究中心（省汉语方言研究重点基地）湛江师院工作站的挂牌仪式，并向该院学生作"谈谈语言学习"的学术报告。3月18日，潮州市"方志办"主办的《潮州》2010年第1期（总第77期）发表了许慈航曾在《检察文学》2009年第12期上刊出过的《告别暨大教坛以后——记恩师詹伯慧教授》一文。4月7日，应《广东客家人》主编邓开颂之邀出席编委座谈会，答应执笔撰写书中《广东客家话》一章，约4万字。4月10日，出席暨大出版社《广府文化丛书》编委、专家座谈会，该丛书为省委宣传部重点项目，资助经费100万元，计划两年内完成，其中《广府方言》一书将由詹伯慧、甘于恩负责组织编写。4月24—25日，出席暨大汉语方言研究中心和中文系主办的"广东汉语方言研究的理论与实践暨《广东粤方言地图集》专题研讨会"，作题为"继往开来，把广东方言研究推上新的台阶"的主题发言。该发言于2010年5月《暨南学报》第3期以"广东汉语方言研究的回顾与展望"为题发表。由暨大方言中心主办的《南方语言学》第一辑（2009年12月出版）在会议期间问世分发与会学者。5月3日，香港《文汇报》副刊《采风》的《百家廊》继续刊出《语文杂议》（之十九）"海外华人使用的汉语及其方言"。5月16—19日，与甘于恩、陈晓锦、邵宜等访问饶平潮州汕头等地，主要议程一是到韩山师院为暨大汉语方言研究中心（基地）在韩师设立分基地（中心）挂牌；二是落实今年12月中在潮州由市政府和韩师主办纪念家父学术研讨会邀请名单及相关会务。期间在饶平承辜广生县长设宴款待，在潮州与汤锡坤市长晤叙约一小时，具体商量有关纪念先父会议及计划出版《詹安泰全集》事宜，归途顺访汕头半天，与余国樑、黄挺在汕晤叙。5月22日，到麓湖大厦庄福伍家写字。5月27日，接受中央人民广播电台广州记者站副主任邓文华专访，谈论岭南文化与岭南方言。5月28日，应詹玉湘之约，专程赴深落实《詹安泰全集》出版经费事。此事总算有了着落，可以请上海古籍出版社李保民同志来穗具体商定出版计划。6月7日晚，接受《羊城晚报》记者电话专访，谈对近期网络上议论"广州话萎缩"并有网民提出"保护粤语"一事的看法。专访以"普通话是粤语的敌人吗?"为题，于6月9日在《羊城晚报》A8版《都市圈》上刊出。6月18日晚，张洪年教授伉俪约叙香港湾仔南洋酒店请吃上海菜，近期张兄坚辞港中大讲座教授职，将提前退休并于暑假期间回加州柏克莱。6月20晚，与甘于恩飞汕头转潮州，应林伦伦院长之邀，出席21日举行之韩山师范学院潮学研究中心获评为省人文社科重点研究基地之"基地揭牌仪式"，当晚九时飞返广州。6月28—30日，与甘于恩、曾建生前往阳江职业技术学院为暨大汉语方言研究中心（基地）在该院设立分基地（中心）挂牌，内子陈雅仙陪同前往。期间到闸坡参观举世闻名的"南海一号"宋代沉船博物馆（挂牌"海上丝绸之路博物馆"）。阳江市人大副主任郑尤坚同志（民盟阳江市委主委）前来酒店晤叙。7月10日晚，一众门生及家人、亲属共40余人欢聚马会唐苑酒家，庆贺八十寿诞（虚岁），作为《大家小书》丛书第一本、集合近期在香港文汇报发表杂文二十篇之《语文杂记》亦由暨大出版社赶在寿宴前夕出版，席间分赠门生及亲朋好友。8月9—10日，上海古籍出版社编辑部主任李保民前来商定《詹安泰全集》编辑出版具体事宜，确定《全集》分五卷于明年8月31日前出齐全书，并于8月10日签订了《图书约稿出版合同》。8月19日，在香港会晤洪楚平，商量有关11月在广东画院举行“詹伯慧书法展”筹备工作。8月27—29日，应邀出席北京大学中文系为庆祝北大中文系一百周年系庆、纪念王力教授110周年诞辰暨庆祝郭锡良教授八十华诞在北京邮电会议中心举行的“中国语言学发展之路——继承、开拓、创新国际研讨会”，作为三位大会报告人之一在会上作题为“大力加强汉语方言的应用研究——纪念王力教授110年诞辰”学术报告。8月30日，在北京与刘家丰先生签署《中国语言文字大词典·汉语方言卷》编纂出版协议书，商定2011年年底完成编纂定稿交中国大百科全书出版社出版。由詹伯慧、张振兴担任主编，乔全生、甘于恩担任副主编。8月30日出版的《广东地方税务》2010年7月在《广东建设文化强省》专题笔谈中刊出《建设文化强省之我见》一文。9月3日，潮州电视台六集纪录片《饶宗颐》拍摄组前来暨大采拍讲述与饶公交往相关往事，历时两个多小时。9月13日，在九龙荷里活广场请张洪年伉俪吃上海菜，为张兄即将返美提前践行。9月21—24日，应邀出席由澳门特区政府高教辅助办与澳门大学社会科学及人文学院主办的“古典诗歌研究与人文精神思考国际学术研讨会”，在开幕式上致辞，题为“大力弘扬中国古典诗歌的人文精神”。10月2日，到麓湖大厦庄福伍家中挥毫三个小时。福伍出示饶宗颐先生为即将举行之书法展题字“詹伯慧书法展，选堂，庚寅”。10月14日，与甘于恩、彭志峰一起到深圳大学与李凤亮副校长共同主持暨大方言中心深大工作站揭牌仪式，揭牌后向文学院师生作了题为“语海弄潮”讲演。4月5日，上午在深圳游览东部华侨城，下午登莲花山谒邓小平铜像，晚饭与永强、慈航、翼翔等欢聚“顺德佬”酒楼，晚10点返抵广州。10月23—25日，第二届湘语国际研讨会在湘潭举行，本已决定作为特邀学者出席会议，已发去论文《发挥优势，开拓进取，再创汉语方言研究的新辉煌》，不料临行因右眼受创出血住进华侨医院，只好终止赴湘，论文由会务组安排在全体大会上全文代读。10月29日，出席由暨大汉语方言研究中心主办的“汉语方言研究发展战略研讨会暨工作站联席会议”的欢迎晚宴。12月13—15日，出席由澳门中国语文学会、澳门粤方言学会和澳门理工学院联合主办的第十五届国际粤方言研讨会，在会上作题为“粤语是绝对不会沦陷的”的大会学术报告。12月20—22日，出席由潮州市人民政府和韩山师范学院联合主办的“纪念詹安泰先生国际学术研讨会”。会议有来自海内外学者约80人出席，宣读论文近40篇，会议期间由饶平县人民政府接待与会人士前往饶平新丰楼子角故居等地参观考察一天，县长辜广生设晚宴招待全体来访人员。是年发表的文章有《〈广东语言文字工作60年纪事〉序言》(广东高等教育出版社，2010年9月出版)、《语文杂议》(之十八)《杂议〈通用规范汉字表〉》、《语文杂议》(之十九)《海外华人使用的汉语及其方言》、《广东汉语方言研究的回顾与展望》(《暨南学报》第3期,《南方语言学》第2辑，甘于恩主编，暨南大学出版社，2010年12月，广州)、《建设文化强省之我见》(《广东地方税务》2010年第7期，广州)、《实践出真知——读辜广生同志的〈那一回〉》(《韩江文苑》2010年第4期，潮州；潮州日报《学海泛舟》2010年11月12日，潮州)、《大力弘扬中国古典诗歌的人文精神》(《广东地方税务》2010年第9期，广州)、《跟进语文发展，善待语文资源——跟青年朋友谈语文学习》[《韩山师范学院学报》(社会科学版)2010年第5期，2010年10月，潮州]。

2011年1月9日晚与甘于恩、刘新中一起抵广西梧州。10日上午在广西梧州学院与该院副院长扬奔教授共同主持暨大方言中心梧州学院工作站揭牌仪式。揭牌后向该院中文系及政治教育系学生300余人作“谈谈语文学习”的讲演。午后参观梧州名胜古迹及李济深故居。晚饭后回广州，11点多才到家。1月11—12日，参事室、文史馆全体人员到阳江温泉度假村进行今年工作总结。1月13—14日，出席两次校离退休处之新年茶话会，1月14晚出席中文系领导宴请系里离退休教职工的宴会。1月19—24日列席省政协十届四次会议。1月22日，“文士情怀——詹伯慧书法展”(饶宗颐题)在广东画院揭幕，《詹伯慧书法展》一书同时印出分赠开幕式与会嘉宾。1月27日上午，出席省参事室、文史馆在珠江宾馆举行的迎春茶话会，会上由副省长萧志恒和副秘书长江海燕向获评2010年各种奖项的参事和馆员颁奖；詹伯慧同时获得文史馆2010年积极贡献奖和2010年优秀作品奖（《语文杂记》）。1月27日晚，出席由省委统战部在广东大厦举行的党外人士团拜晚宴。1月28日上午，出席省社科联举行的顾问座谈会，会后设宴款待到会的二十多位省社联顾问。2月8日，“文士情怀——詹伯慧书法展”在广东画院闭幕。2月13日，在香港大学中文学院与单周尧教授等一起审议近期完成的《当代广州话正音字典》部分字目初稿。2月18日，接受《中国社会科学报》《人文岭南》版记者江丽芝采访，2月24日，采访专稿以“詹伯慧：一生献给方言学”为题在《中国社会科学报》《人文岭南》版刊出。2月27日，在香港大学中文学院与单周尧教授等一起审议近期完成的《当代广州话正音字典》部分字目初稿。3月27日，在香港大学中文学院与单周尧教授等一起审议近期完成的《当代广州话正音字典》部分字目初稿。6月27—30日暨南大学举行庆祝詹伯慧教授八十华诞暨从教五十八周年汉语方言学术研讨会。2011年6月获评为广东省优秀社会科学家（首届）。

詹门弟子通讯信息一览表

（按毕业年份排序）

序号	姓名	工作单位	邮编	毕业论文及年份	电话	电邮
1	彭小川	暨南大学华文学院	510610	南海沙头话语音研究（1987）	020－87206105	pxchuan@ yahoo. com. cn
2	林柏松	美国国防语言学院	—	石岐方音（1987）	—	patrickp. lin@ gmail. com
3	杨建国	广东省教育厅教研室	510035	定西方言音系（1992）	13602721107	gzyangdf@ 163. com
4	伍　巍	暨南大学中文系	510632	论徽州方音（1994）	020－85220201	wuweijnu@ sohu. com
5	邵　宜	暨南大学中文系	510632	论赣方言的音韵特征（1994）	020－85220202	tshaoy@ jnu. edu. cn
6	张晓山	暨南大学汉语方言研究中心	510632	潮州话否定词研究（1994）	020－85220201	ohyfy@ jnu. edu. cn
7	邵慧君	华南师范大学文学院	510631	吴语、粤语的小称变音与“儿”尾（1994）	020－39310987	Shaohj@ scnu. edu. cn
8	陈晓锦	暨南大学中文系	510632	莞城方音说略（1987） 东莞粤方言词汇与广州话词汇比较研究（1995）	020－85616815	Xiaojin_ chen@ msn. com
9	林建平	香港中文大学	—	香港粤语ø—ŋ－变异研究（1995）	852－26649452	majorslam@ cuhk. edu. hk
10	游朝雄	华兴文化培训学校	510666	五十年来台湾闽南话词汇比较研究（1996）	85666615（办）	—
11	邓景滨	澳门大学中文系	—	港澳新词语研究（1996）	853－66638840	KPTang@ umac. mo
12	陈伯煇	澳门特区政府高教辅助办公室	—	论粤方言词本字考释（1996）	853－83969398	pfchan@ gacs. gov. mo
13	钟　奇	暨南大学汉语方言研究中心	510632	株洲河西音系（1992） 湘语音韵格局的研究（1997）	020－85221731	tzhongq@ jnu. edu. cn

（续上表）

序号	姓名	工作单位	邮编	毕业论文及年份	电话	电邮
14	梁金荣	广西北部湾经济区规划建设管理委员会	530012	桂北平话语音研究（1997）	18977110019	jimmy1962@ sina. com
15	高 然	暨南大学中文系	510632	漳州方言音系（1992） 中山闽语研究（1997）	020 – 85220491	klzian@ eyou. com
16	唐 莉	苏黎世大学汉学系	—	近三百年来四川方言词语的留存与演变（1999）	0041 – 617012223	tlily2005@ yahoo. com
17	梁莉莉	原香港科技大学，香港教育学院	—	近期香港报纸港式中文研究（2000）	852 – 27562287	
18	甘甲才	华南师范大学国际文化交流学院	510631	中山客家话研究（2000）	13719099566	ganlaoshi@ 139. com
19	涂良军	云南师范大学文学与新闻传播学院	650092	云南方言词汇比较研究（2000）	871 – 5516309	Qingliang20056@ sohu. com
20	陈志清	香港理工大学中文及双语学系	—	粤曲音韵研究（2001）	852 – 27664833	chcchan@ polyu. edu. hk
21	甘于恩	暨南大学汉语方言研究中心	510632	雅瑶方音初探（1987） 广东四邑方言语法研究（2002）	020 – 85220201	ohyfy@ jnu. edu. cn
22	丘学强	深圳南海大道3688号深圳大学中文系	518060	粤、琼军话研究（2002）	13620919832	qxq1888@ szu. edu. cn
23	方小燕	华南师范大学国际文化交流学院	510631	广州话句末语气助词对句子表述性的作用（2002）	020 – 85214241	fangxy@ scnu. edu. cn
24	王建设	华侨大学文学院	362000	明刊闽南方言戏文中的方言研究（2002）	0595 – 2691907 15905053736	hdwjs@ 163. net
25	孙玉卿	广州五山路瘦狗岭暨南大学华文学院	510610	山西方言亲属称谓研究（2003）	13640764571	yuqingsun@ 163. com

（续上表）

序号	姓名	工作单位	邮编	毕业论文及年份	电话	电邮
26	胡松柏	江西南昌大学客赣方言与语言应用研究中心	330031	赣东北汉语方言接触研究（2003）	0791 - 3950882	jbhsb@163. com
27	徐红梅	广东技术师范学院	510665	皖北方言词汇比较研究（2003	020 - 38826676	xhm1005@21cn. com
28	汤翠兰	澳门理工学院语言暨翻译高等学校	—	广东新会司前话的音韵研究（2004）	853 - 5996500	cltong@ipm. edu. mo
29	崔淑慧	华南理工大学国际教育学院	510641	山西北区方言语音研究（2004）	13925099616	shhcui@scut. edu. cn
30	杨　蔚	华南理工大学新闻与传播学院	510641	湘西乡话语音研究（2004）	13640650685	sswyang@scut. edu. cn
31	刘新中	暨南大学中文系/汉语方言研究中心	510632	海南闽语的语音研究（2004）	13076768132	liuxinzhongjn@163. com
32	李冬香	韶关学院文学院	512005	湖南赣语语音研究（2005）	13924458564	ldxsg1012@163. com
33	王红梅	广东外语外贸大学汉语国际教育中心	510420	汉语方言动词重叠比较研究（2005）	020 - 36257760	whm686@163. com
34	陈曼君	集美大学中文系	361021	惠安方言动词谓语句研究（2005）	13459043078	dawn269@163. com

备注：“毕业论文及年份”有两个年份者，第一个为硕士毕业年份，第二个为博士毕业年份。

后　记

《田野春秋——庆祝詹伯慧教授八十华诞暨从教五十八周年纪念文集》经过半年多紧张的征稿、编辑及润色之后，终于付梓。作为詹先生的开门弟子和汉语方言研究中心的现任主任，还是有些话要说，故写在下面，算是本书的后记。

詹先生于1983年10月从武汉大学调至暨南大学，翌年开始招收第一批方言学硕士生，1991年则招收国内的第一批方言学博士生。巧的是，这两个“第一批”为数皆为四人，分别是彭小川、林柏松、陈晓锦、甘于恩，伍魏、邵宜、张晓山、邵慧君。他们目前从事的多为教学与科研的工作，即使在非教育岗位，詹先生的弟子也心系文教，不时发表些相关的文章。这恐怕与詹师的言传身教是分不开的。

詹先生是新中国成立后成长起来的第一批语言学家，早在20世纪50年代初，从中山大学语言学系毕业后不久即到北京大学师从语言学大师王力、袁家骅先生等，并前往条件十分艰苦的海南岛从事少数民族语言及汉语方言的调查。詹师家学深厚，治学严谨，工作勤奋，历年来发表了不少语言学的经典名篇，在国内外汉学界产生了重大的影响。从本书中好友、门生撰写的文章，选登的詹师文选以及附录刊出的詹先生论著目录，都可窥见一斑。他为汉语方言学留下了十分宝贵的精神财富。

詹先生不仅坐而论道，而且是一位相当杰出的实践者，他注重语言研究与应用并举，关注社会语言文字的使用现状，参与推普与语言文字规范化工作，关心地方文化的保护和传承，尤其热心方言文化的抢救和调查，他若干年前在某杂志上发表的《留住方言留住根》一文，便真实地反映了他的心声。在他的影响下，其弟子有不少也加入保护、宣传地方文化，特别是岭南文化的行列中，在民歌、童谣及早期文献的整理、研究方面作出了一些成绩。

现在，詹先生年届八旬，众弟子皆感念老师的恩情，协力编成《田野春秋》，这既是对老师多年来教导的小小回馈，也表达了同事、友人、后辈对先生崇高人格的推许。我们一帮弟子幸逢一个稳定的年代，在詹先生的引导下，迈入语言学的门槛，多少做了一些事情。詹先生有句名言：“活到老、学到老、工作到老”，这平实的话语对我们来说，是一种莫大的鞭策。谨以此书献予敬爱的詹老师，恭祝老师学术之树常青，健康长寿！

2011年3月11日于暨南大学汉语方言研究中心

甘于恩